목정수 교수의
색다른 한국어 문법 강의

씨줄과 날줄로 짠 한국어 문법소의 그물망

목정수 교수의
색다른 한국어 문법 강의

씨줄과 날줄로 짠 한국어 문법소의 그물망

목 정 수 지음

한국문화사

지은이 **목 정 수** (睦正洙)

충청북도 청주에서 태어났다. 서울대학교 언어학과와 동대학원을 졸업하고, 파리3
대학에서 수학했다. 부카레스트대학에서 언어학 박사학위를 받고, 서울대, 고려대,
한국외대, 한양대, 중앙대, 경희대 등에서 강의했으며, 21세기 세종계획 전자사전
개발에 참여했다. 서울대 인문학연구원 선임연구원과 (주)언어과학 언어공학연구
소 연구부장을 지냈다. 현재는 서울시립대학교 국어국문학과 교수로 있다.

주요 논저 소쉬르의 일반언어학 강의(1992, 공역), 소쉬르의 현대적 이해를 위하
여(1998, 공역), 한국어 문법론(2003), 한국어 정보화와 구문분석(2004,
공저), 한국어, 문법 그리고 사유(2009), 한국어 교육의 이해(2009, 공
저), 언어의 이해(2010, 공저), 한국어, 보편과 특수 사이(2013), 허웅
선생 학문 새롭게 읽기(2014, 공저), 한국어, 그 인칭의 비밀(2014)
외 여러 편의 논문이 있다.

목정수 교수의 색다른 한국어 문법 강의
씨줄과 날줄로 짠 한국어 문법소의 그물망

1판1쇄 발행 2015년 10월 30일

지 은 이 목 정 수
편   집 강 인 애
펴 낸 이 김 진 수
펴 낸 곳 **한국문화사**
등   록 1991년 11월 9일 제2-1276호
주   소 서울특별시 성동구 광나루로 130 서울숲 IT캐슬 1310호
전   화 02-464-7708
전   송 02-499-0846
이 메 일 hkm7708@hanmail.net
홈페이지 www.hankookmunhwasa.co.kr

ISBN 978-89-6817-293-9 93710

이 도서의 국립중앙도서관 출판예정도서목록(CIP)은 서지정보유통지원시스템
홈페이지(http://seoji.nl.go.kr)와 국가자료공동목록시스템(http://www.nl.go.kr/kolisnet)에서
이용하실 수 있습니다.(CIP제어번호: 2015027238)

먼저 이 책은 2004년까지 한국어 문법 전반에 관해 단편적으로 써 온 글들 가운데 문법소, 즉 한국어 조사와 어미에 집중한 논의들을 선별하여 재구성하고, 여기에 최근에 쓴 조사 '의'에 관한 논문 "한국어 조사 '의'의 문법적 지위와 의미기능에 대하여"와 어미 '-시-'에 관한 논문 "선어말어미 '-시-'의 기능과 주어 존대"를 추가함으로써 한국어 토씨(조사·어미)의 핵심 문법을 총망라하고 그 완결성을 높였음을 밝히고자 한다. 한국어 조사 '의'에 대한 연구는 매우 어렵고 복잡한 측면이 있다. 지위 설정의 문제에서 그 용법의 기술에 이르기까지 연구 범위가 방대하여 백가쟁명(百家爭鳴) 식의 논의가 펼쳐져 있는 상태이다. 새롭게 재탄생하는 본서는 조사 체계 전반을 고려하고, 있는 그대로의 분포 관계를 기반으로 하여 조사 '의'를 한정조사 계열로 파악, 그 일반성을 설정했고, 한정조사 계열 속에서의 조사 '의'의 특수성을 드러내는 작업을 함으로써 조사 전반의 체계 구축을 완성할 수 있었다. 또한 선어말어미 '-시-'는 한국어 문장구조, 특히 논항구조를 설정하는 데까지 영향을 미치는 문법 요소임을 밝히고, '주체존대', '주제존대', '청자존대', '상황존대' 등으로 혼란하게 분산되어 있던 개념을 '주어 존대'로 단일화하여 설명할 수 있는 기반을 마련하여 문법의 단순성을 유지하였다. 이로써 선어말어미에서 어말어미, 그리고 복합형 어미에 이르기까지 어미 전반을 다 다룬 체계를 완성하였다.

이처럼, 기존 논의의 성긴 부분을 촘촘히 메우기 위해 두 편의 글을 보완했지만, 본서의 기본 입장에는 처음부터 지금까지 조금도 변함이 없다. 필자가 추구하는 '문법소 중심의 문장관', 즉 '음(陰)의 언어학', '달

빛 언어학', '골짜기의 언어학'으로 비유했던 언어관은 그대로 유지되었다는 것이다. 이전 책의 머리말의 벼리를 간추려 다시금 제시하는 것은 이 점을 명시적으로 보여주기 위해서이다.

필자가 2003년도에 첫 저서를 쓰고자 했을 때 필자는 불혹(不惑)의 나이에 다가가고 있었다. 불안감과 초조감 속에서 첫 저서를 엮어내게 되었는데, 그때란 남들의 다음과 같은 말에 한창 고심할 때를 말한다. "당신이 단편적으로 발표하는 주장은 일리가 있어 보이나, 기존의 틀을 전반적으로 흔들게 되어 반발을 많이 사게 될 것이다. 따라서 당신 문법의 전체 틀을 총체적으로 보여주는 단행본이 없으면, 계속해서 외면당하거나 비판받을지도 모른다." 이러한 충고에 자극을 받아 그때까지 단편적으로 써 온 글들을 새롭게 정리하여 하나의 실에 꿰어내기로 마음을 먹게 되었다. 그리하여 『한국어 문법론 : 비교론적 관점에서 본 조사와 어미의 형태·통사론』을 세상에 내놓게 되었는데, 당시 제목을 '한국어 뼈대문법'으로 하려고 했었다. 그런데, 주변 사람들의 낯설다는 반응 때문에 결국 평범한 제목을 달고 출간되고 말았다. 이제 그때의 정신을 다시 담아내되, 다시 한 번 독자의 따끔한 비판의 목소리를 기꺼이 듣겠다는 의미에서 제목을 과감하게 『목정수 교수의 색다른 한국어 문법 강의 : 씨줄과 날줄로 짠 한국어 문법소의 그물망』으로 바꾸고 새로운 체제를 갖추어 세상에 다시 내놓는다. 이전에도 그랬듯이, 이제 필자의 품을 떠나 새로운 독자들을 만나는 본서가 냉대와 질시보다는 사랑과 격려를 듬뿍 받았으면 좋겠다는 소망을 다시 한 번 가져 본다.

필자는 2003년 당시 한국어학계의 전반적인 풍경을 스케치하면서, 필자의 문법관이 한국어 전공, 외국어 전공 할 것 없이 순수 언어학자를 비롯하여 언어공학자, 언어에 관심이 있는 일반인들에게까지 어느 한 측면에서라도 도움이 되었으면 하는 바람을 피력한 바 있었다. 소쉬르의 유명한 말 "관점이 대상을 결정한다"를 인용하며, 필자가 구상하고 있는 한국어의 새로운, 아니 '색다른' 문법 체계를 제시하고자 한 것이다. 그때 필자가 강조하였던 것은 기존 문법의 모순점을 극복하고, 정합적인 문법을 구축하기 위해선 초심의 평범한 언어학적 원리로 돌아가야 한다는 것이었다. 우리나라 언어학계의 중심을 이루고 있는 영미 계통의 언어학 논의에서 다루어지고 있는 한국어 자료를 한 번 살펴보면, 그 자료 자체에 대한 의구심이 드는 경우가 많았을 뿐만 아니라, 그 논의의 동인이 한국어 자체에서 발생된 것이 아니라 영어나 외국어에서 제기된 문제를 바탕으로 하고 있어 한국어 자체의 본질에 다가서기 어렵지 않을까 하는 의구심을 지울 수 없었기 때문이다.

필자는 지금도 여전히 한 언어의 문법구조를 온전히 파악하기 위해서는 다음 몇 가지 원칙을 철저히 지켜나가야 한다는 믿음을 간직하고 있다. 첫째는 한 언어의 전체 체계를 조감하기 위해서는 형태를 중심으로 철저하게 언어 단위(unity)의 같음과 다름을 판별해 내는 작업이 이루어져야 한다. 이때 사용하는 방법은 '분포' 하나밖에 없다. 어떤 단위를 부류나 범주로 묶느냐 그렇지 않느냐는 순전히 형태론적 분포, 결합관계에 입각해서 정해져야 한다. 그러한 작업이 철저하지 못한 상태에서 의미나 기능적인 요소를 고려하게 되면, 논의의 처음과 나중이 뒤섞이게 되는 결과를 낳는다. 둘째는 어휘와 문법의 관계를 바라보는 눈, 즉 관점에 관한 문제이다. 언어란 모름지기 레고놀이에 비유되듯이, 어휘와 그들의 결합을 관장하는 문법으로 구성된다. 어느 하나만으로는 언어를 구성하지 못한다. 직관적으로 볼 때, 어휘는 구체적이고 즉물적이어서 우리의 인식 범위에 잘 잡힌다. 그래서 그 어휘들이 언어의 중심으로 비춰진다. 이러한 실물적인 관점에서 보면, 문법요소는 그 실물들의 존재를 도와주는 장식품(accessary)으로 비춰질 수 있다. 그래서 중요도에 있어서 어휘

요소에 가중치가 놓이게 된다. 이러한 언어관은 서양 언어학의 뿌리깊은 전통을 이루어 왔다. 대표적인 서구 언어학자들의 책 몇 권을 훑어보면 금방 눈에 띌 것이다. 어쨌든 지금까지의 언어학사, 국어학사를 살펴보면 서구 중심이거나 다른 나라의 시각을 받아들이는 데 급급했을 뿐, 동양적인 시각이라고나 할까 우리의 언어관이 빠져 있는 것이 부인하기 어려운 사실이다.

  필자의 시각은 이러한 서구 중심의 시각을 뒤엎는 것에서 시작되었다. 필자는 한국어의 전체 틀을 세우기 위해서 유한수로 환원될 수 있는 문법요소들의 체계를 세우고 그 유한한 꽉 짜여진 체계를 중심으로 무한히 펼쳐지는 어휘와의 관계를 파악하고자 했다. 어휘를 무시한다는 것이 아니라, 어휘보다는 문법요소를 그 중심으로 삼아 문법과 어휘의 상관구조를 포착하겠다는 뜻이다. 이러한 시각이 보다 과학성에 더 가까이 다가갈 수 있고 논의의 순환성 위험에서 쉽게 빠져나올 수 있다고 믿기 때문이다. 필자의 이러한 시각은 한국어 교육에서도 그대로 응용될 수 있을 것이다. 이 점을 보여주기 위해 본서에 필자가 2015년 이중언어학회 춘계학술대회에서 주제 강연으로 한 "한국어 문법 교수의 우선성"이란 글을 새로 실었다. 국어학과 한국어 교육의 상생 방향을 모색하는 계기를 마련하고자 그리했음을 양지해 주기 바란다.

  마지막으로 필자는 한 언어에 대해 깊게 파악하기 위해서는 모국어와 외국어를 비교해 보는 비교론적(= 대조적) 시각이 반드시 필요하다고 생각한다. 필자는 이러한 생각을 바탕으로 한국어를 중심으로 해서 다양한 계통의 말과 다양한 유형의 말들을 공부해 왔다. 새로운 외국어에 대한 인식은 결국 모국어로의 해석을 통하지 않고서는 불가능하다는 나름대로의 시각이 생기게 되었던 것이다. 실제로 필자는 외국어 중에서 프랑스어나 루마니아어, 이탈리아어 등 로망어를 공부하면서 이들 언어와 한국어의 유사성을 인식하게 된 경험이 있다. 그를 통해, 한국어는 한국어 나름대로 프랑스어는 프랑스어 나름대로 그 인식의 깊이가 더 깊어지게 되었다고 보고 있다. 이런 필자의 경험과 인식이 많은 분들께 공유되어 한국어의 문법구조를 이해하는 데 중요한 밑거름이 되었으면 한다.

　필자가 국어학에 관심을 가지고 글을 쓰기 시작한 것은 유학을 마치고 귀국하면서부터이다. 필자는 항상 그 동안 외국어를 공부하면서 배우고 느낀 짐들을 염두에 두고, 한국어에 관한 글들을 써 왔다. 사실 국내에 있을 때나 해외에 있을 때나 한국어에 관한 논의들을 보면서 항상 뭔가 한국어 자료나 논의 자체가 전반적으로 좀 이상하다는 느낌을 지울 수 없을 때가 많았다. 그 풀리지 않던 문제들을 과감히 들추어내고 그것들에 정면으로 도전해서 하나씩 하나씩 정리한 글들이 쌓이다 보니 어느새 한 권의 책으로 낼 만큼의 분량이 되었다. 본서를 통해 필자가 가지고 있는 여러 가지 원칙과 문법관, 그리고 언어관이 세상에 더 알려지었으면 하고, 또 후학들에게도 조금이나마 도움이 되었으면 하는 바람을 갖는다. 더 나아가 필자가 일반언어학을 공부하고 여러 외국어를 공부한 만큼, 될 수 있는 대로 한국어에 대해 선입견 없이 객관적으로 관찰하고 연구하고자 한 필자의 시각이 국어학의 발전에 더 긍정적으로 기여할 수 있기를 바란다. 이러한 필자의 바람이 본서를 통해 널리 전달될 수 있다면 더 바랄 것이 없을 것 같다. 국어학, 일반언어학, 한국어 교육 등이 서로 상생의 길을 모색하면서 서로 시너지를 만들어 가면 더더욱 좋을 것이다.

　본서는 이와 같은 기본 생각을 가지고 그 동안 써놓은 필자의 단편적인 글들을 주제별로 묶은 것이다. 단행본의 완성도를 높이기 위해 불가피한 경우에만 원래의 논문에 약간의 수정을 가했고, 나머지는 그대로 유지하였음을 미리 밝혀둔다. 본서의 구성은 다음과 같다. 제1부는 필자의 언어관 특히 한국어를 바라보는 시각을 알 수 있게 해주는 글들이 모여 있다. 여기서 필자는 무엇보다도 한국어를 객관적으로 밝히기 위해서는 다른 외국어와 비교해 보는 작업, 즉 비교론적 관점의 수립이 필요함을 역설하고자 하였다. 이를 위해 먼저 필자의 언어관을 잘 보여줄 수 있는 두 편의 짧은 글을 실어 보았다["한국어 문법의 역사성에 대한 단상"과 "한국어 문장 분석의 새로운 접근"]. 수필 읽듯이 부담 없이 읽어봐 달라는 일반 독자에 대한 배려에서 논문으로 발표하지 않은 글들을 선별해 실은 것이다. 세 번째 글은 언어 이론적 문제에 시비를 건 것으로 필자의 역동적 언어관을 잘 보여줄 수 있는 이론적 논문을 '문법모델 설정과 시간의 문제'라는 제목 하에 실은 것이다[목정수(2000), "소쉬르와 기욤 : 시간성 문제를 중심으로", 한국프랑스학논집 31, 85-104, 한국프랑스학회]. 1부 마지막 글은 필자가 한국어에 대해 처음 발표했던 글을 있는 그대로 제시함으로써, 그간 필자의 생각이 어떻게 변모했고, 발전되어 왔는가를 보여줄 수 있도록 하기 위해 '한국어 문법 새롭게 보기'라는 제목을 걸어 선정한 것이다[목정수(1998), "기능동사 '이다' 구성의 쟁점", 언어학 22, 245-290, 한국언어학회]. 세련되지는 않았고 지금 보면 고칠 것이 많아 보이지만, 당시 뭔가 열정에 불타는 듯한 심정으로 휘갈긴 문체가 나름대로 진실함과 소박함을 보여주고 있어 서곡(序曲)의 글로 꽤 괜찮다고 판단하였다.

제2부는 한국어 조사에 관한 글들을 한 데 모아 정리했다. 먼저 한국어에 발달된 조사류를 분포에 입각해서 재정리하고 외국어와의 유형론적 대조·비교 연구를 통해 조사 하나하나에 대한 문법적 지위와 그 기능 등을 보다 정합적으로 밝혔다고 자부하는 글을 '한국어 조사의 분류 체계와 유형론'이란 제목을 붙여 제일 앞에다 배치했다(이 글은 [목정수(1998), "한국어 격조사와 특수조사의 지위와 그 의미 : 유형론적 접근", 언어학 23, 47-78, 한국언어학회]를 중심으로 해서 중복되는 부분은 빼

고, [목정수(1998), "한국어 조사 {가}, {를}, {도}, {는}의 의미 체계 : 불어 관사와의 대응성과 관련하여", 언어연구 18, 1-49, 서울대학원 언어연구회]란 논문의 핵심적인 부분을 덧보태서 한편의 글로 묶은 것이다). 두 번째 자리에는 최근 논항구조에 대한 관심 속에서 가장 활발히 전개되고 있는 격조사 교체 현상에 대한 논의를 근본적으로 반성해본, 필자가 가장 심혈을 기울여 썼던 논문을 '조사 교체의 현상과 본질'이란 제목을 달아 배치하였다[목정수(1998), "격조사 교체 현상에 대한 통시·의미적 논의의 재검토 : 조사류의 새로운 질서를 토대로", 언어정보 2, 27-81, 고려대 언어정보연구소]. 공부의 깊이가 더해 갈수록 처음 생각과 지금의 생각에는 조금 차이가 있을지라도, 큰 틀은 그대로 유지되었다고 본다. 필자가 이러한 작업을 통해서 새롭게 제기한 것은 관사의 문제가 한국어에서 어떻게 해결되는가에 대한 답의 추구였다. 석사과정에서부터 인구어의 '관사(冠詞)'의 문제를 불란서 언어학자 기욤(Guillaume)과 더불어 물고 늘어졌는데, 당시에는 한국어의 관사 문제를 제기하지 못하다가 루마니아어를 공부하면서 '아, 한국어의 관사문제는 바로 조사가 제기하는 문제와 같구나!' 라는 생각이 번쩍 들게 되었다. 그 동안 서구 문법을 중심으로 한국어를 바라봤을 때, 한국어의 특성으로 제시되었던 일반론들―한국어에는 관사가 없다, 관계대명사가 없다, 인칭범주가 없다, 존대법이 발달되었다 등등―이 다소 수정될 필요가 있음을 지적한 것은 커다란 수확이라고 자부한다. 이러한 생각을 더욱 확대하여 한국어의 '좀'을 통해 한국어의 부분관사의 설정 가능성을 타진해 보았는데, 그것이 '한국어의 부분관사를 찾아서'라는 제목 하에 실린 글이다[목정수(2001), "{좀}의 기능과 문법화", 언어학 28, 77-100, 한국언어학회]. 마지막으로, 앞에서 언급했듯이, 조사 '의'에 관한 논문이 '한국어의 소유관사 설정 문제'라는 제목으로 2부 마지막 글로 실렸다[목정수(2007), "한국어 조사

{의}의 문법적 지위와 의미 기능에 대하여", 국어교육 123, 437-470, 한국어교육학회]. 본서는 드디어 이 논문을 통해 한국어 한정조사 체계를 확정지을 수 있었고, 조사 전반의 체계의 새롭게 구축하기에 이른다.

제3부는 한국어 어미류에 관해 썼던 논문들을 한데 모아 보았다. 조사보다도 그 수에 있어서나 복잡도에 있어서나 훨씬 분석이 어려운 많은 어미류를 다루고 있다. 어미는 품사 분류의 대상이 되지 않기도 하고, 활용어미와 교착소로서의 지위에 대한 논란이 많이 있었다. 그러나 본서에서는 알타이어로서 교착어로 유형 분류되어 연구되어 온 한국어를 두고 그 근본적인 문제, 즉 정말 한국어는 교착어라는 유형에 분류되어야 하는가라는 문제제기를 통해서, 한국어의 어미라고 하는 것들이 서구 인구어의 어떤 요소와 비교가 가능한가 하는 비교론적 관점에서 어미를 분석하고 분류해 보려고 노력했다. 그 결과 한국어의 어미 구조체는 문장의 핵심요소로서 정연한 체계성을 갖고 있음이 드러났다. 그 첫 번째 글로 논리·실증주의적 언어학에 익숙해져 있어 거들떠보지도 않던 '정감적 의미'를 고려하고 형태의 분포에 입각할 때, 어미 분석이 어떻게 달라지는가를 보여주는 필자의 야심작이 '어미 분석의 방법론'이란 제목으로 선택되어 실리게 되었다[목정수(1999), "정감적 의미와 형태 분석 : 청자지시 요소 {아} 분석을 위하여", 한국어학 10, 91-117, 한국어학회]. 두번째로는 어미 복합체에서 진정한 의미의 어미는 무엇인가를 따져 보고 '선어말어미'의 개념에 문제를 제기한 글을 '어미의 분류와 체계성'이란 제목을 달아 배치했다[목정수(2000), "선어말어미의 문법적 지위 정립을 위한 형태·통사적 고찰 : {었}, {겠}, {더}를 중심으로", 언어학 26, 137-165, 한국언어학회]. 바로 이어 선어말어미 '-시-'의 정체를 밝힌 논문을 '어미와 대명사인칭'이란 제목을 달아 배치함으로써 한국어 선어말어미의 체계를 새롭게 수립하고자 하였다[목정수(2013), "선어말어미 '-시-'

의 기능과 주어 존대", 국어학 67, 63-105, 국어학회]. 이어서 어미 분석의 경계선상에 놓인 통합적 형태들의 분석을 일정한 원리로 분석해서 일반적인 상식으로 받아들여지던 것과 철저한 언어분석의 결과가 어떻게 상이하게 드러나는가를 보여준 논문을 '어미인가 아닌가, 그 어미의 경계'라는 멋진 제목을 달아 배치했다[목정수(2002), "숨겨진 (보)조동사를 찾아서 : '의무'의 {(어)야}를 중심으로", 형태론 4-2, 215-237, 어학전문 학술지 <형태론> 편집위원회]. 필자는 언어학의 응용 분야인 기계번역과 관련된 실제 업무를 해 보면서, 한국어 자체에 대한 일관된 언어분석이 없이는 응용의 결과가 쉽게 나오지 않는다는 점을 경험한 바 있다. 이러한 경험이 더 한국어 어미 분석에 매달리게 했는데, 그 결과로 나온 글이 3부의 마지막 글로 선택되었다. 그런 의미에서 제목을 '어미 분석과 응용의 문제'로 붙여 보았다. 이 글은 [목정수(2003), "한국어-불어 대조 번역을 통한 구문 분석 시론 : 종결어미의 인칭 정보를 중심으로", 불어불문학연구 54, 11-43, 한국불어불문학회]를 근간으로 새롭게 정리한 글로서, 인칭의 시각에서 한국어의 어미를 분류하고 기술하는 이론이, 아니 그런 이론만이 실용적인 차원과 바로 연결될 수 있다는 인식론적 깨달음에서 얻어진 것이다. 이 글과 더불어 어미에 관한 여러 논문들이 근간이 되고 최근 필자의 연구 성과가 모아져 2014년에 태학사에서 『한국어, 그 인칭의 비밀』이 출간되기에 이른다.

　마지막 제4부에서는 조사, 어미와 직접 관계되어 있지는 않지만, 이 문법요소들과 긴밀한 관련을 맺고 있는 문법과 어휘의 접면(interface)에서 일어나는 현상을 다루었다. 그 첫 번째로 일정한 문법관이 서 있을 때 성립 가능한 품사론의 입장에서 한국어 품사 구분의 몇 문제를 지식고고학적으로 접근한 글을 '한국어 품사 체계의 문제'라는 제목을 달아 실었다[목정수(2002), "한국어 관형사와 형용사 범주에 대한 연구 : 체계적 품사론을 위하여", 언어학 31, 71-100, 한국언어학회]. 이 글을 통해 언어학자나 비언어학자나 간에 용어와 인식의 깊은 상관관계에 대해 눈을 떴으면 하는 바람을 가져 본다. 다음에는 조사와 어미의 상관관계를 포착한 논문을 통해 한국어 문법의 부분과 전체의 문제를 다룬 글을 선택하고 제목을 '조사와 어미의 상관구조'로 달았다[목정수(2003), "한정조사 {(이)나}의 통사론과 서법 제약", 한글 260, 113-148, 한글학회]. 세 번째로 실린 글은 어휘에 대한 연구로 주로 기능동사와 관련된 문제를 다룬 것들이다. 한국어 상징부사에 대한 전통적 견해를 뒤집어 보고, 상징부사의 문제가 서술명사와 같은 선상에 놓여 있음과 그로부터 '파생접사'와 '기능동사' 간의 갈등구조가 자연스럽게 풀릴 수 있다는 점을 보여 주었다는 점에서 제목을 '형태론과 통사론의 인터페이스'라고 달았다[목정수(2000), "상징부사(의성·의태어)의 서술성과 기능동사", 한국어학 12, 89-118, 한국어학회]. 마지막으로 어휘와 문법의 관계를 바라보는 시각이 응용 분야인 한국어 교육에서 구체적으로 교수법과 관련하여 어떻게 응용될 수 있는지를 보여주기 위해 생생한 강연의 글을 그대로 실으면서 제목을 '국어학과 한국어 교육의 교류'로 지어 보았다[목정수(2014), "한국어 문법 교수의 우선성 : 어휘 중심에서 문법 중심으로의 전환", 25-53, 이중언어학회 제32차 전국학술대회 춘계대회 '문법 교육, 무엇을 어떻게', 이중언어학회]. 이를 통해 한국어학자가 외국어에 대해서 관심을 가져야 하는 이유, 대조언어학에 관심을 가져야 하는 이유도 간접적으로 제시하고자 하였다. 좀 이질적인 글이긴 하지만, 한국어 문법을 연구함에 있어 필자가 늘 비교론적 관점의 중요성을 강조해 온 것과 상통하는 바도 있고, 한국어에 관한 필자의 논문에 인구어(영어, 불어 등 등)의 예와 관련 사항이 많이 나오는 이유도 설명할 수 있는 글로 볼 수 있을 듯하다.

본서가 아직도 조사와 어미 하나하나에 대해 다 다루지는 못하고 있지만, 이 책에서 다룬 조사와 어미, 그리고 문법요소에 관한 논의는 한국어 문법의 얼개와 기본 틀을 보여주기에 충분하다고 할 수 있겠다. 필자가 추구하는 문법관이 매우 보편적인 원리와 방법론에 입각하고 있지만, 기존 전통문법이나 학교문법의 관점과 다른 점이 많아, 낯설게 느끼는 사람들이 많다고 듣고 있다. 이러한 사정을 명시적으로 보여주고 또한 쌓인 오해를 풀고자, 앞서 인급했듯이, 본서의 제목에 '색다른'이란 수식어를 붙여 『목정수 교수의 색다른 한국어 문법 강의』로 정했음을 다시 한 번 밝히고자 한다. '다르다'는 것과 '틀리다'는 것이 엄연히 다르지만, 관점이 다르다고 또는 방법론이 다르다고 해서 메타(meta)적으로 따져보기도 전에 '이상하다', '틀렸다', '싫다'라고 판단을 내리는 조급함은 없었으면 한다. 그런 의미에서 '다른'이 아닌 '색다른'이란 수식어를 사용했음을 혜량해 주기 바라는 것이다.

본서의 출간에 선뜻 호의를 베풀어 주신 한국문화사의 김진수 사장님과 관계자 여러분께 감사의 인사를 드린다. 학문의 여정을 함께하고 계신 서울시립대 국문과 선생님들께도 감사의 인사를 올린다. 끝으로 아내 한혜주, 곧 군에서 제대할 아들 목윤재와 출간의 기쁨을 함께 나누고자 한다. 모두 잘 살아주고 있어서 고맙다는 말 또한 덧붙이고 싶다.

2015년 가을학기를 맞으며
배봉산 기슭 연구실에서
목정수 적음

|차례|

제3부 한국어 어미의 문법

제4부 문법의 거시 구조 : 문법과 어휘의 상관 관계

제 1 부

한국어 문법을 보는 눈

한국어 문법의 역사성에 대한 단상

• 서양의 언어관과 동양의 언어관 •

- 한국어의 특수성으로 인식되고 있는 현상들은 왜 특수한 것으로 보이는가?
- 한국어의 특수성이 일반성으로 전환될 가능성은 없는가?
- 한국어에는 정의되지 않았거나, 언어학적 분석의 빛을 받지 못한 요소들이 너무 많다. 이것은 현실적으로 언어처리를 할 때, 발생하는 여러 가지 문제를 통해서 보면 알 수 있다. 왜 그럴까? 그럼, 어떻게 해야 하나?
- 한국어 문법을 기술할 때, 우리는 결국 어떤 입장을 취해야 하는가?
- 한국어 문법을 기술하고 설명한다는 것은 궁극적으로 무엇으로 귀착되어야 하는가?

이상은 요즘 필자의 머리를 맴돌며 괴롭히는 문제들이다. 이런 전체적인 고민 속에서 필자의 상상의 나래는 이쪽저쪽 비논리적으로 마구 퍼져 나간다.

본격적인 언어학으로서의 한국어 문법 기술이 시작된 것을 어느 시점으로 잡아야 할까? 서구의 인구어 문법 틀을 한국어에 적용시킨 것을 근대 문법의 시작이라고 한다면, 그 이전 한국어 문법에 대한 우리 선조들의 생각은 어땠을까? 그들의 생각을 지금 우리는 어떻게 바라봐야 할까? 그런 선조들의 생각이나 언어관을 보여주는 글들이 있다면, 얼마나 남아 있는가?

한국어 관련 문헌들을 보면, 문법을 바라보는 관이 반영되어 있는 글들이 거의 없다는 데 놀라지 않을 수 없다. 현재의 시각에서 보면, 외국어 학습에 관련된 문헌도 별로 없다는 게 신기할 정도이다. 옛날에 활동한 역관들의 기록들이 많음에도 불구하고, 그들이 어떠한 방법을 통해 해당 외국어를 습득하고 교육했는가 하는 점을 직접적으로 보여주는 자료들이 거의 없다고 한다. 중국이나 일본 등 현지에 가서 해당 외국어를 직접 배우게 했다는 기록이 있지만, 선조들의 문법관을 엿볼 수 있게 도와주는 자료가 기껏해야 학습에 참고했던 어휘집 정도가 대부분이란다. '무슨무슨 노걸대'라고 하는 것이 그 한 예일 것이다. 지금 우리에게 몇몇의 '어휘 단어장'이나 '영어노걸대'를 던져 주고, 그 외국어를 익히라고 했을 때, 가능할까 하는 의심이 든다. 그렇다면, 정말 그 당시에 언어를 특히 외국어 습득이나 학습에 관해서 우리 선조들이 아무런 생각이나 관이 없었다고 할 수 있을까? 필자가 보기에, 그 당시에도 뭔가 학습 기제나 그에 대한 생각이 분명 있었을 것이다. 그것을 어떻게든 재구해 내야, 우리 선조들이 언어에 대해 갖고 있던 생각들이나 외국어 학습 방법에 대해 알고 있던 어떤 효율적인 기제에 대해 조금이라도 알 수 있을 것이다. 성급한 결론이지만, 그런 것이 있었다면 그리고 그걸 재구해 낼 수만 있다면, 현 우리의 사고 체계, 인식 체계에 크나큰 영향을 미칠 수 있으리라고 본다. 그러한 사고나 인식의 단절 때문에, 우리는 지금 너무나 편협한 서구 중심의 언어관을 가지고 언어를 바라보고 있는 것은 아닐까? 한번 반성해 볼 만한 충분한 여지가 있다.

흔히들 서구와 동양의 기본적인 차이를 이야기들 한다. 그 중에서 필자는 동서양의 언어학적 인식의 차이를 음과 양의 두 축으로 풀어 보고자 한다. 현재 우리가 접할 수 있는 언어학사는 거의 다가 서구인 또는 서구어 중심으로 되어 있다. 언어유형론에서 현대 문법이론에 이르기까지 발상과 비교의 중심에는 항상 편향되게 서구의 것들이 있는 것이 사실이다. 지형적인 위치의 문제를 떠나서, 언어학사에 가장 먼저 언급되는 것이 '파니니문법'이 아니던가? 인도 지역을 보더라도, 산스크리트어만 쓰이던 게 아니라 드라비다어, 팔리어 등이 많았는데, 왜 그러한 언어에 대한 문법서나 문법관은 쏙 빠지고 '파니니문법'이 언어학사의 젖줄 역할을 해 왔을까? 이런 문제를 제기하는 것을 많이 보지는 못했지만, 그런 문제제기가 정말 불가능할까? 그렇게 하지 못하는 형국에 처해 있음이 더 안타까운 것은 아닐까? 근본적인 문제를 더 깊이 파고들어가지 않고는 독창적이고 주체적인 생각을 해 낼 수 없다는 상식적인 공리를 잊어서는 안 될 일이다. 일례로, 한국어는 교착어이고, 영어는 굴절어라고 규정하고 시작하는 논의도 또한, 서구인들의 입장에서 바라본 언어유형론을 그대로 받아들이고 있는 것이 아닌가? 정말 한국어가 교착어이고, 영어가 굴절어인지를 따져 본 논의가 얼마나 있었던가? 한국어를 교착어라고 하면서도, '명사 곡용어미', '동사 활용어미' 등의 용어를 써 가면서, 한국어 문법을 기술하고 있다는 것 자체가 내적 모순을 안고 있다는 것을 우리는 얼마나 깊이 인식하고 있는가? 세세한 의문은 꼬리에 꼬리를 물고 이어진다. 여기서 임홍빈 선생의 철저한 극단주의가 생각난다. 한국어는 교착어이므로 모든 문법형태는 교착소로 규정되어야 한다는. 그러나 이것도 일방적으로 한국어만을 중심으로 삼은 결과는 아닐까 한다. 평등한 비교론적 관점이 필요할 것 같다. 언어학 전쟁에서도 지피지기(知彼知己)가 필수적이다.

이러한 국내외의 언어학사의 전통에서 볼 때, 서구 언어학은 언어를 어휘 중심으로 전개해 나간 듯하다. 현대 구조언어학의 가장 발달된 모습을 보여주는 후기구조주의 문법의 대표격인 기욤(Guillaume)의 정신역학론(psychomécanique)에서조차도 언어의 중심에는 여전히 명사니 동사니

하는 어휘들이 놓여져 있고, 그 중심적인 어휘가 어떻게 실현되는가를 개별적인 어휘에 따라 밝히고 그들의 체계를 세우려 한다. 언어활동을 잠재(= 무의식) 단계와 현실(= 의식) 단계의 전이과정으로 파악하는 서구의 오랜 전통에서 문제의 핵심은 바로 주어진 잠재적 어휘가 어떻게 실현된 어휘로 옮겨가는가에 있었다. '현동화(actualisation)'의 문제가 바로 그것이다. 그러나 발리(Bally), 기욤 등이 그러했듯이, 이러한 문제에만 집착하다 보면, 문법이란 것은 바로 그 과정이 어떻게 이루어지는가 하는 방식을 기술하는 것에 머무르게 된다. 그리하여 항상 어휘가 자립, 자율, 중심이라는 특권을 누리게 되었고, 문법은 종속, 억압, 변방이라는 덤터기를 뒤집어써야만 했다. 끊임없이, 우리의 사유체계를 혼미하게 만들고 있는 '자율 형태소', '구속 형태소' 등의 구분이 바로 이러한 구조에 맥락이 닿아 있다. 이를 뚜렷이 인식하고 있어야 한다. 역사언어학, 비교언어학의 발달 과정을 보더라도 이러한 인식구조가 반영이 되어 있다. 한 언어의 계통을 확립하고자 할 때, 다른 언어와의 비교 대상이 되었던 것은 대부분, 친족어휘, 수사, 기본어휘 등의 어휘요소들이었다. 문법요소들 간의 비교 작업이 전혀 이루어지지 않은 것은 아니나, 당시 문법요소가 언어의 노리개(accessoire) 정도로 취급되던 분위기에서 문법요소의 비교를 통해 언어의 친소관계나 계통관계를 수립하고자 하는 생각은 하기 어려웠을 것으로 추정된다.

반면에, 동양에서 언어학이 단절되지 않고, 발달과정을 겪었더라면, 어떤 양상이 전개되었을까? 현재로서 필자가 직접 접할 수 있는 자료가 거의 없으므로, 실증적인 이야기를 할 수는 없다. 이런 상황에서 우리는 모든 것을 포기하고, 좋은 말로 훗날을 기약해야 하는가? 개인적인 경험에 비추어 보면, 세월이 지나도 현 상황과 전혀 달라지지 않을 것 같으므로, 우리는 돌파구를 찾지 않으면 안 된다. 그 돌파구는 '상상력(imagination)'

에 있을 것이다. 일반적으로 언어학계 외의 인문학계에서 동양과 서양을 구분하는 틀을 제시하고, 이분법적이든 다분법적이든 둘을 비교대상으로 놓고 그 둘의 특성이 과연 어디에 있는가를 밝히는 논의들이 많이 이루어 졌음을 우리는 알고 있다. 따라서 우리가 그러한 준거틀을 이용하여, 상상 할 수 있는 동양의 언어학적 사고의 원형은 어떻게 재구될 수 있을 것인 가? 자못 궁금해지는 물음이다.

앞에서 우리는 서구인들의 언어기술이 어휘를 중심으로 이루어진 전 통을 갖고 있다는 점을 살펴보았다. 일단 이를 '양(陽)의 언어학'이라고 편의상 불러 보자. 그렇다면, 동양을 서양의 대척점에 놓고 본다면, 동양 인들은 언어를 볼 때, 문법을 중심으로 보았을 것으로 예상할 수 있다. '허사 사전'만 있고, '실사 사전'은 필요 없다고 보는 언어관이 동양인들 의 언어관이 아니었을까? 그래서 현재 서구의 영향을 거의 전적으로 받 고 있는 우리가 기대하는 현대적 의미의 사전(dictionnaire)들이 동양어권 에서는 많이 발달되지 않은 것은 아닐까? 현대적 의미에서 사전의 수나 양이 동양보다 서양이 훨씬 많은 상황을 봐도, 그 수나 양이란 것이 어휘 요소를 다루는 부분에 있어서의 문제이지, 문법요소에 할당된 양의 크기 에 있어서는 별반 그리 차이가 없는 게 사실이다. 논의를 분명하게 하기 위해, 불어의 여러 언어사전에서 관사 {un}, {le}를 처리하고 있는 부분 을 비교해 보자. 사전 규모의 차이에 비해, 이들 언어요소들에 대한 기술 의 차이가 별로 없다는 것을 금방 알 수 있을 것이다.

그렇다면, 동양인들은 언어의 중심에 구체적이고, 실물적인 세계에 가 까이 서 있는 어휘요소를 위치시키지 않고, 변방에나 있을 법한 추상적이 고 비실체적인 문법요소들을 중심으로 언어를 총체적으로 보고자 했을 것이다. 이를 편의상 '음(陰)의 언어학'이라고 해도 좋지 않을까?

이러한 서양과 동양의 언어관의 차이를 연극에 빗대어 설명해 보고자 한다.

⟨ 서양 ⟩
핵 　주인공 = 기본 어휘
　　　행인 = 주변 어휘
　　　무대 = 기본 문법
변 　무대장치 = 주변 문법

⟨ 동양 ⟩
핵 　무대 = 기본 문법
　　　무대장치 = 주변 문법
　　　주인공 = 기본 어휘
변 　행인 = 주변 어휘

　동양적인 시각에서 보면, 연극의 주인공은 누가 하든 상관없고, 주어진 배역이 중요하다는 인식이고, 더 나아가 연극의 성패를 결정짓는 가장 중요한 요소는 무대와 무대장치로 구성되는 연극성이라는 인식이 나올 듯하다. 동양의 연극관이 정말 이러한지에 대해서는 필자로서는 알지도 못하고, 또 관여할 바도 아니다.

　중요한 것은, 동양적인 언어관이 상상을 통해 재구한 것이지만, 그것이 전적으로 황당무계하고 우리의 인식 체계를 넘어서는 것이 아니라, 자연스럽게 생각해 볼 수 있는 것이라는 점이다. 다만 그러한 인식 체계가 현대적인 의미의 언어학에 반영되거나 지속되지 않았을 뿐이라는 점을 명시적으로 밝힐 수만 있다면, 우리는 그러한 언어관에 입각한 언어학적 작업을 새롭게 시작할 수 있는 토대를 마련할 수 있다는 기대감에 설레게 된다.

이제 우리가 해야 하는 작업은, 이러한 동양의 '음의 언어학'에 서서 무엇을 할 수 있는가를 찾아보는 일이다. 사실 필자가 요즘 하고 있는 작업도 이러한 시각과 맞물려 있고, 필자의 문법관이 근본적으로 바뀌지 않는 한, 이러한 작업은 일관되게 유지해 나갈 것이다. 필자의 주요 작업 몇 가지를 제시하면 다음과 같다.

첫째, 한국어의 문법체계를 구성한다. 문법요소들의 목록에는 어떠한 것들이 있는가? 조사와 어미에 대한 총체적 시술이 이루어지기 위해서는 무엇보다도 기존 문법에서 조사와 어미로 기술되어 있는 것들의 정확한 문법적 지위를 규명해야 할 것이다. 실천적으로 그 필요성과 당위성을 널리 알리고, 실제적인 작업으로 실천에 옮겨야 할 것이다. 결과적으로는 이론적으로 구축된 체계 내의 적절한 위치에 조사, 어미 목록들이 배치되어 한국어 문법 전반을 조감할 수 있어야 하는 것이다.

둘째, 조사·어미라는 문법요소들의 단순한 나열을 넘어서, 그들 간의 상호 관계가 그물망(network)으로 연결된 거시적 틀을 보여야 한다. 이를 편의상 '문법요소들의 호응관계'라고 부르기로 한다. 그러한 문법요소들의 상관관계를 몇몇 예를 통해 살펴보자.

> – 조사와 어미의 호응관계
> 예) 먹어는 보았지만, 별로 맛이 없더라.
> 먹어{를/*는} 보면, 맛이 없다는 걸 알 수 있을 텐데.
> 먹어{도/*는} 보고, 놀아도 보았다.
> – 어미와 어미
> 예) 먹었으면 좋겠다/*좋다
> 먹었으면 한다/*하겠다
> 먹을 뻔했다/*뻔하다

셋째, 가장 중요한 것은 이러한 문법에 대한 인식의 전환이 이루어졌을 때, 그것을 현실적으로 그리고 실천적으로 어떻게 응용할 것인가이다. 그 가능성은 자연언어처리라는 전산언어학에서 찾을 수 있을 듯하다. 이산적이고 정합적인 문법모형을 요구하는 인공문법을 상기할 때, 일관된 문법을 지향하는 우리의 '음의 언어학' 문법 모형이 그에 부합할 수 있는 가능성이 크기 때문이다.

이제 이야기를 마무리해 보자. 한국어 문법의 역사를 보면, 실증적으로 남아 있는 문법서가 많지 않은 것 같다. 근세 이후, 서구 언어학의 영향을 받은 이후에 나온 한국어 문법서는 많지만, 그 이전에 우리 선조들이 언어를 어떻게 생각하고 인식했는가를 알려주는 문법서들이 없다는 것은 안타깝다. 그러나 우리가 그것을 상상력으로 극복해 낼 수 있다면, 그 원형을 찾아내는 것이 꼭 불가능하지만은 않을 것이다. 그러한 상상력으로 우리 선조들의 아니 지금 이 땅에 살고 있는 우리들의 독특한 언어관, 언어이론을 복원하거나 만들어 낼 수 있다면 얼마나 좋을까? 그리하여 동양적인 언어이론 혹은 우리의 주체적인 언어이론이 서구의 시각과 평등하게 비교되고 더 나아가 당당하게 어깨를 나란히 견줄 수 있는 시기가 빨리 다가오기를 기대해 본다.

한국어 문장 분석의 새로운 접근

• 한국어 통사론과 자연언어처리(NLP) •

1. 한국어 통사론의 전개 방향

한국어의 통사론 연구는 이른바 변형생성문법의 도입을 계기로 본격적으로 이루어졌다고 볼 수 있다(고영근(1993), 임홍빈(1998) 참조). 물론 구조주의 영향권에 놓여 있던 때에 통사론에 관한 관심이 전혀 없었던 것은 아니다. 이미 테니에르의 통사론(= 의존문법), 마르티네의 통사론(= 기능주의문법) 등이 활발히 연구되고 있었다(박형달(1977, 1978)). 상대적으로 그 방법론이 한국어 문법 기술에 변형생성문법에 비해 적극적으로 수용되지 않았을 뿐이다.

그런데 변형생성문법의 틀이 들어오면서, 긍정적인 면과 부정적인 면이 서로 교차되어 나타난 측면이 있는 듯하다. 한국어가 통사적 관점에서 새로운 조명을 받은 측면이 많음을 부정할 수는 없지만, 한국어 자체에 대한 분석과 문제제기보다는 이미 주어진 이론 틀에 따라 한국어가 재단되는 기이한 현상이 벌어졌음도 인정하지 않을 수 없을 것이다. 여기서 변형생성문법의 부정적인 측면을 부각시키는 의도는 생성문법 자체를 폄하하려는 것이라기보다는 그를 반성의 토대로 삼아 그 동안 소홀히 다루어져 온 부분을 드러내려는 데 있다. 변형생성문법의 틀에서 한국어는 한국어로서 정밀한 관찰의 대상이 되지를 못하고, 시시때때로 변화·발전되어 가는 주어진 이론의 검증 대상으로 전락해 버린 느낌이 없지 않아 있다고 할 수 있다. 한국어 자체에 대한 분석을 통해 일반언어학적 문제가 제기되고 논의가 되었어야 함에도 불구하고, 한국어를 분석하는 틀이 외부로부터 주어진 것이어서, 오히려 한국어를 모국어로 사용하는 언어분석가에게조차도 자연스럽게 자기가 사용하는 한국어와 분석 대상이 되는 한국어에 괴리가 생기는 진풍경이 초래되기도 한다. 예를 들어, 특정이론에 입각한 어느 학자가 논문 발표회장에서 '도착을 하다'는 전혀 말이 되지 않는 것이라고 주장을 하고는 역에서 만난 사람과는 다음과 같이 대화를 주고받는 상황을 생각해 보자. '서울발 기차는 철로상의 문제로 인해 30분 늦게 도착을 했답니다'

한국어 문장 분석은 일반적으로 단문의 틀 잡기 작업에서 시작하여 복문 구성 방식의 기제에 대한 연구로 이루어져 왔다. 부분에 대한 정밀한 분석이 있고 나서야 전체에 대한 틀이 이루어진다는 생각이 팽배해 있기 때문이다. 그러나 부분들의 합이 전체가 될 수 있을까에 대한 의문은 풀리지 않은 상태이다. 때문에 한국어 통사론은 대개가 단문 구조의 유형을 파악하는 작업이 중요시되었다. 단문을 중심으로 통사구조를 살피다 보니, 한국어 통사론 연구는 서술어를 중심으로 한 논항 구조에 관심을 집중시키게 된다. 그러한 연구 결과의 집적물로서 한국어는 외국에 못지않은 훌륭한 『현대 한국어 동사 구문 사전』(홍재성 외(1997)) 같은 것을 갖게 되었다. 이러한 통사적 작업의 특징은 다시 말해서, 한국어 문장의 지배요소를 동사로 보는 시각에 있는 것으로서, 동사에 딸린 어휘 관계에 대한 유의미한 통사정보를 많이 얻을 수 있게 해 준다. 반면, 동사를 중심으로 보기 때문에, 한국어를 유형론적으로 'head-final language' 라고 규정하면서 그 핵어(head)에 동사를 위치시키고 있다. 하지만, 한국어 문장이란 것이 성립하기 위해서는 동사를 실현시켜 주는 문법요소 즉 어미가 필수적임은 너무 당연하다. 문장의 구조 즉 통사구조에 대한 논의에서 어미에 관한 논의가 빠지게 되고, 보조사를 통사 층위 밖의 화용론적 층위로 돌려 세우는 까닭의 심층에는 모두 동사 중심의, 즉 어휘 중심의 논의가 지배적이기 때문이고, 문법요소를 부차적이고 종속적인 것으로 보는 논리·실증주의적 시각이 뿌리깊게 자리잡고 있기 때문이다. 변형생성문법이 구조주의의 시각을 극복했다고는 하지만, 실제적인 언어관에 있어서는 비슷하다고 할 수 있다. 한국어 문장의 중심은 동사라는 어휘이고 나머지 요소들은 그 동사에 종속적인 지배를 받는다는 테니에르(Tesnière) 식의 의존문법의 발상이 근본적 수정 없이, 생성문법이든 어떤 문법이든 간에 변형·수용되고 있는 것이다.

그렇다면, 단문, 그것도 동사 중심의 통사구조를 보는 시각이 왜 문제가 되는가를 자연언어처리의 관점에서 살펴보자. 실제로 언어처리를 할 때, 입력(input)으로 들어오는 문장의 형식은 단문 통사론에서 제시한 문장형식이란 거의 없다. 그리고 단문에서 제시하는 문장 성분들이 빠짐없이 전형적인 단문형식으로 쓰이는 경우가 많지 않기 때문에, 단문 구조의 유형에 대한 정보를 사용하는 데에는 한계가 있을 뿐만 아니라, 실제 구문분석에 그다지 소용이 되지 않는다. 여기서 우리가 드러내고자 하는 더 큰 문제는 단문 위주로 문장구조를 살피다 보면, 실제로 문장을 구성하는 데 필수적인 어미의 형태와 그 기능, 어미와 상관관계를 맺는 요소들에 대한 시각이 흐려져서, 어휘요소 간의 관계에만 몰두하게 되는 부작용이 생긴다는 점이다. 이러한 경향은 언어를 언어로 보지 않고, 논리구조체로 보게 하는 단점이 있는 것이다(목정수(1998) 참조).

언어처리의 과정에서도 일반적으로 생각되는 절차가 '형태소 분석 → 구문분석 → 의미분석 → 담화분석'으로 나뉘어 있는데, 각각의 단계에서 취할 수 있는 효용성을 생각해 볼 수는 있지만, 반드시 그 순서를 따라야 한다는 법은 없는 것이다. 일반 검색을 위해서는 실질형태소와 문법형태소를 구분해 주는 상향식(bottom-up)의 형태소분석기만 있어도 가능하겠지만, 그 차원을 넘어서는 작업 즉 기계번역, 자동응답시스템 등의 실현을 위해서는 문장 단위의 분석 기법이 상향식으로 이루어져서는 어휘적 중의성뿐만 아니라 구조적 중의성을 해소하는 데 한계에 부딪치게된다. 실제로 이러한 절차에 의해 개발되고 있는 한국어 구문분석기의수준은 그리 높다고 볼 수도 없고, 그 개선 발전 속도도 그리 빠르지 않을것으로 예상된다. 한국어 자체에 대한 분석의 방법론이 새로 개발되지않고 기존의 처리 방법론에 대한 일대 인식의 전환이 없으면, 획기적인언어처리의 발전을 기대하기 어렵다는 뜻이다.

2. 한국어 문장 분석의 기본 절차

문장 분석은 먼저 문장이 무엇인가에 대한 답을 요구한다. 문장을 정의하기는 무척이나 어렵지만, 문장은 사건구조나 논리적 명제와는 다른것임은 분명하다. 문장이란 인간의 언어활동에서 이루어지는 발화체에대한 단위 규정에서 나온 단위로서, 문장의 핵심은 발화체에 화자의 입김이 들어가 있다는 것이다. 화자의 입김이란 화자의 전달내용─세계, 사건, 명제, 대상─에 대한 태도나 대화상대자인 청자에 대한 태도를 말한다. 서구문법에서도 문장은 명제와 그 명제에 대한 화자의 태도를 나타내는 것으로 구성된다는 지적이 있어 왔다(Fillmore(1968) 참조). 한국어의경우에도 문장이 성립하려면, 명제의 틀을 결정해 주는 양태 또는 법성(modality)과 관련된 어미의 실현이 필수적이다(노마(2002) 등 참조). 물론 어미는 구체적 형태로 실현되는 것이 일반적이나, 그보다 더 근원적인 것은 입말에서의 프로소디이다.[1] 글말에서는 이러한 요소를 미흡하나마 특수기호를 통해 반영하려고 노력하게 되는 것이고, 이러한 글말에 대해서 문법(grammar)이 시작되는 것이다.

따라서 한국어 문장 분석이란, 문장의 생성과는 달리 이미 실현된 말을 가지고 하는 작업이기 때문에, 그 순서는 문장의 틀의 최상위 요소부터 이루어져야 한다고 보는 것이 우리의 기본 시각이다. 한국어의 문장을 구성하는 핵심적인 요소는 발화의 순서와는 역으로 뒤에 놓이므로, 분석의 순서는 뒤부터 이루어져야 하는 것이다.[2] 우리는 이를 '문법에서 어휘로의 분석법'으로 부르고자 한다. 문법적 요소-어미에서 조사로-가 거시구조를 결정하고, 그 틀에 편입되는 어휘 요소들의 미시구조-연어 구성, 관용어 구성, 구동사, 동사와 논항(= 격조사구)의 통합 관계-가 내부적으로 꽉 짜인 체계를 구성한다. 한국어는 어휘와 문법의 관계에서 문법요소가 상대적으로 뒤에 위치하고, 문법요소들끼리의 결합에 있어서도 뒤에 놓일수록 문법성이 더 강하다는 일반적인 특성을 염두에 두고 볼 필요가 있는 것이다. 명사류의 문법범주와 관련된 조사류의 계층을 조사해 보아도 그렇고, 동사류의 문법범주를 실현시키는 어미류의 계층구조를 보아도 그렇다. 따라서 실제 문장을 제대로 분석하고 처리하기 위해서는 꼭 복문이 아니더라도 문장을 계층적으로 파악하여 문장 계층의 최상위 요소부터 분석해 나가는 방법이 필수적이라 생각된다. 따라서 주어진 문장에 대한 분석의 절차는 다음과 같은 순서로 진행된다.

---

1 이러한 시각에서 우리는 초분절음(surpra-segment)으로 불리는 것을 지양하고, 하부분절음(infra-segment)이라 함이 좋겠다는 제안을 한다.

2 이는 어찌 보면, 너무나 당연한 것인데도, 그러한 시각을 갖추기가 쉽지는 않아 보인다. 그 이유는 한국어 자체에 대한 관찰과 언어학적 인식의 작업보다도 외부로부터 주어진 틀을 가지고 한국어를 보는 시각에 너무 익숙해져 있는 것이기 때문이 아닐까 조심스럽게 반성해 본다.

1. 문장부호(운율요소)

2. 상위의 어미

3. 상위의 어미와 하위의 어미 간의 상관관계

4. 어미와 조사의 상관관계

5. 동사 추출

6. 동사구 인식

7. 동사와 논항 관계

8. 수의 성분의 제약성

이를 다음과 같은 작업 흐름도로 정리해 볼 수 있을 것이다.

기본모토 : 거시구조에서 미시구조로

< **거시구조의 틀**>

- 어미 구조

- 어미와 어미의 상관성

- 한정조사와 어미의 상관관계

- 부사기능어(문장부사, 양태부사)와 어미의 상관관계

< **미시구조의 틀**>

- 연어구성(collocations)

- 관용구 구성(locutions, fixed expressions)

- 구동사(phrasal verb)

- 술어와 논항(argument structure)

- 문법관계표지(= 격조사 = 격어미)/질화사

3. 한국어 문장 파싱의 실례

3.1. 문장 파싱의 디딤점 설정과 분석 원리

여기서는 한국어 문장 분석의 목표와 문장 파싱의 기본 원리를 다음과 같이 정리하고, 실제의 문장이 어떻게 분석되어야 할 것인가를 보여주고자 한다. 여기서 제시된 문법요소들의 목록은 포괄적인 것이 아니다. 다만 문법모형 설계에 대한 이해를 돕고자 몇몇 대표적인 고빈도의 것들만 제시한 것이다. 전체 목록에 대해서는 목정수(1998, 1999), 유현조(1998) 등을 참조할 수 있다.

■ 목표

1) 한국어를 다음과 같은 문법요소의 관계망으로 짜여진 제한 문법으로 분석한다.
2) 한국어 문장을 계층적으로 분석하는 틀을 구성한다.
3) 뒤에 오는 문법적 요소들의 지배관계에서 출발하여 어휘적 요소들의 지배관계까지 파악한다.
4) 형태소 분석 차원에서 이루어진 결과와 상호 보완이 되도록 설계한다.

■ 어미 목록

1) 순수 직설법 종결어미 : {냐/니, 어, 어라, 나, 지, 습니까, 습니다, 읍시다, 으세요, 어요, 지요, 나요}
2) 인용·접속법 종결어미 : {다, 는다, ㄴ다, 으냐, 느냐, 더냐, 자, 으라, 으려}
3) 연결어미 : {어서, 어도, 으며, 으면, 으면서, 으러, 으니까, 으나, 고

자, 어야, 지만 (…)}

4) 준명사법 종결어미(= 동명사형어미) :

부사형어미 : {아, 게, 지, 고, 나, 다(가)}

형용사형어미 : {은, 는, 던, 을}

명사형어미 : {음, 기}

5) 통합형어미 : {는데, 는가, 은가, 는지, 는데요, 는가요, 은가요, 는지
요, 은 것, 는 것, 은 후, 은 후에, 기 때문에, 기 전, 기 전에, 기
이전에, 는 바람에, 어 가지고 (…)}

6) 선어말어미(/조동사구성) : {시, (/었, 겠, 잖)}

■ 조사의 분류 및 목록

1) 한정조사 : {이/가, 을/를, 은/는, 도, 의, 나/이나, 라도/이라도}

2) 질화사 : {만, 조차, 마저, (까지)}

3) 격조사 및 후치사 : {에, 에게, 으로, 와/과, 로서, 처럼, 보다, (부터,
까지)}

4) 복합후치사 : {에 대하여, 로부터, 에 의해, 와 달리, 와는 달리, 와
마찬가지로, 은커녕, 은 물론, 와 함께, 와 같이, 와 더불어, 을 가지
고, 을 위해(서) (…)}

■ 문법요소의 상관짝

1) 부사 ⟺ 어미/보조동사

· 아마 ~을 것이다

· 만약/만약에 ~면

· 마치 ~은/는/던/을 것처럼

· 제발 ~었으면 좋겠다

· 제발 ~어라/세요

· 비록 ~더라도/지만

2) 조사 ⇔ 어미

· [-이나 … -어라/-자/-으세요/-읍시다]

· *[-은 … -어서]

3) 어미 ⇔ 조사/어미

· [-을 뿐만 아니라 … -노]

· [-은커녕 … -도]

· [-다면 … -을텐데]

· [-니까 … -어라]

· *[-어서 … -어라]

· *[-거든 … -는다]

■ 연결어미 간의 포섭관계

여기서는 대표적인 연결어미 목록―{어서, 어도, 으며, 으면, 으면서, 으러, 으니까, 으나, 고자, 어야, 지만}―을 중심으로 대략적인 포섭관계만을 제시하는 데 만족하기로 한다. 어미와 어미의 포섭관계는 대체로 어미 형태만으로도 결정될 수 있지만, 더 깊이 들어가면, 동사 또는 동사구의 어휘상(lexical aspect)에 따라 포섭관계가 달라지거나 의미구조가 달리 파악되어야 하는 경우도 있다. 이에 대해서는 다른 자리에서 자세히 논의하기로 한다. 무엇보다도 연결어미 간의 포섭관계에 대한 정보는 문장의 계층구조를 파악하는 데 유용하게 사용될 수 있다(노마(2002) 참조). 다음에 제시하는 표는 다음과 같이 해석된다. 주어진 어미 오른쪽에 '+'를 단 연결어미는 해당어미에 포섭되고, 그렇지 않은 어미들은 포섭 경계 밖에 놓인다는 뜻이다. 예를 들어 설명해 보자. 다음의 두 문장 (1)

과 (2)의 구조를 분석할 때, 구조적 중의성이 많이 발생하여 구문분석의 어려움이 초래되는데, 연결어미 포섭관계에 따른 자질 정보―[[―아서] ―니까] [―세요], [―니까] [[―아서] ―세요]―를 이용하면 자동적으로 (3) 과 (4)처럼 중의성이 해소된 상태로 분석할 수 있다.

(1) 저는 이만 피곤해서 들어 갈 테니까 더 놀다가 알아서들 주무세요.
(2) 내일 일찍 일어나야 되니까 이만 들어가서 주무세요
(3) [[저는 이만 피곤하-여서] 들어 갈 테-니까] // [더 놀다가 알아서들 주무-세요.]
(4) [내일 일찍 일어나야 되-니까] // [[이만 들어가-아서] 주무-세요.]

-으니까 [+고, +어, +으면서, +으면, +으며, +지만, +어야, +고자]

-으면 [+고, +어, +으며, +으면서, +지만, +어야, +고자]

-어도 [+고, +으며, +으면서, +고자, +어야]

-으나 [+고, +으며, +으면서, +고자, +어야]

-어서 [+고, +어, +으며, +으면서]

-고자 [+고, +으며, +으면서]

-어야 [+고, +으며, +으면서]

-지만 [+고, +으며, +으면서]

-으면서 [+고, +어]

-으며 [+고]

-으러 [+고]

-고 [+어]

-어 [+고]

-지 [+고]

-게 [+고]

■ 보조동사 구성 목록

1) 보조동사 : {고 싶다, 게 하다, 게 되다, 어 버리다, 지 않다, 은 적 있다, 을 것이다, 은 것이다, 는 것이다, 을 수 있다, 을 예정이다, 고 생각하다, 고 밝히다, 고 말하다, 고자 하다, 어야 하다, 는지 모르다, 었으면 좋겠다, 어도 되다, 어서는 안 되다, 기 어렵다, 기 쉽다, 기 시작하다 (…)}

2) 구동사 목록 : {~로 여기다, ~와 결혼하다, ~와 싸우다, ~에서 비롯하다, ~에 속하다, ~로 통하다, ~로 있다 (…)}

■ 절 경계 획정 원리

1) 상위의 연결어미일수록 주절의 서법어미와 관련성이 크다.

2) 절 경계는 어미와 어미 사이에서 이루어지되, 그 방벽은 한정조사 {는, 도}로 한다.

3) 다만, [XP-는], [XP-도]가 후행하는 요소의 관용구성 성분이면 그 경계를 없애고 넘어간다. 이에 대해 부언 설명하면 다음과 같다. 한정조사 {은/는}이 격조사나 후치사에 붙은 경우에, 무조건 후행 어미의 관할 영역 밖으로 밀어낼 수 있는가의 문제가 있다. 절 경계 획정을 위해서는 일단 {은/는} 디딤점은 관할 영역 밖으로 밀어내어 전체 구조를 잡고, {은/는}이 격조사나 후치사와 결합되어 있는 것은 바로 후행절의 서술어와의 논항 관련성이 있으면 경계를 풀어 내포절 속으로 흡입하는 과정을 밟는다. 따라서 '철수는 자기 방망이가 내 방망이와는 다르다는 사실로 인해 슬퍼졌다'라는 문장에서 '방망이와는' 어절은 형식적으로 {다르다}의 내포절 밖으로 밀려났다가 {와 다르다}라는 구동사(phrasal verb)를 묶어주는 과정에서 다시 흡입되어 '방망이와(는) 다르다' 구조로 파악된다. {-와는 달

리}라는 복합후치사의 경우도 마찬가지이다 : [철수와는]// [달리]
→ [철수와는 달리]

4) 어미에 의해서 절 경계를 나누고, 조사 장벽이 없는 한, 해당어미에
자질값으로 표시되어 있는 왼쪽에 있는 어미를 포섭하는 계층구조
를 만든다(위의 연결어미의 포섭관계 참조).

5) 어미의 절 경계를 나누고 나서 관용구, 연어 구성을 이루는 것을
체크하여 해당되는 구조에 걸리면, 절 경계를 지운다.

[먹었-으면] [좋겠-다] → [먹었으면 좋겠]-다

[먹-어도] [된-다] → [먹어도 된]-다

[먹-어야] [한-다] → [먹어야 한]-다

[먹-고] [싶-어] [죽겠-다] → [먹고_싶어_죽겠]-다

■ **조사 묶음 원리**

1) 접속조사 {와}가 명사 사이에 있을 때, 일차적으로 [NP와 NP]로
묶는다.

2) 한정조사, 즉 소유관사(possessive article) {의} 구성은 뒤의 명사구
와 묶어준다.

3.2. 실제 문장 분석

본절에서는 앞에서 제시된 원리에 따라 실제의 문장이 어떻게 분석되
는가를 보여주고 그에 따라 어떻게 영어로의 번역이 이루어지는가를 간
략한 알고리즘을 통하여 보여주고자 한다.

■ [이 예들]-에서 보-듯이,/ {[우리말]-의 [절-과 문장]}-도// {[여러 가

지] 격조사}-가 붙-어/ [여러 문장성분]-으로 쓰이-는데,/ [이 사실]-은// [절-과 문장]-이 [기본적으로] [명사구]-와 마찬가지로 [격조사] 가 자유로이 결합된다는 것-을 나타-낸다.

3. [이 예들에서 보다]-듯이,

2. [우리말의 절과 문장도// 여러 문장성분으로 쓰이다]-는데,

2-1. [여러 가지 격조사가 붙다]-어

1. [이 사실은// ~는 것을 나타내다]-는다

1-1. [절과 문장이 기본적으로 명사구와 마찬가지로 격조사가 자유로 이 결합되다]-는

3. As is seen in these examples,

2. While the clause and the sentence of Korean are used as various types of constituents

2-1. ( ) having various case markers glued

1. This fact shows that

1-1. A clause and a sentence have a case marker freely combined basically like noun phrase.

→ As is seen in these examples, while the clause and the sentence in Korean are used as various types of constituents, having various case markers glued, this fact shows that a clause and a sentence have a case marker freely combined basically like noun phrase.

■ [따라서] [한국어 문장 분석]-이란, [문장의 생성]-과는// 달리 [이미] [실현된 말]-을 가지고 [하는 작업]이기 때문에, [그 순서]-는// [문 장의 틀의 최상위 요소]-부터 이루어져야 한다.

2. [따라서] [한국어 문장 분석이란, 이미 실현된 말을 가지고 하는 작업이다]-기 때문에

2-1. [문장의 생성과는 다르다]-리

1. [그 순서는 문장의 틀의 최상위 요소부터 이루어져야 하다]-는다

2. Consequently

   as/because the Korean sentence analysis is a work which one does with speech already realized

2-1. differently from the generation of the sentence

1. the order has to be made from the highest element of the frame of the sentence.

→ Consequently, the order has to be made from the highest element of the frame of the sentence, because the Korean sentence analysis is a work which one does with already realized speech, differently from the generation of the sentence.

■ 지난해 빈약한 타선 지원에 허덕이던 박찬호로선// LA다저스의 방망이와는// 질적으로 전혀 다른 팀의 에이스로 뛰게 된 셈이다.

1. [(던) 박찬호로선 (은)팀의 에이스로 뛰게 된 셈이다]-다

1-1. [(은)타선 지원에 허덕이다]-던

1-1-1. [지난해 빈약하다]-은

1-2. [LA다저스의 방망이와는 질적으로 전혀 다르다]-은

1. Park Chanho who is expected to get to run as ace of the team which

1-1. who I saw languished in hitting support which

1-1-1. which was poor last year

1-2. which is quite qualitatively different from the bat of LA dodgers.

→ Park Chanho who I saw languished in hitting support (which was) poor last year is expected to get to run as ace of the team which is quite qualitatively different from the bat of LA dodgers.

→ For Park Chanho who I saw languished in poor hitting support last year, it is expected to get to run as ace of the team which is quite qualitatively different from the bat of LA dodgers.

■ 빠리에 가면 식당들이 많다.

1. [식당들이 많다]-다.
2. [빠리에 가다]-면
1. You have many restaurants / There are many restaurants
2. if you go to Paris
→ You have many restaurants, if you go to Paris.
→ There are many restaurants, when you go to Paris.

■ 저는// 일단 한번 믿은 사람은// 절대로 배신하지 않는다는 신념을 가지고 일을 하고 있습니다.

1. 저는 (는)신념을 가지고 일을 하고 있다]-습니다
2. [(은)사람은 절대로 배신하지 않는다]-는
2-1 [일단 한번 믿다]-은
1. I am working with the belief that
2. I don't betray absolutely the man who
2-1. I once believed

→ I am working with the belief that I don't betray absolutely the man who I once believed.

■ 사장은// 한번 실수한 사원이 다시 실수를 반복하면, 용서하지 않겠다고 말했다.

1. 사장은 (고) 말했다
1-1. [용서하지 않겠다]-고
2. [(은)사원이 다시 실수를 반복하다]-면
2-1. [한번 실수하다]-은
1. The boss said that
1-1. He will never forgive
2. if an employee (who) repeats a mistake again
2-1. who made a mistake once
→ he boss said that he would never forgive, if an employee who made a mistake once repeats a mistake again.

■ 이달 초까지 겨울잠을 자지 않고 활동해 온 지리산 반달곰들이 동면에 들어간 것으로 확인됐다.

1. (은)것으로 확인됐다.
2. [(은)지리산 반달곰들이 동면에 들어가다]-은
3. [이달 초까지 겨울잠을 자지 않고 활동해 오다]-은
1. It was confirmed that
2. bears which entered into hibernation

3. which had activated without sleeping a winter sleep

→ It was confirmed that Jirisan bears, which had activated without sleeping a winter sleep, entered into hibernation.

■ 국립환경연구원은// 9일 "지난해 9월 전남 구례군의 지리산 문수리골에 국내 처음으로 방사했던 반달가슴곰 세마리 가운데 수컷 두마리가 동면에 들어긴 사실을 육안으로 확인했다"고 밝혔다.

1. 국립환경연구원은 9일 ~고 밝혔다

2. "지난해 9월 전남 구례군의 지리산 문수리골에 국내 처음으로 방사했던 반달가슴곰 세마리 가운데 수컷 두마리가 동면에 들어간 사실을 육안으로 확인했다"

2-1. (은)사실을 육안으로 확인했다

2-2. (던) 반달가슴곰 세 마리 가운데 수컷 두마리가 동면에 들어가다ㅏ은

2-3. 지난해 9월 전남 구례군의 지리산 문수리골에 국내 처음으로 방사했다ㅏ던

1. The NERC made known that

2-1. he/it confirmed with the naked eye the fact that

2-2. that two male of three bears which entered into hibernation

2-3. which it pastured in Jirisan Munsurigol of Guryegun Jeonnam september last year

→ The NERC made known that it confirmed with the naked eye the fact that two males of three bears, which it pastured in Jirisan Munsurigol of Guryegun Jeonnam september last year, entered into hibernation.

- 민주당과 한나라당은 27일 총무·정책위의장 연석회담을 열어 건강보험 재정통합을 일정기간 유예하는 문제를 논의할 계획이나 양당 간 입장 차이로 진통이 예상된다.

1. [민주당과 한나라당은 진통이 예상되다]-ㄴ다
2. [민주당과 한나라당은 문제를 논의할 계획이다]-으나
1. (it) is expected to have pains.
2. (it) plans to discuss a/the Y but
→ The D party and (the) G party plan to discuss the problem, but is expected to have(= feel) pains.

4. 맺음말

지금까지 우리는 한국어 문장을 기계적으로 분석하고 자동처리할 때, 어떤 원리에 토대를 둘 것인가 하는 문제를 이론적인 측면에서 먼저 살펴보고, 그 원리를 어떻게 응용할 것인가를 살펴보았다.

이러한 기본 원리에 입각한 구문분석기 개발이 좀더 가시화되면, 언어 이론의 측면뿐만 아니라 응용적인 분야에서도 분명 새로운 패러다임을 제시할 수 있을 것으로 믿으면서, 우리가 앞으로 더 깊이 탐구하고 해결해야 할 사항을 정리하는 것으로 글을 맺을까 한다.

1) 문법적 구성 목록을 총망라적으로 확보해야 한다. 조사·어미의 총 목록과 그 문법적 정보에 대한 면밀한 고찰을 통해, 컴퓨터의 원리에 맞게 이산적(discrete)이고, 정합적(consistent)으로 정의되는 문법

모형을 구축해야 한다.

2) 문법화된 구성에 대한 총목록이 데이터베이스화되어야 한다. 예를 들어 다음과 같은 한국어 조동사 구성의 접합체(synthèmes) 목록이 면밀하게 조사되어야 한다 : {-기로 하다, -을 것 같다, -을 수 있다, -어 하다, -게 하다, -고 있다, -어 있다, -어 버리다, -고 싶다, -은 적 있다, -곤 하다/했다, -을 뻔했다 (…)}

3) '언어구성'을 어휘와 어휘의 관계로만 정립해야 한다. 어휘와 문법, 어휘와 어휘의 긴밀한 관계는 서로 뒤섞임 없이 정밀하게 세분되어야 한다 : {마음에 들다/ 눈에 선하다/ 귀에 쟁쟁하다; 마음(이) 아프다/ 맛(이) 있다 (…)}

참고문헌

고영근(1993). 「우리말의 총체서술과 문법체계」 일지사.

김진해(2000). 「연어 연구」 한국문화사.

노마[野間秀樹](2002). 「한국어 어휘와 문법의 상관구조」 태학사.

목정수(1998). "한국어 격조사와 특수조사의 지위와 그 의미 -유형론적 접근-." 「언어학」 23.

_____(1999). "정감적 의미와 형태 분석 -청자지시 요소 {아} 분석을 위하여-." 「한국어학」 10.

_____(2000). "선어말어미의 문법적 지위 정립을 위한 형태·통사적 고찰 -{았}, {겠}, {더}를 중심으로-." 「언어학」 26.

_____(2002ㄱ). "한국어 어미 분석과 기계번역." 제29회 국어학회 전국학술대회 발표논문집.

_____(2002ㄴ). "한정조사의 통사론 -{(이)나}의 문법적 지위 규정과 관련하여-." 한국언어학회 2002년 겨울 학술대회 발표 논문집.

박형달(1976). "현대 한국어의 보조동사의 연구 -기능적 언어분석의 시론-." 「언어학」 1.

_____(1977). "기능적 관점에서의 보조동사 연구 (상)." 「언어학」 2.

_____(1978). "기능적 관점에서의 보조동사 연구 (하)." 「언어학」 3.

_____(1996). 「이론언어학의 비교 연구」 서울대학교출판부.

백춘범(1992). 「단어 결합과 단어 어울림 연구」 북한 사회과학출판사.

유현조(1998). "한국어 어미 분석과 인칭의 문제." 「언어연구」 18.

임홍빈(1972). 「국어 문법의 심층 1, 2, 3」 태학사.

_____(1997). "국어 굴절의 원리적 성격과 재구조화." 「관악어문연구」 22.

홍재성 외(1997). 「현대 한국어 동사 구문 사전」 두산동아.

Guillaume, G.(1919). *Le problème de l'article et sa solution dans la langue française*, Paris, Hachette.

Benveniste, E.(1966). *Problème de linguistique générale*, Paris, Gallimard.

Blanche-Benveniste, C. et al.(1984). *Pronom et Syntaxe : L'approche pronominale et son application au français*, Société d'Etudes Linguistiques et Anthropologiques de France.

Martinet, A.(1971). "Cas ou fonctions? à propos de l'article "The Case for Case" de Charles J. Fillmore", *La linguistique* 8.

Radford, A.(1981). *Transformational Syntax*, Cambridge University Press.

_____(1988). *Transformational Grammar*, Cambridge University Press.

_____(1997). *Syntactic theory and the structure of English : A minimalist approach*, Cambridge.

Saussure, F. de(1972). *Cours de linguistique générale*, Ed. critique par T. de Mauro, Paris, Payot.

Tesnière, L.(1959). *Eléments de syntaxe structurale*, Paris : Klincksieck.

문법모델 설정과 시간의 문제

• 소쉬르와 기욤 : 시간성 문제를 중심으로 •

1. 서론 : 문제 제기와 논의 목적

대부분의 언어학사가들은 현대언어학의 정점에 소쉬르를 위치시키고 있다. 따라서 소쉬르 이후의 언어학은 구조주의든 후기구조주의든, 소쉬르와의 연계성에서 또는 독자적인 소쉬르 읽기에서 그 뿌리를 찾고 있다. 유럽의 지성사—옐름슬레우의 형식주의, 벤베니스트의 발화행위이론, 레비스트로스의 구조인류학, 라캉의 정신분석학, 그레마스의 기호학 등등—는 미완의 작품으로 탄생된 소쉬르의 『일반언어학 강의』(이하『강의』로 약칭함)를 토대로 다양하게 전개되었으며, 다른 한편 미국의 촘스키는 미국식 구조주의(= 분포주의)를 극복했다는 자신의 이론의 차별성을 위해 '언어능력', '언어수행'의 개념을 소쉬르의 '랑그', '빠롤'에 빗대고 있고, 촘스키의 언어학 혁명의 새로운 패러다임은 유럽의 구조주의의 전형인 소쉬르도 뛰어 넘었다고 주장하기에 이른다.[1] 이처럼 거의 모든 언어학 이론의 발전 과정에서 소쉬르는 여전히 직·간접적으로 참조되고 있는 것이다.

---

[1] 촘스키의 소쉬르 비교와 소쉬르 읽기에 대해서는 장병기(1985)와 Joseph(1990)을 참조할 것.

이런 상황에서 최근에 소쉬르학을 집대성한 김성도(1999)를 접하게 된
것은 그 의미가 자못 크다고 할 수 있다. 소쉬르를 새롭게 조명하고 소쉬
르 인식의 새로운 지평을 확장하려는 그의 논의를 통해 소쉬르학의 비중
과 중요성을 새삼 느끼게 된다. 그러나 우리는 이전의 종합적인 논의도
그랬고, 이 저작을 검토하면서 두 가지의 의문점을 가지게 된다. 하나는
소쉬르학에 관련된 아주 사소한 것까지도 다방면에 걸쳐 소개되고 있으
면서, 소쉬르를 가장 정면에서 걸고 넘어졌던 학자 중의 하나인 기욤
(Gustave Guillaume, 1883-1960)이 전적으로 빠져 있다는 점이다.[2] 왜 기
욤의 소쉬르 논의는 언어학사나 소쉬르학에 적극적으로 수용되지 못하
고, 경우에 따라서는 의도적으로 소홀하게 취급되고 있거나 아예 무시되
기에까지 이르렀나? 그 이유와 그를 가능케 하는 이데올로기는 무엇일
까? 우리는 이러한 의문점을 가지면서,[3] 기욤이 소쉬르를 근본적으로 문
제삼고 있는 것은 무엇인가를 그의 논저와 강의록을 중심으로 밝혀내고,[4]
소쉬르와의 차별성을 부각시키는 기욤식 언어 모델의 특성을 비교·제시
하고자 한다. 이것이 본 논문의 첫째 목적이다.

두 번째 의문은 소쉬르를 극복했다는 촘스키가 내놓은 새로운 이론과
분석틀은—비록 그 이론의 비교 작업이 심도있게 논의된 적은 많지 않지
만—여러 언어를 기술하고 분석하는 데 적극적으로 이용되는 데 반해,[5]

---

2 김성도(1999)뿐만 아니라 소쉬르학의 권위자로 인정받고 있는 Koerner(1973), de
   Mauro (1969), Amacker(1975) 등의 참고문헌에서도 기욤의 논저는 철저히 배제되
   어 있다.

3 이러한 의문점을 풀어내기 위해서는 언어사상사적인 측면 이외에도 정치·사회적
   인 측면과 기욤 개인의 성향을 면밀히 검토해 보는 작업이 필요하다. 익명의 심사자
   께서 지적해 주셨듯이, 본고에서 이런 문제를 꼼꼼하게 다루지 못한 점이 아쉬움으
   로 남는다. 차후의 연구나 동학들의 관심을 기대해 본다.

4 기욤 언어학의 접근을 도와주는 참고문헌은 Wilmet(1978), 전성기(1983), 박형달
   (1996), Boone et Joly(1996) 등을 참조할 수 있다.

5 이른바 촘스키가 발전시켜온 모델—표준이론, 지배·결속 이론, 장벽이론, 최소주의

세계 언어학계의 주류에서 벗어난 듯해도 끊임없이 논의되고 있는 소쉬르 관련 이론은 구체적인 실제 언어를 철저하게 기술하거나 분석하는데 왜 적극적으로 적용되지 않는가 하는 점이다. 우리는 소쉬르를 문제삼고 있는 기욤의 정신·심리역학론의 언어학 모델이 실제로 한국어와 불어의 구체적인 언어를 분석하는 데 있어서 어떻게 활용될 수 있는가를 구체적으로 보여주고자 한다.[6] 이것이 본 논문의 두 번째 목적이 된다.

2. 소쉬르학에서의 기욤의 위치

기욤의 초기 논문이나 고등학술원(Ecole Pratique des Hautes Etudes)에서의 강의록을 보면, 항상 논의의 출발점에 소쉬르의 『강의』의 일부가 테제로 놓인 다음 그와 관련된 자신의 입장이 제시되는 방식을 취하고 있음을 한눈에 알 수 있다. 거의 예외가 없을 정도로 기욤의 글쓰기 방식은 일정하다. 이처럼 기욤이 소쉬르를 정면에서 걸고 있지만, 소쉬르학에서 그다지 큰 관심을 끌지 못하고 있는 것이 작금의 실정이다. 왜 이런 상황이 조장되었을까? 이 글에서는 이러한 문제에 깊이 천착하지는 않겠

이론 등−에 따라 한국어를 분석한 수많은 논문들을 생각할 수 있다.

6 우리의 시각에 포착되는 언어학계 특히 한국언어학계의 언어학적 논의들은 논리·실증주의적인 입김이 강한 영미언어학계의 영향 때문에, 특정이론−주로 생성문법 계열−과 특정언어−영어와 한국어−에 대한 개별적인 관심에서 벗어나지 못하고 있음이 눈에 띈다. 우리가 주장하는 것은 이러한 작업들이 무의미하다는 것이 아니라, 특정이론과 특정언어에 시각이 고정되고, 비교론적인 관점이 결여되면, 전체적인 방향감각을 잃게 되어 왜 그러한 이론에 매달리고 있는지에 대한 이유가 희미해질 수도 있고, 또한 언어사실을 자칫 왜곡할 수 있는 맹점을 조심하자는 것이다. 일례로, 한국어문법의 주요한 논쟁거리−이중주어의 문제, 격조사교체의 문제 등등−가 조사류를 격조사와 보조사라는 특수한 틀로 규정하고 들어가는 선입관 때문에 파생된 문제이지, 그 본질적인 면은 다른 데 있을 수 있다는 것을 반성해 보는 여유를 가져야 할 것이다(목정수(1998ㄱ, ㄴ) 참조).

지만, 언어학사가들을 위시해서 언어이론에 관심을 갖는 사람들에게는 아주 흥미로운 주제거리가 될 것이다. 이 장에서는 다만 기욤의 소쉬르 비판의 핵심적인 부분만을 부각시켜 비교하고, 언어사실을 새롭게 인식하는 데 있어 기욤의 어떤 관점이 응용될 수 있는가를 보여주고자 한다.

2.1. 심리작용 시간의 발견

기욤이 소쉬르를 전면적으로 비판하고 극복하려 했던 점들 중에서 자신의 이론의 전개과정과 가장 직접적으로 관련이 있는 부분은 활동으로서의 언어(langage)의 기저에 숨어 있는 시간성(temporalité)을 인식하고 그것을 언어학 모델(modèle linguistique)에 반영하는 문제였다. 기욤은 언어를 활동, 즉 움직이는 정신역학체(psychomécanisme)로 파악하려는 일관된 입장을 견지하고 있다. 운동은 시간을 전제하므로 언어활동의 파악에도 시간성이 핵심 인자로 고려되어야 한다는 것이다. Guillaume(1919)에서 명시적으로 제시되지는 않았지만,[7] 그 싹을 엿볼 수 있고, Guillaume(1929)에 이르러 구체적으로 제시된 심리작용 시간(temps opératif)의 개념이 바로 그것이다. 그리고 심리작용 시간을 언어모델을 설정하는 데 고려하고 있다는 것은 그 시간성이 실현되는 장소에 위치하고 있는 언어주체를 또한 고려하고 있다는 것이 되므로 기욤이 상정하고 있는 언어학 모델은 다음의 (Ⅰㄱ)과 같이 제시될 수 있고, 기존의 구조주의적 모델 (Ⅰㄴ)과 차별화된다.[8]

---

7 "Au moment de l'emploi, la notion permanente est appelée du fond de l'esprit pour paraître à la surface. Il lui faut ainsi traverser les deverses couches d'impression étagées au–dessus d'elle"(Guillaume(1919:161)).

8 Hewson(1984)를 참조.

(그림 I) ㄱ. 랑그(= 조건) → 화자(랑그의 피조건이자 담화의 조건) → 담화
ㄴ. 심층구조(= 랑그 = 조건) → 표층구조(= 빠롤 = 결과)

기욤은 언어학 모델 설정에 있어서 전통적인 구조주의 시각에서는 언어의 주체가 소외되어 있음을 비판한다.[9] 언어학 모델은 자연과학적 모델과 유사성이 있지만 그 차별성은 바로 언어현상을 조장하는 인간이라는 언어주체가 설명적 사실로서의 언어(langue)와 설명해야 할 사실로서의 언어현상(langage) 사이에 개입된다는 것이다(Hewson(1984:183)).

기욤의 언어모델을 촘스키의 변형문법 모델과 비교할 때, 겉보기에 언어(langue)는 심층구조에, 담화(discours)는 표층구조에 대응시킬 수도 있다.[10] 그렇게 하면 기욤 모델에서 시간의 지배를 받는 동시에 시간을 운용하는 언어주체는 변형문법에서는 무엇에 해당하는가? 이는 심층에서 표층으로 변형·전환시켜주는 프로그램, 연산장치, 컴퓨터의 알고리즘이 될 것이다(Valin(1975:IX)).

2.2. langue/parole에서 langue/discours로

소쉬르의 이분법적 원리들 즉, 랑그/빠롤, 시니피앙/시니피에, 공시태/통시태, 계열관계/통합관계 등의 방법론적 구분이 언어기호의 자의성(arbitrarité)에 기반하여 그 성격이 규정되고 있는 데 비해, 기욤의 심리작

---

9   구조주의 언어학을 비판하는 Joly et Roulland(1980:539)의 다음 구절은 인용할 만하다. "Le développement du structuralisme en linguistique a suscité un peu partout dans le monde scientifique, mais assez tardivement, de vives réactions contre la <déshumanisation> de ces systèmes, relations, axes et ensembles descriptifs qui consacrent une immense absence : celle d'un sujet, à tout le moins d'une certaine téléonomie capable d'unifier le phénomène linguistique"

10 Clarke & Sheen(1975) 참조.

용 시간의 관점에서 보면, 이러한 이원성의 성격은 다음과 같이 연쇄적으로 새롭게 규정된다.

기욤이 소쉬르의 랑그/빠롤의 이원성을 비판하는 부분과 시간성을 토대로 언어활동을 언어를 먼저(avant)로 담화를 나중(après)으로 하는 이중 운동(double mouvement)으로 파악하는 내용을 원문 그대로 인용해 본다.

"내가 진작부터 깨달아 알고 있었고 또 다른 사람들이 전해 준, 소쉬르의 이 편의주의가 정확히 무엇인지를 탐구하는 것은 소용없는 일은 아닐 것이다. 소쉬르는 언어활동(langage), 언어(langue), 말(parole)을 구분하고, 다음과 같이 그에게 있어서 근본적인 등식을 제시한다 : 언어활동 = 언어+말.

이 등식에 의하면 언어활동은, 언어에서 말로의 연속의 전부―우리의 내부에 잠재 상태로 항구적으로 존재하는 언어와 우리의 내부에 결과의 상태로 순간적으로 존재하는 말로의 연속―로 하는 관계에 따라서 해석될 수밖에 없다.

이러한 해석은, 내 나름으로 내린 것으로서, 소쉬르의 책에서는 찾아볼 수 없다. 그러나 이 해석이 소쉬르의 책에 명시적으로는 아무데도 안 나타나 있다 해도, 암시적으로는 도처에 깔려 있다. 이 해석은 이 책의 전체 내용으로 보아서 암시적인 것으로 제시되어 있다. 겉으로 나타나 있는 것보다 더 깊은 설명을 암시적으로 유지하는 것은 편의주의의 특색이며, 이 책이 더 큰 성공은 아니더라도 새로 탄생한 주장의 장소에서 저항을 덜 받은 것은 다 이 편의주의에 힘입고 있는 것이다.

(⋯)

이런 모양으로 나타내면, 다루어지고 있는 중심 문제가 밝혀지며, 이렇게 밝혀짐으로써 소쉬르의 공식 '언어활동 = 언어+말'이 그 결함을 드러낸다. 소쉬르식 공식이 간과하고 있는 그리고 언어학의 모든 문제에서 가장 엄밀하게 고려되어야 할 여지가 있는 요인은 시간이라는 요인이다. 전체나 총체로서의 언어활동은 연속성, 즉 화자 안에 항구적으로 따라서 모든 순간성을 떠나서 존재하는 언어로부터 화자 안에 단지 순간성―다소간 공간화된 순간성-으로서 존재하는 말로의 이행의 연속성을 포함하고 있다.

(…)

역사문법의 이성적 도식에 관한 비판을 마치고, 언어활동, 언어, 말이라는 세 용어 사이에 존재하는 관계에 대한 소쉬르식 공식으로 돌아가 보자.

이러한 관계는 랑그와 빠롤 사이의 연속성 요인을 첨가하면 다음과 같이 된다.

$$\text{langage} \int \begin{array}{l} \text{parole} \\ \uparrow \\ \text{langue} \end{array}$$

(Leçon du 20 février 1948, série C).(Guillaume(1973:64-72))

이상의 인용에서 알 수 있듯이, 기욤은 소쉬르의 랑그/빠롤의 이분법적 개념쌍의 근본을 사회/개인, 계열관계/통합관계, 체계/비체계로 나누는 데서 찾지 않고 잠재(virtuel)와 실현(réel), 먼저(avant)와 나중(après)이라는 시간성의 토대에서 찾고 있음을 확인할 수 있다. 기욤에게 있어서, 언어(langue)와 담화(discours)는 언어의 두 가지 존재양식이고, 그 두 양식은 각각 심리적 시간상의 먼저와 나중의 관계 하에 언어 운용자인 언어주체(sujet parlant) 속에서 운동하는 존재로서의 화자와 연계되어 있다.

2.3. '기호 = 시니피앙+시니피에'에서 '시니피에→기호→시니피앙'으로

기욤은 '기호 = 시니피앙 + 시니피에'라는 소쉬르 공식을 발생론적(génétique) 시각에서 다음과 같이 수정한다.

(그림 II)

```
잠재적 시니피에 → 기호 │ 기호 → 결과적 시니피에

랑그 차원의 시니피앙  →  디스쿠르 차원의 시니피앙
```

언어활동이 이루어지는 선후 맥락을 다 고려하면, 사고(pensée)에서 언어활동을 거쳐 언어표현으로 실현되는 과정을 상정할 수 있다. 이런 발생적 시각에서 보면, 기호가 하는 역할은 잠재적인 시니피에를 결과적인 시니피에로 외현화하는 역할을 담당하는 데 있으므로, 시간의 흐름상 소쉬르의 기호관이 위의 그림과 같이 재수정되는 것은 당연한 결과라고 할 수 있다.[11]

2.4. 종합

랑그/빠롤의 이원성은 기욤에 이르러서는 잠재로서의 언어와 실현으로서의 담화 사이의 전이과정으로 파악된다.[12] 그리고 소쉬르의 통시태/공시태라는 방법론상의 구분은 언어의 존재양식을 적극적으로 고려하는 측면과 시간성을 고려하는 시각에서 별개의 존재가 아닌, 잠재에서 실현으로의 전이과정이라는 범시태로 통합된다. 또한 계열관계/통합관계에서 세로관계 축의 기본 조건인 부재(absence)의 관계와 가로관계 축의 기본 조건인 현존(présence)의 관계에서도 기본적인 것은 시간성인데, 부

---

11 기욤이 'signe', 'signifiant', 'signifié'를 새롭게 정의하고 있는 내용에 대해서는 Boone et Joly(1996)의 관련 항목을 참조할 수 있다.

12 소쉬르의 랑그/빠롤이 사회적 사실과 개인적 사실로 그 특성이 규정되었지만, 기욤에게는 오히려 랑그가 개인적인 차원에 존재하는 잠재적인 상태로 규정되고 빠롤이 개인과 개인 사이에서 즉 사회적 관계 속에서 실현되는 현실적 상태로 규정된다.

득이 물리적 시간의 제약을 받아 선조적으로 전개되는 언어현상의 이면에 있는 심리적 시간의 미시구조가 기욤에게는 무엇보다도 그 중요성을 갖는다.

결과적으로 기욤의 언어학이 구조주의에서 후기구조주의로, 대립(opposition)의 언어학에서 위치(position)의 언어학으로 전환된 것은 언어모델에 시간성을 고려한 것에서 기인하는 것으로 파악할 수 있다. 구조라는 것을 관계나 상내성에 의해 소극석으로 파악하는 성적인 관점으로부터 구조를 이루는 구성요소들의 구조 내에서의 위치, 즉 심리적 시간의 지배를 받는 선후의 위치를 중요하게 고려하는 동적인 관점으로 옮겨가게 된 것이다. 언어활동에 도사리고 있던 시간성을 모든 현상의 기본으로 보게 됨으로써 소쉬르의 이분법은 바로 이 기본 인자에 의해 해체·재구성되는 것이다. 구조주의의 기본 강령에 의하면, 주어진 한 항의 의미값(valeur)이란 체계 내의 다른 항들과의 관계에 의해 대립적으로(oppositivement), 소극적으로(négativement), 상대적으로(relativement) 정의된다. 이러한 초기 구조주의의 입장에서 한걸음 더 나아간 기욤의 정신·심리역학론(psychomécanique)의 입장은 항들 간의 체계 내에서의 대립뿐만 아니라, 그들 간의 위치도 매우 중요하게 여긴다. 그것은 공시적 관점에서도 언어체계에 존재하는 심리적 작용시간(temps opératif)에 의거하여 정적인 체계가 아닌 동적인 체계를 구성하려 하기 때문이다. 예를 들어, 'A'항과 'B'항이 있을 때, 'A'와 'B'의 대립관계는 {A, B}이든 {B, A}이든 차이가 없지만, 위치를 중요시하는 정신·심리역학론의 입장에서는 {A, B}와 {B, A}의 차이가 아주 중요하게 취급된다. 관사 체계를 구성하는 부정관사와 정관사는 그 대립관계로 의미값이 주어지지만, 그 근본적 의미차이를 드러내 주는 것은 체계에서의 그들의 위치이다. 심리체계에서 부정관사는 정관사에 선행한다. 즉 먼저(avant)의 자리를 부정관사가, 나중(après)의 자리를 정관사가 차지하는 심리체계가 설정된다. 따라서 정신·심리역학론에서 체계라 함은 무엇 무엇으로 구성된 체계가 아니라 무엇 무엇이 어떤 순서로 구성된 체계를 뜻한다. 이러한 관사의 체계를 보여주는 것이 다음에 제시하는 그 유명한 근원적 이원장력형(tenseur binaire radical)의 도식이다.

(그림 Ⅲ) 불어의 관사체계

(여기서 보편(= universel), 특수(= singulier)는 인간사고의 이중운동이 이루어지는 극한을 나타내는 메타언어로서, 해당 형태소의 의미를 적절하게 표현할 수 있는 다른 메타언어로 교체될 수 있다.)

3. 언어이론과 언어분석

본고는 불어나 한국어의 문법적 요소들의 실현 양상을 어떤 특정 모델이나 이론의 틀에 맞추어 설명하려는 시도가 아니고, 다만 2장에서 소쉬르의 방법론과의 비교를 통해 제시한 기욤의 정신·심리역학론의 기본 입장과 방법을 받아들이고 철저하게 용어의 개념을 정리하여 적용할 때, 주어진 대상 언어가 어떻게 새로운 모습을 드러내는가를 명시적으로 보여주고자 한다. 지금까지 한국어학계에는 정신·심리역학론의 방법론을 통해 한국어를 들여다본 작업이 거의 없으므로, 우리의 작업은 한국어의 새로운 면을 들춰내는 동시에 언어이론의 비교 작업이 갖는 중요성 또한 부각시킬 수 있을 것이다.

시간성을 고려하여 언어를 활동으로서 파악하는 시각에서는 언어현상의 발생론이 문제가 되므로, 언어현상은 있는 그대로 파악이 되어야 하고 현상들 간의 차이는 시간의 흐름에 따라 파악된다. 따라서 현상의 동일 층위에서 심층과 표층의 구분 문제는 인위적으로 제기되지 않는다. 논리적으로나 조작적으로 심층과 표층을 구분하고 그 기제를 생략에서 찾는 언어이론은 우리의 시각에서는 원칙적으로 배제된다.[13]

3.1. 명사의 문법

3.1.1. 불어의 명사구 확장구조

어떤 언어에서 명사의 문법을 구성하려면 해당 언어의 형태론적 특성과 유형론적 특성을 고려하여야 한다. 즉 명사의 문법관계가 실현되는 방식은 언어의 유형에 따라 달라지기 때문이다. 우리는 불어와 한국어의 명사를 중심으로 그것의 형태론적 유사성을 구체적인 실현양상을 통해 보여주고자 한다. 먼저 실제 불어 자료를 중심으로 명사가 실현되는 양상을 살펴보자.

(1) ㄱ. Je vais le tuer, Paul.

ㄴ. Combien t'en as d'enfants?

ㄷ. Je voudrais lui parler à M. Martin.

ㄹ. Mes enfants, ils vont à la campagne en voiture.

ㅁ. Une étude de la linguistique

굴절어로 분류되는 인구어들의 역사적 변모를 살펴보면, 문법적 기능을 담당하던 굴절어미가 어순이나 전치사에 그 역할을 넘겨주는 현상을

---

13 동일한 차원에서 실현된 둘 이상의 언어표현－발화체이든 문장이든－간의 동의관계(synonimie)를 포착하기 위해 흔히 사용되고 있는 생략이란 기제의 지나친 힘과 거기서 나오는 논의의 순환성에 대한 비판으로는 목정수(1998ㄱ)과 목정수(1999)를 참조할 것.

보게 된다. 그러나 여기서 생각해 봐야 할 것은 인구어의 곡용어미 (désinence)는 독립적인 통사 단위를 이루는 것이 아니지만, 불어의 전치사는 독립적인 통사단위가 될 수 있다는 점이다. 라틴어에서는 어근 또는 어간과 격곡용어미가 융합된 형태가 랑그의 기본단위가 되므로, 곡용어미를 통사론의 최소단위로 볼 수 없다. 반면에 불어의 전치사나 한국어의 후치사는 하나의 독립적인 통사단위가 된다.

원래 격(cas)은 그리스어나 라틴어를 근간으로 한 전통문법에서 형태적으로 명사곡용에 의해 표현된 문법적 의미를 포착하기 위한 개념이었다. 그런데 종합어적 성격의 라틴어에서는 격이란 개념 자체가 랑그의 차원에서 이미 형태적으로 결정되어 있는 일차적 사실이고, 분석적 경향으로 바뀐 불어의 격은 담화 차원, 즉 문장 내에서 사용되는 지점으로 들어가서야 결정되는 이차적인 사실이란 점이 중요하다. 즉, 불어의 명사는 잠재적인 상태에서는 모든 격으로 실현 가능한 덩어리격(cas synaptique)의 상태로 존재하고 있다가 문장 내에 쓰일 때, 필요한 통사적 기능에 따라 꼴을 바꾸지 않고도 그 자체가 분석적으로 실현된다. 형태 내부적으로 분석된 격은 덩어리격과 겉으로 보기에는 동일하지만, 그 차원이 다른 이차적 사실에 속한다는 점을 간과해서는 안 된다. 덩어리격의 명사는 랑그 차원의 명사이고, 형태내부적으로 분석된 격의 명사는 담화 차원의 명사이므로 단지 형태가 같다고 해서 같다고 볼 수가 없는 것이다.

라틴어의 명사는 다음의 곡용 패러다임에서 보듯이, 이미 격개념이 랑그 층위에서 분화되어 명세화된 형태로 존재한다.

> (2) nom. HOMO, gén. HOMINIS, dat. HOMINI, acc. HOMINEM, abl. HOMINE

반면에 불어의 경우를 보면, 통사적 기능의 실현 양상이 다르다.[14] 통

사적 기능을 표시하는 이차적 수단의 첫째는 어순이다. 불어에서 어순에
의해 다음과 같은 통사적 기능이 실현될 수 있다.

> (3) ㄱ. <u>L'homme</u> est mortel. (주어)
> ㄴ. Je ne connais pas <u>cet homme–là</u>. (목적어)
> ㄷ. Je suis <u>homme</u>. (속사보어)

위 예문 (3ㄱ)의 밑줄친 'homme'는 라틴어의 주격형 'homo'에 해당하
고, (3ㄴ)의 'homme'는 라틴어의 대격형 'hominem'에 해당하고, (3ㄷ)에
서는 'homo'에 해당한다.

둘째, 통사적 기능은 일종의 기능 단소(monème fonctionnel)인 전치사
로 표시된다. 위의 예문 (1ㄷ)을 보라.

마지막으로 자율 단소(monème autonome)에 의한 기능의 표시방법이
있다. 자율 단소란 그 자체의 뜻 속에 기능의 지시를 내유하고 있는 단소
로서 위치나 기능표지에 의존치 않는다.[15]

> (4) ㄱ. Paul, il travaille <u>la nuit</u>.
> ㄴ. <u>La nuit</u> je deviens fou, fou, fou.

불어의 잠재적인 덩어리격이 영형태소 혹은 전치사를 매개로 담화 차
원에서 통사적 기능을 획득하게 되는 화자의 심리적 과정을 도식으로
표현한 것이 다음의 그림 (Ⅳ)이다.[16]

---

14 Martinet(1972)에 따르면, 통사적 기능이란 경험의 한 요소와 전체경험 사이의 관계
에 대응하는 언어적 사실이다. 경험이란 현상에 대한 인간의 지각의 소산을 일컫는
다. 언어는 그 경험을 반영한 전달의 도구이다. 언어와 경험은 표리의 관계에 있다.
경험의 일요소에 대응하는 언어의 일요소는 단소이며 전체경험에 대응하는 언어적
요소는 서술어이다. 한 단소의 통사기능이란 단소의 서술어에 대한 관계를 말한다
(박형달(1973)에서 재인용).

15 한국어의 시간, 장소 관련 명사가 여기에 해당한다. ≪오늘≫, ≪세시간≫, ≪여기≫ 등.

(그림 Ⅳ)

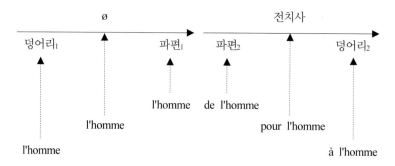

≪homme≫라는 덩어리격은 일차적으로 문장에 실현될 때 화자가 의도하는 대로 분석된 격으로 쪼개지는 과정을 겪는다. 이것이 <보편₁>(= 덩어리격)에서 <특수₁>(= 분석격)로 움직이는 과정에서 일어나는 심리운동이다. 그러나 이렇게 분석된 격이 문장 내에서 문법관계를 형성하지 못하면, 즉 적절한 통사적 기능을 담당하지 못하게 되면, 심리운동은 <특수₁>이라는 문턱에서 멈추지 않고 체계 안에서 계속 움직인다. 주의할 것은 이때의 움직임은 <특수₁>까지의 움직임의 방향과 반대이다. 왜냐하면 이 단계에서는 전치사의 간접적 도움을 받게 되는데, 전치사에 의한 포착은 외부로부터의 침투이므로 <특수₁>의 위치에 도달한 분석격은 전치사에 대한 보상작용(compensation)에 의해 다시 방향을 바꾸어 분석의 문을 닫고 덩어리격으로 모습을 바꾸어 나간다.[17]

16　이하 Guillaume의 Leçon 4:45–50를 참조.

17　Guillaume(1974)는 먼저 이루어진 운동－<보편₁>→<특수₁>－을 통해서 실현된 격을 'cas endosynthétique ouvrant analytique'라고 표현했고, 나중에 이루어진 운동 －<특수₂>→<보편₂>－을 통해서 실현된 격을 'cas exosynthétique fermant analytique'라고 표현하여 그 차이점을 드러내고 있다. 탁월한 통찰력이라고 여겨진다. 논의의 이해를 돕기 위해 다소 길더라도 그의 설명을 그대로 인용해 보기로 한다. "En thèse générale, il est important d'insister sur ce que le cas synthétique du français －qui est le cas de langue－ n'est jamais, in toto, un cas de discours.

3.1.2. 전통적 나무그림의 문제점

다음으로는 이렇게 실현된 명사의 구조를 파악하기 위해 사용되는 도식, 나무그림의 문제점을 따져 보자. 나무그림의 원리는 직접성분분석에서부터 생성문법에 이르기까지 그 시각적 효과 때문에 가장 많이 사용되었다. 그러나 우선 형태와 의미 간의 중심이 일관되지 못하다는 점이 지적되지 못했다.[18] 그리고 영어나 불어의 언어가 유형론적으로 랑그의 격으로 실현되는 굴절어적 성격에서 멀어진, 즉 담화격을 사용하는 고립어적, 교착어적 성격의 언어로 그 유형이 변화된 사실을 충분히 고려하지 못하고, 이차적인 사실인 통사적 기능—주어니 목적어니 보어니 하는—을 중심으로 통사/어휘·의미적 환경에 따라 개별적으로 명사의 구조를 파악하고 있기 때문에 전반적으로 일관된 명사의 구조를 파악하지 못하고 있다는 점은 심각한 문제이다. 이러한 시각이 고정된 것은 언어를 정적인 표면의 구조로 파악하고, 움직이는 실체, 즉 언어와 담화의 이중적인 존재양식에 걸쳐 있는 실체로 파악하는 동적인 언어관에 서지 못했기 때문이다.

다음은 초기 생성문법에서 제시한 명사구와 전치사구의 나무그림이다.

De deux choses l'une : ou bien, par marche au plus étroit, il s'ouvre et livre un cas contenu, ou bien, par marche au plus large, il se ferme et s'annule et, sous nullité, n'a pas d'emploi lui apprtenant. Il tient son emploi de ce qu'apporte la préposition."(Leçons 4:55).

18 최근에 생성문법에서 DP분석이 제시되었지만 우리의 논의와는 별개이다.

(그림 V)

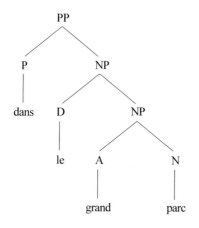

이러한 나무그림의 구체적인 문제점을 지적해 보자.

첫째, 형용사와 관사를 동일한 차원에서 파악하고 있다. 즉 형용사와 관사는 동일차원에서 명사를 수식하는 수식어로 파악된다. 그러나 형용사의 개방성·어휘성과 관사의 폐쇄성·문법성을 고려하면 그 방식의 모순을 쉽게 알 수 있다.

여기서 잠시 관사의 본질에 대해 간략히 제시해 본다. 불어 문법에서 관사는 명사를 수식한다는 점에서 다른 형용사와 비슷한 기능을 하는 것으로 보아 왔는데, 다음과 같은 점에서 차이가 있다. 형용사는 명사의 어휘적 의미(matière notionnelle)와 관련된 내포/외연에 영향을 준다는 점에서 '질료적 한정사(déterminant matériel)'로 분류되는 수의적인 성분이다. 이에 비해 관사는 외연의 적용영역을 한정하는 '형식적 한정사(déterminant formel)'로서, 대상과 화자와의 관계도 알려주는 필수적 담화 표지이다.

형용사와 관사의 차이를 정신·심리역학론의 걸림관계(incidence) 이론을 빌려 표현하면 다음과 같다. 걸림관계란 질료인 지참(apport)과 형식인 지지(support)의 투사관계이다. 질료는 형식에 투사되는 것이 기본원리이다. 따라서 형용사, 즉 질료적 한정사는 명사에 투사되어 걸리지만 명사는 형식적 한정사인 관사에 투사되어 걸린다. 그림으로 나타내면 다음과 같다.

(그림 Ⅵ)

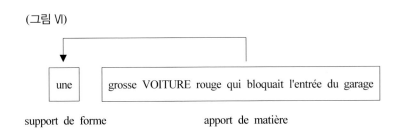

une support de forme

grosse VOITURE rouge qui bloquait l'entrée du garage apport de matière

둘째, 관사와 명사의 관계와 전치사와 명사구의 관계가 이질적이다. 명사를 중심으로 보더라도 관사와 전치사는 문법적 관계를 실현한다는 점에서 형상(forme)과 질료(matière)의 관계로 환원되는데, 한 차원에서는 질료(= 명사)를 중심으로 범주가 NP로 결정되고, 다른 차원에서는 형상(= 전치사)을 중심으로 범주가 PP로 결정되고 있다.

셋째, 평면적으로 주어니 직접목적어니 간접목적어니 하는 통사적 기능은 똑같이 문장 내에서 실현된 표층의 담화적 사실인데, 주어나 목적어의 최대 투사는 NP로, 간접목적어나 처소어 등은 PP로 최대 투사되는 것은 표면에 이끌린 것이다. 표면에 집착하고 언어의 실현과정 즉 그 과정에 숨어 있는 시간의 흐름을 놓치면, 랑그 차원의 명사 자체와 담화 차원에서 실현된 명사를 결과적으로 형태가 동일하다고 해서 동일 차원에 놓고 파악하게 된다. 다시 말해서, 랑그 차원의 어휘 목록에 있는 ≪avion≫과 'je vais aller au Japon en avion'라는 문장에 실현된 'avion'은 눈에 보이는 형태가 같더라도 존재 차원이 다른 것이다. 비유적으로 표현해서, 차고에 있는 자동차와 고속도로를 달리고 있는 자동차의 존재론적 차이를 상기해 보면 될 것이다.

3.1.3. 시간성을 고려한 나무그림

이상과 같은 나무그림이 안고 있는 문제점을 극복하기 위해 우리가 고안한 나무그림은 다음과 같다. 우리는 어휘(= 의미) 중심에서 문법(= 형태) 중심으로의 일관성을 유지하기 위해 화살표로 걸림관계를 표시하고, 명사의 랑그에서 담화로의 이행(= 실현) 과정이 두 차원에 걸쳐 이루어진다는 점을 생생하게 표현하기 위해 바의 개수로 표시했다. 명사에 첨가되는 형용사는 그 수에 관계없이 명사(N)의 자격(= 형상)을 바꾸지 못함을 주의하라.

(그림 Ⅶ)

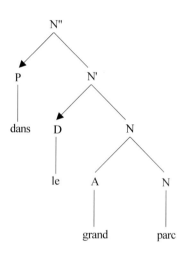

이러한 구조에 입각하여 문장에서 실현된 명사(구)의 내적 구조는 평등하게 다음과 같이 표시된다.

(5) ㄱ. Il y a [ø$_1$ un grand parc] [à ø$_2$ New York], qui s'appelle "Central Park".

ㄴ. Je vais aller [au Japon] [en ø$_2$ avion].

ㄷ. [ø$_1$ ø$_2$ Paul], il est [ø$_1$ mon ami].

3.1.4. 한국어 자료의 분석과 조사의 체계

한국어의 경우도 마찬가지 방식으로 분석될 수 있다. 전통적인 조사 분류 방식을 떠나 명사 뒤에 나타나는 조사류의 실현양상을 총제적으로 제시하고, 그에 따라 조사의 체계를 세우고 그 시간적 실현 순서에 따라 한국어 명사의 확장 구조를 파악해야 하는 것이다.[19] 예를 들어, 한국어에서 명사 '학교'를 중심으로 그것이 문장 내에서 실현되는 양상을 가능한 한 전부 제시해 보자.

(6) ㄱ. 너 학교 안 다닐 거니?

　　ㄴ. 오랜만에 학교에 가 봤더니, 많이 변했더라구.

　　ㄷ. 네 형편에 학교엘 어떻게 다녀?

　　ㄹ. 철수는 학교를 같이 가자고 매일 우리집에 들렀다.

　　ㅁ. 학교가 뭐 간다고 가지냐?

　　ㅂ. 그렇게 공부하려면, 학교에는 뭐 하러 다니냐 이 놈의 자식아?

　　ㅅ. 우리 아들 이제 학교도 가고, 수영장도 다니고 좋겠네!

　　ㅇ. 저 치가 우리학교 영어선생이여.

　　ㅈ. 우리 학교의 전통을 살릴 수 있는 방안을 모색해 보시오.

　　ㅊ. 우리 학교는 사립이라 등록금이 비싸.

　　ㅋ. 한국에는 대학교가 너무 많아.

　　ㅎ. 사장님, 학교만 보내 주시면, 머슴처럼 열심히 일해 드리겠습니다.

명사가 통사적 기능에 따라 주어, 목적어, 처소어 등으로 실현될 수 있고 그 실현방식은 일정하게 나타나는 것을 분포를 통해서 알 수 있다.

---

19 목정수(1998ㄱ, ㄴ) 등 일련의 논문에서는 한국어 조사류에 대한 새로운 해석을 시도함과 아울러, 그로 인해 문법 전반에 번져 나가는 파장을 정리하고 있다.

통사적 기능을 나누어서 명사 '학교' 뒤에 실현되는 조사의 분포양상을
다음과 같이 정리할 수 있다.

(7) 학교-$\emptyset_1$-$\emptyset_2$ 가다.　　학교-$\emptyset_1$-$\emptyset_2$ 크다.　　학교-와-의 관계.
　　학교-에-$\emptyset_2$ 가다.　　학교-$\emptyset_1$-는 크다.　　학교-$\emptyset_1$-의 책.
　　학교-$\emptyset_1$-를 가다.　　학교-$\emptyset_1$-가 크다.　　학교-$\emptyset_1$-$\emptyset_2$ 선생.
　　학교-에-를 가다.　　학교-$\emptyset_1$-도 크다.　　학교-와-$\emptyset_2$ 선생님.

　　이런 방식으로 한국어의 조사 체계를 수립하고 위에서 제시한 시간성
을 고려한 나무그림으로 이를 다음과 같이 표상할 수 있다.[20]

(그림 Ⅷ)

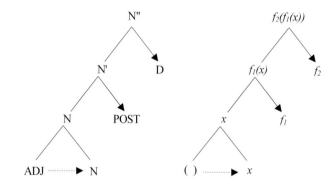

　　(ADJ = 형용사류, POST = 격조사(= 문법관계표지), D = 한정조사(= 관사),
　　N = 잠재명사, N' = 문법관계 실현명사, N'' = 결과명사)

20　이 그림에서 특히 주목할 것은 D(éterminant) 범주(= 한정조사 = 관사)가 기존 한국어
　　문법의 관형사 또는 한정사라고 불리는 {이, 그, 저}나 {한, 하나의} 등과 혼동해서는
　　안 된다는 점이다. 이에 대한 자세한 내용도 목정수(1998ㄱ, ㄴ) 등을 참조할 것.

3.2. 동사의 문법

다음으로는 불어와 한국어의 동사의 시상 표현을 중심으로 그 실현 양상을 살펴보고자 한다. 이를 통해 우리는 불어와 한국어의 (보)조동사 구성이 동일한 원리에 의해 실현됨을 보이고, 그 차이는 상대적인 위치의 차이에서 기인하는 것임을 밝히고자 한다. 다음의 두 언어의 예를 비교해 보자.

(8) ㄱ. Pierre, il chante une chanson japonaise.[21]

ㄴ. Pierre, il a chanté une chanson japonaise.

ㄷ. Pierre, il a eu chanté une chanson japonaise.

---

21 본 논문에서 가급적 'Paul a chanté une chanson française'와 같은 예를 다루지 않는 이유는 구어 불어(français parlé)를 분석하고 있는 Blanche–Benveniste et al.(1984)에서 밝히고 있듯이, 동사에 의존하는 문법요소는 'Paul'이 아니고 'il ~ i ~ l'이기 때문이다. 불어의 소위 인칭대명사의 문법적 지위에 대해서는 별도의 논의가 필요하다. 먼저 불어의 인칭대명사가 갖는 동사 의존적인 교착적 성격을 다음 예를 통하여 제시하고자 한다. 다음 예를 보자.

(1) Moi, je sais pas ce qu'y veut dire, mon petit.
(2) J'ai voulu la lui demander à mon père.
(3) Comment l'était la grande réunion?
(4) On va la jeter où cette eau.
(5) Edith Piaf je l'ai connue.

여기서 우리는 그냥 인칭대명사라고 하지 않고 굴절대명사라고 하고자 하는데, 이는 불어의 경우에, 소위 인칭 대명사로 규정되고 있는 {je, tu, il, elle, nous, vous, ils, elles, on}의 형태와 그 행태를 고려해서이다. 이러한 대명사들의 특징으로는 음운론적 비자립성, 즉 clitique로서 동사 왼쪽에 교착되는 의존성, 또한 음운론적 현상으로 이들 대명사가 뒤에 무성음으로 시작하는 동사 앞에서 무성음화되는 역행동화 현상 등을 들 수 있다. 따라서 이들의 문법적 위상은 마치 라틴어의 동사 뒤에 위치하는 굴절어미와 하등의 차이가 없다고 할 수 있다. 따라서 이들 요소는 위치가 동사 앞이지만 동사어간 뒤에 붙어 있는 굴절어미와 같은 역할을 수행하고 있다는 점에서 굴절인칭대명사라고 한 것이다. 다음 예를 참조할 것.

(6) ㄱ. Tu as faim? → T'as faim?
　　ㄴ. Paul a chanté. → Paul, l'a chanté.

(9) ㄱ. 철수는 떡을 먹어.

　　ㄴ. 철수는 떡을 먹었어.

　　ㄷ. 철수는 떡을 먹었었어.

　전통문법을 보면, (8ㄱ)에 대한 (8ㄴ, ㄷ)의 동일한 언어자료를 놓고 시제(temps) 범주에 소속시키기도 하고 상(aspect) 범주에 소속시켜 기술하기도 한다. 이러한 기술의 다양성은 근본적으로 의미를 중심으로 하느냐, 형태를 중심으로 하느냐에 따른 것이다. 우리는 형태를 중심으로 하는 문법관에 서기 때문에 이 구성은 통사론적 구성체로 이루어진 상의 범주, 즉 복합상(= 초월상transcendant), 이중복합상(= 이중초월상bi-transcendant)으로 파악해야 한다고 본다.[22]

　(9ㄴ, ㄷ)에 있는 한국어의 {었}이란 형태도 불어의 복합상과 마찬가지로 '피조동(auxilié) + 조동사(auxiliaire)' – 전통 국어학의 용어로는 '본동사 + 보조동사' – 의 통사적 구성으로 분석될 수 있다.[23]

(10)　ㄱ. avoir(être) V-é

　　　ㄴ. V-어 있 > V-었

　불어는 동사 확장이 좌향적이고(= 조동사가 왼쪽으로 뻗어나가는 구조), 한국어는 동사 확장이 우향적(= 조동사가 오른쪽으로 뻗어나가는 구조)인 차이만이 있는 것으로 파악된다. 다른 조동사 구성을 통해 이러한 면모를 제시하면 다음과 같다.

22　Guillaume(1929), Hirtle(1975), Hewson(1997) 등을 참조할 것.

23　한국어의 시제와 상 체계 구축을 위한 형태 중심의 논의 목정수(2000)에서 {었}을 통사적 구성으로 파악해야 하는 논거를 자세히 제시하고 있다.

(11) 고-싶 + 어-있   avoir-pp + vouloir-inf.
    (나) 너하고 춤춰.   Je danse avec toi.
    (나) 너하고 춤추고 싶어.   Je veux danser avec toi.
    (나) 너하고 춤추고 싶었어.   J'ai voulu danser avec toi.
    (나) 너하고 춤추고 싶지 않았어.   J'ai pas voulu danser avec toi.
    (나) 너하고 춤추고 싶지 않았었어. J'ai pas eu voulu danser avec toi.

3.3. 유형론(typologie)에서 위상학(topologie)으로

전통적인 유형론에서 굴절어와 교착어로 분류되던 불어와 한국어를
기욤의 정신역학론 모델에 따라 분석을 해 본 결과, 불어는 오히려 교착
성이 두드러지게 나타나는 언어임을 알 수 있다. 따라서 불어는 한국어와
비교했을 때, 그 유형(typus)은 같고 그 위상(topos)이 다른 언어로 파악될
가능성이 열린다. 이를 다음과 같은 그림의 비교를 통해 명시적으로 보여
줄 수 있다.

(A) 명사의 차원

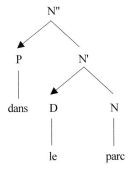
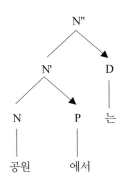

(B) 동사의 차원

조동₁ ← 피조동   부사형본동사 → 보조동사₁
  조동₂ ← 피조동   부사형본동사 → 보조동사₂
조동₃ ← 피조동   부사형본동사 → 보조동사₃
…   …   …   …

4. 결론

우리는 소쉬르학의 중요성과 그 발전 가능성을 긍정적으로 받아들인다. 그러나 소쉬르학은 언어학자들 각각의 입장을 주장하는 선에서 소쉬르를 새롭게 읽어내는 시도들을 뛰어넘어서 소쉬르의 내적 모순을 적극적으로 극복하는 차원에서도 보완되어야만 그 진정한 발전이 이루어질 수 있다고 믿는다. 전자의 작업과 관련하여 주의할 것은 소쉬르가 다양한 각도에서 음미되는 것은 바람직하지만, 그렇다고 언어학 담론의 모든 가능성을 소쉬르에서 찾고 그를 신화화하는 것은 경계해야 한다는 점이다. 이러한 의미에서, 소쉬르와 기욤의 비교 작업을 통해 소쉬르를 극복해 보고자 했던 우리의 작업은 작지 않은 의의를 갖는다.

이러한 시각에서 우리는 기욤이 소쉬르의 어떤 점을 비판하고 있고, 그를 통해서 새로 제시한 언어 모델의 성격에는 어떠한 차이가 있는가를 비교·제시하였다. 또한 실천적 차원에서 기욤의 언어학 모델을 적극적으로 이용하여 실제 언어를 분석했을 때, 어떻게 언어의 감춰져 있던 모습이 드러날 수 있는가를 보이고자 하였다. 불어와 한국어의 구체적인 예에서 명사구 확장과 동사구 확장의 실현 양상을 통하여, 그리고 철저하게 분포에 입각하여 분석한 결과, 불어와 한국어는 유형론적으로 유사한 양상을 띠고 있다고 볼 수 있는 여지가 많음이 드러났다. 이러한 유형론적 양상을 염두에 둔다면, 불어와 한국어의 문법의 실현 양상에 대한 이해는 불어와 한국어를 유형론적으로 별개로 보는 시각에서 같게 보는 시각으로의 전환을 요구한다. 이는 전통적인 유형론이 효력을 상실하고 있고, 이는 새로운 차원의 유형론-우리의 주장으로는 위상학-으로 시각 전환이 이루어져야 함을 암시한다.

참고문헌

김성도(1999). 「로고스에서 뮈토스까지 : 소쉬르 사상의 새로운 지평」 한길사.
김윤한(1997). "Saussure의 언어이론과 이분법." 「인문논총」 38.
김현권(1998). "소쉬르와 역사언어학적 전통(1)." 「언어학」 22.
목정수(1998ㄱ). "한국어 격조사와 특수조사의 지위와 그 의미 -유형론적 접근-." 「언어학」 23.
_____(1998ㄴ). "격조사 교체 현상에 대한 통사·의미적 논의의 재검토 -조사류의 새로운 질서를 토대로-". 「언어정보」 2.
_____(1999). "정감적 의미와 형태 분석 -청자지시 요소 {아} 분석을 위하여-." 「한국어학」 10.
_____(2000). "선어말어미의 문법적 지위 정립을 위한 형태·통사적 고찰 - {었}, {겠}, {더}를 중심으로-." 「언어학」 26.
박형달(1973). "현대 국어 동사의 동작참여요소의 통사론 -기능통사론 시론-." 「어학연구」 9-2.
_____(1996). 「이론언어학의 비교 연구」 서울대학교출판부.
장병기(1985). "소쉬르의 언어학에 있어서 이원성 원리 연구." 서울대 박사학위 논문.
장병기·김현권 편역(1998). 「소쉬르의 현대적 이해를 위하여」 박이정.
전성기(1983). "Gustave Guillaume의 언어학 이론." 「한글」 182.
최용호(1997). *Le temps chez Saussure*, thèse de doctorat, Université Paris X-Nanterre.

Amacker, R.(1975). *Linguistique Saussurienne*, Genève, Droz.

Blanche‒Benveniste, C. et al.(1984). *Pronom et Syntaxe : L'approche pronominale et son application au français*, Société d'Etudes Linguistiques et Anthropologiques de France.

Blanche‒Benveniste, C. et al.(1990). *Le Français Parlé : Etudes grammaticales, Centre National de la recherche Scientifique*, Paris.

Boone, A. et A. Joly(1996). *Dictionnaire terminologique de la systématique du langage*, L'Harmattan.

Clarke, S. et R. Sheen(1975). "Comments on Guillaume's Langue‒discours in the light of Chomsky's Competence‒performance dichotomy", *Grammaire générative transformationnelle et psychomécanique du langage*, Publications de l'Université de Lille III.

Coseriu, E.(1974). *Synchronie, diachronie und Geschichte. Das Problem des Sprachwandles*, München, W. Fink Verlag.

Derrida, J.(1967). *De la grammatologie*, Les Editions de Minuit.

Guillaume, G.(1919). *Le problème de l'article et sa solution dans la langue française*, Paris, Hachette.

_____(1929). *Temps et Verbe*, Paris, Champion.

_____(1973). *Principes de linguistique théorique de Gustave Guillaume*, Paris, Klincksieck et Québec, Presses de l'Université Laval et Paris, Klincksieck.

_____(1974). *Leçons de linguistique 1949‒1950, Série A, Structure sémiologique et structure psychique de la langue française II*, publiées par R. Valin, Québec : Presses de l'Université Laval et Paris, Klincksieck.

_____(1987). *Leçons de linguistique 1947‒1948, Grammaire particulière du français et grammaire générale III*, publiées par R. Valin, Walter Hirtle et André Joly, Québec : Presses de l'Université Laval et Lille, Presses universitaire de Lille.

Hewson, J.(1972). *Article and Noun in English*, The Hague, Mouton.

_____(1981). "La notion de ≪règle≫ en linguistique", *Modèles linguistiques 3*, Presses Universitaires de Lille.

_____(1981). "*Points de vue opposés sur la syntaxe*", *Systématique du langage I*, Presses Universitaires de Lille.

_____(1997). *The Cognitive System of the French Verb*, John Benjamins Publishing Company, Amsterdam/Philadelphia.

Hirtle, W.(1973). "Structure du mot et structure syntaxique", *Grammaire générative Transformationnelles et Psychomécaniques du Langage*, Publication de l'Université de Lille.

_____(1975). *Time, Aspect and the Verb*, Cahiers de psychomécanique du langage, Québec, Presses de l'Université Laval.

_____(1984). "L'anglais sans règles", *Systématique du langage I*, Presses Universitaires de Lille.

Joly, A. et Roulland, D.(1981). "Pour une approche psychomécanique de l'énonciation", *Langage et psychomécanique du langage Pour Roch Valin*, éd. par A. Joly et W. Hirtle, Presses de l'Université de Lille, Presses de l'Université Laval.

Joly, A(éd)(1988). *La linguistique génétique : Histoire et Théories*, Lille, P.U.L.

Joseph, J. E. et J. Taylor(eds)(1990). *Ideology of Language*, London, Routledge.

Koerner, K.(1973). *Ferdinand de Saussure, Origin and development of his linguistic Thought in Western Studies of language*, Vieweg, Branunsweig.

_____(1988). *Etudes Saussuriennes*, Genève, Slatkine.

de Mauro, T.(1969). *Une introduction à la sémantique*, Paris, Payot.

Martinet, A.(1970). *Eléments de linguistique générale*, Paris : Librairie Armand Colin.

_____(1971). ""Cas ou fonctions?" à propos de l'article "The Case for Case" de Charles J. Fillmore.", *La linguistique* 8.

Nerlich, B.(1983). "Le même et l'autre : le problème de l'identité en linguistique chez Saussure et Wittgenstein." *Cahiers Ferdinand de Saussure* 37.

Radford, A.(1981). *Transformational Syntax*, Cambridge University Press.

_____(1988). *Transformational Grammar*, Cambridge University Press.

_____(1997). *Syntactic theory and the structure of English : A minimalist approach*, Cambridge.

Saussure, F. de (1972). *Cours de linguistique générale*, Ed. critique par T. de Mauro, Paris, Payot.

Tesnière, L.(1959). *Eléments de syntaxe structurale*, Paris : Klincksieck.

Valin(1975). Préface (G. Guillaume, Le problème de l'article et sa solution dans la langue française)

한국어 문법 새롭게 보기

• 기능동사 '이다' 구성의 쟁점 •

1. 들어가기

한국어에서 '이다' 구성만큼 언어학적으로 다양한 문제를 안고 있는 것도 없을 것이다. 이 논문은 '이다' 구성과 관련된 제반 문제를 새로운 시각에서 풀어보려는 작은 시도이다. 우리는 여기서 기존 논의에 새로운 개념 ─ 의존 형용사, 통사적 접사 등등 ─ 이나 특정 이론내적 용어 ─ 핵이동, clitic 등등 ─ 를 첨가하여 문법적 부담을 높일 의도가 전혀 없다. 다만, 본고의 가치는 메타언어학적 성질을 띠는 것으로서, 기존 논의와 쟁점들의 근원을 찾아, 다시 본질적인 질문을 던지는 데 있다. 다시 말해서, 본고가 추구하는 지향점은 '이다' 구성으로부터 제기되는 제반 문제에 대해 근본적으로 새로운 해석방법을 명사구 확장구조(N→N'→N")의 새로운 인식을 통해서 제시해 보고자 한다. 결과적으로, 서구 문법을 근간으로 하거나 일본어 문법을 수용하면서 태동된 근대 국어문법 이후 줄기차게 계속되어 온 '이다' 구성에 대한 논쟁의 본질적인 문제의 성격이 어디에서 연원하고 있는가를 보다 명시적으로 밝히고자 하는 것이다.

본고의 기본적인 생각은 '이다' 구성에 대해 서로 모순적으로 대립하고 있는 안티테제로서의 주장들 ─ 크게 조사설과 용언설(= 계사설, 지정사설)로 나눌 수 있다—이 평면적 입장에서 그 중 어느 하나를 주장하기 위해서 상대방의 주장을 반박하고 자신의 주장을 뒷받침하는 더 많은 논거를 찾는 작업 태도로는 해결될 수 없고, 차라리 그러한 재생산을 지양하여, 그보다 상위의(= 메타적) 시각에서 변증법적으로 통일되어야 할 필요가 있다는 인식에서 출발한다. 본고의 진단과 설명의 방식이 명증성을 획득하게 된다면, 본고의 주장은 비단 '이다' 구성의 문제를 해결하는 데에만 그치지 않고, 국어학계에서 기존의 기본 개념이나 기본 공리로부터 파생된 여러 가지 문제들이 새롭게 해석되고, 새로운 시각에서 다시 논의될 소지를 다분히 안고 있다는 인식으로 이어지게 될 것이다.

본 논문은 다음과 같은 순서로 진행된다. 먼저 2장에서는 '이다' 구성을 둘러싼 논쟁사를 간략히 살펴보고, 어떤 문제가 쟁점화되었는가를 살펴본다. 3장은 '이다' 구성에 대한 새로운 해석을 위한 선행 작업으로 격 일반에 대해 반성해 보고 한국어의 격실현 체계를 구성해 본다. 이어 4장에서는 '이다' 구성과 한정사(= 관사)의 실현여부 사이에서 작동하는 상관적 기제(mécanisme)를 밝혀낸다.

2. '이다' 구성과 관련된 문제들과 그 해결안

먼저 '이다' 구성을 둘러싼 논쟁사를 간략히 요약·제시하고, 각기 제시된 해결안의 문제점들을 지적하겠다. 이어 '이다' 구성과 관련되어 제기된 문제가 현상의 본질을 떠나 주변적인 위치에서 논파되고 있음을 입증하기로 한다. 이를 위해서는 기본적으로 한국어의 격실현 체계에 대한 인식이 선행되어야 하므로, 격 개념에 대한 기본 개념을 정립한다. 즉 한국어의 격 체계를 재인식하고 명사구의 확장구조를 거시적으로 들여다보지 않는 한, '이다' 구성에서 비롯되는 문제들은 계속해서 포장만

을 달리한 채 재생산될 여지가 많다. 이를 지양하기 위해서는 새로운 각
도에서 기본적인 문제를 재검토하여 본질로 더욱 더 가깝게 접근하는
작업이 요구된다 하겠다. 이 문제에 대한 구체적인 논의는 3장에서 이루
어질 것이다.

'이다' 구성을 둘러싼 논쟁은 크게 양대 진영으로 나뉘어져 이루어져
왔다고 정리해도 큰 무리는 없을 것이다. 하나는 '이다' 구성의 '이'를[1]
서술격소사 보는 조사설이고,[2] 나른 하나는 용인의 어간으로 보는 지정
사설, 계사설 등의 용언설이다. 이 두 입장을 가르는 분수령은 실로 격
(cas) 개념과 활용(conjugaison) 개념과 관련되어 있다.

2.1. 조사설(= 체언설)

'이다' 구성을 둘러싼 논쟁사를 국어학사적으로 요약하고 있는 김민수
(1994)에 따르면, 조사설의 시작은 정인승(1937)에서 시작되었고, 현행
학교 교과서에서 아직도 정설로 받아들여지고 있는 실정이다. 최근에 새
롭게 표지(marker)라는 개념을 바탕으로 조사설을 지지하는 논의로는 우
순조(1998)을 꼽을 수 있다.[3]

우선 논의의 핵심을 간추리기 위해 '이다' 구성의 '이-'가 서술격조사

---

1 앞으로는 '이다' 구성의 '이'를 '이-'나 '-이' 또는 '-이-'로 나누어 표시하기로
   한다. 그 이유는 그 표기에 다음과 같은 의미가 담겨 있기 때문이다. 즉, '이-'의
   표시는 용언설을 지지하는 입장을 대변하는 것이고, '-이'의 표시는 서술격 조사를
   의미하는 경우를 가리키고, '-이-'는 체언을 용언화하는 파생접사로서 파악하는
   입장을 말한다.
2 서술격조사라고 보는 입장은 결국 '이다' 구성의 '이'가 주격조사 '이/가'와 근본적
   으로 같은 것으로 보는 것이다(최기용(1993) 참조).
3 우순조(1998 미발표)는 기존의 격개념과 활용 개념이 잘못 쓰이고 있다는 점을
   지적하는 데는 성공하고 있지만, 그 논의가 '이다' 구성의 '이-'를 조사-그의 표현
   으로는 표지(marker)-로 봐야 하는가를 설명하는 것으로 어떻게 이어지는지가
   분명하지 않다. 이 때의 '이-'를 조사로 볼 때 야기되는 문제점에 대해서는 본고
   2장에서 상술된다.

라는 점을 일단 받아들이고 논의를 전개해 보자. 이러한 주장의 핵심은 '이다' 구성의 '아-'를 비록 명칭은 다르지만, 소위 주격조사 '이/가'와 동일한 것으로 보고 있다는 점이다.[4] 이는 언어 단위의 정체성(identité)과 결부되는 중요하고도 까다로운 문제임에는 틀림없다. 이러한 주장을 일단 인정하면, 다음과 같은 현상들이 모순됨이 없이 설명될 수 있어야 한다. 사실이 그러한가는 논의가 진행되면서, 그 진위 여부가 귀류법적으로 드러날 것이다.

첫째, 주격조사 '이/가'는 선행 명사의 음운론적 환경에 따라 교체되는 변이형태인데 반해, '이다' 구성의 '이' 즉 서술격조사는 음운론적 환경에 관계없이 '-이'로만 실현된다. 왜 그럴까? 그리고 이를 어떻게 설명할 수 있는가? 다음 예들을 비교해 보자. (1a, b)는 주어자리에 쓰이는 선행 명사가 모음으로 끝나면 '가'가 요구되고, 어말음이 자음이면 '이'가 실현된다는 사실을 보여준다. 반면에 (2a, b)는 서술어 자리에 쓰인다고 보아온 명사(구)의 어말음이 자음이든 모음이든 관계없이, 실현된다면 반드시 '이'로만 실현된다는 것을 보여준다.

---

4   이런 판단에 대해서 소위 주격조사 '이/가'는 주어의 위치에 나타나고, '이다' 구성의 '아-'는 주격보어자리에 나타나 상보적으로 분포한다는 주장을 해서 이들이 동일한 형태소임을 주장하는 이도 있을 수 있을 것이다. 그러나 주어 또는 보어라는 개념이 원초적인 개념인가가 문제될 수 있다. 다음 예를 비교해 보자.

   (1) 철수는 바보이 었다.
   (2) 철수는 바보되 었다.

(1)에서 보어자리에 쓰인 '바보'에 격조사가 쓰였다면, '되-'도 서술격조사로 볼 수 있을까? 이에 대해 (2)는 다음과 같은 심층구조를 갖는다고 방어할 수 있다.

   (2') 철수는 바보가 되었다.

그러면 (1)에서 (2)의 용언 '되-'에 대응되는 것은 무엇일까? 한국어에는 그 용언이 없이도 선어말어미나 종결어미가 체언에 바로 교착될 수 있다고 주장할 것이다. 과연 그것이 가능한 일인가? 그렇지 않다. 다음 예를 보자.

   (3) a. *철수는 바보 ㄹ까?
      b. *철수는 짜장면(이) 겠다.

(1) a. <u>김교수가</u> 너 좀 보자셔.
   b. <u>김선생님이</u> 너 오라셔.
(2) a. 철수는 <u>교수(이)/*가</u>다.
   b. 철수는 <u>선생님</u>이다.

둘째, '이다' 구성의 '이'가 서술격 조사라면, 왜 동일 부류를 형성하는 격조사류─주격조사, 대격조사, 처격조사 등등─ 다음에 선어말어미와 문말어미 '-다'가 붙지 못하는가? 다시 말해서, '이'가 서술격조사라면, 다음의 문장 (3)은 이 서술격조사가 붙은 명사구 혹은 조사구[5]─$_{KP}[_{NP}[$**훌륭한 학생**]-이]]─에 선어말어미 '-었-'과 문말어미 '-다'가 통사적으로 결합된 것이라고 볼 수 있다. 과연 이것이 한국어에서 용인될 수 있는 구조인가? 이러한 논의를 수용하면 우리는 (4~6)에서의 다음과 같은 연쇄가 자연스러워야함을 예상할 수 있다. 즉, 격조사 계열의 성원이 결합된 선행 명사구(혹은 조사구)에 선어말어미나 문말어미가 붙을 수 있다는 추론을 할 수 있다. 그러나 사실이 그렇지 않음은 금방 확인된다.

(3) 철수는 훌륭한 <u>학생이</u>**었다**.
(4) *내가 꽃을 드린 것은 <u>선생님에게</u>**었다**.
(5) *내가 선생님을 처음 뵌 것은 <u>그 분 댁에서</u>**었다**.
(6) *철수가 좋아하는 이는 <u>선생님을</u>**었다**.

물론 문말어미 '-다'가 선행 명사구(혹은 조사구)에 붙을 수 있는 것 같이 보이는 예가 있다.

(7) 철수는 <u>학생이</u>**다**.
(8) 내가 공부한 것은 <u>이 교실에서</u>**다**.

5　명사구 구성에서 무엇을 핵으로 볼 것인가 하는 문제에 대해서는 임동훈(1992), 박진호(1994) 등을 참조할 것. 여기서는 핵(head) 설정에 있어 어휘적 차원과 문법적 차원을 혼동하면 안 된다는 점만 지적하고 넘어간다.

(9) 내가 꽃을 준 것은 <u>선생님에게</u>**다**.
(10) 철수가 국제회의에 참가한 것은 <u>옵저버로(서)</u>**다**.

그러나 이러한 표면적 현상은 모두 음운론적 환경에 의해 결정되는 것이다. 음운론적 현상과 형태·통사적인 현상을 혼동해서는 안 된다. 즉 격조사가 모음으로 끝나는 경우에만 '이'가 모음 축약으로 탈락되는 것이다. 다음 예를 비교해 보자.

(11) 나는 <u>철수{와, 랑}</u> 놀았다.
(12) 내가 극장을 간 것은 <u>철수{와, *랑}</u>다.
(13) 내가 극장을 간 것은 <u>철수{와, 랑}</u>이다.

이러한 사실로 미루어 보면 '이다' 구성의 '이'는 절대로 주격조사 '이/가'의 '이'와 같은 것이 될 수 없다. '학생이-다'로 분석하여 이 때의 '이'가 다른 격조사와 동일한 자리에 놓이는 것처럼 보이는 것―'학생에게-다', '학생과-다' 등등―을 고려하여 '이'를 서술격조사라 하는 것은 음운론적 현상을 형태론적으로 잘못 해석한 것이라고 볼 수 있다.

셋째, '이다' 구성의 '-이'가 서술격조사라고 주장하는 입장에서는 일반적으로 다른 격조사가 생략되는 것처럼 서술격조사도 자유롭게 생략될 수 있다는 논지를 편다. 그러나 이러한 주장을 일단 받아들인다 해도, 남는 문제는 여전하다. 왜 선행 명사가 자음으로 끝나는 경우에는 생략되지 못하는가? 이에 대해 격조사의 비실현을 '생략 현상'으로 다루는 대부분의 논의는 원론적 설명보다는 임의적(ad hoc) 설명을 할 수밖에 없다.

(14) <u>김교수님이</u> 왔소? / <u>김교수님</u> 오셨니?
(15) 철수는 <u>교수이다</u>. / 철수는 <u>교수다</u>.
(16) 철수는 <u>선생이다</u>. / *철수는 <u>선생다</u>.

이러한 논거를 종합하면, '이다' 구성의 '이'를 백보 양보하여 서술격 조사로 보더라도, 그것의 생략 여부는 전적으로 음운론적 현상으로 설명되어야 하는 것임을 알 수 있다. 음운론적 현상을 형태·통사적인 현상으로 착각해서는 안 될 것이다.

넷째, 전통적으로 보조사 내지 특수조사로 분류되어온 '은, 도, 만, 조차'도 문말어미 '-다'와의 결합에서 일관성을 보이지 않는다. 위에서 제시된 특수조사를 비교해 보면, '이-' 구성의 선행요소의 음운론적 환경만으로 선어말어미나 문말어미 '-다'의 결합이 설명될 수 없다. 이는 위의 특수조사들의 지위가 다름을 말해주는 것이다.[6]

(17) a. 회의에 참가한 이는 <u>김선생님조차</u>(이)-었다.
      b. 짤린 사람은 <u>선생님만</u>이-었다.
      c. *그분은 우리가 존경하는 <u>선생님은</u>이-었다.
      d. *[?]내가 꽃을 드릴 사람은 <u>국어 선생님도</u>(이)-었다.

(17b)와 (17c)는 자음으로 끝나기 때문에 '-다'가 붙지 못한다고 설명할 수 있다. 이런 설명이 '이다' 구성의 '이'를 매개모음 [j]로 처리하는 입장이라고 할 수 있다.[7] 그러나 매개모음(= 조음소) [j]가 개입한다 해도 그 실현여부가 다르다.

---

6 목정수(1998 발표예정)은 보조사, 특수조사, delimiter 등으로 기술되어온 {은/는, 도, 조차, 만, 까지 ...}의 정확한 지위를 규명하고 있다. 그의 주장은 '은/는'과 '도'만이 엄격한 의미의 한정사(= 관사) 지위를 갖고 있고, '만, 조차, 까지'는 그 자리가 유동적인 속성을 보여 마치 양화사처럼 행동한다는 것이다. 이에 대한 논의는 3.4를 참조하라.

7 강길운(1956)은 "지정사는 설정되어야 할 것인가?"라는 논문에서 '이'는 매개음으로 간주되어야 하고 지정사는 설정될 수 없으며, 명사의 서술태의 활용어미로 보는 것이 타당하다고 주장하고 있다. 아마도 다음 예에서 보듯이, '이'가 모음으로 끝나는 명사 뒤에서 탈락되는 현상을 주목하여 이러한 주장을 하는 것 같다 : 우리 삼촌은 대학교 교수이다 → 교수다

(17b') 짤린 사람은 <u>선생님만이</u>(= j)다.
(17c') *그분은 우리가 존경하는 <u>선생님은이</u>(= j)다.

그리고 (17a)와 (17d)는 둘 다 모음으로 끝나지만 종결어미 '-다'의 결합 여부나 '이'의 개입 여부에 있어서도 다른 모습을 보여준다.

(17a') 회의에 참가한 이는 <u>김선생님조차이</u>다.
(17d') *내가 꽃을 드릴 사람은 <u>국어선생님도이</u>다.

(17a") 회의에 참가한 이는 <u>김선생님조차</u>다.
(17d") *내가 꽃을 드릴 사람은 <u>국어선생님도</u>다.[8]

결과적으로, 특수조사 중에서 {은/는}과 {도}만이 {이/가}와 {을/를}과 평행하게 '이다' 구성의 '아-'와의 결합에 있어서 동일한 행태를 보인다. 그 이유는 다음 장에서 자세히 살펴보겠지만, 위의 네 가지의 조사 {가, 를, 도, 는}이 동일한 부류를 구성하고 있는 동일 범주에 속하기 때문이다. 이러한 분포론적 사실은 그 동안 별 의미 없이 간과되어 온 것이 사실이다. 우리는 이 분포적 사실을 바탕으로 이들 성원들이 명사 확장 구조의 두 번째 자리에 나타나는 한정사(= 관사)라는 것을 주장하고자 한다.[9] 이들을 한정사(= 관사)라는 동일 범주에 속하는 구성요소로 보게

---

8 익명의 논평자는 '저돕니다' 등의 예를 지적하면서 '이다' 구성에서 한정사 '도'가 붙을 수 있다는 지적을 해 주었다. 날카로운 지적에 감사한다. 이에 대해 필자는 한정사가 붙은 '저도'가 '이다'와 결합할 수 있는 것은 메타적으로 쓰였기 때문이라고 본다. 메타적으로 쓰였을 경우에는 한정사 '이/가, 을/를, 도, 은/는'이 모두 가능하다.

   (1) 철수가 아니고 철수를이야.

9 우리가 이 부류를 관사로 부르자는 제안을 이들 형태소가 인구어의 관사와 일대일로 대응한다고 주장하는 것으로 오해해서는 안 된다. 다만 이들 요소의 기능이 인구어의 관사의 기능과 그 기제에 있어 평행하고, 유형론적으로도 핵이 좌향적이냐 우향적이냐에 따라 인구어의 관사는 왼쪽에 놓이므로, 거기에 대응되는 것이라면 반드

되면, '이다' 구성과 관련된 핵심적인 문제는 선행 명사구에 왜 한정사가 붙을 수 없느냐 하는 문제로 귀착된다. 이것이 우리가 미리 제시하고자 하는 결론이다. 다음 예에서 표시된 영형태($\emptyset_1$, $\emptyset_2$)의 설정 문제에 대해서는 논의가 진행됨에 따라 자세히 언급될 것이고, $\emptyset_1$과 $\emptyset_2$의 자리에 대해서는 3.4에서 종합적으로 제시할 것이다.

(18) 철수는 교수-$\emptyset_1$-{$\emptyset_2$, *가, *를, *도, *는}(이)다.

(19) 철수가 꽃을 준 것은 영희-에게-{$\emptyset_2$, *가, *를, *²도, *는}(이)다.

(20) 철수가 국제회의에 참가한 것은 옵저버-로(서)-{$\emptyset_2$, *가, *를, *²도, *는}(이)다.

혹자는 '교수였다'에서 '였'이 '이+었'으로 분석될 수 있으나 이때의 '이'는 매개모음 [j]로 볼 수 있다고 주장할 수 있을 것이다.[10] 그러한 입장은 '하다'의 예를 의지 기반으로 하고 있는 것 같다. '하다'의 경우 선어말어미 '었'이 교착될 때 반드시 매개모음 [j]가 개입한다. 축약될 때에도 매개모음이 그대로 남아 있다.[11] 다음 예를 보자.

(21) 철수는 공부를 열심히 하였다/했다.

그러나 어간이 모음으로 끝나는 용언들 중에서 유독 '하다'의 경우에

시 명사(구) 오른쪽에 위치해야 하므로 바로 그러한 분포관계를 보여주는 {가, 를, 도, 는}은 그 지위가 관사(= 한정사)로 설정되어야 한다는 것을 강조하고자 한다. 이에 대해서는 3장을 참조하라. 관사 이론에 대한 논의로는 목정수(1989, 1991, 1998)을 참조할 것.

10 우순조 선생과의 사담에서 이런 논의가 개진된 바 있다.

11 이러한 매개모음에 유추되어 언중들은 매개모음이 필요치 않은 경우에도 매개모음을 삽입시켜 발화하는 실수를 자주 범하곤 한다.

(1) 철수가 공부를 해는데, 옆에서 방해하지 좀 마라.
(2) 그건 내가 핼께.

만 모음충돌(hiatus)을 막기 위해 매개모음 '이'가 도입되기 때문에 이는 어휘개별적인(idiosyncratique) 현상으로 취급해야 할 것이다.[12]

우리의 입장은 '아'가 탈락되는 것을 전적으로 음운론적 축약 현상으로 다룰 수 있고 그래야 한다는 것이다. 기본적으로 언어에서 축약이란 정보전달의 소실 없이 어떤 형태소가 이웃하는 형태에 흡수되어 실현되지 않는 현상을 말한다. '아-'에 대해 그 본질을 어떤 식으로 파악하든 간에, 움직일 수 없는 사실은 어휘적 의미내용이 비어 있다는 것이다. 언어의 발달 과정을 살펴보면, 언어 보편적으로 한 어휘가 문법화되어 가는 과정에서 자신의 실질적 어휘 의미를 잃어가는 현상을 쉽게 목격할 수 있다. '아-'의 경우는 그 의미내용 소실―이를 '탈질료화'라고 할 수 있음―이 극에 달한 경우라 할 수 있다. 이러한 점은 유형이나 계통이 다른 많은 언어에서도 찾아볼 수 있는 일반적인 현상이다. 대표적으로 불어의 'avoir'와 'être'를 예로 들어 보자. (22, 23)에서 오른쪽으로 갈수록 문법화의 정도가 심하다.[13]

(22) J'ai un livre. → J'ai soif. → J'ai chanté. → Je chanterai.
(23) Je pense, donc je suis. → Je suis dans ma chambre. → Je suis malade. → Je me suis levé à sept heures.

2.2. 접사설(= 파생접사설, 통사적 접사설)

이하에서는 '이다' 구성의 '-아-'가 통사적 접사임을 주장하는 시정곤 (1992)를 중심으로 그 개념적 허구성을 드러내고자 한다.

---

12 국부적으로 이를 해결하기 위한 논의는 별도로 필요하다. 즉 어간을 'haj'로 잡는 등의 시도가 그것이다. 이에 대해서는 배주채(1993)을 참조할 것.

13 기욤(Guillaume)은 이러한 현상을 'subduction'이라 했다(Boone et Joly(1996) 참조).

전통적으로 체언의 성격을 띤 선행 명사를 용언으로 범주를 바꿔주기 (= 전성시키기) 위해서는 파생(dérivation)이라는 절차를 거쳐 새로운 단어를 형성하게 된다. 그 역도 마찬가지이다. 동사가 명사로 품사가 바뀌려면 명사화 접미사(nominalisateur)가 필요하다. 이러한 현상은 형태론의 단어형성론이란 하위분야에서 다루어져 왔다. 즉 '학생'이라는 명사가 '-아-'가 접미되어 '학생아-'라는 새로운 용언이[14] 만들어진다고 치자. 이 '학생아-'는 파생에 의한 것이므로 단어의 지위를 획득한다. 그런데 문제는 파생접사 '-아-'가 명사에 붙는 것이 아니라 명사구에 붙기도 한다는 것에서 개념적 혼란의 싹이 트기 시작한다. 다음 예를 보자.

(1) 철수는 <u>착한 학생</u>이다.
(2) 철수는 <u>내가 본 사람 중에서 가장 잘 생긴 영화배우</u>이다.

이러한 피상적 관찰은 몇몇 언어학자들로 하여금 **'통사적 접사'**라는 개념을 창출하게 만들었다.[15] 접(미)사는 전통적으로 선행요소에 의존적이고 어휘내적 구성요소로 인식되어 왔으므로 '-아-'는 접사이지만, 어휘내적 구성에만 국한되지 않고 접미되는 단위가 구나 절까지 확대될 수 있으므로 이러한 현상을 끌어안기 위해서는 '통사적 접(미)사'라는 개념이 적절하다는 것이다. 그러나 이러한 논의의 근본적 허점은 다음과 같은 질문을 통해서 확인할 수 있다. 첫째, '-아-'가 형태론적인 차원이거나 통사론적인 차원인가의 문제는 잠시 접어두고, 파생접사라면 그 기제를 통해 생산되는 단위는 단어의 지위를 가지므로, 원칙적으로 사전에 등록될 자격이 있고, 사전에 등재되어야 할 것이다. 그러나 이는 엄청나게

---

14 새롭게 탄생된 용언이 어떤 범주에 속하는가는 중요한 문제가 아니다. 형용사라고 해도 좋고 동사라고 해도 좋고 지정사라고 해도 상관없다.

15 임홍빈(1989), 고창수(1992) 등 참조.

어휘부를 부풀리게 된다. 이론적으로 무한대에 이른다; '돌이다', '짜장면이다', '파리행이다', '너에게로이다', '먹고부터이다' 등등. 따라서 이러한 부담을 감내하고서라도 '-이'가 전형적인 접사들처럼 의존적인 성격, 더 정확히는 **음운론적 의존성**을 띤다는 점에 집착하여 파생접사로 본다면 그럴 수는 있을 것이다.

둘째, 선행 명사가 확대되어 명사구를 이루고 거기에 '-이'가 접사화된다 하여 통사적 접사라고 본다면, 한국어의 조사나 접미사는 모두 통사적 접사가 되어야 하지 않을까? 요체는 선행 명사에 아무리 수식어가 붙어도 그 명사의 질은 바뀌지 않는다는 사실이다. 한국어 같은 교착어에서 어휘적 핵어(head)인 명사나 동사의 **형상**(forme)은 후행 문법요소에 의해서만 그 질(= 문법적 성질)이 바뀌는 것이 일반적이다.[16]

2.3. 지정사설(= 용언설)

지정사설은 서양 문법에 도입된 '계사'(copule)를 일컫는 말로 한쪽에서는 '잡음씨'란 용어로 통용되기도 한다. 그 용어 자체가 중요한 것은 결코 아니므로 본고에서는 통일적으로 **기능동사**(verbe support)라는 용어를 대표로 삼아 쓰기로 한다. 왜냐하면, '-이'는 어휘적으로 의미가 비어 있고(vide), 시상(時相)과 관련된 선어말어미나 문말어미가 실현되게끔 밑받침 역할을 하는 형식적 용언 어간이기 때문이다. 소위 '경동사'(light verb)라 불리는 것이나 'dummy verb'라고 하는 것과 일맥상통하는 것으로서, 기능동사(verbe support)란 개념을 사용하는 소이가 바로 여기에 있다.[17, 18]

---

16 부사의 범주적 위계는 우리가 표시하는 [N']와 같다. 다시 말해서, '다시'는 '학생-ø₁', '학생-에게' 등과 위상이 같다.

17 기능동사의 개념으로 모든 유형의 '이다' 구성이 화용론의 허구적 영역이 아니라

용언설은 '이다' 구성의 논쟁사에서 커다란 한 줄기를 형성하고 있다. 지정사나 잡음씨라는 별도의 범주로 규정한 것은 아마도 '아-'가 다른 동사나 형용사와는 달리 다양한 통사적 기능 요소와 결합하는 어휘적 특성에서 기인하는 것 같다.

   (1) 철수는 <u>학생</u>이다.
   (2) 철수가 칭찬한 것은 바로 공부 잘하는 <u>학생에게</u>였다.
   (3) 철수가 살인한 것은 <u>총으로</u>였다.
   (4) 그가 재기에 성공한 것은 <u>각고의 노력을 통해서</u>였다.

  (1)에는 '학생'이란 명사가 홀로(nu) 나타나 있고, (2, 3)에는 소위 부사어라는 통사적 기능의 '학생에게', '대통령으로서'가 나타나 있고, (4)에는 동사어간 '통하-'에 소위 전성어미 '-아, 게, 지, 고' 중의 하나인 '-아'가 연결되고 '서'가 붙은 동사에서 부사로 꼴이 바뀐 형식(V→ADV)에 '아-'가 결합되어 있다. 언뜻 보면, '이다' 구성의 '아-' 앞에 이질적인

문법(= 통사론)의 영역에서 설명될 수 있다. 결국, 여기서는 형태론 즉 단어형성론과 통사론의 관계가 유형론적 시각에서 모색될 필요가 있다는 것이다.

   (1) 나는 짜장면인데, 너는 뭐야?
   (2) 사는 게 다 어려움이지.
   (3) 난 이제부터 노브라예요.

'이다' 구성의 '아-'를 기능동사로 보는 논의는 또한 제2논항 자리에 오는 **명사의 서술성 여부**에 따라 제3, 제4논항들이 어떻게 실현될 수 있는 문제와 연결된다.

   (4) 쟤는 완전 **돌대가리**야.
   (5) 나는 <u>영희와는</u> **친구**지만, <u>철수와는</u> **앙숙**이야.
   (6) 나는 <u>철수가 잘못했다고 보는</u> **입장**이야.
   (7) 너는 <u>오늘 철수와 만날</u> **예정**이니?

18 넓은 의미에서 보면, 임홍빈과 장소원(1996)의 형용사설, 김창섭(1994)의 의존형용사설, 시정곤(1993)의 통사적 접미사설은 용언설의 다른 이름이라 할 수 있다. 무슨 문제를 중요하게 보고 있고, 그렇게 보는 인식론적 배경이 무엇인가가 핵심적인 문제이다.

요소가 올 수 있는 것처럼 보인다. 그러나 본고의 시각에서 보면, '이-' 앞에 오는 요소의 내적 구성이 평행하다. 즉 (1)에서 표면적으로 '학생'이라는 명사만이 나타나 있지만, 이는 '보어'라고 명명할 수 있는 통사적 기능이 실현된 결과명사(nom d'effet)로서 문장 내에 쓰이기 이전의 잠재명사(nom de puissance) ≪철수≫와는 존재 양식이 다른 것이다. 따라서 (1)의 '철수'는 '철수-ϕ_1'로 분석되어, (2)의 '학생-에게'와 평행한 관계를 이루는 것으로 본다. '철수-ϕ_1'는 보어, '철수-에게'는 간접목적어라는 통사적 기능을 갖는다고 볼 수 있다. 명사의 문법관계, 즉 통사적 기능의 실현과 그 표지들에 대해서는 3장에서 자세히 논의한다.

문제는 '기능동사'라는 개념을 내포하고 있는 용언설이 '조사설'을 주장하는 쪽에서 퍼붓는 공격을 방어할 수 없었다는 데 있다. '이다' 구성의 '이-'가 용언이라는 언어직관은 잘 포착되었지만 전체 문법틀 내에 '조사설'의 공격을 막아낼 적절한 개념적 장치가 없었던 것이다.

우리가 지정사설을 옹호하는 입장에서 내세우는 논거는 다음과 같다.

첫째, '이다' 구성의 '이-'가 기능동사로서 용언의 역할을 하는 것은 선어말어미들이 붙을 수 있는 것으로 충분히 알 수 있다. 시상이나 서법을 표시하는 선어말어미는 용언의 어간에만 붙을 수 있지 체언에는 붙을 수 없기 때문이다.

(5) a. 철수는 영희와 놀았다.
    b. 난 너와 같이 <u>가겠</u>다.
(6) a. *철수는 영희와 <u>놀이</u>었다.
    b. *철수는 잘난 <u>놈시겠</u>다.

지정사설을 반박하는 입장에서는 '이다' 구성의 선행 명사의 내적 구조에 초점을 맞추고 있다. '이다'가 용언이라면 왜 선행 명사에 격조사가 붙을 수 없는가? 이것이 조사설 옹호론자들이 제기하는 질문의 핵심이라고 할 수 있다. 생성문법식의 논의를 빌리면, '이다'가 용언, 즉 두자리 서술어이면 반드시 제2논항에 격할당(case assignment)을 책임지어야 하는 요소인데, 그 논항에 왜 격표지가 나타나지 않는가를 설명할 길이 없다는 것이다.[19]

> (7) a. *철수는 학생이 이다.
>   b. *철수는 교수가 이다.

물론 생성문법에서는 이를 간단히 '철수는 학생이다'의 심층구조는 '철수는 학생이 이다'이고 여기서 주격조사 혹은 서술격조사 '-이'가 탈락되어 표면형이 나왔다고 설명하면 그뿐일 것이다.[20]

이렇듯 '조사설'의 문제제기에 대해 '지정사설'을 주장하는 입장에서는 기존 틀 안에서 설명하기 어려운 문제를 떠안게 된다. 분명히 용언설이 한국어의 동사구 확장구조에 부합하고 언어직관에 부합하지만, 반대 입장에서 제기하는 문제를 해결할 수 없는 진퇴양난에 처하게 된다. 본고의 시각에서 보면, 지정사설을 지지하는 입장도 한국어의 '이/가'를 격표지로서 주격조사로 보는 시각을 탈피하지 못하기 때문에, 아무리 방안을

---

19 생성문법의 격할당 문제는 이론 내적으로 마치 유령(fantôme)처럼 따라 다니는 문제이지만, 격실현 체계의 일반론이 근본적으로 검토되지 않는 한, 우리는 이 유령을 떨쳐버릴 수 없을 것이다.

20 생성문법의 논의의 한계가 바로 여기에 있다. 예를 들어, '철수는 학생이다'의 표면형을 유도할 수 있는 심층구조로 다음과 같은 구조도 상정이 가능하다.

> (1) 철수는 학생{도, 은}이다
> (2) 철수는 학생{만, 조차}이다

이들 중 어느 것이 심층구조로 상정 안 될 이유가 없다. '이/가'가 '은/는', '도', '만'에 비해 어휘적 의미가 분명하지 않다는 것을 이유로 든다면, '이/가'의 의미가 명확히 밝히기가 어려운 감이 있기 때문이지 결코 '이'와 '는'이 다른 문법적 지위의 요소이기 때문은 아닌 것이다.

강구해도 그 틀 내에서는 그 이론적 모순을 해결할 길이 없다.

본고는 한국어의 격체계 실현을 밑바닥부터 총체적으로 점검함으로써 새로운 탈출구를 찾아야 한다고 주장한다. 즉 '이/가'가 진정 격표지인가를 회의해 보고, 그것이 격표지가 아니라면, '이다' 구성에서 격실현이 어떤 식으로 이루어지고, 결국 소위 서술격조사 '이/가'의 교착 여부와 관련된 문제는 한정사(= 관사)의 실현 여부와 관련된 문제라는 점에서 새롭게 해석해 낼 수 있다고 보는 것이다.

3. 한국어 조사 체계의 재정립 : 격표지와 한정사

본고의 입장과 배치되는 조사설의 태도는 '이다' 구성에서 선행 명사구에 격표지가 나타나지 않는다는 점에 주의를 기울여 '이-'를 격조사로 보면 이러한 문제가 해소된다고 보는 것이다. 그러나 이러한 태도는 비일관적인 문법체계를 설정해야 하고 언어직관에도 부합되지 않아 설명하기 어려운 여러 가지 문제점들을 낳는다. 용언설의 태도는 이러한 논의에서 파생되는 문제점을 해결하고 한국어의 문장 구조를 정확하게 기술하려면 '이-'를 용언으로 취급하지 않을 수 없다는 입장이다.[21] 그러나 이러한 태도는 거꾸로 '이-'라는 동사가 선행 명사구에 격을 할당할 수 있음에도 불구하고 왜 격이 실현되지 못하는 것인가라는 일견 심각해 보이는 문제에 직면하게 된다.[22] 이 딜레마에서 빠져나가기 위해서는 많은 조작적인 개념장치를 고안해내는 것이 필요했다.[23]

---

[21] 엄정호(1989)를 참조할 것. 그는 서술격 조사설, 서술어미설 등을 비판하고, '이다' 구성의 '이-'가 동사어간으로 설정되어야 하는 논거를 제시하고 있다. 세부사항을 제외하면, 전반적으로 우리의 입장과 일치한다.

[22] 특히 이러한 문제가 심각하게 제기된 것은 특정 이론, 즉 생성문법의 틀에서이다. '이'를 서술격 조사라고 본 전통문법의 한 편에서는 이를 명시적으로 문제 삼지는 않았다.

본고는 한국어 명사구의 내적 구조를 새롭게 인식하는 데서 하나의 실마리를 찾을 수 있다고 본다. 지금까지 한국어에서 격조사로 분류되어 오던 '이/가'가 격표지 기능을 갖는 것이 아니라 한정사(= 관사)의 기능을 담당하는 담화 표지(marque énonciative)임을 밝히게 되면, '이다' 구성을 둘러싼 쟁점들을 새로운 각도에서 바라볼 수 있다.

목정수(1998미발표)에서는 명사에 붙는 조사류의 내적 질서를 정리하여 한국어 명사구의 확장 구조를 다음과 같이 설정하고 있다. 이는 이론적으로 조작된 것이 아니라 기본개념을 검토하고 한국어의 자료를 **분포 (distribution)**에 입각하여 엄격하게 분석한 결과이다.

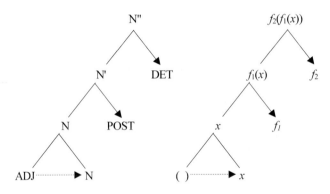

(주의사항 1 : ADJ = 형용사류, POST = 후치사, DET = 한정사, N = 잠재명사, N' = 문법관계 실현명사, N" = 결과명사) 나무그림이 일반적으로 문장의 계층구조를 반영해 준다는 측면은 있지만, 문장이 실현되는 순서를 나타내 주지 못하는 고정된(= 죽어 있는) 그림이다. 반면에 여

---

23 최근에 '이다' 구성의 '이'를 조사로 보고자 하는 우순조(1998)의 논의는 이러한 딜레마를 해결하기 위한 것이다. 그는 시정곤(1993)에서 제기된 문제에 대해 다음과 같이 답하고 있다.
 – 문제 : 왜 '-이-'의 선행 명사구가 격표지를 갖지 못하는가?(시정곤 1993).
 – 답 : '-이-'가 조사라면 명사에 이미 조사가 부여되어 있는 것이므로 다른 조사가 붙을 수 없음은 당연하다(우순조 1998).

기서 우리가 제안한 그림은 화살표로써 의존관계를 동시에 표시하고 있기 때문에 위로 올라가면서 명사구가 어떤 순서로 어떤 원리에 의해 실현되어나가는가를 잘 드러내 줄 수 있다. 엑스-바 이론을 원용한 것은 한국어의 명사구 확장이 최대 두 자리까지만 가능하다는 것을 표현하기 위함이다.)

(주의사항 2 : 위 명사구 확장구조의 그림에서 화살표 방향은 의존관계(incidence)를 가리키는 것으로 이해된다. 즉 형용사는 명사에, 명사는 문법관계표지에, 명사구는 한정사에 각각 투사된다는 의미이다. 또 점선은 무한 반복해도 질적 변화가 오지 않는다는 것을 표시하기 위해 사용한 것이다. 즉 형용사가 아무리 귀환적으로 첨가되어도 명사 N은 그냥 N으로 그 성격이 변하지 않는다. 오른쪽 그림은 형식문법론자를 위해 범주문법식으로 그린 그림에 불과하다.)

3.1. 격이란 개념과 그 혼동

한국어의 격실현 체계를 총체적으로 이해하기 위해서 필요한 단계를 간략히 밟아가 보자.

문법의 구성에 있어서 우리가 간과하고 있는 범시적인 사실이 하나 있다. 언어활동은 인간이 랑그 차원에서 담화 차원으로 옮아가는 과정으로서 본질적으로 역동적이다. 한국어의 문법 기술에서 언어의 범시적 사실인 '랑그/담화' 차원의 이원적인 존재 양식의 구분에 대한 인식의 결여로 인해 야기된 혼란상은 엄청나다. 특히 격 개념과 관련하여 더욱 그러하다. 지금까지 국어학계를 위시해서 언어학계에서 '격관계'라는 일반적 현상이 한국어에 어떻게 실현되는가를 언어유형론적으로 꼼꼼히 따져 보지 않은 듯하다. 경우에 따라서는, 글쓴이 저마다의 임의적이고 자의적인 의미로 '격'이란 용어를 사용한 감이 없지 않다. 이제는 이를 해체하여 제자리를 설정해 줄 필요성이 대두되고 있다.

원래 격(cas)이란 그리스어나 라틴어를 근간으로 해서 기술된 전통문법에서 형태적으로 명사 곡용(déclinaison)에 의해 표현된 문법적 의미를 포착하기 위한 개념이었다. 그런데 인구어 중에서 종합어적인 성격을 띠는 라틴어에서는 격이란 개념 자체가 랑그의 차원에서 이미 형태적으로 결정되어 있는 일차적 사실(= fait de langue)이라는 점이 중요하다. 그러나 인구어에 속한 다른 언어들의 상황은 모두 같지가 않다. 예를 들어, 분석적 경향이 농후한 불어나 영어의 격은 남화 차원, 즉 문상 내에서 사용되는 지점으로 넘어가서야 결정되는 이차적인 사실(= fait de discours)이다. 이 점은 서양식 표현으로, 아무리 강조해도 지나치지가 않다. 즉 불어의 명사는 잠재적인 상태에서는 모든 격의 가능성을 포함하고 있는 덩어리 격(cas synaptique)의 상태로 존재하고 있다가 문장 내에 쓰일 때, 필요한 통사적 기능에 따라 꼴을 바꾸지 않고 그 자체가 내부적으로 분석되어 실현된다. 따라서 불어에서 주격, 대격, 속격이라 함은 곧 주어, 목적어, 소유어 등의 통사적 기능이라는 이차적 사실을 가리키는 것에 다름 아니다. 즉 형태 내부적으로 분석된 격은 덩어리격과 겉으로 보기에는 동일하지만, 그 차원이 다른 이차적 사실에 속한다는 점을 간과해서는 안 된다. 덩어리격의 명사(= N)는 랑그 차원의 명사이고 형태내부적으로 분석된 격의 명사(= N')는 담화 차원의 명사이다.[24]

---

24 덩어리격의 명사와 분석격의 명사를 외형적인 동형성에도 불구하고 N과 N'로 표시하는 것에 대해 주의하라. 일반적으로 사용하는 나무그림에서는 이러한 차원의 구분이 표시되어 있지 않다는 점을 유념하라. 즉 형용사(A)와 명사(N)의 통합을 단순히 NP라고 표시하지만 우리의 입장에서는 그냥 형용사가 부가된 N으로 표시된다. 왜냐하면, '철수'나 '내가 좋아하는 성실한 철수'나 격관계의 실현을 기다리고 있는 단계에서는 양적으로 확대의 차이는 있지만 똑같은 형상을 하고 있기 때문이다. 이는 후치조사류가 통사단위로서 바로 인접하는 선행 명사에 형태론적으로는 의존하지만 그와 관계를 맺는 것은 선행하는 모든 성분의 상위 교점이라는 통사론적 사실을 잘 보여준다.

  (a) [N' [N 철수]–이] (가) 왔니?
     [N' [N 성실한 철수]–이] (는) 왔니?

한국어는 유형론적으로 교착어이다. 교착어라 함은 언어요소들이 순차적으로 덧붙어 나감으로써 보다 큰 단위를 완성시켜 나가는 언어를 뜻한다. 한국어의 화자는 말사슬(chaîne parlée)의 각 지점에서 거기에 나타날 수 있는 단위 중에서 자기의 전달내용 또는 표현의도에 맞게끔 그 하나를 선택하며 언어활동을 전개해 나간다. 교착어이기 때문에 그 순서가 앞에서 뒤로 순차적으로 이루어진다. 따라서 언어의 구조, 특히 교착어인 한국어의 구조를 밝히는 데는 말사슬의 각 지점에서 화자가 선택할 수 있는 단위들의 집합을 설정해 주고 해당 범주의 성원들을 목록화하는 작업이 대단히 중요하다.

그런데 랑그 층위에서 한국어의 구성요소인 명사의 존재 양식을 보면, 라틴어와 확실히 구분되고 불어의 명사와 유사한 측면이 있음을 알 수 있다. 즉 라틴어의 명사는 이미 격 개념이 랑그 층위에서 분화되어 명세화된 형태로 존재한다.

(1) nom.[25] HOMO, gén. HOMINIS, dat. HOMINI, acc. HOMINEM, abl. HOMINE

이렇게 분화된 격은 예를 들어, 일차적 사실로서의 대격은 문장 내에서도 동일한 대격의 형태를 유지한다. 다만, 서술핵인 동사에 따라 다양한 의미효과를 보여준다. 다음 예를 통해 라틴어 대격의 의미효과 중 그 한 단면을 살펴보자.

[N′ [N 저 꾀많고 게으른 철수]–ø] (도) 왔나?
(b) [N′ [N 철수]–에게] (를) 주면 어떻게?
[N′ [N 성실한 철수]–에게] (는) 줘야 해.
[N′ [N 저 꾀많고 게으른 철수]–에게] (도) 주자.

25 여기서 nominatif 등의 이름은 중요하지 않다. 이는 명세화된 격의 분화를 이름지은 딱지표에 불과하기 때문이다. 이를 1격, 2격, 3격 등으로 불러도 좋고, a격, b격, c격, d격으로 불러도 상관없다. 이를 '주격'이란 번역용어로 옮기면서 생겨나는 개념적 혼동을 경계해야 할 것이다. 주격과 주어를 부지불식간에 혼동하기 쉽다는 것이다.

(2) a. eo Romam.(로마(-에/로) 간다) : 동작의 대격

b. amo Romam.(로마(를) 사랑한다) : 동작성 타동성의 대격

c. video Romam.(로마(가/를) 보인다/본다) : 상태성 타동성의 대격

라틴어에서 대격의 담화상의 용법을 중심으로 '장소의 대격$_1$', '대상의 대격$_2$' 등으로 나눌 수 있을까? 그럴 수 없다. 이것이 바로 라틴어 명사의 언어상태(état de langue)이다.

반면에 인구어의 불어나 영어의 경우를 보면, 어순이나 전치사가 통사적 기능을 담당함으로써 격실현 체계가 구성된다.[26] 통사적 기능을 표시하는 이차적 수단으로 어떤 것이 있는가를 알아보자.

첫째로, 다음 예들은 어순에 의해 그 통사적 기능이 표시된다. 발화체 내에서의 단위들의 각각의 위치에 의해서 기능이 표시될 수 있는 것은 언어 기호의 선조성(linéarité)이라는 특성에 말미암은 것이다. 그러나 언어요소의 상대적 위치, 즉 어순의 폭은 기껏해야 전치 아니면 후치여서 경험의 제요소가 그들 간에 맺는 복잡한 관계를 모두 나타내기에는 매우 한정된 수단에 지나지 않는다. 불어에서 어순에 의해 다음과 같은 통사적 기능이 실현될 수 있다.

(3) a. L'homme est mortel. (주어)

b. Je ne connais pas cet homme. (목적어)

c. Je suis homme. (속사)

---

26 Martinet(1972)의 정의를 따르면, 통사적 기능이란 경험의 한 요소와 전체경험 사이의 관계에 대응하는 언어적 사실이다. 경험이란 현상에 대한 인간의 지각의 소산을 일컫는 말이다. 언어는 그 경험을 반영한 전달의 도구이다. 언어와 경험은 표리의 관계에 있다. 경험의 일요소에 대응하는 언어의 일요소는 단소이며 전체경험에 대응하는 언어적 요소는 서술어이다. 한 단소의 통사기능이란 단소의 서술어에 대한 관계를 말한다(박형달(1973)에서 재인용).

위 예문 (3a, b, c)의 밑줄친 'homme'라는 명사는 각각 라틴어의 'homo', 'hominem', 'homo'에 해당한다. 따라서 문장에 실현된 'homme'가 주격의 형태라고 말할 수 없다. 'homme'는 **주어, 목적어, 속사(attribut) 등의 통사적 기능을 담당할 수 있게 내부적으로 분석된 격의 형태**로 쓰이고 있다고 하는 것이 정확하다. 이 중에서 주격으로 실현된 것은 문장의 한 위치, 즉 동사 앞자리를 차지한다는 사실에서 비롯된 이차적 사실이기 때문이다.

둘째로, 통사적 기능은 일종의 기능 단소(monème fonctionnelle)인 전치사로 표시된다. 다음 예문을 보자.

(4) Je voudrais parler à M. Kim.
(5) Quelqu'un t'a appelé au téléphone; une voix d'homme; il n'a pas dit son nom.

위의 예문에서는 'M. Kim'과 'homme'의 통사적 기능이 전치사 'à'와 'de'에 의해 실현된다. 전치사라는 단위는 그 자신은 아무 기능이 없고 다른 단소—여기서는 명사—의 기능을 표시해 주는 역할을 한다.

마지막으로, 자율 단소(monème autonome)에 의한 기능의 표시방법이 있다. 자율 단소란 그 자체의 뜻 속에 기능의 지시를 내유하고 있는 단소—어제, 여기, 오늘 등—로서 위치나 기능표지에 의존치 않는다.

(6) a. Paul travaille la nuit.
    b. La nuit je deviens fou, fou, fou.

한국어에서 이러한 자율 단소는 부사어로 쓰일 수 있는 명사들이다. 이들의 문장 내에서의 위치는 무척 자유롭다.

(7) 비가 <u>오늘</u> 올 것 같애.

(8) <u>십리만</u> 더 걸으면 마을에 도착할 수 있어.

(9) 철수는 <u>두 시간만</u> 더 잤으면 하고 바랬다.

한국어의 격실현 양상도 불어와 유사하다고 할 수 있다. 한국어의 명사는 분명 라틴어처럼 격이 분화된 형태로 존재하는 것이 아니다. '사람', '철수', '책', '사랑' 등의 명사 자체는 랑그 차원에서 라틴어처럼 명세화된 격을 담고 있지 않다. 다만 이들 명사는 내적으로 그러한 격으로 분화되어 적절한 통사적 기능을 담당하여 문장 내에서 다른 요소들과 관계를 맺으며 사용될 수 있는 잠재력이 있을 뿐이다. 즉 그러한 문법관계의 실현은 담화 차원에서 이루어지는 이차적 사실이라는 점은 앞서 말한 바와 같다. 여기서 중요한 것은 그렇게 영형태에 의해 내부적으로 분화된 분석격이 어느 범위까지의 통사적 기능을 담당할 수 있는가 하는 문제이다. 위에서 우리는 불어에서는 덩어리격은 형태내부적으로 분석되어 주어, 목적어, 속사 등의 문법관계를 통사적으로(syntaxiquement) 담당할 수 있음을 살펴본 바 있다. 불어와 한국어에서 내부적으로 분화된 분석격이 담당할 수 있는 통사적 기능의 범위를 비교함으로써 우리는 한국어와 불어의 유형론을 설정할 수 있다. 다시 말해서, 만약 한국어에서 그 통사적 기능의 담당 범위가 더 넓다면 한국어가 불어에 비해 담화의 사실 영역이 넓다는 말이 된다. 그만큼 담화맥락에 더 의존적이라는 것이다.

3.2. 한국어의 격실현 양상 : 한국어 격실현 체계 정립을 위한 시론

한국어는 '이/가', '을/를', '에게' 등의 소위 격조사가 주어나 목적어, 간접목적어의 통사적 기능을 실현시켜주는 기능표지, 즉 문법관계표지로 쓰인다는 점에 대부분의 문법서가 동의하고 있다. 그러나 본고에서는 이와 같은 부동의 사실에 대해 근본적으로 반성하여 한국어의 문법관계 실현 양상과 더 나아가 한국어의 명사구 확장과 관련된 명사구의 일반구조를 상정할 필요가 있음을 제안하고자 한다. 본고가 주장하는 핵심은 간단하다. '이/가'와 '은/는'이 선행 명사(구)가 주어라는 문법관계, 즉 통사적 기능을 담당하는 것을 나타내기 위해 붙는 요소가 아니라는 것이다. 주어라는 기능은 서술어와의 논항 관계와 문장 내에서의 어순에 의존해 분석적으로 실현되기 때문이다.[27]

이를 위해서 일차적으로 한국어의 삼재적인 덩어리격이 분석적으로 쪼개지면서 실현할 수 있는 통사적 기능의 범위는 어디까지인가를 연구해야 한다. 따라서 한국어의 동사를 중심으로 한 하위범주화틀은 서술어에 참여하는 논항들의 수와 위치, 그리고 논항들의 의미자질의 상관성을 중심으로 이루어져야 한다고 본다. 또한 어순에 의해 통사적 기능을 부여받게 되는 그 분석된 격이 통사적 기능상 좌초되어(stranded)[28] 문법관계가 분명하게 드러나지 않을 때는 다른 방식, 즉 후치사(= 문법관계표지)에 의해 포착이 되어야 한다. 따라서 문법관계표지로서 기능하는 후치사의 목록을 설정하는 작업이 이루어져야 한다. 여기서 바로 통사적 기능을 나타내는 후치사─우리의 표현으로는 문법관계표지─의 출현 유무에 의해 영형태의 기능표지(indicateur de fonction), 즉 '-$\emptyset_1$'의 설정이 구조적 시각에서 필요하다.

그간 한국어의 격조사나 보조사로 분류되어오던 '후치사류'의 위계구조를 세우고 그 구조 속에서 각 부류들의 위치와 그에 따른 의미기능을 포착

---

27 GB이론의 구조격과는 차이가 있다. 구조격이라 함은 나무그림 형상에 의해 '명사구가 S의 지배를 받으면 주어로서 주격이 할당되고, VP의 지배를 받으면 목적어로서 대격이 할당된다는 식의 주장과는 본질으로 다르다. 한국어의 형상에 관해서는 우순조(1994)의 모빌구조를 참고할 수 있다.

28 GB식의 표현을 빌리면, '격을 할당받지 못하면'에 해당한다.

하려면 우선적으로 **그들의 분포관계를 계열관계**(relation paradigmatique)**와 통합관계**(relation syntagmatique)**에 의해 철저하게 조사해야 한다.** 이 점에서 본고는 전혀 새로운 접근이라 할 수는 없다. 하지만 그 작업의 중요성에 비추어 보면 절실한 작업이라 아니할 수 없다.[29] 이러한 작업은 한국어의 전반적인 명사구의 틀을 짜고 그 구조를 밝히려는 작업과 연계된다. 그 결과, 우리는 한국어의 명사구 확장과 동사구 확장이 평행하게 핵우향 소건을 만족시키고 있다는 한국어의 득수성(particularité)과 흥미롭게도 한국어의 명사 구조가 교착어라는 특성 때문에 영어나 불어의 명사구와 표면적인 순서상의 차이를 보이지만, 근본적으로 서로 동일한 원리 즉 '핵일관성 조건'을 충족시킨다는 일반성(généralité)을 동시에 드러낼 수 있게 될 것이다.[30]

---

[29] 한국어 후치사류의 기능을 분류하기 위해 분포에 입각한 시도로는 김영희(1974), 선우용(1994) 등 많이 있었으나, 분포의 사실이 드러내는 의미를 정확히 해석하지 못하고 결론 부분에 가서는 전통적인 입장으로 회귀하거나 적당히 절충적으로 처리하는 오류를 범하고 있다. 특히 '이/가'와 '을/를'의 경우가 그러한데, 이들을 '은/는', '도'와 한 계열체를 이룬다는 점을 관찰하고 있으면서도 '한정사'라는 하나의 범주를 설정하지 못한 근본 이유는 이들을 격조사로 즉 문법관계표지로 보는 시각을 포기하지 못했고, '한정사'라는 범주가 명사와 맺는 관계를 본질적으로 파악하지 못했기 때문이라고 생각된다. 즉 전통적으로 한정사는 형용사와 마찬가지로 명사를 수식하거나 꾸며주는 관계로 보아온 시각에서 탈피하지 못한 때문이다. 또한 '이/가'와 '을/를', '은/는'이 인구어의 관사와 아주 밀접한 관련을 맺고 있음을 인식하지 못한 것도 관사라는 범주의 본질을 파악하지 못한 것과 피상적으로 한국어에 해당되는 '한', '그' 등의 관형사와 잘못 견주고 있기 때문이다. 한국어에서 '한과 '그'는 다른 형용사 부류와 같은 품사적 지위를 갖는다는 점이, 형태나 부분적인 의미에 현혹되어 충분히 인식되지 못한 후유증이 대단히 컸던 것 같다.

[30] 우리의 일차적인 관심은 명사구 확장구조에 한정되므로, 문장 전체의 구조를 어떻게 그려낼 것인가는 본고의 주제를 벗어난다. 다만, 우리는 결론에서 하나의 가능성을 모색한다는 차원에서 그림으로 제시해 볼 것이다. 동사구의 확장구조에 대한 연구도 동사 어미(선어말어미, 종결어미)의 분포를 철저히 조사하여 목록화하는 작업으로 연결되어야 할 새로운 분야이다.

3.2.1. 의미논항 관계

이제 구체적으로 한국어의 덩어리격이 분석되어 실현되면서 어떤 통사적 기능을 담당할 수 있는지를 다음의 예를 통해 살펴보자. 다음의 예를 보면 다양한 통사적 기능이 영형태의 기능표지 {∅₁}에 의해 담당될 수 있다는 사실이 분명히 드러난다.

> (1) 너 떠나면, 나 어떡해? (주어)
> (2) 나는 커서 대통령 될꺼야. (주격보어)
> (3) 네가 그 유명한 가수 조용필 이냐? (주격보어)
> (4) 너 그 쉰 밥 먹었니? (직접목적어)
> (5) 그 책 선생님 다오. (간접목적어)
> (6) 엄마 청주 가셨니? (처소어)
> (7) 아이들을 학교 보내려면 돈이 많이 들텐데. (처소어)
> (8) 철수는 엄마 안 닮은 것 같애. (비교어)
> (9) 그녀의 피부는 백옥 같았다. (비교어)
> (10) 우리 엄만 영희를 며느리 삼고 싶어 하셔. (목적격보어)

(1~10)에서 나타난 명사들은 랑그 차원에서는 격이 미리 설정되어 있지 않은 통합격의 잠재태 상태에 있다가, 문장(= 담화)이라는 차원에서 다른 언어단위들과의 상대적 순서(= 어순)나 서술어의 의미논항 구조, 논항들의 의미자질과 상관적으로 작용되어 격이 분화·실현된다. 일단 주어, 주격보어, 직접목적어, 간접목적어, 처소어 등의 통사적 기능이 내부적으로 분화된 분석격에 의해 담당될 수 있음이 확인된 셈이다.

위의 예들은 문법관계를 표시하는 후치사들이 유표적으로 쓰인 다음과 같은 예문들과 평행하게 해석될 수 있다. 주의할 점은 주어나 보어나 목적어로 설정된 통사적 기능에 대응되는 유표적 표지는 없다는 점이다. (1~4)에 유의하라.

(1') 너 떠나면, 나 어떡해?

(2') 나는 커서 대통령 될꺼야.

(3') 네가 그 유명한 가수 조용필 이냐?

(4') 너 그 쉰 밥 먹었니?

(5') 그 책 선생님–에게 다오.

(6') 엄마 청주–에/ⁱ로 가셨니?

(7') 아이들을 학교–에 보내려면 돈이 많이 들텐데.

(8') 철수는 엄마–와/랑 안 닮은 것 같애.

(9') 그녀의 피부는 백옥–과/ⁱ이랑 같았다.

(10') 우리 엄만 영희를 며느리–로 삼고 싶어 하셔.

그러나 여기서 유의할 점은 의미관계나 어순에 의해 영형태로 통사적 기능이 드러난 예와 후치사에 의해 간접적으로 통사적 기능이 드러난 예는 그 실현된 기능이 대응될 수 있으나 결코 의미효과가 동일한 것은 아니다. 즉 '철수 주었다'와 '철수에게 주었다'라는 발화체는 통사적 기능이 같은 것으로 해석되더라도 후치사의 유무만큼의 의미적 차이를 가져온다고 보아야 한다.[31] 다음 예에서 유표적 문법관계표지가 붙을 때 다소 수용성이 떨어지거나 거의 문법성이 파괴되는 이유가 거기에 있다.

(11) a. 하늘 날아다닐까, 구름 따라다닐까, 모두모두 … 햇님에게 물어보세.

     b. [?]하늘–(에+로) 날아다닐까, 구름 따라다닐까, 모두모두 … 햇님에게 물어보세.

(12) a. 철수는 영어 공부를 했다.

     b. ^{*?}철수는 영어–의 공부를 했다.[32]

---

31 명사(구)(= N)에 후행하는 두 자리가 영형태로 채워지면 그 만큼 숙어성
(locutionalité)이 높아진다 하겠다. cf. 학교 가다 ; 학교를 가다 ; 학교에 가다 ;
학교에를 가다

32 특기할 사항은 이 예문이 생성문법의 틀에서 한국어의 경동사구문을 다루는 거의
모든 논문에서 아주 좋은 적격문으로 인정되고 있다는 점이다(채희락(1996), 안희

종합해 보면, 한국어의 명사는 어순, 서술어의 서술성, 논항구조, 명사의 고유(inhérent) 의미자질 등에 의해서 통사적 기능이 정해지고, 문법적 관계가 맺어질 수 있다. 따라서 그 관계 내에 묶이면 통사적 기능은 유표적으로 표시되는 것이 수의적인 반면에, 그 관계가 맺어지지 못하면 반드시 유표적인 문법관계표지가 필수적으로 요구된다고 할 수 있다. 다음 예를 통해 구체적으로 살펴보자.

'놀다'라는 서술어는[33] 자동사적 용법으로 쓰일 때는 그 의미의 온전성 때문에 행위주로서의 논항 하나만을 취한다. 다음 예를 보면 확인된다.

(13) A : 철수야, 너 요즘 어떻게 지내니?   B : 그냥 놀고 있어.
(14) 철수는 신나게 놀았다.

반면에 무정명사가 행위주로 해석되지 않는 한, 다음의 문장은 선택 제약을 어겨 비문이 된다.

(15) *책상은 멋지게 논다.

그러나 다음 예를 보자.

(16) a. 철수는 영희{*ø, 와} 놀았다.
      b. 철수는 마당{*ø, 에서} 놀았다.

돈(1991), 박갑용(1992) 등. 왜 필자가 조사한 일반화자들의 직관과 소위 언어학자들의 직관이 그리 다른가? 그 뒤에 숨어 있는 이데올로기가 문제이다. 필자는 이처럼 이론을 세우기 위해 조작되어 수용되고 있는 예를 '이론에 의해 오염된 언어자료'라고 부르기를 제안한다. '이다', '하다' 등을 포함한 한국어의 기능동사 구문의 연속체 설정과 이에 대한 전반적인 논의는 별도의 글에서 다루기로 한다.

33 '놀다'의 동사 구문 유형은 홍재성 외(1997)을 참조할 것.

'철수'라는 행동주 이외의 명사들 '영희'나 '마당'은 서술어 '놀다'와 논항 관계를 맺을 수 없는 Davidson적인 논항, 즉 부가어(adjunct)이므로 그들의 문법관계를 설정하려면 반드시 유표적인 문법관계표지가 필요하다. 그리고 '놀다'가 타동적 용법으로 확장되어 쓰이면 그 의미를 보충하기 위해 주어라는 제1논항 이외에 제2의 논항이 필요하고 그 논항들과의 관계는 어순과 의미관계에 의해 맺어진다.

(17) 철수는 윷(을) 놀 때면, 늘 말을 자기가 쓴다고 고집피운다.

반면에 '닮다'라는 서술어는[34] 자신의 의미를 완전하게 실현시키려면 두 개의 논항이 필요하다. 즉 두 논항은 서술어와 자동적으로 관계를 맺기 때문에 구태여 문법관계표지가 반드시 필요한 것은 아니다. 여기서 두 논항의 통사적 기능은 어순에 따라 정해지므로 '철수'는 주어로, '아빠'는 비교어로 해석된다. 서술어 '닮다'는 의미적 대칭성(symétrie) 때문에 주어 자리에 복수명사를 허용한다.[35]

(18) 철수는 아빠{ø, 와} 많이 닮았다.
(19) 철수와 아빠는 (서로) 닮았다.

3.2.2. 어순에 의한 격실현

한국어의 주어나 목적어의 기능이 분화되어 실현되는 가장 기본적인 틀은 술어의 하위범주화, 논항구조와 관계된다. 어순과 결부되는 측면도

---

34 홍재성 외(1997:119)를 참조할 것.
35 한국어의 대칭동사에 대해서는 홍재성(1989)를 참조할 것.

강하다는 점은 앞서 지적한 바와 같다.[36] 다음 예를 가지고 구체적으로 논의를 펴보자.

(20) a. 철수야, 너 람보영화 봤니?
      b. 철수야, 람보영화 너 봤니?

'보다'라는 술어는 논항으로 보는 행위자(agent)와 보는 대상(theme)이 필요하다. 이를 격틀로 표시하면 다음과 같다.

(21) 보다; agent[+animate], theme[±animate]

위의 (20a, b)에서 '보다'라는 술어의 논항으로 주어진 '철수'와 '람보 영화'는 그들의 의미적 자질 때문에 순서에 관계없이 주어와 목적어의 통사적 기능을 중의성 없이 담당할 수 있다. 비록 (20a)보다는 (20b)가 정상적인 어순에서 벗어나는 문체론적 특성을 가지지만.[37]

그러나 주어 자리와 목적어 자리에 동일한 의미자질을 지닌 명사가 나올 때 중립적인 문장구조에서는 먼저 오는 명사구가 주어로, 후행하는 명사가 목적어로 해석될 가능성이 거의 절대적이다. 전형성이 파괴되지 않는다. 다음 예를 보자.

---

36 한용운(1997)은 최인호의 '바보들의 행진'을 자료로 국어의 격은 조사만이 아니라 오히려 어순에 의해서 실현되는 것으로 주격이나 목적격은 일차적으로 어순에 의해 실현되며 기본 어순이 아니거나 조사가 안 쓰이면 격을 파악하기 어려운 경우에 조사 '이/가'와 '을/를'이 통합하는 것으로 보고 '가'와 '를'은 격기능뿐만 아니라 다른 조사와 마찬가지로 화자의 주관을 반영하는 화용적인 기능을 하는 것으로 보았다. 결론이 다소 절충적이지만 '이/가'와 '을/를'의 본질이 격표지 기능에 있지 않다는 점을 잘 지적하고 있다.

37 (20a)는 운율적 요소, 즉 휴지(pause) 없이도 발화가 자연스럽지만, (20b)의 경우는 '람보영화' 다음에 약간의 휴지가 있어야 자연스러울 듯하다.

(22) a. 철수 영희 사랑하니?
      b. 영희 철수 사랑하니?

(22a, b)는 둘다 '철수'가 주어로도 목적어로도 기능할 수 있게 선택의 장을 열어놓고 있어서 중의성의 문제가 발생하지만, 이러한 발화체를 발화하는 화자는 중의성을 해소할 수 있다. 즉 화자가 발화를 하는 순간 기둥으로 주어지는 명사가 주어로 선택되면 거기에 맞는 술어가 선택되고 그 술어와의 관계에서 나머지 논항의 통사적 기능이 결정될 뿐이다. (22a)에서 '철수'를 발화하는 순간 화자가 목적어라는 통사적 기능으로서의 분석격을 실현시킨다면,[38] 그것을 중심으로 '영희'는 '사랑하다'라는 술어와의 관계에서 주어의 통사적 기능을 담당하지 않으면 안 되는 것이다. 그 역도 마찬가지이다. 그러나 이처럼 중의성을 그냥 유지하며 화자가 언어를 부려쓰는 경우는 매우 주변적이라고 할 수 있다.[39] 전형적으로는 (22a)의 '철수'는 주어로, (22b)의 '철수'는 목적어로만 해석된다.[40] 논항 두 개가 동일 자질을 가질 때, 그 통사적 기능이 무표적으로 $\{ø_1\}$에 의해 실현되면 어순에 따라 제일 먼저 위치한 것이 주어로 해석된다.

3.3. 한정사 설정

3.3.1. 조사류의 분포관계

이제 본격적으로 지금까지의 논의에 대해 펼쳐질 반론에 대한 맞대응

---

38 이 경우에는 운율적인 요소가 많이 개입한다. '철수~~ 영희 좋아해'에서 보듯이, 긴 포즈가 동반되어야 하고 오름조 억양이 필수적이다.

39 바로 전의 각주에서도 밝혔지만, (22a)의 경우에 '철수'가 목적어로 실현되었지만 문두에 위치하게 되면, 발화가 바로 이어지지 못하고, 중단되어 새로운 발화의 출발을 요구하게 된다. 이것을 담당하는 것이 바로 포즈라는 운율적 요소이다.

40 한국어의 특성으로 들고 있는 '어순 자유성'의 개념이 다시 반성되어야 한다. 한국어도 다분히 어순의 제약을 갖고 있다.

을 해야 할 시간이 왔다. 전통적 문법에 익숙한 자는 왜 문법관계표지 자리에 '이/가'와 '을/를'이 빠져 있는지를 궁금히 여길 것이다.[41] 이는 당연하다.

본고는 '이/가'와 '을/를'에 대해서는 명사의 통사적 기능을 결정하는 일이 그것들의 본질이 아님을 주장하려 한다. 그것의 본질은 한정사(= 관사)이다.[42] 이러한 주장을 뒷받침하는 주된 결정적 논거는 '이/가'와 '을/를'의 출현 위치가 '은/는', '도'와 일치한다는 분포론적 사실에서 찾아진다. 물론, 이러한 사실을 이해하는 데 한 가지 장애요소가 있다. 우선적으로 지적될 수 있는 것은 '이/가'와 '을/를'은 분포 면에서 '은/는'과 '도'보다 제약이 더 따른다는 사실이다.

(1) 철수{가, *를} 왔어./ 철수{는, 도} 왔어.
(2) 나는 떡{을, *이} 싫어해./ 난 떡{은, 도} 싫어해.

그러나 그 이유는 '이/가'와 '을/를'이 같은 범주 내에서 서로 대립하여 의미적 영역을 상보적으로 나누어 갖기 때문이지, '이/가'와 '을/를'이 '은/는', '도'와 성격이 다른 부류에 속하기 때문이 아니다. 즉 이들은 동일 패러다임에 속하는 성원들이다. 이를 입증하는 논거로 다음과 같은

---

41 익명의 논평자도 "토박이의 직관은 '-이/가'가 주격표지로, '-을/를'은 대격표지로 기능한다는 것에 대체로 동의하는 편이며, 이 두 조사의 쓰임 가운데 80–90%는 모두 격표지로 쓰이고 있는 반면, 한정사 또는 보조사적 쓰임은 나머지 10–20%에 머문다. 따라서 지나치게 주변적인 것을 강조한 나머지 중심적인 것을 무시하는 오류가 생길 수 있다"고 지적했다. 그의 지적에 감사한다. 그러나 본고에서도 언급했 듯이, 통사적 기능에 따라 부정관사에 해당하는 '-이/가'와 '-을/를'이 분화되어 쓰이지만, '-이/가'와 '-을/를' 자체가 격표지 기능을 하고 있다는 점을 부정하는 것이 본 논의의 핵심이며, 이는 조사류의 형태적 분포로 충분히 입증되었다고 본다. 다시 한 번 강조하건대, 주격표지나 대격표지로 기능하는 영형태 {∅₁}과 '이/가'와 '을/를'의 자리가 다름을 혼동하지 말아야 할 것이다.

42 '이/가', '을/를'과 인구어의 부정관사의 상응관계에 대해서는 목정수(1998)을 참조할 것.

언어사실에 유의해 보자. 우선, 그들의 형태적 결합관계가 이를 증명하고 있다. 우리는 '이/가'와 '을/를'을 격조사로 보는 한, 다음과 같은 연쇄형의 불가능성을 원리적으로 설명할 길이 없다.

(3) *철수-가-는, *철수-가-도, *철수-를-은, *철수-를-도 …
(4) *철수-는-이, *철수-는-을, *철수-도-가, *철수-도-를 …

'이/가'와 '을/를'이 문법관계표지 자리에 소속되지 않음을 밝힘으로써 얻어지는 효과는 표면적으로 소위 격조사와 보조사의 결합가능성이 일관되게 체계적으로 설명된다는 점이다. 즉 '이/가'가 통사적인 주어 기능을 표시하는[43] 주격조사로, '을/를'이 목적어 기능을 표시하는 대격조사로 설정이 되면, 왜 다른 문법관계표지들과 달리 유독 '이/가'와 '을/를'만이 소위 보조사들과 연결이 불가능한지, 왜 체계상의 불균형이 초래되는지를 따로 설명해야 하는 부담이 생긴다. 대부분의 생성문법적 접근에서는 임의적으로(ad hoc) 보조사 '은/는' 앞에서 주격조사 '이/가'와 목적격조사 '을/를'은 의무적으로(obligatoirement) 탈락돼야 한다는 제약을 별도로 만들고 있으나, 이는 결코 원리적인 설명이 될 수 없다. 다른 문법관계표지는 왜 또 수의적으로(facultativement) 삭제되어야 하는가? 그 수수께끼는 영원히 풀리지 않는다.[44] 반면 다음과 같은 연쇄가 허용되는 것으

---

43 지배결속이론의 틀에서는 한국어의 격조사가 격을 할당받은 명사구에 자동적으로 붙는다고 설명한다.

44 16세기 자료를 중심으로 해서 한국어의 조사중첩 원리를 다루고 있는 한재영(1997)에서 조사가 중첩되는 경우에 처격, 여격, 구격, 비교격 조사가 다른 보조사에 선행한다는 '격표지 우선의 원칙'을 제시하였다. 그런데 중요한 것은 주격조사와 대격조사가 선행하는 예가 보이지 않는 것은 문제가 된다 하여, 이에 대해 이들이 보조사 앞에서 생략된 것으로 보면 '격표지 우선의 원칙'이 여전히 유효하다는 주장을 펴고 있다. 따라서 예외로 보이는 '만에, 맛, 만도, 만ㄱ티'의 '만'은 조사가 아닌 의존명사로 보고, '브터'를과 '시장은'을 가진 구성은 명사화의 예로 보았다. 원리를 구성하면서 예외에 대한 처리가 아주 임의적으로 진행되고 있고, 주격조사와 대격

로 봐서 '이/가'와 '을/를'은 '은/는', '도'와 같은 자리에 속한 요소들임이 분명하다. 다음의 예들은 이처럼 '이/가'와 '을/를'이 소위 격조사로 설정된 것들과의 결합가능성을 보여주는 것이다.[45]

> (5) 철수-에게-가, 철수-에게-는, 철수-에게-를, 철수-에게-도, 철수-에게로-는, 철수-에게서-도, 철수-에게로부터-는, 철수-로-는, 철수-로-가, 철수-로-도, 철수-한테-가, 철수-한테-는, 철수-한테-를, 철수-한테-도 …

앞장에서 우리는 문법관계표지가 나타나는 자리 다음에 위치하는 문법적 요소들을 '한정사(= 관사)'로 명명한다고 언급한 바가 있는데, 이제 그 이유가 분명히 드러났다고 할 수 있다. 분포적으로 한정사 자리에 실현될 수 있는 형태는 {이/가}, {을/를}, {은/는}, {도} 네 개뿐이다.[46] 위의 (1, 2)의 예에서 보았듯이, 이 중에서 '이/가'와 '을/를'은 기능상의 분포 면에서 다소 제약이 보이지만, 이러한 사실이 '이/가'와 '을/를'의 자리매김에 큰 영향을 미치는 것이 아님을 분명히 인식해야 한다. 이처럼 '이/가'와 '을/를'의 분포를 제약하는 기제는 따로 규명되어야 할, 차원이 다른 문제이다. 우리는 '이/가'와 '을/를'의 운동성으로 이를 설명하고자 한다. 즉 통사적 기능의 성분이 전형적인 주어이면 '주체지향적' 운동의 '이/가'와의 결합을 요구하고, 전형적인 목적어라면 '객체지향적' 운동의

조사라는 용어와 그 개념을 포기하지 않았기 때문에 생기는 해석상의 오류에 불과함을 알 수 있다. 또 '만'을 단순히 보조사로서의 다른 조사류와 동일시해서 분석하는 태도가 여전히 견지되고 있다.

45 주격조사 '이/가'와 목적격조사 '을/를'만이 이 결합에서 제외된다는 것의 의미를 되새길 필요가 있다. *철수가가, *철수가를, *철수를이, *철수를을

46 {이/가, 을/를, 도, 은/는}을 관사(= 한정사)로 볼 수 있는 또 다른 근거로는 한국어 텍스트 전개 과정에서 나타나는 이들의 교체 현상과 불어나 영어의 텍스트 전개 과정에서 나타나는 부정관사와 정관사의 교체 현상의 대응 관계를 들 수 있다. 옛날 이야기 구조나 담화의 배경/전경 구조와 관사의 상관관계에 대해서는 고영근 (1994)를 참조할 것.

'을/를'과 그 성격이 부합하여 그를 요구한다. 반면에 그 중간 영역에 걸쳐 있는 성분들은 화자의 의도에 따라 '이/가'를 요구하기도 하고 '을/를'을 요구하기도 한다. 다음 예들은 '이/가'와 '을/를'이 규칙적으로 교체될 수 있거나, 때로는 비대칭적인 교체 관계를 형성하고 있음을 보여준다.

(6) 난 맥주{ø₂, 가, 를, 도, 는} 먹고 싶어./싶다만,
(7) 나 영희{ø₂, 가, 를, 도, 는} 예쁘다고 생각해.
(8) 고향에{ø₂, 가, 를, 도, 는} 가고 싶다./싶어도,
(9) 이 옷은 손님에게{ø₂, 가, ?를, 도, 는} 잘 어울립니다./어울리지만,
(10) 영수하고{ø₂, 가, ?를, 도, 는} 손이 잘 맞는다./맞을까?

위의 예들에서 '에', '에게'나 '에서', '하고'가 {가, 를, 도, 는}과 비교적 자유롭게 연결되는 것은 그 자리가 서로 다름을 보여주는 것이다. 더욱이 {이/가, 을/를}이 한정사 {은/는, 도}와 결합할 수 없는 것은 분명 격조사로서 '이/가', '을/를'이 설정될 수 없다는 것을 입증한다.

다음은 소위 신체부위명사와 관련된 문장에서 '이/가'와 '을/를'의 교체를 보이는 현상이다.

(11) 철수는 다리{ø₂, 가, 를, 도, 는} 많이 다쳤대./지만,
(12) 철수의 다리{가, *를} 많이 다쳤대.

위의 구문에서 '가'와 '를'이 붙는다 해서 '다리가'가 주어로 해석되고, '다리를'이 목적어로 단순히 해석되지는 않는다. '가'와 '를'이 붙지 않고도 충분히 그 통사적 기능을 담당할 수 있다. 예문 (11)에서 '철수'가 주어로 통사적 기능을 획득하면, '다리'는 '철수 다치다'와의 관계에서 상대적으로 목적어나 처소어라는 통사적 기능을 획득하게 된다. '다리'가 목적어에 대응되는 통사적 기능이 실현되면 '철수는 다리(를) 다쳤대' 같

은 발화체가 가장 자연스럽게 받아들여질 것이다. 중요한 것은 그 기능이 '를'에 의해서가 아니라 {ø₁}에 의해 실현된다는 사실이고, 그 기능이 바로 '가'가 아닌 '를'이라는 한정사를 유발한다는 점이다. 처소어의 통사적 기능에 대응된다면, '철수는 다리에 많이 다쳤대' 같은 발화체도 가능해진다. 그리고 '철수 다리'가 한 성분으로 묶여 발화되면 '철수'는 '다리'와의 관계에서 그 통사적 기능이 나타나 '철수'는 소유어에 해당되는 통사적 기능을 획득한다. 그것과 대응되는 유표적 형태는 '철수의 다리'가 될 것인데, 이 '철수의 다리'라는 명사구 전체가[47] '다치다'라는 술어와 관계를 맺게 되면 당연히 한 자리 논항으로 기능하므로 주어기능을 획득하게 된다.[48, 49] 이 경우에는 '이/가'의 선택요구가 '을/를'의 선택요구를 잠재우게 된다.

    (13) 철수는 왼쪽귀{ø₂, 가, 를} 먹었나 봐.

    (13)의 경우에 '철수 귀 먹었다'의 연쇄가 허용되는데, 이 경우에 '[철수 귀] [먹-]'의 성분분석이 어렵다. 왜냐하면 '먹다'는 최소한 먹는 주체로서의 논항이 필요한데, '철수 귀'가 유정물이 아니므로 그 논항으로

---

47 '철수 다리가'나 '철수의 다리가'라는 명사구를 우리가 제안하는 명사구 확장구조로 그리면 다음과 같다. 이때 소유관계표시(= 속격조사) '의' 뒤에는 한정사가 붙지 못하는 제약이 있는데, 이 현상은 명사(구)와 명사(구)를 연결하여 그 의미관계를 표시할 때 일반적으로 나타나는 현상이다.

    (1a) 철수의 다리가 정말 길지.
    (1b) *철수의-가/는 다리가 정말 길지.

'와'도 선행명사를 후행명사구와 등위접속시킬 때에는 똑같은 양상을 보인다.

    (2a) 철수와 영희에게는 책을 주어라.
    (2b) *철수와는 영희에게는 책을 주어라.
    (3a) 철수는 영희와 놀았다.
    (3b) 철수는 영희와도 놀았다.

해석되기가 어렵기 때문이다. 그래서 '귀'는 '철수'와 한 성분을 구성하기 어렵고 '먹다'와의 관계하에서 해석되어야 한다. 따라서 '철수'는 주어 기능을 획득하게 되면 '먹다'가 요구하는 논항틀에서 '귀'는 나머지 논항 관계를 보고 해석되어야 한다. 따라서 목적어 기능으로 해석된다. 그래서 '철수는 귀∅ⁿ를 먹었다'라는 발화체가 가장 자연스럽다. 그러나 '귀'가 목적어에 대응되는 통사적 기능을 획득한다 해서 전적으로 '을/를'하고만 결합하는 것은 아니다. 왜냐하면, '을/를'이 우리의 분석에 따

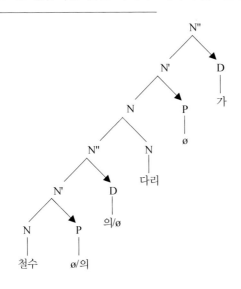

48 그러나 한국어에서 주어 자리는 전형적으로 유정물 명사가 오는 것이 자연스러우므로 이런 해석은 주변적인 해석이 된다. 계량(計量)적으로 주어 자리에 오는 명사와 그 밖의 자리에 오는 명사들의 의미자질을 조사한 노마(1993)을 참조할 것.

49 이중주어 구문으로 논의되어 왔던 다음 유형의 문장들도 서술어가 한 자리 술어이므로 이런 식으로 분석될 수 있다. 그러나 이들 문장이 다음과 같은 문장 구조의 변형에 의해 도출된 것이라고 보는 선에서만 그런 것이고, 이들을 별도의 구성으로 보는 것도 가능하다. 이중주어 구문에 대한 새로운 해석에 대해서는 목정수 (2002)를 참조하라.

   (1) 코끼리는 코가 길다.
   (2) 대구가 사과가 정말 맛있던데.
   (3) 철수는 마누라가 죽었다.

르면, 대격표지가 아니기 때문이다. 화자가 주체지향적으로 그 대상에 관심의 방향을 쏟게 되면 '철수는 귀가 먹었나 봐'에서처럼 '이/가'도 결합이 허용될 수 있는 것이다.[50]

지금까지 살펴본 예를 통해서 우리는 잠정적으로나마 '이/가'와 '을/를'의 조사교체는 단순히 격의 교체를 의미하는 것이 아니라 한정사로서의 교체 관계를 말하는 것으로 볼 수 있다.[51]

3.3.3. 복합 문법관계표지의 연쇄제약

{이/가, 을/를, 도, 은/는} 앞에 놓이는 문법관계표지들은 그들 간에 서로 중첩되는 현상이 있다. 다음의 (14)가 그를 보여준다. (15a, b, c)는 그 용례이다.

(14) -에게로, -으로와, -과의, -로의, -에게서부터 …
(15) a. 이제 사랑하는 사람에게로 돌아가고 싶다.
      b. 철수와의 약속은 반드시 지키겠다.
      c. 언어기호학으로부터의 교훈

이들 연쇄형은 후치사류에 소위 복합후치사류가 포함되어야함을 말해준다. 영어의 복합전치사 'into', 'onto', 'from under' 등과 불어의 'dedans', 'dehors', 'au-dessus', 'de à' 등과 비견될 수 있겠다. 물론 이 문법관계표지들 간의 연결제약은 분명히 있다.

---

[50] [[귀] [먹-]]의 성분이 한정사가 개입하지 않으면 일종의 숙어같은 행태를 보인다. 단순한 통사적 결합에서 통사적 합성어로 인식되어 마치 한 단위처럼 기능할 수 있다. 그 결합구조가 다음과 같기 때문이다 : [귀-$\emptyset_1$-$\emptyset_2$ [먹-]]. 마르티네(Martinet)의 표현을 빌자면, 통합(syntagme)에서 접합(synthème)으로 성격이 바뀌어 가고 있다. 반면에, [철수-$\emptyset_1$-$\emptyset_2$ 귀]는 접합의 성격을 전혀 보이지 않는다. 일반적으로 숙어구(locution)는 주어와 동사의 결합체보다는 목적어와 동사의 결합체에서 많이 형성된다.

[51] 한정사, 즉 부정관사로서의 '이/가'와 '을/를'의 대립관계에 대해서는 목정수(1998 미발표)를 참조할 것.

(16) *-로에게, *-와로, *-의과, *-의로 …

아마도, 문법관계표지의 연쇄형에서 후행요소가 선행요소에 비해 의미영역이 포괄적이어야 그 연쇄가 자연스럽게 받아들여지는 것 같다. 영어의 경우도 마찬가지로 설명될 수 있을 것이다.

(17) a. into, onto, from under; de à
     b. *toin, *toon, *under from; *à de

3.4. 한국어 명사확장구조

따라서 우리가 설정하는 한국어 명사구의 위계구조는 다음과 같다.[52]

랑그격(덩어리격)	담화격(분석격)		한정사
	학생(내부적으로 열려 분화된 격)	⁻ø₁	⁻ø₂
≪학생≫	학생(내부적으로 닫히는 격)	-에/-에게; -한테 -에서/-에게서; -한테서; -(으)로 -와; ⁻(이)랑; -하고 -처럼; -보다; -만큼 -에게로; ⁻(으)로부터 -에게처럼; -한테처럼; -에게보다; -한테서보다; (-의); -로의; -와의	-이/가 -을/를 -도 -은/는 (-이나 -이라도)

---

52 문법관계표지 자리에 나오는 '하고', '랑' 등은 엄격히 말하자면 통사적 구성으로 분석되어야 한다. 그리고 속격조사 '의'의 자리 규정에 대한 논의도 더 필요하며, '이나, 이라도' 같은 보조사에 대한 논의는 별도로 해야 할 것이다.

위 도표에서 빠져 있는 부분이 보조사로 설정되어 왔던 '만, 조차, 마저' 등인데, 이들의 행태는 자리가 고정되어 있지 않고 유동적이라는 점에서 양화사적 성격을 띠고 있다.[53]

의미적으로 유사한 특수조사로 분류되던 '만'과 '도'는 명사구의 확장 구조 속에서 차지하는 자리가 다르다는 점이 분포적으로 드러난다. '만'과 '도'의 행태를 보면 알 수 있다. 전자는 양화사적인 속성이 강하여 후자와는 달리 한정사(déterminant) 부류에 속하지 않는다. 다음의 연결 제약이 이를 증명한다. 일반적으로 {는, 도, 만, 마저} 등을 똑같이 'delimiter'에 속하는 요소로 기술하는 것은 바람직하지 않을 뿐만 아니라 언어학적 근거 또한 찾아볼 수 없다.

(1) 철수만이, *철수이만, 철수에게만, 철수에게만은, 철수만을, 철수만의,
(2) *철수도가, *철수가도, 철수에게도, *철수에게도는, *철수도를, *철수도의

'만'은 보통은 문법관계가 표시된 명사구에 부가(adjoin)되지만 명사(구) 자체에 붙을 수도 있다. 다음 예가 그것을 보여준다.

(3) a. 뭘요, 오신 것만으로도 고맙지유.
    b. 뭘요, 오신 것으로만도 감사할 일이쥬.
(4) a. 칼만으로는 나라를 세울 수가 없는 거다.
    b. 칼로만은 나라를 세울 수가 없을 거야.
(5) a. 사람이 빵으로만 살 것 아니요, 하느님 말씀으로.
    b. 사람이 빵만으로는 못 살 텐데.

이러한 양화사적 속성을 보이는 것들은 명사(N)나 명사구(N')에 첨가될 수 있기 때문에 이를 유동(floating)의 현상과 관련하여 다룰 수 있을 것이다. 다만 분명한 것은 유동의 위치가 대개는 문법관계표지 바로 뒤가

---

53 우리는 이를 질화사(qualifieur)라 부를 것을 제안한다.

되는 것이 일반적이고, 그 범위가 마지막 자리인 한정사를 뛰어넘을 수는 없다는 점이다.

확실하지는 않지만, 첨언하고 싶은 것은 이러한 양화사들은 스코프 차이에 따른 의미차가 잘 느껴지지 않는 특성이 있는 것 같다는 점이다. 위의 (4)와 (5)에서 두 표현 간의 의미차는 거의 없는 것 같다.

4. '이다' 구성의 새로운 해석 : 한정사 문제와 관련하여

본장에서는 '이다' 구성에서는 선행 명사(구)에 '이/가', '은/는', '도'가 붙지 않는 반면에, '아니다' 구성에서는 그것이 허용되는 현상을 기능동사 '아-'의 특성과 관련하여 살펴보고자 한다. 우리의 입장을 미리 밝히면, '아니다'는 '안+이다'로 분석된다.[54]

4.1. '이다' 구성의 통사적 구조

'이다' 구성의 기능동사 '아-'는 두 자리 서술어이다. 제2논항으로는 실로 다양한 통사적 기능을 가진 명사(구)가 보어로 올 수 있다. 그것은 기능동사 '아-'가 어휘적 의미가 분명하지 않고 비어 있기 때문이다.[55] 그만큼 '아-'는 보어 선택의 폭이 넓은 것이다.

---

54 '이다'와 '아니다'를 별개로 보거나, '이다'의 반의어가 '기다'라고 주장하는 입장을 지양하고, '이다'에 부정사 '안'이 첨가된 '안이다'가 '아니다'의 구조라고 보는 것이 언어직관에 가장 잘 부합한다. 이는 한국어의 단형 부정(négation courte)에 공통적으로 나타나는 현상의 하나이다.

55 의미내용이 거의 비어 있다는 것은 그만큼 사용의 필요성을 덜 느끼게 하므로 화자들은 거기에 대해 독립된 어휘로 의식하지 못하는 경향이 있으나, 이러한 형태소가 꼭 필요한 환경에서는 어김없이 나타난다는 점이 중요하다. 이러한 형태소의 존재를 무시하고 언어를 꾸려나갈 수가 없는 것이다. 따라서 '아-'가 생략이 안 되는 환경을 총망라적으로 검토하여 '아-'의 기능을 밝히고, 그와 관련된 문제를 하나하나 풀어나가는 태도가 문법가들이 취해야 할 태도라고 본다.

(1) 철수는 학생/부처님/돌대가리/짜장면/…이래.

(2) 사람 사는 게 다 어려움이야.

(3) 그를 만난 것은 공원에서일껄.

(4) 그녀를 만난 것은 어제였어.

(5) 철수의 성공은 노력을 통해서이다.

위 예문들의 내적 구조는 다음과 같이 파악된다. 그 결과, 우리는 '이다' 구성에서 '아' 앞에 놓이는 보어의 내적 구성은 명사구 확장구조−N→N'→N''−에서 보면 일관된 모습을 하고 있음이 드러난다.

(1') 철수는 학생/부처님/돌대가리/짜장면/…ϕ_1-ϕ_2-이래.

(2') 사람 사는 게 다 어려움-ϕ_1-ϕ_2-이야.

(3') 그를 만난 것은 공원-에서-ϕ_2-일껄.

(4') 그녀를 만난 것은 어제ϕ_1-ϕ_2-였어.[56]

(5') 철수의 성공은 노력을 통해서-ϕ_2-이다.[57]

따라서 우리가 해결해야 하는 문제의 요체는 명사(N)나 명사구(NP)[58]의 두 번째 자리에 왜 {이/가, 은/는, 도}의 한정사(= 관사)가 붙을 수 없

---

[56] 여기서 '어제ϕ_1'로 표기한 것은 '어제-ϕ_1'의 誤記가 아니다. 이는 '어제'가 3.1절에서 언급했듯이, 자율 단소에 의해 기능이 표시되기 때문에 '어제'가 '12시-에'에서 보듯이 문법관계표지에 의해 실현된 것과 평행하다는 것을 표시하기 위한 조치이다.

[57] 동사 어간에 부사어와 같은 통사적 기능을 정해주는 소위 연결어미 '아, 게, 지, 고'가 붙은 연쇄형은 명사구의 확장체계에서 보면 잠재명사([N])가 일차적으로 실현된 명사([N'])와 위계가 동일함을 알 수 있다.

(1) 먹고{를, 는, 도} 싫어.
(2) 먹어{를, 는, 도} 봐라.
(3) 먹게{를, 는, 도} 해라
(4) 먹지{를, 는, 도} 않는다.

[58] 우리의 표기법으로는 그냥 [N]으로 표시된다. 왜냐하면 명사에 형용사가 더해져도 양적 변화만 NP로 일어나고 질적인 면에서는 그냥 [N]을 유지하기 때문이다.

는가, 즉 왜 '이다'구성에서 선행 명사(구)에 왜 영형관사만이 출현하는가를 설명하는 것이다. 이 문제가 '이다' 구성에서 핵심적인 언어학적 쟁점이 되어야 한다. 이와는 달리, 지금까지 쟁점화되었던 문제들은 거의 다 특정 이론내적인 문제로서만 나름대로의 중요성이 부여될 뿐이고, 혹독하게 말하자면, 원초적으로 잘못 제기된 문제(questions mal posées)라고 할 수도 있다.

4.1.1. 기능동사 '이-'의 특성

우리의 분석에 따르면, 기능동사 '이다' 구문에서 소위 격조사 '이/가'가 붙지 않는 현상을 새롭게 설명할 수 있다. 기능동사 '이-'와 관계를 맺는 제2논항의 명사(구)의 통사적 기능은 [N']에서 정해진다. 따라서 다음 (6)의 '학생'의 문법관계는 {$\emptyset_1$}에 의해 실현된다. 주격보어인 셈이다. 기존에 보격조사로 '이/가'가 설정되는 경우도 있었지만, 이러한 통사적 기능은 영형태(= $\emptyset_1$)에 의해 표시되는 것이다.

따라서 '이/가'의 실현 여부는 명사(구)(= N) 다음 자리인 [N']에서 문제가 되는 것이 아니라 그 다음 자리인 [N'']에서의 문제이다. 다음 예를 대표적으로 살펴보자.

(6) 나는 학생-$\emptyset_1$-{$\emptyset_2$, *가, *은, *도}-이다

기능동사 '이다'의 제2논항 관계를 맺는 명사(구)는 개체적, 속성적 의미 중 속성적 의미를 강하게 띠고 실현된다.[59] 바로 이 때문에 한정사가 붙는 것을 허용하지 않는다고 볼 수 있다. 이러한 현상은 인구어에서도 많이 찾아볼 수 있다(Guillaume(1987) 참조).

---

59 모든 명사는 잠재명사로서는 개체적 용법과 속성적 용법을 다 가지고 있다. 이를 선험적으로 사전에서 나누듯이 구분할 수 없다. 문장 내에 어떤 용법으로 실현되는가가 중요하다.

(7) The child is <u>father</u> to the man.

(8) Je suis <u>journaliste</u>.

(9) Pierre, il est en <u>grève</u>.

한국어의 기능동사 '이다'는 '있다'와 어휘적으로 완전히 분리되어 존재하는 것으로 보아, 완전히 탈질료화되어(dématérialisé) 그 어휘적 의미가 영(零)에 가깝다는 것을 알 수 있다. '이다'는 화용론적 맥락이 구성되더라도 홀로 쓰이기가 힘들다. 이는 '아'의 어휘적 비자립성을 말해주는 것이고, 그것이 바로 '이다'의 가장 중요한 특성이다.

(10) A : 철수는 부자야. B : *철수가 이라고?

한국어의 기능동사 '이다'는 영어의 'be' 동사나 한국어의 다른 동사 '되다' 등과 동일한 통사적 구성을 보이지만 어휘의 자립성에 있어서 차이를 보인다.

(11) A : He is hungry. B : Is he?

(12) A : 철수가 부자(가) 되었대. B : 정말 되었대?

이런 점에 비추어 보면, 통사적으로 '이다'와 가장 근접한 것은 '답다'라고 할 수 있다. 그간 파생접사라고 불리우던 '답'은 선행 명사의 분포가 거의 열려 있다. '답-'의 의미가 '이-'에 비해 구체성을 띠기 때문에 선행 명사에 의미적으로 제약하는 바가 있다. 따라서 선행 명사와 '답-'이 이루는 구성은 형태론적 구성에서 통사적 구성으로 바뀌어 나가고 있다고 볼 수 있다.[60]

---

[60] 'X-답다' 구성에서 역순사전에 등재된 개수는 7개 — 아름답다, 참답다, 사람답다, 실답다, 아들답다, 사나이답다, 사내답다 — 에 불과하다. 이는 바로 X자리에 놓일

(13) 철수는 <u>교수</u>답다.

(14) 정말 <u>너</u>다워.

(15) 철수는 정말 <u>큰 일 하는 사람</u>다운 구석이 있어.

어휘의미적으로 비어 있는 '아-'는 문장 내에 실현되기 위해서 반드시 질료의 보충이 있어야 하고, 그 질료를 채우기 위해서는 한정되지 않은, 즉 형식이 정해지지 않은 명사(구)를 보어로 강하게 요구하는 것이다. '아-'는 선행 명사에다 서술어적 성격을 부여해 통사적 기능을 결정해 줄 뿐이며, 시제, 서법 등의 선어말어미는 기능동사 '이다'에 붙을 뿐이다. '이다'는 가장 전형적인 기능동사라 할 수 있다.

이런 점에서 불어의 소위 '동사숙어구'(locution verbale)에서 한정사의 교체에 따른 의미변화가 일어나는데 관사의 유무가 동사 숙어구의 긴밀도나 응집력의 기준이 되어 온 이유를 쉽게 이해할 수 있다.[61] 다음 예에서 (16a)는 그 긴밀도가 극에 달하면 단일동사 'fêter'로 대체될 수 있다.

(16) a. faire fête = fêter

b. faire la fête

c. faire une fête

수 있는 명사에 거의 제한이 없다는 것을 역설적으로 웅변하고 있다. 따라서 '아름답다, 참답다, 정답다' 등의 형태론적 구성-따라서 이때의 '답-'은 파생접사가 된다-을 제외하면, 통사적 구성으로 파악하는 것이 좋을 것이다.
'-스럽다'의 경우, 역순사전에 총 215개가 실려 있는 것은 자유로운 통사론적 구성이 아님을 의미하는 것으로 볼 수 있다. 그러나 '스럽다'도 그 의미영역이 넓어져 가고 있는 추세임에는 틀림없다.

61 Curat(1982)에서는 동사숙어구의 유일한 기준으로 관사의 유무를 책정하여 동사와 한정사 없이 쓰인 명사와의 결합만을 동사숙어구로 해야 한다고 주장한다.

4.2. '아니다' 구성의 분석

기존 논의에서 '이다' 구성과 관련하여, '아니다' 구성은 다음과 같이
두 가지의 입장에서 분석되어 왔다.

첫째로, 중세국어의 '아니'의 용법에서 명사적 행태를 보인다 하여,
'아니'를 명사 범주에 집어넣고 분석하는 태도가 있다. 이러한 입장에서
보면, '아니다' 구성은 '이다' 구성과 아무런 관계가 없는 별도의 구문으
로 취급되거나, '아니 + 이다' 구성으로 파악되어, 소위 주격중출구문으
로 분석되기도 한다.[62] 이러한 입장은 안병희(1959)의 논의를 모태로 하
고 있다. 안병희(1959)는 중세국어에서 '아니'가 명사적 기능도 갖고 있
음을 밝히고 있다.[63] 특히 중세국어의 통사구조를 밝히려는 시안(essai)에
서 대체적으로 이러한 입장이 채택되고 있다(이현희(1994), 한재영(1996)
참조). 그러나 본고는 중세국어 자료를 분석하는 입장이 현대국어에 그
대로 적용될 수는 없을 것이라고 본다.

둘째로, '안'의 변이형태까지 고려하여 '아니다' 구성을 분석하고 있는
입장이 있다. 서정목(1996) 등에서는 부정부사 '아니'가 기본이고 '안'은
준말로 처리되고 있다. 그러나 현대국어에서 '안'은 '아니'의 음운론적
축약을 거친 단순한 준말이 아니고 '아니'와 비교해 보았을 때 그 쓰임이
나 분포도 달라지고 있으며, '아니'는 의고적인 문체를 보여주지만 '안'
은 그렇지 않다는 점을 일단 지적해야 할 것이다. 그러나 서정목(1996)과
엄정호(1989)는 '이다' 구성의 기본 구조를 심각하게 문제 삼지 않고, 다

---

62 이러한 분석에 대한 엄정호(1989)의 비판을 참조할 것.

63 본고에서 그의 논의를 반박할 여력은 없다. 다만, 명사 중에 내재적인 부사어로
    쓰일 수 있는 것과 혼동한 것이 아닌가 하는 추정을 할 수 있다. 중세국어에서
    '아니'는 '오늘, 내일, 여기, 저기'처럼 부사어적으로 쓰인 것이 아닌가 하는 점이
    다. 고대불어의 부정사 'pas, point, goutte, mie'와 비교할 수 있다.

만 'X-가 아니다'와 평행하게 '<u>X-가</u> 이다' –밑줄은 필자가 쳤음–로 보고 있으므로, '아니다' 구성 자체에 대해서 시사받을 점은 있지만, '이다' 구성과 관련된 문제에 대해서는 본고와 시각이 다르고, 전통적인 용언설을 주장하고 있을 따름이다.

본고의 입장은 '아니다' 구성을 단순히 '안 + 이다'로 파악한다. 이렇게 함으로써, 우리는 현대국어에 생산적으로 쓰이는 부정부사 '안'의 통사적 행태를 일반화하여 설명할 수 있는 장점을 시니게 된다.

(1) 철수는 학교 안 간대.
(2) 너 아직도 안 자니?
(3) 철수는 공부 안 하고 뭘 하는 거야?
(4) 철수는 대통령(이) 안 이야(= 아니야).

따라서 현대국어의 '아니다'는 표기법상의 문제이고, '안+이다'로 분석되어야 한다고 본다. 여기서 우리가 '아니다'를 이런 식으로 분석하는 것을 지지하는 몇 가지 논거들을 제시해 본다. 첫째, '이다' 구성과 '아니다' 구성의 관계에 대해서 언중들을 대상으로 심리테스트를 하면, 언중들의 생각은 '이다'와 '아니다'는 분명 '가다 : 안 가다', '먹다 : 안 먹다'와 평행한 반의관계에 있다는 것을 직관적으로 느낀다는 점이다. 따라서 '이다'를 지정사나 잡음씨로, '아니다'를 형용사로 하여 별도의 범주로 보는 논의는 두 개의 별도의 어휘로 보는 입장과 상통하는데, 이는 한국어 체계에 맞지 않는 결과를 초래할 수 있다. 이를 받아들이면, 한국어의 모든 동사에 대해 '안+동사'라는 별도의 어휘가 존재한다는 추론이 가능한데, 이는 사리에 맞지 않는다.

둘째, 박승빈(1931)에서도 이러한 반의관계가 예를 통해 암시적으로 나타나 있다. 이는 현대국어에서 '아니다'로 하는 것은 표기법상의 문제일 따름임을 확인시켜 준다.

(5) 범은 사나운 동물이오.

(6) 사심은 맹수가 안이오.

셋째, 서정목(1996)의 엑스바 이론을 이용한 부정문의 분석은 우리의 논의와 의견을 같이 하고 있는 것으로 보인다. 다만 '이다' 구성에서 기능 동사 '이다' 앞의 명사(구)에 격표지가 붙지 않는 이유에 대한 설명이 어렵다고만 지적하고 넘어감으로써, 이 문제를 깊이 있게 다루지 못한 점이 아쉬움으로 남는다. 즉, 선행 명사 앞에 출현할 것으로 예상하는 조사 '이/가'를 여전히 격표지로 보고 있는 것이다. 본고의 입장은 '이/가'를 어디까지나 한정사(= 관사) 표지로 봐야 한다는 주장이다. 따라서 우리의 입장에서는 서정목(1996)의 바로 이 부분이 커다란 약점으로 부각된다.[64]

서정목(1996)에 따르면, 부사 '아니(= 안)', '잘' 등은 동사 수식 부사로서 동사에 이러한 수식어구가 붙어도 전체 동사구의 바의 성질이 그대로 유지되는 구절구조 규칙을 상정해야 된다고 한다. 즉 V를 다시 V로 확장하는 귀속어 규칙을 다음과 같이 설정해야 한다는 것이다.

(7) X → YP X

이를 3장에서 제시한 명사구 확장구조에 따라 동사구 확장구조로 적용시키면 다음과 같이 표시할 수 있다. 앞의 3장에서 살펴본 명사구 확장구조에서 알몸명사(nom nu)에 형용사나 형용사 상당어구가 아무리 첨가되어도 명사 N의 성격이 바뀌지 않고 그대로 N의 성격을 유지하는 원리와 같다. 즉 수식과 피수식어의 관계가 질료(matière) 차원에서는 아무리 반복되어도 형태의 변화에 영향을 미치지 못하는 것이다. 여기서 비교의 용이함을 위하여, 명사구 확장구조를 다시 한 번 제시해 보기로 하자.

---

64 이에 대해서는 3장에서 {이/가, 을/를, 은/는, 도}의 지위를 다시 참조하기 바란다.

(8) [N" [N' [N [A 예쁜] [N 소녀]]-에게]-는]

동사(= V)는 수식어구가 왼쪽에서 부가(adjoin)되어도 그 범주적 위계가 양적으로만 확대될 뿐, 질이 변하지 않고 그대로 동사구(= V')로 확장된다. 그것의 질을 바꾸어 주는 것은 동사구의 후행 요소인 선어말어미와 문말어미이다. 선어말어미들에 의해 동사구(V')는 [V']로 질적 변화를 겪게 되고 마지막으로 문말어미에 의해 [V"]로 확대된다. 명사구나 동사구가 핵 우향 원리를 평행하게 따르고 있음이 드러난다. 이는 교착어로서의 한국어의 일반성이라 할 수 있다. 이를 각괄호를 이용하여 표시해 보면 다음과 같다.

(9) [V" [V' [V [ADV 안] [V 이]]-었-다]

'아니다' 구성에 대해서 '안+이다'로 분석하면, 우리는 '이다' 구성의 '이-'가 접사로 파악돼서는 안 된다는 증거를 간접적으로 얻을 수 있다. '이다' 구성의 '이'를 파생접사로 보면, 'X-이다' 구성 자체가 하나의 단어로 취급되어야 한다. 그런데, 부정부사 '안'의 행태를 통해 보면, 그렇지 않다는 것을 확인할 수 있다.[65] 한국어의 단형 부정을 만드는 부정부사 '안'은 피수식어 바로 앞에 놓여야 하는 제약이 있다. 부정부사 '안'은 분포가 비교적 자유로운 다른 부사들과는 다른 행태를 보여준다. 다음 예를 보자.

(10) a. 철수는 학교(에) 안 간다.
      b. *철수는 안 학교(에) 간다.

---

65 물론 이러한 특이성을 'X-이다' 구성 자체에 기인하는 것으로 돌릴 수는 있다. 그러나 이러한 태도는 'X-이다' 구성에 대해서 아무 것도 말해주는 것이 없는 것과 같다.

이 예문을 통해서 알 수 있는 것은 '학교에 가다' 구성이 격조사 '-에'가 없이 쓰일 수 있다 해도, 이것이 '학교 가다'가 마치 하나의 단어라는 것을 보증하지는 않는다는 점이다. '학교 가다'는 통사적 구성에 불과하다.

똑같은 논리가 '이다' 구성에도 적용된다. 'X-이다' 구성은 파생접사 '-이'에 의해 새로운 용언을[66] 만들어내는 단어형성법의 형태론적 구성이 아니라 통사적 구성이다. 'X-이다'가 단어형성법에 의해 탄생된 새로운 용언이라면 부정부사 '안'은 그 용언 앞에 수식요소로 출현할 수 있어야 한다. 그러나 이는 사실과 다르다.

> (11) a. 철수는 학생 안이야.
>   b. *철수는 안 학생이야.

이제 '아니다'의 구성에서 선행 명사(구)에 왜 한정사가 붙을 수 있는 가 하는 문제로 돌아가 보자. '이다'의 부정형 '아니다'는 '안+이다'로 분석되는데, 여기서 부정부사인 '안'은 계사 '이다'의 비어 있는 질료에 더해져 '아니다'가 의미적으로 자립할 수 있는 여건을 마련해 준다. 그러한 점은 다음의 통사적 조작을 통해 확인된다.

> (12) A : 철수는 부자가 아니야.
>   B : 정말 아니야?
>   A : 그렇다니까, 정말 아니라니까.

따라서 부정부사 '안'은 기능동사 '이다'가 보어(補語)로 기능하는 선행 명사에 부과한 제약을 풀어 준다.[67] 그 때문에 선행 명사구(= [N'])에 한정사가 붙을 수 있는 것이다.

---

66 형용사나 동사로 불러도 아무 관계가 없다.
67 박형달(1973:187) 참조.

(13) 철수는 부자-$\emptyset_1$-{$\emptyset_2$, 가, 는, 도} 아니야.

이러한 현상은 어휘의미적으로 자립성이 내재되어 있는 기능동사 '하-'의 경우에도 평행하게 나타난다.

(14) a. 철수는 영어 공부-$\emptyset_1$-{$\emptyset_2$, 를} 하는 중이야.
　　 b. 철수는 영어 공부는 잘 하지만, 수학 공부는 하기 싫대.

기능동사의 의미가 문법화의 정도가 덜해 어휘적으로 차 있을수록, 목적보어의 명사는 한정사를 취할 수 있는 가능성이 높아진다. 예를 들어, 불어의 동사숙어구 'avoir faim'도 영형관사의 용법을 보여주지만, 'faim'에 다른 의미적 수식이 더해지면 관사의 출현이 필수적이다.

(15) a. J'ai faim.
　　 b. Il me semble qu'elle avait une faim de loup.

이런 현상은 한국어에도 평행하게 나타난다.

(16) a. 배고파 죽겠어.
　　 b. 배가 고프더라도, 조금만 참아라.[68]

부정부사 '안'의 행태를 보면, '배고프다'도 통사적 구성임이 금방 드러난다. '배고프다'가 굳어져 한 단어로 인식될 경우에만 '안'과 통사적으로 결합할 수 있는 것이다.

---

68 '고프다'의 의미가 구체적으로 느껴지기 때문에, 화자들은 다음과 같은 표현을 자주 쓴다. '술(이) 고프다', '사랑(이) 고프다', '여자(가) 고프다' 등등.

(17) 나는 배-$\emptyset_1$-{$\emptyset_2$, 가, 는, 도} 안 고파.

(18) a. *나는 안 배가 고파.

　　　b. ?나는 안 배고프니까 걱정 마.

5. 맺음말

우리는 '이다' 구성이 제기하는 문제의 본질이 무엇인가를 규명하기 위해 여러 가지 주장들과 여러 이론들의 장단점을 비교해 보았다. 그 결과 '이다' 구성의 제문제가 서로 모순되지 않게 해결되기 위해서는 무엇보다도 '이다' 구성에서와는 달리, '아니다' 구성에서는 허용되는 선행 명사(구)에 붙는 '이/가'가[69] 주격조사 내지는 서술격조사가 아니라 후치 한정사(= 관사)라고 설정하는 구조적 시각이 필요함을 역설하였다.

본고의 논의를 통해 얻어진 결실을 종합적으로 제시하는 것으로 결론을 삼겠다.

첫째, 우리의 논의에서는 한국어의 '이다'와 '아니다'의 관계가 부정(negation) 관계 이외에 아무 것도 아니라는 소박한 언어직관을 꾸밈없이 설명할 수 있었다.

둘째, '통사적 파생접사'나 'clitique' 등의 개념을 도입하여 문법의 혼란을 가져올 필요가 없음을 제시하였다.

셋째, 한국어의 통사구조, 즉 명사구 확장구조와 동사구 확장구조가 핵우향 원리라는 일반성에 따라 일관되게 기술될 수 있음을 밝혔다. 한국어는 이런 점에서 아주 체계적이고 대칭적인 기하학적 구조를 지닌 언어임이 드러났다. 유형론적 시각에서 보면, 당연한 이치이다.

넷째, 한국어에도 관사의 기능을 담당하는 요소가 존재함을 밝힘으로

---

[69] 사실 '이/가'만이 아니라 '은/는', '도'도 함께 다루었어야만 했던 요소들이다.

써, 그렇게 보지 않았을 때 제기되는 한국어의 특성 – 이중주어 구문, 이중목적어 구문, 주제부각형 언어 등등 – 을 근본적으로 다시 생각하게 하는 반성의 계기를 마련하였다.

끝으로, 한국어의 통사구조를 나무그림으로 어떻게 표상할 것인가 하는 문제에 대한 열린 논쟁을 위해, 본고에서 취하고 있는 '이다' 구성의 통사적 짜임새를 명시적으로 제시해 보겠다.[70] 그림 (1a, b)는 '이다' 구성의 선행 명사의 내적 구성에 초점을 맞추어 그린 것이고, 그림 (2a, b)는 동사를 중심으로 그 논항구조까지 고려하여 그려본 것이다. (PE : 선어말어미, FE : 문말어미)

(1a) 철수는 [[[굉장한 부자]-ø₁]-ø₂] 이다.

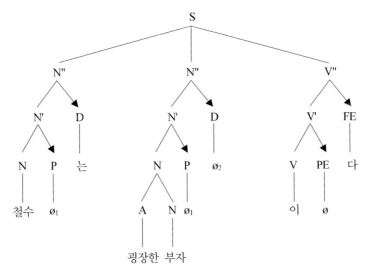

---

70 아래의 나무그림에서 우리는 동사구의 내적 구조와 명사구와 동사구가 어떤 식으로 결합하여 문장을 구성하는가를 그려내는 데는 주력하지 못했다. 동사구 확장의 구성요소인 선문말어미들의 위계나 문말어미들의 위계는 잠정적으로 설정해 본 것이다. 이것이 우리가 현재 그려낼 수 있는 최대한의 그림임을 양지해 주기 바란다.

(1b) 철수는 [[굉장히 [[부자]ㅓø₁]]ㅓø₂]] 이다.

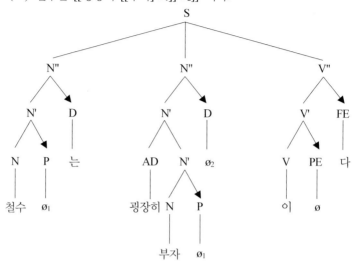

위의 그림을 통해서 우리가 명시적으로 보여줄 수 있는 현상은 다음과 같다. '이다' 구성의 선행 명사에 덧붙는 부가어 중에서 형용사와 부사는 피수식어와의 걸림관계(incidence)에 있어서 다르다는 것을 명시적으로 그려낼 수 있다. 형용사는 명사([N])에 걸리지만, 부사는 명사 자체에 걸릴 수 없고, 통사적 기능이 결정되는 [N'] 차원에서 걸림관계가 이루어진다. 이를 통해 추론할 수 있는 것은 어떤 부사의 경우－정말, 아주, 매우 등등－에 동사(V) 차원과 [N'] 차원이 동등한 자격으로 부사와 연결된다는 사실이다. 이러한 원리는 전통적으로 부사는 형용사나 동사 그리고 다른 부사를 수식한다고 본 언어직관에 부합한다.

다음의 그림 (2)는 술어를 중심으로 그 논항 관계를 표시하기 위한 것이다. 동사(V) 매듭 아래에 위계를 달리하며 딸려 있는 [N"]의 개수가 곧 동사의 논항수를 말해준다. '이다' 구성의 기능동사 '아-'는 두자리 술어이다. 제2논항 자리에 서술성 명사가 오면, 그에 따른 제3의 논항이 요구되기도 한다.

(2a) 철수는 영희와는 친한 친구였다.

(2b) 철수는 영희와도 친한 친구가 아니었다.

(2a)의 나무그림

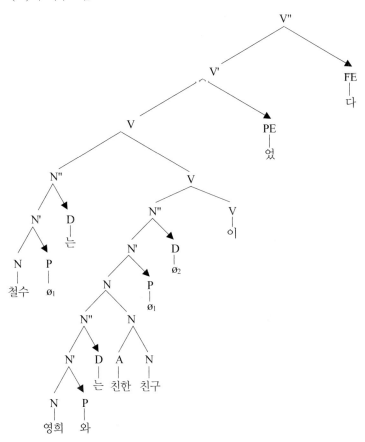

(2b)의 나무그림

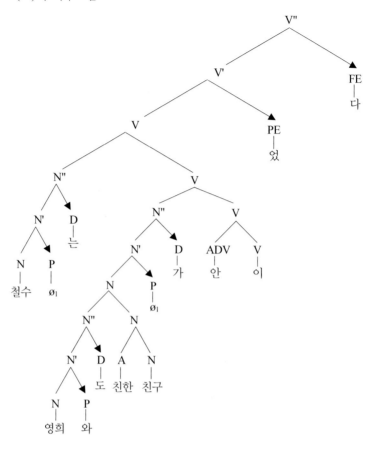

참고문헌

고영근(1987). 「표준중세국어문법론」 탑출판사.

_____(1994). "텍스트언어학 -하르베크의 이론을 중심으로-." 「현대언어학 지금 어디로」 한신문화사.

김광해(1983). "계사론." 「난대 이응백박사 회갑기념논문집」 보진재.

김동식(1984). "동사 '되다'의 연구." 「국어국문학」 92.

김민수(1994). "'이다' 처리의 논쟁사 -학교문법 통일안을 중심으로-." 「주시성학보」 13.

김창섭(1996). "국어 파생어의 통사론적 문제들." 「이기문교수 정년퇴임기념논총」, 신구문화사.

남기심(1986). "'이다' 구문의 통사론적 분석." 「한불연구」 7.

목정수(1989). "불어의 영형관사 연구." 서울대 언어학과 석사학위논문.

_____(1991). "현대불어의 새로운 영형관사를 찾아서." 「언어연구」 4.

_____(1998 발표예정). "한국어의 '이/가', '은/는'의 의미체계."

_____(2002). "한국어 타동사 구문 설정의 문제 -기술동사와 주관심리동사를 중심으로-." 제25차 한국어학회 전국학술대회 발표논문집.

민현식(1982). "현대국어의 격에 대한 연구." 「국어연구」 49.

박진호(1994). "통사적 결합관계와 논항구조." 「국어연구」 123.

배주채(1993). "현대국어 매개모음의 연구사." 「주시경학보」 11.

서정목(1991). "한국어 동사구의 특성과 엑스-바 이론." 「김완진선생 회갑기념논총 국어학의 새로운 인식과 전개」, 민음사.

_____(1993). "계사 구문과 그 부정문의 통사구조에 대하여." 「안병희선생 회갑기념논총 국어사 자료와 국어학의 연구」 문학과지성사.

송석중(1993). "'이다' 논쟁의 반성." 「한국어 문법의 새조명」 지식산업사

시정곤(1992). "'이다'의 '-이-'가 통사적 접사인 몇가지 이유." 「주시경학보」 12.

신익성(1968). "'이다'에 대하여." 「한글」 142.

안병희(1959). "중기어의 부정어 '아니'에 대하여." 「국어국문학」 20.

_____(1966). "부정격의 정립을 위하여." 「동아문화」 6.

엄정호(1989). "소위 지정사 구문의 통사구조." 「국어학」 18.

우순조(미발표). "'이다' 구성의 새로운 해석 : 조사적 증거와 이론적 함축."

유동석(1984). "양태조사의 통보기능에 대한 연구."「국어연구」 60.

윤동원(1986). "형용사 파생 접미사 {-스럽-}, {-롭-}, {-답-}의 연구."「국어국 문학논문집」 23.

이현희(1992). "중세국어 명사문의 성격."「김완진선생 회갑기념논총 국어학의 새로운 인식과 전개」 민음사.

_____(1994).「중세국어 구문 연구」신구문화사.

임동훈(1991). "격조사는 핵인가."「주시경학보」 8.

임홍빈(1972). "국어의 주제화 연구."「국어연구」 28.

_____(1989). "통사적 파생에 대하여."「어학연구」 25-1.

최기용(1993). "On the so-called Copular Construction",「언어학」 15.

최정순(1991). "국어의 'NP + -이-' 구성과 '-이-'의 형태/통사론적 특성."「석정 이승욱선생 회갑기념논총」.

한재영(1996).「16세기 국어구문의 연구」신구문화사.

홍재성 외.(1997).「현대 한국어 동사 구문 사전」두산동아.

Boone, Q et A. Joly(1996). *Dictionnaire terminologique de la systématique du langage*, l'Harmattan.

Culioli, A.(1977). *Note sur 'détermination' et 'quantification' : définition des opérations d'extraction et de fléchage*, Univ. Paris 7.

Curat, H.(1982). *La locution verbale en français moderne : Essai d'explication pychosystématique*, Cahiers de psychomécanique du langage, Québec : Presses de l'Université Laval.

Danon-Boileau, L.(1987). *Enonciation et Référence*, Ophrys.7.

Guillaume, G.(1919). *Le problème de l'article et sa solution dans la langue française*, Paris, Hachette.

_____(1974). *Leçons de linguistique 1949-1950, Série A, Structure sémiologique et structure psychique de la langue française II*, publiées par R. Valin, Québec : Presses de l'Université Laval et Paris : Klincksieck.

_____(1987). *Leçons de linguistique 1947-1948, Grammaire particulière du français et grammaire générale III*, publiées par R. Valin, Walter Hirtle et André Joly, Québec : Presses de l'Université Laval et Lille,

Presses universitaire de Lille.

Hewson, J.(1972). *Article and Noun in English*, Janua Linguarum, Series Practica 104, The Hague : Mouton.

Martinet, A.(1970). *Eléments de linguistique générale*, Paris : Librairie Armand Colin.

_____(1971). *Langue et Fonction*, Paris : Médiation.

Nerlich, B.(1983). "Le même et l'autre : le problème de l'identité en linguistique chez Saussure et Wittgenstein." *Cahiers Ferdinand de Saussure* 37.

Valin(1967). "Grammaire et logique : du nouveau sur l'article." *TRALILI V.*

제 2 부

한국어 조사의 문법

한국어 조사의 분류 체계와 유형론

• 한국어 격조사와 특수조사의 지위와 그 의미 : 유형론적 접근 •

1. 서론

1.1. 문제제기

현대 언어학의 제이론들은 과거의 전통을 계승·수용하는 한편, 독자적으로 새로운 개념을 만들어 내고 있다. 언어의 다양한 현상을 담기 위한 조치인 것으로 생각된다. 그러나 많은 경우에 새 개념을 기존에 사용되던 용어에 담아 쓰고 있기 때문에, 외형적으로 동일한 용어라도 처음부터 명확한 정의가 없으면 학파나 제이론 간의 상호이해가 불가능할 정도가 되기에 이르렀다.[1]

국내외를 막론하고 언어학계에 상용되고 있는 용어 중에서 가장 광범위한 다의적 용법을 갖고 있는 것으로 '격(case)'을 들 수 있을 것이다. 우선 '격'이라는 개념의 다양성은 여러 이론에서 상용하고 있는 '격'을 성분요소로 하는 합성어(구)를 살펴보면 쉽게 짐작할 수 있다. 생성문법 계열의 '구조격', '어휘격', '심층격', '당연격', '표면격', '의미격', '격문

---

[1] 현대 언어학에서 '기능'이란 용어가 어떤 의미로 쓰이고 있는가를 밝히고 있는 박형달(1976:44)를 통해 이런 면모를 엿볼 수 있다.

법', '주제격', '격할당', '격여과' 등이나, 전통문법이나 구조적 시각에서 나온 '유표격', '무표격', '부정격', '정격', '주격', '목적격', '여격', '처격' 등은 마치 공리처럼 사용되고 있는 실정이라 하겠다.

국어학계에서도 전통적으로 '격조사'나 '자리토씨'의 개념으로 한국어의 격과 관련된 현상을 설명해 오고 있는 것은 주지의 사실이다. 여기서 분명히 짚고 넘어갈 것은 '격조사'에서의 '격'이란 개념은 명사성분과 서술어의 통사적 관계나 문법적 기능을 말하는 것으로서, 전통적으로 인구어를 중심으로 만들어진 '곡용어미'의 기능과 밀접히 관련되어 있으며, 바로 그러한 의미로서 '격'이란 개념이 사용되고 있다는 점이다. '격'이란 이처럼 성분과 성분의 관계에서 비롯된 개념이므로 언어보편적이라고 할 수 있다. 앞으로 우리는 격이란 개념을 이러한 통사적 관계를 가리키는 좁은 의미로 명확히 정의하고 논의를 전개하고자 한다.

이런 배경에서 한국어의 격실현 체계를 설정할 때, 기본적으로 조사 {가}와 {를}은 격표지로서의 지위를 의심받아 본 적이 없었다. 그밖에 소유격조사 {의}, 여격조사 {에게}, 처격조사 {에}, 방향격조사 {로} 등이 설정되었다. 그리고 격조사 계열에 속하는 것이 아닌 것들은 특수조사 또는 보조사로 취급되었다. {는}, {도}, {만}, {조차} 등이 대표적이라 할 수 있다.[2] 이런 입장을 편의상 일원주의라고 부르기로 한다.

다른 한편, {가}와 {를}의 두 조사가 명사 이외의 부사나 용언의 활

---

2 허웅(1975:47)도 이러한 입장을 단적으로 드러내고 있다. 좀 길지만 논지를 분명히 하기 위해 필요한 부분을 인용해 보기로 한다. "토씨는 (…) 통어론 상의 어떠한 기능을 가지지 못하고, 다만 임자씨에 의지해서 그 말의 기능을 표시해 주거나, 또는 임자씨나 다른 씨에도 의지해서 뜻을 정밀하게 표현해 준다. (…) <u>'太子를'의 {를}과 '하늘히'의 {ㅣ}는 이름씨에 의지해서 이름씨와「글히샤」(풀이말)와의 통어론 상의 기능 - 주어와 목적어(필자부연) - 을 표시해 주는 토씨인데, (…) 또 '어미도', '굼죽도', '잇다가도'에 있어서의 {도}는 이름씨 어찌씨 풀이씨에 두루 의지하여, 그 말들의 통어론 상의 기능을 표시해 주지 않고, 오직 말의 뜻을 한층 정밀하게 해 줄 뿐이다.</u>" (밑줄은 필자가 침)

용언 뒤에 분포하는 현상과 그 기능에 주목하고 그를 준거로 {가}와 {를}에는 격기능 이외의 非格助詞로서의 그 무엇—주제화·초점화 기능, 배제·강조 의미 등등—이 있다 하여, 그 의미를 밝혀내려는 시도가 많이 있었고 그 결과 관련된 의미현상이 심도 있게 다루어진 바 있다.[3] 그래서 {가}란 형태소는 주격조사로서의 {가₁}과 보조사로서의 {가₂}로 따로 존재하는 것으로, {를}도 목적격조사로서의 {를₁}과 보조사로서의 {를₂}로 쪼개지는 것으로 보기도 했다. 즉, 동음이의어로 처리할 수 있다는 것이다. 바로 여기서 기본적으로 격조사 {가₁}, {를₁}이 보조사 {가₂}, {를₂}와 정말 다른 것인가 하는 동일성의 문제가 제기되는데, 그 문제는 아직 명백히 밝혀지지 않았다고 본다.[4] 여하튼 우리는 이러한 입장을 이원주의[5]라고 칭해 본다.

1.2. 본고의 목적과 논의 절차

이 글은 한국어 조사류의 질서를 새롭게 인식하는 차원에서 우선적으로 기존에 {가}와 {를}을 격조사로 설정하던, 앞서 일원적인 입장이라 명명했던 전통적 시각과 격조사와 보조사의 기능으로 나누었던, 앞서 이원주의라고 불렀던 입장을 모두 전면 부정하고, {가}와 {를}은 {도}, {는}과 더불어 하나의 부류를 형성한다는 것을 보여주는 데 일차적 목적

---

3 김재윤(1992)의 '초점화' 기능, 신현숙(1982)의 '주의 집중', 임홍빈(1972), 이광호(1988)의 '주제 표지', 성기철(1994ㄱ, ㄴ)의 '강조' 의미 등의 기술이 대표적이라 할 수 있다.

4 성기철(1994ㄱ, ㄴ)도 격조사로서의 {가}와 {를}을 보조사로서의 {가}와 {를}과 상관적으로 다루려고 시도하고 있지만, 격조사로서의 {가}와 {를}을 중심으로 하고 있다는 점이 본고의 입장과 극단적으로 다르다고 하겠다.

5 이원주의는 극단적으로 나아가면 의미차에 따라 형태를 무한히 쪼갤 수 있으므로 다원주의라고 해도 무방할 것이다. {가₁}, {가₂}, … {가ₙ₋₁}, {가ₙ}

을 둔다. 즉, 이 부류는 독립된 자리를 차지하고 한정기능(détermination) 을 담당하는 담화적 표지라는 것을 밝히는 것이다. 따라서 기존에 격조사 지위에 있던 {가}와 {를}이 그 자리를 벗어나 {는}과 {도}가 차지하던 위치, 즉 보조사로 제자리를 찾아가고, {는}과 {도}와 더불어 보조사 자리에서 함께 다루어졌던 다른 성원들-{만}, {까지}, {마저}, {조차}, {야}, {이나}, {말입니다}, {요} 등등-은 구조적으로 성격이 다른 요소로 규정된다.[6] 이차적 목표는 이렇게 한정사 부류로 확정된 {가}, {를}, {도}, {는}의 의미를 불어의 관사체계에 대응시켜 봄으로써, 그 의미체계를 재구성하고 그 구체적인 의미효과와의 상관성을 파악하는 것이다.

여기서 분명히 해두고 넘어갈 점은 위에 제시된 우리의 목적과 그 결론은 어느 특정 이론에 기대어 나온 것이 아니고, '격'이란 개념을 순수하게 다시 생각해 보고, 유형론적 시각에서 한국어의 조사가 실현되는 분포 양상을 정밀하게 따져보고, 인구어의 영어나 불어 명사의 통사적 실현과정과 비교하는 등의 필연적인 발견 절차의 수순을 거친 실로 기술적(descriptive) 작업의 결과라는 것이다.

2. 기존 학계의 입장과 제견해

지금까지 국어학계 전반을 거쳐 조사 {가}와 {를}이 {는}과 {도}와는 다른 부류, 즉 격조사로 기술되어 온 이유와 배경은 무엇일까를 검토해 보고, 그런 시각에 바탕을 둔 여러 학설이나 견해를 비판해 보고자 한다. 이는 새로운 제안의 토대를 마련하기 위함이다.

---

6   이 중에서 {만}과 {까지}는 유동적 '질화사'라고 부를 수 있는 요소들이고(목정수 (1998ㄱ, ㄴ)과 이 글의 4.5를 참조), {조차}, {마저}는 통시적으로 동사어간에 부사형어미 '아/어'가 붙어 문법화된 요소라는 점에서 새삼 그 지위의 재검토가 필요하다. 그밖에 {요}, {말입니다} 등은 성분 연결 요소로 지정되어야 할 것이다. 조사 {이나}의 문법화에 대해서는 본서 4부의 두 번째 글을 참조할 것.

2.1. 조사의 분포에 대한 해석

조사체계를 설정할 때 가장 먼저 부딪치는 문제는 {가}와 {는}, {를}과 {는}의 분포의 차이를 어떻게 해석할 것인가이다. 즉 {는}은 문장의 거의 모든 성분에 그 통사적 기능에 관계없이 붙을 수 있지만, {가}나 {를}은 주로 명사구에만 붙는 것이 일반적이라는 지적이 많이 있었다. 또 {가}가 주어 자리에만 나타날 수 있고, 목적어 자리에는 {를}이 나타나기 때문에, 자리에 관계없이 출현하는 {는}, {도}와 분포에 있어 차이가 난다는 것이다.[7] 그러나 우리의 물음은 이러한 분포의 차이가 {가}와 {는}의 상이한 문법적 지위를 보장해 주는 것일까로 이어진다. 그러한 점을 일단 인정하더라도, {는}과 {도}의 경우에 무엇이 통사론적 기능을 표시하는가의 문제가 여전히 남기 때문이다. 명사 바로 뒤에 분포하는 {는}의 경우에는 문맥에 의해서 통사적 기능이 드러나고, 명사 바로 뒤에 분포하는 {가}의 경우에는 바로 이것이 통사적 기능 표지가 된다고 하는 것은 분포적으로 설명되기가 어렵다고 본다. 우리는 조사 {가}와 {는}의 정확한 문법적 지위를 설정하기 위해서는 무엇보다도 이들이 출현할 수 있는 문법적 환경이 동일한가를 따져보아야 한다고 생각한다. 즉 모든 조사류의 배열관계와 교체관계를 종합적으로 검토하여 명사구 확장의 최대 구조를 설정해 봐야, 막연히 의미적 직관과 피상적 관찰에 의거해 주장된 개념의 타당성 여부를 가려낼 수 있다고 본다.

---

7 최동주(1997)을 참조할 것. 다만 그 논문에서는 '우선 먹어를 보아라'의 예에서 서술어의 활용형 뒤에도 {를}이 쓰일 수 있다는 것이 문제가 된다는 지적만 하고 넘어가고 있다.

2.2. 오류문법의 중요성

똑떨어지게 설명되지 않는 또 다른 문제는 실제로 {가}와 {를}이 주어나 목적어 기능을 표시하는 것이라면 다음과 같은 예문에서 찾아지는 {가}와 {를}의 출현을 어떻게 설명하느냐이다. 물론 이러한 발화체들이 문법적 오류나 발화상의 실수라고 할 수도 있지만, 이런 현상이 너무나 자연스럽게, 특히 입말에서 많이 목격된다는 점에서 그러한 현상의 동인에 대한 규명이 절실히 요구된다고 하겠다. 이런 현상이 {가}와 {를}을 주격조사와 목적격조사로 보는 입장에서는 원리적으로 설명되기 어렵다는 점만은 분명하다.[8]

(1) 무슨 프로를 보니까, 한강다리에서 짜장면 주문했을 때, (…) 정말 배달이 오더라구.

(2) 총리서리 처리문제가 해결해야 한다는 입장을 표명했다.

(3) 레간자가 소음도 적고, 기름이 덜 먹는대요.

(4) 열과 정성이 다하여서 지역구민들을 위해 일하겠다고 다짐하는 바입니다.

(5) 어, 칼이 어디다 두었지?

(6) 너무 많으니까 대사를 외워지지를 않는 거예요.

(7) 모든 '가' 결합 성분을 주어라고 보는 일에 쉽게 동의하기를 어려운 것이다.

(8) 저는 그렇게 미술에 재미를 들려있어요.

(9) 벨기에는 할아버지 선수들이 많아요. 서른을 넘는 선수들이 넷이나 됩니다.

(10) 벌점이 몇점 이상이 되면, 즉각 월급을 깎여요.

---

8 여기서 제시한 발화체는 필자가 조작한 것이 아니라 실제 사용된 것을 녹채하거나 현장에서 받아적은 것, 그리고 실제 자료에서 인용한 것들이다 : (1) 김선철박사와의 대화 중에서, (2) MBC 뉴스테스크 정치기자 보도중에서, (3) 택시기사와의 대화에서, (4) 조순의 보궐선거 당선 소감에서, (5) 부인이 주방에서 요리하다가, (6) 서세원 쇼에서 탈랜트 김원희가 한 말, (7) 선우용(1994:27))에서, (8) 조영남의 인터뷰에서, (9) 신문선의 월드컵 중계방송 중에서, (10) 박병선 고대 연구원과의 대화에서.

2.3. 조사의 생략과 그 의미

{가}와 {를}이 격을 표시하는 주격조사, 목적격조사라는 점이 당연히 받아들여졌기 때문에,[9] {가}와 {를}이 담당하는 의미 내지 의미기능이 {는}에 비해 상대적으로 소홀하게 다루어진 면이 있다. 따라서 {가}와 {를}은 담화적으로 의미손실 없이도 쉽게 생략될 수 있고, 회복가능하다 하여 '격조사의 생략'이라는 현상으로 설명되어 왔다. 그런데 {가}가 단순히 주어라는 통사적 기능을 표시하는 격표지이고, 그렇기 때문에 회복 가능성의 조건하에 생략될 수 있다고 보는 입장은 그 정의상 순환논법에 빠지고 만다. 격조사가 화용론적으로 회복이 가능하고 그것이 붙어 있는 성분이 주어인지 목적어인지가 분명하기 때문에 생략이 이루어진다고 보면, 그 성분이 주어인지 목적어인지를 어떻게 알 수 있느냐에 대해서는 다시 격조사가 있기 때문이라고 대답할 수밖에 없기 때문이다.

또한 이러한 입장은 {가}가 담지하고 있는 의미 내지 의미기능을 무시하는 것과 다름없다. 그러한 입장에서 다음의 두 문장의 의미는 동일한 것으로 취급될 수밖에 없을 것이다.[10]

(1) ㄱ. 아빠, 편지 왔어요?
　　 ㄴ. 아빠, 편지**가** 왔어요?
(2) ㄱ. 아줌마, 담배 파세요?
　　 ㄴ. 아줌마, 담배**를** 파세요?

9　{가}와 {를}의 양태적 혹은 非格 기능과 그 의미를 논의하는 수많은 논문에서도 기본적으로 {가}와 {를}은 격조사로 인정하고 있다. 대표격으로 성기철(1994 ㄴ:31)을 인용해 본다. "격조사 '–를'이 목적격 표지로 쓰이고 있고, 이것이 이 조사의 기본적인 기능이요, 의미임은 다시 말할 것이 없다."
10　최근 격조사에 관한 이남순(1998ㄱ, ㄴ)에서도 이러한 예문에 대해서 격조사 생략이 아닌 '격조사 비실현 현상'으로 설명해야 한다고 주장하고 있다.

이론상 어쩔 수 없이 수용될 수는 있지만, 한국어의 직관에서 보면 이는 다소 이상하게 여겨진다. 이 때문에 일군의 학자들은 {가}나 {를}이 드러내는 '배타적 대립'의 의미를 격조사 {가}와 {를}이 갖는 담화·화용론적 의미라 하여 이들을 '{가}주제화', '{를}주제화'로 보고, 격조사로서가 아닌 다른 형태소로서의 {가}와 {를}을 설정하여 주제화 요소 {는}과 동일 부류를 이루는 것으로 따로 설정해야 한다고 주장하기도 했고,[11] 격조사 {가}와 {를}이 본래 그러한 의미기능을 동시에 담당할 수 있다고 보는 절충적 태도가 표명되기도 했다.[12]

{가}와 {를}이 지니고 있는 '양태조사'로서의 기능을 주장하는 글에서도[13] 이전의 논의를 종합적으로 검토하여 문제제기를 하고는 있으나, 결국에 가서는 기존에 {가}와 {를}이 갖고 있다고 상정된 주격조사와 목적격조사의 딱지(label)를 포기하지 않고, 절충적으로 '통사적인 기능과 의미·화용론적인 기능을 동시에 갖고 있는 중간자적인 요소'라는[14] 다소 애매한 입장에서 종합을 꾀하고 있다는 점이 지적되지 않을 수 없다.

2.4. 격 개념의 혼란

지금까지 한국어 문법에서 {가}, {를} 등의 조사류를 정의하는 데 '격'

---

[11] 임홍빈(1972)가 대표적인 경우라 할 수 있다.

[12] 성기철(1994ㄴ:43)에서 인용한 다음 구절을 참조할 것. "'-를'이 일반적으로 생략되어 쓰이는 자리에 생략되지 않고 실현됨으로써 결과되는 명시성에 근거해서 '강조'의 기능을 가지게 되었다는 것은 이 조사의 성격을 이해하는 데 결정적인 역할을 하게 된다. 그것은 목적격조사로서의 '-를'과 강조로서의 '-를'이 상이한 형태가 아니라 동일한 형태임을 분명히 뒷받침해 준다는 점이다. 만약에 앞서 소개했던 기존의 연구들에서와 같이 격조사로서의 기능과 무관하게 '-를'의 의미를 '배타', '대조', '주의 집중', '주제 표지', '강조', '초점' 등으로 규정한다면, 이러한 의미를 가진 '-를'은 격조사와는 무관한 별개의 형태일 수밖에 없다."

[13] 유동석(1984)를 참조할 것.

[14] 선우용(1994:129)에서 다소 표현을 고쳐 인용한 것.

개념이 이용되고 있는데, 그 개념을 한국어에 적용할 때 유형론적으로 제기되는 근본 문제가 철저히 반성되지 않은 면이 있었던 것 같다. 격이란 개념과 <격형태>, <문법적 관계표지>, <격의 실현양상>, <통사적 기능> 등이 명확히 정의되지 않고 혼용되어 쓰이고 있으므로, 학계 일반에 제기된 문제가 본질적인 면을 떠나 주변적인 면에 치중된 측면이 있을 가능성이 높다고 할 수 있다. 이는 새로운 시각에서 꼼꼼히 점검될 필요가 있다. 예를 들어, '부정격'(casus indefinitus)이란 개념을 살펴보자.[15] 부정격 개념에 따르면 한국어에 마치 라틴어의 곡용 패러다임 같은 '학교Ø : 학교가 : 학교를 : 학교의 : 학교에서 : 학교로 …'의 곡용 패러다임을 설정하게 되는데, 그것 자체가 문제로 지적되지 않았다. 우리의 입장에서는 '부정격' 또는 '정격'이란 개념 자체를 반성의 대상으로 삼아야 할 것으로 본다(3.2. 한국어의 격실현 양상을 참조).

3. 한국어의 격조사 체계

앞 장에서 제기된 문제를 종합하여, 본 논의의 방향을 다음과 같이 설정한다. 우선, 구조주의적인 시각에서 분포를 토대로 조사류 각각의 위치를 설정하고 그 내부구조를 밝혀, 각자의 통사적 지위를 분명히 한다. 의미적 기능에 따른 분류는 그 이후 작업이 된다. {가}와 {는}만에 국한시켜 다시 말하자면, 우선 {가}와 {는}이 어떤 분포를 보이느냐를 엄밀히 따져보고, 그들의 지위가 동일한가 그렇지 않은가를 먼저 점검해 봐야 한다. 만일 그 지위가 다른 것이라면 이들은 서로 대립되어 기능하는 요소가 아니므로, 이들의 의미 차이를 동일 차원에서 견준다는 것은 무의미

---

15 안병희(1966), 이남순(1988) 등을 참조할 것.

한 일이 된다. 마치 '미운'과 '아름답게'의 의미를 비교하는 것과 같은 것이 되어버린다. 그러나 이들의 지위가 같은 것으로, 즉 동일부류임이 증명이 되면, 그 다음의 작업은 어떤 의미적 대립관계에 의해서 이들 간의 의미차가 나는지를 설명해야 하는 것이다. 이는 방법론적으로 요구되는 작업의 순서로서 이를 뒤바꿀 수는 없다.

3.1. 격 개념의 재정립 : 언어유형론적 관점에서

한국어의 격실현 체계를 총체적으로 이해하기에 앞서, 문법을 구성하는 데 있어서 우리가 흔히 간과하고 있는 범시적인 사실 하나를 언급하고자 한다. 무릇 언어활동이란 인간이 랑그(langue) 차원에서 담화(discours) 차원으로 옮아가는 과정으로서 본질적으로 역동적이다. 한국어의 문법 기술에서, 특히 격개념과 관련해서 이러한 언어의 범시적 사실이 적극적으로 고려되지 못한 감이 있다.

원래 격이란 그리스어나 라틴어를 근간으로 해서 기술된 전통문법에서 형태적으로 명사 곡용에 의해 표현된 문법적 의미를 포착하기 위한 개념이었다. 그런데 인구어라는 동계어 중에서도 종합어 성격의 라틴어는 격이란 개념 자체가 랑그의 차원에서 이미 형태적으로 결정되어 있는 일차적 사실(fait de langue)이지만, 분석적 경향이 농후한 불어나 영어에서는 격이 담화 차원, 즉 문장 내에서 사용되는 지점으로 넘어가서야 결정되는 이차적인 사실(fait de discours)이란 점이 간과되어서는 안 될 것이다. 불어의 명사는 잠재적인 상태에서는 모든 격으로의 실현가능성을 포함하고 있는 덩어리격(cas synaptique)의 상태로 존재하고 있다가 문장 내에 쓰일 때, 필요한 통사적 기능에 따라 꼴을 바꾸지 않고 그 자체가 내부적으로 분석되어 실현된다. 따라서 불어에서 주격, 대격, 속격이라 함은 곧 주어, 목적어, 소유어 등의 통사적 기능이라는 이차적 사실을 가리킨다. 덩어리격의 명사(= [N])는 랑그 차원의 명사이고, 형태 내부적으로 분석된 격의 명사(= [N'])는 담화 차원의 명사이다.[16]

한국어는 유형론적으로 교착어라고 한다. 일반적으로 교착어라 함은 언어요소들이 순차적으로 덧붙어 나감으로써 보다 큰 단위를 완성해간다는 것을 뜻한다. 한국어의 화자는 말사슬의 각 지점에서, 거기에 나타날 수 있는 단위 중에서 자기의 전달내용과 표현의도에 맞게끔 어느 하나를 선택하는 언어활동을 하게 된다. 따라서 교착어로서의 한국어 명사구의 뼈대를 밝히는 데는 조사류를 중심으로 말사슬의 각 지점에서 화자가 선택할 수 있는 단위들의 집합을 설정해 주고 해당 범주의 성원들을 목록화하는 작업이 대단히 중요하다.

랑그 층위에서 한국어 명사의 존재 양식을 살펴보면, 라틴어와 확실히 구분되고 불어 명사와 유사한 측면이 있음을 알 수 있다. 즉 라틴어의 명사는 이미 격개념이 랑그 층위에서 분화되어 명세화된 형태로 존재한다.[17]

(1) nom. HOMO, gén. HOMINIS, dat. HOMINI, acc. HOMINEM, abl. HOMINE

---

16 덩어리격의 명사와 분석격의 명사를 외형적으로 동일할 경우에도 N과 N'로 표시하는 것에 대해 주의할 필요가 있다. 또한 형용사(A)와 명사(N)의 통합을 보통은 NP라고 표시하지만, 우리의 입장에서는 그냥 형용사가 부가된 N으로 표시된다. 왜냐하면, '철수'나 '저 꾀많고 게으른 철수'나 격의 실현을 기다리고 있는 단계에서는 양적 차이에도 불구하고 똑같은 형상을 하고 있기 때문이다. 명사(구) 확장 체계를 엑스바 틀을 원용하여 계층적으로 보여주는 그림에 대해서는 4.4를 참조할 것.

  (1) [N[N철수]–ø] (도) 왔나?
  (2) [N'[N저 꾀많고 게으른 철수]–에게] (도) 주자.

17 라틴어 명사의 언어 상태에 대해서는 목정수(1989, 98ㄱ,ㄴ)을 참조할 것.

반면에 불어나 영어의 경우를 보면, 어순이나 전치사가 통사적 기능을 담당함으로써 격실현 체계가 구성된다.[18] 첫째로, 다음 예들은 어순에 의해 그 통사적 기능이 표시된 것이다. 그러나 언어요소의 상대적 위치, 즉 어순의 폭은 기껏해야 전치 아니면 후치여서, 경험의 제요소가 그들 간에 맺는 복잡한 관계를 모두 나타내기에는 어순의 기제는 매우 한정된 수단에 지나지 않는다.

> (2) ㄱ. L'homme est mortel. (주어)
>   ㄴ. Je ne connais pas cet homme-là. (목적어)
>   ㄷ. Je suis homme. (속사)

둘째로, 통사적 기능은 일종의 기능 단소(monème fonctionnel)인 전치사로 표시된다. 다음 예문을 보자.

> (3) ㄱ. Je voudrais parler à M. Kim.
>   ㄴ. Quelqu'un t'a appelé au téléphone; une voix d'homme; il n'a pas dit son nom.

마지막으로, 자율 단소(monème autonome)에 의한 기능의 표시방법이 있다. 자율 단소란 그 자체의 뜻속에 기능의 지시를 내유하고 있는 단소로서 위치나 기능표지에 의존하지 않는다.[19]

---

18 Martinet(1972)를 따르면, 통사적 기능이란 경험의 한 요소와 전체경험 사이의 관계에 대응하는 언어적 사실이다. 경험이란 현상에 대한 인간의 지각의 소산을 일컫는 말이다. 언어는 그 경험을 반영한 전달의 도구이다. 언어와 경험은 표리의 관계에 있다. 경험의 일요소에 대응하는 언어의 일요소는 단소이며 전체경험에 대응하는 언어적 요소는 서술어이다. 한 단소의 통사기능이란 단소의 서술어에 대한 관계를 말한다(박형달(1973)에서 재인용).

19 한국어에서도 동일한 현상이 목격된다 : (1) 비가 **오늘** 올 것 같애. (2) **십리만** 더 걸으면 마을에 도착할 수 있어. (3) 아잉, 좀 자게 놔둬 **십분** 더.

(4) ㄱ. Mon frère est barman et bosse toujours la nuit.

ㄴ. La nuit je deviens fou, fou, fou.

이상의 사실을 토대로 한국어를 바라보자. 한국어의 ≪사람≫, ≪철수≫, ≪책≫, ≪사랑≫ 등의 명사 자체는 랑그 차원에서 라틴어처럼 명세화된 격을 담고 있지 않다. 다만 이들 명사는 내적으로 그러한 격으로 분화되어 적절한 통사적 기능을 담당하여 문장내에서 다른 요소들과 관계를 맺으며 사용될 수 있는 잠재력이 있을 뿐이다. 여기서 중요한 것은 그렇게 영형태(零形態)에 의해 내부적으로 분화된 분석격이 어느 범위까지의 통사적 기능을 담당하느냐의 문제다.

3.2. 한국어의 격실현 양상

한국어는 {가}, {를}, {에게} 등의 소위 격조사가 주어나 직접목적어, 간접목적어의 통사적 기능을 실현시켜주는 기능을 한다는 점에 대부분의 문법서가 동의하고 있음은 주지하는 바와 같다. 그러나 이 글에서는 이와 같은 부동의 사실에 대해 회의를 품고, 한국어 문법관계의 실현양상과 명사구의 확장체계를 새롭게 모색해 보고자 한다. 우리 주장의 핵심은 다음과 같이 요약된다. 조사 {가}, {를}이 선행 명사(구)의 문법관계, 즉 통사적 기능을 표시하기 위해 붙는 요소가 아니라는 것이다. 주어나 목적어 등의 통사적 기능은 주로 서술어-논항의 의미 관계와 논항의 의미자질, 어순에 의존해서 실현되기 때문이다.

먼저, 한국어의 잠재적인 덩어리격이 실현될 수 있는 통사적 기능의 범위를 알아보자. 한국어의 서술어를 중심으로 한 하위범주화틀은 서술어에 참여하는 논항들의 수와 위치, 그리고 논항들의 의미자질의 상관성을 중심으로 이루어진다. 다만 어순 등에 의해 통사적 기능을 부여받게 되는 그 분석된 격이 통사적 기능상 좌초되어[20] 문법관계가 분명하게 드러나지 않을 때는 유표적인 문법관계표지에 의해 연결고리가 맺어져야 한다. 따라서 문법관계표지로서 기능하는 조사류의 목록—기능 단소의 목록—을 설정하는 작업이 이루어져야 한다. 이 문법관계표지의 부류는 닫힌 체계이므로 통사적 기능을 나타내는 유표적인 문법관계표지들은 영형태의 문법관계표지 {∅₁}와 대립 관계에 놓이게 된다.[21] 이 대립의 설정은 구조적 시각에서 볼 때, 아주 중요하고 필수적이다.[22]

3.2.1. 의미논항 관계

한국어에서는 다양한 통사적 기능이 영형태의 기능표지 {∅₁}에 의해 담당될 수 있다. 다음 예들을 주목해 보자.

(1) 이 엄마가 죽으면, 철수 <u>너</u> 어떻게 살아갈래? (주어)
(2) 내가 널 <u>도둑놈</u> 되라고 가르쳤냐, 이놈아? (주격보어)
(3) 네가 그 유명한 <u>침스키</u> 이렷다. (주격보어)
(4) 새해 <u>복</u> 많이 받으세요! (직접목적어)
(5) 그 책은 <u>김선생님</u> 갖다 드리거라. (간접목적어)
(6) 아이들을 서울에 있는 <u>사립대학</u> 보내려면 돈이 많이 들텐데. (처소어)
(7) 철수는 지 <u>엄마</u> 하나도 안 닮은 것 같애. (비교어)
(8) 그녀의 피부는 마치 <u>백옥</u> 같았다. (비교어)
(9) 우리 엄만 철수만 보면, <u>수양아들</u> 삼고 싶어 하셔. (목적격보어)

---

20 GB이론 표현을 빌리면, '격을 할당받지 못하면'에 해당한다.
21 영형 관계표지에다 지수 1을 붙인 것은 다른 한정사 부류와 대립하는 영형태소(= ∅₂)와 구분하기 위함이다.
22 구조적 시각에서 이 대립관계를 잘 짜야, 지금까지 많은 논의가 이루어졌던 (격)조사 교체 현상에 대한 논의가 제 궤도를 찾을 수 있을 것이다. 조사 교체 현상에 대해서는 별도의 논의인 목정수(1998ㄷ)을 참조할 것.

(1~9) 예문 옆에 표기한 통사적 기능의 딱지는 결과명사들이 랑그 차원에서는 덩어리격의 잠재태 상태에 있다가, 문장 차원에서 다른 언어단위들과의 상대적 순서나 서술어의 의미논항 구조, 논항들의 의미자질과 상관적으로 작용되어 격이 분화·실현된 것을 의미하기 위해 붙여 놓은 것이다.

그런데 위의 예들은 문법관계를 표시하는 후치사들이 유표적으로 쓰인 다음과 같은 예문들과 병행하게 해석될 수 있다. 수의할 점은 주어나 보어나 목적어로 설정된 통사적 기능에 대응되는 유표적 표지는 없다는 점이다. 전통적인 입장을 따라, 유표적 표지로서 주격조사, 목적격조사를 실현시키면, 명제 차원의 논리적 의미에는 영향을 미치지 않지만, 문장 차원에서는 큰 의미 변화를 초래하거나 비문법적인 문장을 만들기까지도 한다. (1~4)에 유의하라.[23]

(1') 이 엄마가 죽으면, 철수 네-(*²가) 어떻게 살아갈래? (주어)
(2') 내가 널 도둑놈-(²이) 되라고 가르쳤냐, 이놈아? (주격보어)
(3') 네가 그 유명한 침스키-(*가) 이렷다. (주격보어)
(4') 새해 복-(²*을) 많이 받으세요! (직접목적어)
(5') 그 책은 김선생님-께 갖다 드리거라. (간접목적어)
(6') 아이들을 서울에 있는 사립대학-에 보내려면 돈이 많이 들텐데. (처소어)
(7') 철수는 지 엄마-와/하고 하나도 안 닮은 것 같애. (비교어)
(8') 그녀의 피부는 마치 백옥-과 같지 않니? (비교어)
(9') 우리 엄만 철수만 보면, 수양아들-로 삼고 싶으신가 봐. (목적격보어)

여기서 유의할 점은 의미관계나 어순에 의해 영형태로 통사적 기능이 드러난 예와 후치사에 의해 간접적으로 통사적 기능이 드러난 예는 그

---

23 아래 (1'~4') 예문에서 조사 {가}와 {를}을 괄호로 묶어 표시한 것은 이들을 격조사로 보는 전통적 입장에 따라 한 것에 불과하지, 우리가 그 견해를 따른다는 것을 의미하지는 않는다.

실현된 기능이 대응될 수 있으나 결코 의미효과가 동일한 것은 아니라는 것이다. 다음 예에서 유표적 문법관계표지가 붙을 때 다소 수용성이 떨어지거나 문법성이 거의 파괴되는 이유가 거기에 있다.

> (10) 하늘{ø₁, ²²에, ²²로} 날아다닐까, 구름 따라다닐까, 햇님에게 물어보세.
> (11) 철수는 영희에게 미희{ø₁, *²의} 소개(를) 했다.

그러나 명사 논항이 외톨이가 되면, 즉 문법관계가 맺어지지 못하면 반드시 유표적인 문법관계표지가 필수적으로 요구된다. '놀다'라는 서술어는[24] 자동사적 용법으로 쓰일 때는 그 의미의 자족성 때문에 행위주 논항은 영형태로 실현될 수 있지만, 그 이외의 논항, 즉 부가어(adjunct)는 유표적인 문법관계표지가 필수적이다.

> (12) 갑 : 철수야, 너 요즘 어떻게 지내니?
> 을 : 그냥 신나게 놀고 있지 뭐.
> (13) ㄱ. 철수는 영희{*ø₁, 와} 신나게 놀았다.
> ㄴ. 철수는 마당{*ø₁, 에서} 신나게 놀았다.

3.2.2. 어순에 의한 격실현

한국어의 주어나 목적어의 기능이 분화되어 실현되는 가장 기본적인 틀은 술어의 하위범주화, 논항구조와 관계되는데, 이에 관여하는 어순의 역할을 살펴 본다.[25] 다음 예를 가지고 구체적으로 논의를 펴보자.

---

24 '놀다' 동사의 구문 유형에 대해서는 홍재성 외(1997)을 참조할 것.

25 한용운(1997)은 최인호의 '바보들의 행진'을 자료로 국어의 격은 조사만이 아니라 오히려 어순에 의해서 실현되는 것으로 주격이나 목적격은 일차적으로 어순에 의해 실현되며 기본 어순이 아니거나 조사가 안 쓰이면 격을 파악하기 어려운 경우에 조사 {가}와 {를}이 통합하는 것으로 보고 {가}와 {를}은 격기능뿐만 아니라 다른 조사와 마찬가지로 화자의 주관을 반영하는 화용적인 기능을 하는 것

(14) ㄱ. 철수야, **너희 선생님** 일본영화 좋아하시니?
　　ㄴ. 철수야, 일본영화 **너희 선생님** 좋아하시니?

'좋아하다'라는 술어는 논항으로 행위주 또는 경험주와 그 대상이 필요하다. 위의 (14ㄱ, ㄴ)에서 '좋아하다'라는 술어의 논항으로 주어진 '선생님'와 '일본영화'는 그들의 의미적 자질 때문에 순서에 관계없이 주어와 목적어의 통사적 기능을 중의성 없이 담당할 수 있다. 비록 (14ㄱ)보다는 (14ㄴ)이 정상적인 어순에서 벗어나는 문체론적 특성을 가진다 하더라도. 그러나 주어 자리와 목적어 자리에 동일한 의미자질을 지닌 명사가 나올 때 중립적인 문장구조에서는 먼저 오는 명사구가 주어로, 후행하는 명사가 목적어로 해석될 가능성이 거의 절대적이다. 전형성이 쉽게 파괴되지 않는다. 다음 예를 보자.

(15) ㄱ. 철수 영희 좋아하니?
　　ㄴ. 영희 철수 좋아하니?

전형적으로는 (15ㄱ)의 '철수'는 주어로, (15ㄴ)의 '철수'는 목적어로만 해석된다. 논항 두 개가 동일 자질을 가질 때, 그 통사적 기능이 무표적으로 {ø₁}에 의해 실현되면 어순에 따라 제일 먼저 위치한 것이 주어로 해석된다.

3.3. 복합 문법관계표지의 결합제약

한정사 기능을 하는 동일부류의 조사 {가, 를, 도, 는} 앞에 놓이는 문법관계표지들 간에 서로 중첩되는 현상이 있다. 다음 (1)의 연쇄형을 보자. (2ㄱ, ㄴ, ㄷ)은 그 용례이다.

으로 보았다. 결론이 다소 절충적이지만 {가}와 {를}의 본질이 격표지 기능에 있지 않다는 점을 잘 지적하고 있다고 볼 수 있다.

(1) -에게로, -으로와, -한테서, -로부터; -과의, -로의, -에서의 …

(2) ㄱ. 이제 사랑하는 사람에게로 돌아가고 싶다.

ㄴ. 파리에서의 유학생활은 너무나 힘들었다.

ㄷ. 동양철학으로의 초대

이들 연쇄형은 후치사류에 소위 복합후치사류가 단일형과 계열적 창조(création paradigmatique)에 의해 동일 부류를 확장해 나가고 있음을 보여주는 것이다. 영어의 복합전치사 {into}, {onto}, {from under} 등과 불어의 {dedans}, {dehors}, {au-dessus}, {de à}, {de par} 등도 같은 이치이다. 물론 이 문법관계표지들 간의 결합에는 제약 관계가 따른다.

(3) ㄱ. *-로에게, *-와로, *-의과, *-의로, *-부터로

ㄴ. *toin, *toon, *under from; *à de, *par de

문법관계표지의 연쇄형에서 후행요소가 선행요소에 비해 의미영역이 포괄적이어야 그 연쇄가 자연스럽게 받아들여지는 것으로 보인다.

4. 한국어의 한정사(= 관사) 범주 설정의 문제

이상의 논의에서 우리는 {가}와 {를}을 문법관계 표지로 다루지 않았다. 이에 많은 반론이 있을 수 있다.[26] 환기할 것은, {가}와 {를}의 쓰임이 통사적 기능과 무관하지는 않지만, 그것의 본질이 명사의 통사적 기능을 표시하는 것이 아니라는 본 논문의 핵심적 주장이다. 우리는 이들의 본질을 한정사(= 관사)로 파악하고자 한다.

---

26 또한 조사 {의}의 문제도 분명하지 않다. 현재 이 논문에서는 격조사로 일단 보고 있지만, 궁극적으로는 '소유관사'로 보고자 하는 것이 필자의 기본 입장임을 부언해 둔다.

4.1. 조사류의 분포

한정사 범주 설정을 뒷받침하는 결정적 논거는 일차적으로 {가}와 {를}의 출현 위치가 {는}, {도}와 일치한다는 분포론적 사실이다.[27] 물론, 이러한 사실을 이해하는 데 한 가지 장애요소가 있을 수 있다. 서두에서 이미 언급한 바와 같이, {가}와 {를}은 분포면에서 {는}과 {도}보다 제약이 심하다는 점이다. 다음 예를 비교해 보자.

(1) 철수{가, *를, 도, 는} 왔어.
(2) 난 빈대떡{*이, 을, 도, 는} 싫어해.

우리는 이러한 분포상의 제약의 차이를 {가}와 {를}이 같은 위상의 범주이되, 서로 대립하여 의미적 영역을 상보적으로 나누어 갖기 때문으로 해석한다. 그 근거는 {가}와 {를}이 없이도 통사적 기능이 실현되는 데 아무런 문제가 없다는 데 있다. 따라서 {가}와 {를}은 {는}, {도}와 다른 부류에 속하는 것이 아니고, 여전히 동일부류에 속하는 성원들이라고 본다. 다음과 같은 언어사실들이 우리의 주장을 더욱 지지해 준다.

우선, 그들의 결합관계가 강력한 논거이다. 우리는 {가}와 {를}을 격조사로 보는 한, 다음과 같은 연쇄형의 불가능성을 원리적으로 설명할 길이 막히게 된다.

(3) *철수-가-는, *철수-가-도, *철수-를-은, *철수-를-도
(4) *철수-는-이, *철수-는-을, *철수-도-가, *철수-도-를

---

27 김영희(1974), 선우용(1994) 등도 조사류의 분포를 종합적으로 검토하고 있으나 본고와는 인식의 차이를 보여준다.

{가}와 {를}이 문법관계표지가 아니라는 주장을 통해 얻어지는 설명의 효과는 표면적으로 관찰되는 소위 격조사와 보조사의 연결가능성이 일관되게 체계적으로 설명된다는 점이다. 즉 {가}가 통사적인 주어 기능을 표시하는 주격조사로, {를}이 목적어 기능을 표시하는 목적격조사로 설정이 되면, 왜 다른 문법관계표지들과 달리 유독 격조사 {가}와 {를}만이 소위 보조사와 연결이 불가능한지, 왜 이러한 체계상의 불균형이 초래되는지를 따로 설명해야 하는 부담이 생긴다. 생성문법에서의 규칙처럼, 임시적인 변형규칙을 통해 보조사 {는} 앞에서 주격조사 {가}와 목적격조사 {를}은 의무적으로 탈락돼야 한다고 할 수는 있으나, 이는 결코 원리적인 설명이 될 수 없다. 다른 문법관계표지는 왜 수의적으로 삭제되어야 하는가? 그 수수께끼는 쉽게 풀리지 않는다. 결국, 다음과 같은 연쇄가 허용되는 것으로 봐서 {가}와 {를}은 {는}, {도}와 같은 자리에 속한 요소들임이 분명하다. 다음의 예들은 이처럼 {가}와 {를}이 소위 격조사로 설정된 것들과의 결합가능성을 보여주는 것이다.

(5) 철수-에게-가, 철수-에게-는, 철수-에게-를, 철수-에게-도, 철수-에게로-는, 철수-에게서-도, 철수-에게로부터-는, 철수-로-는, 철수-로-가, 철수-로-도, 철수-한테-가, 철수-한테-는, 철수-한테-를, 철수-한테-도 (…)

앞절에서 살펴보았듯이, 격조사 계열에는 영형태 {ø₁}도 포함되므로 다음의 (6ㄱ)과 같은 연쇄형은 (6ㄴ)의 구조로 해석되어야 한다. 이렇게 해석될 때, 외형적으로 명사 뒤에 붙거나 부사어 뒤에 붙거나 활용형 뒤에 붙거나에 관계없이, 한정사 부류 {가, 를, 는, 도}의 의미기능이 평행하게 설명될 수 있는 것이다. 동음이의어 시비가 여기서는 사라진다.

(6) ㄱ. 철수가 갔어, 철수를 봤어, 철수는 자, 철수도 운대
    ㄴ. [철수-ø₁-가], [철수-ø₁-를], [철수-ø₁-는], [철수-ø₁-도]

이렇게 체계를 세우게 되면, 문법관계 표지가 나타나는 자리 다음에 공히 위치하는 문법적 요소들은 동일한 부류를 형성하고 있음을 분명히 인식할 수 있다. 분포적으로 한정사 자리에 실현될 수 있는 형태는 {가}, {를}, {도}, {는}이다. 우리는 이 부류를 '한정사(= 관사)' 부류로 명명하고자 하는 것이다.[28]

4.2. 한국어 보조사와 인구어 관사의 대응

본격적으로 한국어의 보조사 {가}, {를}, {도}, {는}을 한정사로 볼 수 있게 하는 근거를 들어보자. 먼저, 한정사를 어떻게 보느냐가 문제인데, 우리는 프랑스 언어학자 기욤(Guillaume)을 좇아, 인구어의 관사 사용—화자의 관사 선택—을 지배하는 일반 원리를 살펴보고, 그 원리가 {가, 를, 도, 는}의 사용 관장 원리와 평행함을 밝혀 중요 논거로 삼고자 한다.

4.2.1. 관사 정의와 그 체계

Guillaume(1919)에 따르면, 관사의 문제는 잠재명사(nom de puissance)와 결과명사(nom d'effet) 간의 문제가 아니라 그런 차이를 느끼게 되는 언어주체인 인간의 문제이고, 관사는 그에 대한 해결의 징후라고 한다. 일단 다음 예를 보자.

---

28 생성문법의 틀내에서 {가}, {는} 등을 'delimiter'로 보려는 논의—양인석(1973), 안희돈(1988) 등—를 참조할 것. 다만 여기서 명심할 것은 'delimiter'라는 용어와 본고가 사용하는 'déterminant한정사'이란 용어는 어원적으로 같다고 해도, 그것을 통해 의도하는 바는 질적으로 차이가 있다는 점이다. 본고에서 한정사와 명사의 관계는 '형상'과 '질료'의 관계로서, 한정사를 명사의 수식요소로 보는 전통적인 평면적 입장과 완전히 다르다. 오히려 명사가 한정사를 수식하고 있다고 본다(4.2.1 참조). 그리고 '핵'이란 개념을 가지고 최근에 나온 소위 'DP 분석'도 우리의 입장과 겉으로 유사하게 보이나 근본적인 차이가 있다.

(1) ㄱ. Un homme est mortel.

ㄴ. L'homme est mortel.

여기서 언어 주체가 느끼는 잠재명사 ≪homme≫와 예문 (1ㄱ, ㄴ)의 결과명사 <un homme>, <l'homme>의 차이를 정신·심리역학론자들은 외연범위(extensité)의 차이라 한다. 여기서 외연범위란 명사의 개념이 담화 차원에서 결과적으로 적용되는 영역으로서, 명사의 형식적 토대를 가리킨다. 따라서 질료적 외연(extension matérielle)으로서의 논리의미적 외연과 구분되는 형식적 외연(extension formelle)이다. 이런 관점에서 보면, 관사는 결과명사 외연의 적용영역을 한정하는 **형식적 한정사**(déterminant ormel)이며, 명사의 '이해형식'(forme d'entendement)을 정해 주는 **담화적 기능표지**로 정의된다. 반면에, 형용사는 명사의 어휘적 의미와 관련된 내포/외연에 영향을 주고 수의적 성분이란 점에서 질료적 한정사(déterminant matériel)로 정의될 수 있다.

형용사와 관사의 차이를 정신·심리역학론의 걸림관계(incidence) 이론 —걸림관계란 질료인 지참(apport)과 형식인 지지(support)의 투사관계— 에 따라 그림으로 표현하면 다음과 같다.

(그림 I)

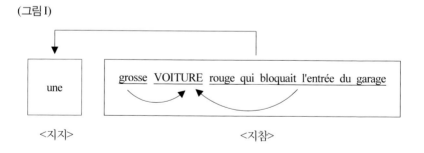

une

grosse VOITURE rouge qui bloquait l'entrée du garage

<지지>　　　　　　　　　　　　　<지참>

이렇게 관사를 정의하고 나면, 다음 문제로 그 구성요소들의 의미를 어떻게 구축할 것인가가 중요하다. 구조주의의 기본 강령에 의하면, 주어

진 한 항의 의미값이란 체계내의 다른 항들과의 관계에 의해 대립적으로, 소극적으로, 상대적으로 주어진다. 이러한 초기 구조주의의 입장에서 한 걸음 더 나아간 정신·심리역학론의 입장은 항들간의 체계 내에서의 대립뿐만 아니라 그들 간의 위치(position) 역시 매우 중요하게 여긴다. 그것은 공시적 관점에서도 언어 내에 존재하는 작용시간(temps opératif)에 의거하여 언어를 정적인 체계가 아닌 동적인 체계로 재구성하려 하기 때문이다. 예를 들어, 'A'항과 'B'항이 있을 때, 'A'와 'B'의 대립관계는 {A, B}이든 {B, A}이든 차이가 없지만, 위치를 중요시하는 정신·심리역학론의 입장에서는 {A, B}와 {B, A}의 차이가 아주 중요하게 취급된다. 따라서 관사의 체계를 구성하는 부정관사와 정관사는 그 대립관계로 의미값이 주어지지만, 그 근본적 의미차이를 드러내 주는 것은 체계 내에서의 그들의 위치이다. 심리체계 내에서 부정관사는 정관사에 선행한다. 이러한 관사의 체계를 보여주는 것이 다음에 제시하는 근원적 이원장력형(tenseur binaire radical)의 도식이다.

(그림II) 불어의 관사체계

(여기서 보편(universel), 특수(singulier)는 인간사고의 이중운동이 이루어지는 극한을 나타내는 메타언어로서, 해당 형태소의 의미를 적절하게 표현할 수 있는 다른 메타언어로 교체될 수 있다.)

4.2.2. 관사 체계와 불어-한국어의 대응성

이제 위에서 재구성된 관사의 체계로 어떤 언어현상이 설명될 수 있는가를 보이고, 그러한 기제가 한국어의 조사 {가, 를, 도, 는}의 쓰임을 지배하는 기제와 평행함을 구체적으로 불어와 한국어의 대역 예나 실제 발화체를 비교해 봄으로써 논증해 보자.

첫째, 이러한 관사체계를 고려하면 다음과 같은 관사의 교체에 따른 미세한 의미차이가 벡터의 방향과 포착 위치로 원리적으로 설명되는 장점이 있다.[29]

> (2) ㄱ. Un soldat français ne craint pas la fatigue.
>
> ㄴ. Le soldat français ne craint pas la fatigue.

이에 대한 한국어 대역을 나폴레옹이 한 말의 상황적 의미를 고려해서 구성하면 다음과 같을 것이다.

> (3) ㄱ. 그 정도로, 불란서 병사**가** 지쳐서야 되겠습니까?
>
> ㄴ. 원래 불란서 병사**는** (말예요), 피곤이 뭔지 모릅니다.

둘째, 조사 {가}나 {를}을 격조사가 아닌 담화적 기능 표지, 즉 한정사(=관사)로 보려는 시도의 두 번째 근거는 그들이 보여주는 양태적 의미, 다시 말해서 화자의 정감적(affectif) 의미에 있다. 다시 말하자면, 화자가 명사를 담화적 기능 표지인 한정사를 통하여 바라볼 때 당연히 화자의 주관적인 느낌, 양태적 의미(modalité)가 배어나오기 마련이고, 이러한 의미를 {가}와 {를}이 담지하고 있다면, 결코 {가}와 {를}을 격조사로 보아서는 설명되기 어렵다는 것이다. 한정사는 명사를 보는 틀이라고 할 수 있다.

---

29 Guillaume의 강의록에는 이러한 미세한 차이가 나폴레옹의 발화를 예로 들어, 자세히 설명되어 있다. 즉, (2ㄱ, ㄴ)의 문장에서 문제가 되는 것은 특정한 개체로서의 '프랑스 군인'이 아니라 '프랑스 군인 일반'을 가리킨다는 점에서 양적으로는 동일하지만 질적으로 그 두 대립되는 표현이 쓰이는 상황이 다르다는 점이다. (2ㄱ)은 나폴레옹이 피곤에 지친 군사들을 보고 용기를 불러넣어주기 위해 자신을 은근히 드러내며 지칠 줄 모르는 자신의 정력을 보여주려는 의도를 가지고 말했을 때 사용한 표현이다. 반면, (2ㄴ)은 다른 나라 군사와는 대조적으로 '프랑스 군인'의 속성을 일반화해서 말할 때 사용된다.

다음의 대립쌍을 비교해 보자. {가}와 {를}이 필수적으로 요구되는 문장이 단순한 의문문이 아니라 수사의문문으로 해석되거나, 감탄, 반어 등의 의미를 수반한다는 사실에 유의할 필요가 있다.

(4) ㄱ. <u>철수</u> 갔니?
ㄴ. 뭐, <u>철수가</u> 갔다고?

(5) ㄱ. 갑 : 누구 <u>하느님</u> 본 사람 오른손 들어봐요?!
을 : 저요, 저요.
ㄴ. <u>누가</u> 용의 <u>눈물을</u> 보았다 하는가?

셋째, 문장 차원을 넘어서서 텍스트상의 흐름이 어떻게 원리적으로 설명될 수 있느냐의 문제이다.[30] 다음은 동화나 이야기 구조에 전형적으로 쓰이는 도입부의 예들이다. 이 도입부에서 이야기가 전개되어 갈 때, 그와 상관관계를 맺고 있는 관사의 교체 현상은 관사의 심리역학체계로 잘 설명될 수 있다. 말차례가 부정관사와 정관사의 순서지어진 교체로 진행될 때는 이야기의 흐름이 단절되지 않고 흘러간다. 이는 관사체계 내의 부정관사와 정관사의 위치와 일치하는 것이다. 한국어의 옛날 이야기 구조를 이와 견주어 보면, 조사 {가}와 {는}의 교체관계가 불어 관사의 메커니즘과 평행함을 알 수 있다.

(6) ㄱ. Il était une fois un prince très malheureux : le prince aimait une belle princesse qui ne l'aimait pas.
ㄴ. 옛날에 (한) 임금님이 있었어요. 그런데 (그) 임금님은 딸이 없었대요.

---

30 이야기 구조나 담화의 배경/전경 구조와 관사의 상관관계에 대해서는 고영근(1994)를 참조할 것.

이해를 돕기 위하여, 이를 영화에 비유하여 설명해 보자. 인간이 이야기를 하거나 대화를 전개해 나갈 때, 배경부분은 화자가 청자가 알고 있을 것으로 가정하는 어떤 배경적 지식으로서, 항상 사건발생보다 앞선다. '선재하는 정신공간', '담화공통 공간', '지식 저장소', '파일' 등등의 표현은 바로 발화상황의 배경부분을 의미하는 것으로 볼 수 있다.[31] 예를 들어, '옛날 옛적, 산골에'라는 시공간적 배경(= B₁) 속에서 '나무꾼'이라는 등장인물이 출현하는 장면에서 카메라의 앵글은 전체 배경에서 한 주인공으로 좁아져 간다. 이것이 부정관사의 중심적 의미기능이라고 할 수 있다. 반면에 정관사가 쓰이는 발화상황은 다음과 같이 그려볼 수 있다. 카메라의 시선이 주인공으로 옮겨간 순간까지가 새로운 배경(= B₂)으로 주어진다. 이어 주인공이 과거의 일을 회상하는 장면이 오버랩된다고 치면, 그 주인공이 새로운 배경 자체가 되어 그것을 축으로 새로운 사건이 전개되는 것이다. 이것이 정관사의 중심의미라고 할 수 있다. 이를 다음과 같은 그림으로 나타낼 수 있다.

(그림Ⅲ)

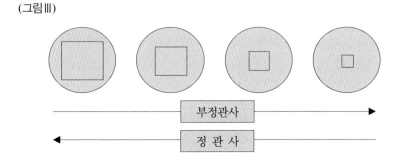

(참조 : 동그라미는 배경, 네모는 대상)

---

31 박철우(1998)은 정보구조의 관점에서 한국어의 화제와 초점을 다루기 위해 Vallduvi(1990)의 정보부 이론의 가정을 받아들일 것을 주장한다.

한국어의 {가}와 {는}, {를}과 {는}의 교체 현상이 인구어의 부정관사와 정관사의 교체 구조와 평행하게 나타난다는 점을 구체적으로 불어의 텍스트와 그에 해당하는 한국어의 번역 텍스트를 비교하여 살펴보자.

(7) ㄱ. Je cherchais mon chien dans le parc; en vain, semblait-il … Tout
à coup j'aperçois un petit bout de nez qui sortait d'un taillis.

ㄴ. 공원에서 내 개를 찾고 있었는데 허사였지 싶었어. 구데 … 갑자기 자그마한 개 코끝이 덤불속에서 빠져나오고 있는게 보이데.[32]

위 불어텍스트가 전개되는 과정은 다음과 같이 그려볼 수 있다. 화자가 공원에서 개를 찾고 있는 장면이 반과거형(imparfait) 동사를 사용하여 배경으로 제시되고 있다.[33] 그 장면에서 하나의 예기치 못한 사건이 일어난다. 개 찾기를 포기하고 돌아가려다 자기 개를 발견한 것이다. 여기서 중요하고도 흥미로운 것은 화자가 자기 개의 코를 이미 잘 알고 있음에도, 즉 친숙함(familiarité)에도 불구하고 정관사 대신에 'un petit bout de nez'처럼 부정관사를 사용하고 있다는 것이다. 그 이유는 새로운 사건을 도입하는 동시에 화자의 놀라움을 통해(= 청자의 시선을 끌기 위해) 현장 속에 개의 존재를 부각시키기 위함으로 해석된다. '돋들림의 관사'(article de relief)로서 부정관사의 용법을 잘 드러내 주는 예라 할 수 있다.

마지막으로 불어의 비인칭(impersonnel) 구문에서 외치 명사구의 한정사 제약이 보여주는 한정성 효과(definiteness effect)를 한국어의 조사 제약과 비교해 보자.

---

32 직역을 한다면 '(난) 갑자기 덤불속에서 빠져나오는 자그마한 개 코끝을 보게 되었어'처럼 {이} 대신에 {을}이 쓰이는데 원리는 마찬가지이다. 왜냐하면, {가}와 {를}은 모두다 {도}, {는}과 대립체계를 구성하는 요소들이기 때문이다. {가}와 {를} 자체의 대립은 또다른 차원의 문제이다(4.3을 참조).

33 배경/전경과 상과의 상관관계는 최동주(1995), 이인영(1985)를 참조.

(8) ㄱ. Il est arrivé {une, *?la} voiture.

ㄴ. Il est arrivé {des, *les} invités.

ㄷ. Il monte {beaucoup de, *le} monde à cette station.

(9) ㄱ. 어 차{가, *?는} 도착했네.

ㄴ. 손님들{이, *?은} 도착했구나.

ㄷ. 많은 사람들{이, *?은} 이 역에서 타지.

존재 구문에서의 한정성 효과도 불어와 한국어에서 동일하다고 볼 수 있다. 다음 (10ㄱ)과 (10ㄴ), (11ㄱ)과 (11ㄴ)을 별도로 취급하지 말고, 텍스트의 연속체에서 그 문법성을 판단해야 함에 유의할 일이다.

(10) ㄱ. (Il) y a {un, *le} livre sur la table.

ㄴ. {*?Un, le} livre est sur ma table.

(11) ㄱ. 어, 식탁에 연필 한자루{가, *는} 있네요.

ㄴ. (그) 연필{*?이, 은} 영희 거래요.

4.3. 한정사 {가}와 {를}의 대립성

여기서 우리가 매끄럽게 처리하고 넘어가야 할 점이 있다. 주어와 목적어의 통사적 기능에 민감한 한정사 {가}와 {를}의 분포를 제약하는 기제를 규명하는 문제이다. 현상적으로 {가}와 {를}은 주어와 목적어라는 통사적 기능과 밀접한 관계가 있어 보이는데, 이러한 통사적 기능과의 상관성을 한 차원 높은 설명 틀로 담아낼 수 있어야 우리의 주장이 설득력을 얻을 수 있다. 우리는 앞서 {가}와 {를}을 격조사가 아닌 한정사로 규정했기 때문이다. 우리는 불어의 부정관사에 대응되는 이들 한정사 {가, 를}의 묶음을 그들의 운동성의 차이로 설명하고자 한다. 즉 {가}와 {를}의 의미상의 대립체계를 다음과 같은 이원장력형의 도식으로 설명하는 것이다.

(그림Ⅳ) 한국어 부정관사 {가}와 {를}의 하위체계[34]

여기서 '보편'과 '특수'는 **메타언어**로 {가}와 {를}이 공히 갖는 구체적인 의미효과를[35] 떠나 이 둘을 구분시켜 주는 차이적(différentiel) 의미를 이해하기 위해서는 '보편' 대신에 '**객체**', '**청자**', '**우주**', '**우주적 시공**', '**무정**'을 대입하고 '특수' 대신에 '**주체**', '**화자**', '**인간**', '**지금/여기**', '**유정**'을 대입하여 생각할 수 있다. 즉 {가}는 '주체지향적', '화자지향적', '여기·지금 지향적', '유정 지향적' 운동을 하는 역학체로서 그 잠재의미가 파악되고, {를}은 거꾸로 '객체지향적', '청자지향적', '과거·미래/저기 지향적', '무정 지향적' 운동을 하는 역학체로서 잠재의미가 파악된다. 이 역학적 성격이 {가}와 {를}의 쓰임을 결정적으로 제약한다고 볼 수 있다.

예를 들어, {가}는 주체지향적인 벡터형태이고 {를}은 객체지향적인 벡터형태이기 때문에, '사랑하다'라는 술어가 두 논항을 요구하고 이 두

---

34 익명의 논평자는 {가}와 {를}의 대립성을 표시하기 위해 사용된 이원장력형 도식에 불어의 부정관사와 정관사의 대립성을 보여주기 위해 사용되었던 '보편₁→,특수₂→보편₂'의 용어가 동일하게 사용되어 이해의 혼동을 가져올 수 있다고 지적하였다. 그 혼동을 피하기 위해서는 한국어 한정사의 거시적 대립체계와 {가, 를}, {도, 는}의 미시적 대립체계를 함께 고려할 필요가 있다(목정수(1998ㄱ)을 참조할 것). 한 가지 밝혀둘 것은 본고에서는 인구어의 정관사에 대응되는 {도}, {는} 묶음 자체의 대립체계에 대해서는 자세히 논구하지 못했다는 것이다. 한국어 한정사 체계 전반과 그 의미에 대해서는 이 글의 5장을 참조하기 바란다.

35 지금까지 많은 학자들이 밝혀낸 {가}와 {를}의 非格助詞的·양태적 의미로는 [초점], [배제]를 들 수 있다. 이와 같은 {가}와 {를}의 공유 의미는 다른 한정사, 즉 정관사에 대응하는 {도}와 {는}과의 대립으로 얻어진다. 즉 거시구조는 부정관사({가, 를}) 對 관사({도, 는})의 대립으로 일차적으로 파악되고, 다시 이차적으로 각각의 미시구조가 {가}와 {를}의 대립과 {도}와 {는}의 대립으로 설정된다.

논항은 주어와 목적어의 통사적 기능을 나누어 가져야 하는데, 모두가 주체지향적인 {가}에 의해 한정을 받는다거나, 객체지향적인 {를}에 의해 한정을 받게 되면, 의미충돌이 발생하여 어색한 문장을 산출하게 되는 것이다.[36] 통사적 기능이 전형적인 주어이면 '주체지향적' 운동의 {가}와 자연스럽게 부합하고, 전형적인 목적어라면 '객체지향적' 운동의 {를}과 더 잘 부합한다고 볼 수 있다. 반면에 그 중간 영역에 걸쳐 있는 성분들은 화자의 의도에 따라 {가}를 요구하기도 하고 {를}을 요구하기도 한다. 다음 예들은 {가}와 {를}이 규칙적으로 교체될 수 있거나, 때로는 비대칭적인 교체 관계를 이루는 것들이다.

> (1) ㄱ. 난 맥주{ø₂, **가, 를**} 먹고 싶어.
> ㄴ. 난 고향에{ø₂, ?**가, 를**} 가고 싶소.
> ㄷ. 이 옷은 손님에게{ø₂, **가,** ?**를**} 잘 어울립니다.
> ㄹ. 영수하고{ø₂, **가,** ?**를**} 손이 잘 맞는다.
> ㅁ. 난 영희{ø₂, **가, 를**} 예쁘다고 생각해.

다음은 소위 신체부위 명사와 관련된 문장에서 {가}와 {를}의 교체를 보이는 현상이다.

> (2) ㄱ. 철수는 다리{ø₂, **가, 를**} 많이 다쳤대.
> ㄴ. 철수의 다리{ø₂, **가,** *?**를**} 다쳤나 봐.

위의 구문 (2)에서 {가}와 {를}이 붙는다 해서 '다리가'가 주어로 해석되고, '다리를'이 목적어로 단순히 해석되지는 않는다. {가}와 {를}이 붙지 않고도 충분히 그 통사적 기능을 발휘할 수 있기 때문이다. 예문 (2ㄱ)

---

[36] 이러한 의미충돌의 문제는 정보구조 차원에서 설명될 수도 있다(박철우(1998)을 참조할 것).

에서 '철수'가 주어로 통사적 기능을 획득하면, '다리'는 '철수 다치다'와의 관계에서 상대적으로 목적어나 처소어라는 통사적 기능을 획득하게 된다. '다리'가 목적어에 대응되는 통사적 기능이 실현되면 '철수는 다리(를) 다쳤대' 같은 발화체가 가장 자연스럽게 받아들여질 것이다. 중요한 것은 그 기능이 {을}에 의해서가 아니라 {ø₁}에 의해 실현된다는 사실이고, 그 기능이 화자의 한정사 선택과 상관관계를 맺어, 주체지향적으로 그 대상을 바라보게 되면, {를}보다는 {기}를 신호하세 뇌고, 객체지향적으로 그 대상을 바라보게 되면, 반대로 {가}보다는 {를}이란 한정사를 유발한다는 점이다. 처소어의 통사적 기능에 대응된다면, 심지어 '철수는 다리에 많이 다쳤대' 같은 발화체까지도 가능해진다. (2ㄴ)에서는 '철수 다리'가 한 성분으로 묶여 발화되면 '철수'는 '다리'와의 관계에서 그 통사적 기능이 주어지므로, '철수'는 소유어에 해당되는 통사적 기능을 획득한다. 그것과 대응되는 유표적 형태는 '철수의 다리'가 될 것인데, 이 '철수의 다리'라는 명사 전체가[37] '다치다'라는 술어와 관계를 맺게 되면 당연히 한 자리 논항으로 기능하므로 주어 기능을 획득하게 된다. 이 경우에는 {가}의 선택요구가 {를}의 선택요구보다 우세하다고 볼 수 있다.

지금까지 우리는 {가}와 {를}의 조사교체를 단순한 격교체가 아니라 한정사 교체관계로 설명할 수 있는 틀을 마련해 보았다.

---

[37] '철수(의) 다리가'라는 명사구의 명사구 확장구조 그림에 대해서는 목정수(1998ㄴ:271, 285–286)을 참조할 것. 이때 소유관계표지 {의} 뒤에는 한정사가 붙지 못하는 제약이 있는데, 이 현상은 명사(구)와 명사(구)를 연결하여 그 의미관계를 표시할 때 일반적으로 나타나는 현상이다. 전통적으로 연결(접속) 조사라고 한 이유가 여기에 있을 것이다. 조사 {와}도 선행명사를 후행명사구와 등위접속시킬 때에는 똑같은 양상을 보인다.

  (1) 철수의{ø₂, *가, *를, *도, *는} 다리가 정말 길지.
  (2) ㄱ. 철수와{ø₂, *가, *를, *도, *는} 영희에게는 책을 주어라.
      ㄴ. 철수는 영희와{ø₂, *?가, ?를, 도, 는} 놀았지요.

4.4. 그 밖의 보조사들의 문법적 지위

여기서 잠시 전통적으로 보조사로 설정되어 왔던 {만}, {까지}, {조차} 등의 문법적 지위를 정밀하게 따져보고자 한다. 우리는 이들이 자리가 고정되어 있지 않고 유동적이라는 형태적 특성과 구체적 의미의 어휘성이 짙다는 의미적 특성에 입각하여 정확히 그 지위가 해석되어야 한다고 본다.

의미적으로 쌍대(dual) 관계를 이룬다고 보았던 특수조사로서의 {만}과 {도}는 명사구의 확장구조에서 차지하는 자리가 다르다는 점은 이들의 지위가 동일하지 않음을 웅변한다고 볼 수 있다.[38] {만}은 명사적 성격이 강한 양화사로 볼 수 있고, {도}와는 달리 한정사 부류에 속한다고 보기 어렵다.[39] 다음의 연결제약이 이를 증명한다.

(1) ㄱ. 철수만이, *철수가만, 철수에게만, 철수만을, 철수만의, 철수에게만은 …
    ㄴ. *철수도가, *철수가도, 철수에게도, *철수도를, *철수도의, *철수에게도는 …

특수조사 {만}은 보통 문법관계가 표시된 명사구에 부가되지만 명사 자체에 붙을 수도 있다. 다음 예가 그것을 보여준다.

(2) ㄱ. 뭘요, {오신것만-으로-도 ∞ 오신것-으로만-도} 고맙지유.
    ㄴ. {칼만-으로-는 ∞ 칼-로만-은} 나라를 세울 수가 없는 거다.
    ㄷ. 사람이 {빵-으로만 ∞ 빵만-으로} 사는 건 아니다.

---

38 {만}과 {도}의 dual 관계에 대한 것은 류병래(1993)을 참조할 것. 이 논문에 대한 비판적 논의로는 유현조·이정민(1996)을 참조하라.

39 한재영(1997)에서는 '격표지 우선의 원칙'을 제시하고, 예외로 보이는 '만에, 맛, 만도, 만ㄱ티'의 '만은 조사가 아닌 의존명사로 보고, '브터를'과 '싯장은'을 가진 구성은 명사화의 예로 보았다.

이러한 양화사적 속성을 보이는 것들은 [N]이나 [N']에 부가될 수 있다는 것을 그 특징으로 한다. 다만 분명한 것은 유동의 위치가 대개는 문법관계표지(N') 바로 뒤가 되지만, 그 유동 범위가 마지막 자리인 한정사를 뛰어넘을 수는 없다는 점이다.

{까지}도 양화사적인 속성을 보인다. {까지}는 {만}처럼 한정사 자리에 고정되어 나타나지 않으므로, {는}, {도}와 동일 차원에서 일반적으로 'delimiter'의 요소로 기술됨은 바람직하지 않을 뿐민 아니라 그렇게 해서는 꽉 짜여진 조사 체계를 세울 수가 없다고 판단된다.[40] 다음 예를 보자.

  (3) ㄱ. {서울-에까자-는 ∽ 서울까자-에-는} 아직도 십리나 남았어요.
    ㄴ. {서울까자-에만-을 ∽ 서울-에까지만-을} 가 준다면야.

5. 한정사 {가}, {를}, {도}, {는}의 의미체계와 의미효과

이 장에서의 논의는 우선적으로 {가}, {는}이 서로 대립되어 의미의 최소 대립쌍을 형성하는 발화체들을 논거의 중심으로 삼는다.

한정의 기능을 담당하는 조사 {가}, {를}, {도}, {는}은 잠재명사(= [N])와 격관계가 실현된 결과명사(= [N'])사이에 생기는 발화 의도(visée de discours)의 의미효과 차이를 반영한다. 이들 조사는 잠재명사로서의 ≪교수≫와 결과명사로서의 <교수-ø₁>, <교수-에게>, <교수-로> 등 사

---

[40] {까지}가 명사적 성격을 띠고 있음은 다음과 같은 사실을 통해 확인할 수 있다. 첫째, 중세국어의 명사 {ᄀᆞ장}과 형태적, 의미적 연관성이 있다. 둘째, 현대국어에 '힘껏', '마음껏', '일껏', '한껏', '기껏', '여태껏', '이때껏', '해껏'(이상 역순사전에서 추출한 목록) 외에 '정성껏', '양껏' 등이 생산적으로 쓰이고 있다. 이때 문법에서 보통은 '접미사'로 처리되고 있지만, 어휘성이 강하고 생산력이 높다는 것 자체가 그것의 명사성을 말해주는 것이라고 볼 수 있다.

이의 외연범위(extensité)라는 (정감적) 의미적 간격을 메워 주는 것이다.

그럼 {가}와 {는}이 반영하는 의미는 어떻게 규정할 수 있는가? 우리는 이것이 화자의 의도나 정감적(affectif) 의미와 관계가 있음을 이미 살펴본 바 있다. 여기서 '정감적'이란 용어는 양태적이라고 하는 문자적 의미로 해석된다. 반어적 표현이나, 조소 섞인 표현 등 화자의 의도나 감정을 담아내기 위해서는 {가}, {는}, {를}, {도}의 조사가 반드시 요구된다. 다시 말해서, 이 형태소를 통해 투사된 명사에는 화자의 정감이 묻어나는 것이다. 이것이 이들 형태소의 본질적 의미 기능이라고 본다. 이제 {가}, {는}의 의미차를 구체적으로 드러내는 작업으로 넘어가 보자.[41]

본장의 논의는 다음과 같은 순서로 진행된다. 먼저, 이러한 {가}와 {는}의 체계와 각 구성요소들의 역학체를 토대로 한국어의 {가}와 {는}에 대한 문법적 의미 기술에 동원된 개념들과 용어들을 꼼꼼히 따져보고, 여기서 파생되는 문제점을 알아본다. '한정성', '총칭성', '전제' 등이 논의의 주된 대상이다. 현대 언어학 특히 형식 의미론에서도 이러한 개념들이 활발히 논의되고 있는 추세이다.

일반적으로 제기되는 문제들을 정리하면 다음과 같다. 명사의 한정성은 어떻게 결정되는가? 한정성은 화제성을 인가하는가? 특정성은 초점을 받는가? 개체층위의 술어와 단계층위의 술어는 내재적으로 구별될

---

41 {도}도 화자의 정감을 표현하는 데 적극적으로 사용된다. 즉 {도}를 통해 대상을 바라보는 화자의 의도나 심정적인 면이 묻어나오게 되는 것은 당연한 이치라 하겠다. 다음 예는 한동완(1991:44-45 각주 22)에서 문법형태소 {-으시-}와 관련하여 그것의 문맥적 의미로 화자의 비아냥거리는 태도를 반영함을 보여주기 위한 예이다. 우리가 주목하는 것은 한정사 {도}의 용법이다.

  (1) 우리 아드님, 참 빨리**도** 들어오시네!
  (2) 그래 잘**도** 하겠다, 이놈아!
  (3) 그 녀석, 참 운**도** 좋아!

수 있는 범주인가? 총칭구문의 성격이 화제 구문인가?(이정민(1992) 참조). 이러한 문제에 대해, 우리는 위의 여러 개념들은 {가}와 {는}이라는 형태소의 본질을 드러내는 측면보다 그 의미기능의 한 측면, 즉 실현된 의미효과 중의 하나를 가리키는 것으로 파악한다. 또한 {가}와 {는}의 이질적이고 때로는 모순되는 듯한 의미효과들이 일관되게 설명되기 위해서는 역동적인 심리역학체가 구성되어야 할 필요가 있다고 본다. 예를 들어, {는}만이 화제가 아니고 {가}만이 초점이 아니라는 것이다. {는}도 초점이 될 수 있고, {가}도 화제가 될 수 있다. 그러면 화제의 {는}과 화제의 {가}는 어떻게 구분되는가의 문제가 제기되는데, 그 차이를 우리는 그 운동의 방향성으로 설명하게 된다. 앞서 4장에서 제시된 관사 체계의 근원적 이원장력형(tenseur binaire radical)의 도식(schéma)에 기반하여, 재구된 {가}, {는}의 잠재의미 체계가 어떤 의미효과들을 설명할 수 있는가를 구체적으로 살펴보자.

5.1. 초점과 화제

언어구조의 최대단위로 설정된 문장구조가 한계에 부딪치고, 결국 언어라는 활동은 문장들의 단순한 합이 아니라 문장들을 계층적으로 연결짓는 보다 차원이 높은 담화 층위에서 파악되어야 한다는 논의가 있다. 이러한 시각에서 나온 것 중의 하나가 Halliday를 위시한 프라그학파의 분석에서 제시된 화제-평언 구성이다. 이러한 화제-평언 구조를 염두에 두고, 본고에서는 구조라는 총합은 그 구성성분들에 의해 제약을 받을 수밖에 없다는 것과 정신·심리역학론에서 제시된 관사의 잠재의미로서의 기본체계가 담화의 연속적인 흐름을 일관되게 통일시켜 주는 역할을 담당한다는 것을 보여주려 한다.

국어학계에서는 화제를 표시하는 역할은 보조사 {는}이 담당하고, 초점은 주격조사 {가}가 담당한다는 이원적 태도와 {가}나 {는}이 다 화제를 나타낼 수 있다는 단원적 입장으로 나뉘어 있는 것 같다. 우리는 이러한 입장 어느 것에도 동의하지 않고, 새로운 시각에서 문제를 바라볼 때 위에서 제시한 상반되는 주장들이 사실은 똑같은 사실에 대한 시각차에 불과하다는 점을 보일 것이다.

한국어 문법에서 해결하기 어려운 문제 중의 하나가 소위 '이중주어문'이었고, 화제나 초점이 문제가 된 구문도 바로 이 '이중주어문'이었다.[42] 이 특이한 구문의 해결을 위해서는 문장이 '주어+서술어'보다는 '주제-평언' 구조로 분석되어야 한다는 주장이 있다.[43] 그리하여 한국어는 주제부각형 언어이고 인구어는 주어부각형 언어라는 유형론적 시론도 제시되었다. 이어 이중주어문이라는 문의 패턴을 세분화하여 어느 것이 진정한 이중주어문이고 어떤 것이 이 테두리에서 벗어나는 것인가를 가려내려는 시도가 많이 이루어졌다. 술어의 특성에 따라 첫 번째 위치에 나타나는 명사구와 두 번째 위치에 나타나는 명사구의 관계 유형을 정립하고자 했던 시도가 바로 그것이다.[44] 그밖에 진정한 이중주어구문은 존재할 수 있는가 등등의 원초적인 질문들도 제기되곤 했다. 실로 무수한 논의를 생산했던 문제이다.

이제 이중주어문과 화제-평언 구성에 얽힌 문제들을 우리의 입장에서 하나씩 풀어나가 보자. 첫째로, 이중주어문에서 어느 것이 참주어이고 어느 것이 가짜주어냐 하는 논의와 관련되어 다음과 같은 주장이 이루어졌다. 먼저 그러한 주장을 예시하고 그에 대한 비판을 전개하겠다. 다음의 예는 임동훈(1997)에 제시된 것들로서, 동일한 격조사가 연달아

---

42 박철우(1996)를 참조할 것.

43 이향천(1991), 임동훈(1996) 등을 참조할 것.

44 양인석(1972)와 임동훈(1997) 참조.

서 출현하면 어색하거나 비문이 되는 현상을 설명하고자 할 때 드는 예들이다.[45]

(1) ㄱ. 나는 호랑이가 무섭다.
　　ㄴ. ?*내가 호랑이가 무섭다.
(2) ㄱ. 나는 이 가방이 싫다.
　　ㄴ. ?*내가 이 가방이 싫다.

흔히들 주격조사 {가}와 보조사 {는}을 분리하는 이유로 다음과 같은 언어적 사실들이 제시되어 왔다. 최근의 임동훈(1997)의 한 예만 보면 알 수 있듯이, 소위 'NP₁ NP₂ VP' 구조의 이중주어문에서 첫 번째 주어가 주로 {는}을 요구하고 {가}는 거부한다고 주장된다. 그러나 이는 사실에 부합하지 않는다. 위의 (1ㄴ)과 (2ㄴ)의 예문이 부자연스럽거나 비문법적인 것으로 기술되고 있으나, 이는 이러한 문장이 쓰이는 상황을 설정할 수 있는 상상력이 거기까지 못 미쳐서 그랬던 것 같다. 그러나 임동훈(1997)은 때에 따라서 '-이'가 용인되는 경우를 다음과 같이 설명하고 있다. "어떤 경험주의 심리상태를 기술할 때에는 화자가 그 경험주에 어느 정도 관점이입을 하는 것이 보통이므로, 첫 번째 명사구가 'NP-가' 형식으로 잘 안 나타난다는 이유만으로 '나는'과 같은 형식을 주어가 아니라고 단정하기는 어렵다"라는 보류를 달고 있다. 이러한 설명은 암묵적으로, 주관심리동사(= 심리형용사) 구문에서 경험주 논항에 {는}과 {가} 중에서 {는}이 좀더 자연스러운 것은 대조의 뜻을 표시하는 {는}이 흔히 화자의 언급대상으로 해석되는 주제 표지로도 쓰인다는 점을 고려할 때, 당연한 현상으로 볼 수 있다는 것이다. 일견 타당한 측면이 있으나, 근원적으로 {는}과 {가} 형식의 차이점을 인식하는 데까지는 이르지 못하고 있다.

45 　* ? 표시는 그들의 문법성 판단에 따라 붙인 것으로 필자의 직관과는 차이가 있다.

(1ㄴ)과 같은 예문의 적격성을 말하기 위해 다음과 같은 상황을 설정해 보자. 호랑이해를 맞아 호랑이에 관한 이야기를 하다가 대부분의 사람들이 호랑이에 대해 친근감을 갖고 있어 두려움의 대상으로 느끼지 않는 점이 부각되자, 한 사람이 그와는 반대되는 호랑이에 얽힌 경험을 (1ㄱ)으로 표현했다. 그렇지만 사람들이 믿으려 하지 않고 오히려 그 사람을 이상히 생각하려 할 때, 그는 '내가 호랑이가 무서워, 내가 호랑이가 무섭다니까'라고 말하는 것은 너무나 자연스럽고도 당연하다. 다만, 이 문장에서 동일한 담화표지 {가}가 연쇄적으로 이어지니까 서로간에 의미 충돌이 일어나거나 의미 부담이 높아질 수 있으나, '내가 호랑이가'처럼 동일 표지가 중첩되어 나타나면 그 중 하나가 더 돋들리고 나머지 하나는 중화될 수 있다는 보편적 정보전달의 원리를 감안하면, 전혀 어색하지 않은 훌륭한 문장이 된다. 따라서 다음과 같은 정보전달의 단일성 원리를 상정할 필요가 있다.

> **정보전달 단일성 원리** : 담화 차원에서 한 문장은 하나의 정보구조를 일관되게 유지해야 할 필요가 있음을 전제로 할 때, 한 문장에서 이질적인 담화표지가 두 개 이상 나오거나 동일한 것이라도 둘 이상이 출현하면 대개는 그 중 하나만 돋들리게 되고 나머지는 중화되어 그 명사를 한정해 주는 담화적 기능이 잘 드러나지 않는 경향이 일반적이다.

이러한 정보전달 단일성 원리는 왜 지금까지 {가}가 주격이라는 문법적 관계표지로만 기술되어 왔는지 하는 문제를 푸는 데 결정적인 실마리를 제공한다. 관찰자들은 중화되어 한정적인 의미기능이 돋보이지 않는 {가}를 중심으로 삼았기 때문에 그 본래적 의미를 읽어내지 못하고 자꾸 주격조사로 규정하는 연구로 경도되었다고 볼 수 있지 않을까?

Chafe(1987)은 의사소통을 하는 데 있어서 정보 흐름이 여러 가지 제약을 받게 되는데, 특히 우리의 인지능력은 한꺼번에 여러 가지 새 정보를 감당하지 못하므로 발화 시 하나의 새 정보만을 전달하는 전략을 사용하는 경향이 있음을 주장했다(박철우(1998:14) 참조). 다음 예를 보자.

   (3) 영희는 철수가 좋아해.

위 문장은 특별한 운율적 요소를 개입시키지 않는 한, 다음과 같은 해석이 일반적이다. 즉 '영희는'이 이미 한 번 이상 언급된 개체로서 주어진 구정보로 나타나 문두의 위치를 차지하고 있으므로, '철수가'는 비록 {가}에 의해 도입되더라도 '철수가'가 처음 발화에 등장한다는 특수지향적 개별의미가 부각되지 못하고 중화되는 경향이 있다. 따라서 위 문장에서 {가}는 '영희'와 구별되는 '철수'의 통사적 기능의 차이를 드러내는 역할만을 담당하는 것처럼 느껴진다. 그러나 다르게 해석될 가능성도 다분히 있다. 그 가능성이란 누가 영희를 좋아하는가에 대한 토론을 하고 있는 상황에서 영희를 좋아한다는 것이 주어진 것으로 설정되어 있다면 '철수가'가 돋들려서 {가}에 의해 도입되는 특수지향적 의미, 즉 초점적 의미가 선명하게 부각되고 '영희는'은 중화되는 상황이 있을 수 있다. 물론 이 경우 '철수가 영희는 좋아해'처럼 돋들리는 성분을 문두에 가져 오면 더 확실히 의도를 성공적으로 전달할 수 있다.[46]

  둘째로, {가}와 {는}이 사용상의 분포에 있어 차이가 드러나므로 성질이 다른 별도의 범주에 속한다는 지적이 있다. {는}이 {가}에 비해 문두에 훨씬 빈도가 높게 사용된다는 것이다. 주어성분 이외의 다른 처격이나 여격성분이 {는}에 의해서만 문두로 이동해 나갈 수 있다는 것이다.

---

46 화제와 초점 해석에 작용하는 운율적 요소의 개입 현상에 대해서는 박철우(1998)을 참조할 것.

(4) ㄱ. 철수에게는 돈을 많이 주자.

　　ㄴ. 철수는 돈을 많이 주자.

(5) ㄱ. ?*철수에게가 돈을 많이 주자.

　　ㄴ. *철수가 돈을 많이 주자.

　이에 대해 우리는 오히려 (4ㄱ)이 조금 부자연스럽다고 할 수 있을 정도로 그 쓰임이 빈번한 것 같지 않다고 느껴진다. (4ㄱ, ㄴ)처럼 {는}이 붙을 수 있는 것은 '돈을 많이 주자'는 제안이 나오기 전에 이야기의 대상이 되고 있는 것이 철수뿐만 아니라 여러 사람이 거론되고 있다가 그 부류의 성원들과 대조되는 '철수'를 상기시켜 주기 때문일 것이다. 반면에 (5ㄱ, ㄴ)처럼 {가}가 거부되는 이유는 이미 여격이라는 관계표지가 붙은 '철수에게'가 '철수'가 초점을 받아 담화에 처음 도입되거나 혹은 중립적인 의미로 해석됨이 이미 전제되기 때문인 것으로 볼 수 있다. 상황이 잉여성을 배태하고 있어 {가}의 본래 기능이 발휘될 수 있는 여지가 확보되지 않았기 때문에 {가}가 덧붙는 것이 부자연스러운 것이지, 하나는 자연스럽고 하나는 부자연스럽다는 것 자체가 {는}만이 성분을 화제화시킬 수 있는 주제화 첨사로서 {가}와 다른 계열에 속하는 것임을 증명하는 것이라고는 볼 수 없겠다.

　담화가 시작될 때 '(한) 소녀가 꽃병을 깼다'는 자연스럽지만, 불쑥 '(한) 소녀는 꽃병을 깼다'고 하면 매우 부자연스러운 이유도 {가}가 일차적 기능이 초점을 받는 성분을 도입하는 도입사나 제시사의 역할을 하기 때문이다.

　다음은 {가}와 {는}의 의미에 대한 기술에서 막연히 인정되고 넘어가는 몇 가지 오류들을 지적해 보고자 한다. 먼저, 다음 예문을 비교해 보자.

(6) ㄱ. 철수가 졸고 있다.

　　ㄴ. 철수는 졸고 있다.

이정민(1992)는 (6ㄱ)은 하나의 정보단위로서의 장면을 제시하고 있다고 본다. 즉 화제나 초점에 대해서 중립적인 것으로 보는 것 같다. 반면 (6ㄴ)은 화제 해석을 낳는데, 철수와 관련될 수 있는 모든 가능한 속성 가운데에서 특정 시공간에서의 한 가지 실현을 보고 그것이 화제 '철수'에게 연관됨을 거시적 관점에서 말하는 것으로 파악하고 이때에는 대조의 해석이 좀더 자연스럽다고 설명하고 있다. 그러나 다음의 대화가 이루어지는 상황을 생각해 보면 (6ㄴ)의 경우에 {는}에 왜 대조의 의미가 일차적으로 두드러져야만 하는 것인가에 대해 의심을 하게 된다. 다음 대화를 상상해 보자.

(7) 엄마 : 애 영희야, 철수 지금 뭐하니?

　　아들 : 철수는 지금 졸고/자고 있어요.

엄마의 질문에 대답하는 아들의 발화에서 나타나는 '철수는'이라는 표현은 대조의 의미를 읽어내도록 쉽게 허용하지 않는다. 또한 (6ㄱ)도 시골학교를 배경으로 한 영화의 한 장면을 상상해 보면, 하나의 사태로서 한 정보단위를 전달하는 것이 결코 {가}의 무표적 기능이 아님을 알 수 있다. 한 사태로서 전체를 전달하는 듯한 의미는 여러 해석 가운데 하나의 해석가능성에 불과하다. 예를 들어, 시골학교의 수업 광경을 상상해 보자. 몇 명 안 되는 아이들에게 너무 순하고 관대하게 대하는 시골학교 여선생님의 수업시간에 어느 학생이 졸고 있는지 알아보기 위해 복도를 통해 둘러보시던 교장선생님이 교실창문 위에 고개를 빼꼼히 내밀고 말하는 장면이다. 교장 선생님의 지식저장소에는 시골학생들의 명단이 이미 들어 있다. 교장선생님은 이 상황에서 다음과 같이 말할 것이다.

(8) 아니, 그리 모범생이던 철수가 졸고 있네 그려.

위의 발화는 졸 것으로 예상되는 명단 중에서 철수에게 시선이 집중되는 상황을 가리킨다. 따라서 이때의 '철수가'가 지식저장소에 들어있는 '철수'를 가리킨다는 점에서 화제적 의미가 읽히지만 {가}의 운동성 때문에 초점의 의미가 더 선명하게 읽힌다.

채완(1976)은 화제와 관련하여 많은 논의가 혼선을 빚고 있는 것은 '총칭적', '특정적', '한정적'이라는 용어가 명확히 정의되어 쓰이지 않기 때문임을 지적하고 있다. 즉 이러한 성격이 명사의 자질인지, 혹은 문장적 개념인지가 분명하지 않다는 것이다. 일견 잘 지적한 측면이 있다. 그러나 우리가 보기에 총칭성, 한정성, 특정성이란 것은 명사의 자질과 상관되어 있음에는 틀림없으나, 이것들은 문장에 실현된 명사가 맥락에 의해서 취하는 하나의 문맥적 의미이다. 이러한 특성과 더불어, 실현된 명사와 결합하는 술어의 특징도 개체층위(individual level)나 단계층위(stage level)와 관련하여 제약을 보인다. 다시 한 번 강조하면, 어떤 특정한 명사가 총칭적이거나 특정적인 것이 아니라 모든 명사는 총칭적, 특정적인 해석을 다 받을 수 있다는 것이다. 그 명사를 어떻게 투사하느냐에 따라 다양한 의미해석이 가능한 것이다.

박철우(1998)은 {는}이 대조를 보이는 것은 {는}이 일단 먼저 제시된 주소를 바탕으로 하기 때문에 바탕에 제시된 것이 복수를 형성하고 그 중 하나를 축(pivot)으로 하여 이야기를 전개시킬 때는 당연히 바탕이라는 전체집합 중의 하나의 요소가 나머지와 자동적으로 소극적으로 대립됨으로써 나오는 의미효과라고 설명하여 화제와 대조의 의미가 별개가 아님을 잘 설명하고 있다. 그의 설명을 간략히 제시하면 다음과 같다. "대조성의 의미를 전달하는 {는}은 특정 문장의 연결부가 그것이 속하는 상위의 연결부와 관련하여 상대적으로 영역이 제한될 때 같은 상위 연결부에 속하는 대등한 다른 가능한 연결부들과의 관계에 의해 부차적으로 드러나는 의미이다." 다음 문장을 예로 들어 보자.

(9) 학생들이 꽤 많이 왔다. 근데 철수는 교복 착용도 안 한 채로 왔지 뭐야.

이때 '철수'는 온 학생들로 이루어진 집합 중이 한 구성성분으로시 빌화의 대상이 된다. 따라서 나머지 '영희, 미희, 수철이 등등'과 대조를 보여 준다.

마지막으로, 일반적으로 화제(topic)가 되는 요소는 한정적이거나 총칭적이며 문두의 위치에 나타난다는 견해를 불어의 예를 통해 살펴보자.

(10) Un chien est un animal sage.
　　　[-한정성], [+총칭성], [+문두성]

Daneš와 Firbas 등 프라그학파의 학자들은 화제를 통보력이라는 지수를 이용하여 정의하고 있는데, 문장의 요소 중 통보력이 가장 낮은 요소가 주제라는 것이다. 일반적으로 주제성분의 자리를 따로 마련하여 이동에 의해 그 자리를 차지하느냐 마느냐라는 문제를 접어두고서라도, 주제어가 총칭성을 띤다고 주장되나, 이는 전체 사실과 부합하지 않는 부분적 진리치만을 가진다.

프라그학파의 구정보/신정보 구성이라는 정보구조적 관점은 문장을 전통적으로 통사적인 성분들로 분석하는 관점과 표면적으로 뚜렷하게 구분되지 않는다. 이에 화제와 관련되어 논의되는 '총칭성', '한정성', '특정성'의 문제를 개별적으로 검토할 필요성이 대두된다.

따라서 다음 절에서는 화제와 관련하여 이루어지는 개념들을 특히 '총칭성', '한정성', '특정성'을 중심으로 정리해 보고, 이러한 개념들의 표시 장치들이 한국어와 불어에서 어떻게 대조적으로 실현되는가를 살펴보기로 한다. 그를 통해 불어의 관사와 한국어의 {가}, {는}이 유사한 기능을 하고 있음을 드러낼 것이다.

5.2. 특정성과 총칭성

이 절에서는 최근 의미론에서 주요 관심거리로 많이 다루어지는 총칭성의 문제와 관련된 {가}, {는}의 의미를 살펴본다. 우선, 불어나 영어의 예와 한국어의 예를 가지고, 총칭성이 어떻게 실현되는가를 비교하면서 인구어의 부정관사/정관사의 대립체계에 깃들어 있는 기제가 한국어의 {가}와 {는}에서도 적용될 수 있다고 보아 다음과 같은 근원적 이원장력형의 도식으로 나타낼 수 있다.

(1) 기본 관사체계

$$UN = 가 \qquad\qquad LE = 는$$

$$\text{보편}_1 \longrightarrow \text{특수}_2 \longrightarrow \text{보편}_2$$

불어를 위시하여 관사를 갖고 있는 인구어들은 문장내에서 실현되는 명사의 외연범위가 주로 관사체계에 의해 표현됨을 4장에서 살펴본 적이 있다. 불어학사에서도 Bally가 관사를 실현사(actualisateur)라는 용어로 표현하면서 관사 문제가 불문법에서 중요한 개념으로 떠오른다. 이런 점이 정신·심리역학론에서 중요하게 취급되었음은 물론이다. 정신·심리역학론의 이론적 토대가 관사의 문제에서 출발하였음을 상기할 필요가 있다. 이러한 추세는 60년대부터 발화행위(énonciation)이론이나 화용론의 기치 아래에서 이전의 전통적인 입장이 지나치게 형태론적 층위에만 머물러 있으므로 그 이상의 차원, 즉 통사론적 층위에서나 담화상의 층위에서 설명되어야 할 것이라는 비판으로 이어진다. Culioli(1977)과 Danon-Boileau(1987)이 그 대표적인 경우이다. 한편 구미학계에서는 관사의 문제로 대표되는 명사의 외연범위의 실현양상이 총칭성/특정성이란 의미적 속성을 통해 의미론적 틀 속에서 논의되고 있다. 여기서는 주로 총칭성이라는 자질이 어디에서 연유되는가, 총칭적 해석과 술어와의 관련성 등등의 문제가 제기되었다.

이러한 논의과정에서 일반적으로 밝혀진 사실이 있다. 총칭성/특정성의 문제에는 술어와의 결합시에 보이는 의미적 제약이 관여하고 있다는 것이다. 이런 주장을 불어의 예를 통해 살펴보자.

(1) ㄱ. Le rat prolifère dans les zones urbaines. (총칭적 해석)
   ㄴ. *Un rat prolifère dans les zones urbaines. (총칭적 해석 불가)
(2) ㄱ. Un rat n'attaque s'il est traqué. (총칭적 해석)
   ㄴ. Le rat n'attaque s'il est traqué. (총칭적 해석)

위의 예문에서 'rat'는 종(種)을 가리키는 총칭적 해석을 받는데, 술어의 특성과 관련되어 문의 적격성에 차이를 보인다. 'proliférer'라는 술어는 본질적으로 한 개체가 번식할 수 없기 때문에 특수지향적인 부정관사에 의해 종적인 의미로 실현된 명사─외연범위가 축소되어가는 방향의 명사─와는 결합할 수 없어 거부한다. 반면에, 'attaquer'라는 술어는 개체적인 쥐가 어떤 상황에서 공격할 수 있고, 쥐라는 종이 어떤 상황에서 공격한다는 속성을 표현할 수 있기 때문에 부정관사에 의해 실현된 총칭 명사와 그 외연범위가 좁아져 갈지라도 결합이 허용된다.

그러면 관사라는 범주가 없는 한국어에서 총칭성과 특정성은 어떤 기제로 표현되는가? 한국어의 총칭성과 특정성에 관련된 논의에서 전반적으로 받아들여지고 있는 논의는 영어에서의 총칭표현이 대체적으로 소위 주제격조사 {는}이 붙은 명사로 옮겨질 수 있다는 피상적 관찰에 의거하여 {는}을 총칭표현의 대표적인 표지로 보고 있다. 대표적인 예로 이영헌(1984), 이정민(1992) 등을 들 수 있겠다. {는}을 전칭양화사와 {가}를 존재양화사와 관련지어 논의를 하고 있다. 이러한 접근을 흔히 양화론적 접근이라 부를 수 있다(전영철(1997) 참조).

그러나 전영철(1997)에 의하면, 한국어의 총칭표현은 명사에 붙는 조사 {가}나 {는}에 의해 좌우되는 것이 아님을 알 수 있다. 비록 서로 간의 상관성은 없지 않으나, 그것이 결정적이 아니라는 뜻이다. 전영철(1997)에서는 한국어의 총칭표현을 전체적으로 네 가지의 총칭문의 분류를 통하여 제시하고 있다.

> (A) 개는 영리하다.
>   원숭이는 인간의 조상이다.
> (B) 개가 영리하다.
>   원숭이가 인간의 조상이다.
> (C) 개는 짖는다.
>   원숭이는 바나나를 먹는다.
> (D) 개가 짖는다.
>   원숭이가 바나나를 먹는다.

이러한 입장에서 보면 인구어의 관사가 외연범위를 한정하여 총칭적인 해석과 개체적인 해석을 결정하는 역할을 한국어의 {가}와 {는}이 그대로 떠맡고 있다고 볼 수는 없다. 위의 (1), (2)에 해당하는 한국어의 예를 대응시켜 보자.

(3) ㄱ. [?]쥐는 도심지역에 증식하고 있다.

ㄴ. 쥐가 도심지역에 증식하고 있다.

(4) ㄱ. 쥐는 몰릴 때 공격한다.

ㄴ. [?]쥐가 몰릴 때 공격한다.

위의 대응 예에서 보듯이, 한국어의 경우는 오히려 '증식하다'라는 술어와 결합할 때는 총칭적 해석이 무표적인 '쥐는'이 '쥐가'에 비해 어색하게 느껴지고, '공격하다'라는 술어와 결합할 때는 유표적으로 총칭적으로 해석되는 '쥐가'가 어색하다. 물론 (3ㄱ)이 자연스럽게 해석되는 상황은 충분히 설정될 수 있다. 다만 여기서 중요한 것은 총칭적 해석이 한국어에서는 {가}나 {는}의 교체로 선명하게 구분되는 것이 아니라는 점이다.

따라서 한국어에서 총칭성과 특정성은 {가}와 {는}에 의해 직접적으로 표현되는 것이 아니다. 무표적으로 술어와의 결합에 의해 유도되는 이차적 사실이란 점이 드러난다. 다만 {가}와 {는}의 의미가 취하는 벡터방향에 따라 그것이 붙은 명사가 총칭적 해석이 돋보이기도 하고 특정적 해석이 돋보이기도 할 따름이다. 왜냐하면, 앞에서도 여러 번 제시했듯이, {가}는 특수화(particularisation) 운동을 하기 때문에 일반화(généralisation) 운동을 하는 {는}에 비해서 총칭적 해석을 막는 제약이 더 심하다. 다시 한 번 다음과 같은 {가}, {는}의 역동적 체계를 고려해 보면 이해에 도움이 될 것이다.

(11) 한국어 기본 관사체계

{가} = 특수화운동   {는} = 일반화운동

보편₁ |특수₂   보편₂

총칭성 논의와 관련하여 Carlson(1977)은 개체층위술어와 단계층위술어를 구분하고 있는데, 이들 술어의 엄격한 분류가 가능한지의 문제를 잠시 유보해 둔다면, 다음과 같은 흥미로운 현상이 목격된다. 여기서 말하는 개체층위술어란 포함적 관계, 범주적 판단, 지속적 속성의 의미자질을 나타내고, 단계층위술어란 그 반대의 의미자질을 나타낸다.

여기서는 영어나 불어에서 특정한 사건의 묘사가 아닌 일반적 진술로 습관, 속성 따위를 표현하는 술어는 총칭적인 해석을 받는 명사와 결합가능한 동시에 총칭명사가 부정관사와 정관사에 의해 실현된다 해도 정관사에 의한 총칭적 명사가 더 선호되고 자연스럽게 해석된다는 점을 유의하면, 한국어에서 총칭적으로 해석되는 명사에 {는}이 덧붙을 때가 {가}가 덧붙을 때보다 더 자연스럽게 그리고 더 빈번히 사용된다는 점이 무척이나 흥미로우면서도 당연한 이야기가 된다.

한국어에서 주어진 명사구는 서술어의 의미론적 특성에 따라 다시 말하면, 서술어의 특성이 개체적인가, 총칭적인가에 따라 그 의미해석이 달라진다. 다음 예문에서 '개'는 모두 총칭적으로 해석된다.

(5) ㄱ. 개가 영리한 동물이다. (유표적 총칭성)
ㄴ. 개는 영리한 동물이다. (무표적 총칭성)

반면에 중립적인 발화상황에서 단계층위적 술어와 결합하는 경우, 명사는 비총칭적 해석을 받는 것이 자연스럽고 {가}가 {는}보다 선호되는 것 같다.

(6) ㄱ. 개 한마리가 내 방에 들어오려 한다. (무표적 특정성)
ㄴ. ??개 한마리는 내 방에 들어오려 한다. (유표적 특정성)

이를 원리적으로 보면, 명사를 실현시키기 위해 부정관사와 정관사를 놓고 하나를 선택하는 주체로서의 화자와 그 선택을 가능하게 해주는 언어의 관사체계의 기제가 동일하게 {가}와 {는}을 선택하는 화자에 적용될 수 있다는 가능성을 확인하게 된다.

(7) ㄱ. <u>개가</u> 충실한 동물이라고 가정해 봅시다.
    ㄴ. <u>개 한마리가</u> 마루밑에 쭈그리고 앉아 있다.
(8) ㄱ. <u>(그) 개는</u> 주인을 살렸다 합디다.
    ㄴ. <u>개는</u> 영리하다고 결론을 내릴 수 있습니다.

관사의 기본체계를 구성하고 그 체계 내의 위치에 따라 구성요소의 잠재의미를 재구해 내는 정신·심리역학론에 대해 지나치게 형태론적인 층위에 머물러 있다는 비판이 가해질 수 있다. 그러나 여기서 명심해야 할 것은 관사를 동반한 명사구가 총칭성의 표현으로 해석된다는 것이 개체층위적 술어와 공기할 때 명시적으로 드러나지만 이는 개체층위적 술어가 총칭적 해석의 결정요인은 아니라는 점이다. 이러한 공기가 가능한 것은 근본적으로 잠재명사를 화자가 미리 의도한 바대로, 즉 예상하고 있는 술어와 어울릴 수 있도록 그 외연범위를 관사체계가 요구하는 대로 선택하여 결과명사로 실현시켜 주는 과정이 먼저 있기 때문이다. 조건과 결과를 혼동해서는 안 된다. 이것이 정신·심리역학론에서 주장하는 '형태론은 통사론에 선행한다', '랑그의 사실은 조건이요 담화의 사실은 결과이다', '단어의 구조는 일차적 사실이요 문장의 구조는 이차적 사실이다' 등의 명제가 의미하는 바이기도 하다.

5.3. {가}, {는}의 잠재의미와 의미효과

지금까지 논의된 것을 정리하여 {가}와 {는}의 체계를 구성하면 다음과 같다.

(I) 한국어 관사체계 : 부정관사 對 정관사

{가}	{는}
보편₁	특수₂	보편₂

이 메커니즘에 의해 다음과 같은 많은 의미효과들이 설명될 수 있다. {가}와 {는}에 의한 명사 한정(détermination nominale)은 보편과 특수라는 양극 사이에서 이루어진다. 보편과 특수는 다음에 주어진 개념들을 포괄하는 메타언어이다.

(II) 한국어 관사의 의미효과

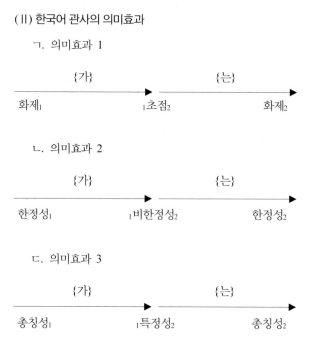

ㄱ. 의미효과 1

{가}	{는}
화제₁	초점₂	화제₂

ㄴ. 의미효과 2

{가}	{는}
한정성₁	비한정성₂	한정성₂

ㄷ. 의미효과 3

{가}	{는}
총칭성₁	특정성₂	총칭성₂

{가}와 {는}의 한정작용은 문을 구성할 때 상(aspect)을 나타내는 문법요소와도 공기제약을 보인다. 다음은 최동주(1995:23-24)에서 인용한 것

이다. "상을 나타내는 형태소들은 담화상에서 일정한 기능을 수행하는 것으로 보인다(Hopper(1982:9)). 상(相)은 담화의 흐름을 조절하는 메커니즘으로 작용하여, 이야기의 중심 플롯을 진전시키는 전경에서는 완료상이 사용되고, 플롯을 뒷받침해 주는 배경에서는 비완료상이 사용된다. 이러한 전경/배경의 차이는 서술 방식과도 관련되는데, 전경을 이루는 사건은 시간적 순서에 따라 서술되며, 반면 배경은 이를 벗어나 때로 전경을 이루는 사건과 시간적으로 중첩되는 경우가 흔하다. 이러한 특성으로 인하여 배경은 대개 중심 줄거리를 부연 설명하는 기능을 수행하게 된다." 이를 다음과 같은 그림으로 명시할 수 있다.

(Ⅲ) 관사와 상의 관계

{가} = 완료상   {는} = 비완료상

배경₁   전경₂   배경₂

6. 결론

우리는 지금까지 전통적으로 확고하게 자리잡은 주격조사로서의 {가}와 목적격조사로서의 {를}이라는 형태소의 문법적 지위를 새롭게 바라보자는 작은 주장을 시발점으로 하여 한국어 조사의 전반 체계를 재검토하였다. 그리하여 조사류의 새 질서를 마련하였고, 보편적인 한국어의 명사구 확장구조—[N]→[N']→[N″]—를 정립하였다.

이러한 작업의 발단은 우선 {가}와 {는}의 의미차를 비교하는 많은 논의의 미비점을 보완하고, 자칫 빠지기 쉬운 오류를 비판하는 작업에서 비롯되었다. 이를 위해 주어진 형태의 분포를 통합관계와 계열관계에 따라 철저히 조사하고 주어진 형태의 문법적 지위를 확립하는 것이 필수적임을 보여 주었다. 그 결과, 지금까지 한국어에 존재하지 않는 것으로 여겨졌던 한정사(= 관사) 범주가 엄연히 존재하고 있다는 새로운 사실이 밝혀지기에 이르렀다. 또한 국어학계에 격이 정확한 개념정의 없이 사용됨으로써 야기된 혼란상의 원인과 그 파장을 규명하였다. 또한 우리는 부수적으로 그간 국어학계의 어려운 문제로 남아 있는 '이중주어/목적어 구문', '목적어상승 구문' 등의 특이한 현상들이 특이한 현상이 아닐 수 있다는 가능성을 인식하게 되었고, 그 문제의 본질은 지금까지의 논의ㅡ 격할당, 격점검, 주제화 이동 등등ㅡ와는 다른 차원에서 접근될 수 있다는 것을 시사받을 수 있었다.[47]

마지막으로 {가}와 {를}을 {는}, {도}와 더불어 한정사라는 동일부류에 소속시킴으로써 문장과 그 이상의 텍스트 구성이 정합적으로 이루어지는 원리가 이들의 잠재의미가 갖는 '역학체'(cinétisme)에 의해 말끔하게 설명될 수 있고, {가}와 {를}이 {는}, {도}와 결부되어 설명되던 의미자질들ㅡ{가}와 {를}의 **초점·배제**(이는 다시 주체지향의 {가}와 객체지향의 {를}의 대립을 이룸) : {는}의 **화제·대조** : {도}의 **양보·부가**ㅡ이 한정사의 대립·위치 체계에 의해 설정되는 잠재의미가 발화상황이나 텍스트라는 문맥에서 실현되는 의미효과(sens d'effet)로 설명될 수 있음을 보았다. 그리고 한국어 한정사 체계 전반에 걸쳐 귀환적으로 적용되는 이원장력형의 도식을 통하여, 그 거시구조는 {가, 를} 묶음과 {도, 는} 묶음의 순서지어진 체계로, 미시구조는 각 묶음의 성원들의 내적 체계로서 하나는 {가}와 {를}의 대립체계로, 다른 하나는 {도}와 {는}의 순서지어진 체계로 재구성했다.

끝으로 덧붙이고 싶은 것은 대표적으로 {가}와 {는} 등 한정사(= 관사)

---

47 목정수(1998ㄱ)에서는 이중목적어구문, 목적어 상승 구문 등에 대해서 부분적으로 논의한 바 있고, (1998ㄷ)에서는 한국어 (격)조사 교체 현상에 대하여 전반적인 논의를 재검토하고 있다. 경동사 구문도 동일한 시각에서 재조명될 여지가 많다.

의 역학체에 대한 연구를 십분 활용한다면, 외국인에게 한국어 조사류의 미세한 부분까지도 더 효율적으로 가르치고 설명하는 교육적 응용 프로그램을 만들 수 있다는 기대감이다.

참고문헌

고영근(1994). "텍스트언어학 -하르베크의 이론을 중심으로-." 「현대언어학 지금 어디로」 한신문화사.

권재일(1989). "조사의 성격과 그 생략 현상에 대한 한 기술방법." 「어학연구」 25-1.

김영희(1974). "한국어 조사류어 연구 : 그 분포와 기능을 중심으로." 「문법연구」 1.

김재윤(1992). "국어 조사 '이, 을'의 초점화 기능." 충북대 박사학위논문.

목정수(1989). "불어의 영형관사 연구." 서울대 언어학과 석사학위논문.

_____(1991). "현대불어의 새로운 영형관사를 찾아서." 「언어연구」 4.

_____(1998ㄱ). "한국어 조사 {가}, {를}, {도}, {는}의 의미 체계 -불어 관사와의 대응성과 관련하여-." 「언어연구」 18.

_____(1998ㄴ). "기능동사 '이다' 구성의 쟁점." 「언어학」 22.

_____(1998ㄷ). "조사 교체 현상에 관련된 통사적 논의의 재검토." 고대 언어정보연구소 발표논문.

박철우(1998). "한국어 정보구조에서의 화제와 초점." 서울대 언어학과 박사학위논문.

박형달(1973). "현대 국어동사의 동작참여요소의 통사론 -기능통사론 시론-." 「어학연구」 9-2.

_____(1976). "현대한국어의 보조동사의 연구 -기능적 언어분석의 시론-." 「언어학」 1.

선우용(1994). "국어조사 '이/가', '을/를'에 대한 연구 -그 특수조사적 성격을 중심으로-." 「국어연구」 124.

성기철(1994ㄱ). "주격조사 '-가'의 의미." 「선청어문」 22,

_____(1994ㄴ). "격조사 '-를'의 의미." 「한국말 교육」 5, The International Association for Korean Language Education.

신현숙(1975). "목적격 표지 /-를/의 의미 연구." 「언어」 7-1.

안병희(1966). "부정격의 정립을 위하여." 남기심 외 편(1975). 「현대국어문법」 계명대학출판부.

양인석(1973). "Semantics of Delimiters in Korean." 「어학연구」 9 : 2.

우순조(1994). "한국어의 형상성과 관계표지의 실현양상." 서울대 언어학과 박사학위논문.

유동석(1984). "양태조사의 통보기능에 대한 연구 -{이}, {을}, {은}을 중심으로-." 「국어연구」 60.

유현조·이정민(1996). "한국어 특수조사의 의미에 대하여." draft.

이광호(1988). 「국어 격조사 「을/를」의 연구」 탑출판사.

이남순(1988). 「국어의 부정격과 격표지 생략」 탑출판사.

_____(1998ㄱ). "격표지의 비실현과 생략." 「국어학」 31.

_____(1998ㄴ). "격조사." 「문법연구와 자료 : 이익섭선생 회갑기념논총」 태학사.

이영헌(1984). 「양화사의 의미표지와 해석」 한신문화사.

이인영(1985). "현대러시아어 상의 담화기능 -배경이론에 대한 재고-." 「어학연구」 21-3.

이정민(1989). "(In)definiteness, Case Marker, Classifier and Quantifiers in Korean." In Havard Studies in Korean Linguistics III.

이정민(1992). "(비)한정성/(불)특정성 대 화제/초점 -개체 층위/단계 층위 술어와도 관련하여-." 「국어학」 22.

이향천(1991). "피동의 의미와 기원." 서울대학교 언어학과 박사학위논문.

임동훈(1991). "격조사는 핵인가." 「주시경학보」 8.

_____(1996). "현대 국어 경어법 '-시-'에 대한 연구." 서울대 박사학위논문.

_____(1997). "이중주어문의 통사구조." 「한국문화」 19.

임홍빈(1972). "국어의 주제화 연구." 「국어연구」 28, 국어연구회.

_____(1979). "{을/를} 조사의 의미와 통사." 「한국학논총」 2.

_____(1987). 「국어의 재귀사 연구」 서울 : 신구문화사.

_____(1989). "통사적 파생에 대하여." 「어학연구」 25-1.

전성기(1996). 「한불 번역 대조 분석」 어문학사.

전영철(1997). "한국어 총칭문의 유형." 「언어학」 21.

채 완(1976). "조사 '는'의 의미." 「국어학」 4.

최동주(1995). "국어 시상 체계의 통시적 변화에 관한 연구." 서울대 언어학과 박사학위논문.

＿＿＿(1997). "현대국어의 특수조사에 대한 통사적 고찰." 「국어학」 30.

한동완(1991). "국어의 시제 연구." 서강대 박사학위논문.

한용운(1997). "국어의 격과 조사에 대한 일고찰 -주격과 목적격을 중심으로-." 「동악어문논집」 31집.

한재영(1997). "조사 중첩 원리의 모색." 「이기문교수 정년퇴임기념논총」 신구문화사.

허 웅(1975). 「우리 옛말본 -15세기 형태론-」 샘문화사.

홍재성 외(1997). 「현대 한국어 동사구문 사전」 두산동아.

Ahn, H. D.(1988). Preliminary Remarks on Korean NP. ms.

Culioli, A.(1977). *Note sur 'détermination' et 'quantification' : définition des opérations d'extraction et de fléchage*, Univ. Paris 7.

Daneš, F.(1974). *Papers on Functional Sentence Perspective*, Prague: Academia.

Danon-Boileau, L.(1987). *Enonciation et Référence*, Ophrys 7.

David, J. et Kleiber, G.(éd.)(1986). *Déterminats : syntaxe et sémantique*, Colloque international de linguistique organisé par la Faculté des Lettres et Sciences humaines de Mets (6-8 décembre 1984), Paris, Klincksieck.

Guillaume, G.(1919). *Le problème de l'article et sa solution dans la langue française*, Paris, Hachette.

＿＿＿＿＿＿(1987). *Leçons de linguistique 1947-1948*, Grammaire particulière du français et grammaire générale III, publiées par R. Valin, Walter Hirtle et André Joly, Québec : Presses de l'Université Laval et Lille, Presses universitaire de Lille.

Hewson, J.(1972). *Article and Noun in English*, Janua Linguarum, Series Practica 104, The Hague : Mouton.

Hirtle(1989) "The challenge of polysemy", *From Sign to Text : A semiotic view of communication* edited by Yishai Tobin, John Benjamins Publishing

Company, Amsterdam/Philadelphia.

Kleiber, G.(éd.)(1987). *Rencontre(s) avec la généricité*, Paris, Klincksieck.

Kleiber G. et Tyvaert, J.-E.(éd.) (1990). *L'anaphore et ses domaines*, NR. XIV, Recherches linguistiques, Paris : Klincksieck.

Lee, H. S.(1993) "Tense or aspect : The speaker's communicative goals and concerns as determinant with reference to the Anterior -oss in Korean," *Journal of Pragmatics* 20.

Martinet, A.(1971). *Langue et Fonction*, Paris : Médiation.

Ryu, Byong-Rae(1993). "Negation, Dual Negation, and Duality of Determiners", *Proceedings of the Workshop on the Interface Areas in Korean Linguistics*(July 17-18, 1993). The Ohio State University, USA.

Valin(1967). "Grammaire et logique : du nouveau sur l'article" *TRALILI V.*

Wilmet, M.(1983). "Les déterminats du nom en français : Essai de synthèse", *Langue française* 57.

조사 교체의 현상과 본질

• 격조사 교체 현상에 대한 통사·의미적 논의의 재검토:
조사류의 새로운 질서를 토대로 •

1. 서론

1.1. 논의의 목적

한국어의 주요 통사적 특성을 보여주는 다음과 같은 구문들의 대응 현상은 학계의 비상한 주목을 받아왔다. 이러한 문제는 대체적으로 '(격) 조사 교체(alternation) 현상'으로 통칭되어 온 듯하다.

(1) ㄱ. <u>철수에게</u> 돈이 많다.
ㄴ. <u>철수가</u> 돈이 많다.
(2) ㄱ. <u>코끼리의</u> 코가 길다.
ㄴ. <u>코끼리가</u> 코가 길다.
(3) ㄱ. 영희는 <u>철수에게</u> 책을 주었다.
ㄴ. 영희는 <u>철수를</u> 책을 주었다.
(4) ㄱ. 나는 <u>철수가</u> 천재라고 생각한다.
ㄴ. 나는 <u>철수를</u> 천재라고 생각한다.
(5) ㄱ. 난 <u>호박죽이</u> 먹고 싶다.
ㄴ. 난 <u>호박죽을</u> 먹고 싶다.

(6) ㄱ. 이 책을 읽기가 어렵다.
    ㄴ. 이 책이 읽기에 어렵다.

이러한 현상들은 특히, 생성문법이 도입된 이래로, 영어의 관련 현상들과 함께 뜨거운 논쟁거리를 제공해 왔음은 주지의 사실이다. 이런 과정에서 '이중 주어/목적어 구문', '주격/대격 중출구문', '상승 구문', '동일 명사구 생략', '주제화', '성분주제화', '어간분리', '터프 구문' 등의 명칭으로 쟁점화되었고, 이와 같은 한국어의 통사론적 특성은 한국어의 고유성으로 지적되는가 하면, 더 나아가 다른 언어와의 관련하에 보편성의 문제로까지 확장되어 논의되기도 하였다.

이 논문에서는 위의 예를 통해 제기된 문제들이 다양한 언어이론에서 어떻게 처리되어 왔나를 시기별로 또는 학파별로 살펴보려는 것이 아니라, 이런 논의의 다양성과 이질성이 어디서 유래하는가를 짚어보고자 한다. 이런 측면에서 이 논문은 메타적이라고 할 수 있다.[1]

우리는 생성문법이든 전통문법이든 한국어 통사론적 논의의 다양성과 혼란은 기본적으로 '격' 개념과 '활용' 개념에 대한 상이한 이해와 인식, 그로 말미암은 용어의 혼동과 무질서에서 유래하는 것이 아닌가 하는 회의적 입장에서 논의를 시작하고자 한다. 따라서 '격조사 교체 현상'의 본질을 파악하기 위해서는 격 개념을 출발선상에서 재검토하고, 여러 가지 용법의 소유자인 격(cas)이란 용어 자체를 해체(déconstruction)하여 본래의 모습을 되찾아야 한다고 보는 것이다.[2] 이를 위해서 2장에서는 한국어의 명사구 확장체계를 통해 격조사 체계가 어떻게 짜여져야 하는

---

1 이러한 논문의 성격 때문에 저마다 달리하는 논의들을 그것들이 바탕을 두고 있는 이론내에서 철저히 비교하는 일은 논외가 된다. 이 때문에 생길지도 모르는 오해는 전적으로 본인의 책임이며, 이 논문의 한계가 될 것이다.

2 이는 그 용어에 입혀진 혼질적인 내용의 옷을 벗겨 그 실체를 정확히 보자는 데리다식의 해체주의를 연상시킨다(Derrida(1967) 참조).

가를 살펴본다. 이것이 바로 소위 '격조사 교체 현상'에 대한 제반 논의의 성격과 그 한계를 지적하는 이론적 발판이 될 것이다. 3장에서는 생성문법 계열과 기능문법 계열의 대표적 논의를 임의적으로 선별·소개하고, 그것들의 허(虛)와 실(實)을 지적해 본다. 아울러 복잡하게 얽혀 있는 논의들이 우리의 입장에서 어떻게 풀릴 수 있는가가 제시된다. 마지막 4장에서는 논의를 마무리하고, 본고가 취하는 시각에서 한국어 문법 전반이 어떻게 재구성될 것인가를 전망해 본다.

1.2. 연구 방법론

목정수(1989)는 인구어에서 독립된 범주로 인식된 관사(article)를 보는 여러 시각을 비교해 그것의 본질에 가까이 다가가기 위한 시도를 한 바 있다. 그리고 목정수(1998ㄱ)은 한국어 명사구의 확장체계를 세우기 위해서는 격일반의 문제가 언어유형에 따라―인구어든 알타이어든 관계없이―새롭게 해석될 필요가 있음을 주장하였다. 특히 후기구조주의에 속하는 정신·심리역학론(psychomécanique)의 입장에서 관사를 보는 시각을 원용하면, 한국어 조사체계를 새롭게 해석할 수 있다는 가능성을 제시했다. 이러한 조사체계의 새로운 질서 확립은 무엇보다도 객관적으로 조사 실현의 분포에 의해 지지를 받아야 한다는 의미에서, 미국식 구조주의, 즉 분포주의적 시각을 중시하였다. 따라서 우리 논의의 기반은 언어유형론적·구조주의적 시각이라 할 수 있다. 우리는 일차적으로 의미적 직관을 가급적 배제하고, 특정 이론에서 주어지는 언어학적 선입 개념과 용어에서 탈피하여, 가능한 한 객관적으로 조사류의 분포를 총체적으로 기술한 결과, 불어나 한국어의 명사구 확장구조에 보편적으로 적용될 수 있는 틀을 정립할 수 있었다. 그 결과는 다음과 같은 도식으로 정리된다.[3]

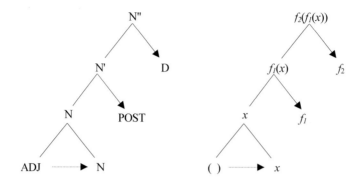

1.3. 언어자료의 성격

현대 언어학의 대부분의 논의는 문어체 문장 그 중에서도 논리적 문장을 주요 대상으로 하고 있다. 특히 형식문법이나 형식의미론에서는 자연스런 인간의 언어활동 과정에서 산출되는 발화체를 형식화(formalisation)하여 표상(représentation)하는 것을 목적으로 하는 듯하나, 사실은 언어를 논리구조로 환원시켜 그 구조를 형식화하는 데 주안점을 두고 있다. 이런 점을 감안하면, 자연언어가 언어학 논의의 대상이 되는 것이 아니라, 논리적 명제로 가공된 인공어가 논의 대상이 되고 있는 것으로 판단된다.

우리는 구어문법의 중요성이 재인식될 필요가 있다고 본다. 특히 진공

---

3 이 그림에 대해서는 목정수(1998ㄷ)을 참조할 것. 편의상 주의할 사항 몇 가지를 지적하면 다음과 같다. 1) ADJ는 수의적 성분인 형용사 부류로서, 그것의 명사에의 첨가는 명사에 질적 변화를 가져오지 못하므로 점선으로 의존관계만 표시했음에 유의할 것. 2) POST는 명사 바로 뒤에 후치하는 문법관계표지 즉, 격조사를 가리키며 여기에 속하는 것으로는 {에/에게}, {에서}, {로}, {와}, ({의}) 등이 대표적이다. 3) D는 한정사 즉 인구어의 관사범주에 대응되는 부류명이며 여기에 속하는 요소로는 {가}, {를}, {도}, {는}이 있다. 4) [N]은 잠재명사로서 후행 문법적 요소가 아직 붙지 않은 상태의 명사를 말한다. 5) [N']는 무표적으로나 유표적으로 격조사가 붙은 문법관계가 실현된 명사를 말한다. 6) [N"]는 한정사가 결합하여 담화표지가 실현된 결과명사를 말한다.

상태에서 언어학자들이 꾸며낸 것이 아닌 실제 담화 상황에서 사용된 또는 사용될 수 있는 구어체 발화를 중심으로 자료를 구성하여야 한다. 그 이유는 언어학적으로 보다 의미있는 자료는 언어활동의 주체인 화자가 자신을 중심으로 독백처럼 내뱉는 말이 아니라, 화자가 청자를 선행조건으로 하여 자신의 의도를 전달하기 위해 산출한 발화체(énoncé)이기 때문이며, 후자의 언어자료가 언어가 의미를 담아내는 과정과 실재를 가장 자연스럽고도 극적으로 보여줄 수 있기 때문이다. 따라서 전통문법이나 생성문법식 논의에서 문법적인 것으로 파악했던 다음과 같은 문장은 우리 논의에서는 다루지 않는다.

(1) ㄱ. 철수가 영희를 사랑한다.
    ㄴ. 철수가 떡을 먹고 싶다.

물론 위의 두 문장이 서술문이나 소설의 전지적 작가시점으로 쓴 해설 부분에 또는 독백 형식으로 사용되고 있지만, 대화의 장(場)에서 자연스럽게 사용된 발화체가 아니라는 점에서 우리의 논의에서 제외된다. 오히려, 다음과 같은 성격의 발화체가 우리의 관심을 끄는 언어자료이다.

(2) ㄱ. 철수는 영희를 사랑해요.
    ㄴ. 철수가 영희를 사랑한다고?
(3) ㄱ. 철수가 떡이 먹고 싶은가 봐.
    ㄴ. 철수는 떡이 먹고 싶대.

2. 한국어 명사구 확장 체계 : 조사체계의 새로운 질서

한국어의 조사류에 대한 연구는 어미류와 더불어 한국어의 형태·통사 구조를 밝히는 데 머리와 다리가 되는 중요한 분야라는 데 이견이 없을 것이다. 조사류에 관한 연구와 관심이 집중되어 선학들의 훌륭한 업적이 상당량 축적된 것은 이를 반영하는 것으로 보인다.

목정수(1998ㄱ, ㄴ, ㄷ)에서는 유형론적 시각에서 한국어를 주로 인구 어의 불어와 비교하고, 조사류의 분포를 총체적으로 조사하여 그 새로운 질서를 정립하였다. 본고의 논지를 위하여 이에 대한 이해가 필요하므로, 여기서는 자세한 논의를 피하고 지금까지 얻은 결과만을 간략히 요약하여 제시하기로 한다.

2.1. 한국어의 유형론

유형론적 시각에서 볼 때, 한국어의 격실현 양상은 라틴어가 아닌 불어의 그것과 유사함을 알 수 있다. 전통적인 유형론에서 불어를 막연히 굴절어로 분류하던 태도는 반성의 여지가 많다고 본다. 따라서 한국어의 조사 특히, 격조사에 대한 새로운 인식을 위해서는 격개념을 원래의 의미 ―서술어와 해당 논항의 문법적 관계(= 통사적 기능) 표지―로 다시 돌이 킬 필요가 있고 그 순수성을 회복시켜야 될 것이다.

이처럼 격에 대한 인식을 새롭게 하고 한국어 조사의 분포를 조사한 결과, 기존에 주격조사와 대격조사로 처리되어오던 {가}와 {를}이 격조 사 계열에 소속되지 않음을 증명할 수 있었다. 이 {가}와 {를}은 보조사로 불리던 {도}, {는}과 동일 계열체를 구성하는 성원임이 밝혀졌다. 이러한 상황에서 이러한 동일 부류의 기능과 그 의미를 밝히는 것이 중요했고,

또한 그 부류의 명칭을 정하는 것이 중요했다. 우리는 기존에 사용되던 보조사나 특수조사라는 용어보다는 실질적 의미를 좀더 명시적으로 드러낼 수 있고, 실제 생성문법 계열의 학자들에게 널리 쓰이고 있는 한정조사(delimiter)라는 용어를 받아들여, 우리는 이를 한정사(déterminant)로 명명하였다. 그런데 이 '한정사'란 용어는 기존 한국어 문법에서 '관형사'로 분류되던 '한', '이/그/저', '새' 등의 형태를 가리키는 것과 겹치고 오해의 소지가 있으므로 우리는 한정사 옆에 괄호를 붙여 '=(후치)관사'라는 토를 달아 우리가 한정사란 용어로 의도하는 바를 분명히 하였다.4

한국어에 한정사(= 관사)라는 범주를 설정하는 데에 인식을 같이 하기가 쉽지는 않을 것이다. 그러나 관사를 어떤 범주로 규정할 것이냐에 따라 그러한 인식은 달라질 수 있다고 본다. 우리는 인구어의 관사를 명사의 외연범위를 정해주는 형식적 한정사(déterminant formel)로 정의하고, 그것의 담화적(énonciatif) 기능에 주목하게 되면, 기존 한국어 조사의 분류체계가 다소 왜곡되어 있다는 점을 실제 언어자료에 비추어 쉽게 확인할 수 있다. 유형론적 시각에서 관사의 기능이 한국어에는 어떤 방식으로 실현되는가를 따져 보고, 그 기능 요소들을 비교해 보면 되는 것이다. 결국, 한국어의 조사 중에서 일부-{가, 를, 도, 는}-는 일정한 자리를 차지하는 폐쇄적 부류로서, 관사의 기능에 대응되는 요소들이라는 것이 증명될 수 있기 때문에, 그를 토대로 한 주장이 몰고 올 파장은 문법 전반에 번지게 될 것이라 예상한다. 또한 이러한 논의가 보다 명확해지고 구체화된다면, 용어나 선입견 때문에 한국어의 현상이 이론적 입장에 따라 다소 왜곡된 면이 있을 수 있다는 점이 드러날 것이고, 서론에서 제기된

---

4 관사라는 용어 자체는 사람이 머리에 모자를 쓰듯, 인구어의 명사의 왼쪽 앞에 놓이기 때문에 일본학자들이 붙인 용어이므로, 한국어에 그 용어 그대로 적용하기에는 부적절한 면이 있다. 다만, 명사 끝에 붙는 점을 고려하면, 限-定-詞(dé-termin-ant)라는 용어가 가장 적절할 것 같다.

'격조사 교체 현상'과 관련된 문제는 새로운 시각에서 다루어질 수 있고, 또한 새로운 차원의 언어학적 문제를 제기할 수 있다는 점을 인식하게 될 것이다.

2.2. 한국어의 격실현 양상

목정수(1998ㄱ, ㄴ, ㄷ)은 한국어 조사류 중에서 격조사의 목록을 설정하기 위해서는 통사적 기능이 어떤 방식으로 실현되는가를 총체적으로 기술할 필요가 있음을 제시했다. 한국어에서 서술어를 중심으로 그 논항과 맺는 문법관계는 일차적으로 다음과 같은 세 가지 기제에 의해 이루어진다. 주어, 목적어, 처소어 등의 통사적 기능은 주로 서술어-논항의 의미 관계, 논항의 의미자질 그리고 상대적 어순에 의존해 실현되는 것이다.

2.2.1. 의미논항 관계

먼저, 한국어에서 유표적인 문법관계표지가 없이 실현될 수 있는 통사적 기능의 범위를 알아 보자.[5] 통사적 기능은 담화 차원에서 실현되는 이차적 사실이기 때문에 그에 대한 명칭은 적당히 기존에 사용되는 용어를 그대로 받아들여 예문 옆에 병기하였다. 다음 예들을 보자.

(1) 이 엄마가 죽으면, 철수 **너** 어떻게 살아갈래? (주어)
(2) 네가 그 유명한 **촘스키** 이렷다. (주격보어)
(3) 철수야 빨리 **아침** 먹고 학교 가야지. (직접목적어)

---

[5] 기존에 유표적인 격조사가 붙지 않고 실현된 명사를 부정격의 개념으로 파악하는 시도에서는 부정격이 담당할 수 있는 통사적 기능을 주어, 목적어, 소유어로 국한시켰으나 사실과 다소 차이가 있다(이남순(1988) 참조).

(4) 응, 그거! **옆집 할아버지** 갖다 드리게. (간접목적어)

(5) **유치원** 보내는 데도 돈이 어찌나 많이 들던지. (처소어)

(6) 철수는 **지 아빠** 하나도 안 닮은 것 같애. (비교어)

(7) 우리 엄만 철수만 보면, **수양아들** 삼고 싶어 하셔. (목적격보어)

그런데 위의 예들은 문법관계를 표시하는 후치사들이 유표적으로 덧붙은 예문들과 평행하게 통사적 기능이 해석될 수 있다. 주의할 점은 주어나 보어나 목적어로 설정된 통사적 기능에 대응되는 유표적 표지는 없다는 점이다.[6]

(1') 이 엄마가 죽으면, 철수 네-(*?가) 어떻게 살아갈래? (주어)

(2') 네가 그 유명한 촘스키-(*가) 이렷다. (주격보어)

(3') 철수야 빨리 아침-(?을) 먹고 학교 가야지. (직접목적어)

(4') 응, 그거 옆집 할아버지-**께** 갖다 드리게. (간접목적어)

(5') 유치원-**에** 보내는 데도 돈이 어찌나 많이 들던지. (처소어)

(6') 철수는 지 아빠-**와/하고** 하나도 안 닮은 것 같애. (비교어)

(7') 우리 엄만 철수만 보면, 수양아들-**로** 삼고 싶어 하셔. (목적격보어)

여기서 유의할 점은 의미관계나 어순에 의해 영형태로 통사적 기능이 드러난 예와 유표적인 문법관계표지에 의해 간접적으로 통사적 기능이 드러난 예는 그 실현된 기능이 대응될 수 있으나 결코 의미효과가 동일한 것은 아니라는 점이다. 다음 예에서 격조사의 유무(有無)와 상이(相異)에 따른 수용성의 차이를 고려해 보라.

(8) 하늘{ø₁, ?²에, ²²로} 날아다닐까, 구름 따라다닐까, 햇님에게 물어보세.

---

6 아래 (1'-3') 예문에서 조사 {가}와 {를}을 괄호로 묶어 표시한 것은 이들을 격조사로 보는 전통적 입장에 따라 한 것에 불과하지, 우리가 그 견해를 따른다는 것을 의미하지는 않는다.

(9) 철수는 영희에게 미희{ø₁, *?의} 소개를 했다.

2.2.2. 어순에 의한 격실현

다음 예문을 비교해 보자.

(10) ㄱ. 철수야, 우리 선생님도 일본영화 실낙원 보셨을까?
ㄴ. 철수야, 일본영화 실낙원 우리 선생님도 보셨겠지?

위의 (10ㄱ, ㄴ)에서 '보다'라는 술어의 논항으로 주어진 '우리 선생님'
과 '일본영화 실낙원'은 그들의 의미적 자질 때문에 순서에 관계없이 주
어와 목적어의 통사적 기능을 중의성(ambiguïté) 없이 담당할 수 있다.
그러나 다음 예에서 보듯이, 주어자리와 목적어자리에 동일한 의미자질
을 지닌 명사가 나올 때 중립적인 문장구조에서는 먼저 오는 명사구가
주어로, 후행하는 명사가 목적어로 해석될 가능성이 거의 절대적이다.
아무리 운율적인 요소를 가미해도, 전형성이 쉽게 파괴되지 않는다.

(11) ㄱ. 철수 영희 좋아하니?
ㄴ. 영희 철수 좋아하니?

전형적으로는 (11ㄱ)의 '철수'는 주어로, (11ㄴ)의 '철수'는 목적어로
만 해석된다.[7] 논항 두 개가 동일 자질—[+유정animé]—을 가질 때, 그
통사적 기능이 무표적으로 {ø₁}에 의해 실현되면 어순에 따라 제일 먼저
위치한 것이 주어로 해석된다.

---

[7] 한국어의 특성으로 들고 있는 '어순 자유성'의 개념이 다시 반성되어야 한다. 한
국어도 다분히 어순의 제약을 갖고 있다.

2.2.3. 필수보어와 부가어

어순이나 의미관계, 논항의 의미자질 등에 의해 통사적 기능을 부여받게 되는 그 분석된 격이 통사적 기능상 좌초되어(stranded) 문법관계가 분명하게 드러나지 않을 때는 필수적으로 유표적인 문법관계표지에 의해 연결되어야 한다. 이러한 기준은 한국어의 필수논항(complement)과 수의논항 즉, 부가어(adjunct)의 구분을 위해 중요한 시금석이 될 수 있다고 본다.

    (12) ㄱ. 어머니는 떡 써는 것으로 돈을 많이 버셨지.
             ㄴ. 할아버지께서 작두{$^*\emptyset_1$, 로} 여물(을) 썰고 계시네.
    (13) ㄱ. 밤하늘에 별들(이) 반짝이면, 괜히 눈물이 나.
             ㄴ. 밤하늘(이) 별들{$^*\emptyset_1$, 로} 반짝일 때면, 마음이 설레곤 했지.

2.2.4. 종합

문법관계표지로서 기능하는 조사류-기능 단소-의 목록을 설정하는 작업은 명사 문법의 뼈대를 세우는 데 아주 중요하다. 보편적으로 문법관계표지의 부류를 구성하는 성원들의 수는 제한되므로, 이 유표적인 문법관계표지들과 대립관계에 놓이는 영형태의 문법관계표지 {$\emptyset_1$}을 설정하게 되는 것은 구조적 시각에서 매우 의의가 있다 하겠다.[8]

2.3. 한국어의 한정사(= 관사) 범주 설정

이상의 논의에서 우리는 조사 {가}와 {를}을 문법관계 표지로 다루지

---

8 零形 관계표지에다 지수 1을 붙인 것은 전체 논의를 통해서 이해되겠지만, 한국어 명사확장이 두 자리에 걸쳐 이루어지기 때문에 두 번째 자리를 차지하는 한정사 부류와 대립하는 영형태소, 즉 零形 한정사 {$\emptyset_2$}와 구분하기 위한 조치이다.

않았다. 그러나 전통적으로도 그렇고, 피상적인 언어현상을 보면, {가}와 {를}은 통사적 기능과 무관해 보이지 않는다. 일견 모순처럼 보이는 이러한 사실을 우리는 다음과 같은 조사류의 질서를 통하여 풀어내는 데 성공하였다(목정수(1998ㄱ, ㄷ) 참조). 우리는 {가}와 {를}의 쓰임이 통사적 기능과 무관하지는 않지만, 적어도 그것의 본질이 명사의 통사적 기능을 표시하는 것은 아니라는 점을 분명히 해야 할 것이다. 이러한 주장이 받아들여지지 않으면, 앞으로 펼쳐질 '격조사 교체 현상'에 대한 우리의 논의는 하나의 도로(徒勞)로 돌아갈 것이고, 반면에 그 주장이 타당한 것으로 증명된다면, 우리의 논의는 언어사실을 새롭게 바라보는 인식의 전환을 위한 틀을 제공할 수 있을 것이다. 따라서 {가}와 {를}을 {도}, {는}과 동일부류로 묶고, 그 부류명을 한정사(= 관사)로 설정하려는 우리의 입장을 지지하는 논거들을 간략하게 다시 한 번 제시하겠다.

2.3.1. 조사류의 분포

먼저 다음과 같은 조사 분포의 제약을 살펴보자. 전후 문맥 없이 단절적으로 아래 문장만을 보면, 다음과 같이 문법성이 매겨진다.[9]

    (1) 철수{가, *?를, 도, 는} 잔다고?
    (2) 난 빈대떡{*이, 을, 도, 은} 싫어해.

우리는 이러한 분포상의 제약의 차이가 {가}와 {를}이 같은 위상의 범주 내에서 서로 대립하여 의미적 영역을 상보적으로 나누어 갖는 데서 비롯된 것으로 해석한다. 따라서 {가}와 {를}은 {도}, {는}과 다른 부류에 속하는 것이 아니고, 여전히 동일 패러다임에 속하는 성원들이라고

---

9 아래 예문의 문법성 판단은 그 문장들을 고립된 진공 상태가 아닌, 담화의 흐름 속에서 파악하면 달라질 수 있다.

본다. 우선, 그들의 결합관계의 제약이 우리의 논의를 지지해 주는 강력한 논거이다.

> (3) ㄱ. *철수-가-는, *철수-가-도, *철수-를-은, *철수-를-도
> ㄴ. *철수-는-이, *철수-는-을, *철수-도-가, *철수-도-를

다음의 연쇄형들은 이처럼 {가}와 {를}이 {도}와 {는}과 평행하게 소위 격조사로 설정된 것들과의 결합가능성을 보여준다.

> (4) 철수-에게-가, 철수-에게-는, 철수-에게-를, 철수-에게-도

다음 예는 동사의 활용형 뒤나 부사에 {가, 를, 도, 는}이 평행하게 출현하는 것을 보여 준다.

> (5) ㄱ. 나뭇잎이 떨어지지가 않는다구?
> ㄴ. 내가 가지를 말랬잖아?
> ㄷ. 너 장가가게도 해 줄게.
> ㄹ. 유학을 떠나게는 되었는데.

> (6) ㄱ. 어 기차가 빨리가 안 움직인다!
> ㄴ. 도대체 왜 빨리를 안 뛰는 거야?
> ㄷ. 흥, 그런다고 빨리도 가겠다!
> ㄹ. 빨리는 가서 무엇하리!

앞 장에서 살펴보았듯이, 격조사 계열에는 영형태 {∅₁}도 포함되므로 다음의 (7ㄱ)과 같은 연쇄형은 (7ㄴ)의 구조로 해석되어야 한다. 이렇게 해석될 때, 한정사 부류 {가, 를, 도, 는}의 의미기능이 평행하게 설명될

수 있는 것이다. 명사 뒤에 붙는 {이/가}를 격조사로, 그 밖의 {이/가}를 보조사로 나누어 보려던 동형어 처리방안의 문제가 여기서는 해결된다.

(7) ㄱ. 철수가 갔어, 철수를 봤어, 철수는 자, 철수도 보내
　　ㄴ. [철수-∅-]가, [철수-∅-]를, [철수-∅-]는, [철수-∅-]도

또한 다음과 같은 언어 현상들은 {가}와 {를}의 본질이 격조사로서의 기능에 있지 않음을 보여준다. 혹자는 이러한 예문들은 단지 발화상의 실수나 문법적 오류의 문제로 돌릴 수 있다고 주장할지 모르지만, 이러한 현상은 한국어의 실제 발화에서 자주 일어나는 현상이므로 그런 현상이 숨기고 있는 깊은 의미나 그런 현상의 동인이 설명되어야 한다는 차원에서 우리는 그러한 자료를 중요하게 받아들인다. 그리고 이러한 자료는 {가}와 {를}이 격조사가 아니라는 인식에서만 새롭게 해석될 수 있다고 본다. 다시 말해서, 이런 현상이 {가}와 {를}을 주격조사와 목적격조사로 보는 입장에서는 원리적으로 설명되기 어렵다.[10]

(8) ㄱ. 무슨 프로를 보니까, 한강다리에서 짜장면 주문했을 때, (…) 정말 배달이 오더라구.
　　ㄴ. 총리서리 처리문제가 해결해야 한다는 입장을 표명했다.
　　ㄷ. 레간자가 소음도 적고, 기름이 덜 먹는대요.
　　ㄹ. 열과 정성이 다하여서 지역구민들을 위해 일하겠다고 다짐하는 바입니다.

---

10 여기서 제시한 발화체는 필자가 조작한 것이 아니라 실제 사용된 것을 녹채하거나 현장에서 받아적은 것, 그리고 자료에서 인용한 것들이다 : (ㄱ) 언어학자 김선철과의 대화 중에서, (ㄴ) MBC 뉴스테스크 정치기자 보도중에서, (ㄷ) 택시기사와의 대화에서, (ㄹ) 조순 보궐 선거 당선 소감에서, (ㅁ) 부인이 주방에서 요리하다가, (ㅂ) 서세원 쇼에서 탈랜트 김원희가 한 말, (ㅅ) 선우용(1994:27))에서, (ㅇ) 조영남의 인터뷰에서, (ㅈ) 신문선의 월드컵 중계방송 중에서, (ㅊ) 박병선 고려대학교 연구원과의 대화에서.

ㅁ. 어, 칼이 어디다 두었지?

ㅂ. 너무 많으니까 대사를 외워지지를 않는 거예요.

ㅅ. 모든 '가' 결합 성분을 주어라고 보는 일에 쉽게 동의하기를 어려운
   것이다.

ㅇ. 저는 그렇게 미술에 재미를 들려있어요.

ㅈ. 벨기에에는 할아버지 선수들이 많아요. 서른을 넘는 선수들이 넷이
   나 됩니다.

ㅊ. 벌점이 몇점 이상이 되면, 즉각 월급을 깎어요.

이러한 작업 절차를 거쳐 우리가 잠정적으로 내릴 수 있는 결론은 다
음과 같다. 한국어에서 분포적으로 명사확장의 마지막 자리에 실현될 수
있는 형태는 {가}, {를}, {는}, {도} ({의}) 네 개(또는 다섯 개)뿐이고,[11]
이러한 요소들은 동일 부류를 이룬다. 이 중에서 {가}와 {를}은 분포면
에서 볼 때, 통사적 기능에 민감하게 반응하지만, 이러한 사실이 {가}와
{를}의 자리 매김에 큰 영향을 미치지 않는 것으로 해석한다. 따라서
{가}와 {를}의 분포를 제약하는 기제는 따로 규명되어야 할 차원이 다른
문제로 본다.

2.3.2. 양태적 의미

조사 {가}나 {를}을 격조사가 아닌 담화적 기능 표지, 즉 한정사(= 관
사)로 보려는 시도의 두 번째 근거는 그들이 보여주는 양태적 의미, 다른
말로 화자의 정감적(affectif) 의미에 있다. {가}, {를}이 없이 쓰이는 현
상을 '격조사 생략'으로 많이들 다루어 왔지만, {가}, {를}, {도}, {는}이
화자의 정감적 의미가 배어나오는 발화체에서는 생략되기 어렵다는 것
은 이들의 기능이 담화적 표지인 인구어의 관사에 대응된다는 것을 말해

---

11 {의}의 문법적 지위 규정에 대해서는 본서의 2부 4장을 참조할 것.

준다. 한정사(= 관사)는 명사(= 대상)를 바라보는 카메라렌즈에 비유된다. 다음의 대립쌍에서 (9ㄴ)과 (10ㄴ)의 조사 {가}와 {를}을 생략하고 발화하면, 논리적 의미에 손상을 가져오지는 않지만, 화자가 의도하는 온전한 발화체가 이루어지지 않는다.

(9) ㄱ. 너 철수 이겼니?
    ㄴ. 네**가** 철수**를** 이긴다고? 하하하.
(10) ㄱ. 누구 하나님 본 사람 손 들어봐요?!
    ㄴ. 너희**가** 재즈**를** 아느냐?

2.3.3. 한국어 보조사와 인구어 관사의 대응성

Guillaume(1919)에 따르면, 관사의 문제는 잠재명사(nom de puissance)와 결과명사(nom d'effet) 간의 문제가 아니라 그런 차이를 느끼게 되는 언어주체인 인간의 문제(problème humain)이고, 관사는 그에 대한 해결의 징후(signe)라고 한다. 일단 다음 예를 보자.

(11) ㄱ. Un homme est mortel.
    ㄴ. L'homme est mortel.

여기서 언어 주체가 느끼는 잠재명사 ≪homme≫와 예문 (11ㄱ, ㄴ)의 결과 명사 <un homme>, <l'homme>의 차이를 정신 · 심리역학론자들은 외연범위(extensité)의 차이라 한다. 여기서 외연범위란 명사의 개념이 담화 차원에서 결과적으로 적용되는 영역으로서, 명사의 형식적 토대를 가리킨다. 따라서 질료적 외연(extension matérielle)으로서의 논리의미적 외연과 구분되는 형식적 외연(extension formelle)이다. 이런 관점에서 보면,

관사는 결과명사 외연의 적용영역을 한정하는 형식적 한정사(déterminant formel)로서, 그리고 명사의 '이해형식'(forme d'entendement)을 한정하는 담화적 기능표지로서 정의된다.

이렇게 관사를 정의하고 그 구성요소들의 의미를 체계 내에서의 대립(opposition)뿐만 아니라 그들 간의 위치(position)를 고려하여 구축한 관사의 심리체계는 부정관사와 정관사의 순서지어진 대립으로 구성된다. 이러한 관사의 체계를 보여주는 것이 다음에 제시하는 근원적 이원상력체(tenseur binaire radical)의 도식이다.

(I) 불어의 관사체계

UN　　　　　　　　　　LE

보편₁　　　　　　　　特殊₂　　　　　　　　보편₂

　　(여기서 보편(universel), 특수(singulier)는 인간사고의 이중운동이
　　이루어지는 극한을 나타내는 메타언어로서, 해당 형태소의 의미를 적
　　절하게 표현할 수 있는 다른 메타언어로 교체될 수 있다.)

이제 위에서 재구성된 관사의 체계로 어떤 언어현상이 설명될 수 있는가를 보이고, 그러한 기제가 한국어의 보조사 {가, 를, 도, 는, (의)}의 쓰임을 지배하는 기제와 평행함을 구체적으로 불어-한국어의 대역 예나 실제 발화체를 비교해 봄으로써 논증해 보자.

첫째, 이러한 관사체계를 고려하면 다음과 같은 관사의 교체에 따른 미세한 의미차이가 벡터의 방향과 포착 위치로 원리적으로 설명되는 장점이 있다.

　　(12)　ㄱ. Un soldat français ne craint pas la fatigue.
　　　　　ㄴ. Le soldat français ne craint pas la fatigue.

이에 대한 한국어 대역을 나폴레옹이 한 말의 상황적 의미를 고려해서 구성하면 다음과 같을 것이다.

(13) ㄱ. 그 정도로, 불란서 병사가 지쳐서야 되겠습니까?
ㄴ. 원래 불란서 병사는 (말입니다), 피곤이 뭔지 모릅니다.

둘째로, 텍스트의 전개 과정이 관사체계의 순서로 원리적으로 설명될 수 있다.

(14) ㄱ. Il était une fois un prince très malheureux : le prince aimait une belle princesse qui ne l'aimait pas.
ㄴ. 옛날에 (한) 임금님이 있었어요. 근데 (그) 임금님은 딸이 없었대요.

마지막으로 불어의 비인칭 구문에서 외치 명사구의 한정사의 제약이 보여주는 한정성 효과를 한국어의 조사 제약과 비교해 보자.

(15) ㄱ. Il est arrivé {une, *la} voiture.
ㄴ. Il est arrivé {des, *les} invités.
ㄷ. Il monte {beaucoup de, *le} monde à cette station.

(16) ㄱ. 어 차{가, ??는} 도착했네.
ㄴ. 손님들{이, *?은} 도착했구나.
ㄷ. 많은 사람들{이, ??은} 이 역에서 타지.

존재 구문에서의 한정성 효과도 불어와 한국어에서 동일하다고 볼 수 있다.

(17) ㄱ. (Il) y a {un, *le} livre sur la table.
ㄴ. {??Un, le} livre est sur ma table.

(18) ㄱ. 어, 식탁에 연필 한자루{**가**, *늗} 있네요.

　　 ㄴ. (그) 연필{*?**이**, **은**} 영희거래요.

2.3.4. 종합

한국어에는 관사(article)의 범주가 없다고 하는 것이 대부분의 학자가 동의하는 바의 꼭지점이었다. 그러나 관사를 어떤 범주로 규정할 것이냐에 따라 그러한 인식은 달라질 수 있다고 본다. 우리는 인구어의 관사를 명사의 외연범위를 정해주는 형식적 한정사로 정의하고, 그것의 담화적 기능에 주목하고, 바로 그러한 시각에서 관사의 기능이 한국어에는 어떤 방식으로 실현되는가를 따져 보고, 그 기능 요소들을 비교해 본 결과, 한국어의 조사류 중에서 일부―{가, 를, 도, 는}―는 일정한 자리를 차지하는 폐쇄적 부류로서, 관사기능에 대응되는 요소들이라는 것이 입증되었다.

2.3.5. {만}의 문법적 지위

이제는 위에서 제시한 결과에서 논의되지 않았던 기존의 보조사 계열에 속해 있던 존재들의 위상을 검토해 보겠다. 먼저 유의할 점은 전통적으로 보조사 계열에 함께 분류되었던 {는}, {도}, {만}, {까지}, {조차}, {마저} 등에서 {도}, {는}과 나머지 조사가 다른 지위로 규정되어야 함을 우리는 주장하고 있는데, 그 근거를 {만}을 중심으로 자세히 논하기로 한다. 우선 {만}의 행태는 자리가 고정되어 있지 않고 유동적이라는 점에서 양화사적 성격을 띠고 있다. 의미적으로 유사한 특수조사로 분류되던 {만}과 {도}는 명사구의 확장구조에서 차지하는 자리가 다르다는 점이 분포적으로 드러난다. {만}과 {도}의 행태를 보면 알 수 있다. 전자는 양화사적인 속성이 강하여 후자와는 달리 한정사 부류에 속하는 것으로 보기가 어렵다.

(19) 철수만이, *철수가만, 철수에게만, 철수에게만은, 철수만을, 철수만의
(20) *철수도가, *철수가도, 철수에게도, *철수에게도는, *철수도를, *철수도의

{만}이나 {까지}는 보통은 문법관계가 표시된 명사구(N')에 부가
(adjoin)되지만, 명사자체(N)에 붙을 수도 있다.

(21) ㄱ. 뭘요, <u>오신것**만**</u>-으로-도 고맙지유.
ㄴ. 칼**만**-으로-는 나라를 세울 수가 없는 거다.
ㄷ. 사람이 빵-으로**만** 살 것 아니요, 하느님 말씀으로.
ㄹ. 서울-에**까지만** 가 준다면 더 이상 바랄 것이 없소.

이러한 양화사적 속성을 보이는 것들은 명사(N)나 명사구(N')에 첨가
될 수 있기 때문에 이는 마치 양화사의 유동(floating) 현상과 유사하다고
볼 수 있다. 다만 분명한 것은 유동의 위치가 대개는 문법관계표지 바로
뒤가 되는 것이 일반적이고, 그 범위가 마지막 자리인 한정사를 뛰어넘을
수는 없다는 점이다. 따라서 한정사 자리에 고정되어 나타나는 형태소가
아니다. 일반적으로 {만}이 'delimiter'에 속하는 요소로 기술되어 온 관
행은 수정될 필요가 있다.[12]
더 나아가 국어학계에서 {만}을 그의 분포 양상에 따라 보조사나 형식
명사로 나누어 기술하고 있는 것이 일반적인데, 우리는 분포라는 기준의
문제, 통사적 기준을 다시 생각하여 {만}을 명사적 성격을 띠는 질화사
(qualifieur)로 규정할 것을 주장하고자 한다. 우선 다음 예를 보자.

---

[12] {까지}도 명사적 성격을 띠고 있음은 다음과 같은 사실을 통해 확인할 수 있다.
첫째, 중세국어의 명사 {ㅅ장}과 형태적, 의미적 연관성이 있다. 둘째, 현대국어에
'힘껏', '마음껏', '일껏', '한껏', '기껏', '여태껏', '이때껏', 해껏(이상 역순사전에
서 추출한 목록) 외에 '정성껏', '양껏' 등이 생산적으로 쓰이고 있다. 이때 문법에
서 보통은 '접미사'로 처리되고 있지만, 어휘성이 강하고 생산력이 높다는 것 자
체가 그것의 명사성을 말해주는 것으로 볼 수 있다.

(22) ㄱ. 너는 밥만 먹고 살 수 있냐?

ㄴ. 철수가 한 밥은 먹을 만하냐?

ㄷ. 장비는 떡대가 집채만 했다.

먼저 (22ㄱ)과 (22ㄴ)은 {만}의 분포가 달라진다−전자는 명사 뒤에, 후자는 관형절 뒤에 온다−고 해서, 각각 '보조사'와 '의존/형식 명사'로 분류된다. 그리고 분포가 다른 만큼 의미도 '단독'의 {만}과 '정도'의 {만}으로 갈린다고 한다. 그렇게 기술할 수는 있다. 그러나 문제는 (22ㄷ)의 경우에 {만}이 '집채'라는 명사 뒤에 오고 동사 '하다' 앞에 분포하고 있는데, 이 {만}은 무엇으로 규정할 것인가이다. 보조사로 보자니 '단독'의 의미하고 상충되고, 의존명사로 보자니 의존명사가 명사 뒤에 어떻게 올 수 있는가 하는 선행 이론의 틀과 맞지 않는다. 어느 쪽으로나 모순되기는 마찬가지이다. 제3의 요소로 규정할 수도 있다. 왜? 분포가 다르다고 하면 되므로. 즉 명사 뒤에 놓이고 '하다' 앞에서만 분포가 제약되므로 이는 앞의 두 경우하고는 다른 {만}이라고 보면 그뿐이다. 결국 {만₁}, {만₂}, {만₃}을 설정할 것인가는 선택의 문제로 남게 된다.[13]

우리는 이러한 문법태도는 지양되는 것이 바람직하다고 본다. 왜냐하

---

13 김진형(1995)은 {만}의 용법을 다음과 같이 크게 셋으로 나누어 보고 있다.

(1) ㄱ. 철수는 영희**만** 좋대요. : '단독'의 {만}

ㄴ. 요즘 딸기는 먹을 **만**해요. : '정도'의 {만}

ㄷ. 철수는 키가 아버지 **만**해요. : '정도'의 {만}

위의 예에서 일반적으로 '단독'의 {만}과 '정도'의 {만}이 다른 것으로 취급되고 있다. 전자는 보조사로, 후자는 의존명사로 처리되고 있음을 지적하고 결론으로 다음과 같은 입장을 취하고 있다. "(…) 결국 의미적으로 추상화된 요소에 대하여 '-ㄴ, -ㄹ' 같은 관형사형어미 아래 나타난 것은 의존명사로 보고 체언 뒤에 바로 결합한 것은 보조사로 처리하는 것이 일반적인데, 그보다는 동일한 모습의 형식이 분포는 다소 다르지만 여전히 같은 의미적 기능을 하고 있을 때, 그것을 의존명사라는 단일한 범주로 처리해 주는 것이 합리적일 수 있는 것이다."(김진형(1995:31)에서 인용)

면, 엄격하게 객관적인 분포의 기준으로 (22ㄱ, ㄴ, ㄷ)의 {만}의 정체성을 따져 보면, {만}은 결국 동일한 분포를 지닌다고 말할 수 있기 때문이다. 분포란 어떤 주어진 요소 X가 나타날 수 있는 환경의 총화이다. 즉 {만}이 나타날 수 있는 환경을 총망라해 보면, 그 자리는 명사의 지위를 가진 요소만이 나타날 수 있는 자리이므로 {만}은 범주적으로 동일한 단위로 규정될 수 있는 것이다. 그 근거를 정리해 보자.

첫째, 한국어에서 명사는 수식성분 뒤에 피수식 성분으로 나타날 수 있다. 수식 성분 자리에는, 전통적인 용어를 그대로 갖다 쓴다면, 관형사, 관형형(절) 등이 올 수 있다.

(23) ㄱ. {이, 그, 저} 학생이 공부 잘 하지.
　　 ㄴ. {이, 그, 저} 만이 가능한가?
(24) ㄱ. 이밥 먹는 놈 나한테 죽어, 알았어!
　　 ㄴ. 그건 아니 한 만 못해요.

둘째, '하다'와 결합하는 다른 의존명사들과 {만}은 평행한 관계를 보여준다.

(25) ㄱ. 철수는 그 여자 만난 듯(도) 해.
　　 ㄴ. 철수는 날 못 본 척(도) 했지.
　　 ㄷ. 철수는 공부를 할 만(도) 한데.

셋째, 한국어에서 '명사+명사'의 통사적 구성은 얼마든지 자유롭게 만들어지므로 명사뒤에 분포하는 {만}을 명사로 본다고 해서 문제가 될 것은 없다.

(26) ㄱ. 유치원-{학생, 선생, 문지기 …}-{가, 를, 도, 는}

　　　ㄴ. 유치원-{만, 까지}-{가, 를, 도, 는}

(27) ㄱ. 시골-{놈, 분, 사람, 출신, 농부 …}-{가, 를, 도, 는}

　　　ㄴ. 시골-{만, 까지}-{가, 를, 도, 는}

따라서 {만}이 보이는 분포적 특성을 고려하면, 이는 명사의 대부류에 속한 요소라는 점이 확인된다. 그리고 {만}이 '단독'이나 '정도'의 의미를 지니는 요소가 아니라, 그러한 의미는 {만}이 어떤 환경에서 어떤 요소와 결합하느냐에 따라 부차적으로 주어지는 의미효과에 불과하다는 점을 혼동해서는 안 될 것이다. 본질과 부수적 효과는 어디까지나 구별되어야 한다.

3. 격조사 교체 현상에 대한 기존 논의들과 그 비판

3.1. 이중주어 문제

3.1.1. 기존 논의 개관

한국어 문법에서 난제(難題) 중의 하나가 소위 '이중주어구문'이라고 할 수 있다. 이 특이한 구문의 생성과 해석을 둘러싼 문제를 해결하기 위해 다각도의 논의가 이루어져 왔는데, 그 입장을 크게 둘로 나누어 볼 수 있겠다. 우선 동사를 중심으로 해서 문장의 기본구조를 '주부+술부'로 파악하는 전통적 입장부터 형상성(configurationality)을 중시하는 생성문법의 논의에 이르기까지를 한 계열로 묶을 수 있고, 다른 하나는 한국어 같은 경우에 문장 구조는 '주제(topic)-평언(comment)' 구조로 분석되어야 한다는 담화·기능주의적 입장으로 묶어 볼 수 있다.[14] 후자의 입장에

서 한국어는 주제부각형 언어이고 인구어는 주어부각형 언어라는 주장
도 제시되었다.

또한 이중주어구문의 문장 패턴을 세분화하여, 술어의 특성에 따라 첫
번째 위치에 나타나는 명사구와 두 번째 위치에 나타나는 명사구의 관계
유형을 정립하고자 했던 시도가 있었고,[15] 관계화, 존칭표지 '시'와의 호
응관계 등 통사적 조작을 통해 이중주어구문의 진정한 주어가 무엇인가
를 논하는 작업도 많이 제시되었다.[16] 이러한 문제는 또한 한국어에 '서
술절'을 인정할 것인가의 문제로 쟁점화된 바 있다.[17]

3.1.2. 생성문법 계열의 논의

먼저 다음과 같은 소위 이중주어구문의 한 유형을 취해서 이에 대한
생성문법 계열의 논의가 드러내고 있는 핵심만을 짚어보자.

---

14 이향천(1991), 임동훈(1996) 등을 참조할 것.

15 양인석(1972)와 임동훈(1997) 참조. 양인석(1972)은 소위 이중주어구문의 제1명
    사구와 제2명사구의 관계를 다음과 같은 하위유형으로 분류하고 있다.
      ㄱ. whole/part 코끼리가 코가 길다.
      ㄴ. class/member 시계가 엘긴이 비싸다.
      ㄷ. type/token 해가 뜨는 해가 멋있다.
      ㄹ. total/quant 말이 두 마리가 달린다.
      ㅁ. affected/affector 내가 아버지가 아프십니다.

16 연재훈(1994:60)은 기능·유형론적 관점에서 한국어에 이중주어 구문은 존재하지
    않는다고 주장한다. 문장에 진정한 주어는 하나밖에 없기 때문에 '이중주어 구문'
    보다는 '이중주격 구문(double–nominative construction)'이 더 적합하다고 보았다.

17 서술절을 인정하는 입장으로는 임동훈(1996, 1997) 등을 들 수 있고, 이를 부인하
    는 입장으로는 남기심(1986), 임홍빈(1997)을 참조할 수 있다. 참고로, 필자의 기
    본 입장은 {가}를 주격조사로 보지 않기 때문에, '가형 목적어' 개념을 통해 소위
    이중주어문의 두 번째 명사구-'코끼리는 코가 길다, 나는 바나나가 싫다-를 목
    적어로 설명할 수 있다고 보는 것이다. 그러한 차원에서 보면, 서술절 인정 여부를
    둘러싸고 벌어진 논쟁이 새롭게 해결될 수 있다(목정수(2002, 2014) 참조).

(1) 대구가 사과가 맛있다.

이러한 구문을 접했을 때, 대개 생성문법론자들은 이 예문이 문장의 차원을 넘어서 담화 차원에 걸치는 문제라고 해서 주제화 성분이 이동할 수 있는 Spec자리를 설정한다.[18] 왜 이론내적으로 스펙 자리가 설정되어야만 하는가? 우리의 관심은 바로 여기에 있다. 원리와 매개변인 중심적인 GB 이론에서 하부 원리의 하나인 '격이론(case theory)'의 요구조건은 다음과 같다. 주어는 외부논항으로 시제(구)에 의해 주격을 할당받고, 목적어는 술어의 내부논항으로 형상성에 의해 술어에 직접 관할되는 논항에 목적격이 할당된다. 이러한 원리에 따르면, '맛있다'라는 술어는 논항을 하나 요구하는 한자리 술어이다.[19] 따라서 그 술어의 논항은 '사과'이므로 '사과'에는 술어—정확히는 동사의 INFL—에 의해 주격이 할당되고 소위 구조격(structural case)에 {가}가 '할당된 격에 표지를 부과하라'는 규칙에 의해 부착된다. 따라서 표면적으로 소위 주격조사를 취하고 있는 '대구가'는 격을 할당받을 수 없으므로 좌초되어 버리고 만다. 그에게 격을 할당해 주는 요소가 없으므로 내재격(inherent case)을 갖는 위치를 만들어서 그리로 이동시키지 않을 수 없다.[20] 그렇지 않으면 격여과에 걸려 아웃되기 때문이다. 따라서 '대구가'는 문장의 경계를 넘어서 격을 할당받을 수 있는 자리—스펙 자리—를 설정하여 그 위치로 이동된 것으로 설명할 수밖에 없게 되고, 자연히 '대구가'가 문장을 뛰어넘는 담화 차원의 성분이라는 결론에 도달하게 된다.

---

18 엑스바 모형에 의지해서 설명을 시도하는 논의가 대표적이다. 이론 내적으로 그 위치가 타당한가에 대한 논의도 심도있게 이루어져야 할 것이다.

19 '맛있다'라는 술어 자체도 '맛+있다'의 통사적 구성으로 파악될 여지가 다분히 있으나, 여기서는 이를 문제삼지 않고, 하나의 술어로 보고 논의를 진행한다.

20 소위 구조격, 내재격은 이론내적 개념이지, 일반적 개념이 아님에 유념해야 한다.

다른 방법으로는 심층구조에서는 '[대구 사과가]'가 한 성분으로 주격을 할당받고 나서, 성분이 '[대구의] [사과가]'로 쪼개지고, 그 후에 '[대구의]' 성분이 주제화되어 '[대구가]'가 된 것으로 분석하는 시도도 얼마든지 가능하다고 본다.[21]

3.1.2. 본고의 논의

그러나 본고의 입장을 따르면 위 문장은 문장 차원과 담화 차원으로 나뉘어지는 문제가 아님은 물론, 기본적인 문장구조로도 풀릴 수 있다고 본다. 위의 예문은 다음과 같은 질서 속에서 생성된 것으로 파악된다.

(2) 대구-$\emptyset_1$-가 사과-$\emptyset_1$-가 맛있다.

우리는 위의 문장 (1)은 다음과 같은 문장들과 함께 다루어져야 할 것으로 본다. 왜냐하면, 이들은 계열체를 구성하고 있기 때문이다.

(3) ㄱ. 대구-$\emptyset_1$-$\emptyset_2$, 사과-$\emptyset_1$-는 참 맛있어.
ㄴ. 대구-$\emptyset_1$-$^{??}$를 사과-$\emptyset_1$-가 맛있다고?
ㄷ. 대구-$\emptyset_1$-도 사과-$\emptyset_1$-$\emptyset_2$ 맛있던데.
ㄹ. 대구-$\emptyset_1$-는 사과-$\emptyset_1$-도 맛있다니까.

이러한 구조는 유표적으로 실현된 다음과 같은 구조에 대응된다.

(4) ㄱ. 대구-$^{??}$에(서)-{$\emptyset_2$, 가, $^{??}$를, 도, 는} 사과-$\emptyset_1$-{가, $^{*?}$를, 도, 는} 맛있다나.
ㄴ. 대구-와-{$\emptyset_2$, *가, 를, *도, *는} 사과-$\emptyset_1$-{가, $^{*?}$를, 도, 는} 맛있다나.[22]

---

21 여기서 우리가 이러한 논의에 대해 가타부타를 말하려는 것은 아니고, 생성이론 내적으로 이런 식의 논의를 전혀 배제할 방법이 없다는 점을 강조하려는 것이다. 이런 류의 논의로는 임홍빈(1972, 1996)을 참조할 것.

다음 예도 동일하게 설명될 수 있다. 우리가 이 예를 반복하여 검토하는 것은 {가}라는 형태소의 지위를 어떻게 부여하느냐에 따라 제반 논의들의 성격이 어떻게 달라지는가를 명시적으로 보여주기 위해서다. 다음 세 문장을 비교해 보자.

(5) ㄱ. 가을이 사과가 싸야.
    ㄴ. 가을도 사과가 싸다고?
    ㄷ. 가을 사과가 싸지 무슨 소리야.

이중주어구문 (5ㄱ)을 중심으로 해서 표면적으로 보면, (5ㄱ)에서의 소위 주격조사 {가}가 (5ㄴ)에서는 {도}와 교체되었고 (5ㄷ)에서는 생략되어 나타나지 않았는데, (5ㄴ, ㄷ)도 이중주어 구문이라 할 수 있는가? (5ㄷ)에서 '가을'과 '사과'는 소유관계 이외에도 처소와 대상의 관계를 맺을 수 있는 가능성이 있다. 즉 '가을의 사과'가 쌀 수도 있고, '가을에 나오는 사과'가 쌀 수도 있고, '가을에 파는 사과'가 쌀 수도 있다. 즉 영형태소 {ø₁}에 의해 실현된 '가을'은 다양한 통사적 기능으로 해석될 소지를 안고 있다. 그 만큼 '가을 사과'라는 연쇄는 합성어적인 성격을 띠게 되는 것이다.[23] 합성어의 해석은 구성요소들의 합이 아니라 곱으로 이루어지기 때문이다.

따라서 다음 (6) 문장은 (7ㄱ)과 같은 구조로 분석된다. 또 (7ㄱ)의 구조는 (7ㄴ-ㄹ)의 구조와 평행관계를 이룬다.

(6) 사과는 여름이 싸고, 겨울은 비싸다.
(7) ㄱ. 사과-ø₁-는 여름-ø₁-이 싸고, 겨울-ø₁-은 비싸다.

---

22 소유격조사 {의} 다음에 보이는 한정사 {가, 를, 도, 는}의 결합제약에 대해서는 목정수(1998ㄴ)의 각주 43)을 참조할 것.

23 Martinet의 접합(synthème)과 통합(syntagme) 구분을 참조할 것.

ㄴ. 사과-∅₁-는 여름-에-가 싸고, 겨울-∅₁-은 비싸다.

ㄷ. 사과-∅₁-도 여름-∅₁-이 싸고, 겨울-에-는 비싸다.

ㄹ. 사과-∅₁-∅₂ 여름-∅₁-이 싸고, 겨울-∅₁-은 비싸다.

다음 예문의 명사구들은 '전체/구성' 유형의 이중주어구문에 나타나는 것인데, 우리의 입장에서는 어떻게 다루어지는지를 살펴봄으로써, 생성문법식의 논의와 비교해 본다.

(8) 코끼리가 코가 길다.

우리가 2장에서 설정한 조사체계에 입각해서 보면, 위 문장에서 '코'는 '길다'라는 서술어와의 관계에서 통사적으로 주어 기능을 하는데, 그 주어라는 통사적 기능을 표시하는 것은 {가}라는 형태소가 아니고, 바로 영형태소 {∅₁}이다. 그리고, '코끼리'는 '코'와의 관련에서 소유어의 통사적 기능을 획득하는데, 마찬가지로 그 문법관계는 {∅₁} 또는 {의}에 의해 실현될 수 있다. 여기서 {∅₁}에 의해 실현된 통사적 기능은 유표적인 문법관계표지에 의해 실현된 통사적 기능에 대응되지만, 반드시 동일한 것은 아니다. 예를 들어, '코끼리 코가'와 '코끼리의 코가'는 평행한 해석을 낳을 수도 있지만, 전자가 '[코끼리 코]'라는 의미 덩어리로 중간 포즈없이 일종의 합성어 개념에 근접하여 긴밀한 관계를 형성할 가능성이 후자에 비해 훨씬 높다는 점과 후자의 '코끼리의'는 반드시 후행 명사를 요구하기 때문에 '코끼리의 코' 전체가 하나의 논항으로 여겨진다는 점에서 분명 차이가 있다. 이처럼 {의}라는 문법표지는 반드시 뒤에 명사가 이어져야 한다는 제약 때문에 한정사 {가, 를, 도, 는}이 연쇄될 수 없는 것이다.[24]

---

24 한국어나 일본어의 전통문법에서 {의}를 연결조사로 보려했던 이유가 바로 여기

이제 소위 처소어로 해석되는 논항을 포함한 이중주어구문을 살펴보자. 아래 문장에서 술어 '있다'나 '많다'의 주어는 '책'이 될 것이고, 나머지 논항의 의미역은 처소어(location)로 해석될 것이다. 이 문장들의 내적 구조와 그 변이형은 (11)과 (12) 같은 구조가 된다.

    (9) 나는 책이 좀 있죠.

    (10) 철수는 돈이 많데요.

    (11) ㄱ. 나-$\varnothing_1$-는 책-$\varnothing_1$-이 좀 있죠.

        ㄴ. 나-$\varnothing_1$-$\varnothing_2$ 책-$\varnothing_1$-은 좀 있어요.

        ㄷ. 나에게-는 책-$\varnothing_1$-도 좀 있다 할 수 있죠.

        ㄹ. 내-$\varnothing_1$-가 책-$\varnothing_1$-이 있다고라고라.

    (12) ㄱ. 철수-$\varnothing_1$-는 돈-$\varnothing_1$-이 많아요.

        ㄴ. ??철수-에게-를 돈-$\varnothing_1$-이 많을까?

        ㄷ. 철수-$\varnothing_1$-$\varnothing_2$ 돈-$\varnothing_1$-도 많지요.

        ㄹ. 철수-$\varnothing_1$-도 돈-$\varnothing_1$-은 많다고요.

(12) 예에서 '철수는 돈이 많다'와 '철수에게는 돈이 많다'를 비교할 때, 우리는 문법관계표지의 유무－{$\varnothing_1$}와 {에게}－에 따라 문형이 달라진다고 본다. 그래야만 {$\varnothing_1$}와 {에게}의 차이를 있는 그대로 올바르게 기술할 수 있다. 이해를 돕기 위해, 그 차이를 영어 대역으로 내면 다음과 같다.

    (13) ㄱ. 철수는 돈이 많다. → Paul has much money.

        ㄴ. 철수에게는 돈이 많다. → There is much money on Paul

논항 두 개가 실현된 기술동사(verbe descriptif)의 경우는 격조사의 유

에 있을 것이다.

형에 따라 문장 구조가 위와 같이 파악될 수 있는 것이다. 다음 예도 마찬가지다.

(14) ㄱ. 나는 눈이 파랗다. → I have blue eyes.
ㄴ. 그에게는 이 옷이 너무 크다. → This dress is too big for him.

다음은 심리동사 구문으로 알려진 예들이다.

(15) ㄱ. 나는 호랑이가 무서워.
ㄴ. 너는 할머니가 그립니?
ㄷ. 우리 아들은 음악이 싫대.

흔히 심리동사 구문의 이중주어성을 해결하기 위해 심리 술어의 경험주 논항이 여격 구문과 관련 있는 것으로 파악하는 논의가 있었다(김세중(1994), 연재훈(1995), 남지순(1996), 유현경(1996) 참조). 그러나 우리는 인칭과 제약관계를 보이는 주관 심리동사(verbe subjectif psychique)의 경우에 경험주 논항으로 해석되는 논항은 여격의 표지로 실현될 수 없다고 본다. 우리의 입장은 심리술어의 경우는 두자리 논항을 요구하는 것으로 파악하고, 그 술어의 제1논항은 주어로서 경험주(experiencer)로 해석되고, 대상(theme)으로 해석되는 제2논항은 목적어에 해당되는 통사적 지위를 획득하는 것으로 파악하고자 한다. 왜냐하면, 전형적으로 두자리 논항을 요구하는 타동성의 객관 행위동사(verbe d'action)와 그 구조가 평행하게 상정될 수 있기 때문이다. 다만 주어자리와 목적어자리에 실현되는 논항에 부가되는 한정사의 제약에 차이가 있으므로 이에 대한 세밀한 기술이 필요하다. 객관 행위동사의 목적어인 제2논항은 동사의 타동성 때문에 주체지향적 성격의 한정사 {가}보다는 객체지향적인 한정사

{를}을 선호하는 반면에, 주관 심리동사의 목적어에 해당하는 제2논항은 그 동사의 주관성 때문에 주체지향적 성격의 한정사 {가}와 자연스럽게 어울린다고 할 수 있다.[25]

(16) ㄱ. 나ø-는 호랑이-ø-가 무섭다.
     ㄴ. *나-에게-는 호랑이-ø-가 무섭다.
     ㄷ. 철수-ø-도 호랑이-ø-는 무섭나 봬.
     ㄹ. ?철수-ø-가 호랑이-ø-를 무섭다나 어떻다나.

(17) ㄱ. 나ø-는 호랑이-ø-를 죽인다.
     ㄴ. *나-에게-는 호랑이-ø-를 죽인다.
     ㄷ. 철수-ø-는 호랑이-ø-를 죽이나 봐.
     ㄹ. *?철수-ø-를 호랑이-ø-도 죽였다고?

3.1.3. 정리

이상에서 소위 이중주어구문의 여러 유형을 중심으로 살펴본 논의에서 소유격조사 {의}, 처격조사 {에}, 여격조사 {에게}가 주격조사 {가}와 교체되어 소위 이중주어구문을 형성하게 된다고 보는 논의나 {가}라고 하는 주격조사가 출현하는 논항에 어떻게 주격을 배당하는가의 기제를 밝히려는 생성문법식의 논의는 그 나름의 이론내적으로 의의가 크다고 할 수 있지만, 근본적으로 {가}를 주격조사로 보고 있기 때문에 가능한 것이었음을 알 수 있다. 따라서 한국어의 명사구 확장구조에서 {로, 에게, …} 부류는 {가, 를, 도, 는} 부류와 교체될 수 있는 자리에 있지 않다는 것이 밝혀진 이상, 이중주어와 관련된 논의는 지금까지의 논의의 틀을 벗어나서 새롭게 전개되어야 할 것으로 보인다. '이중주어구문'이

---

25 본 논문의 각주 32)를 참조할 것.

한국어의 독특한 현상이 아닐 가능성은 그만큼 높아진다고 할 수 있다. {로}, {에(서)}, {에게} 등의 격조사는 영형태의 문법관계표지 {ø₁}과 선택관계에 있는 것이다.

3.2. 이중목적어 문제

소위 이중목적어구문도 이중주어구문과 비슷한 양상으로 논의가 전개되어 왔으므로 상세한 논의는 생략하기로 한다. 여기서는 다음 예를 중심으로 우리의 입장만을 제시해 보겠다.

(1) ㄱ. 철수는 영희에게 책을 주었다.
ㄴ. 철수는 영희를 책을 주었다.

(2) ㄱ. 철수는 영희의 손을 잡았다.
ㄴ. 철수는 영희를 손을 잡았다.

위의 예 (1ㄱ, ㄴ)은 전형적으로 서술어 '주다'가 세 자리 서술어임을 보여주는 예로 많이 거론되는 예이고, (2ㄱ, ㄴ)은 신체부위명사 구문의 특성으로 기술되어 온 예이다.

전통문법이나 생성문법 계열의 논의에서는 '주다'라는 서술어가 각각의 논항에 의미역과 격을 할당할 수 있고, 차례로 주격, 여격, 대격이 {가}, {에게}, {를}에 의해 실현된다고 본다. 그러나 여기서 각 논항이 擔持하는 통사적 기능인 주어, 간접목적어, 직접목적어는 {ø₁}에 의해서도 실현될 수가 있음은 다음 예를 통해 알 수 있다.

(3) ㄱ. <u>철수</u> 영어 책도 영희 주었나? 한번 알아봐.
ㄴ. 철수가 영희에게 <u>영어 책</u> 준 적이 있나?
ㄷ. 철수는 영어 책을 <u>영희</u> 주었다는군.

(2)의 예문도 통사적 기능이 유표적인 격표지 없이도 실현가능하다.

(4) ㄱ. 철수는 영희 손 잡고는 어쩔 줄 몰라했다.
ㄴ. 철수는 영희의 손도 잡아 주었지.
ㄷ. 철수가 <u>영희는</u> 손을 잡았지만, 그 이상은 아니래.

따라서 '이중목적어구문'으로 취급되는 (1ㄴ)의 예문은 {에게}가 {를}로 교체되어 소위 대격 중출이 생겨난 것이 아니라, {ø₁}에 의해 실현된 분석격의 명사구에 {를}이라는 한정사가 교착된 형태의 문장이라고 보아야 한다. (1ㄴ)은 다음의 여러 변이체 가운데 하나인 (5ㄴ)에 해당될 뿐이다.

(5) ㄱ. 철수는 영희-에게-$\varnothing_2$ 책-$\varnothing_1$-을 주었어.
ㄴ. 철수는 영희-$\varnothing_1$-를 책-$\varnothing_1$-을 주었어.
ㄷ. 철수는 영희-에게-는 책-$\varnothing_1$-도 주었어.
ㄹ. 철수는 영희-$\varnothing_1$-도 책-$\varnothing_1$-$\varnothing_2$ 주었어.
등등.

우순조(1994:17)에서는 다중주어구문이라고 불리울 수 있는 현상이 있다면 다중목적어구문이나 그에 해당하는 용어가 있을 법한데 전혀 이러한 현상이 관찰되지 않는다는 점이 흥미롭다고 했고, 나아가서 이중주어구문과 이중목적어구문이 있음에도 이중처격 구문이나 이중여격 구문에 관한 논의가 없다는 점이 이상하다고 했다. 그러나 {가}나 {를}을 문법관계표지로 보지 않는 우리의 입장에서는 이것이 하등의 문제가 되지 않는다. 왜냐하면 {가}의 복수 출현은 주어가 여러 개라는 것을 의미하지 않고, {를}의 복수 출현도 마찬가지로 목적어의 중출현상을 가리키는 것이 아니기 때문이다. 반면에, 처격이나 여격어가 문법관계표지에 의해 실현될 때, 그 관계표지들은 계열관계를 이루기 때문에 그에 의해 실현된 성분이 서로 통합관계를 형성하게 되면 어색하다는 점을 고려하면 이중 처격/여격 구문이 있을 수 없고, 거기에 관한 논의가 많지 않았던 것이 전혀 이상할 것이 없게 된다.[26]

> (6) ㄱ. *?학교에서 운동장에서 놀자.
> ㄴ. ?학교의 운동장에서 놀자.
> ㄷ. 학교 운동장에서 놀자.
> ㄹ. 학교는 운동장에서만 놀아야 돼.

우순조(1994)에서 이른바 격교체를 승격 현상으로 설명하기 위해 제시한 예 중에서 다음과 같은 예문도 필자가 보기에 이상하게 여겨지는 것은 위에서 지적한 이유 그대로이다.[27]

---

26 우순조(1994)에서 제기하고 있는 문제 즉, "주격과 목적격, 그리고 그외의 사격들 사이에 존재하는 비대칭관계는 이론적인 측면에서도 관심의 대상이 되기에 충분하기도 하거니와 현상을 보는 이에게 의혹을 불러일으킨다"에 대한 설명을 본고에서 설정한 한국어 명사구 확장구조의 시각에서 찾을 수 있다. 즉, 한 문장 내에서 한 명사구는 한 기능에 해당한다는 그의 '기능 안정성 가설'이 오히려 본고의 틀로 더 설득력 있게 설명될 가능성이 있다. '사격'이란 것은 대개 '후치사' — 여기서는 문법관계표지 — 로 실현되는 통사적 기능을 의미하는 것으로, 대립관계에 놓여 있는 이 유표적인 후치사류를 두 번 이상 선택한다는 것은 언어의 경제성에도 어긋나고 언어의 구조에도 부합되지 않는다고 보기 때문이다.

27 다음 예문의 문법성 판단 표시는 필자 자신에 의한 것이며, 우순조(1994)에서 제시된 것과 차이가 짐은 물론이다.

(7) ㄱ. *²어머니께서 아들에게 뺨에 입을 맞추셨다.

ㄴ. ?어머니께서 아들의 뺨에 입을 맞추셨다.

ㄷ. 어머니께서 아들 뺨에 입을 맞추셨다.

(8) ㄱ. *²스턴트맨이 육삼빌딩에서 옥상에서 뛰어내렸다.

ㄴ. ?스턴트맨이 육삼빌딩의 옥상에서 뛰어내렸다.

ㄷ. 스턴트맨이 육삼빌딩 옥상에서 뛰어내렸다.

(9) ㄱ. ??우리 아버지는 서울에서 성북동에서 삽니다.

ㄴ. ??나는 하늘에서 구름에서 내려온 선녀를 보았다.

3.3. 목적어 상승 구문 對 주어 하강 구문

다음과 같은 구문에서 조사 {가}와 {를}의 교체 현상은 격할당의 문제를 야기하여, 특히 '격이론'의 원리적인 측면에서 많은 연구의 관심대상이 되었다.

(1) ㄱ. 나는 영희가 예쁘다고 생각해.

ㄴ. 나는 영희를 예쁘다고 생각해.

GB의 이론에서는 이러한 구문에 대해서 'ECM(예외적 격표시) 구문'으로 다루어 어떻게 격부과를 할 것인가에 초점이 맞추어져 있다.[28]

우리의 문제는 이러한 구문과 변이관계에 놓인 다음과 같은 문장들은 어떤 구조에 대응된다고 보아야 하는가이다. (1ㄱ)에서 도출할 것인가? (1ㄴ)에서 도출할 것인가? 어느 하나를 선택할 수는 있어도 그 이유가 분명히 제시되기 어렵다.

---

28 Hong et al.(1996), "Case Alternation of Korean ECM Constructions"를 참조.

(2) ㄱ. 나는 영희 예쁘다고 생각해, 넌?

　　ㄴ. 나는 영희는 예쁘다고 생각하는데.

　　ㄷ. 나는 영희도 예쁘다고 생각해요.

　위의 구조를 생성해 내는 기제로 지금까지 이루어진 논의를 토대로 정리하면 다음과 같은 세 가지로 요약할 수 있겠다. 첫 번째 입장은 (2ㄴ, ㄷ)은 '[영희가 예쁘다]'의 내포절 구조에서 주어가 상위절로 주제화되어 이동되어가서 '생각하다'의 목적어 자리에 착지하여 '영희를'로 상승된 뒤에 주제화에 의해 한단계 상승한 '영희는'으로 된 것으로 분석하는 입장이다.[29] 이를 전통적으로 목적어 상승(object raising) 구문이라 했다. 그렇다 하더라도, 남는 문제가 있다. '영희도'는 또 어떻게 설명해야 할 것인가? '영희는'이 한 번 더 '영희도'로 상승했다고 해야 할까?

　둘째는 '[영희를] [예쁘다고 생각해]' 구조에서 모문의 목적어가 내포문의 주어자리로 하강되어 서술어 '예쁘다'와 결합하고 그 결합체 '[영희가 예쁘다]'가 상위문의 술어 '생각하다'의 보문이 되는 것으로 분석하는 입장으로 귀착된다.

　마지막으로 기저 구조를 '[영희를] [영희가 예쁘다고] 생각하-' 구조에서 내포절의 주어가 동일 명사구 삭제 규칙(equi-NP deletion)에 의해 삭제된 구성으로 파악하는 입장이 있다. 물론 어느 명사구를 삭제하는 것이 일반적인가의 문제가 뒤따른다.[30]

　우리는 '생각하다'라는 술어의 논항구조를 두자리 술어로 보고, 그 하위범주화틀을 다음과 같이 설정한다.

(3) '생각하다'의 하위범주화틀 : NP[행위주], NP[대상]

29　여기서 흔적(trace)과 관련된 논의는 생략한다.

30　우순조(1997)를 참조할 것.

다음 예는 그 실현 예이다.

(4) 나는 어머니만 생각하면, 눈물이 나.

따라서 위의 하위범주화틀에 따르고, 보문소 '-고'가 인용표지임을 중시하여, 위의 (1ㄱ, ㄴ) 기본구조를 다음 (5)와 같이 파악한다. 우리는 {가}와 {를}의 교체를 교체 자체로 파악하고, 이동이나 상승의 개념을 끌어들일 필요가 없게 된다.

(5) 나는 [[영희-$\varnothing_1$-{가, 를} 예쁘다]-고] 생각해.

이렇게 되면 당연히 (2ㄱ, ㄴ, ㄷ)도 (5)와 평행한 구조로 파악되고, '[영희-$\varnothing_1$-{$\varnothing_2$, 가, 를, 도, 는} 예쁘다]'라는 내포절은 인용표지 '-고'에 의해 '생각하다'의 목적어 기능으로 쓰이기 위해 명사구로 전환되므로 '생각하다'의 명사구 논항과 평행하게 해석된다.[31]

(6) ㄱ. 나는 [NP[영희-$\varnothing_1$-{$\varnothing_2$, 가, 를, 도, 는} 예쁘다]-고] 생각해.
ㄴ. 너는 아직도 [NP영희-$\varnothing_1$-{$\varnothing_2$, *?가, 를, 도, 는}] 생각하니?

3.4. 터프 구문

영어의 터프(tough) 구문과 관련하여 논의된 문장의 형식으로 다음과 같은 두 문장 간의 대응을 들 수 있다.

---

31 '-고'는 Tesnière의 전환사(translatif)에 해당한다고 볼 수 있다.

(1) ㄱ. 이 책이 읽기가 어렵다.
ㄴ. 이 책을 읽기가 어렵다.
(2) ㄱ. 나는 맥주가 마시고 싶다.
ㄴ. 나는 맥주를 마시고 싶다.

(1)과 관련된 구문은 생성문법적 논의에서 초기의 터프구문의 생성절차로부터 최근의 최소주의 이론에 입각한 논의에 이르기까지 실로 많은 쟁점을 낳았다. 여기서는 최소주의 이론에 입각한 김선웅(1996)의 논의를 간략히 살펴보고, 그 논의의 성격을 밝혀보고자 한다. 또한 터프구문에서 보이는 격조사 교체 현상에 대해 논항의 전수와 합류라는 개념으로 설명하고 있는 박진호(1994)의 설명력과 아울러 문제점을 지적하고자 한다.

3.4.1. 주격 목적어 대 목적격 목적어

김선웅(1996)은 Chomsky(1991) 이후의 최소주의 이론에서 제시된 목적어는 목적어 일치소구의 지정어 자리에서 격점검(case checking)을 받아야 한다는 주장을 반박하고, 주격 목적어의 격점검은 주어 일치소구의 하위 지정어 자리임을 증명하고자 한 시도이다. 여기서 '주격 목적어'는 위의 문장 (1ㄱ, 2ㄱ)에서의 '이 책이'와 '맥주가'를 가리키는 말이다. 통사적으로는 목적어 성분인데, 주격표지 {가}가 붙어 있어 흥미롭다는 것이고, 이러한 현상을 최소이론의 틀로 설명하기 위해서는 1) 대주어의 주격은 시제소구의 지정어 자리에서 점검되고, 2) 주격 주어의 주격은 주어 일치소구의 상위 지정어 자리에서 점검되고, 3) 주격 목적어의 주격은 주어 일치소구의 하위 지정어 자리에서 점검되고, 4) 목적격 목적어의 목적격은 경동사구의 상위 지정어 자리에서 점검되어야 한다는 주장이다.
우리는 생성문법의 최근 이론에서도 그 설명 방식에 있어 차이는 있지만, 결국 기본 자료를 보는 시각에는 커다란 변화가 없음을 알 수 있다.

여전히 한국어의 {가}는 주격표지이고, {를}은 목적격 표지로 보고 있다. 그 때문에 '주격 주어', '목적격 주어', '주격 목적어', '목적격 주어'라는 용어를 문제삼지 않고, 마구 사용하고 있는 것이다.[32] 따라서 '격할당'이나 '격점검'이란 용어로 현상을 설명하는 방식에 변화와 진보가 있는 것 같지만, 이는 이론 내의 문제에 불과하고, 메타적 시각에서 보면, 현상의 본질적인 문제는 건드리지 않고 있다고 볼 수 있다. {가}와 {를}의 본질적인 문제를 파고들지 않고, 격조사라는 신입견과 달라신 이론틀을 수용하는 선에서만 성립가능한 중요한 문제로 다루어져 온 것이다. 따라서 우리가 강조하고자 하는 것은 김선웅(1996)의 논의의 옳고 그름을 떠나 이러한 논의가 지닐 수밖에 없는 한계를 비교적인 시각에서 드러내야 한다는 것이다.

3.4.2. 논항의 전수와 합류

다음 예는 '쉽다', '어렵다', '수월하다', '힘들다' 처럼 '터프(tough) 구문' 논의의 중심을 이루는 예로서 박진호(1994:65)에서 가져온 것이다.

(3) ㄱ. 파리를 잡기가 어렵다.
ㄴ. 파리가 잡기가 어렵다.

박진호(1994)는 내포문 동사의 목적어 논항이 대격뿐만 아니라 주격으로도 나타나는 현상을 함수자 핵이 자신의 논항을 다른 함수자 핵에게 전수시키기 때문으로 설명하고 있다. 우선 그의 설명을 보자. (3ㄱ)에서 '잡-'은 타동사로서 대격의 보어를 취하므로 '파리를'과 '잡-'이 성분을

---

[32] '주격 목적어', '목적격 주어'는 현상을 가리키는 용어로 사용될 수는 있지만, 그 개념 자체가 성립될 수 있느냐가 반성의 대상이 되어야 한다. 이에 대해서는 목정수(2002)를 참조하라.

이루고, '어렵-'은 한자리 함수자로서 '파리를 잡기가'를 논항으로 취한다. 반면, (3ㄴ)에서는 '파리가'가 주격이므로 '잡-'과 결합하는 것으로 볼 수 없다고 했다. '잡-'은 피해주(patient) 논항에 대해 대격을 지배하지 주격을 지배하는 일은 없기 때문이라는 것이다. 따라서, (3ㄴ)에서 '파리가'는 '잡기가 어렵-'과 결합하는 것으로 보아야 하고, '잡기가 어렵-'의 핵은 '어렵-'이고, '어렵-'은 항상 주격을 지배하므로 '파리가'가 주격인 이유를 설명할 수 있게 된다고 보았다. 그의 논의의 핵심은 '잡-'의 피해주 논항이 '어렵-'에게 전수되었다는 점인데, '잡-'의 격지배 속성과 '어렵-'의 격지배 속성이 다르기 때문에 논항 실현의 변이가 생기게 된다는 점이다. 즉, '잡-'의 피해주 논항이 전수를 겪지 않고 '잡-'과 결합하면 대격으로 실현되지만 '어렵-'에게 전수되면 주격으로 나타나게 된다는 설명이다.

박진호(1994)는 의미적 논항구조가 통사적으로 결합하는 양식을 합류와 전수라는 개념으로 포착하고 있으나, 문장의 형상성을 보는 시각은 생성문법의 엑스-바 이론과 이분지 가설을 따르고 있으면서 핵(head)의 개념으로 범주표시만을 새롭게 하고 있다는 점으로 미루어 보아, 우리가 문제삼고 있는 조사 자체의 성격을 근본적으로 따져 보지는 않았다고 할 수 있다.

이제 우리는 박진호(1994)가 제시한 방식도 다음과 같은 문장을 설명하는 데 한계점을 노정하고 있다는 점을 보이고자 한다. 먼저 소위 격조사 {가}, {를}이 실현되지 않거나, 그 자리에 보조사가 실현된 문장을 살펴보자.

(4) 파리{ø, 도, 는} 잡기가 무척 어려울걸.

위 문장은 어떤 구조에서 나온 것으로 보아야 할까? 또한 다음과 같이 소위 주격조사와 목적격조사가 처격조사와 중첩된 구문은 논항의 전수와 합류로 어떻게 설명되는지를 따져 보기로 한다.

(5) ㄱ. 학교 가기가 쉽다.
ㄴ. 학교에 가기가 쉽다.
ㄷ. 학교가 가기가 쉽다.
ㄹ. 학교를 가기가 쉽다.
ㅁ. 학교에가 가기가 쉽다.
ㅂ. 학교에를 가기가 쉽다.

논항 전수의 개념을 받아들여 위 문장을 설명하면, 다음과 같이 될 것이다. 내포문의 동사 '가'가 '쉽'에 논항을 전수하기 전에 '학교'와 결합하면 '학교에 가기가' 성분이 만들어지고, 논항을 전수받은 함수자 '쉽'은 한자리 술어로 '학교에 가기가'를 논항으로 요구한다. 그렇다면, '가기가 쉽다'라는 복합서술어는 '학교가'나 '학교를' 또는 '학교에가'나 '학교에를'과 같은 논항과 어떻게 결합할 수 있는가? 박진호(1994:67)에서는 '우리 차가 빨리 가기가 어렵다'는 문장이 구조적 중의성을 갖는 것으로 파악하고 있다. 즉, '[우리 차가 빨리 가기]가 어렵-'의 성분구조를 가질 수도 있고, '우리 차가 [빨리 가기가 어렵-]'의 성분구조를 가질 수도 있다고 했다. 전자는 논항의 전수가 일어나지 않은 경우이고, 후자는 '가'의 논항이 '어렵-'에게 전수된 경우이다. 그러나, '가'의 격지배 속성과 '어렵-'의 격지배 속성이 같기 때문에 전수가 일어나든 안 일어나든 논항이 같은 격으로 실현된다고 보았다. 그의 설명을 따르면, 위의 (5ㄴ)의 문장은 논항 전수가 일어나지 않은 경우로 설명할 수 있을 것이다. 왜냐하면, '[학교에 가기]가 쉽-'로 분석할 수 있기 때문이다. 그러나 다음의 예는 설명하기가 어렵지 않나 싶다. 결국 이를 설명하기 위해서는 특수조사 {가}나 {를}에 의한 주제화 논의를 다시 도입할 수밖에 다른 길이 없는 것 같다.

(6) ㄱ. 너는 학교가 가기가 어렵니?
ㄴ. 너는 학교를 가기가 그렇게 어렵니?
ㄷ. 난 학교에가 가기가 쉽지 않았어.
ㄹ. 난 학교에를 가기가 그리 쉽지는 않아.

이러한 현상에 대한 우리의 설명은 다음과 같다. '학교가'는 '학교-$\emptyset_1$-가'로, '학교를'은 '학교-$\emptyset_1$-를'로 분석되고, '학교에가'는 '학교-에-가'로, '학교에를'은 '학교-에-를'로 분석되므로 모두 평행한 문법관계를 형성하고 있는 것을 알 수 있다. 즉 서술어 '가다'와 맺고 있는 논항 '학교'의 문법관계, 즉 통사적 기능은 동일하게 {$\emptyset_1$}과 {에}에 의해 실현되고, {가}와 {를}의 조사 교체는 격조사 교체 − {$\emptyset_1$} ∽ {에} − 와는 거리가 먼 한정사로서의 {가}와 {를}의 교체로 파악되어야 한다. 따라서 한정사로서의 {가}와 {를}의 교체에 따른 문장의미 상의 차이는 {가}와 {를}의 대립체계에 의해 '학교가'는 주관 심리동사 '쉽다'와 더 긴밀히 연결되고, '학교를'은 객관 행위동사 '가다'와 더 긴밀히 연결되는 것 같은 의미효과에 다름 아님을 알 수 있다. '학교에가'와 '학교에를'의 의미 차이도 이와 평행하게 산출된다.

3.4.3. 송석중(1993)과 권재일(1992)

다음으로 위의 (2) 문장에 관한 논의로 돌아가 보자. 이 구문에 대한 송석중(1993:143-144)의 분석도 {가}는 주격조사, {를}은 대격조사라는 입장을 버리지 않은 채 그 쓰임새를 설명하고 있다. 그는 다음과 같은 구조적 중의성을 설정하여 주격조사와 대격조사의 교체를 설명하고 있다.

(7) ㄱ. [[맥주]NP [마시고]V]VP 싶다
    ㄴ. [맥주]NP [마시고 싶다]VP

그러나 '마시고 싶다'가 이렇게 구조적으로 달리 설정되는 두 어휘로 구분될 수 있는가에 강한 의구심이 든다. 그를 증명하는 방법도 순환론적 오류에 빠질 가능성이 많다. 생성문법적 논의는 표면으로 드러나는 {가}와 {를}의 교체를 설명하는 것을 목표로 꾸며진 이론인데, {가}와 {를}의 본질이 격표지가 아님이 증명되었을 때, 그 이론적 토대는 무너지게 될 것이다.

다른 한편, 전통문법 계열의 권재일(1992)에서는 터프 구문과 관련된 다음과 같은 문장을 가지고 설명하고 있다.

(8) ㄱ. 나는 너를 무척 보고 싶었단다.
    ㄴ. 나는 네가 무척 보고 싶었단다.

그의 주장은 다음과 같다. "주어는 명사구에 주격조사가 결합하여 실현되고, 전형적인 주격조사는 {가}인데, 주격조사의 기능이 목적격으로 전용되는 경우도 있다."(권재일(1992:222)). 본고는 이러한 기술은 형태의 존재를 철저히 인정하지 않고, 따라서 형태가 달라짐에 따라 그 의미가 달라지는 자연스러움을 포착하지 못하는 한계를 지니고 있다고 본다. 이러한 분석을 계속 진행하면, '왜 오늘따라 학교가 안 가지지?'에서처럼 처격으로 전용되기도 하고, '영희는 철수가 궁합이 잘 맞아'에서처럼 비교격으로 전용되기도 한다는 식으로, 즉 동의문(paraphrase)을 기준으로 형태를 무한하게 의미에 의존하여 분석하는 결과를 낳고 만다. 형태를 중심으로 하려던 문법기술의 방향을 잃게 되는 셈이다.

우리가 설정하는 '맥주 마시고 싶다'의 기본구조는 다음과 (9ㄱ)과 같다. (9ㄴ-ㅁ)은 그 변이형들이다.

> (9) ㄱ. 나는 맥주-$\emptyset_1$-$\emptyset_2$ 마시고 싶다.
>   ㄴ. 난 맥주-$\emptyset_1$-가 마시고 싶어.
>   ㄷ. 맥주-$\emptyset_1$-를 마시고 싶다 했을 뿐이야.
>   ㄹ. 넌 맥주-$\emptyset_1$-도 마시고 싶냐?
>   ㅁ. 맥주-$\emptyset_1$-는 마시고 싶지만, 돈이 없네 그려.

'맥주가'와 '맥주를'은 모두 '맥주-$\emptyset_1$-가'와 '맥주-$\emptyset_1$-를'로 분석되기 때문에 둘다 뒤의 서술어 '마시다'의 목적어에 대응되는 통사적 기능을 하고 있는 것이며, 다만 {가}라는 한정사를 통해 투사된 맥주는 주체지향적인 속성 때문에 보조동사연결체인 '마시고 싶다'의 주관 심리동사 '싶다'에 접근하여 그와 긴밀한 관계를 형성하게 되고, {를}은 객체지향적 운동체이기 때문에 주관 심리동사 '싶다'에서 점점 멀어지는 듯한 느낌을 주며 '마시고 싶다'의 타동사 '마시다'와 더 가깝게 느껴지는 것이다.[33]

---

33 한정사로서의 {가}와 {를}의 대립체계에 대해서는 목정수(1998ㄱ,ㄴ)을 참조할 것. 그 설명틀을 간략히 추리면 다음과 같다. 우리는 문법적 요소의 의미는 구체적인 의미보다는 운동성(cinétisme)의 개념, 즉 벡터의 대립 체계로 설정하였다. 다음이 {가}와 {를}의 근원적 이원장력 체계이다.

여기서 보편과 특수는 메타언어로 {가}와 {를}의 구체적인 의미효과를 이해하기 위해서는 '보편' 대신에 '객체', '청자', '우주', '우주적 시공', '무정'을 대입하고, '특수' 대신에 '주체', '화자', '인간', '지금/여기', '유정'을 대입하면 된다. 즉 {가}는 '주체지향적', '화자지향적', '여기/지금 지향적', '유정 지향적' 운동을 하는

3.5. 그 밖의 격조사 교체 현상

다음 구문은 복잡한 문제를 불러일으켰고, 학자들간의 직관의 차이가 좁혀지지 않은 구문이다. 우리는 우리의 직관만이 옳다고 주장하지 않고, 실제 쓰이고 있는 용례를 다 인정하는 선에서 어떻게 그 현상이 설명될 수 있는가에 초점을 맞추고자 한다.

(1) ㄱ. 어머니는 영희를 며느리 삼으셨다.
ㄴ. 어머니는 영희를 며느리로 삼으셨다.
ㄷ. 어머니는 영희를 며느리를 삼으셨다.
(2) ㄱ. 김선달은 하늘로 지붕을 삼고 팔도강산을 돌아다녔단다.
ㄴ. 김선달은 하늘을 지붕을 삼아 다녔다.
ㄷ. 김선달은 하늘을 지붕 삼아 다녔다.

역학체로서 그 잠재의미가 파악되고, {를}은 거꾸로 '객체지향적', '청자지향적', '과거·미래/저기 지향적', '무정 지향적' 운동을 하는 역학체로서 잠재의미가 파악된다. 이 역학적 성격으로 인해 {가}와 {를}이 쓰임새가 결정적으로 제약을 받게 된다.
다음에 제시되는 예들은 한국어에서 '목적어 피동구문'으로 알려진 예들로서 우리의 시각으로는 다음과 같이 설명된다.

(1) ㄱ. 철수가 공에 손이 맞았어.
ㄴ. 철수가 공에 손을 맞았어.
(2) ㄱ. 이러다가 꼬리가 잡히겠는걸.
ㄴ. 그러다가는 꼬리를 잡힐거야.

{가}와 {를}의 대립 양상은 다음과 같은 부사의 삽입을 통해 검증해 볼 수도 있다. 화자의 의도를 겉으로 드러내는 '일부러', '고의로' 등은 {를}과 잘 어울리고, 비의도성 부사 '저절로', '자신도 모르게' 등은 {가}와 잘 어울린다. 이것은 {를}이 객체지향적이기 때문에 타동성의 장력이 부족한 '잡히다'의 서술성이 목적어를 취할 수 있게 해주는 일종의 보상 작용을 한다고 볼 수 있다.

(3) ㄱ. 철수는 고의로 영희한테 발목을 잡혔다.
ㄴ. 철수는 저절로 영희한테 발목이 잡혔다.
(4) ㄱ. *?철수가 의도적으로 사귀기가 쉽지 않다.
ㄴ. 철수를 의도적으로 사귀기가 쉽지 않다.

위와 관련하여 소위 격조사 {로}와 {를} 그리고 {ø}(= 생략)의 교체
현상을 설명하려는 시도가 많이 이루어졌다. 대표적 논의를 중심으로 정
리하면 다음과 같다.

첫째, 우순조(1994)는 {로}가 {를}로 승격된 것으로 보았다. 그가 설정
한 승격(promotion)의 유형, 즉 담화적 승격, 동화적 승격, 성분간 승격
중 마지막에 해당한다. 우리가 재구성한 한국어 조사 체계의 질서에 따르
면, {로}와 {를}이 교체관계에 놓이는 동일한 지위의 요소가 아니므로,
우순조(1994)의 승격의 개념을 기존 논의의 교체관계로 파악해서는 안
될 것이다. 다만, {가}와 {를}을 격조사 계열로 보고 격조사들의 위계를
설정하여 그들 간의 교체관계를 승격으로 설명한 것이라면, 엄격한 의미
에서 교체는 아니라고 봐야 한다. 왜냐하면, 그가 설정한 위계구조에 따
르면, '며느리로'가 '며느리를'로 승격된 것은 '성분간 승격'이고, '며느
리를'이 '며느리는'으로 승격된 것은 '담화적 승격'이 되는데, {로}와
{를}의 지위상의 차이와 평행하게 {를}과 {는}의 지위가 다르다는 것을
증명하기 어렵기 때문이다.

둘째, 임홍빈(1972:95)는 '며느리로'가 '며느리를'로 성분주제화되었
다고 주장하면서 {가}나 {를}도 주제화 요소가 될 수 있음을 보였다.
{는}만이 주제화 요소가 아니라는 점은 잘 지적했지만, 이들의 동일 부류
성을 인식하지는 못한 것 같다.[34]

셋째, {로}에 {를}이 첨가된 '로를' 형이 만들어진 후에 '-로'가 생략되
어 '며느리를'이 되었다는 주장도 일각에서 꾸준히 제기되었다. 이를 대
표하는 홍재성(1989)의 주장은 우리의 입장과 일치하는 측면이 있다. 따
라서 '며느리는 삼았지만'에서의 '며느리는'은 '며느리로는'에서 '로'가

---

34 주제화 요소로서의 {가₂}, {를₂}와 격조사로서의 {가₁}와 {를₁}을 나누어 설명하
는 방식의 문제점에 대해서는 목정수(1998ㄷ)을 참조할 것.

생략된 결과라는 주장인 반면에, 우리의 입장은 {로}가 생략된 것이 아니라, {로}라는 문법관계표지가 나타날 필요가 없는 경우에 영형 관계표지 $\{\varnothing_1\}$에 의해 '며느리'의 격이 분화되고 거기에 다시 {를}이 덧붙었다는 주장이다.[35] 생략이 아니라 {로}와 $\{\varnothing_1\}$의 교체로 파악하는 것이다. 따라서 (1ㄷ)은 다음과 같은 변이형들의 하나로 파악된다.

   (3) ㄱ. 어머니는 영화-$\varnothing_1$를 며느라-로-$\varnothing_2$ 삼으셨나.
       ㄴ. 어머니는 영화-$\varnothing_1$-를 며느라-$\varnothing_1$-$\varnothing_2$ 삼으셨다.
       ㄷ. 어머니는 영화-$\varnothing_1$-를 며느라-로-도 삼으셨다.
       ㄹ. 어머니는 영화-$\varnothing_1$-$\varnothing_2$ 며느라-로-$\varnothing_2$ 삼으셨다.
       등등.

넷째, 우형식(1998)은 격표지 교체의 유형을 상하적 교체, 수평적 교체, 복합적 교체의 세 유형으로 나누고 있다. 그는 표면에 실현된 격조사류를 중심으로 논의를 펼치고 있다. 그러나 그가 제시한 유형의 출발은 격의 유형을 구조격(= 주격, 대격), 의미격(= 보충격), 부가격으로 나누는 것에서 시작했기 때문에,[36] 그 논의에 대한 비판은 격표지 교체 유형이 아니라 격의 유형 분류에 초점이 맞추어져야 한다. 그의 격 유형은 생성문법의 구조격, 내재격과 거의 다름이 없고, 여전히 {가}와 {를}을 구조격으로 파악하고 있다는 점에서 우리의 시각과는 본질적으로 차이가 있음은

---

35 이러한 입장을 처음으로 주장한 학자는 박승빈(1935)으로 알려져 있다. 그의 설명을 따르자면, '부산을 간다'의 '을'은 '에를'이 발음의 편의를 위해 '엘'이 되고 다시 '에'가 생략되어 '부산을'이 된 것이라고 보았고, 이러한 {를}이 결합한 성분, 즉 '부산을'은 직접목적어가 아니라 서술어를 수식하는 '부서격'이라 했다. '부산-에-를'에서 '부산-을'의 도출과정을 인식했다는 측면에서 혜안이 아니라 할 수 없다. 그러나 '부산-을'을 부서격이라 한 것은 {를}이 어떤 통사적 기능을 표시하는 것으로 파악했다는 것을 의미하므로 여기까지 수용하기는 어렵다 할 수 있다.

36 최동주(1997)의 시각과 유사하다.

새삼 지적할 필요가 없겠다. 마찬가지로 다음 예문의 교체 현상을 '-에'는 보충격이고 '-를'은 구조격으로 설정하고 있으므로, 당연히 '상하적 교체'로 설명하고 있는데(우형식(1988:241)), 여전히 (5)의 연쇄형이나 생략형이 가능하다는 사실을 간과하고 있다는 비판을 면하기 어렵다.

(4) 그는 오늘 집회{-에, -를} 참석했다.
(5) ㄱ. 오늘 집회엘 참석하려 했지만, 아버지가 만류하는 바람에.
    ㄴ. 철수야, 집회 참석하려면, 빨리 서둘러야 하는 거 알지?

4. 결론

4.1. 종합 : 격조사 교체에 대한 새로운 반성

한국어 조사류를 문법관계를 표시하는 격조사 계열과 담화적 기능, 즉 한정(限定)의 역할을 담당하는 보조사 계열로 구분하는 질서 속에서, 서론에서 제시한 격조사 교체―(1) 철수에게∽철수가, (2) 코끼리의∽코끼리가, (3) 철수에게∽철수를, (4) 철수가∽철수를, (5) 호박죽이∽호박죽을, (6) 읽기가∽읽기에―는 기존의 논의가 보여 준 바대로의 교체의 문제보다는 새로운 차원에서 접근되어야 함이 드러났다. 왜냐하면, 교체 관계로 설정된 것들이 진정한 의미에서의 교체 관계를 형성할 수 있는 요소들이 아니기 때문이다. 예를 들어 1장의 (3)번 예문에서 '철수에게'의 격조사 {에게}는 '철수를'의 한정조사 {를}과 문법적으로 동일한 지위의 요소가 아니므로 그들 간의 대립관계는 설정될 수 없는 것으로 파악된다.

4.2. 전망

우리는 지금까지 한국어 조사류의 새로운 질서를 토대로, 기존에 한국어의 특징을 설명하려는 다양한 논의들―'주제부각형 언어', '이중주어구문(= 주격중출구문)', '이중목적어구문' 등등이나 '조사 교체' 등등―이 새롭게 해석될 여지가 많이 남아 있음을 제시하고자 하였다. 이러한 시각에서 보면, 기능동사(= 경동사) 구문의 문제라든가, 형태론과 통사론과의 경계 문제 등 문법의 제반 문제가 새롭게 부각될 수 있다. 관건은 이러한 새로운 시각에서 문제의 현상들을 얼마나 매끄럽게 명시적으로 설명해 내느냐에 달려 있다. 열려진 문제이다. 그러나 중요한 것은 본고에서 주장한 인식의 전환이 선행되어야 새로운 언어학적 문제가 발굴될 수 있다는 사실이다. 이 전제조건은 다시 강조해도 지나침이 없을 것이다.

끝으로 한국어의 조사 체계를 새롭게 설정하여, 동일 부류를 이루고 있는 {가, 를, 도, 는, (의)}의 문법적 지위를 한정사(= 관사)로 자리매김을 하는 것은, 이론적으로 한국어 문법틀의 변화는 물론이고, 실용적인 측면에서, 즉 외국어로서의 한국어 교육이라든지 언어 자동처리에서의 알고리즘 설정이라든지 여러 가지로 응용될 수 있을 것으로 기대한다.

참고문헌

권재일(1989). "조사의 성격과 그 생략 현상에 대한 한 기술방법." 「어학연구」 25-1.
권재일(1987). "문법범주 실현의 다양성에 대하여." 「한글」 196.
권재일(1992). 「한국어 통사론」 민음사.
김선웅(1996). "한국어 주격 목적어 연구." 「언어」 21-1·2.

김세중(1994). "국어 심리술어의 어휘의미구조." 서울대 언어학과 박사학위논문.

김흥수(1989). 「현대국어 심리동사 구문 연구」 탑출판사.

남기심(1986). "서술절 설정은 타당한가." 「국어학신연구」 탑출판사.

남지순(1996). Classification syntaxique des constructions adjectivales en coréen, John Benjamins Publishing Company.

목정수(1989). "불어의 零形관사 연구." 서울대 언어학과 석사학위논문.

_____(1998ㄱ). "한국어 조사 {가}, {를}, {도}, {는}의 의미체계 –불어 관사와의 대응성과 관련하여-." 「언어연구」 18.

_____(1998ㄴ). "기능동사 '이다' 구성의 쟁점." 「언어학」 22.

_____(1998ㄷ). "한국어 격조사와 특수조사의 지위와 그 의미 –유형론적 접근-." 「언어학」 23.

_____(2002). "한국어 타동사 구문 설정의 문제 –기술동사와 주관심리동사를 중심으로-." 제25차 한국어학회 전국학술대회 발표논문집.

_____(2014). "한국어 서술절 비판 –통사 단위 설정을 중심으로-." 「현대문법연구」 76.

박진호(1994). "통사적 결합관계와 논항구조." 「국어연구」 123.

박철우(1996). "국어의 문장 화제 –이중주어구문과 관련하여-." 「언어연구」 14.

박형달(1973). "현대한국어의 보조동사의 연구 –기능적 언어분석의 시론-." 「언어학」 1.

선우용(1994). "국어조사 '이/가', '을/를'에 대한 연구 –그 특수조사적 성격을 중심으로-." 「국어연구」 124.

송석중(1993). 「한국어 문법의 새 조명」 지식산업사.

양인석(1972). Korean Syntax : Case Markers, Delimiters, Complementation and Relativization, 탑출판사.

_____(1973). "Semantics of Delimiters in Korean." 「어학연구」 9-2.

양정석(1995). 「국어 동사의 의미 분석과 연결 이론」 박이정.

연재훈(1994). Grammatical relation changing constructions in Korean : a functional- typological study, Ph. D dissertation, SOAS, University of London.

_____(1995). "격표지 유형론과 여격주어 구문." 제22회 국어학회 공동 연구회 발표논문.

우순조(1994). "한국어의 형상성과 관계표지의 실현양상." 서울대 언어학과 박사학위논문.

_____(1995). "내포문과 평가구문."「국어학」26, 국어학회.

_____(1997). "'게'의 통합적 분석 -문법적 기능, 통사 층위, 형태론적 지위-."「언어학」20.

우형식(1995). "연결이론에서의 격표지 교체 분석."「애산학보」17.

_____(1998).「국어 동사 구문의 분석」태학사.

유현경(1996). "국어 형용사 연구." 연세대 박사학위논문.

이남순(1988).「국어의 부정격과 격표지 생략」탑출판사.

이향천(1991). "피동의 의미와 기원." 서울대학교 박사학위논문.

임동훈(1991). "격조사는 핵인가."「주시경학보」8.

_____(1996). "현대 국어 경어법 '-시-'에 대한 연구." 서울대 박사학위논문.

_____(1997). "이중주어문의 통사구조."「한국문화」19.

임홍빈(1972). "국어의 주제화 연구."「국어연구」28.

임홍빈(1996). "양화 표현과 성분 주제."「이기문교수 정년퇴임 기념논총」신구문화사.

임홍빈(1997). "통사적 연구의 반성을 위한 몇 가지 제언."「한국 인문학 연구의 회고와 전망」서울대학교 인문학연구소 학술강연회 발표논문집.

최동주(1997). "현대국어의 특수조사에 대한 통사적 고찰."「국어학」30.

허 웅(1983).「국어학 -우리말의 오늘·어제-」샘문화사

홍재성(1989).「한국어 동사구문의 연구」탑출판사.

홍재성·김현권 외(1997).「현대 한국어 동사 구문 사전」두산동아.

홍용철(1994). "융합이론과 격조사 분포."「생성문법연구」4-1.

Ahn, H. D.(1988). Preliminary Remarks on Korean NP. ms.

Chomsky, N.(1981). *Lectures on Government and Binding*, Foris Publication.

Culioli, A.(1977). *Note sur 'détermination' et 'quantification' : définition des opérations d'extraction et de fléchage*, Univ. Paris 7.

Curat, H.(1982). *La locution verbale en français moderne : Essai d'explication pycho-systématique*, Québec : Presses de l'Université Laval.

Derrida, J.(1967). *De la grammatologie*, Les Editions de Minuit.

Grimshaw, K.(1990). *Argument Structure*, MIT Press.

Guillaume, G.(1919). *Le problème de l'article et sa solution dans la langue française*, Paris, Hachette.

Hewson, J.(1972). *Article and Noun in English*, Janua Linguarum, Series Practica 104.

Hong Y. Y., Hong K.S., Sohn. Y.S.(1996). "Case Alternation of Korean ECM Constructions." 언어 21-1·2.

Kleiber, G.(éd.)(1987). *Rencontre(s) avec la généricité*, Paris : Klincksieck.

Martinet, A.(1970). *Eléments de linguistique générale*, Paris : Librairie Armand Colin.

Martinet, A.(1971). *Langue et Fonction*, Paris : Médiation.

Radford, A.(1981). *Transformational Syntax*, Cambridge University Press.

_____(1988). *Transformational Grammar*, Cambridge University Press.

_____(1997). *Syntactic theory and the structure of English : A minimalist approach*, Cambridge.

Tesnière, L.(1959). *Eléments de syntaxe structurale*, Paris : Klincksieck.

Wilmet, M.(1983). "Les déterminants du nom en français : Essai de synthèse", *Langue française* 57.

한국어의 부분관사를 찾아서

• {좀}의 기능과 문법화 •

1. 서론

본고는 형태 {좀}을 부사로서의 {좀₁}과 문법화되어 한정조사 부류로 편입되어 가는 {좀₂}로 구분하고, 한정조사로서의 담화표지 {좀₂}의 분포와 기능을 면밀히 살펴보는 데 주목적을 둔다. 아울러 형태 {좀₂}의 존재론적 위상이 명확히 밝혀져야 하는 이유와 필요성을 제시한다. 본고의 이론적 주장이 정당성을 확보한다면, 실천적으로 맞춤법 상에서 {좀₂}를 선행어(구)에 붙여쓰도록 교육해야 할 필요성이 있을지도 모른다.

1.1. 어절 단위와 운율 단위

일반적으로 한국어에서 어휘요소(명사, 동사, 부사)와 문법요소(조사, 어미)의 통사적 결합은[1] 하나의 성분 단위를 이룬다. 한국어 맞춤법에는

---

1 어휘요소와 문법요소의 성격을 동시에 갖는 요소도 상정할 수 있다. 예를 들어, 의존명사는 선행 어휘요소와의 긴밀도가 후행 어휘요소보다 강하다.

  (1) ㄱ. 먹을/수//있을까?, 먹을/수가//있을까?
     ㄴ. 먹을/만//하지?, 먹을/만도//하지?
     ㄷ. 먹을/듯//싶다, 먹을/듯도//싶다

이러한 어절 단위와 운율 단위 간에 보이는 일치성이 반영되어 있다. 즉 어휘요소와 그에 의존하는 문법요소와의 결합으로 이루어진 단위는 하나의 성분으로서 하나의 말토막을 이루게 된다. 어휘와 어휘가 긴밀히 결합하여, 합성어나 통사적 구를 이루는 경우에는 그 응집 정도에 따라 붙여 쓸 수도 있고, 띄어 쓸 수도 있다: '산돼지', '작은 아버지' 등등. 부사 범주에 속하는 어휘들은 그것이 수식하는 범위 내에서 후행하는 피수식 요소와 더 큰 성분을 이루게 되고, 그에 따라 하나의 운율단위를 형성한다.

(1) ㄱ. 밥 [빨리] [먹어라]
　　ㄴ. 밥 [빨리 먹어라]

(2) ㄱ. 빨래는 죽어도 [못] [한다]
　　ㄴ. 빨래는 죽어도 [못 한다]

그러나 부사 범주에 속하는 것 중에서는 통사 구조와 운율 단위가 일치하지 않는 현상을 보여주는 것들이 있다. 대표적으로 형태 {좀}이 그러하다.

(3) ㄱ. 밥 [좀] [드세요]
　　ㄴ. *밥 [좀 드세요]

ㄹ. 먹은/척//한다, 먹은/척을//한다
ㅁ. 먹을/줄//아나?, 먹을/줄은/아나?

이런 운율단위의 양상과 한정조사의 개입위치를 고려컨대, 전통적으로 [먹을+수 있], [먹은+척하], [먹는+줄알]과 같은 직접성분분석을 하여 [본동사+보조동사] 구성으로 파악하는 것은 문제의 소지를 남기고 있다고 본다. 우리는 다음과 같은 구조로 파악한다. 여기서 [-]는 어휘와 문법의 결합을 의미하고, [#]은 어휘와 어휘의 결합을 의미한다.

(2) ㄱ. [먹-ㄹ수#있]　　ㄴ. [먹-을듯#하]
　　ㄷ. [먹-ㄹ수-도#있]　ㄹ. [먹-는듯-은#하]

1.2. 문제제기

기존 문법가들의 형태 {좀}에 대한 인식이 어떠했는가는 사전에서의 처리방식을 통해 간접적으로 알 수 있다. 즉 {좀}의 품사론을 보면, 대개의 사전에서는 다음과 같이 처리하고 있다.

> ** 표준국어대사전
> <부사>
> ① '조금Ⅱ①'의 준말
> ② '조금Ⅱ②'의 준말
> ③ 부탁이나 동의를 구할 때 말을 부드럽게 하기 위하여 삽입하는 말
> ④ (의문문이나 반어적 문장에 쓰여) '어지간히' 또는 '얼마나'
>
> ** 연세한국어사전
> 좀3 <부사> '조금3'의 준말
> 좀4 <부사> (수사의문문에 쓰이어) '그 얼마나, 오죽'의 뜻
> 좀5 <감탄사> (말을 부드럽게 하기 위하여 말 가운데 버릇처럼 쓰이어)
> '조금, 잠시'의 뜻
> (무엇을 시키거나 청할 때 간곡한 뜻을 더하여)
> '제발, 미안하지만'의 뜻

기존 사전에서는 대개 형태 {좀}을 부사 {조금}의 준말로 규정함으로써, {좀}의 범주를 부사로 설정하는 선에서 {좀}의 담화적 기능을 특수용법으로 보는 다의적 처리방식을 채택하고 있다. 문제는 특수용법으로서의 {좀}이 품사 또는 그 단위의 존재 위상에 관한 명확한 언급이 없이, 부사라는 틀 안에서 규정될 수 있는가 하는 것이다.[2]

---

2 연세한국어사전에서는 {좀}을 부사와 감탄사로 나누고 있다. 본고에서 주목하고 있는 {좀}을 감탄사로 보고 있는 것이다. 그러나 {좀}의 어떤 특성이 감탄사로

여기서는 {좀}을 이와 같이 처리하는 데 따른 문제의 심각성을 단적으로 드러내기 위해, 이러한 정보를 토대로 하여, 한국어의 TTS(Text to Speech)를 만드는 작업을 상정해 보기로 하자. TTS에서는 문장을 형태 분석하고, 구문분석을 거친 태거를 이용하여 발음정보 구조를 설정하여 최종 발화문을 산출하게 된다.

실제로 이상호(2000)에서 제시한 규칙에 기반하여, 운율구 경계가 어떻게 통사정보와의 상관관계 하에서 결정되는가를 알아보자. 이상호(2000)에서 제시한 운율구 경계 규칙은 다음과 같다.[3]

> 1. 만약 (Drpos = it, pv, pa, pt, pc, ec, ef)이면 1-1로 가시오.
>
> 1-1. 만약 (Dnlpos = vb)이면 1-2로 가시오.
>
> 1-1. 만약 (Dnlpos = nc, dn, ad, NA)이면 운율구 경계를 주시오.
>
> 1-1-1. 지배소까지의 어절수가 1보다 작거나 같으면 운율구 경계를 주지 마시오.
>
> 1-1-2. 지배소까지의 어절수가 1보다 크면 운율구 경계를 주시오.
>
> 2. 만약 (Drpos = nc, dn, ad, ps, po, pd, px, ex, ed, en)이면 2-1로 가시오.
>
> 2-1. 지배소까지의 음절수가 5보다 작거나 같으면 2-1-1로 가시오.
>
> 2-1. 지배소까지의 음절수가 5보다 크면 2-1-2로 가시오.
>
> 2-1-1. 지배소까지의 어절수가 0보다 작거나 같으면 운율구 경계를 주시오.
>
> 2-1-1. 지배소까지의 어절수가 0보다 크면 운율구 경계를 주지 마시오.
>
> 2-1-2. 이전 운율구경계로부터 현재 어절까지의 음절수가 5음절보다 작거나 같으면 2-1-2-1로 가시오.

분류될 수 있는지가 불확실하다는 점에서 결국 {좀}을 부사로 처리하는 입장과 크게 다르지 않다고 할 수 있다. 그리고 {좀}을 감탄사로 처리한다 해도 여타 감탄사와의 구분되는 특성이 재분류되어야 하는 부담이 있다.

3 여기서 쓰인 태그값은 다음과 같다 : nc(체언), vb(용언), dn(관형어), ad(부사어), it(독립어), ps(주격조사), po(목적격조사), pd(관형격조사), pv(호격조사), pa(부사격조사), pp(서술격조사), pt(주제격조사), px(보조사), pc(접속조사), ec(연결어미), ex(보조적연결어미), ed(관형사형전성어미), en(명사형전성어미), ep(선어말어미), ef(어말어미), xv(동사파생접미사), xj(형용사파생접미사), xa(부사파생접미사) NA는 해당 자료가 없는 경우임. (이상 23개)

2-1-2. 이전 운율구경계로부터 현재 어절까지의 음절수가 5음절보다 크면
　　　　운율구 경계를 주시오.
2-1-2-1. 지배소의 우품사가 dn, it, pc, ec, ex, en, ef이면 운율구 경계를 주시오.
2-1-2-2. 지배소의 우품사가 nc, ad, ps, po, pd, pa, pt, px, ed이면 운율구
　　　　경계를 주지 마시오.

이상의 규칙을 다음의 두 예문에 적용하면 다음과 같다.

(4) 밥 좀 많이 먹어라
(5) 선생님에게도 좀 떡을 많이 드려라

　예문 (4)에서 '밥'의 우품사가 체언이므로 2-1로 간다. 예문 (4)의 지배
소는 '먹어라'이며 '밥'에서부터 지배소까지의 음절수가 4로 5보다 작으
므로 2-1-1로 간다. '밥'에서부터 지배소까지 어절수가 3으로 0보다 크므
로 운율구 경계를 주지 않는다. '좀'의 우품사는 부사어이므로 2-1로 간
다. 지배소 '먹어라'까지 음절수가 3으로 5보다 작으므로 2-1-1로 간다.
지배소까지 어절수가 2로 0보다 크므로 운율구 경계를 주지 않는다. '많
이'의 우품사는 부사어이므로 2-1로 간다. 지배소까지의 음절수가 2로
5보다 작으므로 2-1-1로 간다. 지배소까지 어절수가 1로 0보다 크므로
운율구 경계를 주지 않는다. '먹어라'의 우품사는 어말어미이므로 1-1로
간다. '먹어라'의 다음 어절의 좌품사는 없으므로 운율구 경계를 준다.
따라서 예문 (4)는 위의 규칙에 의해 다음과 같은 운율구 경계를 갖게
된다. 결과적으로 예문 (4)의 어절품사 정보와 운율구조는 다음과 같이
결정된다.

(4') 밥 좀 많이 먹어라
　　　어절품사 : (체언, 체언) (부사어, 부사어) (부사어, 부사어) (용언, 어말어미)
　　　밥 좀 많이 먹어라// ('//'는 운율구 경계표시)

그러나 여기서의 문제는 {좀}의 선행 명사가 '김치볶음밥'처럼 음절수가 많아지면, 운율구가 달라진다는 데 있다. 예를 들어, '제발 생선회초밥좀 먹어라' 같은 문장의 운율구는 다음과 같이 결정된다. '제발'의 우품사가 부사어이고 지배소는 '먹어라'이며 '제발'에서부터 지배소까지의 음절수가 8로 5보다 크므로 2-1-2로 간다. 이전 운율구 경계로부터 현재 어절까지의 음절수가 5음절보다 작으므로 2-1-2-1로 간다. 지배소의 우품사가 어말어미이므로 운율구 경계를 준다. '생선회초밥'의 우품사는 체언이고 지배소까지의 음절수가 6음절이므로 2-1-2로 간다. 이전 운율구 경계로부터 현재 어절까지의 음절수가 5음절이므로 2-1-2-1로 간다. 지배소의 우품사가 연결어미이므로 운율구 경계를 준다. '좀'의 우품사는 부사어이고 지배소까지의 음절수가 1음절이므로 2-1-1로 간다. 지배소까지의 어절수가 1어절이므로 운율구 경계를 주지 않는다. '먹어라'의 우품사는 어말어미이고 다음 어절의 좌품사가 없으므로 운율구 경계를 준다. 따라서 결과는 '제발 // 생선회초밥 // 좀 먹어라'가 된다.

예문 (5)에서도 마찬가지이다. '선생님에게도'의 우품사는 보조사이므로 2-1로 간다. 지배소인 '드려라'까지의 음절수가 11로 5보다 크므로 2-1-2로 간다. '선생님에게도'의 앞에 오는 운율구 경계에서부터 '선생님에게도'까지의 음절수가 6으로 5보다 크므로 운율구 경계를 준다. '좀'의 우품사는 부사어이므로 2-1로 간다. 지배소까지의 음절수가 5이므로 또 2-1-1로 간다. 재배소까지의 어절수가 3으로 0보다 크므로 운율구 경계를 주지 않는다. '떡을'의 우품사는 목적격조사이므로 2-1로 간다. 지배소까지의 음절수가 4이므로 2-1-1로 간다. 지배소까지의 어절수가 2이므로 운율구 경계를 주지 않는다. '많이'의 우품사는 부사어이므로 2-1로 간다. 지배소까지의 음절수가 2로 5보다 작으므로 2-1-1로 간다. 지배소까지 어절수가 1로 0보다 크므로 운율구 경계를 주지 않는다. '드려라'의 우품사는 어말어미이므로 1-1로 간다. '드려라'의 다음 어절의 좌품사는 없으므로 운율구 경계를 준다. 따라서 예문 (5)의 어절품사와 위의 규칙에 의해 정해진 운율구 경계는 다음과 같다.

(5') 선생님에게도 좀 떡을 많이 드려라
　　어절품사 : (체언, 보조사) (부사어, 부사어) (체언, 목적격조사) (부사어,
　　부사어) (용언, 어말어미)
　　선생님에게도// 좀 떡을 많이 드려라//

그러나 이러한 통사구조는 (5)의 문장의 의미 해석과 배치될 뿐만 아니라, 끊어읽기에서도 자연스럽지 못한 발화문을 산출하게 만든다. 마치 '아버지가방에들어가신다'의 연쇄를 '아버지//가방에//들어가신다'로 읽는 것과 같은 현상이 야기되는 것이다. 따라서 {좀}을 단순히 부사라고 태깅해서는 안 된다는 결론이 쉽게 도출된다. 그렇다면 {좀}의 존재 위상은 무엇일까? 분명 부사적으로 쓰이는 다음과 같은 문장에서의 {좀}과는 어떤 관계에 있을까의 문제는 흥미롭지 않을 수 없다.

(6) ㄱ. 좀 가만히 앉아 있어.
　　ㄴ. 좀 더 먹지 않을래?

2. 기존 논의 개관

위에서 문제 제기한 {좀}에 대해서는 많은 관심과 심도 깊은 논의가 있어 왔다(손세모돌(1988), 임유종(1995)). 그러나 이들의 논의에서는 {좀}의 특수한 용법을 지적하고 그 용법을 설명하는 데 주력했을 뿐, {좀}의 문법적 위상을 명확히 규정하지 못했고, {좀}을 동일 계열을 이

루는 다른 문법요소들과의 체계적인 관계에서 정확히 포착하지 못한 한계를 지닌다(주경희(2000) 참조). 먼저 기존 논의의 문제점과 설명방식의 한계를 지적해 보고, 이어 우리의 입장을 제시해 가도록 한다.

{좀}의 특수한 용법에 대해서는 대개가 부사 {조금}에서 전성된 담화표지로서, {조금}의 어휘적 의미에 바탕을 둔 담화적 기능을 수행한다고 보는 것이 일반적이다. {조금}과 {좀}의 파생 과정 및 이 둘의 관계를 다룬 논문으로는 임유종(1995)가 있다. 거기에서는 수사로서의 {조금}과 이에서 파생된 정도부사 {조금}을 구별하고, 부사 {조금}이 축약되어 {좀}이 되고 이는 다시 영파생을 통해 '공손'의 의미를 가지는 비정도부사 {좀}이 되었다고 본다. 한편 손세모돌(1988)에서는 부사 {좀}이 '공손, 강조, 부정'의 세 가지 상황적 의미를 가진다고 했다. 이에 대해 임유종(1995)은 '강조'와 '부정'은 {좀} 자체의 의미가 아니며 도치, 생략에 의해 비롯된 것이라고 주장했다.

결국 위에서 살펴본 두 논의에서는 {좀}이 담화적 기능을 수행하고 있다는 점을 인식하고는 있지만, {좀}을 부사로 보고 있다는 공통점이 발견된다. 일례로, 손세모돌(1988)은 상황적 의미를 가지는 {좀}이 부사라고 전제하고, 그 의미기능을 부사의 통사적 절차, 즉 '이동'에 의거하여 설명하고 있다. 부사 {좀}이 일반적인 부사의 정상적인 출현 위치─부사가 수식하는 피수식어인 용언, 부사어 앞─에서 벗어나 쓰이는 경우를 통사적 기제로 설명한다. 먼저 그의 예를 보자.

(7) ㄱ. 학교에서 (좀) 보자. (손세모돌, 1988:27ㅅ)
　　ㄴ. ??좀 학교에서 보자.

(8) ㄱ. 인사 (좀) 해라 (좀) (손세모돌, 1988:29ㄷ)
　　ㄴ. ??좀 인사해라.

손세모돌(1988)은 부사의 정상적인 위치에 있지 않은 {좀}은 도치에 의한 강조의 의미를 가진다고 주장하고 있는데, 이는 원래 피수식어의 앞에 있던 {좀}이 피수식어의 뒤로 이동했다는 것을 의미한다. 그는 위의 (7ㄱ)에서 {좀}의 정상적인 위치는 각 부사어의 앞쪽이라고 주장하고 있지만(손세모돌(1988:493)), 소위 정상적인 문장인 (7ㄴ)은 (7ㄱ)과 동일한 의미로 받아들이기 어렵다. 기능적인 측면에서도 (7ㄴ)의 {좀}은 후행하는 성분을 수식해 주는 기능을 담당하지만, (7ㄱ)에서는 그렇게 보기가 어려운 것이다.

손세모돌(1988)에 의하면 {좀}이 (7ㄱ)에서 '강조'의 의미를 가지는 것은 순전히 도치의 효과에 의한 것이 되는데, 애초에 {좀}이 왜 (7ㄴ)에 삽입되었는지에 대해서는 아무런 이유를 발견할 수 없다. 도치는 기존의 무표적 구조를 유표적으로 만드는 것이지 단순히 도치를 하기 위한 목적으로 어떤 구조, 그것도 (7ㄴ, 8ㄴ)과 같이 어색한 문장을 만들어낸다는 것은 작위적이고도 비합리적인 설명방식이다.[4]

임유종(1995)는 일차적으로 형태 {조금}을 수사와 부사의 동형어 구분을 하고, {좀}을 부사로서의 {조금}과만 관련이 있는 것으로, 즉 부사 {조금}에서만 부사 {좀}이 파생된 것으로 보고 있다. 그러나 {조금}이라는 형태를 어떤 기준으로 수사와 부사의 이질적인 범주로 나눌 수 있는지도 의심스럽다. 특히 문제가 되는 것은 부사 {조금}에서 파생된 것으로 보는 {좀}이 당연히 부사라고 설정되고 있다는 점이다.

---

4 우리는 어떤 현상을 설명하기 위해 인위적으로 설정하는 심층구조에 대해서는 부정적 시각을 가지고 있다. 작위적 심층구조의 설정에 대한 비판으로는 목정수(1998, 1999)를 참조할 것.

3. {좀}의 문법범주와 그 기능

3.1. {좀}의 문법적 위상

앞에서 살펴본 바와 같이, {좀}의 의미기능을 어떻게 설명하든지 간에 {좀}을 단순히 부사라는 범주로 묶고 설명하는 방식에는 여러 가지 문제가 생긴다. 다음을 보자.

> (9) ㄱ. 너좀가방좀일루좀갖구와봐
> ㄴ. 너/좀가방/좀일루/좀갖구와봐
> ㄷ. 너좀/가방좀/일루좀/갖구와봐

{좀}이 부사라면 (9ㄴ)의 발화가 자연스러워야 하지만, 실제로 발화되는 형태는 (9ㄷ)과 같다. 이는 통사론적 단위와는 별도로 화자의 의식 속에는 선행어와 {좀}이 하나의 단위를 이루고 있다는 사실을 보여준다. 또한 (9ㄴ)의 발화에서는 부사 {좀}이 명사 {가방}을 수식하는 비문법적 관계가 발생한다.[5]

위와 같이 담화적 기능을 하는 {좀}이 부사라고 보는 관점에 문제가 있음을 인식한 논의로는 Lee(1992)가 있다.[6] Lee(1992)에서는 담화 표지 중에서 홀로 쓰이지 못하는 것들을 '화용적 형태소(pragmatic morpheme)'로 구분했다. 화용적 형태소 {좀}과 부사 {좀}은 음운론적, 의미론적, 통사론적, 화용론적으로 구별된다는 것이다(Lee(1992:22–26)). 올바른 지적

5　부사와 명사간의 통사적 관계는 부사의 성격에 따라 달라진다. 명사와 결합하여 합성명사를 구성하거나, 독자적으로 술어적 기능을 담당할 수 있는 부류에는 상징부사류가 있다(목정수·연재훈(2000) 참조).

6　그 밖에도 일찍이 박선자(1983)에서는 {좀}을 정도어찌말과 말재어찌말로 분류하면서, 기능어로서의 {좀₂}를 따로 처리하고 있다.

이라고 할 수 있다. 그러나 {좀}이 통사론의 영역에 속하지 않는 담화 표지라는 주장은 타당하지만, 그의 주장과는 달리 담화적 기능을 하는 {좀}이 (10)의 예처럼 모두 피수식어 뒤에 오는 것은 아니기 때문에 그 모두를 아우를 수 있는 틀이 상정될 필요가 있다.

(10) ㄱ. 좀 비켜보세요.
ㄴ. 비켜보세요 좀.
ㄷ. 비켜보세요.

(10ㄱ)은 (10ㄴ)과 마찬가지로 담화적 기능을 하고 있지만 선행어가 없이 독립적으로 쓰였다. 이에 대해 {좀} 앞에 있던 무언가가 생략된 것이라고 주장할 수도 있겠지만, 이 경우 {좀}이 쓰이지 않은 (10ㄷ)에서도 마찬가지의 주장을 할 수 있다는 데서 문제가 생긴다. 게다가 다른 담화표지와 마찬가지로, 발화가 지시하는 사건에 참여하는 모든 요소들 뒤에는 {좀}이 붙을 수 있기 때문에 어떤 요소가 생략되었는지 판단을 내리기 힘들다는 맹점이 있다.

또한 Lee(1992)처럼 {좀}을 화용적 형태소로 보았다손 치더라도, 남는 문제는 그것이 화용적 형태소, 즉 담화표지라고 했을 때, 다른 화용적 형태소와 어떤 상관관계에서 규정될 것인가 하는 구조적 관점에서의 형태 규정이 이루어지지 않고 있다는 점이 지적될 수 있다.

우리는 담화적 기능을 하는 {좀}을 조사 체계 내에서 그 위치를 명확히 설정하여 그의 문법적 지위를 '한정조사화'라는 문법화 과정을 통하여 한정조사 부류에 접근한 요소로 규정하려 한다. 먼저 {좀}이 선행요소와 하나의 성분 단위를 이룰 때 선행요소로 올 수 있는 것의 분포적인 면을 살펴보면, {좀}이 전체 조사체계 내에서 점하는 위치가 드러난다. 한국어의 조사의 분포에 입각하여 그 부류를 나눈 목정수(1998, 2000)에 따르면, 조사는 크게 격조사(= 문법관계표지), 질화사, 한정조사, 종조사로 나누어진다.[7] {좀}의 분포관계를 살펴보면, {좀}은 한정조사와 종조사 사이의 어떤 지점에 위치를 잡고 있는 요소라는 것을 알 수 있다.

(11) ㄱ. {밥좀/*좀밥} 먹어라.
ㄴ. {아빠한테좀/*아빠좀한테} 가 있어.
ㄷ. {서울에서좀/*서울좀에서} 살자구요.
ㄹ. {영화만좀/*영화좀만} 볼 수 있으면 좋겠다.
ㅁ. {영화만이라도좀/*영화만좀이라도/*영화좀만이라도} 보게 해 주세요.
ㅂ. 자네, {영화는좀/*영화좀은} 보고 사나?
ㅅ. {영화좀요/*영화요좀} 보여 주세요, 네?
ㅇ. {영화를좀말입니다/*영화를말입니다좀} 보고 싶다말입니다.

이러한 사실에 입각하면, 우리가 주목하는 {좀}은 한정조사 {가, 를, 도, 는}과 한 부류에 묶일 가능성이 높은 조사류라고 보인다.[8] 따라서 부사로서의 {좀} 뒤에는 체계상, 질화사와 한정조사만이 결합이 가능하

---

7 필자는 최근 한국어 형태소 분석기를 위한 태그 셋을 정하는 과정에서 이 분류법의 기조는 유지하되, {의}를 한정조사로 분류하고, 격조사를 격곡용적 성격의 격조사와 성분 표지 기능의 후치사로 세분해 본 적이 있다. 따라서 조사류는 다음과 같은 순서로 실현된다 : 격조사 → 후치사 → 질화사 → 한정조사 → 종조사 (학교-에-서 -만-은-요). 여기서 사용되는 용어가 기존 체계와는 다소 다르다는 점이 문제가 될 수 있는데, 주의할 점은 이러한 조사류의 분류는 철저히 분포에 입각한 것이고, 다만 그 부류를 명칭하기 위해 '격조사', '후치사', '질화사', '한정조사' 등의 용어를 사용한 것이라는 점이다. 이 점 널리 양해를 구한다.

8 {좀}이 명사구를 바라보는 화자의 태도를 반영해 주는 한정조사(déterminant)와 청자에 대한 화자의 태도를 반영하는 종조사(hedge marker) 사이에서 한정조사 쪽으로 편입되어 가는 과정으로 보이기 때문에, 기본 한정조사 {가, 를, 도, 는} 다음에 오는 {좀}은 중의적으로 해석될 여지가 있다. 그렇기 때문에 {좀}과 한정조사 간의 결합에 일정한 제약 - 떡은좀, *떡좀은 - 이 가해지고, 그 결합형 {가좀, 를좀, 도좀, 는좀}을 온전한 새 성원으로 보기가 쉽지 않다.

(1) ㄱ. [이것은 좀] 비싸다.
ㄴ. 이것은 [[좀] 비싸다].

다는 점이 예상되므로, 이들 조사가 {좀} 뒤에 결합했다는 것은 {좀}이 부사로서의 기능을 하고 있다는 것을 말해준다. 부사 또는 부사어는 명사를 중심으로 한 통사적 실현의 차원에서 보면, 격표지나 후치사가 결합되어 통사적 기능을 획득한 명사구와 동일한 위상에 놓이므로, 그와 결합 가능한 조사는 질화사, 한정사, 종조사가 되는 평행성을 가진다.

(12) ㄱ. 철수에게만 줄 기야.
ㄴ. 빨리만 다오.
ㄷ. 먹게만 해 다오.

(13) ㄱ. 철수로서는 할 수가 없지.
ㄴ. 일찍은 일어나도 할 일이 없어서.
ㄷ. 먹게는 해 줄테니까, 걱정하지 마.

(14) ㄱ. 이 칼로요 자르면요 잘 잘려요.
ㄴ. 아침 일찍요 일어나요.
ㄷ. 돈 주세요, 책 사게요.

그러므로 이 세 가지 조사류와 결합이 된 다음 예에서의 {좀}은 담화 표지인 한정사로서의 {좀₂}가 아닌 부사로서의 {좀₁}임을 알 수 있다. 이 경우에 {좀₁}은 부사 {조금}과 대치가 가능하다.

(15) ㄱ. 사과는 (좀만/조금만) 드시고, 식사나 많이 하시죠.
ㄴ. 저는 영화에 (좀도/조금도) 관심이 없어요.
ㄷ. 저를 (좀이라도/조금이라도) 사랑하신다면, 이렇게 할 수는 없을 거예요.
ㄹ. 걸음을 (좀만/조금만) 빨리 해 주세요.
ㅁ. 제가 공부를 (좀은/조금은) 해요.

3.2. 한정조사로서의 {좀}의 기능

앞 절에서 우리는 부사의 범주에서 벗어난 {좀}은 그 분포관계로 보아, 한정조사가 차지하는 위치 속으로 편입되어 가고 있다고 보았다. 그렇다면, 한정조사류에 편입되어 가고 있는 {좀}은 한정조사가 담당하는 의미기능의 체계내에서 어떤 부담량을 지닐까 하는 문제가 제기된다. 즉 {좀}의 의미기능을 독자적으로 규명할 것이 아니라 다른 한정조사들과의 관계 속에서 설명해야 함을 말하는 것이다. 우리는 한정조사로서의 {좀}의 기능을 '초점 기능', '신정보 도입 요소'로서 설명해 보고자 한다. 이는 {좀}의 기능이 한정조사의 기본요소인 {가, 를}의 초점기능과 유사하다는 것을 말해 준다.[9] 그러한 기능이 가능한 것을 체계적으로 밝혀보고자 하는 것이다.

3.2.1. 신정보 도입 및 초점 기능

먼저 다음 예문을 통하여 {좀}의 기능에 접근해 보자.

> (16) ㄱ. 그 사과 좀 먹어봐도 될까?
> ㄴ. 사과 좀 먹어봐도 될까?

아래에서 언급하겠지만 (16ㄱ)에서 '그 사과'가 이미 맥락 속에 자리잡고 있을 경우에는 {좀}을 통해서 담화 상황에 도입할 필요는 없어 보인다. 따라서 이런 경우의 {좀}은 후행어절 '먹어봐도'에 결합하는 것으로도 해석이 가능하다. 실제로 '사과'와 {좀} 사이에는 휴지를 둘 수가 있다. 물론 '그 사과'가 담화 상황에 처음 도입되는 경우에는 {좀}이 선행

---

9 임홍빈(1972), 이광호(1988), 김귀화(1994) 등을 참조.

요소 '사과'와 결합한다. 지시어 '그'는 이전 발화에서 언급된 대상을 가리킬 수도 있지만 공간적으로 청자에게 가까이 있는 사물을 '처음' 가리킬 때도 쓰이기 때문이다.[10] 반면 (16ㄴ)에서는 '사과'가 담화 상황에서 처음 도입되고 있기 때문에 반드시 {좀}을 필요로 한다. 따라서 '사과'와 {좀} 사이에 휴지가 없이 발화되고, {좀}이 생략된 문장은 논리명제적 차원에서는 적격문이지만, 실제 발화상에서는 그러한 형태로 실현되지 않는다.

<주어진 상황 : 과일 가게에서 과일을 고르다가>
(17) ㄱ. *아저씨, 사과 먹어봐도 돼요? – 예, 그러세요.
      ㄴ. 아저씨, 사과 좀 먹어봐도 돼요? – 예, 그러세요.

그리고 (16ㄱ, ㄴ)의 미세한 차이를 {좀}에 질화사 {만}을 결합해 봄으로써 드러낼 수 있는데, (16ㄱ)의 경우에는 {만}의 결합이 의미해석에 차이를 발생시키지 않지만, (16ㄴ)의 경우에는 그 결합이 제약되고, 그 결합이 허용되는 한에서는 다른 의미해석을 낳게 된다.

(18) ㄱ. 그 사과 좀만 먹어봐도 될까?
      ㄴ. *?사과 좀만 먹어봐도 될까?

따라서 우리는 문제의 {좀}을 부사어로서의 {좀₁}에서 문법화된 {좀₂}로 형태 구분하고, {좀₂}의 문법적 지위를 한정조사 부류에 귀속시킴으로써 {좀₂}의 쓰임을 한정 표현(definite expressions)과 관련하여 설명하는 것이 가능해진다.

Lee(1992)에 의하면, 화용적 형태소는 청자가 화자의 의도를 파악하는

---

10 각주 8)을 참조할 것.

것을 돕는다. 일상적인 발화에서 청자는 세계에 관한 지식과 이전 발화 등의 맥락을 이용하여 화자의 의도를 파악할 수 있지만, 종종 담화적인 모호성(pragmatic ambiguity)이 발생하기도 한다. 화용적 형태소는 화자의 의도를 명시적으로 표현하여 모호성을 없애는 역할을 한다.[11] {좀}이 해소하는 담화적인 모호성은 두 가지로 정리할 수 있다. 첫째, {좀}은 선행어가 담화 상황에 처음 도입되는지의 여부를 밝힌다. 이는 {좀}이 한정조사로서의 지위를 획득해 나가고 있기 때문에 생기는 당연한 귀결이다. 둘째, {좀}은 해당 발화가 {좀}이 빠진 발화보다 청자에게 부담을 지우는 맥락에 놓여있다는 것을 밝혀주는 기능을 한다. {좀}의 삽입 여부는 고정된 맥락에서 발화의 공손함 여부에 영향을 미치는 것이 아니다. 동일한 명제 내용이 {좀}을 필요로 하는 맥락에서 발화되기도 하고 {좀}이 필요 없는 맥락에서 발화되기도 하는 것이다.

이상의 {좀}의 두 가지 측면을 자세히 살펴보자. 첫째, 초점의 위치가 맥락 속에서 정해지지 않은 경우이다. {좀}은 선행어를 담화 상황에 처음 도입하는 경우에 쓰인다. 담화의 연쇄는 시간의 흐름에 따라 순차적이기 때문에 각각의 단위가 청자의 지식 안에서 파악 가능하지 않을 경우의 대응방안을 마련해두어야 한다. 담화에 처음 도입되는 지시체가 {좀} 등의 후행 담화표지 없이 발화되는 경우, 청자는 자신의 맥락 속에서 어디에다 그 지시체를 위치시켜야 할지 혼란스럽게 된다. 즉 지시체의 지시물이 자신의 지식 속에 존재하지 않는다는 사실을 알지 못하고 지시체를 인식하려는 헛된 시도를 하게 된다는 것이다. 지시체를 인지하기 힘든 경우나 사건을 인지하기 힘든 경우에 한정조사화된 {좀}가 후행하여, 그 맥락 위치를 잡는 데 도움을 준다. {좀}이 쓰이면 청자는 해당 지시체

---

11 청자가 제대로 해석할 수 있도록 화자가 자신의 의도를 제대로 전달하는 것은 목적달성을 위해 매우 중요하다.

또는 사건이 담화에 처음 도입된다는 사실을 알게 되는 것이다. {좀}이 이러한 기능으로 쓰일 때에는 한정조사의 기능을 충분히 발휘하므로, 선행어와 {좀} 사이에 기본 한정조사 {가, 를, 도, 는}이 오지 않는 것이 일반적이다.

(19) ㄱ. 아줌마, 소금 좀 주세요.
ㄴ. ?아줌마, 소금을 좀 주세요.
ㄷ. ?아줌마, 소금은 좀 주세요.

일반적인 초점은 선행 발화에 의해 위치가 이미 결정되어 있다.

(20) 갑 : 우리 내일 뭐 보러 갈까?
을 : 'JSA' 보러 가요.

초점 'JSA'는 발화 상황에 처음 도입되는 요소이지만 이 요소가 어떤 맥락에 위치해야 하는지는 이미 결정되어 있다. 청자는 '우리 내일 X 보러 가요'라는 주어진 틀(open proposition)을 이미 가지고 있어 그 빈자리에 'JSA'를 채워넣기만 하면 되는 것이다. 따라서 그러한 특정한 화맥에서 그 지시체의 맥락을 지정해 주는 한정조사의 사용은 불필요하게 된다.

(21) 갑 : 너 뭐 먹을래?
을 : *(난) 짜장면{을/은/좀} 먹을래.

다음 두 가지의 상황에서 {좀}의 사용이 어떻게 달라지나 살펴보자.

<극장에서 빈자리를 찾아 헤매다가 마침 비어있는 두 자리를 발견하고>
(22) ㄱ. 우리 여기 앉아요.
ㄴ. ?*우리 여기 좀 앉아요.

<둘이 공원을 걷다가, 상대방은 잘 걷고 있는데 화자가 다리가 아플 때>
(23) ㄱ. ²*우리 여기 앉아요.
　　　ㄴ. 우리 여기 좀 앉아요.

(22)에서 '우리'가 '어딘가'에 '앉는다'는 정보는 이미 주어져 있다. 이 때 '여기'는 신정보이기는 하지만 청자가 자연스럽게 맥락 속의 제 위치를 찾게 해 줄 수 있다. '어딘가'를 '여기'로 대체하기만 하면 되는 것이다. 하지만 (23)에서는 '여기'라는 신정보를 어떻게 해석해야 할지 청자가 알기가 쉽지 않다. 이 경우 선행어인 '여기'가 담화에 처음 도입되는 요소임을 밝혀 청자가 불필요한 인지적 노력을 하지 않도록 하기 위해서는 {좀}이 필수적으로 요구된다고 할 수 있다. 그리고 '우리'는 화자와 청자를 가리키는 맥락 속에 손쉽게 위치시킬 수 있는 정보이므로 {좀}이 붙지 않아야 된다.

(24) 갑 : 우리 어디 앉을까?
　　　을 : *우리 좀 여기 좀 앉아요.

3.2.2. 존재문 구성과 한정조사로서의 {좀}의 기능

본절에서는 {좀₂}가 문법화 과정을 통해 '한정조사'로 편입되는 과정을 살펴보고, 그러한 {좀}의 의미기능과 관련된 현상을 제시해 보고자 한다. 앞서 우리는 {좀}이 문법화 과정을 거쳐 한정조사 부류로 편입되어 간다면 {좀₂}는 기본 한정조사 {가, 를, 도, 는}과 상관관계를 맺으면서, 그 의미영역을 구축해 나갈 것이라고 예상했다. 먼저 기본 한정조사 {가, 를, 도, 는}의 체계는 불어의 관사 체계에 대응하여 다음과 같은 이원장력형의 도식으로 제시할 수 있다.[12]

---

12 한국어 한정조사의 체계와 불어 관사와의 대응관계에 대한 자세한 내용은 목정수

(그림1)

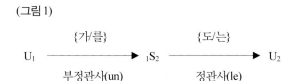

이러한 기본 한정사의 기본 체계에 편입되어 가는 {좀$_2$}의 위상(topos)을 설정해 보자. {좀$_2$}의 위치는 나중에 기능어로 발달되었다는 점, {가, 를}이 보여주는 조점기능과 유사한 양상을 보여준다는 점, 또한 결합양상의 제약−{가좀, 를좀, 도좀, 는좀, *좀가, *좀을, *좀도, *좀은}−을 고려하면, <나중>의 자리에 배치되고, 그의 운동성은 <특수$_2$>에서 <일반$_2$>로 가는 운동 방향을 역전시켜 <일반$_2$>에서 <특수$_2$>로 가는 것으로 나타낼 수 있다. 따라서 {좀$_2$}의 심리체계내의 운동 성격(= 벡터의 방향)은 근본적으로 {가, 를}과 같다. 이를 한정조사의 체계를 표상하는 이원장력형의 도식으로 표현하면 다음과 같다.[13]

(그림2)

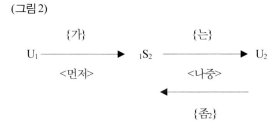

(1998ㄱ, ㄴ)을 참조할 것.

[13] 이러한 한정사로서의 {좀$_2$}의 성격은 불어의 부분관사 용법으로 사용되는 문법화된 전치사 {de}에 비교될 수 있겠다. 이해를 돕기 위해 부분관사로서의 {de}의 쓰임을 간략히 살펴보자.

    (1) ㄱ. Prenez d'un pain.   ㄴ. Prenez du pain.
          ㄷ. Prenez pas de pain.   ㄹ. Prenez de ce pain.

이제 이렇게 정의된 {좀}이 존재문 구성에서 어떤 역할을 하고 있는지를 살펴봄으로써, {좀₂}를 한정사부류에 귀속시키는 것의 타당성을 증명해 보자.

소위 한정성 효과로 알려진 존재문에서의 한정 명사구 제약은 인구어에서 보편적인 것으로 보고된 바 있다. 편의상 불어의 예를 들자면, 다음과 같다.

(25) ㄱ. Il y a (un livre/*le livre) sur la table.
ㄴ. Il était une fois (un roi/*le roi).
ㄷ. Il est arrivé (des invités/*les invités).
ㄹ. Il monte (beaucoup de monde/*beaucoup du monde/*le monde) à cette station.

이처럼 전형적인 존재문 구성—il y a, there is/are, es gibt/ist—이나 비인칭의 명사구 외치 구문에서 도입되는 명사구는 부정관사나 그에 준하는 기능요소에 의해 실현된 비한정명사구이어야 한다.

이러한 현상과 관련해서 한국어에서도 동일한 현상이 목격된다는 사실이 목정수(1998ㄱ, ㄴ)에서 언급된 바 있다. 목정수(1998ㄴ)에서는 한국어 존재문에서의 한정명사구 제약성의 본질은 그간 한정사(= 관형사)로 보아온 {한, 그}에 의해 유도되는 것이 아니라, 한정조사 {가, 를, 도, 는}에 의한 것임을 분명히 했다.[14] 최근에 발표된 전영철(2000)의 논의는 존재문의 제약이 주격조사 {가}와 밀접한 관계가 있음을 제시하고 있어 주목된다.[15]

---

14 한국어의 한정성 효과 문제를 한정사(= 관형사) {한, 그}와 관련지어 논의한 것으로는 전경자(1990), 전영철(1992) 등이 있다.

15 전영철(2000)에서는 {가}를 주격조사로 명명하고 있지만, 결국 {가}의 주격표시 기능 때문이 아닌 다른 기능에 의해서 존재구문의 제약성이 있음을 말하고 있는 것에 지나지 않는다. 목정수(1998ㄴ)에서는 {가}를 주격조사로 보지 않고, 한정조

(26) ㄱ. 옛날에 어느 마을에 {호랑이가/*호랑이는} 살고 있었어요.

ㄴ. 책상 위에는 {무엇이/*무엇은} 있습니까?

ㄷ. 어, {비가/*비는} 오네!

ㄹ. 야, 저기 11번 {버스가/*버스는} 온다!

따라서 개체를 발화상 처음 도입하여 청자에게 신정보로서 주어지는 명사구가 정관사에 비견되는 한정조사 {는}에 의해 유도되는 것이 저지되는 현상은 보편적이다.

다음의 문장이 어색한 발화가 되는 것은 신정보가 도입되어야 할 상황에서 그와 상충하는 한정조사 {는}이 사용되었기 때문이다.

(27) ㄱ. *²벌써 자정이 지났는데, 아직도 식당에 손님은 있니?

ㄴ. *²수업이 끝났는데도, 교실에 학생은 남아 있습니까?

그런데 처음 발화되는 상황에서도 {는}이 사용되는 경우가 있다. 예를 들어, 청자의 요즘 장사 근황에 대해 물어보는 상황에서, '손님'이란 명사는 처음 도입되는 것으로서, 특정한 그룹의 손님을 지칭하는 것도 아님에도 불구하고 '손님은'이란 형식으로 쓰일 수 있는 것이다.

(28) ㄱ. 식당에 손님은 좀 있어?

ㄴ. 교실에 학생은 좀 남아 있습니까?

이러한 문장이 자연스럽게 들린다면, 결국 존재문 구성에서 {는}에 따른 제약을 풀어주는 기제가 있다는 것을 의미한다. 그 기제는 바로 한정조사화된 {좀₂}로부터 나오는 것이다.

사(déterminant)로 보아야, 한정조사와 존재구문의 제약관계를 명확히 할 수 있음을 강조했다.

당연한 결과로 총칭문에서의 {는}에는 {좀}이 결합될 수 없을 뿐만 아니라, {좀₂}에 의해 총칭문을 구성하기가 어렵다. {좀}은 (그림 2)에서 보았듯이, 그 운동적 성격이 '특수/특정' 지향적이기 때문에, '개체-층위 술어'와는 어울릴 수 없는 것이다.

(29) ㄱ. *²인간은 좀 생각하는 갈대다.
　　　ㄴ. *²개는 좀 영리한 동물이다.
　　　ㄷ. *²경기는 좀 계속되어야 한다.

(30) ㄱ. *인간 좀 생각하는 갈대다.
　　　ㄴ. *개 좀 영리한 동물이다.
　　　ㄹ. *경기 좀 계속되어야 한다.

3.2.3. {좀}의 문법화

우리는 이러한 형식의 도입문 구성이 가능한 것의 원인을 {좀₂}에서 찾고자 할 때, {좀}이 어떻게 부사 {좀₁}에서 ㅊ한정조사 {좀₂}로 문법화 되었는가를 알아볼 필요가 있다. {좀₂}는 부사 {좀₁}과 어휘의미적으로 연관성이 있기 마련이다. 따라서 우리는 {좀₂}의 의미기능이 {좀₁}의 어휘의미와 어떤 연관성을 갖는지를 밝혀, 그 문법화의 기제를 생각해야 한다. 먼저 다음과 같은 명령문에서 {좀}의 양적 의미와 질적 의미의 상관관계가 가장 잘 드러난다.

(31) ㄱ. 소금 주시겠어요?
　　　ㄴ. 소금 좀 주시겠어요?
　　　ㄷ. 창문 열어줄래?
　　　ㄹ. 창문 좀 열어줄래?

예상하지 못한 지시체가 담화에 처음 도입되는 경우, 청자가 당황할 수 있으므로 화자는 그 지시체의 양을 최대한 줄이려 한다. 상대방이 예상하지 못한 발화를 할 때, {좀}을 쓰게 되는 것이다. (31ㄱ)은 '소금'이 이미 지정된 경우에서 발화되는 형식이다. (31ㄴ)에서는 '소금'이 {좀}에 의해 청자에게 지정된다. 즉, 청자가 주위에 '소금'이 있는가를 확인하고, 해당 '소금'에 주의를 기울이게 된다.

{좀}은 어휘적 요소로서 양적인 차원에서 피수식 요소의 범위를 제한해 준다. 이 때, 수식-피수식 관계에 놓이는 요소들은 한 동심적 성분을 이루게 된다. 그러나 문법화된 {좀$_2$}는 기본적으로 제한의 의미기능만을 유지한 채, 수식의 방향이 바뀌어 선행요소의 외연범위(extensité)를 제한하는 질적 차원으로 승격(subduction)된다.[16] 따라서 문법요소로서 {좀$_2$}의 의존 단위는 선행요소, 명사구가 된다.

> (32) [영화]좀, [영화에]좀, [영화까지]좀, [영화만]좀, [영화로부터]좀, [영화는]좀, [영화만은]좀, [영화조차를]좀, [영화도]좀 …

{좀}은 그 어원론적 어휘적 성격에서도 알 수 있듯이, <넓은것/많은것>에서 <좁은것/적은것>으로의 운동성을 잉태하고 있으므로, 이것이 문법화 과정을 거쳐 부사가 아닌 한정조사 부류로 편입되어, 그 운동성이 {가}의 '보편에서 특수로'의 운동성과 같게 된다. 그러나 나중 단계에 한정조사 부류에 편입되었기 때문에 심리체계상의 위치는 기본 한정조사 {가}와 {는}보다 나중의 위치를 차지하는 것이다. 따라서 {좀}의 체계상의 위치에 의해서, {는}이 갖고 있는 '특수에서 보편으로'의 운동성을 되돌려 다시 {는}으로 하여금 {특수성}을 회복하게 만드는 역할이

---

16 'subduction' 개념은 Guillaume에서 따온 것으로서 이에 대해서는 Boone et Joly(1996)을 참조했음.

{좀₂}에 주어진다. 결과적으로 그 역할은 원래 {가}가 담당했던 것과 동일하다. {는}의 성격이 이미 담화상에 새로운 개체가 도입된 것을 전제하고 있으므로, {는}에 의해 이끌리는 요소가 신정보성을 획득하려면, {는}의 기본 성격을 바꾸어주는 요소가 필요한데, 그 역할을 {좀₂}가 담당하고 있는 것으로 보는 것이다.

3.2.4. 한정조사 {좀}과 전제

{좀}의 유무가 전제(presupposition)와 관련이 있는 경우도 있다. 한정조사의 심리체계에서 보았듯이, {는}은 {가}의 나중 단계이므로, {는}은 {가}를 전제한다. 따라서 {는}의 위치와 같고, 운동방향만 다른 한정조사로서의 {좀}은 선행어 또는 선행어를 포함한 사건에 대한 전제 기능을 하게 된다. 다음 예를 비교해 보자.

(33) ㄱ. 집에 들어와.
ㄴ. 집에 좀 들어와.

(33ㄱ)은 청자가 집에 제대로 들어가고 있는지에 대해서 전제를 하고 있지 않다. 반면에 (33ㄴ)처럼 {좀}이 쓰인 경우는 청자가 집에 들어오지 않고 있다는 것을 전제하고 있다. 청자가 제 시간에 규칙적으로 집에 들어가는 경우에 (33ㄴ)의 발화는 부적절하다. 또한 (33ㄱ) 발화가 이루어지기 위해서는 '집에'가 맥락 속에서 적절한 위치를 찾을 수 있도록 해주는 환경이 전제되어야 한다. 즉 '오늘 회사가 일찍 끝났는데 어디 가면 좋을까?' 등의 질문에 대한 답으로나 가능하다.

헤어질 때 주고받는 인사 표현에서도 {좀}은 상대방에 대한 공손함을 표시하기 위해 절대 사용될 수 없다.

(34) ㄱ. 잘 있어. / 안녕히 계세요.

　　　ㄴ. ?*잘 좀 있어. / *안녕히 좀 계세요.

(34ㄴ)이 어색한 이유는 청자가 '잘 있지 못함'을 전제하기 때문이다. (34ㄴ)은 부부싸움을 하고 드러누운 딸을 다독거리고 집으로 돌아가는 친정엄마가 딸에게 하는 인사말이나, 딸이 너무나 자주 아파 누우신 어머니에게 자주 찾아가지 못하는 상황을 안타까워하면서 하는 말로는 직격일 수 있다.

3.3. {좀}의 또 다른 기능들

본절에서는 {좀}를 한정조사로의 문법화 과정을 통해 설명한 우리의 논의가 기존 논의를 어느 정도 포괄하고 있는지를 알아보기 위해, 기존에 {좀}의 기능을 설명한 몇몇 대표적 논의를 제시하고, 그 문제점을 밝히는 동시에, 아울러 우리의 시각으로 재설명해 보기로 한다.

3.3.1. 과연 '공손'이 {좀}의 기본의미인가?

손세모돌(1988)에서는 요청을 할 때 화자는 그 일이 힘들거나 어려운 일이 아닌 것으로 표현하려는 경향이 있다고 본다. 화자의 요청을 받아들이는 것이 청자에게 부담이 되는 경우, 적은 양을 표시하는 부사어를 써서 요구사항이 적은 것으로 표현하려 한다는 것이다. 그는 들을이의 부담이나 거부감을 줄여 주는 표현을 공손한 표현이라고 보고, {좀}이 공손한 표현에 이바지한다고 주장한다.

Lee(1992)에서는 {좀}의 기본의미를 선행어구가 표상하는 바의 중요성을 최소화하는 것으로 설정하고, Grice(1975)의 화행이론을 토대로 청자는 협력 원리와 기본의미를 사용하여 화자가 의도한 의미를 추론한다고 주장한다. 또한 Brown & Levinson(1978, 1987)의 논리를 따라, 사람들은 자신의 체면(face)을 유지하기 위해 협력한다고 보고, 만약 화자가 청자의 체면을 위협하게 되면 화자의 목적을 달성하는 데 청자가 협력하지 않을 것이기 때문에 합리적인 화자는 청자의 체면을 지켜주려 할 것이며, 따라서 '공손하라'는 협력 원리로부터 귀결된다고 주장한다. 화자가 {좀}을 사용하는 것은 청자에게 공손함을 보여주기 위한 전략이라는 것이다.

그러나 손세모돌(1988)과 Lee(1992) 둘 다 {좀}이 공손함을 나타내기 위한 것이라고 보고 있지만, 공손함이 필요하지 않은 상황에서도 {좀}이 발화되는 경우가 있다.

(35) ㄱ. 넌 좀 빠져.
ㄴ. 밥 좀 많이 드세요.

(35ㄱ)과 같은 발화는 청자의 기분을 상하게 하는 것이 문제가 되지 않는 상황에서 발생한다. 즉 공손함이 필요 없는 상황인 것이다. 따라서 {좀}이 '공손'의 의미를 가지고 있다면, 이 경우에 {좀}을 사용하여 발화할 이유가 없다. (35ㄴ)은 화자가 의도하는 상황이 청자에게 오히려 이익이 되는 경우이다. 따라서 {좀}이 피수식어의 양을 줄이거나 최소화하는 기능을 한다고 보는 것은 합리적이지 않다.

3.3.2. 중의성 해소 기능

다음은 {좀}이 담화적 모호성을 해결하기 위해 사용되는 경우이다. {좀}의 의미를 청자의 부담을 해소하는 '공손'으로만 한정하면 {좀}을 수의적인 요소로 파악하게 된다. 하지만 {좀}의 유무는 의미의 변화를

유발할 수 있다. 따라서 {좀}의 사용 여부를 생략 현상으로 다루기 어렵다.[17]

(36) ㄱ. 내립시다. (Let's get off here.)
      ㄴ. 좀 내립시다. (Let me get off here.)

(37) ㄱ. 공부하자. (Let's study.)
      ㄴ. 공부 좀 하자. (Don't disturb my studies.)

(36ㄱ)에서 내리는 행위의 주체는 화자와 청자 모두이지만 (36ㄴ)에서는 화자만이 내리는 행위의 주체이고 청자는 그 행위가 가능하도록 협력해야 하는 존재이다. {좀}이 청자의 부담을 덜어준다는 것으로부터 각 상황에 대한 발화를 정당화할 수도 있겠지만, 실제 발화에서 그런 것을 염두에 두지는 않는 것 같다. 즉 (37ㄴ)은 (37ㄱ)에 어떤 절차를 더해서 산출된 발화가 아니라 애초부터 다른 의도를 가지고 발화된 것이다. 손세모돌 (1988)에서는 {좀}의 대응 표현으로 영어의 'please'를 들고 있지만, (36, 37)에서 보듯, {좀}에는 'please'만으로는 대신할 수 없는 의미가 있다.

물론 (36ㄱ)은 맥락에 따라 (36ㄴ)처럼 해석될 가능성이 있다. 이러한 경우에 {좀}이 중의성을 해소시키는 데 쓰이므로 {좀}의 기능을 'please' 에 대응시키는 것은 바람직하지 않다. 하지만 (37ㄱ)과 (37ㄴ)은 의미의 대립이 보다 명확하다. (37ㄱ)이 중의적으로 해석될 여지는 거의 없어

---

17 {가, 를, 도, 는}이 사용되지 않은 문장을 소위 '격조사 생략' 현상으로 다루고 있는 논의에 따른 문제점에 대해서는 목정수(1998)을 참조할 것. {가}와 {를}의 유무에 따른 의미차를 다음 예를 통해 제시한다.
   (1) ㄱ. 이거 어떻게 먹어요?
        ㄴ. 이걸 어떻게 먹어요?
   (2) ㄱ. 이거 무슨 떡이냐?
        ㄴ. 이게 웬 떡이냐?

보인다. {좀}에 의해서 청자는 발화가 해당 명제 내용을 요청하는 것이라는 사실을 파악하게 된다.[18]

(38) ㄱ. 너 돈 없니? (Don't you have any money?)
　　ㄴ. 너 돈 좀 없니? (Don't you have some money? Would you lend me some?)

(38ㄱ)은 단순히 명제의 진위를 묻는 의문문인 반면에, (38ㄴ)은 돈을 빌려달라는 요청의 의미이다. 청자에게 보다 부담이 되는 것은 역설적으로 (38ㄱ)이 아니라 (38ㄴ)이다. 요청의 발화에 {좀}이 쓰이는 것은 {좀}이 청자의 부담을 줄이는 역할을 하는 것과 관계가 있지만, (38ㄴ)에서 {좀}의 의미는 해당 발화가 요청임을 나타내는 것으로만 파악된다. 즉 '공손'은 {좀}의 화석화된 의미이고, 실제 발화 상황에서 {좀}의 기본적 의미는 '요청'이라는 양태(modality)와 관계된 것으로 보는 것이 더 타당하게 보인다.

다음의 예에서도 {좀}의 기능이 '요청'과 밀접한 관련이 있음이 드러난다.

(39) ㄱ. 갑 : 어디 가?
　　　　을 : 집에요.
　　ㄴ. 갑 : 어디 가?
　　　　을 : 집에 좀.

(39)에서 같은 질문에 대해 (39ㄱ)과 (39ㄴ)처럼 대답이 달라지는 것은 화자가 그 질문을 어떻게 받아들였는가와 관계가 있다. (39ㄱ)에서 화자

---

18 수사의문문의 경우에 한정조사가 필수적인 것과, '요청'이 이루어지는 발화문에서 {좀}이 필수적인 것은 모종의 공통점이 있다.
　(1) 네가 뭘 알아, 임마.　cf. 너 뭐 아니?
　(2) 너 돈 좀 없니?　cf. 너 돈 없니?

는 질문을 단순한 wh-의문문으로 파악하고 open proposition의 빈자리를 채우고 있다. 반면 (39ㄴ)에서 화자는 청자의 질문이 '이 시간에 일은 안 하고 어디 가?'와 같이 책망의 성격이거나 '어디'에 대한 답을 요구하지 않는 의례적 질문—경상도 방언의 '어데 가나?'에 해당한다. wh-의문문은 '어데 가노?'이다—이라고 파악하고, 청자의 허가를 요청하는 형식의 대답을 하고 있다. 이를 명제적으로 풀면 다음과 같다.

(40) 집에 급한 무슨 일이 생겨서 가는 것이니까, 제지를 하지 마세요.

4. 결론

음운론에서 화용론에 이르기까지 층위 간의 독립성을 인정하는 모듈에서는 한 형태를 고정된 층위에 가두어 놓고 처리하기 곤란한 요소들이 있기 마련이다. 본고에서는 한국어 {좀}이란 형태가 분포적으로나 기능적으로 {좀₁}과 {좀₂}로 나뉘어 기술될 필요가 있음을 지적하고, 존재론적 위상이 바뀐 {좀₂}의 문법적 지위를 한정조사화로의 문법화 과정을 통해 설명하고자 했다. 또한 {좀}이 아직도 한정조사로 편입되어 가는 과정에 있기 때문에, 기존 한정조사 범주와의 결합에서는 항상 후행요소로밖에 올 수 없고, 이 경우에도 하나의 복합한정조사로 볼 수도 있지만, 한정조사와 경계를 두고 부사적 용법으로 처리될 여지가 남아 있음도 지적했다.

{좀₂}는 분포상 한정조사의 자리로 편입되어 가는 과정에서 그 기능은 첫째, 발화를 '공손'하게 하기 위해 쓰이는 것이 아니라 대상을 담화 상황에 처음 도입하는 '초점' 기능에 있다는 점과 둘째, 발화를 '요청'으로 만드는 양태적 기능에 있다는 것이 밝혀졌다. 이러한 기능의 근원은 {좀}이 부사에서 한정조사로 문법화되어 그 문법적 지위가 바뀐 것과 상관관계가 있는 것이다.

참고문헌

김귀화(1994). 「국어의 격 연구」 한국문화사.

목정수(1998ㄱ). "한국어 격조사와 특수조사의 지위와 그 의미 -유형론적 접근-." 「언어학」 23.

_____(1998ㄴ). "격조사 교체 현상에 대한 통사·의미적 논의의 재검토 -조사 류의 새로운 질서를 토대로-." 「언어정보」 2.

_____(1999). "정감적 의미와 형태 분석 -청자지시 요소 {아} 분석을 위하여-." 「한국어학」 10.

_____(2000). "선어말어미의 문법적 지위 정립을 위한 형태·통사적 고찰 - {었}, {겠}, {더}를 중심으로-." 「언어학」 26.

목정수·연재훈(2000). "상징부사(의성·의태어)의 서술성과 기능동사." 「한국 어학」 12.

박선자(1983). "한국어 어찌말 연구." 부산대학교 박사학위논문.

손세모돌(1988). "좀의 상황적 의미." 「한국학 논총」 14.

이광호(1988). 「국어 격조사 '을/를'의 연구」, 탑출판사.

이석규(1987). "현대국어 정도어찌씨의 의미연구." 건국대학교 박사학위논문.

이정민·박성현(1991). "'-요' 쓰임의 구조와 기능 : 문중 '-요'의 큰 성분 가르 기 및 디딤말 기능을 중심으로." 「언어」 16-2.

이상호(2000). "한국어 TTS 시스템을 위한 운율의 트리 기반 모델링." 한국과학 기술원 박사학위논문.

이인영(1998). "러시아어 존재문 연구 -의미·화용적 접근." 「러시아연구」 8-2.

이한규(1999). "한국어 담화 표지어 '뭐'의 의미." 「담화와 인지」 6-1.

임유종(1995). "'좀/조금'에 대하여." 「한양어문연구」 13.

임홍빈(1972). "국어의 주제화 연구." 「국어연구」 28.

전경자(1990). "한국어에서의 한정성 효과." 「언어연구」 1.

전영철(2000). "한국어 존재문의 구성." 「언어학」 27.

주경희(2000). "'좀'과 '조금'." 「국어학」 36.

최동주(2000). "'들' 삽입 현상에 대한 고찰." 「국어학」 3.

Boone, A. et A. Joly(1996). *Dictionnaire terminologique de la systématique du langage*, L'Harmattan.

Brown, P. and S. Levinson(1987). *Politeness*, Cambridge University Press.

Lee(1992). *The Pragmatics and Syntax of Pragmatic Morphemes in Korean*, Urbana-Champaign, IL : University of Illinois Doctoral Dissertation.

Schiffrin, D.(1987). *Discourse Markers*, Cambridge University Press.

한국어의 소유관사 설정 문제

• 한국어 조사 {의}의 문법적 지위와 의미 기능에 대하여 •

1. 서론

본고는 한국어 조사 {의}의 정체성 문제를 새삼 제기해 보고자 한다. 조사 {의}에 대한 문제라면 다소 진부한 느낌을 줄 수 있을 것이다. 그만큼 관련 연구 업적의 양이 많이 쌓여있기 때문이다. 그러나 한국어 문법의 틀에서 보면, 조사 {의}는 폭탄의 뇌관 또는 아킬레스건 같은 존재라고 볼 수 있다. 사방팔방으로 안 통하는 문제가 없고, 얽히고설킨 문제가 자못 심각하다. 때문에 새로운 분석의 손길이 닿아야 하고 또 발굴 작업이 가해져야 할 여지가 아직도 많다고 할 수 있다.[1]

우리가 재검토해 보고자 하는 조사 {의}의 문제는 다음 몇 가지로 요약된다.

첫째, 조사 {의}는 격조사인가? 우리는 그렇게 쉽게 속단하기 어렵다는 것이다. 조사 {의}의 분포(distribution)가 격조사로 보는 것을 주저하게 만든다.

둘째, 기존 문법에서의 설명을 보면, '가, 를'에 대해서는 격조사를 중

---

[1] 김승곤(2007) 참조.

심으로 하되, 비격조사 즉, 보조사/특수조사로서의 '가, 를'에 대한 언급은 물론 그러한 기능을 인정하고 있는 반면에,[2] 조사 {의}에 대해서는 그러한 태도를 찾아보기 어렵다. 이는 체계의 관점에서 보면, 불평등한 조치라고 아니 할 수 없다.

셋째, 조사 {의}의 분포를 객관적으로 조사하고, 그 분포에 부합된 의미 해석의 작업과 아울러 문법적 지위 규명이 아직 명확하게 이루어지지 않았다. 즉, 조사 {의}에 대한 통합적 접근이 필요한 실정이다.

이상의 문제의식을 가지고 출발한 본고는 조사 {의}의 문법적 지위를 규정하기 위해, 조사 {의}의 분포적 사실의 재검토를 통해 {의}에 대한 지위 부여 문제와, 그에 얽힌 이데올로기나 용어의 계보학 문제를 다시 검토해 본다. 이어서 조사 {의}와 형용사형어미(= 관형사형어미)[3] '-은, -을'과의 구조적 평행성에 주목하여, 조사 {의}의 명사화 가능성에 대한 가설을 설정한다. 결과적으로 조사 {의}를 '소유 한정조사(possessive determiner/article)'로 규정할 수 있는 근거를 찾는다.[4] 마지막으로 '소유 한정조사'로서의 {의}의 의미 기능을 제약과 조사의 유무 대립을 통해 밝혀본다.

---

2 "이러한 '가, 를'의 용법을 어떻게 해석해야 할지는 아직까지도 잘 풀리지 않는 숙제인데, 그만큼 한국어의 조사는 복합적인 기능을 가지고 있다고 보아야 할 것이다."(이익섭·이상억·채완(1997: 165)에서 인용).

3 본고에서 유지하는 한국어 품사 체계는 목정수(2003)에 의거하고 있다. 따라서, 기존의 관형사는 형용사로 편입되고, 기존의 형용사는 동사의 하위부류인 기술동사/주관동사로 재편입된다. 따라서 '-은', '-을'의 어미를 '형용사형어미'라고 한 것이고, 독자들의 혼란을 막기 위해 '(= 관형사형어미)'를 병기하였다. 오해가 없기를 바라는 동시에 양해와 주의를 구한다.

4 '의'를 한정조사류의 하나로 규정하고자 하는 본 논의에 대해서 오해 섞인 심사가 있었음을 여기에 밝히고 그에 대한 해명을 함으로써 본고가 종국적으로 노리는 바가 무엇인가를 좀 더 명확히 하고자 한다. 한 심사자의 논평의 한 부분을 그대로 옮겨보겠다.

"연구자가 도출하고 있는 {의}의 한정 조사 성격은 사실 인구어에서 많이 연구된 바 있다. 특히 성광수(1974)를 비롯하여 {의}를 한정 조사라고 보는 견해도 이미 여러 연구에서 밝혀진 바 있다. 그런데 연구자는 이런 주장이 마치 최초로 언급하는 것인 양 기술하고 있다. 선행 연구를 제시하지 않은 이유는 무엇인가? 같은 결론이 나온다 하더라도 선행 연구를 밝히면서 그 상사점과 차이점을 진술해 내야 하지 않겠는가?"

이러한 언급은 '한정조사'라는 용어에 대한 오해와 더불어 근거 없는 사실에 토대를 두고 있다. 먼저, '의'의 한정조사 성격이 사실 인구어에서 많이 연구된 바 있다면, 무엇을 염두에 두고 있는 건지가 불확실하지만, '의'를 한정조사로 성격 지으려는 본고의 시도는 오히려 의미가 있다는 것이 된다. 둘째, 선행연구를 고의직으로 제시히지 잃고 마치 몬고가 관련 문제를 최초로 언급하는 것인 양 기술하고 있는 것으로 보고 있는 것은 분명 오독이다. 선행연구를 고의로 누락시킨 것이 아니라 필자의 지식 범위에서 본고와 동일한 결론을 내리고 있는 그간 국어학자들은 없다고 판단한 것이다. 심사평에서 언급된 성광수(1974)도 정확하지 않다. 아마도 성광수(1977)일 가능성이 있다. 그런데 거기서 '의'를 한정조사로 규정한 대목은 나오지 않는다. 다만 그 논문에서 '한정조사'라는 용어를 'delimiter'의 번역용어로 쓰고 있기는 하다. 그 논문에서는 국어문법에서 흔히 보조사로 규정하는 '는, 도, 만'을 위시하여 '부터, 까지, 마저, 서, 써, 다가, 라도' 등을 한데 묶는 범주로서 '한정조사'라는 용어를 사용한 것이다. '의'는 구문조사 — 생성문법의 구조격에 해당하는 듯함 — 로 규정하고 있다. 서정수(1996)도 한정사(delimiter)라는 용어를 보조사 대신에 사용하고 있다. 대개 양인석(1972)의 'delimiter'란 용어에 근거를 두고 있는 듯하다. 최근에 홍용철(2006)에서는 '한계사'란 용어를 사용하고 있다. 그러나 본고에서 국어문법에서 한정조사로 묶으려 했던 것은 철저히 분포(distribution)에 입각하여 동일한 분포 관계를 보이는 '가, 를, 도, 는, (의)'를 격조사, 보조사, 특수조사 등의 구분에 앞서서 동일한 범주로 설정할 필요가 있겠다는 문제의식에서 시작한 것이었고, 그러면 그들을 어떤 범주로 설정할 수 있겠느냐를 유형론적 시각에서 한정사(determiner) 또는 관사(article)의 범주로 대응시킬 수 있다고 하고, 후치 한정사 범주라 한 것이다. 그런데, 기존에 한정사란 용어가 '이, 그, 저'를 가리키는 용어로 사용되고 있어, 이 혼동을 막기 위해 '관사로서의 한정조사'라고 한 것이므로, 성광수 선생이나 서정수 선생의 한정(조)사와는 본질적으로 다른 것이다. 이에 대해서는 이전에 목정수(2003) 등에서 지면이 부족할 정도로 상세히 다룬 바 있다. 국어의 조사를 격조사, 보조사, 특수조사, 한정조사, 후치사 등등으로 나누어놓고, 그들의 분포 관계를 따져 왔던 기존의 논의 — 이러한 논의는 분명 방법론적으로 문제가 있음 — 에서 벗어나, 우선 분포 관계만을 총체적으로 따져 보고 동일한 분포를 보이는 것들을 어떻게 묶어서 범주화하고, 그 테두리 내에서 각각의 성원들의 특성을 설명해 낼 것인가를 따져보려는 작업이 필자의 주된 관심이었고, 조사 '의'의 연구도 이의 연장선상에서 이루어지고 있음을 감안한다면 용어 때문에 빚어지는 오해에서 벗어날 수 있을 것으로 본다. 또한 한정조사로서의 '의'의 구분자로서 '소유'라는 의미적 개념을 사용한 것은 조사 '의'를 모두 본고 자체가 비판하고 있는 '소유'나 '소유격'이라는 의미(기능)으로 설명하고자 한 것이 아니라, 다른 한정조사 '가, 를, 도, 는'과 구별짓기 위해 편의상 붙인 것이다. 따라서 뒤의 루마니아어의 '소유

2. 문제제기

2.1. 지위 규정과 용어의 계보학적 문제

일반적으로 조사 {의}에 대해서는 '속격조사', '소유격조사', '관형(격) 조사' 등으로 규정되고 있다. 그런데 한국어 문법에서 사용되고 있는 '소 유격' 또는 '속격'은 인구어 문법에서 말하는 'genitive'의 번역 용어이다. 따라서 '속격'과 'genitive'가 같은 개념으로 사용되기 위해서는 'genitive' 로 의미하려 했던 바와, '속격'이 현실적으로 가리키고 있는 것이 동일한 성격을 띠어야 한다. 그러나 인구어의 'genitive'는 명사의 곡용 (declension) 형태를 가리키는 것으로 사용되고 있으나,[5] 한국어 문법에서는 '소유격/속격'이 경험세계의 의미를 가리키는 것으로 전이가 이루어진 상태로 사용되고 있다. 이러한 용어의 어긋남 또는 변질 속에 가려진 측면이 발굴되지 않으면, 우리는 계속해서 형태와 의미를 혼동하게 되고, "{의}는 속격조사이고, 속격조사는 '소유관계'를 표시하는 기능을 한다" 라는 분석 없는 순환론적 선언만을 되풀이하게 된다.

본고는 이처럼 언어학에서 이루어지고 있는 동어반복적, 순환론적 논의를 한국어의 구체적인 예 {의}를 통해 드러내고, 한국어의 형태 {의}의 문법적 지위를 어떻게 규정할 것인가와 그 의미기능이 무엇인가를 밝히는 데 노력을 경주하고자 하는 것이다.

한국어 문법에서 격조사 체계(case paradigm)의 구성요소로 주격, 대격

관사'란 명칭도 이러한 차원에서 비판의 여지가 있다. 중요한 것은 본고에서는 '의'를 분포에 입각하여 격조사가 아니라 한정조사 계열을 중심으로 '의'의 문법적 지위를 규정해야 한다는 것이고, 그것의 특성을 '연결/관형의 한정조사' 또는 '한정조사의 속격형'으로 봐야 문법의 일관성을 유지할 수 있다고 본다는 점이다.

5 따라서 'genitive'는 '생격', '2격' 등으로 번역될 수도 있는 것이고, 통사의미적으로도 '소유관계' 이외의 다양한 의미를 실현할 수 있다.

/목적격, 처격 등과 더불어 속격이 설정되어 있다. 또한 생성문법의 이론 내적인 필요에 의해 '가, 를, 의'는 나무구조의 형상에 의해 격을 할당하는 구조격(structural case)을 표시하는 조사로 분류되고 있다. 여하튼 구조주의적 관점에서 보면, 이들이 하나의 격 패러다임을 형성하고 있다고 보는 것이다. 그런데 이러한 패러다임을 자세히 살펴보면, 주격, 대격/목적격의 문제와 똑같이 속격/소유격 자체는 내재적으로 모순점을 안고 있다.[6] 왜냐하면, 속격의 표지기 {의}라고 하지만, 한국어에서 속격(= 소유관계)은 무표적(default)으로 '어순'이라는 통사적 장치에 의해 실현되는 것으로 보이기 때문이다. 즉, 형태 {의}의 존재 유무에 관계없이, 소유관계가 실현되는 것이다.[7] 즉 소유관계는 {의}라는 형태에 의해서가 아니라 두 명사(구) 간의 의미적 관계에 의해 구조적으로 결정된다는 것이다.

(1) 가. [우리 나라]는 독립국가이다.
　　나. [친구의 친구]를 사랑했네.

이처럼 조사 {의}의 문법적 지위가 문제시될 수 있는 것은 그것의 분포론적 상황에서 출발한다. 한국어 조사류의 분포관계를 총체적으로 따져보면, 조사 {의}는 격조사로 분류되었던/분류되고 있는 '가, 를'과 보조사로 분류되었던/분류되고 있는 '도, 는'과 동일한 자리를 차지하는 것을 볼 수 있다. 따라서 분포적인 기준만을 가지고 본다면, 조사 {의}는 '가, 를, 도, 는'과 함께 하나의 패러다임을 형성하는 것만큼은 분명해 보인다.

6　소위 주격조사 '가'와 대격조사 '를'이라고 하는 형태와 주어, 목적어라고 하는 통사적 기능/의미와의 구분과 관련된 용어의 혼동 양상에 대해서는 목정수(2003) 등에서 자세히 다룬 바 있다.

7　소유 관계(소유어)에 주격표지의 흔적이 있는 것과 행위자 관계(주어)에 소유격표지가 사용되는 현상은 특별한 관심을 끌기에 충분하다.

　(1) 내 나라, 네 신발
　(2) 나의 살던 고향

따라서 조사 {의}에 대한 통합적 접근이 이루어지기 위해서는 이러한 형태론적인 결합관계(= 분포적 사실)에 어긋나지 않으면서도 조사 {의}를 다른 성원인 '가, 를, 도, 는'과 차별화시켜 주는 속성, 즉 그 변별력을 기능·의미적인 차원에서 설명할 수 있어야 한다.

2.2. 조사 {의}의 형태·통사적 분포

조사 {의}가 '가, 를, 도, 는'과 분포가 같다는 것은 다른 조사들과의 결합관계에 의해 드러난다. {의}는 '가, 를, 도, 는'과는 배타적 분포를 보이고, 다른 조사들과의 결합에 있어서 그들과 동일한 모습을 보인다.

> (2) 가. 학교가 - 학교의
> 나. 학교에를 - 학교에의
> 다. 학교로도 - 학교로의
> 라. 학교만은 - 학교만의
> 마. 학교까지가 - 학교까지의
> 바. *학교가를 - *학교의를
> 사. 학교마저도 - 학교마저의
> 아. *학교가는 - *학교가의
> 자. 있어서는 - 있어서의

위에서 보았듯이, 조사 {의}가 실현되는 양상을 종합적으로 관찰하지 않고 명사에 직접 결합하는 {의}만을 고려하여, '속격조사'로 규정하면, 바로 '가, 를'의 경우와 동일한 문제가 야기될 수 있다는 점이 지적되어야 한다. 조사 '가'를 주격조사 '가₁', 보조사/특수조사 '가₂' 등으로 구분하는 논리의 적용에서 {의}가 자유롭지 못하기 때문이다.[8]

---

8 '를'과 '는', '도'도 마찬가지의 문제를 안고 있다.

(3) 가. 바람이 강하다. : 주격조사 {가₁}

　　나. 도대체가 돼먹지가 않았다. : 특수조사 {가₂}

(4) 가. 아버지의 집 : 속격조사 {의₁}

　　나. 반지의 제왕 : 속격조사(?) {의₁} / 특수조사(?) {의₂}

　　다. 학교에서의 활동 : 특수조사(?) {의₂}

띠리시 {의}를 중심으로 그 앞에 분포되는 환경을 다 조사해 보면, {의}는 '가, 를, 도, 는'과 분포가 동일함을 알 수 있는 것이다.

(5) 가. 양반의 고집 – 양반은 욕심쟁이이다.

　　나. 바닷가에서의 추억 – 바닷가에서는 놀지 마라.

　　다. 학교만의 고민 – 학교만을 지키다.

　　라. 먹고 나서의 결과 – 먹고 나서도 계속 시치미를 떼다.

또한 조사 {의}가 '가, 를, 도, 는'과 동일 계열을 이루고 있다는 것을 알 수 있게 해주는 분포적 사실은 조사 결합이다. 조사 {의}는 소위 주격조사 '가'나 대격조사 '를'과 교체될 수 있고, 그처럼 대등한 의미해석이 유도되는 경우가 많음은 다음에서 살펴볼 것인데, 우선 우리가 주목하고자 하는 것은 조사 {의}가, 예를 들어, 도구격으로 해석되거나 그와 교체가 이루어지는 경우는 없다는 사실이다. 도구의 의미가 표현되려면 도구격조사 '로'가 꼭 필요하다. '장소'와 '공동'의 의미도 마찬가지이다. 이들의 결합이 가능하다는 것은 바로 이러한 격조사 간의 위상의 차이를

---

(1) 가. 학교를 짓다 – 대격조사 {를₁}

　　나. 학교에를 가다 – 특수/보조사(?) {를₂}

(2) 가. 학교는 넓다 – 주격조사(?) {는₁}

　　나. 학교에서는 놀지 않다 – 특수/보조사 {는₂}

(3) 가. 학교도 죽었다 – 주격조사(?) {도₁}

　　나. 학교와도 친해지다 – 특수/보조사 {도₂}

말해주는 것이고, 바로 이러한 점에 의거하여 조사 {의}를 격조사 계열에 포함시킬 수 없다는 결론이 유도된다.[9]

> (6) 가. 칼로의 절단 ≠ 칼의 절단
> 나. 로마에서의 휴식 ≠ 로마의 휴식
> 다. 대통령과의 만남 ≠ 대통령의 만남

반면에, '가, 를, 도, 는' 가운데 '가, 를'이 주어와 목적어라는 어휘통사적인 환경에서 약간의 출현의 제약을 받듯이, {의}도 어휘·통사적인 차원에서 일정한 제약이 따른다.

> (7) 가. 학교가/*를 끝나다.
> 나. 학교를/*가 끝내다.

> (8) 가. 학교에서는/*의 놀다.
> 나. [학교에서의/*도 출발]이 늦었다.

따라서 조사 {의}의 '가, 를, 도, 는'이라는 부류와의 종차적 특성으로서, 통사 환경에서 후행 명사와 공기해야 한다는 제약이 있음을 부정할 수 없겠다. 이러한 제약은 마치 용언에 붙는 형용사형어미(= 관형사형어미) '-은, -을'이 후행 핵어명사(head noun)를 요구하는 현상과 비견된다.

> (9) 가. 국어학으로의 초대
> 나. 국어학과의 인연

---

9 박지용(2003)에서 이러한 점을 중요하게 환기하고 있다. 이를 통해, {의}를 단순한 (속)격조사로 보는 것에 무의식적으로 저항감/거부감이 일고 있다는 것을 알 수 있다.

(10) 가. 국어학이 좋아질 무렵

　　　나. 국어학을 전공하는 친구

잠시 조사와 어미의 구조적 유사성을 살펴보면, 후치사류(= 격조사) '에, 로, 와' 등은 부사형어미 '-아, -게, -지, -고'와 평행한 면이 있다. '가, 를, 도, 는'과의 결합에서도 이러한 면이 드러난다.

(11) 가. 국어학에서는 - 국어학을 하고는 (싶다)

　　　나. 국어학으로도 - 국어학을 해도 (보았다)

　　　다. 국어학과를 - 국어학을 하지를 (않는다)

　　　라. 국어학으로가 - 국어학을 하게가 (되어있다)

지금까지의 논의를 종합해 보자. 형태론적 분포관계를 보면 {의}는 '가, 를, 도, 는'과 동일한 부류의 성원임을 알 수 있다. 그러나 {의}는 통사적 환경이 항상 후행하는 명사와 기능적으로 연결되는 명사 수식 성분이 되지, 동사와 연결되지 못한다는 특성이 있다.[10]

(12) 가. 떨어지지가/*의 않는다.

　　　나. 빨리도/*의 달린다.

바로 이 부분이 {의}를 단순히 한정조사 계열과 동일시하는 것을 주춤 거리게 만든다. 한정조사로서의 {의}는 분명 선행 명사구나 후치사구를 후행 명사(구)에 연결시켜 주는 기능이라는 문법적 기능 또한 담당하고 있다고 보아야 할 것이기 때문이다. 그렇다면, 조사 {의}는 이러한 두 기능—한정 기능과 연결/관형 기능—이 융합(amalgam)되어 있다고 봐야 할까?[11] 결론은 뒤에 가서 내리기로 하자.

10　허웅(1983)은 {의}를 격조사로 보지 않고 연결조사로 취급하는 것이 낫다는 견해를 밝히고 있다.

2.3. 조사 {의}에 대한 가설

여기서 우리는 형용사형어미(= 관형사형어미)와 조사 {의}의 평행성을 토대로 하나의 가설을 세우고자 한다. 가설은 두 단계의 절차를 거친다. 먼저 현대국어에서 형용사형어미(= 관형사형어미) '-은, -을'은 거의 항상 후행 명사와 함께 쓰인다는 제약이 있지만, 현대국어 이전 단계에서는 형용사형어미가 후행명사 없이도 명사적 기능을 할 수 있었다는 통시적 사실에 주목한다. 물론 현대국어에서도 그러한 흔적들이 많이 남아있다. (13)에서 보듯이, '젊은이'는 '젊은'이라는 형용사형(= 관형사형)에 의존명사 '이'가 결합되어 단어를 구성하지만, '어른'은 '얼운'에서 발달한 것으로 보아 형용사형(= 관형사형) 자체가 명사로 굳어진 것이라 할 수 있는 것이다. 또한 구어체에서는 (14)에서 보듯이, 형용사형어미(= 관형사형어미)만으로 문장을 종결짓는 예나 형용사(= 관형사)로 끝나는 예가 자주 발견되고 있다. 이는 (15)의 명사문 구성과 흡사하다.

(13) 가. 어른 < 얼운 = 얼우- + -은
　　　 나. 젊은이

(14) 가. 저 쳐죽일 …
　　　 나. 아이, 그냥 오지, 선물은 무슨 …

---

11 여기서 '의'를 한정조사라고 할 때, 이 조사 없이도 '미국 사회, 호주 사회'에서처럼 선행명사가 후행명사를 한정할 수 있다는 점을 고려하면, '의'를 한정조사라 함은 잘못된 것 아닌가 하는 의문이 들 수 있겠다. 이러한 오해를 없애기 위해서는 '한정조사(= 인구어의 관사류)'에서의 한정 – 학생은/the student – 은 형식적 한정사(formal determiner)에 해당하고, 선행명사나 관형사(= 인구어의 형용사)가 후행명사를 한정/수식하는 것 – 학교 버스, 이런 버스/school bus, expensive bus – 은 질료적 한정사(material determiner)에 해당하는 것임을 구분할 필요가 있다. 이에 대한 자세한 논의로는 목정수(2003: 158–159)를 참조할 것.

(15) 가. 다시는 그런 말하기 없기.

　　나. 거짓말은 하지 말 것.

　　다. 거짓말은 철수가 했음.

이러한 현상에 근거하여 형용사형어미(= 관형사형어미) '-은, -을'은 동명사형 어미로 불리기도 한다.[12] 이러한 현상은 비단 한국어에서만 발견되는 것이 아니다 일본어의 언어사실이 그 단적인 예를 보여준다. 일본어에서는 소위 용언(= 동사와 형용사)의 '연체형'과 '종지형'의 꼴이 같다.

(16) 가. ご飯を食べる子供 (밥을 먹는 아이)

　　나. その子供がご飯を食べる。(그 아이가 밥을 먹는다)

(17) 가. 寒い天氣 / 赤い花 (추운 날씨 / 붉은 꽃)

　　나. 今日は天氣が寒い。/ この花は赤い。

　　　　(오늘은 날씨가 춥다 / 이 꽃은 붉다)

또한 일본어에서는 의존명사 없이 용언의 연체형만으로도 명사의 기능을 하는 예가 많이 발견된다.

(18) 가. 話すまでもない (이야기할 것까지도 없다)

　　나. 遊ぶ代わりに (노는 것 위하여 > 놀기 위하여)

　　다. 飲む以外に (마시는 것 이외에)

　　라. するだけで (하는 것만으로)

　　마. 高いにも拘わらず (비싼 것에도 불구하고 > 비쌈에도 불구하고)

　　바. するに違いない (하는 것에 틀림없다 > 함에 틀림없다)

이러한 현상은 고대 국어의 단계에서도 많이 발견된다. 다음은 석독구결 자료에서 찾은 몇 가지 예이다.[13]

---

12 김완진(1959), 이승재(1995), 남풍현(1999) 참조.

(19) 가. 其會ㄴ 方廣ㄱ 九百五十里ㅔㄱㄴ 大衆ㅔ 僉然ᄒ

    [而ᄀ] 坐ᄼ ㅌ ㅅ ㄴ ㅣ <구인02: 08-9>

나. 衆生ㅔ 幻化ㄴ 見ㅏ ㄱㅔ ᄒ <구인14: 01>

조사 {의}와 형용사형어미(= 관형사형어미) '-은, -을'의 평행성은 일본어의 'の'를 통해서도 간접적으로 입증된다. 한국어처럼 기능동사(support verb)가[14] 형태적으로 발달하지 않은 일본어에서는 한국어의 '하는, 거리는, 대는' 등의 '기능동사'의 형용사형(= 관형사형)이 조사 'の'로 표현되는 경우가 많다.

(20) 가. ピカピカの靴 (반짝반짝거리는/*반짝반짝의 구두)

    나. 病氣の父 (병든/*병의 아버지)

    다. 勉强の必要 (공부할/?공부의 필요)

    라. 性のみ記入のこと (성만 기입할/*기입의 것)

    마. 大學卒業の際に (대학 졸업할/??졸업의 즈음에)

    바. 出發の際に (출발할/??출발의 즈음에)

    사. 勉强の度に (공부할/*공부의 때마다)

    아. 興奮のあまり (흥분한/*흥분의 나머지)

    자. 面談の上で (면담한/*면담의 뒤에)

이런 구조적 차이 때문에 한국어 조사 {의}와 일본어 조사 'の'의 분포가 양적으로 차이를 보여주지만, 여하튼 이런 현상을 통하여 우리는 조사 {의}와 형용사형어미(= 관형사형어미) '-은, -을'의 평행적인 모습을 다시금 확인할 수 있다.

동격 구성에서도 이와 같은 연장선상에서 설명할 수 있는 현상들이 벌어진다. 한국어에서는 동격 구성에서 조사 {의}가 제약된다.

---

13 권용경(2000: 312)도 참조할 수 있다.

14 전통적으로 국어문법에서는 '형식동사', '대동사' 등으로 불리기도 하고, 생성문법 계열에서는 '경동사(light verb)'로 불리기도 한다. 목정수(2003, 2006) 참조.

(21) 가. 의사 친구 / *의사의 친구
      나. 피아니스트 신부 / *피아니스트의 신부

반면에 일본어에서는 이러한 동격 구성이 조사 'の'를 매개로 이루어
질 수 있다.

(22) 가. お父さんが医者の學生 (아버지가 의사인 학생)
      나. 母國語話者のように (모국어화자인 듯이)
      다. 先生のようだ。 (선생인 모양이다)

그런데, 이러한 일본어의 동격 구성은 한국어의 계사 '이다'의[15] 형용
사형(= 관형사형) '인'으로 환언(paraphrase)될 수 있는 것이다. 일본어에
서는 한국어에서의 '이다'와 같은 기능동사가 존재하지 않기 때문에, 조
사 'の'가 그러한 기능을 담당하는 것으로 해석할 수 있다.[16]
  우리는 이러한 한국어 형용사형어미(= 관형사형어미)의 공시·통시적인
현상을 토대로 그와 평행성을 보여주고 있는 조사 {의}에 대해서도 그와
같은 기능을 담당할 수 있다는 가설을 세워보고자 하는 것이다. 다시 말
해서, 조사 {의}는 후행명사가 생략되어도 구성 'X-의' 자체가 명사적
기능을 담당할 수 있는 가능성을 검토해 보고자 하는 것이다. 이러한 가
설을 뒷받침해줄 수 있는 논거들이 찾아진다면, 우리는 {의}의 문법적
지위를 '소유/연결 한정조사'로 규정하는 데 힘을 받을 수 있고, 한정조사
부류 내에서의 {의}의 위치를, 속격 기능 또는 소유대명사 용법과 관련지
어, '소유/연결 한정조사'로 특징지을 수 있게 되기 때문이다.

---

15 한국어의 '이다'의 성격 규정에 대해서는 목정수(2006)을 참조하기 바란다.
16 일본어에서는 {이다}에 대응하는 기능동사가 없기 때문에, 문어체에서는 우언적
   으로 'である'가 사용된다.

(1) 先生である父 (선생인 아버지)
(2) 先生であった父 (선생이었던 아버지)

2.4. 조사 {의}의 분포와 역사성

현대국어에서 조사 {의}는 후행명사를 동반해야 하는 제약이 있어 그 분포가 좁아졌지만, 그 자리만큼은 다른 한정조사 '가, 를, 도, 는'과 같은 자리를 유지하고 있는 것으로 보아, 역사적으로 현대국어 이전 단계에서는 조사 {의}의 분포가 그러한 제약을 벗어날 수 있었을 것으로 추정하는 것도 가능해 보인다. 즉 'X-의' 구성이 꼭 명사 환경이 아닌 동사 환경에서도 쓰였을 가능성을 타진해 볼 필요가 있다. 석독구결 자료에서 발견되는 다음과 같은 자료는 우리의 눈길을 끌기에 충분하다.[17]

(23) 法ᄭᇹ 五眼ᄭᇹ 法身ᄭᇹᄼᄀ 大覺世尊ᄀ 前[[ᄼ]] 已(ᄉ) 我ᄼ 等ᄼᄀ 大衆ᄼ [爲]ᄉᄒ 二 <구인02: 19-23>

이 이외에도 구결자료에서 이질적으로 보이는 {의}의 분포를 보여주는 자료로는 다음과 같은 것들이 있다.

(24) 가. 所乙 隨ᄼ 皆ᄂ 滿 [令]ᄭᄒ 普ᄭ 衆生[[ᄼ]]
　　　　[爲]ᄉ 饒益乙 作ᄼᄼ <화엄17: 20-23>
　　나. 度ᄭᄼ 一切 世間[[ᄼ]] 好ᄼ 尚ᄼᄼ 所ᄂ 色相ᄉ
　　　　顔容ᄉ 及ᄂ 衣服 <화엄18: 04-07>
　　다. 是 相 前現ノᄼᄼ 轉輪聖王ᄀ 量 無ᄼᄀ 億衆[[ᄼ]] 圍繞ᄼᄼᄼ
　　　　供養ᄼᄼᄂᄼ 頂上ᄉᄂ 白蓋ᄀ 量 <금광06: 16-21>
　　라. 亦ᄼᄀ 求取ᄼ 不ᄼᄼ 依倚ノᄼ 所ᄉ 無ᄼ 法[[ᄼ]] 見ᄼ 夢 [如]
　　　　ᄼᄼᄼᄼ 堅固ᄼᄀ [於] 諸<화소13: 03-06>

---

17 필자의 능력 부족으로 고대국어 자료에 대해서는 분명한 의견을 제시하는 것은 불가능함을 밝힌다. 다만, 가설을 세우는 데 이러한 자료, 즉 조사 '의'가 용언의 형용사형(= 관형사형) 앞이 아닌 환경에서 나타나는 예－大衆ᄼ 爲ᄉᄒ－를 이용하고자 하는 본고의 의도에 대해서만 독자들의 이해를 구하고, 관련하여 많은 비판과 질정을 구하는 바이다.

현대국어에서는 조사 {의} 구성 뒤에 명사가 바로 나오지 않고 동사가 오는 경우에 대개는 형용사절(= 관형사절)에서이다. 용언의 형용사형(= 관형사형)이 바로 뒤에 오는 명사를 수식하고 그렇게 구성된 명사구 구성에 조사구 'X-의'가 결합되는 경향이 높다.[18]

반면 그 형용사절(= 관형사절)이 앞에서 [N(의) N] 명사구 전체에 걸리는 경우에는 오히려 [N N] 구성이 더 자연스럽다. 이는 이러한 경우에 [N(의) N] 구성이 합성명사로 단위화되는 경우는 거의 없다는 것을 의미한다.

(25) 가. 유명한 [김동인 소설]
　　　나. ?유명한 [김동인의 소설]

위의 예에서 보듯이, '김동인(의) 소설'이 하나의 합성어로 될 가능성이 전무하다는 것이다. (26)의 경우에서도 (26가)는 자연스럽지만, (26나)는 그렇지 못하다.

(26) 가. 유명한 [피아노 연주자]
　　　나. ?*유명한 [피아노의 연주자]

또한 조사 {의}가 '가, 를'과 교체 관계에 놓일 수 있다는 것 자체도 이들이 하나의 계열관계에 놓여 있음을 보여주는 것으로 해석해야 한다.

(27) 가. 나의 살던 고향은 꽃피는 산골.
　　　나. 내가 살던 고향은 꽃이 없었다.

---

18 '[나의 [살던 고향]]'의 구조가 '[[나의 살던] 고향]'의 구조보다 자연스럽다는 것이다 (이상욱(2006) 참조).

(28) 가. 나는 철수의 얼굴을 때렸다.
　　　 나. 나는 철수를 얼굴을 때렸다.

　일본어와의 대비도 시사하는 바가 크다. 일본어의 'の'는 통사의미적 환경에 따라 한국어의 '가'나 '를'과 대응될 수 있다.

(29) 가. 目の不自由な人 (눈이 부자유한 사람)[19]
　　　 나. これは友だちへのいい土産になる。
　　　　　 (이것은 친구들에게(가) 좋은 선물이 된다)

(30) 가. 漢字の讀み方 (한자를 읽는 법)
　　　 나. 日本人のものの考え方 (일본인의 사물을 사고하는 법)
　　　 다. 年の取り方 (나이를 먹는 법)
　　　 라. 經濟發展のために (경제발전을 위하여)

2.5. 통사적 구성과 합성명사

　앞서 지적한 바 있듯이, 한국어에서 명사와 명사의 관계는 특정 형태소에 의해 맺어지는 것이 아니라, 두 명사 간의 의미 관계에 따라 병치 구성으로 충분히 맺어질 수 있다. 조사 {의}의 개입은 병치 관계에 있는 두 명사(구)를 독자적인 성분으로 만들어 주기 때문에 두 단위를 상위의 한 단위로 통합시키는 데 걸림돌이 된다. 따라서 'N(P)+N(P)'의 병치구성은 통사적 구성과 형태론적 합성어 사이에서 갈등을 빚을 가능성이 항상 존재한다. 이러한 통사적 자율 구성 'N(P)+N(P)'는 의미적으로 합성되어 하나로 굳어질 수 있는 것이다. 한국어의 합성명사를 가르는 기준

---

19 참고로 일본어의 경우는 이러한 내포절(= 관계절)에서 조사 'が'보다는 'の'가 훨씬 빈도가 높게 나타난다고 한다. 즉, '私の好きな音樂'가 '私が好きな音樂'보다 자연스럽다는 것이다.

을 설정할 때의 어려움의 하나가 바로 여기에 있다.[20] 다음의 예에서 어떤 것을 합성명사로 판정하여 사전에 등재하고, 어떤 것을 그냥 자율구성으로 볼 것인가?

(31) 시골 길, 시골 집, 시골 마을, 시골 음식,
      시골 선생, 시골 놈, 시골 구석, 시골 친구 …

문제는, 통사적 구성과 합성어를 구분할 때, {의}의 개입 가능성을 기준으로 하는 것이 보통인데, 선행 명사에 {의}가 추가됨으로써, 없던 소유 관계가 생겨나는가 하는 점이다. 소유자 명사에 {의}가 추가되어 소유 관계가 드러나거나 더 확실해지는 것이라면 {의}의 기능을 소유관계 표지로 딱 규정할 수 있겠지만,[21] 이미 두 명사 간의 소유관계는 병치구성만으로도 충분히 표현될 수 있는 것으로 보아 이미 형성된 소유관계—또는 수식관계—를 다시 {의}가 중복적으로 수행하고 있는 것으로 볼 수는 없을 듯하다.

이제 문제와 답은 분명해져 가고 있다. 한국어에서 소유관계는 {의}라는 형태가 없어도 이미 통사적으로 실현된 것이기 때문에 그 소유관계를 표시하기 위해 다시 {의}를 사용한다는 것은 {의}를 단순히 군더더기 형태소로밖에 안 본다는 것을 의미한다. 우리의 가정은 분명 {의}를 사용한다는 것은 그것이 화자의 어떤 의도를 반영하는 데 적당하기 때문일 것이라는 것이다. 그렇다면 그 {의}를 통해서 화자가 의도하는 의미 기능이란 무엇일까?

이제부터, 아니면 이제야 우리는 {의}라는 형태의 범주와 의미기능에 대해 말할 수 있는 여건을 마련한 셈이다. 왜냐하면 {의}와 관련된 문제

---

20 김창섭(1994), 목정수(2004) 등을 참조할 것.
21 그래야만 {의}의 본질을 '속격/소유관계' 표지로 규정할 수 있는 것이다.

제기의 기본절차를 순차적으로 밟았기 때문이다. 우리는 선험적으로 {의}를 '속격조사'라고 선언하지도 않았고, {의}의 기능을 '소유관계 표지'라고 미리 단정 짓지도 않았다. 다만 {의}와 관련된 '소유'라는 의미 내지 의미기능이란 것이 {의} 자체에서 비롯된 것이 아니라는 점만 입증한 상태이다. 그래서 {의}의 진정한 의미기능이 무엇인가를 다시 물을 수 있게 된 것이다.

다시 한 번 우리의 논의 절차를 가다듬어 보자. 먼저 {의}에 대한 의미를 이야기하기 위해서는 {의}가 어떤 형태인가, 즉 그 문법적 지위는 무엇인가를 규명해야 한다. 그러기 위해서 필수적인 것이 {의}의 분포 환경을 정밀하게 따져 보아야 하는 것이다. 그 결과, 조사 {의}는 형태 '가, 를, 도, 는'과 동일한 형태론적 분포를 보여줌으로써, {의}가 '가, 를, 도, 는'과 더불어 하나의 부류를 이루는 성원임이 드러났다. 그 의미기능의 문제는 나중에 따져 봐야 할 일이고, 일단 '가, 를, 도, 는, 의'가 동일 부류로서 하나의 문법범주를 형성하고 있다는 일반성의 사실을 관찰하고 인식하는 게 무엇보다도 중요한 것이었다. 그 다음에 {의}가 다른 성원들과 어떤 차이를 갖고 있는가 하는 변별력 또는 특수성의 문제가 제기되어야 한다.

우리는 논의를 더 진전시키기 위해, 잠시 샛길로 나와, 프랑스어의 다음 두 구성의 차이를 한국어와 비교함으로써, 과연 {의}의 본질은 어디에 있는가를 알아보도록 하자.

(32) 가. [le chien du berger] est là-bas.
　　　　[the dog of the shepherd] is over there
　　　　(양치기의 개는 저기 있다)
　　　나. [le chien de berger] est là-bas.
　　　　[the dog of shepherd] is over there
　　　　(양치기 개는 저기 있다)

한국어의 특징 중의 하나는 바로 명사와 명사가 결합하는 자율구성에서 그 자율구성을 보장하는 유표적인 형태가 없을 수도 있다는 것이다. 비교적 굴절어의 특성을 많이 유지하고 있는 프랑스어 등에서는 'N+N' 구성 자체가 비생산적이고 명사 둘을 잇는 방식이 전치사와 관사의 모습을 통해 드러난다. 복합어 구성인지 자율적인 구 구성인지를 알아내는 단서가 비교적 충분한 경우라 할 수 있다. (32가)의 경우는 정관사 'le'-du berger 속의 'le'를 말함-가 있으므로 명확히 두 단위 -le chien과 le berger-의 결합으로 볼 수 있고, 그 의미도 합성성 (compositionality)의 원칙에서 벗어나지 않는다. 반면에 (32나)의 구성은 정관사가 없는 경우로서 'berger'는 독립된 명사구의 단위가 아니라 그 기능이 전치사 'de'의 도움을 받아 형용사적 기능으로 전성된 경우로서 전체-chien de berger-가 하나의 어휘 단위가 되었음을 알 수 있다. 그 의미가 비합성적이라는 점이 이를 입증한다고 볼 수 있다. 그러나 한국어의 경우 단순히 'N+N' 구성이라 하더라도 이를 다 합성명사로 보기가 어려운 경우가 수두룩하다. 왜냐하면 소유관계 등을 나타내는 소위 속격조사인 {의}의 존재 여부를 통해 그 경계를 가르기가 쉽지 않기 때문이다. 위의 예에서 한국어 대역을 단 것에서도 알 수 있듯이, 한국어에서는 (32나)의 경우 '양치기개'의 경우에 띄어쓰기 문제를 일단 제쳐놓으면, 그 구성이 두 단위의 결합인지, 한 단위의 어휘로 굳어진 것인지 형태적으로 분간하기가 어렵다. 의미 해석상, '양치기가 소유하고 있는 개'로도 '양치는 데 쓰이는 개'로도 해석될 수 있기 때문이다. 결국 그 의미의 결합 정도에 따라 합성어로서의 지위를 획득한다고 볼 수밖에 없기 때문에 그 기준을 명시적으로 세우기가 어려운 것이다. 물론 조사 {의}가 개입한 경우보다는 그것이 없는 경우가 합성어로 굳어질 가능성은 높은 것이 사실이다. 실제로 소유관계를 나타낼

때, 그 속격조사 없이 나타나는 경우가 특히 구어체의 경우에는 훨씬 많다.[22]

(33) 가. 엄마 핸드백 어디다 두었니?
　　　나. 선생님 책 누가 가져갔어?

(34) 가. 올해의 선수에 누가 지명되었지?
　　　나. 승리의 미소를 띠고 내 곁을 지나갔다.

몇몇 예를 피상적으로 보면, 오히려 속격조사 {의}가 반드시 나타나야 하는 (34)의 경우가 더 복합명사적인 성격을 보인다고도 말할 수 있을 정도이다. '올해의 선수', '승리의 미소'는 어떤 단일개념과 통하지만, '엄마(의) 핸드백', '선생님(의) 책'은 특정 대상물 또는 특정 개념과 거리가 있는 두 요소의 단순한 합으로 해석되는 경향이 강함을 볼 수 있다.
　'불굴의 의지', '상상의 나래' 등은 {의}의 필수성뿐만 아니라 해당 어휘의 특수한 공기관계로 인해 '연어(連語, collocation)' 등으로 취급되고 있는데, 본질적으로는 복합명사의 설정 문제의 테두리 안에 놓인다고도 볼 수 있다. 여기서 다시 복합명사와 연어 구성의 분간 문제에 부딪치게 된다.
　이상에서 프랑스어의 명사구와 복합명사는 전치사 'de'에 의해 지배되는 후행 명사의 한정사(déterminant/article) 유무에 따라 구분되는 것이 대부분이다. 원칙적으로 프랑스어에서는 명사와 명사의 병치 구성이 허용되지 않기 때문이다. 그런데 흥미로운 점은 바로 이러한 복합명사의 경우에 전치사 'de'에 대응되는 것으로 조사 {의}를 상정하게 되면, 프랑

---

[22] 구어와 문어에서의 '의'의 사용에 차이가 있기는 하지만, 구어에서도 '의'가 반드시 요구되는 경우가 있고, 문어에서도 '의'가 반드시 사용되지 않는 경우가 있기 때문에 구어체와 문어체를 따로 구분하여 '의'의 본질을 규명하는 것보다는 이를 통합하여 접근하는 것이 바람직하다고 판단하고 있다.

스어의 복합명사가 온전히 옮겨지지 않는다는 것이다. 우리가 새롭게 관심을 가지고 봐야 할 부분은 프랑스어에서 문제가 되는 명사구의 구분자는 정관사 'le'의 유무라는 점이다. 정관사의 유무에 따라 명사구의 의미 해석이 달라지는 데 비해, 한국어의 대응에서는 {의}의 존재 여부와 관련이 있다는 점이다. 이런 논리에 따르면, 전치사 'de'에 해당하는 것은 {의}가 아니라 '$\emptyset_1$'이 될 수밖에 없고 또 그래야 할 것이다.[23] 몇몇의 프랑스어의 복합어의 내적 구조와 한국어의 내응 양상을 노식석으로 보이면 다음과 같다.

(35) 가. art [de $\emptyset_2$ peau]

　　　 art [of $\emptyset_2$ skin] => 피부-$\emptyset_1$-$\emptyset_2$ 예술 ≠ 피부-$\emptyset_1$-의 예술

　　나. vie [de $\emptyset_2$ garçon]

　　　 life [of $\emptyset_2$ boy] => 소년-$\emptyset_1$-$\emptyset_2$ 생활 = 독신 생활 ≠ 소년-$\emptyset_1$-의 생활

(35나)에서 '소년 생활'보다는 '독신 생활'로 옮긴 것은 복합어가 의미의 합성성 원리에서 벗어난다는 것을 감안해 보면 쉽게 이해할 수 있을 것이다. 문제는 그것이 '소년의 생활'로 옮겨지면, 복합어적인 의미가 깨진다는 것이다. (35가)에서도 '피부의 예술'로 옮겨지면 '피부 예술'이 의도하는 의미가 온전히 전달되지 않는다.

그러면 '열광의 도가니', '계절의 여왕'처럼 필수적으로 {의}가 요구되는 명사구 구성임에도 불구하고 전체가 하나의 사물을 지칭하는 듯한 복합 단위 속에서의 {의}를 어떻게 설명할 것인가? {의}가 있음에도 불구하고, 복합어적인 모습을 띠고 있지 않은가! 이에 대해서는 3.2.에서 다시 논의하기로 한다.

---

23 여기서 '$\emptyset_1$'은 후치사류(에, 로, 와)와 대응하는 영형태이고, '$\emptyset_2$'는 한정조사류(가, 를, 도, 는, 의)와 대응하는 영형태이다(목정수(2003) 참조).

3. 조사 {의}의 의미 기능 : 한정조사로서의 {의}

3.1. 한정성 표지로서의 {의}

먼저 {의}가 사용될 수 없는 환경과 {의}가 반드시 요구되는 환경을 나누어서 논의를 시작해 보자.

> (36) 가. 선생님의 동그라미 그리기
> 나. 정범구의 세상 읽기
> 다. 적군의 도시(?의) 침략
> 라. 아버지의 마누라(?의) 사랑

<N₁+술어명사> 구성에서 N₁ 자리에 오는 명사가 뒤의 술어명사의 행위자(agent)로 해석되면 (그리고 명사가 한정적이면), <N₁-의 술어명사>, '대통령의 방문', '대통령의 죽음' 등처럼 되는 게 일반적인 것 같고, N₁ 자리에 오는 명사가 술어명사의 대상(theme)으로 해석되면 '영어-강의', '교실-청소', '마누라-죽이기', '그림-그리기', '연-날리기', '종이비행기-접기', '리스트-작성'처럼 {의}가 개입되기 어렵다는 것을 관찰할 수 있다. 조사 {의}의 의미기능은 바로 이런 문제와 관련이 있는 것으로 보인다. 서술어에 대한 주체는 이미 존재가 전제되는 점과 서술어에 대한 객체는 그 사행의 결과로 해석될 수 있는 것이기 때문에 존재가 반드시 전제될 필요가 없다고 볼 수 있다. '선생님의 동그라미 그리기'에서 '그리기'가 이루어지려면 주체인 '선생님'이 있어야 하지만, '동그라미'가 미리 존재할 필요는 없다. 이런 생각은 기본적으로 조사 {의}를 소유의 격조사, 즉 속격조사보다는 인구어(印歐語)의 정관사(definite article)와 관련이 있는 그 무엇으로 보게끔 한다.[24]

이러한 일반적 현상은 소위 '창조동사(creation verb)'의 <N₁+V‒기> 형을 통해 보면, 분명해진다.

(37) 가. 튀김 만들기 ‒ *튀김의 만들기
나. 커피 끓이기 ‒ *커피의 끓이기
다. 김밥 말기 ‒ *김밥의 말기
라. 팥밥 짓기 ‒ *팥밥의 짓기

<N₁+N₂> 구성에서 수식어 자리에 오는 명사가 다른 수식어에 의해 수식되는 피수식어 위치에 놓이면, 반드시 조사 {의}를 수반해야 하는 경우가 많다. 이는 수식어에 의해 피수식어의 외연범위(extensité)가 제한되기 때문이라고 할 수 있다.[25]

(38) 가. 존경하는 아버지의 책상을 잘 보관했다.
나. ??존경하는 아버지 책상을 잘 보관했다.
다. 아버지 책상은 어느 것입니까?

3.2. 조사 {의}의 제약 : 동격 구성을 중심으로

현대국어의 동격 구성에서는 병치되는 명사에서 선행 명사에 {의}가 붙지 못한다. 앞에서 지적했듯이, 일본어에서는 'の' 구성이 가능한데, 그것은 일본어에서 기능동사/계사(繫辭) '이다'가 특별히 발달되어 있지 않기 때문에 형용사적(= 관형사적) 활용형인 '인'으로 동격 관계를 표시

---

24 이러한 점이 임홍빈(1981)에 암시되어 있다고 볼 수 있다. 임홍빈(1981)에서는 '유령의 회사/유령회사', '꽃의 향기/꽃향기', '담배의 불/담뱃불'의 의미차를 통하여 소위 속격조사 {의}가 문제의 대상에 대한 존재 전제를 요구하고 있어, {의} 구성은 화용론적인 전제와 밀접한 관련을 맺고 있다고 지적하고 있다.
25 외연(extension)과 외연범위(extensité)의 개념과 그 차이에 대해서는 목정수(2003: 158‒160)을 참조할 것.

할 수가 없기 때문에 조사 'の'를 사용하여 연결하는 것으로 파악하였다. 아무튼, 현대국어에서는 조사 {의}가 개입해서는 동격 구성이 유지가 되지 않는다.

(39) 가. 교수 어머니 = 교수인 어머니
　　　　 ≠ 교수의 어머니
　　나. 정복자 나폴레옹 = 정복자인 나폴레옹
　　　　 ≠ 정복자의 나폴레옹

지정관계 구성, 동격 관계 구성에서 {의}가 올 수 없다는 제약이 의미하는 바는 이렇다. 조사 {의}가 붙으면 선행 명사의 외연범위가 정해진다는 것이고, 그것은 담화(discourse)에서 구체화된 명사로 실현되어 (actualized) 화자의 머리에 개체화된 단위로 떠오른다는 것을 의미한다. 따라서 그 개체화된 존재로서가 아니라 속성만이 표현되는 동격 구성에서 {의}는 필요가 없는 것이다. 그 속성으로서의 명사가 후행명사에 연결되는 다른 방식은 기능동사/계사 '이다'의 형용사형(= 관형사형) '인'을 통해서 이루어진다.[26]

<N₁+N₂> 구성에서 선행명사의 수식어구가 길게 붙어 해당 선행명사 (N₁)가 외연적으로 한정을 받아 그 대상이 부각되면 될수록 조사 {의}가 붙을 가능성이 높아진다. 이것은 또 무엇을 의미하는가? 다음 예를 가지고 이 문제를 파고들어가 보자.

(40) 가. 가죽 구두
　　나. 좋은 가죽의 구두

(40나)는 '[[좋은 가죽의] 구두]'로 해석이 되지 '[좋은 [가죽의 구두]]'로 해석될 수 없다. 애초에 '*가죽의 구두'가 성립하지 않고 '가죽 구두'

---

[26] 'X – 는 Y – 이다' 구문에서 'Y'의 속성적 의미해석에 대해서는 목정수(2006)을 참조하기 바란다.

가 복합명사적으로 해석되는 것은 '가죽 구두' 구성에서 화자의 머리에 활성화되는 개념은 하나로서 '구두'만이 떠오르고 '가죽'은 '구두'의 속성으로 마치 형용사 수식어 같은 기능을 하기 때문으로 보아야 한다.[27] 그러나 '가죽'이 하나의 개체로 부각이 될 때는 {의}가 필수적으로 개입된다. 이는 거꾸로 {의}의 개입을 보면 선행명사구와 후행명사구의 독자성/개체성이 느껴진다는 것을 알 수 있다는 것이다. 머릿속에 활성화된 개체가 둘이라는 것이다. '가죽'과 '구두' 말이다.

다음의 예에서도 마찬가지이다. '소유자' 안의 술어명사 '소유'가 지배하는 대상이 '예쁜 다리'라면 (41나)처럼 표현되기보다는 (41가)와 같이 표현되는 것이 자연스럽다.

(41) 가. 예쁜 다리의 소유자
      나. *?예쁜 다리 소유자

마지막으로, 앞서 언급만 하고 지나간, 조사 {의}가 필수적으로 요구되면서 하나의 단위처럼 느껴지는 다음과 같은 표현에서 조사 {의}의 의미기능을 따져보아야 할 시점이 되었다.

(42) 가. 각고의 노력 = 뼈(를) 깎는 노력
      나. 통한의 눈물 = 원통해 하는 눈물

---

27 김창섭(1994)에서는 국어의 단어형성에서 'N+N'의 경우에 선행명사와 후행명사의 의미관계에 의한 합성 제약에 대해 논의하고 있다. 즉, 선행명사가 '형상', '재료', '수단·방법'이나 '동격'으로 해석되는 합성명사의 경우는 조사 '의'가 개입될 수 없다. 비속격 구성이라는 것이다. 본고는 두 명사의 의미관계가 어찌되었든 간에 선행명사의 독자성이 부각되지 않는 경우, 즉 한정조사 '의'가 필요 없는 경우만 합성어의 가능성이 높다고 본다. ex) 불꽃놀이 : *저불꽃－놀이, 칼춤 : *그칼－춤, 산나물 : *백두산－나물, 봄비 : *꽃피는봄－비 …
  아울러 합성명사의 내부구조에 대한 논의에서 조사 '의'의 개입 여부와 함께 사이시옷과의 상관관계를 공시·통시적으로 따져볼 필요가 있으나(김창섭(1994) 참조), 현재 필자의 능력 밖이고, 본고의 핵심 주제에서 다소 벗어나는 것으로 판단하여 건드리지 않기로 한다.

다. 열광의 도가니
라. 절망의 구렁텅이

(42가, 나)의 경우에는 '각고'와 '통한'이라는 서술성이 강한 명사가 후행명사를 수식하는 듯하다.[28] 해당 환언(paraphrase)을 참조해 보면 알 수 있듯이, 이러한 경우에 형용사형어미(= 관형사형어미)의 기능을 조사 {의}가 담당해야 하기 때문에 필수적으로 요구되는 것은 아닌가 조심스럽게 추정해 본다.

(42다, 라)에서는 '열광이라는 도가니', '절망이라는 구렁텅이'의 은유적 환언으로 바꿀 수 있는데, {의}와 결합한 선행명사가 오히려 명사구 구성의 핵어명사로 인식되는 특성이 있다.[29] 그렇더라도, 왜 조사 {의}가 필수적으로 요구될까? 그것은 아마도 '열광'과 '도가니'가 {의} 없이는 자체적으로 의미 관계를 맺기가 어려운 것이기 때문일 것이다. 현재로서는 이 정도의 답을 제시할 수 있을 뿐이다. 앞으로 더욱 더 확실한 설명력을 지닌 답을 찾을 수 있어야 할 것이다.

3.3. 조사 {의}와 명사화

앞에서, 우리는 형용사형어미(= 관형사형어미) '-은, -을'과 조사 {의}의 평행성 가설을 세운 바 있다. 이제 동명사형 어미로서의 형용사형어미(= 관형사형어미)를 생각했으므로, 평행하게 'X-의' 구성의 명사형 또는 명사적 기능에 대해 물음을 던지지 않을 수 없다. 일반적으로 'X-의' 구성은 홀로 쓰이지 못하고 후행하는 명사와 연결된다. 여기서 우리가 따져

---

28 이들 명사가 '하다'와 결합하지 못하는 것으로 보아, 진정한 의미의 술어명사라고 하기는 어려울 듯하다.

29 세종전자사전에서는 연어구성 요소를 연어핵과 연어변으로 나누어 기술하고 있는데, 이 때 '열광'과 '절망'이 연어핵이 되고 '도가니'와 '구렁텅이'가 연어변이 된다 (홍재성 외(2003, 2004, 2005) 참조).

보려는 것은 그 후행하는 명사가 생략되고 'X-의' 구성 자체만으로 'X-의 N'에 버금가는 기능을 담당할 수 있느냐 하는 것이다.

우리는 다음과 같은 현상에 주목하여 조사 {의}를 '소유/연결의 한정 조사'로 볼 수 있는 또 다른 근거를 마련하고자 한다. 주지하다시피, 현대 국어에서 상대존대 요소 '요'는 성분의 마지막 위치에 달라붙어 유동적인 모습을 보여주는 '디딤말(hedge)' 기능을 한다.[30] 즉 '요'가 결합될 수 있다는 것을 통하여 우리는 그것이 붙을 수 있는 것은 한 성분을 이루고 있는 것으로 해석할 수 있다는 뜻이다. 그렇다면 'X-의'라는 구성은 독자적인 성분의 지위를 가지는가? 아니면 후행하는 명사에 안겨 상위의 큰 성분 속에 매몰되고 마는가? 우리는 'X-의' 구성이 그 자체로도 하나의 성분을 이룰 수 있다는 것을 '요'의 결합 가능성을 통해 알 수 있다. 왜냐하면, 'X-의' 구성이 후행 명사에 매몰되어 버렸다면 '요' 개입에 대해 'X-의' 구성은 비가시적(invisible)인 고도(孤島)를 구성할 것이 예상되지만, 실제로는 그렇지 않기 때문이다. (43, 44)의 예를 통해 보더라도, 한국어에서 'X-의' 성분은 하나의 통사적 단위로 '요'와의 결합을 허용함을 알 수 있다. 이는 'X-의' 성분 자체가 자립성이 있다는 것을 말해 주는 것이 아닐까 한다.

(43)　A: 누구네/의 집에 불이 났다는 거야?
　　　B: 가. 김선생님네요/김선생님의요.[31]
　　　　　 나. ?김선생님요.

30　이정민·박성현(1991) 참조.

31　'김선생님의요'에 대해 어색하다거나 '김선생님요'가 더 자연스럽다는 지적이 있을 수 있겠다. 이에 대해 필자는 (43)의 대화 상황에서는 '김선생님의요'가 '김선생님요'보다 더 자연스러워 보인다고 생각한다. 주관적 차이를 극복하고 객관성을 확보하기 위해 설문조사를 한 결과, ["누구의 집에 불났냐고?" – "김선생님의요"(발음은 당연히 [김선생님에요]이다)]의 대화쌍에 대한 수용성에 있어서, 일반 한국어 화자들이 '김선생님의요'가 아주 자연스러운 발화라고 보고 있다는 점을 확인했다.

(44) 우리 선생님의요 … 거시기 뭐냐, 암튼 맘에 안 들어요.

　한국어 조사 {의}의 문법적 위상을 정립하기 위해 위 (43, 44)에서 언급한 {의}의 용법이 특이한 것이 아니라 일반적 현상으로 설명될 수 있음을 방증자료로서 루마니아어의 '소유관사(possessive article; 앞으로 p.a.로 약칭)와의 비교를 통해 살펴보고자 한다.[32] 그렇게 함으로써 우리는 {의}를 한정조사의 한 성원으로 규정하고자 한 모두(冒頭)의 목표를 달성하는 동시에 한정조사 {의}의 특수성을 짚어보고자 하는 것이다.[33] 루마니아어의 소유관사는 관련 선행명사의 성(gender), 수(number)와 일치를 하는데, 남성단수, 여성단수, 남성복수, 여성복수의 순서로 나열하면, 'al, a, ai, ale'가 된다. 소유관사는 소유물에 정관사가 붙지 않은 경우나 소유물과 소유자 사이에 다른 요소가 삽입된 경우에 사용된다. 그 소유관사 뒤에는 명사의 속격형(genitive)이 뒤따른다.[34]

(45) 가. fratele bunicului (할아버지(의) 형은)
　　　 brother‑the grandpa‑gen.
　　나. sora colegei mele (내 동료(의) 누나는)
　　　 sister‑the colleague‑gen. my
　　다. câinii vecinilor (이웃들(의) 개들은)
　　　 dogs‑the neighbors‑gen.

---

32 '의'와 똑같지는 않지만 영어의 '‑'s'의 용법 – at the barber's – 이나 일본어의 'の'의 용법 – 彼のです – 도 환기해 볼 필요가 있다.

33 전통적으로 소유관사(possessive article)라고 부르는 루마니아어의 이러한 소사(particle)는 루마니아어의 고유 특성으로 많이 알려져 있다. 참고로 프랑스어에서는 다음과 같이 대응된다.

(1) 가. un prieten al meu – un ami à moi (나의/내 한 친구가)
　　나. o colegă a ta – une collègue à toi (너의/네 한 동료가)

34 목정수(미간행)을 참조했음.

라. cămăşile lui Alexandru (알렉산더(의) 속옷은)
　　shirts ‒ the's Alexander

(46)　가. un băiat al meu (나의 아들이)
　　　　a　son p.a. my
　　나. această carte a băiatului meu (내 아들의 이 책은)
　　　　this　book p.a. son ‒ gen. my
　　다. nişte câini ai vecinilor (이웃들의 개 몇 마리가)
　　　　some dogs p.a. neighbors ‒ gen.
　　라. cămăşile acestea ale lui Radu (라두의 이 속옷은)
　　　　shirts ‒ the this　p.a. 's Radu

흥미로운 것은 수식을 받는 선행명사 없이도, 소유관사와 속격형 (대)명사의 구성만으로도 명사구의 대당자로서 명사 구성을 이룰 수 있다는 사실이다. 즉, 소유대명사 구조에서 소유관사 'al, a, ai, ale'가 소유물을 대치한다. 이러한 소유관사의 기능은 한국어의 {의}의 기능을 따질 때 시사하는 바가 크다고 할 수 있다. 그 평행성을 고려할 수 있게 하는 것이다.

(47)　A: Dicţionarul tău e aici? (니 책은 여기에 있니?)
　　　　dictionary ‒ the your is here
　　B: Da, al meu e aici; dar al tău unde e? (al = dicţionarul)
　　　　yes, p.a. my is here; but p.a. your where is
　　　　(어, 내 건 여기에 있어, 근데 네 건 어디에 있니?)

(48)　A: Asta e a cui? (이거 누구의 (것)이니? > 누구 거니?)
　　　　this is p.a. whose
　　B: Este al meu. (나의 (것)이야. > 내 거야.)
　　　　(it)is p.a. my

4. 결론

한국어 조사 {의}는 그 쓰임새가 복잡하고 의미해석이 다양하여 그 문법적 지위를 정확히 규정하기가 어렵다. 본고에서는 기존에 {의}에 대한 문법적 자리매김이 부분적인 자료와 비일관적인 틀에 의해 규정되어 왔음을 지적하고, 조사 {의}에 대한 형태·통사적 지위를 분포를 통하여 면밀히 검토해 보았다. 결론적으로 한국어 조사 {의}는 형태론적으로는 그 지위가 한정조사(determiner/article)로 정해져야 하고, 통사적으로 후행 명사와의 연결 기능을 하는 요소로 파악되어야 함을 밝혔다. 따라서 조사 {의}는 '소유/연결 한정조사(possessive determiner/article)'로 규정하는 것이 가장 바람직할 것이다.

구조적으로는 {의}가 인구어의 전치사와 정관사의 융합(amalgam)된 형태에 대응되는 것으로 파악하고, 세부적으로 {의}와 결합하는 명사의 속성에 따라 조사 {의}나 정관사 'le/the'의 실현 여부를 결정해주는 규칙을 설정해야 할 필요를 제시했다.

조사 {의}는 명사구 구성의 복잡한 내적 구조를 푸는 데 중요한 열쇠의 역할을 하는 만큼, {의}를 바탕으로 한 명사구의 내적 구조에 대한 세세한 연구가 뒤따라야 할 것이다. 구체적으로는 한영 번역을 위시한 한국어-외국어 번역에서 조사 {의}를 어떻게 번역/처리할 것인가의 문제도 실천적으로 재검토해야 할 필요가 있다.

참고문헌

권용경(2000), "석독구결의 'ㄴ(ㅅ)'에 대하여", 「형태론」 2-2, 307-321.
김광해(1981), "{-의}의 의미", 서울대학교 석사학위 논문.

_____(1984), "{-의}의 의미", 「문법연구」 제5집, 161-228.

김선효(2002), "현대 국어의 관형어 연구", 서울대학교 박사학위논문.

김승곤(2007), 「관형격조사 '의'의 통어적 의미 분석」, 경진문화사.

김영욱(1994), "불완전계열에 대한 형태론적 연구", 「국어학」 24, 87-109.

김완진(1959), "-n, -l 動名詞의 統辭的 機能과 發達에 대하여", 「국어연구」 2.

김창섭(1994), "국어의 단어형성과 단어구조", 서울대학교 박사학위논문.

南豊鉉(1999), 「國語史를 위한 口訣 研究」, 태학사.

목정수(2003), 「한국어 문법론」, 월인.

_____(2004), "복합명사의 내적 구성에 대한 연구: 세종전자사전의 목록과 선정기준을 둘러싸고", 「한국사전학」 제3호, 105-128.

_____(2006), "韓國語 문법 체계에서의 '이다'의 正體性: 기능동사 擁護論", 「어문연구」 132, 55-81.

_____(미간행), 「루마니아어 문법」.

민현식(1982), "현대국어의 격에 대한 연구", 「국어연구」 49.

서정목(1977), "15세기 국어 속격의 연구", 「국어연구」 36.

서정수(1996), 「현대 국어문법론」, 한양대학교 출판원.

성광수(1977), "國語 助辭에 대한 研究", 고려대학교 박사학위논문.

신선경(2002), "'의'의 실현양상에 대한 일고찰", 「국어연구의 이론과 실제」, 1091-1113.

이남순(1998), 「격과 격표지」, 월인.

이상욱(2006), "主語的 屬格에 대한 再論", 「형태론」 8-1, 1-27.

이승재(1995), "동명사 어미의 역사적 변화", 「국어사와 차자표기」, 남풍현선생 회갑기념논총, 215-252.

이정민·박성현(1991), "'-요' 쓰임의 구조와 기능: 문중 '-요'의 큰 성분 가르기 및 디딤말 기능을 중심으로", 「언어」 16-2, 332-361.

이필영(1998), "명사절과 관형사절", 「문법연구와 자료」, 태학사, 491-516.

박지용(2002), "현대 국어 속격 조사 {의}의 통사적 의미기능 고찰", 서울대학교 국어국문학과 학사 졸업논문.

박진호(1998), "고대 국어 문법", 「국어의 시대별 변천 연구 3 -고대 국어」, 국립국어연구원, 121-205.

양인석(1972), Korean Syntax : Case Markers, Delimiters, Complementation, and

Relativization, Paek Hap Sa(백합사).

이익섭·이상억·채완(1997), 「한국의 언어」, 신구문화사.

임홍빈(1981), "존재 전제와 속격 표지 {의}", 「언어와 언어학」 제7집, 61-78.

허웅(1983), 「국어학 어제와 오늘」, 샘문화사.

홍용철(2006), "한국어의 명사 확장범주", 「언어」 31-4, 657-684.

홍재성 외(2003, 2004, 2005), 「21세기 세종계획 전자사전 개발 분과 보고서」, 문화관광부.

제 3 부

한국어 어미의 문법

어미 분석의 방법론

• 정감적 의미와 형태 분석 : 청자지시 요소 {아} 분석을 위하여 •

1. 서론

1.1. 목적과 연구 대상

이 글은 한국어 종결어미의 체계를 세우기 위한 거시적 작업의 일환으로서 이루어진 작은 시도이다. 우리는 전통적으로 소위 서법(의문, 서술, 명령, 청유, (감탄))[1] 어미의 높임법 체계에서 '아주낮춤'의 등급으로 분류되어 왔던 종결어미들−예를 들어, {구나}의 경우−에 국한하여, 하나의 형태소 안에 융합되어 있던 것에서 형태 {아}의 분석 가능성과 필요성을 모색·제시하고, 이렇게 분석된 형태소의 의미 기능을 인칭(personne)의 시각에서 '청자지시 요소(= 2인칭화 요소)'로 규정해 보려한다. 이러한 분석은 형태(= 시니피앙)와 의미(= 시니피에)의 합일 관계를 적극적으로 고려하는 일반언어학적 시각에 토대를 두고 있다. 제목에서 제시된 '정감적(affectif) 의미'가 언어분석에서 중요하게 다루어져야하는 까닭이 바로 여기에 있다 할 것이다. 그럼에도 불구하고, 언어분석

---

[1] 허웅(1983:225–230)의 마침법(의향법)의 하위범주에 해당한다.

에서 정감적 의미가 대개는 적극적으로 고려되지 못한 채, 상대적으로 지적(intellectuel) 의미나 논리적(logique) 의미에 가려져 온 이유는 무엇일까? 이런 문제제기는 현대 언어학의 주류가 되고 있는 미국 언어학의 지적(知的) 정황(情況)을 재구성해 보여줌으로써, 언어학 흐름의 한 가닥을 잡는 데도 도움이 될 것이다.[2] 정감적 의미가 구체적으로 무엇을 의미하는가와 왜 그러한 의미를 고려해야 하는가는 앞으로의 논의과정을 통해 자연스럽게 드러나게 될 것이다.

구체적으로 본고의 논의 대상이 되는 언어 자료는 한국어의 종결어미 중에서 동명사형 어미[3]—관형사형어미 {(으)ㄴ, ㄹ}과 명사형 어미 {(으)ㅁ}—뒤에 출현하는 것으로 분석될 수 있는 {아} 요소이다 : (예쁘)—**구나**(〈**군아**); (먹어)—**라**(〈**ㄹ아**); (죽)—**으마**(〈**음아**); (먹)—**으려마**(〈**렴아**).

---

2 논리 실증주의적 계통을 따르는 촘스키 계열의 미국 언어학에 익숙해져 있는 독자들은 일단 '정감적 의미(sens affectif)'라는 용어가 생소할 수 있을 것이다. '정감적'이란 용어에 대해서는 Troubetzkoy(1957), Jakobson(1970), Prieto(1972) 등을 참조할 수 있으며, 현대언어학에서 흔히 쓰이는 양태(modalité)란 개념에 포괄될 수 있을 것이다. 다만 우리가 굳이 생소한 'affectif'라는 용어를 사용하고자 하는 것은 형태분석의 선행조건은 의미분석인데, 대개의 언어분석에서 지적·논리명제적 의미에만 치중하고 있기 때문에(Chomsky(1965), Akmajian and Heny(1975) 참조), 온전한 의미분석이 이루어지려면 이와 여집합을 이루는 의미를 고려해야 할 것이고, 바로 이러한 의미는 지적 의미에 대한 상대 개념이므로 '지적'이란 용어의 상대적 용어 '정감적'이란 용어가 가장 적합하다고 판단했기 때문이다. 따라서 'affectif'란 용어를 '정감적'으로 옮기든, '정서적' 또는 '양태적'이란 말로 옮겨 사용하든 큰 상관은 없을 것이다.

3 Ramsdedt(1939), 김완진(1959), 서태룡(1988), 이홍식(1998) 등을 참조할 것. 여기서 분명히 하고 넘어갈 것은 '관형사형어미'는 편의상 기존 한국어 문법의 용어를 그대로 따른 것이고, 우리의 용어로는 '형용사화 어미'에 해당한다(목정수(2002) 참조).

1.2. 논의의 토대와 방법론

본격적인 분석 작업에 앞서, 언어에 대한 우리의 기본 시각을 제시하고자 한다. 관점이 대상을 만들어 내기 때문이다. 우리는 의사전달(communication)의 기능적 측면과 발화행위(énonciation)의 시각에서 언어의 의미가 어떻게 산출되고, 어떻게 규정되어야 할 것인가를 논의한다. 첫째, 기능적 입장은 프리에토(Prieto)의 의사전달 기호학(sémiotique de communication)의 기능(fonction) 개념에 토대를 두고 있다. 프리에토와 더불어 우리가 여기서 의미하는 언어의 기능이란 화자(= 나)가 남을 이해하고 자기자신을 남에게, 즉 청자(= 너)에게 이해시키는 기능, 즉 전달 도구로서의 기능을 말한다. 이때, 구체적 사실을 언어실재체(entité)로 분류하는 언어학적 작업/활동의 기준이 되는 기능이란 구조 내에서의 내부적 기능이 아니라, 전달활동에서의 동적인(dynamique) 기능을 말한다. 이처럼 언어란 전달의 도구로서 존재하는 것이므로, 언어의 기능이란 당연히 전달활동에서 파악되어야 한다는 것이 우리가 견지하는 입장이다.[4] 둘째, 발화행위적 시각이란, 언어를 언어학의 대상으로 할 때, 그것을 말 행위의 산물로서 언어상황과 관련지어 고려한다는 것이다. 따라서 본고에서 분석 대상으로 삼는 자료체(corpus)는 전달활동을 목표로 '너'와 '내'가 구체적인 상황에서 주고받는 대화체/구어체 발화(énoncés)이다.[5] 본고가 지향하는 문법관은 언어를 나타나는 현상 그대로 담화현장과

---

4 프리에토에 따르면, 전달활동이란 화자가 자신과 청자 간에 특정의 신호를 통해서 일정한 사회적 관계, 즉 뜻(sens)을 설정하는 활동을 말한다. 그리하여 프리에토는 실제의 전달활동, 즉 말(parole) 행위가 목적으로 삼고 있는 뜻의 설정에 대해서 소리무리(phonie)가 하는 공헌, 즉 기능을 기준으로 하여 구체적인 사실인 소리무리와 뜻을 언어실재체인 시니피앙과 시니피에로 각각 분류하는 것을 기능 이론의 목표로 삼고, 시니피에의 기능 이론에 주목하게 된 것이다(박형달(1968)에서 간접 인용).

5 언어자료의 성격에 대한 자세한 설명은 목정수(1998ㄴ:32–33)을 참조할 수 있다.

언어주체와의 연관성 속에서 일관된 원리로 파악하고자 하는 형태 중심의 발생적(génétique) 시각이다. 여기서 형태 중심이라 함은 무한한 개방 부류의 어휘요소를 유한한 문법요소들의 꽉 짜여진 체계에 종속시키고, 그를 선행조건으로 무한한 그 의미효과의 결과를 해석해 내는 시각을 의미한다. 또한 발생적이라 함은 언어표현의 동일성(identité)과 차이 (différence)를 먼저(avant)와 나중(après)의 심리적 시간 순서로 파악함을 의미한다.[6]

한국어 어미의 체계를 잡으려면, 어휘 중심을 이루고 있는 첫 번째 동사어간을 출발로 해서 그 뒤에 교착될 수 있는 어미들의 총집합을 따질 것이 아니다. 먼저 동사 확장의 마지막 끝을 이루는 종결어미 목록을 확정하여 그것의 지위를 결정하고, 그 다음에 나머지 어미들의 상대적 지위나 기능을 밝혀야 한다. 그렇게 하지 않으면, 한국어 어미들의 목록 전체를 얻을 수도 없고, 계량적으로나 경험적으로 축적된 수많은 어미들은 그냥 따로따로 존재하는 것이지 일정한 체계를 이루고 있다고 보기 어렵다. 수백 개의 어미를 두고 수백 개의 문법범주가 나누어져 있다고 보기에는 언어의 체계성이나 일관성과는 거리가 멀어 보이기 때문이다.

---

6 우리가 형태를 중요시하는 것은 의미가 형태를 통해서만 나타나기 때문에 의미 연구도 형태에 의지해서 연구해야만 하며, 그렇지 못하면 그것은 하나의 투기적인 (spéculatif) 것이 될 수밖에 없다는 평범하고 당연한 사실 때문이지 형태에만 집착한다는 것을 의미하지 않는다. 이런 시각은 구체적이고 동일한 한국어의 자료가 다양하게 해석되고 분석되는 이유와 특정한 이론 틀 내에서 이루어지는 분석이 순환론에 빠질 수밖에 없는 까닭을 찾아 드러낼 수 있는 메타적인 비교론적 작업으로 연계될 수 있다는 점에서 일반언어학적 의의가 크다고 할 수 있다. 개별 언어나 특정 이론을 탈피하는 일반언어학적 작업의 필요성이 부각된다 하겠다(Guillaume(1929), 박형달(1996) 참조).

2. 형태소 {아}의 분석 가능성과 그 근거

2.1. 문제제기 : 동명사형 어미의 위상

한국어의 종결어미로 분류되고 있는 어미들의 목록을 보면 어말음이 모음 /아/로 끝나는 것이 많이 있다.

> (1) (ㄴ)가, (는)가, (ㄹ)까, 다, (ㄴ)다, (는)다, 자, (는)구나, 누나, 아/어, 나, (으)라, 어라, 느라, 더라, 노라, 으마, 려마, 려무나 …

이 중에서 특히 눈에 띄는 것은 관형사형어미 {(으)ㄴ, ㄹ}과 명사형 어미 {(으)ㅁ}, 소위 동명사형 어미와 결합된 것으로 분석할 수 있는 통합형어미들이다. 본고에서 문제 삼고자 하는 것은 머리말에서 언급했듯이, {구나}, {어라}, {으마}, {려마}의 통합형어미이다.

먼저 동명사형 어미 {(으)ㄴ, ㄹ, ㅁ}의 문법 체계상의 지위를 규명하기 위해 그것이 교착될 수 있는 환경, 즉 분포를 살펴보자.

현대국어에서 명사형어미 {(으)ㅁ}과 {기}는 문장 종결 기능을 충분히 수행할 수 있다. 소위 명사문이라고 하는 것이 여기에 해당한다.

> (2) ㄱ. 그건 내가 맡기로 함!
> ㄴ. 다시는 그런 짓 하기 없기!
> ㄷ. 남자는 배, 여자는 항구!

이 동명사형 어미들 중에서 관형사형어미 {(으)ㄴ, ㄹ}은 그 자체로 명사적 기능을 담당하기 어렵지만, 이들도 다음과 같이 피수식 성분 없이도 문장을 종결지을 수는 있다. 이런 점 때문에 {(으)ㄴ, ㄹ}과 {(으)ㅁ}을 동명사형 어미로 묶어 볼 수 있는 것이다.[7]

(3) ㄱ. 저런 저런 불쌍한! / 그 사람 가던?

ㄴ. 저 죽어도 쌀!

ㄷ. A : 오늘 중요한 날이잖아요.　B : 중요하긴 무슨 얼어죽을!

그러나 동명사형 어미 중에서 관형사형어미 {(으)ㄴ, ㄹ}은 그 뒤에 다른 어휘가 올 수 있는 여지를 남기고 있다. 따라서 앞의 어간을 중심으로 보면 종결적 기능을 하고 있는 것처럼 보이지만, 실제로는 고유한 종결의 위치에 와서 문장을 완전히 끝맺는 요소라고 단정하기가 어렵다.

(4) ㄱ. 불쌍한 (자식)!

ㄴ. 죽일 (놈)!

ㄷ. 가는 (데가 어디야)?[8]

이제 동사 어간 이외의 다른 어미들과 동명사형 어미 {(으)ㄴ, ㄹ}과 {(으)ㅁ}의 결합양상을 살펴보자. 이는 동명사형 어미 자체의 위상뿐 아니라 그와의 결합 제약을 통해 그에 선행할 수 있는 어미들의 목록을 정하고 그 문법적 위상을 보여주기 위함이다. 동명사형 어미가 어간 바로 뒤에 오고, 문장을 종결시킬 수 있느냐만을 따지는 것은 전체 어미 체계에서의 동명사형 어미의 위치를 설정하는 데 큰 도움이 되지 못하기 때문이다.

Ⅰ. {(으)ㄴ}이 다른 어미 뒤에 결합하는 예 : 는, 던, 건, 거든, (으)냔, (느)냔, (는)단, 잔, (으)란, (으)련, (는)군, 더군, (이)로군

7　현대국어보다는 고대국어나 중세국어에 이러한 용법이 흔했다고 한다.

8　'나 가는 데는 천국이야'의 {데}를 불완전 형식명사로 '나 가는데 왜 그래?'의 {는데}를 연결어미로 보는 것이나, '내가 떡 만든 지도 벌써 10년이나 돼'의 {지}를 불완전 형식명사로, '그 사람 죽었는지 아무 소식이 없대'의 {는지}를 연결어미로 나누어 보는 것에 대한 비판으로는 유현조(1998)을 참조할 것.

Ⅱ. {(으)ㄹ}이 다른 어미 뒤에 결합하는 예 : 걸랑, 거들(랑), 거늘, 거라, 더라, 노라, (으)냘, (느)냘, (는)달, 잘, (으)랄, (으)렬

Ⅲ. {(으)ㅁ}이 다른 어미 뒤에 결합하는 예 : (는)담, (는)감, (으)람, (으)렴

위에서 동명사형 어미 {(으)ㄴ, ㄹ}과 {(으)ㅁ}이 다른 어미들에 붙을 수 있는 경우를 조사했다. 다음은 동명사형 어미가 다른 종결어미와 결합하는 양상을 보여주는 구체적인 예들이다. 명사형 어미 {기}까지 포함하여 제시한다.

(5) ㄱ. 그래 어쨌단 말이야/ 뭐 좀 예쁘달까/ 이를 어쩐담/
    (그 사람 잘 한다기로서니)
  ㄴ. 정말 가난 질문에/ 예쁘날 왜 따져/ 벌써 했남/ (떠나느냐기에)
  ㄷ. 가잔께/ 그걸 먹잘 사람이 있을까/ (잘 해보자기로서니)
  ㄹ. 빨리 먹으란 소리야/ 가랄 순 없지/ 이걸 어떻게 먹으람/
    (먹으라기에 먹었지)
  ㅁ. 다 먹었으련만/ 먹으렬지 모르겠어/ 먹으렴/ (먹으려기에 막았어)

동명사형 어미 {(으)ㄴ, ㄹ}, {(으)ㅁ}이 교착될 수 있는 환경을 통해서 우리는 두 가지 사실을 도출해 낼 수 있다. 하나는 {느, 더, 거, 구, 거드, 더구} 같은 선어말어미는 관형사형어미 {(으)ㄴ, ㄹ} 앞에서만 나타나는 분포적 제약을 보여 준다는 점이다. 다른 하나는 종결어미 중에서 {다, 냐, 자, 라, 려}만이 동명사형 어미 앞에 올 수 있다는 점이다. 이러한 면은 소위 인용의 표지인 {-고}와 연결어미 {-(으)니까}, {-(으)며}와의 결합양상에서도 동일하게 드러난다.

(6) ㄱ. 좋다고/ 가냐고/ 가자고/ 먹으라고/ 먹으려고
  ㄴ. [?]좋냐고⁹⁾/ *좋아고/ *가나고/ *가지고/ *먹고고/ *먹게고

(7) ㄱ. 간다니까/ 좋으냐니까/ 가자니까/ 먹으라니까/ 가려니까

　　ㄴ. ?춥냐니까/ *슬퍼니까/ *춥나니까/ *먹지니까/ *가고니까/ *하게니까

(8) ㄱ. 간다며/ 좋으냐며/ 가자며/ 먹으라며/ *먹으려며[10]

　　ㄴ. *?덥냐며/ *추워며/ *춥나며/ *덥지며/ *가고며/ *하게며

위에 제시한 {다, 냐, 자, 라, 려} 이외의 종결어미들에는 동명사형 어미가 결합할 수 없다는 것을 다음의 예들이 구체적으로 보여준다.

(9) *좋닌 말이야/ *다 먹언 말이야/ *그 사람 죽었난 말이야/
　　*너 먹진 말이야/ *장사는 잘 되곤 말이야/ *잘 살겐 말이야

(10) *?먹날 말이야/ *먹얼 수 있나/ *잘 사날까/ *잘 하질 말이야/
　　*애들은 잘 크곤 말이야/ *나만 좋겔지?

(11) *?먹냠/ *먹엄/ ?먹남/ *먹짐/ *먹곰/ *먹겜

(12) *먹니기에/ *먹어기에/ *먹나기에/ *먹지기에/ *먹고기에/ *먹게기에

이제 우리에게는 이러한 사실을 어떻게 포착할 수 있느냐가 중요한 문제로 떠오른다. 우리는 기존에 종결어미 목록에 포함된 것들 중에서 문장을 완전히 끝맺는 기능을 하는 순수종결적 어미와 準종결적 어미를 구분할 필요를 느낀다. 종결어미를 순수종결적 어미와 준종결적 어미로

9　'좋냐고'와 '좋냐니까'에 문법성에 의심을 표한 것은 {냐}가 순수의문을 나타내는 종결형으로 쓰이지만, 인용표지하고 연결될 때는 다음과 같은 형식이 자연스럽다고 판단되었기 때문이다.

　　(1) 내가 그렇게 좋냐? 그렇게 좋으냐고!
　　(2) 이거 어떻게 먹냐? 어떻게 먹으냐니까!

10　(6-8)의 예에서 종결적으로 쓰인 경우와 연결적으로 쓰인 경우가 섞여 있다. 그 결합가능성만을 따져 보기 위해서다. 따라서 그 문법성 판단을 위해서는 다음과 같은 사실을 염두에 두어야 한다 : {고, 니까, 며}가 종결어미적으로 쓰였을 때는 3인칭의 말을 인용하는 표지로 쓰일 수 없고, 특히 {-니까}는 1인칭의 말을 인용하는 대답의 형식으로만, {-며}는 2인칭의 말을 인용하는 의문의 형식으로만 사용될 수 있다. 반면에 연결어미적으로 쓰였을 경우에는 3인칭의 말을 인용하는 표지로 쓰인다.

나누었을 때, 우리는 비로소 준종결적 어미가 인용 표지(= 연결표지) 없이 독립적으로 문장을 끝맺을 수도 있지만, 그 경우에 왜 감탄이니 명령이니 하는 양태적 의미가 동반되는가를 설명할 수 있게 된다. 그리고 이러한 부류의 어미를 연결시켜 주는 대표형으로 인용 표지의 {-고}가 있다는 의미에서, 이들 준종결적 어미 부류는 서구문법의 접속법(subjonctif) 어미들에 대응한다고 볼 수 있다. 즉, 이 인용표지 없이 독립적으로 쓰인 다음과 같은 예문들이 단순 시술형에 그치는 것이 아니라 반드시 감탄이나 명령의 의미를 동반하게 되는 것은 이들 준종결적 어미들의 체계상의 위치 때문으로 설명될 수 있는 것이다. {다}의 접속법적 어미의 성격은 다음과 같은 예에서 찾을 수 있다.

(13) ㄱ. 밥은 오분내로 먹는다! 알았나?
　　　ㄴ. 와 저 여자 각선미 죽인다!
　　　ㄷ. 야, 힝기스 정말 테니스 잘 친다!
　　　ㄹ. 와, 정말 덥다!

인구어의 경우에도, 예를 들어, 불어나 영어의 동사의 접속법 형태가 독립적으로 쓰이면, 유사한 감탄이나 명령의 의미효과가 발생한다는 점을 염두에 둘 필요가 있다.

(14) ㄱ. N'aie pas peur!
　　　ㄴ. Sois sage!
　　　ㄷ. Que personne ne sorte pas!
　　　ㄹ. Be quiet!
　　　ㅁ. It couldn't be better, today!

따라서 한국어 종결어미 중에서 동사의 확장의 끝을 결정하여 더 이상 확장될 수 있는 여지를 남기지 않는 순수 종결어미에는 {냐/니, 아/어,

나, 지, 고, 게}를 설정할 수 있음을 알 수 있다. 이들 부류는 서구문법에 비유하자면 직설법(indicatif) 어미들에 대응한다고 볼 수 있다. 반면에 {다, 냐, 자, 라, 려}는 독립적으로 쓰여 문장을 종결짓는 것처럼 보일 수도 있지만, 사실은 연결적 요소로 사용되어, 뒤에 순수종결적 어미들이나 다른 어미들이 붙을 수 있는 환경을 마련하고 있음을 알 수 있다.

(15) ㄱ. 이 엄마는 너만 보면 가슴이 메어진단다.
　　 ㄴ. 선생님이 나 언제 떠나느냐지?
　　 ㄷ. 아버지가 빨리 가자셔.
　　 ㄹ. 빨리 먹으라니까, 왜 말을 안 들어.
　　 ㅁ. 소풍 가려니까, 또 비야!

마지막으로 한국어 종결어미 중에서 동명사형 어미 {(으)ㄴ, ㄹ, ㅁ}의 위상 문제가 남는데, 이 부류를 서구문법의 준명사법(quasi-nominal) 어미들에 대응된다고 보면, 이 준명사법 어미들은 명사가 담당할 수 있는 기능을 수행함과 동시에, 그 뒤에 피수식 성분-(형식)명사적 요소-이 올 수 있는 환경을 만들어 주는 연결적 기능을 수행한다고 할 수 있다.

(16) ㄱ. 그건 다 네가 미운 때문이야.
　　 ㄴ. 이제 갈 때가 된 거야.
　　 ㄷ. 네가 언어학을 공부함 직도 한데.
　　 ㄹ. 다 네가 좋기 때문이지.

이처럼 동명사형 어미의 전체 어미체계 속에서의 위치와 그 성격을 정립하고 나면, 본고에서 문제삼고 있는 통합형어미 {구나}, {어라}, {으마}, {려마}에서 동명사형 어미 {(으)ㄴ, ㄹ}이나 {(으)ㅁ} 뒤에 오는 것으로 분석될 수 있는 형태소 {아}는 동명사형 어미 뒤에 놓인다는 점에서 형식명사적 요소라고 할 수 있다. 이 형식명사적 요소 {아}는 '다'나 '자'의 어말음 /아/나 '잡아', '먹어'의 종결어미 {아/어}하고는 다른 것이다. 예를 들어, 순수 대답적 종결어미 {아/어}나 부사형 어미 {아/어}는 어간의 모음 환경에 동화되는 종결어미이지만, 형식명사적 요소 {아}는 영향을 주는 어간(= 어휘)에서 벗어나 있다. 형식명사적 요소 {아}가 어간의 영향을 받지 않는 이유는 종결어미인 동명사형 어미 {(으)ㄴ, ㄹ, ㅁ}이 방벽으로 작용하고 있기 때문이다. 따라서 {아}는 어간의 동화작용(= 모음조화)의 영역에서 벗어난 새로운 어휘적 요소라는 것을 알 수 있다.

(17) ㄱ. 잡아/*잡어 // 먹어/*먹아

ㄴ. 잡아라/*잡어라 // 먹어라/*먹어러

이런 점에서 동명사형 어미 뒤에 오는 요소는 일종의 형식명사라 할 수 있는 것이다. 그것의 어휘적 의미가 무엇인가 또는 자립적으로 쓰일 수 있는가의 문제를 떠나 그 자리에 분포할 수 있다는 것은 그것의 지위가 명사적이라는 것을 의미한다고 볼 수 있다.

(18) 먹는 양/ 죽은 듯/ 싫은 척 // 먹을 바/ 좋을 법/ 좋을 수/ 먹을 터/ 먹을 만 // 먹음 직

따라서 한국어 종결어미로 처리되어 온 일부의 통합형어미들은 이런 구조로 더 분석될 여지를 남기고 있다.

(19) 좋은 가/ 먹은 아(←먹으나)[11]/ 가련 아(←가려나)/ 좋군 아(←좋구나) // 먹을 까 // 먹음 아(←먹으마)/ 먹으렴 아(←먹으려마)

---

11 '가나/먹으나'처럼 연결형어미로 쓰인 경우와 '가나?/먹나?'처럼 의문의 종결형어미로 쓰인 경우를 혼동해서는 안 된다.

2.2. 기존 분석 사례

이처럼 눈에 띄는 분포적 특성에도 불구하고 형태소 {아}는 독자적인 형태로 분석되지 않고 있다. 국어학계에 규범적으로 받아들여지고 있거나 다른 시각으로 분석되는 사례를 소개하면 다음과 같다.

2.2.1. 고영근(1989)는 {군}을 {구나}의 준말 형식으로 보아 둘을 분석하지 않고 변이형으로 처리하고 있다. 그의 분석 태도는 Martin(1969)의 분석에 대한 고영근(1983:382-283)의 비판 속에 그 내용이 그대로 들어있기 때문에, 해당 부분을 그대로 인용하는 것으로 대신하고 자세한 언급은 생략하기로 한다.

① "The vocative-exclamatory particle *a/ya*
감탄법어미 '-구나'를 '군'과 '아'로 분석하여 이는 체언 다음의 호격조사 '아/야'와 그 기능이 같다는 것이다. 저자(= 마틴)가 지적하는 바와 같이 호격조사에는 단순한 부름 이외 감탄의 의미를 찾을 수 있으므로 의미상의 공통성이 발견되는지는 알 수 없으나 이러한 분석방법은 올바르다고는 할 수 없다. 종전에는 '-군'을 '-구나'의 줄어진 형식으로 보아왔다는 것만 지적해 둔다."
② "Making promises with *-um a/sey*
해라체와 하게체의 약속법 '-(으)마'와 '-(으)ㅁ세'를 명사형 어미 '-(으)ㅁ'에 post-substantive '-아', '-세'가 붙은 것이라고 한다. 저자(= 마틴)도 종전의 한국문법가들은 이들을 분석 불가능한 것으로 보았다고 한다. 저자(= 마틴)의 분석절차가 옳은지는 더 생각해 봐야 하겠으나 '-(으)ㅁ'이 약속의 의미로서 양자에 공통되어 있는 것만은 사실이다."

2.2.2. 서태룡(1987:70)의 분석은 다음과 같다.

{구} + {(으)ㄴ} + {아}
선어말어미　동명사어미　정동사어미

서태룡의 분석은 우리의 분석과 일치하는 점이 있지만, 형태분석이 이루어지는 근거가 확실치 않고, 형태분석의 기반을 형태에서 찾는 태도를 보인다는 점을 지적할 수 있다. 그는 {아}를 정동사어미, 즉 '먹어', '잡아' '써', '가'의 {아/어}로 분석하고 있는 것이다. 만일 이것이 정동사어미라면 선행어간의 모음 계열에 따라 변이형을 보여주어야 할 텐데, 사실 그렇지 않음은 앞에서 살펴본 바와 같다. 우리는 형태의 철저한 분석은 의미의 관계를 포착하기 위한 것이지 형태 자체를 분석하기 위한 것은 아니라는 점을 중요시 한다.[12]

2.3. 형태소 {아}의 분석 가능성과 그 의미 기능

이제 우리에게 남은 문제는 이렇게 분석되는 구조에서 명사적 요소라고 할 수 있는 {아}의 성격을 밝혀보는 것이다. 지금까지의 한국어 문법에서는 이러한 구조는 하나의 연쇄·융합형으로 기술되어 왔다. {ㄴ가}, {ㄹ까}, {으나}, {으마}, {구나} 등으로. 그러나 우리가 이러한 통합형어미를 분석적으로 나누는 이유는 이렇게 분석된 {아}가 공통적인 의미기능을 하고 있는 듯이 보이기 때문이다. 그럼에도 불구하고, 그 의미기능이 지금까지 인식되지 못한 이유는 무엇일까? 그 이유는 언어분석의 대상으로 명제적, 논리적, 지적 의미만을 대상으로 하는 연구가 언어학의

---

12 이에 대해서는 서두에서 제시한 본고의 언어분석관을 참조할 것.

주류를 이루어 왔기 때문이라고 할 수 있다. 언어를 있는 그대로 파악하지 않고, 논리 구조로 환원시켜 파악해 왔던 전통적, 논리적 언어관에서 탈피하지 못하면, {아}가 가지고 있는 의미기능을 무시하거나 중요하지 않은 주변적인 것, 또는 상황적인 의미로 치부하게 되어 있다. 이처럼 논리적 의미의 시각에서 보면, 다음과 같은 쌍의 발화체는 동치 관계를 이룬다고 기술된다.

> (20) ㄱ. 예쁘군 : 예쁘구나.
> ㄴ. 내가 먼저 감 : 내가 먼저 가마.
> ㄷ. 먼저 가 : 먼저 가라.[13]

그러나 위의 두 쌍은 그 사용되는 바가 분명히 다른 완전히 다른 말이다. 그렇다면 그 다름은 어디에서 유래한다고 봐야 할까? 일단 의미를 형태에 입각해서 파악하는 우리는 바로 그 형태의 차이에서 그 의미차이가 기인한다고 볼 수밖에 없다.

논리적 시각에서 두 문장의 동의 관계를 다루려면, 어느 하나를 기저로 놓고 다른 하나는 표층으로 유도된(= 파생된) 것으로 파악해야 하고, 그 관계를 유지하기 위해 흔히들 생략이란 기제를 사용하게 된다. 그러나 이는 심층과 표층의 문제를 다루는 것이 아니다. 표층의 동일한 차원에 실현된 다른 두 가지의 말 사이의 관계이기 때문에 심층과 표층의 문제가 아닌 것이다. 다음의 두 말을 비교해 보면 금방 알 수 있다.[14]

---

13 {라}의 경우에 대립쌍으로 '*먹얼' : '먹어라'이 성립되지 않으므로 {라}에서 {아}를 추출할 수 있느냐의 문제가 제기될 수 있으나, 분석된 청자지시 요소 {아}가 있는 {구나}, {으마}의 경우와 비교해 보았을 때 평행한 의미차가 발견되고, 청자존대 요소 {요}와의 결합제약에서 동일한 행태를 보여주므로 {라}를 관형사형어미 {(으)ㄹ}과 형식명사 {아}로 분석할 수 있는 근거가 마련된다.

14 생략(ellipse) 또는 삭제(suppression)의 기제로 조사나 어미의 생략 현상을 설명하려는 논의의 순환성에 대해서는 목정수(1998)과 유현조(1998)을 참조할 수 있다.

(21) ㄱ. 아줌마, 미성년자에게 담배 팔아요?

     ㄴ. 아줌마, 미성년자에게도 담배를 팔아요?

(21ㄴ) 문장에서 {를}을 단순히 '담배'를 '팔다'와 관계짓기 위해 쓰인 목적격 조사가 아니라 담화적 기능을 담당하는 한정조사(determiner)로 파악하지 않으면 당연히 (21ㄱ)을 (21ㄴ)의 심층구조에서 생략의 기제가 적용된 표층문(= 생략문)으로 파악하게 되는 것이나 마찬가지이다.[15]

3. 인칭(personne)의 관점에서의 분석

3.1. 의미와 형태의 대응성

결과적으로 우리의 분석은 Martin(1969)와 서태룡(1987)의 분석과 부분적으로 겹치는 면이 있다. 그러나 우리의 분석의 차별성은 분석 근거가 다르다는 데에 있다. 형태적으로 그렇게 분석하는 것은 언어기호에 대한 태도와 의미를 바라보는 시각이 다르다는 것을 뜻한다.

먼저 동명사형 어미와 통합되어 있는 {아}의 존재 여부에 따라 대립할 수 있는 발화체(énoncé)를 다시 한 번 제시해 본다.

(22) ㄱ. 내가 감.

     ㄴ. 내가 가마.

(22ㄴ)의 예만 가지면 어미 {마}를 상정할 수도 있지만, {마}는 어간에 직접 교착될 수 있는 종결어미가 아니라 {(으)ㅁ}에 {아}가 붙은 것으로

---

15 목정수(1998ㄱ, ㄴ)을 참조할 것.

분석된다. 그 근거는 자음으로 끝난 어간에 {마}가 직접 교착될 수 없다는 사실에서 찾아진다.

(23) *먹마/ *신마/ *긴마/ *갈마/ *삼마/ *깁마/ *짓마/ *맞마/ *좇마/ *맡마/ *갚마/ *빻마

따라서 {마}를 약속의 서법을 나타내는 종결어미로 보고 자음으로 끝나는 어간 뒤에서는 삽입모음 '으'가 개입된다고 보는 처리방안도 가능하기는 하지만, 이럴 경우에는 우리가 심각하게 제기하는 의미에 대한 인식의 문제가 발생한다. 이렇게 되면, '먹음'도 {먹}에 명사형 어미 {ㅁ}이 붙어서 된 것이고, {먹}이 자음으로 끝났기 때문에 삽입모음 '으'가 개입된 것으로 볼 수 있다. 그래도 결국은 '먹음'과 '먹으마'의 차이는 {ㅁ}과 {마}의 차이로 환원되기는 마찬가지다. 그러나 다음 예문의 짝에서 보듯이, 삽입모음 '으'는 그것의 개입 여부에 따라 의미의 차이를 발생시키지 않으므로, 하나의 형태소로 규정하기 힘들다. 단지 음운론적 현상일 뿐이다.

(24) 여기에 오신 할아버지 : 기회를 잡으신 할아버지
(25) 대통령 될 사람 : 사과 먹을 사람

다음의 대립쌍에서는 분명히 의미차를 느낄 수 있다. 그 차이를 어떻게 설명하느냐는 다른 차원의 중요한 문제지만, 일단 그 차이를 우리가 분명히 감지할 수 있다는 점이 중요한 사실이다.

(26) ㄱ. 내가 먹음 : 내가 먹으마.
     ㄴ. 내가 함 : 내가 하마.

계속해서 감탄형 종결어미 {군}과 {구나}의 대립을 놓고 그 형태의 분석 가능성을 타진해 보자. 예문의 표기법에서도 잘 드러나듯이, '예쁘군'은 다음과 같이 분석되는 것이 일반적이다. {군}을 준말 형식으로 보고, 본디말의 형태를 복원하여 {구나}를 설정하는 것이다.[16]

(27) 예쁘-군 ∽ 예쁘-구나

'예쁘구나'의 경우는 두 가지의 분석 가능성을 찾을 수 있다. 하나는 '구나'를 한 덩어리로 분석하여 '군'의 변이형태로 처리하는 것이다. 이는 위의 {군} 분석과 비교했을 때, 결국 마찬가지 분석이라 할 수 있다. 즉 변이형태의 대표형을 단형의 {군}으로 잡을 것인가 장형의 {구나}로 잡을 것인가는 선택의 문제이기 때문이다.

(28) 예쁘-구나 ∽ 예쁘-군

다른 방식은 {구나}를 {군}에다가 {아} 형태가 덧붙은 것으로 분석해 내는 것이다. 우리는 바로 이 입장을 따르려고 하는데, 문제는 그런 분석 방식을 지지하는 근거가 무엇이고, 왜 그렇게 분석해야 하는가를 정당화 하는 것이라 할 수 있다. 이렇게 분석할 수 있는 근거가 우선적으로 어미의 전체 구조에서의 동명사형 어미 {(으)ㄴ, ㄹ}, {(으)ㅁ}의 위상에 있음에 대해서는 2장에서 살펴본 바 있으므로 다시 상세히 언급하지는 않겠다. 다만 여기서 부언하고자 하는 것은 그렇다면, 왜 이러한 분석 가능성이 차단되는 정황이 초래되었는가를 밝히는 작업이 이론언어학적 입장

---

16 중세국어 문헌에 '고녀'나 '곤여'의 형태만이 발견된다는 근거로, {구나}가 원형이고, {군}을 나중 시기에 만들어진 준말 형식으로 파악하는 논의도 가능하리라 생각된다(최동주 선생님과의 사담에서).

에서 중요하다는 것이다.

{구나}를 한 덩어리로 묶어서 분석해 내는 태도는 결국 {군}과 {구나}의 교체에 따른 의미차가 없다고 보는 데서 기인한 것이다. 즉 '예쁘군'과 '예쁘구나'의 의미는 어휘적인 의미를 담지하고 있는 어간 {예쁘}와 감탄의 의미를 표현하는 서법 종결어미 {군}과 {구나}가 합하여 이루어진 것으로 보고, 그 의미는 어휘의미와 서법의미의 합성으로 파악될 수 있기 때문에 {구나}는 더 이상 분석될 필요가 없어진다. 다만 감탄형 종결어미에 {구나}라는 변이형이 하나 늘어날 뿐이다.

그러나 언어 기호소의 의미를 의사전달이라는 기능적 시각에서 고려하면, 우리는 기존 분석 방식과는 달리, {아} 형태소를 추출할 수 있는 근거를 찾을 수 있다. 먼저 '예쁘군'과 '예쁘구나'의 발화체가 어떻게 사용에 있어서 차이를 보여주는지를 알아보자. 먼저 그 용법의 차이를 부각시키기 위해 인위적으로 다음과 같은 상황을 설정해 보자. 평소 관계가 다소 소원한 부부가 있다. 남편은 언제나 퇴근 후에도 TV에 눈길이나 주지 부인과 정답게 얘기를 나누는 편이 아니다. 하루는 부인이 그러한 남편의 관심을 끌어볼 작정으로, 곱게 단장하고 기다렸다가 남편을 애교 섞인 목소리로 부르며, "나 어때(요)?"라고 물었을 때, 우리는 그 남편의 반응을 두 가지로 예측해 볼 수 있다. 하나는 여전히 별 관심이 없다는 투의 반응이고, 다른 하나는 정반대로 관심을 표명하는 투의 반응이다. 이런 상황에서 대개는 전자의 반응은 "예쁘군"으로, 후자의 반응은 "예쁘구나"로 표현될 가능성이 높다. 또한 우리가 주목하는 것은 그 말을 들은 부인의 반응이다. 예쁘다는 말을 평소에 듣고 싶어했던 부인은 분명 남편의 입을 통해서 예쁘다는 실질적 의미를 담은 발화체 /예쁘군/을 들었음에도 불구하고 반응은 오히려 시무룩해질 수 있다. 더 나아가서는 안 들은 것만 못해질 수도 있다. 반면에 /예쁘구나/라는 소리무리를 듣는 순간, 부인은 얼굴에 화색이 돌고, 기분 좋은 투로 '어서 씻으세요'라고 반응을 보일 가능성이 높다.[17]

여기서 우리는 잠시 음운론의 논쟁을 짚고 넘어갈 필요가 있다. 프리에 토는 음운학적 대립(opposition phonologique)과 음운적 대립(opposition phonématique)을 구분한다. 이는 트루베츠코이를 위시한 프라그 학파의 음운론에서 소리무리(phonie)가 아닌 소리 자체를 염두에 두고 있는 모순을 극복하기 위한 것이다.

이러한 구분을 염두에 두었을 때, {군}과 {구나}에서 <감탄>이라는 동일 의미값(valeur)을 상정하면 양자는 변이형(variantes)이 된다. 왜냐하면, 특정한 소리무리(phonie) /군/이 그것이 지시하는 시니피에 <감탄>에 연결시키는 관계를 R로 나타내면 '/군/-R-<감탄>'이 되는데 다른 소리무리 /구나/가 <감탄>의 관계항으로서 /군/과 대치될 수 있다고 보면 이들은 한 부류의 변이가 되는 것이다.

그러나 그러한 대치가 불가능할 때, {군}과 {구나}의 각각의 소리무리는 다른 부류에 속하며 대립된다. 그 대치가 불가능하다고 보는 것은 {군}과 {구나}의 의미차를 인정하는 선에서만 가능하다. {군}과 {구나}는 <감탄>이란 의미자질을 공유하고 있지만, 그 변별 자질은 다른 데에 있다. 우리는 이 변별력을 중시하려는 것이고, 이 변별력에 의해 지시되는 의미는 이미 아는 것으로 치고 들어간 '지적 의미'(= 논리적, 명제적 의미)가 아니라 다른 차원에 속하는 의미라 할 수 있다. 이를 우리는 '정감적 의미(sens affectif)'라 부르고자 하는 것이다. 따라서 바로 이러한 정감적 의미를 고려할 때에만 {군}과 {구나}는 음운학적 대립을 이룬다고 할 수 있는 것이다. 음운학적 대립이란 실제적인 대립으로서, 한 소리

---

17 한국어 높임법 체계에서 {군}보다 {구나}가 더 낮은 단계로 분류되지만(한길 (1991)), 이러한 의미효과가 어떻게 발생할 수 있을까 하는 의문이 남는다.

무리를 주어진 한 시니피에와의 관계항으로서 다른 소리무리로 대치할수 없을 때, 그들 두 소리무리 사이에 존재하는 대립이다. 그리고 음운학적 대립은 음운적 대립을 함의한다.

그러나 음운적 대립이란 한 언어의 음운체계에 의하여 음운학적 대립을 이룰 가능성을 가진 대립을 말하므로, 두 소리무리가 음운적 대립을 이룬다고 해서 반드시 음운학적 대립을 이루는 것은 아니다. 다음 대립쌍을 보라.

(29) /택시를 잡아/ : /택시를 잡어/

3.2. 정감적 의미와 인칭성

이 절에서는 형태소 {아}를 분석할 수 있는 근거를 인칭성에서 찾아본다. 여기서의 인칭이란 행위자 인칭(= 주어)만을 가리키는 것이 아니다. 명제(= 주어+서술어) 밖의 말하는 사람 '나', 듣는 사람 '너'와 관련된 인칭성을 포괄하는 개념이다. 우선, 행위자의 인칭성에 따라 {군}과 {구나}가 교체되는 것을 다음 예문들에서 알 수 있다.

(30) ㄱ. 저 여자 정말 예쁘군!
ㄴ. *?너 정말 예쁘군!
ㄷ. *나 무척 예쁘군!

아래 (31)의 예문에서 보듯이, 상대방 청자를 앞에 두고 그에 대해 직접 이야기할 때나 그 상대방 청자를 고려하면서 남에 대해 말할 때는 {구나}가 요구된다.[18]

---

18 기존 한국어의 대우법이나 높임법 체계에서 보면, {군}은 반말 종결접미사로, {구

(31) ㄱ. 그 여자 정말 아름답구나!

ㄴ. 너 정말 키가 크구나!

ㄷ. 어디 한 번 안아보자, 우리 아들 참 잘 생겼구나!

ㄹ. 나도 잘 생기긴 잘 생겼구나!

따라서 {군}은 화자가 대화의 직접 참여자인 '너'를 의식하지 않을 때나 다른 사람(= 3인칭)에 대해 말할 때 주로 사용되고, {구나}는 상대방을 대화의 참여사로 끌어늘일 때 주로 사용된다고 할 수 있다.

지금까지의 논의를 정리하면 다음과 같다. 우리는 '예쁘군'과 '예쁘구나'의 의미차이를 분명히 드러내려고 가상적인 상황을 설정해 보았고, 인칭과의 공기 제약을 통해 {아} 형태소가 청자지시(= 2인칭화요소)의 기능을 하고 있음을 추정해 보았다. 우리는 발화체가 의미를 획득하는 과정에서 발화체를 구성하는 요소들이 합산되어 산출하는 의미는 청자가 화자에게 발화체를 통해서 전달하고자 하는 의미내용의 전체가 아니라 부분임을 알 수 있었다. 그 의미가 바로 '지적 의미' 또는 '논리명제적 의미'이다. 그러나 결코 무시할 수 없는 발화체의 의미에는 '정감적 의미'라고 지칭할 수 있는 의미가 있음을 확인하였다. 이러한 정감적 의미를 사상(捨象)시키지 않고 끌어들일 수 있어야만 우리는 '예쁘군'과 '예쁘구나'의 그야말로 의미차이를 시니피앙의 차이로 관련지을 수 있는 것이다. 그 의미차이란 시니피앙의 차이로 드러나는 것인 만큼, 우리는 그 차이인 {아}를 표지(marque)로 추출할 수 있는 것이다.

나}는 아주낮춤 종결접미사로 분류되어 있다(한길(1991:322-323)). {아/어라}, {으마}, {으려무나}도 아주낮춤 종결접미사로 처리되어 있다.

3.3. 종결어미와 (굴절)인칭성

{구나}, {어라}, {으마}에서 {아}의 선행요소는 관형사형어미, 명사형
어미 {(으)ㄴ, ㄹ, ㅁ}, 즉 동명사형 어미였다. 그러면 어미와 인칭은 어떤
관계에 있을까? 명사의 기본속성이 3인칭성이듯이, 동명사형 어미는 인
구어의 준명사법(= 부정사, 현재분사, 과거분사)에 대응되는 점을 고려할
때, 발화체를 3인칭화하는 것으로 파악할 수 있다. 3인칭화된 발화체는
화자와 청자 간의 심리적 간격을 넓혀, 마치 상대방이 대화의 장에서 소
외되는 듯한 의미효과를 발생시킨다. 혼잣말이나 속생각의 표현 같은 효
과가 있는 것은 바로 이러한 이유에서일 것이다.[19]

> (32) ㄱ. 음, 잘 생겼군!
> ㄴ. 저 쳐죽일!, 제기랄, 육시랄!
> ㄷ. 정말 잘 했음!

따라서 행위자 인칭이 명시적으로 1인칭 화자나 2인칭 청자라도 관형
사형어미 {(으)ㄴ, ㄹ}의 인칭성 때문에 다음의 발화체는 3인칭적으로,
즉 혼잣말처럼 느껴지고, 상대방을 직접 앞에 두고 하는 대화체로는 적절
하게 쓰일 수 없다.

> (33) ㄱ. 내가 너무 일찍 나왔군! (화자 자신에 대해서 말할 때)
> ㄴ. 당신 잘 왔군! (청자 자체에 대해 말할 때)
> ㄷ. 이 친구 오늘 참 예쁘게 입었군! (청자 자체에 대해 말할 때)

---

19 만화의 기법 중에서 등장 인물들의 생각이나 말을 점선으로 표시된 말풍선 안에
대사로 처리할 때, 주로 {군}이 쓰인다는 점을 상기할 것.

반면에 {구나}의 {아}는 3인칭화된 {군}의 명제내용을 청자에 접근시키는 기능을 함으로써 화자와 청자의 심리적 거리가 가까워지게 하는 효과를 가져온다. 우리는 이러한 기능을 {아}의 '2인칭화 기능' 또는 '청자지시 기능'이라 규정하고자 하는 것이다.

흥미로운 것은 {아}를 청자지시 요소로 분석을 하게 되면, 호칭에 붙는 호격조사 {아/야}의 기능도 청자지시 요소로서의 {아}와 상관이 있음을 알 수 있다.[20]

(34) ㄱ. 영철아, 너 먼저 가라.
ㄴ. 철수야, 노올자.
ㄷ. 먼저 가게, 이 사람아.
ㄹ. 야, 어디 가냐?

마지막으로 3인칭화 요소인 동명사형 어미 {(으)ㄴ, ㄹ, ㅁ}과 상대존대 표지인 {요}와의 통합관계를 통해서 {아}가 직접적으로 청자지시 요소라는 것을 확인하고자 한다. 청자지시 요소는 상대방과의 심리적 거리를 좁히므로 결과적으로 아주 친근한 반말의 효과를 가져온다. 따라서 {아}가 결부된 반말 표현과 상대존대 요소인 {요}와의 공기제약은 당연하며, 이는 역으로 {아}의 기능이 '청자지시(=2인칭화)'에 있음을 말해 주는 것이라 할 수 있다.

(35) ㄱ. 영감님 안에 계신가/감-요?/ 이를 어쩐다/담-요!
ㄴ. *내가 먹으마-요!/ *네가 가려마-요!

---

20 호격조사로서의 {아}와 {야}는 변이형태이다. 음운학적 대립이 아니다. {야}는 선행명사가 모음으로 끝났을 때, 소리고룸을 위해 반모음 [j]가 개입된 것으로 본다.

(36) ㄱ. 참 예쁘(시)군-요.[21]

   ㄴ. *참 예쁘(시)구나요.

(37) ㄱ. 먼저 먹어-요.

   ㄴ. *먼저 먹어라-요

(38) ㄱ. 선생님-요

   ㄴ. *영철아-요

예문 (39)에서 순수한 직접 의문-대답의 짝을 이루고 있는 {냐}-{아/어}의 짝과, (40)에서 자문-자답의 짝을 이루고 있는 {나}-{지}의 짝을 비교해 보면, {냐}는 직접 의문(=2인칭적)이고 {나}는 자문(=비2인칭적)이라는 기능의 차이가 있다.

(39) 갑 : 야, 춥냐? / 저기요, 추우세요?

   을 : 어, 추워. / 예, 추워요.

(40) 갑 : 마누라가 숨겨 둔 돈이 어디 있나?

   갑 : 음 가만 있자, 아 옷장 속에 있겠지?!

---

21 흥미로운 현상 중의 하나는 {-니까}가 종결어미적으로 사용될 때는 1인칭의 말을 인용하는 표지로 사용될 수 있다고 각주 9)에서 지적한 바 있는데, 청자를 고려하여 상대존대 요소 {요}를 붙일 경우에, 동명사형 어미 {(으)ㄴ}가 개입된 다음에 {요}가 교착되는 것이 더 자연스럽게 느껴진다는 사실이다.

   (1) ?할아버지가 정말 좋다니까-요! / 할아버지가 정말 좋다니깐-요!

   {며}의 경우도 마찬가지이다. {며}는 종결어미로서는 2인칭의 말을 인용하는 의문 형식으로 쓰인다. 그러나 {요}가 직접 결합할 수 없고, 동명사형 어미 {(으)ㄴ}이 개입되는 경우는 허용된다.

   (2) *떠난다며-요? / 떠난다면서-요?

그렇기 때문에 3인칭적인 명사가 명시적이고도 직접적인 행위자 인칭 '너'를 대신하여 쓰일 경우는 2인칭성 어미 {냐/니}와 결합이 제약을 받는다.

(41)　ㄱ. 자네 지금 어디 있나?
　　　ㄴ. *자네, 지금 어디 있냐/니?

(42)　ㄱ. *?너 지금 어디서 일하나?
　　　ㄴ. 너 지금 어디서 일하냐/니?

따라서 자문 표지 {나}에는 상대존대 요소인 {요}가 결합할 수 있으나, 직접의문 표지 {냐}에는 의미충돌로 인해 그 연쇄가 허용되지 않음을 알 수 있다.

(43)　ㄱ. 한반도의 평화는 어디로 갔나-요?
　　　ㄴ. *한반도의 평화는 어디로 갔냐-요?

(44)　ㄱ. 당신은 어디 있나-요?
　　　ㄴ. *당신은 어디 있냐-요?

마지막으로 아주 흥미로운 현상으로 다음과 같은 예를 제시하고자 한다.

(45)　아가야, 이리 온!

동사 '오다'의 경우에 관형사형어미 {(으)ㄴ}이 붙어 직접적인 반말투 명령의 의미효과를 가질 수 있는 특이한 현상이 있다.[22] 이런 것이 어떻

---

[22] 일반적으로 국어학계에서는 '온'이 '오너라'가 줄어진 형태로 보고 있다. "/-너라/는

게 가능한가? 이에 대한 설명을 우리는 불어의 굴절인칭대명사와[23] 시제 (temps)의 상관관계를 통해 간접적으로 그 실마리를 얻고자 한다.

동명사형 어미로 문장을 종결하여 명령의 의미효과를 발생시킨 용법은, 일단 불어에서 상대방이 대화의 능력이 없다고 판단될 경우나 그와 정반대로 대화의 장에 함께 있기가 어려울 정도로 높은 사람이라고 판단되는 경우 3인칭 대명사나 동사의 반과거(imparfait)형 시제를 사용하여 말을 하는 표현 양식과 비교할 수 있겠다.[24]

> (46) ㄱ. On avait faim? (← tu as faim?)
>
> ㄴ. Alors, il avait un gros chagrin, le petit garçon?
>
> (← tu as un gros chagrin?)
>
> ㄷ. Je venais dire à Madame qu'il s'est passé un accident.
>
> (← je suis venu te dire que ……)

한국어의 경우에도 '이리 온' 같이 동명사형 어미를 통해 3인칭화된 표현이 갖는 명령의 의미효과는 말을 받는 상대방이 대화에 적극적으로 참여할 수 없다고 판단되는 아이들에게 할 때 쓰이거나 아주 친근한 표

어른이 어린이에게 말할 때, 수의적으로 /-ㄴ/으로 실현되기도 하여 /학교에 온/으로 표현되기도 한다'(한길(1991:259)에서 인용).

23 여기서 그냥 인칭대명사라고 하지 않고 굴절대명사라고 한 것은 불어의 경우에, 소위 인칭대명사로 규정되고 있는 {je, tu, il, elle, (nous, vous), ils, elles, on}의 형태와 그 행태를 고려해서이다. 이러한 대명사들의 특징으로는 음운론적 비자립성, 즉 clitique로서 동사 왼쪽에 교착되는 의존성, 또한 음운론적 현상으로 이들 대명사가 뒤에 무성음으로 시작하는 동사 앞에서 무성음화되는 역행동화 현상등을 들 수 있다. 따라서 이들의 문법적 위상은 마치 라틴어의 동사 뒤에 위치하는 굴절어미와 하등의 차이가 없다고 할 수 있다. 따라서 이들 요소는 위치가 동사 앞이지만 동사어간 뒤에 붙어 있는 굴절어미와 같은 역할을 수행하고 있다는 점에서 굴절인칭대명사라고 한 것이다. 다음 예를 참조할 것.

(1) Tu as faim? -> T'as faim?

(2) Paul est parti. -> Paul, l'est parti.

24 Joly(1972)를 참조했음.

현으로 쓰이는 말인 것으로 보아, 불어와 유사한 메커니즘에 의해 운용된 예라고 해석할 수 있겠다.

(47) ㄱ. 춘향아, 이리 온! 어서!
ㄴ. *서방님, 이리 온!

다음과 같은 통합형어미도 같은 기제로 설명될 수 있다고 본다. 접속 법(= 연결형) 어미 {(으)려}에 {(으)ㅁ}이 덧붙은 형태는 '가려'라는 동사 확장을 다시 3인칭화 한다고 볼 수 있다. 이 3인칭화 효과 때문에 '가렴' 은 화자와 청자 사이에 심리적 거리를 두게 되고, 상대방은 대화의 적극 적 참여자로서의 자격에서 멀어지고, 그렇기 때문에 낮춤의 의미효과를 가져온다고 해석된다.

(48) ㄱ. 너 먼저 가렴.
ㄴ. *어머니, 먼저 가렴.

(49) ㄱ. 너 이 떡 먹지 않으련?
ㄴ. *선생님, 이것 좀 설명해 주시지 않으련?

그러나 '가렴'의 형태에 청자지시 요소 {아}가 부착되면 화자와 청자 와의 긴밀한 관계가 다시 회복되어 화자의 청자에 대한 태도, 즉 정감적 의미가 묻어 나온다고 할 수 있다.

(50) 너 먼저 먹으려마/무나.

4. 결론

동일한 언어현상도 시각에 따라 다양하게 분석될 수 있음은 주지하는 바와 같다. 우리는 전통문법에서 시작하여 작금 유행하고 있는 형식의미론이나 생성문법 계열에 이르기까지 언어의 의미가 논리 명제로 환원되어 언어의 지적, 논리적 의미만이 분석 대상이 되고 있음을 지적하고, 온전한 발화체의 의미를 포괄하기 위해서는 소위 정감적 의미를 담아내는 총체적 시각의 정립이 필요함을 역설했다.

이러한 시각에서 한국어 종결어미 체계에서 동명사형 어미가 차지하는 위치를 점검해 보았고, 그와 결합되어 있는 통합형어미 {구나}, {어라}, {으마}, {려마}에서 형태소 {아}를 분석해 낼 필요성과 그 가능성을 제시하였다. 더불어, 이 형식명사적 요소 {아}의 의미기능을 인칭과 관련하여 '청자지시(=2인칭화) 요소'로 규정하였다. 기존의 통합형어미를 더 작은 단위로 분석한 셈인데, 이러한 분석법은 한국어라는 특수어의 종결어미 체계를 간결하게 잡는 데 도움이 될 뿐만 아니라, 메타이론적 차원에서 언어 분석의 새로운 시각을 제공한다는 일반언어학적 의의도 획득한다.

참고문헌

고영근(1983). 「國語文法의 硏究 -그 어제와 오늘」 탑출판사.
_____(1989). 「국어형태론연구」 서울대학교 출판부.
김완진(1959). "-n, -l 動名詞의 統辭的 機能과 發達에 대하여." 「국어연구」 2.
목정수(1998ㄱ). "한국어 격조사와 특수조사의 지위와 그 의미 -유형론적 접근-." 「언어학」 23.
_____(1998ㄴ). "격조사 교체 현상에 대한 통사·의미적 논의의 재검토 -조사

류의 새로운 질서를 토대로-." 「언어정보」 2.

_____(2000). "선어말어미의 문법적 지위 정립을 위한 형태·통사적 고찰 -{었}, {겠}, {더}를 중심으로-." 「언어학」 26.

_____(2002). "한국어 관형사와 형용사 범주에 대한 연구 -체계적 품사론을 위하여-." 「언어학」 31.

이정민·박성현(1991). "'-요' 쓰임의 구조와 기능 : 문중 '-요'의 큰 성분 가르기 및 디딤말 기능을 중심으로." 「언어」 16-2.

박형달(1968). "Signifié의 기능이론 -Prieto의 이론을 중심으로-." 「어학연구」 4-1.

_____(1976). "현대한국어의 보조동사의 연구 -기능적 언어분석의 시론." 「언어학」 1.

_____(1996). 「이론언어학의 비교 연구」 서울대학교 출판부.

_____(1997). "Sur la formalisation du mécanisime déitique énonciatif." 「어학연구」 33-3.

서태룡(1985). "정동사어미의 형태론." 「진단학보」 60.

_____(1987). 「국어 활용어미의 형태와 의미」 서울대 국문과 박사학위논문.

_____(1988). 「국어활용어미의 형태와 의미」 탑출판사.

유현조(1998). "한국어 어미 분석과 인칭의 문제." 「언어연구」 18.

이홍식(1998). "동명사 설정의 문제에 대하여." 「국어학」 31.

한　길(1991). 「국어 종결어미 연구」 강원대학교 출판부.

허　웅(1983). 「국어학 -우리말의 오늘·어제-」 샘문화사.

Akmajian, A. and F. Heny(1975). *An Introduction to the Principles of Transformational Syntax*. The MIT Press.

Chomsky, N.(1965). *Aspects of the Theory of Syntax*. Cambridge, Massachussetts : M.I.T. Press.

Guillaume, G.(1929). *Temps et verbe*. Paris : Librairie Honoré Champion.

Hall, R.(1964). *Introductory linguistics*. New York.

Harris, Z.(1965). "Transformational Theory." *Language* 41 : 3.

Jakobson, R.(1970). *Essai de linguistique générale*. Seuil.

Joly, A.(1973). "Sur le système de la personne." *Revue des Langues Romanes LXXXX*, fasc. 1.

Martin, S. E.(1969).「한국어 형태음소론」선명문화사.

Prieto, L.(1964). *Principes de Noologie. Fondements de la théorie fonctionnelle du signifié.* The Hague : Mouton.

_____(1972). *Messages et signaux.* Presses Universitaires de France.

Ramstedt, G. J.(1939). *A Korean Grammar.* Helsinki : Suomalais-Ugrilainen Seura. (역대문법대계 ② 18 재록)

Troubetzkoy, N. S.(1957). *Principes de phonologie.* Librairie Klincksieck.

어미의 분류와 체계성

• 선어말어미의 문법적 지위 정립을 위한 형태·통사적 고찰 :
{었}, {겠}, {더}를 중심으로 •

1. 논의 목적

목정수(1998ㄱ, ㄴ)에서는 한국어 명사(구)의 확장 체계를 다음과 같이 설정한 바 있다.

(그림 1)

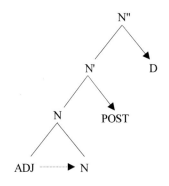

(ADJ = 형용사류, POST = 격조사(문법관계표지), D = 보조사(한정조사),
N = 잠재명사, N' = 문법관계 실현명사, N'' = 결과명사)

이러한 분석의 특징은 표면적으로 어휘적 요소(= 명사)를 중심으로 그 뒤에 어떤 문법적 요소(= 조사류)가 덧붙는가를 논하는 것처럼 보이지만, 실제로는 문법적 요소를 중심으로 유한한 틀을 짜고 여기에 어휘적 요소가 무한히 붙을 수 있는 구조를 상정하는 데 있다. 이러한 체계는 특정 이론의 개념적 도구에 따라 이루어진 것이 아니라, 철저하게 명사 뒤에 출현하는 조사류의 분포를 조사하여 부류화/범주화하고, 활동으로서의 언어현상을 언어주체와 관련지어 설명하려는 정신·심리역학적 원리(principe psychomécanique)[1]에 따라 설정된 것으로서, 언어유형에 상관없이 한국어든 불어든 적용가능성이 높다 할 수 있다. 다만, 한국어의 조사류(= 격조사와 한정조사)나 그에 대응하는 불어의 문법적 표지(= 전치사와 관사)의 실현 위치가 상대적으로 차이가 날 뿐이다.

이 글은 목정수(1998ㄱ, ㄴ)에서 명사 문법을 수립할 때 적용한 동일한 방법론을 가지고 동사의 문법을 새롭게 세워 보려는 시도이다. 결국 전체 어미류에 대한 분석으로 이어지게 되어 있지만, 여기서는 기존 한국어 문법에서 소위 선어말어미들 중에서 시제, 상, 서법의 범주와 직·간접적으로 관련되는 것으로 보아온 {었}, {겠}, {더}에 국한하여 그것들의 문법적 지위를 규명하고자 한다. 결과적으로, 시제(temps), 상(aspect), 서법(mode, modalité)의 체계를 세우는 데 있어 {더}를 시제·인칭 어미로, {었}과 {겠}을 상과 서법 구성요소로 파악할 수 있는 가능성이 제시된다.[2]

---

1   정신역학론, 어휘와 문법의 관계, 질료와 형상과의 관계 등에 대해서는 Guillaume (1973), 박형달(1996)을 참조할 것.

2   여기서 말하는 시제와 상은 형태를 중심으로 한 문법적 시제와 상을 말한다. 따라서 시간개념 또는 어휘 상(Aktionsart)과는 구분되어야 한다. 따라서 이 글은 각각의 형태가 담당하는 의미기능에 천착하는 작업이라기보다는 각 형태의 문법적 지위를 분명히 하고, 그에 기반하여 짜여진 문법틀에 의거하여 각 형태의 다양한 의미기능을 설명하려는 시도라 할 수 있다.

2. 문제제기

2.1. 선어말어미 범주의 문제점

한국어 문법에서 {었}, {겠}, {더}라는 형태(소)를 지칭하는 용어로는 최현배(1971)의 '보조어간'이 있고, 고영근(1989), 안병희·이광호(1990)의 '선어말어미', 남기심·고영근(1989), 허웅(1983)의 '비종결어미', '안맺음씨끝' 등이 있다.[3] 어느 용어가 가장 적합한지를 논하는 것은 본고에서 다룰 문제는 아니므로,[4] 우리는 일반적으로 현행 학계에서 가장 널리 받아들여지고 있는 '선어말어미'라는 용어를 선택하고, 다만 그 개념이 어떻게 설정되었는가를 알아보고, 일반언어학적 관점에서 한국어 문법에서만 설정되어 있는 '선어말어미'란 개념의 적용에 문제는 없는가를 따져 보고자 한다.

선어말어미라는 개념은 어간과 어말어미를 먼저 상정했을 때, 따라나오는 이차개념이라고 생각된다. 즉, 어휘중심을 이루는 동사 어간과 거기에 교착될 수 있는 어미 중에서 문장을 끝맺을 수 있는 요소를 '어말어미'라고 규정했을 때, 그 어간과 어말어미 사이에 다른 형태들이 개입되는 현상을 두고, 이를 '선어말어미'로 규정하는 것이다.[5] 이때 논리적으로 분명한 것은 '어말어미'가 철저하게 목록화되고 체계화되었을 때, 상대적으로 선어말어미의 목록이 설정될 수 있다는 점이다.[6]

---

3 용어와 관련된 논쟁은 권재일(1992:33) 각주 4)에서 소개하고 있다.

4 선어말어미의 명칭문제와 통사범주상의 위치에 대해서는 시정곤(1998)을 참조할 것.

5 한국어를 교착어로 규정하고 들어가는 한국어 문법에서도 일반적으로는 활용이라는 용어가 사용되는 경우가 많다. 임홍빈(1997)에서는 한국어의 교착성을 강력히 주장하고, 활용이나 곡용 대신 '교착법'이란 개념을 쓸 것을 주장하고 있다.

6 문장의 끝에 올 수 있는 어말어미 목록은 얻을 수 있지만, 아직 국어학계에 이를 일정한 틀을 가지고 체계화한 작업은 쉽게 찾아보기 어렵다(서태룡(1990), 유현조

예를 들어, 순수 의문과 대답의 짝을 이루는 어말어미 {냐/니}와 {아/어}, 자문과 자답의 짝을 이루는 어말어미 {나}와 {지}를 중심으로 볼 때, '먹었냐'의 {었}과 '먹겠지'의 {겠}은 어말어미 {냐}와 {지} 앞에 놓인다는 점에서 선어말어미라고 할 수 있다. 이런 논리로 '먹었겠냐'의 {었겠}과 '먹었었지'의 {었었}도 선어말어미로 규정된다. 일반적으로 {었겠}은 {었}과 {겠}으로 분석하지만, {었었}은 하나의 형태소로 인정하려는 시각도 많다.[7]

그런데 어간과 어말어미를 중심으로 선어말어미를 설정하는 시각에서 보면, 형태적으로 다음과 같은 연쇄형에서의 선어말어미 추출은 문제 거리가 아닐 수 없다.

(1) ㄱ. **먹**었겠**냐**
   ㄴ. **삶**아보고먹었었겠**나**
   ㄷ. **삶**아보고먹었지않았겠**지**

우리가 문제삼았던 것은 (1ㄱ)의 {먹}과 {냐}를 중심으로 보았을 경우였는데, 동일한 논리로 (1ㄴ)에서 {삶}과 {나}를 중심으로 보면 어간과 어말어미 사이에 놓이는 {아보고먹었었겠}이 선어말어미가 될 수 있는가 하는 점이다. 그럴 수는 없을 것 같다. {었었겠}만 선어말어미이고 {아보고먹}은 연쇄동사 또는 합성동사 또는 보조동사연결 구성의 어간의 일부를 이룬다고 말해야 될 것이다.[8] 그런데, {삶아보고먹}을 어떤 구

(1998) 참조).

7 {었}, {겠}, {더}가 선어말어미라는 계열체(paradigme)를 구성한다고 주장하면, 결국 이 성원들이 결합된 형태들 {었었}, {었겠}, {었더}, {겠더}, {*더었}, {*더겠} 등은 복합선어말어미의 지위를 갖고 이 계열체에 새로운 성원으로 참여하고 있다고 보아야 한다.

8 '아보고먹'에는 어미와 어간이 섞여 있기 때문에 그냥 어간이라고 할 수 없다. 박진호(1998)에서는 형태적으로 동일한 구성 'V₁-어 V₂'을 통사· 의미적 기준에

성으로 분석하든지 간에, 그 구성원리는 동사 어간 {삶}, {보}, {먹}이 부사형 어미 {아/어, 고}에 의해 순차적으로 통사적 구성을 이루어 나가는 데 있다는 것을 부정할 수 없다. 그렇다면 맨 앞에 있는 동사 어간 {삶}을 시발점으로 해서 어말어미 {나}에 이르기까지 그것이 확장되어 나가는 동일한 원리가 {삶아보고먹}까지만 적용되고 그 다음부터는 선어말어미가 교착되었다고 보는 것은 무슨 근거인가?

(2) 삶-
  삶아 보-
  삶아 보고 먹-
  ──────────── 보조동사 구성, 연쇄동사 구성, 합성동사
(3) 삶아 보고 먹 었-
  삶아 보고 먹 었 었-
  삶아 보고 먹 었 었 겠-
  ──────────── 선어말어미 교착
(4) 삶아 보고 먹 었 었 겠-나
  ──────────── 어말어미 교착

일견 복잡하게 보이는 현상을 단순한 일관된 원리로 환원시키기 위해서는, 제일 앞에 놓이는 동사 어간을 중심으로 통사적 확장이 어떻게 일어나느냐를 따지기보다는 맨 뒤의 어말어미가 교착되는 환경을 함께 따져 보아야 한다.

(5) ㄱ. 삶냐/보냐/먹냐
  ㄴ. 삶았냐/보았냐/먹었냐
  ㄷ. 삶겠냐/보겠냐/먹겠냐

입각해서 형태론적 구성(합성동사), 통사론적 구성(보조동사구성), 연쇄동사 구성으로 나누려는 시도들을 정리하고 있지만, 역으로 그 경계가 선명히 그어지기가 어려움을 극명히 보여주고 있다.

따라서 {냐}가 {삶}에 교착하든 {었}이나 {겠}에 교착하든 그 환경이 동일하다고 말할 수 있으려면, 문제의 어말어미 {냐}가 {삶}처럼 동사 어간에 직접 교착될 수 있는 것처럼, 표면적으로 {었}이나 {겠}에 교착 되지만, 사실상 동사 어간 {(이)씨}에 붙는다는 것을 밝힐 수 있어야 한 다. {었}이나 {겠} 속의 {씨}이 {있}과 관계가 있고 그것의 흔적이라는 것의 가능성은 역사적으로도 많이 밝혀져 있거니와, {있} 다음에 분포할 수 있는 어미와 {(이)씨} 다음에 분포할 수 있는 어미가 동일하다는 것을 밝히면 입증된다. 그 뒤의 문법적 환경을 따져보면 되는 것이다. {(이)씨} 과 {있}의 의미가 동일하냐를 따지거나, {(이)씨}과 {있}이 어떤 어휘와 결합할 수 있느냐를 따져보는, 즉 통사·의미적 제약 관계만을 따져서는 안 된다. 예를 들어, '피어 있'과 '피었'이 둘 다 허용되는 반면에 '먹었'은 허용되고 '$^{?*}$먹어 있'은 허용되지 않는 것은, 마치 'V$_1$-지 V$_2$' 구성에서 '먹지 않'은 허용되고, '$^{*?}$(사람)이지 않'은 허용되기 어려운 것이나,[9] 'V$_1$- 고 V$_2$' 구성에서 '먹고 싶'은 잘 허용되나, '$^?$예쁘고 싶'은 좀 이상하다든 가 하는 제약의 이치와 동일 선상에 놓이는 것이다. 이는 {먹}과 {있}의 결합에서 '$^{*?}$먹어 있'이 제약되는 것은 문법적(= 형태적) 제약이라기보 는 어휘적(= 통사·의미적) 선택제약의 문제인 것이다.[10] 다음의 예는

---

9 {-지않-}과 축약형인 {-잖-}의 관계는 {-어있-}과 {-었-}의 관계와 평행한 측면 이 많다. 즉, 통사·의미적인 환경에 따라 {-지않-}은 제약이 있으나 {-잖-}은 제약이 없다 : '먹지 않아', '예쁘지 않아', '$^{*?}$사람이지 않아' vs. '먹잖아', '예쁘잖 아', '사람이잖아'. 그러나 문법적 환경에서 보면, 앞에는 동사범주가 놓이고, 뒤에는 어말어미가 올 수 있다는 점에서 동일한 분포를 보여 준다 : '왜 먹지 않니' vs. '왜 그 사람 있잖니', '재밌지 않겠지?' vs. '재밌잖겠지?', '먹었지 않고?' vs. '먹었잖았고?', '좋지 않나?' vs. '좋잖나?' … 물론 축약형인 {-잖-} 뒤의 어미에 제약은 다소 있어 보인다 : '먹지 않게 해', '섭섭치 않게 해 줄께' vs. '$^{*?}$먹잖게 해', '섭섭찮게 해 줄께', '슬프지 않음' vs. '$^?$슬프잖음'. 종합적으로, {-지않-} 구성 을 보조동사 구성이라 할 때, {-잖-}도 문법화 정도에 관계없이 그에 준하는 구성의 차원에서 파악하는 것이 바람직하다는 것이 우리의 입장이다. 물론 이를 {었}과 마찬가지로 선어말어미로 볼 수도 있을 것이다.

{있}과 {었}, {겠}의 분포 환경이 어떤 측면에서 동일한가를 보여주기 위해 대표적인 어말어미와[11] 연결어미 등과의 결합 가능성을 제시한 것이다.

   (6) ㄱ. 있-냐?/어/나?/지/고?/게?/을까?/(?)은적/는데/으니까/습니다
       ㄴ. 먹었-냐?/어/나?/지/고?/게?/을까?/(?*)은적/는데/으니까/습니다
       ㄷ. 좋겠-냐?/어/나?/지/고?/게?/을까?/(*)은적/는데/으니까/습니다

그러므로 {있-}과 {(V)었/았-}, 그리고 {있-}과 {(V)겠-}의 비교는 다음에서 보듯이, {보-}와 {(먹)어보-}의 비교와 구성상 평행한 것이다.

   (7) ㄱ. 보-냐/아/나/지/고/게/을까/은적/는데/으니까/습니다
       ㄴ. (먹)어보-냐/아/나/지/고/게/을까/은적/는데/으니까/습니다

이런 측면에서 보게 되면, 일단 {었}, {겠}을 두고 선어말어미라는 규

---

10 {어있}과 {었} 속의 {(이)ㅆ}의 통사·의미적 분포 환경에서의 차이점으로는 선어말어미 {(으)시}의 결합 제약을 들 수 있다. 다음을 비교해 보라.
   (1) ㄱ. 할아버지는 집에 가 있으셔(= 계셔)/*가셔 계셔/가시고 계셔.
       ㄴ. 읽어 보세요/*읽으셔 보세요/읽으시고 보세요
       ㄷ. 마님, 찾아 계십니까?/*찾으셔 계십니까?/찾으시고 계십니까?
   (2) 할아버지는 집에 가셨어/가셨고/*갔으셔.
   그러나 다음과 같은 구성의 가능성을 생각해 볼 필요는 있겠다.
   (3) ?*다 끝냈으시면, 이만 가 보시는게 어때?
11 여기서는 어간에 직접 붙을 수 있는 단순형 어말어미들을 말한다 : 순수의문의 {냐, 니}, 순수대답의 {아/어}, 자문의 {나}, 자답의 {지}, 반문의 {고}, 수수께끼형의 {게}가 있다. 혹자는 어말어미 {다}가 빠져있는 것에 대해 이상하게 생각할지도 모르겠다. {다}의 위상에 대해서는 목정수(1999)에서 간략히 다룬 바 있다. 여기서는 {다}가 단순한 어말어미로 규정되어서는 안 된다는 점만 다시 한 번 강조하고 넘어간다. 이 글의 결론 부분에서 접속법어미에 속하는 것으로 제시한 것은 이에 준한 것이다.

정을 하는 것과, 다음 절에서 제기하듯이, 이들을 {더}와 동일하게 선어말어미 범주에 소속시키는 것은 심각한 문제일 수 있다.[12]

2.2. 대립관계 설정에 따른 문제

다음으로는 {었}, {겠}, {더}의 의미 기능을 파악하는 논의에서 구조적 접근을 하고 있는 최성호(1987), 김차균(1993), 최동주(1995)를 중심으로 그런 류의 논의에서의 발생될 수 있는 문제점을 지적함으로써 선어말어미 개념의 문제점을 들춰내고자 한다. 이러한 논의들은 주로 선어말어미들의 배열순서의 제약을 중심으로 논의를 진행해 왔다. 동사어간과 어말어미 사이에 놓일 수 있는 선어말어미의 최대 배열구조를 상정하여 그들의 문법적 자리를 설정하고 그들의 가로관계(= 연쇄형)와 세로관계(= 대립형)를 논하는 것이다. 이런 논의의 극단을 김차균(1993)에서 찾아볼 수 있는데, 시상과 관련된 선어말어미들의 최대 연쇄를 4개로 잡고 {었$_1$}, {었$_2$}, {겠}, {더}의 시상 형태소와 이에 각각 대립하는 무형의 형태소 {$\emptyset_1$}, {$\emptyset_2$}, {$\emptyset_3$}, {$\emptyset_4$}를 설정하여 그들의 의미차이를 파악하고 있다. 예를 들어, '잡았다'의 심층구조를 '잡았었겠더라'의 최대구조에 대응되는 다음의 (8ㄴ) 구조로 설정한다.

    (8) ㄱ. 잡 았 었 겠 더 라
         ㄴ. 잡 았 $\emptyset_2$ $\emptyset_3$ $\emptyset_4$ 다

---

12 생성문법 계열의 논의에서도 선어말어미들의 작용역이 선행어간에 미치는 것이 아니라 선행어간까지의 문장― 어미는 동사의 실현을 도와주는 것이므로, 이처럼 실현된 동사에 의해서 비로소 문장이 완결된다고 보기 때문에, 완결된 상태 이전의 문장은 온전한 문장이 아닌 논리적 명제내용에 불과하다― 에까지 미친다는 것에 의견을 모으고 다음과 같이 계층적으로 표시한다 : [[[[[철수가 영희를 사랑하]-었]-겠]-더]-라]

이 때 문제는 {었_1}은 선행어간의 모음 환경에 따라 {었}과 {았}의 변이를 보이고, {었_2}는 그렇지 않다는 것 때문에 나누어 놓은 것으로 해석할 수 있다. 그렇다면, '잡었더라'는 다음 (9ㄴ)의 구조에서 도출된 것이기 때문에 아무런 문제가 없어야 할 것이다. 그러나 실제로는 그렇지 않다. '잡았더라'가 맞는 꼴이다.[13]

(9) ㄱ. *²잡었더라
　　ㄴ. 잡ø_1었ø_3더라

또한 이러한 구조적 접근 방식에서의 문제는 분포 환경을 철저히 따지지 않고 있다는 점이다. 예를 들어, 초기의 구조분석에서 단순하게 '먹었다', '먹겠다', '먹더라'에서 {었}, {겠}, {더}의 의미기능을 {었}, {겠}, {더}로 구성된 패러다임의 대립에서 나오는 것으로 파악하곤 했는데, 문제의 교체관계에 놓이는 {었}과 {겠} 둘은 {더}와 환경이 다르다는 점이 심각하게 고려되지 않은 것이다. 이런 문제는 지금까지 {라}를 {다}의 변이형이라 보게 했는데, 이 변이형태가 음운론적으로 조건지어진 것인지가 불분명하다는 점에서 일단 의심의 여지가 남는다.[14] 한국어 어미

---

13 모음조화 현상이 무너진 현대국어에서는 '잡었다'도 흔히 쓰인다. 그렇다 해도 이것의 심층구조를 '잡었ø_2ø_3더라'가 아니라 '잡ø_1었ø_3더라'로 잡는 근거를 받아들이기 어렵다.

14 통시적으로는 {라}가 {다}에서 온 것으로 볼 수도 있지만, 공시적으로 {다}와 {라}는 의미적으로 다른 표현처럼 느껴진다. 표준말과 경상도 방언에서의 두 예를 비교해 보라.
　　(1) ㄱ. 벌써 봄이다!
　　　　ㄴ. 음, 벌써 봄이라!
　　(2) ㄱ. 그는 내가 좋다고 했어.
　　　　ㄴ. 그건 다 너 좋으라고 한 거야.
　　(3) ㄱ. 이게 더 좋은기다!
　　　　ㄴ. 좋은게 다 좋은기라!

분석에 있어서 관형사형어미 {(으)ㄴ, ㄹ}과 융합되어 있는 '(으)나', '(으)니', '(으)러', '(느)라', '(노)라' 등은 더 이상 분석할 수 없는 단위로 보는 것이 일반적이지만, {(으)ㄴ, ㄹ}과 형식명사적 요소의 결합으로 분석될 가능성은 남아 있다.[15]

우리가 이러한 분포적 차이를 통해서 거론하고자 하는 것은 {었}과 {겠}의 성격이나 문법적 지위가 {더}와는 분명 차이를 보인다는 것이다. 따라서 이 세 가지의 시상 관련 형태소들을 선어말어미라는 동일 범주로 묶는 것은 상당한 무리가 따를 수밖에 없다는 점을 인정하지 않을 수 없다.

2.3. 분포의 문제

선어말어미 {었}, {겠}, {더}의 위상의 차이를 밝히려면 일차적으로 그것들과 어말어미들이 어떻게 결합하는지를 살펴야 한다는 점은 앞에서 강조한 바 있다. 우선 {더}는 기본 단일형 어말어미 중에서 {냐}하고만 결합가능하지 나머지 것들과는 결합제약이 있다.[16]

(10) 그 여자 너를 좋아하더냐?/*좋아하더니?/*좋아하더어/*좋아하더나?/*좋아하더지
/*좋아하더고?/*좋아하더게?

---

15 목정수(1999) 참조. 익명의 논평자께서는 {더/느}는 관형사형어미 {-(으)ㄴ}과는 달리 {-(으)ㄹ} 앞에서는 결합이 제약되므로, {더라}에 관형사형어미가 융합되어 있다고 보는 것이 어렵다고 지적해 주셨다. 그의 지적에 감사를 드린다. 그러나 필자는 '먹던 떡'/'*먹딜 떡'에서 뿐만 아니라 {느}와 {더}가 평행하지 않은 환경이 많다는 것을 통해 거꾸로 {더ㄴ}과 {더ㄹ}은 여전히 평행선상에 놓고 해석할 수 있는 여지가 남는다고 본다 : '먹는다'/'*먹던다', '먹는데/먹던데', '먹더라니'/'*먹노라니'/'*먹느라니', '*먹느니만'/'먹더니만' 등등.

16 선어말어미 {더}가 어말어미 {냐}하고만 결합 가능한 것은 {냐} 자체가 더 분석될 소지를 남기고 있기 때문으로 해석할 수 있다. 즉, {냐}에는 {ㄴ}이 들어있기 때문이다 : {냐}→{ㄴ}+{야}. 2.3절의 {더}와의 연쇄형을 참조하기 바란다.

분포를 중요시하는 우리의 입장에서 보면 기존에 선어말어미에 편입되었던 {었}, {겠}, {더}에서 {었}과 {겠}은 뒤의 어미와의 결합여부를 따져 보면 분포 환경이 서로 동일하고 {더}하고는 다르다는 점이 중요하다. 그리고 {었}과 {겠}은 존재동사 {있}과 분포 환경이 동일하므로 {더}를 선어말어미라고 했을 때, {었}과 {겠} 자체를 그와 동일하게 선어말어미로 보기가 어려운 것이다. 이제는 선어말어미 {더}의 정확한 문법적 지위를 규정하는 문제기 남는데, 먼저 {더}와 결합할 수 있는 어미류들의 형태를 살펴보자.

(11) 좋더라/먹더냐/좋던/크던지/좋더니/먹더니만/먹더라니/좋더군/좋더구나/좋더구려/먹더구만

이러한 어미연쇄형을 보면 공통점이 발견된다. {더}는 관형사형어미 {(으)ㄴ, ㄹ} 앞에만 분포한다는 사실이다.[17] 이러한 언어현상 그대로에 입각하여, {더}를 관형사형어미 앞에 온다는 의미에서 선어말어미로 규정지을 수 있고, {(으)시}와 더불어 어말어미가 붙을 수 있는 환경을 만들어 주는 선어말어미로 규정지을 수 있다. 그러면 {(으)시}와 {더}의 문법 지위상의 차이를 논해야 하는 문제가 또 남는다.[18] 여기서 잠시

---

17 여기서 관형사형어미는 동명사형 어미라고 해도 좋을 것이다. {더군, 더구나, 더구려, 거든}처럼 {더} 뒤에 직접 관형사형어미 {(으)ㄴ, ㄹ}이 뒤따르지 않는 경우가 있는데, 이는 {더구, 거드}의 복합형 선어말어미가 동합적 창조(création paradigmatique)에 의해 새로운 성원이 된 것을 의미한다. 결과적으로 {더}는 항상 관형사형어미 앞에서만 실현된다는 제약은 여전히 성립한다. 기본형 격조사 {(의), 과, 에, 로}의 동합적 창조에 의한 복합형에 대해서는 목정수(1998ㄴ:59-60)을 참조할 것.

18 박진호(1994ㄴ)에서 {(으)시}를 어간이라는 통사원자에 결합하는 선어말어미로 규정하고 있는데, 우리의 입장에서도 {(으)시}는 어간에 교착되어 다른 어미들이 교착될 수 있는 어간의 최대 확장형을 만든다는 의미에서 어간확장의 마지막 경계선이라고 할 수 있는 것이다. 그리고 선어말어미의 작용역을 논할 때, {었}과 {겠}이 명제 전체, 즉 선행명제에 작용영역이 미친다는 생성문법 계열의 통사적 논의에서

{(으)시}와 {더}의 차이를 다음과 같은 어미들과의 결합관계를 통해서 알아보자. 먼저 관형사형어미 {(으)ㄴ, ㄹ}과의 결합을 보자.

(12) ㄱ. 그 고우신 눈매가 그립다.
ㄴ. 그 곱던 눈매가 그립다.

그러나 명사형 어미 {(으)ㅁ}과 {기}와의 결합에서는 차이를 보여준다.

(13) ㄱ. 목발없이 걸으시기가 불편하시죠?
ㄴ. 김사장님은 우산이 없으심에도 불구하고.

(14) ㄱ. *할아버지가 기침하시더기가 심하셨어.
ㄴ. *네가 꿈속에서 하늘 나라로 올라가덤이 보이데.

이와 같은 사실로 미루어, 우리는 선어말어미 {(으)시}는 어간에 교착하되 어떠한 어미하고도 결합할 수 있는 환경을 만들어 준다는 점에서 동사어간의 어휘적 확장의 끝을 지정해 주는 어휘성이 강한 선어말어미로, {더}는 어휘확장의 끝과 관형사형어미의 시작 사이에 놓이는 문법성이 강한 선어말어미로 규정할 수 있겠다. 선어말어미 {더}의 중간자적 성격은 그것이 어휘와 문법의 경계선상에 걸쳐 있는 요소로서, 자리가 딱 고정되어 있지는 않지만 문법요소에 더 가까운 성격−시제·인칭 어미−을 띠고 있다는 데에서 비롯된다.

대체로 합의되고 있는 논의는 그도 그럴 것이 {었}과 {겠}이 통사적 구성의 기제를 숨기고 있기 때문에 가능한 것으로 보인다.

3. 보조동사 구성, 연쇄동사 구성, 합성동사

3.1. 보조동사 구성과 연쇄동사 구성

{었}과 {겠}의 문법적 지위나 성격을 규명하기 위해서는 한국어의 보조동사 구성을 총체적으로 살펴 볼 필요가 있다. 보조동사 구성이라 함은 두 개 이상의 동사가 '부사형 어미' {아, (게), 지, 고, 나, 다}[19]에 의해 연결되고, 동사의 행위자 인칭―흔히 모문과 보문의 주어―이 동일할 때, 성립하는 구문을 가리킨다. 다음 예를 보라.

(15) ㄱ. 먹어 버리다   ㄴ. 놀지 않다
      ㄷ. 먹고 놀다   ㄹ. 가나 보다
      ㅁ. 울다 말다   ㅂ. (먹게 하다)

그런데 처음부터 어느 것이 보조동사인가는 정의할 수 없고, 보조동사는 두 개 이상의 동사가 부사형어미로 연결될 때, 상대적으로 뒤에 놓이는 동사를 보조동사라고 식별할 수 있을 뿐이다. 주로 보조동사적으로만 쓰이는 동사들―'싶다', '않다' 등―이 있을 수 있지만, 어느 것이 본동사

---

19 학교문법에서는 부사형어미에는 {아,게,지,고}만이 있다고 못박고 있으나(고영근·남기심(1999:53)), {게}는 제외시켜야 할 것 같고, {나, 다}가 포함되어야 할 듯하다. 부사형어미 중에는 {다}를 빼고, 동일한 형태로 종속절과 주절을 연결하는 연결어미로 기능할 수 있다. 그러나 부사형어미와 연결어미는 형태적으로는 구분될 수 없고, 다만 각각의 동사에 행위자 인칭이 구분되느냐(= 주어가 둘이냐)에 따라 구분된다. 다음은 연결어미로 분류되는 예들이다.

(1) ㄱ. 철수가 밥을 다 먹어치워(서), 영희가 삐진거야.
    ㄴ. 마누라가 일을 하지, 그 놈은 손도 까딱 안 한대요.
    ㄷ. 너만 입이고, 나는 주둥아리냐?
    ㄹ. 철수는 밥을 잘 먹으나, 영희는 안 먹는다.
    ㅁ. (나) 밥 좀 먹게, (너) 나가 놀아라.

이고 어느 것이 보조동사인가는 정의할 수 없는 것이다.[20] 다음의 예시에서도 볼 수 있듯이, '버리다'는 그 자체로는 본동사와 보조동사로 구분이 될 수 없다.

  (16) ㄱ. 책을 한숨에 다 읽어 버렸어.
       ㄴ. 책을 갈기갈기 찢어 버렸어.

혹자는 (16ㄱ)의 '버리다'는 보조동사이지만, (16ㄴ)의 '버리다'는 보조동사가 될 수 없고, 연쇄동사(serial verb)의 하나, 즉 본동사라고 주장한다. 그 근거는 (16ㄱ)의 경우에는 'throw away'의 구체적 의미가 느껴지지 않고, (16ㄴ)의 경우에는 구체적 의미가 느껴진다는 것이다. 그래서 전자의 경우에는 '버리다'가 문법화되어 또는 문법화가 심화되어 보조동사가 된 것이고, 후자의 경우에는 문법화가 일어나지 않았거나 문법화의 초기 단계에 있기에 본동사로 봐야 한다는 논의로 이어진다. 그러나 거꾸로 (16ㄱ)과 동일한 구성의 경우에도 (17)처럼 구체적인 'throw away'의 의미를 읽어낼 수 있고, (16ㄴ)과 동일한 구성에서도 (18)처럼 희석된 추상적 의미를 읽어낼 수 있는 것이다. 이는 화자의 의도나 청자의 해석 여부에 달려 있는 것이지 통사적 구조상의 차이에서 기인하는 것은 아니다.[21]

  (17) A : 너 그 만화책 어쨌냐?   B : 응, 다 읽어 (휴지통에) 버렸어.
  (18) A : 그 검은 돈 어떻게 하지? B : 응, 그거 다 찢어 버려.

보조동사 구성은 통사적 구성으로 이론적으로는 그 확장이 무한하다고 할 수 있다. 그래서 보조동사가 둘 이상 있다고 분석되는 구문이 있을 수 있다.[22]

---

20 박진호(1998:137) 참조.
21 권재일(1992)은 보조동사 구성을 불구동사구 내포문으로 연쇄동사 구성은 접속문 구성으로 나누어 설명하고 있다.

(19) ㄱ. 그거 버려 버려.

ㄴ. 여기 좀 봐 봐 봐.

ㄷ. 이제 거의 다 가 가. 조금만 기다려 줘.

ㄹ. 먹어 버리지 말아 주라.

이런 구성을 파악하는 방법에는 두 가지가 있을 수 있는데, 우리는 후자 (20ㄴ)의 입장을 따른다.

(20) 봐 봐 봐.

ㄱ. 본용언-문법요소-보조용언₁-문법요소-보조용언₂-문법요소

ㄴ. 본용언₁-문법요소-보조용언₁

본용언₂-문법요소-보조용언₂

본용언₃-문법요소

지금까지는 보조동사 구성과 연쇄동사의 구성을 구분하기가 어렵다는 것과 이들 구성은 구조적으로 다른 데서 차이가 나는 것이 아니라 어휘 환경에서의 해석의 차이에 의해 구분되는 것임을 알아보았다.

3.2. 보조동사 구성과 합성동사

이제는 보조동사 구성과 합성동사 구성의 차이에 대해서 살펴보자. 보조동사 구성의 통사적 구성이 굳어져 합성어(= 형태론적 구성)로 인식되는 경우가 있다. 자주 쓰이고 하나의 관념과 대응이 되는 표현으로 고착되면 언중들은 하나의 어휘 단위로 인식할 수 있으므로, 사전에서는 이러한 단위들을 등재할 필요를 느낀다. 다음의 예들이 그러한 경우라 할 수 있다.

---

22 일본어의 다음과 같은 구성도 참조가 될 것이다 : ここに置いて置くとジムが食べてしまうよ。

(21) 떨어지다/자빠지다/속아넘어가다/나가떨어지다/올라가다/내려가다/
나가다/구워삶다/돌아가다/무너지다/넘어지다 …

그러나 통사적 구성이 형태론적 구성(= 합성동사)으로 인식되고 있는
가를 판별하는 기준도 쉽게 찾아지지 않는다. 예를 들어, '먹고 놀다'는
두 동사로 이루어진 통사적 구성체인데, 그 의미가 '하는 일 없이 빈둥거
린다'는 의미로 쓰일 수 있을 때, 이를 하나의 합성동사로 취급할 수 있는
가의 문제가 항상 따라 온다.[23] 다음 두 사람의 대화를 보자.

(22) 갑 : 야, 정수 요즘 뭐 하냐?
을 : 걔, 그냥 먹고 놀지 뭐.
갑 : 놀고 먹는 건 아니고?
을 : 싱겁긴! 그게 그거지.

통사적 구성과 형태론적 구성은 자의적으로 분석자의 주관에 따라 결
정되는 측면이 강하다. 이는 명사의 이은말 구성과 합성명사의 구분 문제
와 동일선상에 놓이는 것이다.[24] 이러한 구분은 결코 형태에 입각해서
원리적으로 자를 수 있는 문제가 아니다. 따라서 통사적 구성과 형태론적
구성의 구분을 위한 논의는 애당초 원론적으로 선명히 해결될 수 없는
성질의 것임을 인식해야 할 것이다. 예를 들어, 많은 한국어 사전에 '좋아

---

23 '먹고 놀다'를 통사적 구성으로 보면 권재일(1992)의 접속문 구성에 해당한다.
24 합성명사의 대부분의 경우도 명사와 명사의 이은말(= 통사적 구성의 명사구)이
굳어져서 된 경우가 많다. 따라서 명사구(이은말)와 합성명사의 명확한 구분은
이분법적으로 나뉠 수 있는 성질이 아니고, 경험에 따라 상당한 편차를 보일 수밖에
없다.
(1) ㄱ. 산돼지를 잡아다가 바베큐나 해 먹을까?
ㄴ. 우리집 남편은 이제 산사람 다 됐어.
(2) ㄱ. 집토끼는 맛이 없어.
ㄴ. 우리집 애는 완전 집귀신이야. 어디 밖을 나가길 싫어해.

하다', '싫어하다', '기뻐하다', '슬퍼하다' 등은 동작동사로 등재되어 있다. 그러나 '좋아하다'는 그 구성상 'V₁-어 하'의 '주관동사 인용구성'을 하고 있는 다음과 같은 보조동사 구성 중의 하나에 불과한 것이다.

(23) ㄱ. 그 사람은 테니스를 좋아 해. : 나는 테니스가 좋아.
ㄴ. 넌 그 아이를 왜 귀찮아 하니? : 넌 그 아이가 귀찮니?
ㄷ. 철수는 니가 떠난 것을 섭섭해 하더라. ·
나는 철수가 떠난 것이 섭섭하더라.
ㄹ. 아버지는 철수의 행동을 마음에 들어 하셨냐? :
너는 철수의 행동이 마음에 들었냐?

'섭섭해하다'나 '마음에 들어하다'를 사전에 등재하지 않는 불균형은 언어외적인 요인에서 기인한 것이지, 이론적인 근거는 거의 없다고 할 수 있다.[25]

4. 선어말어미 {었}, {겠}, {더}의 지위 정립과 시상 체계

본장에서는 {었}과 {겠}을 선어말어미에서 제외하려는 근거들을 제시하고, 더 나아가, 선어말어미 {더}와 관련하여 한국어의 문법적 시상 체계가 어떻게 간단하게 짜여질 수 있는가를 모색해 본다.

---

25 이들의 구성이 평행함은 다음과 같은 기준으로 드러낼 수 있다. 첫째, 보조사에 의한 분리 가능성 : 철수는 테니스를 무척 좋아는 하는데, 칠 시간이 없대./ 난 철수를 마음에 들어는 했거든. 둘째, 주관동사의 수만큼 존재하는 높은 생산성 : 괘씸해 하다, 비좁아 하다, 피곤해 하다, 따분해 하다, 버거워 하다, 서먹서먹해 하다, 수줍어 하다, 창피해 하다, 부러워 하다, 그리워 하다, 무서워 하다 ..., 심지어 '먹고 싶어 하다', '보고싶어 하다'까지. 셋째, 의미의 합성성과 평행성, '좋다 : 좋아하다'의 의미차, 즉 '자동성 : 타동성', '주관성 : 객관성'의 차이, 인칭의 변화 : 나는 음악이/*⁷음악을 싫더라./ 철수는 *⁷음악이/음악을 싫어하던데/ 넌 저 친구가/*⁷저 친구를 마음에 드니?/ 철수는 *⁷저 친구가/저 친구를 마음에 들어한다.

4.1. {었}과 {겠}을 선어말어미로 단정짓기 어려운 이유

다음과 같은 통사 현상들은 {었}과 {겠}을 선어말어미라는 문법요소로 파악하지 않고, 보조동사 구성의 틀 속에서 파악하는 것이 타당함을 보여준다.[26]

먼저, 기존의 선어말어미 중에서 {었} 형태는 동일 요소가 두 번 혹은 그 이상 반복될 수 있다. 우리는 왜 다른 선어말어미들과 달리 {었}이 두 번 이상 반복될 수 있는가에 대한 근본적인 문제를 던지는 것이다. {었}이라는 형태가 축약된 형태로 문법화되어 더 이상 분석되지 않는 하나의 시제 형태소로 자리를 잡았다는 주장이 지배적임에도 불구하고, {었}은 여전히 통사적 기제를 감추고 있기 때문에 중첩이 가능하리라고 추정한다. {었}은 통사적 자율 구성(= 보조동사 구성) 'V₁-어ㅆ'으로 이루어지는 것이기 때문에 통사적 기제가 귀환적으로(récursivement) 적용되는 만큼 실현가능한 것으로 파악할 수 있다.

> (24) ㄱ. 그 때는 산딸기가 제법 있었었는데.
> ㄴ. 아니 그 때, 내가 직접 거기에 갔었었다니까.

주목할 만한 것은 {겠} 형태도 중복 가능성을 완전히 배제할 수는 없다는 점이다.[27] 2장에서 밝혔듯이, {겠}의 {(이)ㅆ}이 {있}과 관련이 있다

---

26 여기서 {었}과 {겠}을 보조동사적 구성으로 파악한다는 것은 '먹고 있다', '먹어 버리다', '먹어 두다'와 동일한 통사구조를 가지고 있다고 파악하는 것을 의미한다. 그리고 축약되거나 융합된 {었}, {겠}이 보이는 형태론적 특성을 설명하기 위해 문법화 논의가 진행될 때, 그 논의의 대상은 {었}, {겠} 전체에 걸치는 것이 아니라 {(이)ㅆ}에 국한된다는 것을 분명히 지적할 필요가 있겠다. '잎'의 문법화 과정에서 그 환경이 되는 {어}와 {게}는 형태적으로 그대로 유지되고 있기 때문이다.

27 {겠겠}의 중첩 가능성에 대해서는 반론이 많을 것이다. 필자를 비롯하여 그 가능성을 인정하는 분들도 있지만, 그 쓰임이 잘 발견되지 않는 것이 사실이다. 다만

는 것은 분명한 사실이다. 통시적으로도 {겠}을 'V₁-게 하여있' 구성이 문법화된 것으로 추정하고 있다는 점을 고려할 수 있다. 그러나, 현재 공시적으로 'V₁-게 있'이나 'V₁-게 하였' 구성이 보조동사 연결구성으로 쓰이지 않는다는 점과 총체적인 분포환경을 고려하면, {었}과 {겠}을 동일하게 분석하기에는 해명해야 할 점이 많이 남는다.[28] 어쨌든 이러한 문법화 과정에 대한 해석이 많은 문제거리를 남기고 있지만, 그러한 과정을 겪었다는 것을 인정한디면, 보조동사 구성으로서의 'V-게 하여있'에 비해 '-게 있' 구성에서는 하나의 성분단위(= 어휘-문법의 결합)가 더 소

우리는 {겠겠} 중첩이 어휘적인 환경의 제약하에서만 가능하다는 점에 주목하고자 한다. 더 나아가서 {겠겠}의 중첩이 자연스럽지 못하다면, 그 이유를 {겠}과 {었}의 구성원리가 어떤 점에서 다른가를 밝혀 설명해야 하지 않을까 한다. 이에 대해서는 각주 28)을 참조하기 바란다.

28　{었}과 {겠}의 문법화 과정에 대해서는 이기갑(1989), 최동주(1995), 권재일(1998), 이병기(1997) 등을 참조할 수 있다. 한편, {겠}의 문법화를 다른 각도에서 보면, {겠} 안에 {(이)싸}이 있다는 것은 {겠} 뒤에 결합하는 어미가 {어있}이나 {었}에서와 동일함을 통해 알 수 있다. 다만, 나머지 요소가 {게}인지 {거}인지가 문제로 남을 수 있다. 우리는 {겠}의 선행 환경을 통하여 {거+있}이 {겠}으로 문법화되었을 가능성을 제시할 수 있겠다. 선어말어미 {더/느/거}는 동사어간에 직접 붙을 수 있는 동시에, 접속법적 연결어미 {다, 냐, 자, 라, 려}에 붙을 수 있다. 따라서 {겠}이 동사어간과 접속법적 연결어미에 붙을 수 있다는 사실은 {겠} 속에 {거}가 있기 때문인 것으로 해석할 수 있는 것이다.

(1) ㄱ. 간다더니 – 간다는데 – 간다거든
　　ㄴ. 먹자더니 – 먹자는데 – 먹자거든
　　ㄷ. 먹으라더니 – 먹으라는데 – 먹으라거든
　　ㄹ. 가려더니 – 가려는데 – 가려거든
(2) ㄱ. 그 사람도 간다겠지 아마도.
　　ㄴ. 그럼 돈만 주면, 하자겠네!
　　ㄷ. 먹으려겠으면, 못 먹을 것도 없지.
　　ㄹ. 실패하면, 아마 죽으라겠지?

반면, {었}은 동사어간과만 붙지, 접속법적 연결어미와의 결합은 제약된다. 선행 환경으로 보면 {었}은 {더}/{겠}과 대립적인 모습을 보여준다.

(3) ㄱ. *저도 먹는다았지/먹는닸지.
　　ㄴ. *내가 먹자았지/먹잤지 않았냐?

실되는 과정이 있었다는 것을 의미하므로 질적인 면에서는 {겠}도 통사적 절차를 숨기고 있는 구성으로 볼 가능성이 있다는 것이다. 이를 도식으로 표시하면 다음과 같다.

(그림 2)

V-게 하여 있 > V-게 (하여) 있 > V-게 있 > V-겠
V-어 있 > V-었

물론 {겠}의 중복에는 어휘적 제약이 심하게 작용하는 것 같다. 선행동사의 의미가 주관동사 '알다/모르다', '좋다/싫다'의 경우에만 허용될 수 있지, 기술동사나 행위동사의 경우에는 그 결합이 허용되지 않는 듯싶다.[29]

---

29 이러한 이유는 {게}가 보조동사 연결요소로 사용되는데 제약이 심하기 때문이 아닐까 한다. {게}는 보조동사 연결어미보다는 종속절과 주절을 이어주는 연결어미의 기능 쪽으로 많이 쓰인다. 'V₁-게 V₂' 구성에서 두 동사의 행위자 인칭(주어)이 동일한 구성은 잘해야 'V₁-게 되' 구성 정도이다. 게다가 'V₁-게 되' 구성에서도 행위자 인칭이 다른 구성도 얼마든지 상정할 수 있다.

 (1) ㄱ. 미국으로 유학가게 되었어.
   ㄴ. (형편이/상황이) (내) 미국으로 유학가게 되었어.

다음과 같이 {게} 보조동사 구성은 허용되지 않으나, 연결어미로 사용된 경우에는 가능하다.

 (2) *(내) 밥좀 먹게 봐/둘거야/해라
 (3) ㄱ. (너) (내) 밥 좀 먹게 해라/조용히 해라.
   ㄴ. (너) (철수) 장가 가게 놓아 둬/서울로 보내 둬.

이렇게 본다면, {겠}을 {게있}이나 {게하였} 구성, 즉 보조동사 구성에서 문법화된 것으로 보기가 주저된다. 다른 가능성은 {겠}이 많은 방언에서 {겄}으로 쓰이는 점, {것}과 {겠}의 음운론적 유사성, 의미적 동일성(임홍빈(1980:167)) 등으로 미루어 보아 {V₁거있} 구성이 {V₁겠}이 되었다고 보는 것이다. 문제는 {V₁거있} 구성을 어떤 구성으로 규정지을 수 있느냐 하는 것인데, 필자의 능력을 벗어나는 것이지만, 국어사에서 {거~어} 교체를 생각하면 보조동사 구성으로 볼 가능성이 높아진다.

(25) ㄱ. 그 녀석도 알겠겠지?[30]

ㄴ. 그 놈이 설마 여자가 싫겠겠냐?

(26) ㄱ. ?*그 사람이 그걸 먹겠겠어?

ㄴ. ?*그 사람은 키가 크겠겠어.

둘째, 임홍빈(1997:116)에서는 교착소와 교착소가 겹치는 현상이 국어의 가장 특징적인 현상이고 교착소가 통사적인 요소임을 주장했다. 즉 교착소가 여럿 겹칠 수 있다는 것은 그것이 통사적인 요소임을 말해 준다는 것일 듯하다. 그러나 이렇게 보더라도 어떤 교착소만이 겹치거나 확대되는 현상 자체는 어떻게 설명되어야 하는가의 문제가 남는다. {었}과 {겠}이 하나의 교착소라면 이들이 어떤 원리로 교착되는가가 따로 각각 설명되어야 할 것이고, 막연히 {었}, {겠}, {더} 등을 교착소로 인정한다면, 중첩이나 겹침 현상이 어느 교착소에는 적용되고 어느 교착소에는 적용되지 않는 이유가 원리적으로 설명되기 어렵다.

(27) ㄱ. 정말 무서웠었어.

ㄴ. *난 무섭더더라.

ㄷ. *선생님은 무서우시신가 봐.[31]

---

30 일각에서는 '알겠겠다'나 '모르겠겠다'의 구성을 인정하더라도, 이를 [알겠-]이 어휘화된 상태에서 {-겠-}이 붙은 것으로 동일한 {겠}이 중첩된 것이 아니라고 해석하는 어휘화 논의가 있다. {못생겼다}, {늙었다} 등에도 동일한 논의를 적용시킬 수 있는데, 문제는 이러한 논의를 끝까지 밀고 나가면 어휘화된 것으로 볼 수 있는 것이 그 수가 열려 있다는 데 있다 : {죽었다, 살았다, 길렀다, 입었다, 썼다, 멀었다, 혼났다, 큰났다, 살쪘다, 남았다, 닮았다, 결혼했다, 구름꼈다, 맛갔다, 미쳤다, 죽겠다, 환장하겠다, (정말)돌아가시겠다, 미치고팔짝뛰겠다 …}

31 익명의 논평자께서 선어말어미 {더}에 비해 {시}의 중첩은 용인가능성이 높다고 지적해 주셨다. 필자가 보기에도 '아버님은 어디가시셨냐' 같은 발화가 가능한 것 같기도 하다. 왜 그런지는 단정적으로 말할 수 없지만, 형태의 소리(= 음성상징)적 특성과 모종의 관계가 있는 것일 수도 있겠다: {시} = [마찰음+무성모음], {더} = [파열음+유성모음]

그렇기 때문에 선어말어미나 어말어미의 교착소를 그냥 통사적 요소로 볼 것이 아니라 그것이 왜 통사적 단위로 기능할 수 있는가를 밝혀야 할 것이고, 어간과의 결합에서 어휘적 제약이 없다고 그냥 통사적 단위로 볼 것이 아니라, 뒤에 덧붙을 수 있는 요소와의 결합관계를 더 정밀하게 따져 보아야 하는 것이다.

셋째, 최동주(1995)는 '었었'의 형태를 {었}의 중첩에 의한 형식일 가능성이 높다고 주장한다. 그러나 여기서는 '었'의 중첩 가능성을 시제라는 의미적인 측면에서 설명하고 있고,[32] 근본적으로 '었었'의 중첩이 왜 가능한가에 대한 설명은 차후의 과제로 남기고 있다. 남기심(1978:146)도 {었}이 겹쳐서 '었었'으로 나타나는 것이라면, 당연히 '겠겠', '더더', '는는' 등도 나타나야 할 것이며, 왜 이러한 것은 나타나지 않는가에 대한 의문이 제기된다고 지적했다. 이러한 시각의 의문은 {었, 겠, 더, 는}을 동등하게 선어말어미로 규정짓고 난 다음에는 당연히 제기될 수 있는 것이지만, 각 형태소의 문법적 지위가 전체 어미체계 내에서 정립되면 그 의문점이 쉽게 풀릴 수 있고, 보다 일관되게 설명될 수 있을 것으로 보인다.

넷째, 남기심(1978)은 {었었}을 단일형태소로 볼 수 있는 충분 조건으로 두 번째 {었}이 모음조화 현상을 어긴다는 점을 들고 있다. 그러나 우리의 해석에 따르면, 두 번째의 {었}이 {았}으로 될 수 없는 것은 바로 이웃하는 선행 형태가 {았}이든 {었}이든 관계없이 그 선행형에 포함되어 있는 {(이)씨}의 영향을 받기 때문으로 설명할 수 있다. 선행모음(양성/음성)의 영향은 어미까지만 미치고 새로운 어휘를 뛰어 넘을 수가 없다. 즉 모음조화의 관할영역은 한 어휘 내에서만 이루어진다.[33]

---

32 {었었}을 하나의 형태소로 보고 그 의미기능을 대과거나 과거완료로 파악하는 태도는 그 뿌리가 깊다(이익섭·임홍빈(1984) 참조). 인구어 문법에서도 대과거 시제를 설정하는 곳에서는 단적으로 형태보다는 의미에 입각하고 있음을 알 수 있다(Reichenbach(1947/1966) 참조).

(28) ㄱ. 양성계열 : 가아>가, 보아>봐, 잡아, 볶아

　　　ㄴ. 음성계열 : 부어>붜, 추어>취, 먹어, 불어, 있어[34]

즉 아래의 (29-30)에서 {잡}이 미칠 수 있는 영역은 새로운 어휘 {주}를 뛰어넘지 못하고, {먹}의 영역도 {보}를 뛰어넘지 못한다는 것이다. 따라서 보조동사 {(이)ㅆ} 뒤에서는 일괄적으로 음성 모음 계열의 '어'만이 나타난다.

(29) ㄱ. 잡아 주었대/*주았대

　　　ㄴ. 먹어 보았지/*보었지.

(30) ㄱ. 잡았었어/*잡았았어

　　　ㄴ. 갔었는데/*갔았었지

{았}과 {겠}의 {(이)ㅆ}이 보조동사 구성의 보조동사라는 사실을 입증해 줄 만한 또 다른 중요한 사실로 다음과 같은 현상에 주목할 필요가 있다. 연결어미 {은데}는 주관동사나 기술동사와 결합하고, {는데}는 행위동사와 결합한다. 즉, 동사어휘에 영향을 받는다는 말이다.[35]

---

33 물론 현대 국어에서 이러한 모음조화도 지켜지지 않는 경향이 강하다 : 잡아 > 잡어, 잡아라 > 잡어라, 아름다와 > 아름다워

34 강원도 영동지역의 일부인 강릉방언에서는 '있아'로 실현되어 '이'모음이 양성계열로 사용된다고 한다. 이 방언에서는 '먹었아', '잡았아'로 실현된다. 그러나 {았}의 중첩현상과 {겠}의 쓰임은 관찰할 수 없다고 한다(그 지방 출신 남기업(언어학과 학생)의 제보).

35 우리는 동사의 어휘부류를 주관동사(verbe subjectif = 기존의 심리형용사), 기술동사(verbe descriptif = 기존의 형용사), 행위동사(verbe d'action = 기존의 동사)로 분류한다. 이러한 분류는 일정한 '인칭'이라는 문법적 기준에 의한 것으로서, 연결어미 {는데}와의 결합에 비추어 {있다}를 행위동사에 속한다고 할 때는, 이를 **의미적으로 해석한 것이 아니라**는 점을 다시 강조해 두고 싶다.

(31) ㄱ. 싫다/싫은데/싫던데, 착하다/착한데/착하던데

　　　ㄴ. 먹다/먹는데/먹던데, 가다/가는데/가던데

그러나 {었}과 {겠}이 개입되면 주관동사/기술동사/행위동사의 어휘적 성격에 의해 구별되던 {은데}와 {는데}는 똑같이 {는데}가 된다.

(32) ㄱ. 싫었는데, 착했는데, 먹었는데, 갔는데

　　　ㄴ. 싫겠는데, 착하겠는데, 먹겠는데, 가겠는데

이는 '나 돈 있는데/*있은데'라는 말에서 보듯이, {었}과 {겠}의 {(이)씨} 때문에 {싫}, {착하}, {먹}, {가}의 어휘적 영향이 어미 {어/아}와 {게}[36]까지만 미치고 {있}을 방벽으로 그 이상은 차단되기 때문이다. 반면에, {(으)시}와 같은 선어말어미가 개입되면 이러한 현상은 일어나지 않는다.

(33) ㄱ. 싫으신데, 착하신데

　　　ㄴ. 드시는데, 가시는데

따라서 {었}과 {겠}을 {(으)시}와 같은 선어말어미로 볼 것이 아니라, 다음과 같은 구성과 평행한 보조동사 구성으로 보는 것이 한국어 어미의 전체 체계를 잡는 데 필요하고도 유용하다.

(34) ㄱ. 먹어 지는데/예뻐 보이는데/컸는데/먹겠는데/
　　　　알고 있는데/차려 주고 싶어 하시는데

　　　ㄴ. 먹고 싶은데/크나 본데/먹고싶지 않은데/예쁘기만 한데

---

[36] {겠}의 문법화를 {거있}에서 찾는다면 {거}가 될 것이다.

마지막으로, {었}과 {겠}을 자율 통사적 구성으로 볼 수 있게 만드는 현상으로 생각해 볼 점은, {었}과 {겠}은 그들 간의 순서가 절대적으로 고정되어 있지 않다는 것이다. 물론 {었}이 {겠}에 선행하는 결합형이 빈도 면에서 월등히 많이 나타나고, 그 반대의 순서는 구어체에서나 찾아 볼 수 있는 듯하다. 게다가 선행 동사(V_1)가 주관동사로 국한되는 제약이 있고 인칭의 제약이 따른다는 점을 감안해야 할 것이다.[37] 중요한 것은 그러한 어휘적 제약에도 불구하고, 그 순서가 허용될 수 있는 근거를 어디서 찾아야 하느냐이다. 만약에 선어말어미로서 그 자리가 고정되어 있는 것이라면, 어떻게 이러한 일이 있을 수 있느냐는 반문이 생기기 때문이다.

(35) ㄱ. 야, 너 되게 좋았겠다!
    ㄴ. 그렇다면 우리팀이 졌겠는걸?

(36) ㄱ. 내가 그걸 몰랐겠었다고 보는 거야?
    ㄴ. 나도 이렇게 끌어안으면 정말 좋겠었는데.[38]
    ㄷ. 저저번 파티 때, 우리 마누라 정말 피곤해 죽겠었을거야.
    ㄹ. A : 왜 강의실에서 나갔었는데?
        B : 졸려 죽겠었거든.
    ㅁ. 혼자 공부할 때는 좀 알겠었는데,
        네 설명 들으니까 오히려 헷갈린다야.

---

37 홍기문(1947)에서도 {겠었}을 '완료미래', {었겠}을 '가정의 과거'로 설명하면서, 그 결합의 가능성을 인정하고 있으나, {겠었}의 결합을 제약하는 요인에 대한 천착은 보이지 않는다. 이에 비해, 최동주(1995:217-218)에서는 임홍빈(1980)의 '고생하겠었다'의 연쇄가능성을 부인하고 있다. 우리가 볼 때는, '하겠었다'의 연쇄가 불가능하지만, {겠}과 {었}의 연결이 원천적으로 봉쇄되어서 그런 것이 아니고, 선행 용언의 어휘적 성격에 따른 것임이 간과된 듯하다. 행위동사 '하다'나 기술동사 '크다' 등은 이러한 연쇄의 제약이 따르지만, 주관동사의 경우는 그것이 쉽게 용인될 수 있는 듯하다 : *?밥 먹겠었니? / *?철수는 키가 크겠었지.

38 필자의 아들(7살)과의 대화에서 아들의 말을 채록한 것임.

반면에, {었}과 {더}의 결합순서나 {겠}과 {더}의 결합순서는 고정되어 있다. 이는 곧 {었}과 {겠}을 {더}와 같은 반열에 둘 수 없다는 쪽으로 유도한다. {더}와 {었}, {겠}의 결합제약은 바로 {더}와 {아/어}, {게}의 결합제약에서 나오는 것으로, {더}가 관형사형어미 {(으)ㄴ, ㄹ} 앞에서만 분포할 수 있는 제약에 따른 것이다.

(37) ㄱ. 그 사람 밥 먹었더냐?/*먹더었냐?
     ㄴ. 너 그 설명 좀 알겠더냐?/*알더겠냐?

그리고 이 세 형태소의 최대 결합체를 살펴보면 항상 {더}가 {었}이나 {겠} 뒤에 분포하는 제약이 있음을 알 수 있는데, 이도 위와 마찬가지의 원리의 적용을 받는 것이다.

(38) ㄱ. 내가 나쁜 놈인 줄 알았다면, 네가 어디 믿었겠더냐?
     ㄴ. 삼일 굶으니까, 전쟁시 배고파 죽겠었던 경험이 떠오르더라구.

이러한 분포적 사실을 종합해 보면, 결합순서가 자유롭다는 점에서 {었}과 {겠}은 다분히 통사적 구성으로 인식될 수 있는 반면에, {더}의 교착은 동사어간이나 선어말어미 {(으)시} 바로 뒤에서 그리고 관형사형어미 {(으)ㄴ, ㄹ} 앞에서만 성립된다는 측면에서 문법 체계에서 고정된 한 자리를 차지하고 있다고 보기는 어렵다고 하더라도, 어미적 성격이 상대적으로 강한 것으로 이해할 수 있는 것이다. 이렇게 본다면 '죽었겠더라'에서 어간 {죽}에 선어말어미 {더}가 {었}이나 {겠}보다 뒤에 위치하는 것처럼 보이지만 분석적으로 보면 {더}는 항상 어간 바로 뒤에 교착되는 요소이고, 관형사형어미 {(으)ㄴ, ㄹ} 앞에서 시간·인칭과 관련된 의미를 담당하게 되는 선어말어미적 요소라고 말할 수 있게 된다. {죽}을 중심으로 보지 말고, {더}를 중심으로 보면 된다.

4.2. 한국어 시제와 상 체계

   분포에 입각한 분석적 입장을 견지한 우리가 주장하는 것은 일반적으로 서구어 문법에서 어간에 굴절요소로 작용하는 어미들의 형태를 중심으로 시제체계를 구성하려는 것 – 영어의 과거(-ed) : 비과거(-ø), 불어의 반과거(-ais), 단순과거(-ai) : 현재(-ø) : 반미래(-erais), 단순미래(-erai) – 을 김안한나면, {더}를 시제를 담당하는 어미로 파악하는 것이 어미의 전체 체계를 구성하는 데 효율적이라는 것이다. 의미적으로도 {더}는 시간과 관련이 있다.[39] 그 시제 체계를 구성하는 패러다임은 {더, 느, 거}로 구성된다고 보면 구조적으로 안정된 체계를 구성할 수 있다. 그렇다면 {었}과 {겠}은 시제요소가 아니란 말로 이어진다. 우리의 입장은 {었}이나 {겠}을 시제를 구성하는 요소가 아니라 상체계나 서법체계를 구성하는 요소로 보는 것이다. {었}과 {겠}을 시제로 보는 것은 문법체계를 세우는 데 있어 의미를 중심으로 한 것이고, 그러면 일관된 형태 중심의 문법관을 벗어나게 될 수밖에 없다. 그렇다면, 이 두 형태에서 읽혀지는 시간과 관련된 의미 – 과거나 미래의 의미 – 는 도대체 무엇인가? 우리는 이러한 시간적 의미는 이 형태소의 구성 원리에서 파생되는 문맥적 의미 효과로 해석하고자 한다.[40] 따라서 {었}이 보여주는 과거적 시간 의미나 {겠}이 나타내는 미래적 시간 의미는 'V₁-었'과 'V₁-겠'의 통사적 구성이[41] 보여주는 여러가지 문맥적 의미효과 중의 하나에 불과한 것이다.

---

[39] {더}의 의미기능을 밝히려는 논의는 국어학계에서 가장 많이 이루어졌다고 해도 과언이 아닐 것이다. 그 접근 방식도 회상시제라 하여 시제체계로 설명하려는 계열, 상과 관련해서 설명하는 계열, 양상과 관련하여 설명하는 계열 등으로 다분화되어 있다(송재목(1998) 참조). 그러나 이러한 모든 시도는 일차적으로 {더}의 문법적 지위를 따지는 작업을 심도 있게 거치지 않고, {더}의 의미기능을 문제삼고 있다.

[40] 의미를 중심으로 {었}을 시제 형태소로 보는 견해에서는 거꾸로 '완료'나 '완결'의 의미를 '과거시제'의 가능한 문맥적 의미의 하나로 볼 수 있다(최동주(1995:187–203) 참조).

선행 동사가 행위동사일 경우에 과거나 미래의 시간 의미가 제일 선명하게 드러나고 기술동사나 주관동사로 갈수록 희미해진다 : 먹었어 → 살았어 → 늙었어; 뛰겠어 → 죽겠어 → 알겠어.

{었}에서 과거의 의미를 읽어내는 것도 일관적이지 않고, 선행 동사의 의미제약에 따라 변동이 심하다.[42] 따라서 다음과 같은 동사들의 경우에는 어휘적 제약 때문에 과거의 시간적 의미가 읽히기가 어려운 것이다.

(39) ㄱ. 그 녀석 참 잘 생겼다!

ㄴ. 넌 너무 늙었어.

ㄷ. 야 잔소리 그만 해, 알았으니까.

ㄹ. 나는 지금 영희하고 사랑에 빠졌어.

ㅁ. 너 이젠 죽었어, 알았어?

ㅂ. 너 오늘 참 예쁜 옷 입었구나!

ㅅ. 엄마소도 얼룩소, 엄마 닮았네.[43]

---

[41] 통사적 구성에서 어휘적 요소와 문법적 요소가 축약되어 음운론적으로 하나의 단위처럼 쓰이는 현상은 여러 언어에서 많이 찾아볼 수 있다.

(1) I wanna go home.

(2) Nothing's gonna change my love for you.

(3) You've gotta be kidding!

(4) 엄마가 보고플 땐, 엄마 사진 꺼내 놓고.

(5) 그건 내가 했는갑다.

(6) やーだ、もう書いちゃったのに。← 書いてしまう(書いちゃう)

(7) 急がないでよ。まだ食べてるんだから。← 食べている(食べてる)

(8) 易しい本から讀んどいたほうがいいじゃん。← 讀んで置く(讀んどく)

[42] 박영준(1998)은 {었}을 그 의미효과에 따라 [현재 지속]의 '었₁', [현재 상태]의 '었₂', [완결]의 '었₃'으로 구분하고, '었₁'과 '었₂'에 대해서 진정한 의미의 선어말어미가 아닐 수 있음을 지적하고 있다. 개별형태소로 세 가지의 '었'을 구분하는 것 자체에 전적으로 동의하기 힘드나, {었}을 보조동사 구성의 틀 속에서 파악하는 우리의 논의와 궤를 같이 하는 측면이 많다.

[43] 일본어의 '似ている、似ています'형의 보조동사 구성도 '닮았다'가 보조동사 구성임을 보여주는 중요한 논거 자료가 될 수 있다. 일본어의 'V-ている' 구성은 본동사의 상적 속성에 따라 한국어의 {V-고있다}와 {V-어있다, V-었다} 구성으

다음의 {었}은 {어 있} 구성으로 대치해도 그 의미의 차이를 쉽게 느낄 수 없다.

(40) ㄱ. 아직도 반이나 남았어. ≒ 아직도 반이나 남아 있어.
　　 ㄴ. 게 섰거라 ≒ 게 서 있거라
　　 ㄷ. 여기 앉았거라 ≒ 여기 앉아 있거라.
　　 ㄹ. 이제 입양한 우리 애도 다 컸겠죠? ≒
　　　　 이제 입양한 우리 애도 다 커 있겠죠?

{었}과 {겠}의 의미효과 중에서 비시제적 의미가 읽히는 이유는 이들의 구성이 본질적으로 통사적 구성으로 이루어진 상이나 양태 범주이기 때문인 것으로 볼 수 있다. 인구어의 많은 언어에서도 통사적 구성으로 이루어진 문법 범주는 원래 시제보다는 상(aspect)이나 양태(modalité)와 관련이 있는 것이 일반적이다.[44] 다음 불어의 예를 보자.

―――――――――――

로 해석된다. 다음 예문을 참조하라.
(1) 田中さんはまだ結婚していません。(결혼했다)
(2) 弟はまだ歸ってきていません。(돌아왔다)
(3) 今でこそ地球が丸いことは子供でも知っているが、コロンブス以前は 誰もが地球は平らだと思っていたわけだ。(알고있다)
(4) 父は腰を痛めているので、家の回りを散步するのがやっとです。(다 쳤다)
(5) もしもし、靴の紐が解けていますよ(＝解けてますよ。)(풀어져있다; 풀어졌다)
(6) このりんごは腐っている。(썩었다)
(7) 木が倒れている。(쓰러져있다;쓰러졌다)
(8) 次郎はアメリカに行っている。(가아있다;가았다;갔다)
(9) 次郎もうは家に歸っています。(돌아와있다;돌아왔다)
(10) あなた、どうして死んでいるの。(죽어있다;죽었다＝맛이갔다)
(11) 森さんは太りすぎている。(너무살쪄있다;너무살쪘다)

44 보편적으로 여러 언어에서 상이나 서법 범주가 통사적 구성으로 이루어진다는 것 자체로 한국어의 {었}과 {겠}이 통사적 구성으로 되어 있다는 점에서 동일하게 상과 서법으로 파악해야 한다는 것을 주장하는 것에는 무리도 따르지만, 적어도

(41) ㄱ. Paul, il a chanté une chanson avec sa femme.

　　　 ㄴ. Moi, je vais aller au cinéma ce soir.

이처럼 {었}이나 {었었}을 상체계로 보는 것은 불어의 완료형 구문을 상체계-내재상(immanent) : 초월상(transcendant) : 이중초월상(bi-transcendant)-로 파악하는 것과 형태적으로 유사하다.[45]

따라서 상적 표현의 구성은 딱 짜여진 것이 아니라 다소 열려 있는 구성이라 할 수 있고, 시간적 의미 해석은 본동사의 형태-부정사, 현재분사, 과거분사-에 따라 이차적으로 정해진다고 할 수 있다.

(42) avoir marché, être parti, aller marcher, venir de marcher

이와 유사하게 한국어에서 상과 관련된 구성으로는 다음과 같은 것을 포함시킬 수 있다.[46]

도상적으로(iconically) {었}과 {겠}이 상이나 서법 표현요소라는 것을 뒷받침해 준다. 비록 형태에 입각한 분석은 아니었지만, {었}의 의미를 상으로 {겠}의 의미를 양태로 해석하는 논의도 국어학계에 많이 제시되어 있다(남기심(1978), 김성화(1992), 박덕유(1997) 등등).

45 전통적으로는 불어의 완료형 구문도 '어휘₁(조동사)+어휘₂(피조동)'의 통사론적 구성으로 이루어져 있지만, 복합과거(passé composé), 중복합과거(passé surcomposé)로 시제체계에 편입되는 요소로 기술되어 온 것이 사실이다. 이는 다분히 표면 의미에 이끌려 시제를 실물인 시간과 혼동하는 처사이다(Hewson(1997) 참조). 그러나 형태를 중시하는 우리의 입장에서 보면 다음 예에서 보는 바와 같이, 이러한 구성은 분명 통사론적 구성을 이루는 자율구성으로 분석된다. 따라서 특정 형식으로 제한된 어휘의 결합(V₁-V₂)이 어휘적 제약을 받지 않고 결합폭이 무제한이 되어 그리고 그 의미적 특성이 상(aspect)과 관련된 구성으로 일반화되어 문법적인 범주를 구성하게 된 것으로 보아야 할 것이다.

(1) Moi, je chante/j'ai chanté/j'ai eu chanté.

따라서 문법적 상은 통사적 구성으로 실현된다는 일반적 원리에 비추어 보면, 'avoir + pp'나 'aller + inf' 구성을 상 표현 양식으로 보고, 여기서 도출되는 '과거'나 '미래'의 의미는 과거분사나 부정사의 내재적인 어휘적 상적 속성에서 기인하는 의미효과로 처리하면 형태중심의 꽉 짜여진 시제나 상의 체계를 세울 수 있게 된다(Guillaume(1929)).

(43) 먹었다, 먹어 가다, 먹어 버리다, 먹어 치우다, 먹고 있다, 먹겠다, 먹어 쌓다, 먹고 말다 …

{겠}을 시제 형태소가 아닌 상이나 서법 체계로 봐야 하는 이유는 앞서 제시한 {었}과 관련된 논의에서와 마찬가지로 형태적 위상/문법적 지위에 토대를 두기 때문이다. {겠}의 의미를 세분하고 있는 최현배(1971:358-361)를 자세히 들여다보면, 사실은 ㄱ 분류가 인칭(= 행위자 인칭)의 차이에서 비롯됨을 알 수 있다. 우선 그에 따르면, 보조어간 {겠}은 크게 네 가지로 의미기능이 나뉜다.

(44) ㄱ. 유의지 미래 : 내가 너를 죽이겠다.[47]
ㄴ. 무의지 미래 : 그 사람이 곧 오겠다.
ㄷ. 가능 : 한 시간에 백리라도 달아나겠다.
ㄹ. 추량 : 그 사람이 내일 오겠다.

이러한 의미 차이는 {겠}이 원래 가지고 있는 고유기능이라고 보기가 어렵고, 이는 {겠}이 쓰인 어휘적 환경에 따른 의미해석의 차이라고 볼

---

46 김성화(1992), 박진호(1998) 등 참조.
47 '의지' 등의 의미는 너와 내가 주고 받는 말에서 드러나는 의미인데, 이러한 용법을 보여주기 위해 사용된 예들에서 모두 어말어미 {다}가 쓰이고 있다. 그러나 대화체에서 이렇게 쓰이는 것은 부자연스럽고, {다}가 쓰였을 때는 '감탄, 명령' 등의 담화적 의미가 산출된다. {다}의 문법체계상의 지위에 대한 논의로 목정수(1999)를 참조할 것.
임홍빈(1980)에서 {겠}이 의도의 의미로 해석되는데 영향을 미치는 동사의 성질 [+동작]이 필요조건도 충분조건도 될 수 없다고 주장하는 글에서 예로 든 다음과 같은 문장이 실제 대화에서 사용될 수 있는가를 판단해 보자. 이러한 문장은 혼잣말이나 글쓰기에서 자신을 행위자 인칭(=3인칭)화하여 쓰이는 것이지, 상대방과 마주 보고 주고받는 환경에서는 쓰일 수 없다 : 나는 앞으로 하느님을 믿겠다/ 나는 차라리 여기에 남기를 희망하겠다/ 나는 그의 죄를 용서하겠다/ 나는 끝까지 행복하겠다/ 나는 어떤 일이 있어도 정직하겠다/ 나는 너에게 잡히겠다/ 나는 이곳에 묻히겠다.

수 있다. 그 차이라는 것은 화자의 행위자 인칭에 따른 태도와 동사의 성격에 따라 달라진다는 것을 말한다. 예를 들어, (44ㄱ)의 '유의지 미래' 도 '그런 상황이면 나라도 너를 죽이겠다' 같은 말에서는 '유의지 미래' 가 아닌 다른 해석을 유발할 수 있고, (44ㄷ)의 '가능'으로 분류되었던 '네가 그 문제를 풀겠느냐?'도 의문문을 나타내는 굴절인칭 어미 {냐}와 행위자 인칭 '너'에 주목하면, 이는 '유의지 미래'로도 해석이 가능하다.

> (45) 갑 : 네가 직접 수학 문제를 풀겠나?
>   을 : 예, 한 번 해 보겠습니다.

그리고 {겠}의 구성이 보조동사 {있}을 포함하고 있기 때문에 {게/거} 는 선행 어간의 관할 영역에 포함된 명제 내용에 관여적이다. 따라서 명제의 의미중심에 놓이는 동사의 어휘적 영향에 따라 그 의미해석에 차이를 가져오는 것은 당연하다고 할 수 있다. 한국어의 동사를 크게 주관동사, 기술동사, 행위동사로 나눌 때, '유의지 미래'는 행위동사의 경우에만 해당된다.

> (46) ㄱ. 난 가겠어/ 난 읽어 보겠어. (행위동사)
>   ㄴ. 철수는 키가 크겠어/ 꽃이 피고 있겠지. (기술동사)
>   ㄷ. 난 이 수영복이 좋겠어/ 난 떡이 먹고 싶겠지? (주관동사)

5. 맺음말

지금까지 한국어 어미의 체계를 세우기 위한 일환으로 이루어진 우리의 작업에서 유의한 작업가설은 다음 몇 가지로 요약된다.

첫째, 형태를 중심으로 그 분포를 철저히 따져 논의의 출발을 삼는다.

분포에 입각한 질서를 세우지 않고는 심층의 질서를 말하기 어렵기 때문이다. 여기서 말하는 분포는 앞의 환경만 보는 부분적 분포 개념을 뛰어넘는 것이다.

둘째, 어휘(= 의미)에서 문법(= 형태)으로 나아가는 표층의 물리적 순서를 탈피하여, 특히 한국어의 경우, 상대적으로 오른쪽에 출현하는 문법요소(= 형태)를 중심으로 어휘요소(= 의미) 쪽으로 분석해 나가는 최대조직의 틀 안에서의 분석이 보다 정합적일 수 있다. 언어활동의 최대 조직을 구성하지 않고 출발하면 그 분석은 자의적이게 될 위험이 있고, 끊임없이 적당한 선에서 무한 반복되는 순환론적 오류에 빠질 가능성이 높다.

셋째, 언어활동의 최대 조직을 구성하려면 언어활동이 실제로 일어나는 현상 자체를 아무런 사상(捨象) 없이 현상자체로 파악해야 한다. 그러기 위해서는 언어활동이란 구체적 현장에서 무언가를 놓고 '너'와 '나'가 주고받는 대화 가운데서 이루어진다는 점이 적극 고려되어야 한다. 그러한 실제 담화 현장에서 산출된 말의 형태와 의미를 논리명제적 의미구조로 환원시켜 분석하는 작업은 언어의 중요한 부분을 간과하게 만들 수 있다. 이것이 촘스키를 중심으로 한 미국언어학—형식의미론, 생성문법 등등—에서 새롭게 인식해야 할 부분이라 할 수 있다.

이러한 시각을 가지고, 한국어의 어미를 분석했을 때, 시상과 관련된 선어말어미 {었}, {겠}, {더} 중에서 {더} 계열만이 선어말어미의 지위를 유지할 수 있고, {었}과 {겠}은 선어말어미가 아닌 보조동사 구성 또는 그에 준하는 구성으로 파악해야 함을 밝혔다. 또한 {더}가 선어말어미로 쓰일 수 있는 것도 관형사형 어미 {(으)ㄴ, ㄹ} 환경으로 제한된다는 점에서 {더}는 문법체계상에서 위치가 일정한 자리를 차지하고 있다고 보기 어렵다. 문법적으로 고정된 자리, 즉 어말어미는 {(으)ㄴ, ㄹ}이기 때문에, {더}의 의미기능은 이 관형사형어미와의 결합에 영향을 받는다고 봐야 할 것이다. 더불어, 어간과 어미 사이에 놓이는 요소들 중에서 {(으)시}는 어휘적 확장의 끝을 맺어주면서 다른 어말어미들이 교착될 수 있는 어휘 환경을 만들어 주는 어간확장형 선어말어미로 규정할 수 있었다.

지금까지의 논의를 통해 밝혀진 동사구 확장 체계(= 어미체계)의 윤곽을 제시하면서 본 논의의 끝맺음을 하기로 한다.

```
V→{(으)시} ‖ ←                    |{아/어, (게), 지, 고}(부사형어미)
V→{(으)시} ‖ ← {더/느} ←          |{(으)ㄴ, ㄹ}(관형사형어미)        } = 준명사법
V→{(으)시} ‖ ←                    |{(으)ㅁ, 기}(명사형어미)
V→{(으)시} ‖ ←                    |{냐, 다, 자, 라, 려}(인용·연결형어미) = 접속법
V→{(으)시} ‖ ←                    |{냐/니, 어, 나, 지, 고, 게}(종결형어미) = 직설법
```

참고문헌

고영근(1975). "현대국어의 어말어미에 대한 구조적 연구 -비종결어미의 것을 중심으로-." 「응용언어학」 7-1.
_____(1989). 「국어 형태론 연구」 서울대학교출판부.
고영근·남기심(1999). 「고교문법자습서」 탑출판사.
권재일(1992). 「한국어 통사론」 민음사.
_____(1998). 「한국어 문법사」 태학사.
김성화(1992). 「국어의 상 연구」 한신문화사.
김차균(1993). 「우리말 시제와 상의 연구」 태학사.
나진석(1971). 「우리말의 때매김 연구」 과학사.
남기심(1978). 「국어문법의 시제문제에 관한 연구」 탑출판사.
남기심·고영근(1989). 「표준 국어 문법론」 탑출판사.
목정수(1998ㄱ). "기능동사 '이다' 구성의 쟁점." 「언어학」 22.

_____(1998ㄴ). "한국어 격조사와 특수조사의 지위와 그 의미 -유형론적 접근-." 「언어학」 23.

_____(1998ㄷ). "격조사 교체 현상에 대한 통사·의미적 논의의 재검토 -조사류의 새로운 질서를 토대로-." 「언어정보」 2.

_____(1999). "정감적 의미와 형태분석 -청자지시 요소 {아} 분석을 위하여-." 「한국어학」 10.

박덕유(1997). "현대국어의 동사상 연구." 인하대학교 박사학위논문.

박영준(1998). "형태소 '-었-'의 통시적 변천," 「한국어학」 8.

박진호(1994ㄱ). "통사적 결합 관계와 논항구조." 「국어연구」 123.

_____(1994ㄴ). "선어말어미 '-시-'의 통사구조상의 위치." 「관악어문연구」 19.

_____(1998). "보조용언." 「문법 연구와 자료」 태학사.

박형달(1996). 「이론언어학의 비교 연구」 서울대학교출판부.

서태룡(1987). "국어 활용어미의 형태와 의미." 서울대 박사학위논문.

_____(1990). "활용어미." 「국어연구 어디까지 왔나」 동아출판사.

송재목(1998). "안맺음씨끝 '-더-'의 의미 기능에 대하여 -유형론적 관점에서-." 「국어학」 32.

송철의(1995). "'-었-'과 형태론." 「국어사와 차자표기」(소곡 남풍현선생 회갑기념논총). 태학사.

시정곤(1998). "선어말어미의 형태-통사론." 「한국어학」 8.

안병희·이광호(1990). 「중세국어문법론」 학연사.

유현조(1998). "한국어 어미 분석과 인칭의 문제." 「언어연구」 18.

이기갑(1989). "미정의 씨끝 '-으리'와 '-겠'의 역사적 교체." 「말」 12.

이남순(1994). "'었었' 攷." 「진단학보」 78.

이병기(1997). "미래 시제 형태의 통시적 연구 -'-리-', '-ㄹ 것이', '-겠-'을 중심으로-." 「국어연구」 146.

임홍빈(1980). "{-겠-}과 대상성." 「한글」 170.

_____(1997). "국어 굴절의 원리적 성격과 재구조화 -'교착소'와 '교착법'의 설정을 제안하며-." 「관악어문연구」 22.

최동주(1994). "현대국어 선어말 {-더-}의 의미에 대하여." 「어학연구」 30-1.

_____(1995). "국어 시상 체계의 통시적 변화에 관한 연구." 서울대 박사학위논문.

_____(1996). "현대국어의 {-느-}에 대한 고찰." 「국어국문학연구」 24.

최성호(1987). "현대국어의 안맺음씨끝의 의미 연구 -특히 '었'과 '더'를 중심으로-." 서울대 석사학위논문.

최현배(1971). 「우리말본」 정음문화사.

허 웅(1983). 「국어학 -우리말의 오늘·어제-」 샘문화사.

홍기문(1947). 「조선문법연구」 서울신문사, 대제각 영인본.

Guillaume, G.(1929). *Temps et verbe*, Champion.

_____(1973). *Principe de linguistique théorique*, Paris : Klincksieck et Québec, Presses de l'Université Laval.

Hewson, J. and V. Bubenik(1997). *Tense and Aspect in Indo-european languages : theory, typology, diachrony*, John Benjamins Publishing Company, Amsterdam/Philadelphia.

Hewson, J.(1997). *The Cognitive System of the French Verb*, John Benjamins Publishing Company, Amsterdam/Philadelphia.

Hirtle, W.(1975). *Time, Aspect and The Verb*, Presses de l'Université Laval.

Reichenbach, H.(1947). *Elements of Symbolic Logic*, New York, The Free Press.

어미와 대명사인칭

• 선어말어미 '-시-'의 기능과 주어 존대 •

1. 서론

　한국어의 '-시-'는 전통적으로 '주체존대' 선어말어미로 규정되어 왔다. 본고는 '-시-'가 주체를 존대하는 요소라 했을 때, '주체'가 정확히 무엇을 의미하는가에 대해 의문을 갖는 것에서부터 시작된다. 국문법에서 '주체', '주어', '주제' 등이 같은 것 같으면서도 다르게, 불분명한 상태에서 서로 섞여 쓰이고 있는 이유는 무엇일까? 본고의 기본 가설은 주어 규정에 조사 '이/가'가 너무 지나치게 개입되어 있다는 것이고, 조사 '이/가'를 무조건 주어 표지로 보는 시각을 벗어나야만 한국어의 문장 구조를 제대로 파악할 수 있다는 것이다. 결국은 조사 '이/가'에 대한 개념 규정이나 지위 설정이 문장 구조를 파악하는 데 필요 이상으로 영향을 미쳤고, '주어', '주체', '주제' 등의 개념이 혼동되게 만들었다고 진단한다. 본고에서는 문장에서 '-시-'와 호응¹ 관계를 갖는 명사구를 일관되게 주어로 규정할 수 있음을 보이고자 한다. 따라서 타동사문이나 자동사문

1　본고에서는 '호응'이란 용어를 대표로 사용하고자 한다. 개념적으로 '일치'라는 용어도 무방하다고 본다. 다만 일치 요소로서의 '-시-'에 대한 반론에 대비해서 각주 5)에서 설명을 덧붙였다.

에서 '-시-'는 주어로서의 주체와 관련되고, 소위 '이중주어 구문'에서 '-시-'는 주어가 아닌 주체나 주제, 또는 청자와 연관된다고 보는 논의라든가 또한 요즘 사물까지도 존대하는 과잉 존대의 '-시-'가 쓰인다는 식으로 '-시-'를 이질적으로 보게 하는² 국어문법론의 논의 구조를 재반성해 보고, '-시-'를 단일하게 접근하는 것이 가능한가에 대해서 생각해 보려는 것이다. 즉 다음 문장들에서의 '-시-'는 모두 간단명료하게 주어와 관계있다고 보자는 것이다.

(1) 가. 애들아, 할아버지 오셨다. 얼른 나와서 인사 드려라.
　　 나. 할아버지, 할머니도 안녕하시죠?
　　 다. 야, 할아버지도 애인이 있으시니?
　　 라. 할아버지, 할아버지는 참 책도 많으세요.
　　 마. 할아버지, 왜 허리가 굽으셨어요?
　　 바. 할아버지, 할아버지도 할머니가 그리 무서우세요?
　　 사. 할아버지, 커피 그렇게 많이 드시면 잠이 잘 안 오십니다. 아셨죠?
　　 아. 할아버지, 보청기를 끼셔야 라디오가 잘 들리세요.
　　 자. 할아버지, 무슨 음악 좋아하세요?
　　 차. 할아버지, 건강한 한 해 되시기 바랄게요.
　　 카. 할아버지, 할아버지는 가격대비 요금제를 쓰시면 할인이 많이 되십니다.
　　 타. 할아버지, 지금 계신 곳이 어디세요?
　　 파. 할아버지, 자식들이 그리도 맘에 안 드세요?
　　 하. 할아버지, 할아버지는 돈이 남으세요? 저는 모자라는데요.
　　 거. 할아버지, 이쪽으로 누우실게요.

본고는 선어말어미 '-시-'는 주어 자리에 놓이는 성분을 존대의 대상

2　조사 '이/가'를 주어 표지(= 주격조사)로 보고 전개하는 논의는 대부분 반드시 '주어'와 '주체'를 분리하게 되어 있다.

으로 여기는 화자의 시각이 반영된 문법요소로 '주어 존대요소'나 '존대 대상의 행위자 또는 경험주 지시요소'로 규정하는 것이 국어 문법의 간결성을 확보할 수 있는 길이며 혼란을 잠재울 수 있는 방법이라는 점을 주장하고 이를 증명하는 것을 최종의 목표로 삼는다.[3] 따라서 우리의 비판은 최근에 나온 '주체존대'의 '-시-'가 '청자존대'의 '-시-'로 문법화되었다거나 확장되어 쓰인다고 보는 임동훈(2011)의 이원적 입장에 맞춰진다. 이어서 본고에서는 사회언어학적 입장에서 나온 '과잉 손대' 등의 비판 양상을 종합적으로 고찰하고 '상황 주체 높임'의 확산으로 '-시-'를 설명하고 있는 이정복(2010)을 재해석해 보고자 한다.

다른 한편, '-시-'가 보조어간으로 기술된 적이 있는데(최현배, 1957), 어미 가운데서 동사에 가장 가까이 나타난다는 점이 의미하는 바가 무엇인가를 재해석해 보고, 이것이 바로 '-시-'를 존대 대상의 행위자 또는 경험주로서의 주어 지시요소로 파악하는 데 근거가 됨을 보일 것이다. 일반적으로 서술어가 요구하는 논항 구조의 개별 어휘 논항에 대한 문법적 대응 요소로서 기능하는 보조동사 구성의 연쇄에서도 '-시-'가 차지하는 위치는 우리에게 많은 것을 시사해 주기 때문이다(목정수(2013예정) 참조).

(2) 가. 선생님, 절 위해 이쪽으로 뛰어와 주실래요?
　　나. *선생님, 절 위해 이쪽으로 뛰어오셔 줄래요?
　　다. *선생님, 절 위해 이쪽으로 뛰시어 와 줄래요?

여기서 '-(어)오다/가다'가 방향격을 나타내는 어휘적 논항 '이쪽으로/

3　강창석(1987: 32)의 문제제기는 경청할 만한 가치가 있다. "간단하고 상식적인 현상들이 쉽게 이해되지 않는 경우는 대개 연구자들이 잘못된 先入見이나 前提를 가지고 문제를 스스로 어렵게 만들기 때문이다. 즉 애당초 성립되지도 않고 논의할 필요도 없는 문제를 과제로 설정하거나 전제로 삼음으로써 노력의 낭비를 초래하고 끝내는 現象의 본질까지를 왜곡시키는 악순환을 흔히 초래한다."

저쪽으로'의 문법적 대응소로 보고, '-(어)주다'가 수혜주를 나타내는 어휘적 논항 '절 위해'의 문법적 대응소로 본다면, '-시-'가 그 다음 위치에 나타난다는 사실은 그것이 논항 구조에서 주어 논항 '(선생님은)'에 대응되는 문법적 대응소라는 것을 말해준다고 할 수 있다.

2. 왜 '-시-'를 '주어존대 요소'가 아니라 '주체존대 요소'라 하는가?

선어말어미 '-시-'에 대한 논의는 한국어의 존대법 논의와[4] 관련하여 많은 논의가 이루어져 왔다. '-시-'가 던지는 국어학적 문제가 문법론에서 화용론, 사회언어학적 논의까지 전방위적으로 파장을 미치고 있음을 알 수 있다. 그러나 가장 핵심적인 논점을 간추리면 다음과 같다(안명철 (2003: 2) 참조).

> 가. 존대되는 것은 화용론 차원의 지시 대상인가 아니면 통사적 차원의 문장의 성분인가?
> 나. 존대되는 것이 문장의 성분이라면 그것의 문장에서의 자격은 주어인가 아니면 그 이상인가?
> 다. '-시-'는 주어나 여타의 존대되는 명사구를 높이는가 또는 행위주나 주제의 서술하는 내용을 높이는가?

흔히 '-시-'를 주체존대법이라고 할 때 '주체'라는 개념은 매우 이질적인 요소를 포함하고 있다고 할 수 있다. 허웅(1954, 1961)은 주체를 화용론적 지시대상의 의미로도 사용하고 있고, 서정수(1972)는 주어나 주제를 포함하는 문법적 개념으로 사용하고 있고, 성기철(1984)는 문장의 주

---

4 논자에 따라서는 '경어법', '대우법', '공대법' 등의 용어로 논의되기도 했다.

어를 의미하는 개념으로 사용하고 있다. 우리는 '-시-'를 문장의 주어가 높임의 대상일 때 '-시-'가 호응하므로 '-시-'를 '주어 존대요소' 또는 '존대 대상의 주어 지시요소'라고 보고자 한다.[5] 따라서 우리는 문장 성분 중에서 무엇이 주어인가를 논해야 하는데 전통적으로 문제가 되어 온 문장은 소위 이중주어 구문이다. 예를 들어, '코끼리는 코가 길다'나 '나는 호랑이가 무섭다'라는 문장에서 어느 논항을 주어로 보느냐에 따라 '-시-'이 정체 규명의 방식과 결과가 달라졌던 것이나.

국어문법의 전통에서 '주어'라는 개념 정립은 필연적으로 주격조사 '이/가'와 맞물려 있다. 주격조사 '이/가'는 주어 표지(subject marker)로 암묵적으로 여겨지고 있으며, 다시 주어진 성분이 '주어'라는 통사적 성분임을 알 수 있는 것은 심층에 주격조사 '이/가'가 있기 때문이라는 논리가 확고히 자리잡고 있는 것이다. 이러한 논리는 소위 조사 생략 현상과 관련하여, 순환의 오류에 빠지고 만다. 목정수(1998: 52)에서 다음과 같은 지적을 한 바 있다.

"(…) 그런데 {가}가 단순히 주어라는 통사적 기능을 표시하는 격표지이고, 그렇기 때문에 회복가능성의 조건하에 생략될 수 있다고 보는 입장은 그

---

5 한국어의 '-시-'를 일치(agreement) 요소로 보는 것에 대해 '-시-'의 비필수성을 들어 반대할 수 있는 여지는 있다. 즉, 존대 자질을 갖는 명사가 주어 자리에 오더라도 '-시-'를 사용하지 않은 다음 문장이 문법적으로 용인되기 때문이다.

   (1) 가. 할아버지는 아직도 안경을 안 쓰신다.
       나. 할아버지는 아직도 안경을 안 쓴다.

   그러나 '-시-'와 관계되는 동일 지표 요소는 주어 자리의 명사구로 제약된다는 점에서는 '-시-'를 주어 지시소(subject indicator)로 봐도 무방할 것이다.

   (2) 가. 선생님, 안녕하십니까? → 술어 '안녕하다'에 대해 청자가 주어로 상정됨.
       나. 저기 있잖아요, 긴장이 많이 되신다네요. → 술어 '긴장(이) 되다'에 대해
          3인칭 주어가 상정됨.
       다. 야, 할아버지는 뵀니? → 술어 '할아버지는 뵙다'에 대해 청자가 주어로
          상정됨.

정의상 순환논법에 빠지고 만다. 격조사가 화용론적으로 회복이 가능하고 그것이 붙어 있는 성분이 주어인지 목적어인지가 분명하기 때문에 생략이 이루어진다고 보면, 그 성분이 주어인지 목적어인지를 어떻게 알 수 있느냐에 대해서는 다시 격조사가 붙어 있기 때문이라고 대답할 수밖에 없기 때문이다."

이 이외에 조사 '이/가'를 주격조사로 보고 주어 표지로 보는 입장은 필연적으로 소위 한국어의 이중주어 혹은 다중주어 구문에 대해 한국어의 특수성으로 취급하게 되거나, 보편문법의 차원에서의 설명을 위해, 무리한 변형 조작을 통한 심층구조와 표층구조의 관계를 모색하는 논의로 이어졌다.

안명철(2011)에서는 기존의 이중주어 구문의 대표적 논의의 성격을 첫 번째 명사구와 두 번째 명사구 그리고 서술어와의 통사 의미론적 관계에 대한 것으로 요약하고 이 문제를 푸는 방식으로 NP$_1$과 NP$_2$ 가운데 어느 것이 서술어에 대한 **진성 주어**의 자격을 가지는가에 대한 점만 보아도 여러 이론의 핵심을 꿰뚫어 볼 수 있다고 정리하고 있다. 변형설에서부터 주제설, 대소관계설, 서술절설, 복합술어설 등 거의 모든 가능한 이론이 동원되다시피 했고 결과는 NP$_1$을 주어로 보는 입장, NP$_2$를 주어로 보는 입장, NP$_1$과 NP$_2$를 모두 주어로 보는 입장, 그리고 일부 구문의 NP$_1$은 주어로, 나머지 구문은 NP$_2$를 주어로 보는 입장으로 나뉜다.

본고는 '-사-'를 통사론, 즉 문법의 층위에서 풀어야 한다고 본다. 물론 '-사-'의 사용 여부에는 담화·화용론적 변인이 작용할 수 있겠으나, 이는 엄연히 이차적인 것으로 본다는 것이다. 이러한 시각을 가장 가까이에서 뒷받침하고 있는 선행 연구로 안명철(2001, 2003, 2011)을 들 수 있다. 그의 논의의 핵심에 '구동사' 또는 '술어동사'라는 개념이 나오는데, 목정수(2004, 2005)에서 서술절을 부정하고 세운 '동사구'의 어휘화, 연어

구성, 관용구의 개념과 거의 정확히 일치한다. 안명철(2001, 2003, 2011)
은 주어존대법을 화용론적으로 [+존대]를 받은 주어가 서술어에 '-시-'를
실현하는 통사 절차를 가리키는 순수 문법현상으로 본다. 주어존대법의
문제를 경험주나 시점의 논리와 같은 의미·화용론적 논리로 보는 임홍
빈(1985)이나 임동훈(2000, 2006) 등과 완전히 다른 시각이다. 순수 주어
의 문제로 보고 있는 안명철(2001, 2003, 2011)의 시각은 한국어의 선어
말어미와 어미를 문장 구조의 핵으로 보는 우리의 기본 시각과 상통하는
점이 많다. 안명철(2003: 152)에 제시되어 있는 '주어존대 규칙' 다섯 가
지를 제시하면 다음과 같다.

① 화용론적으로 [+존대]가 부여되는 명사구만이 '-시-'를 실현한다.
② 화용론적으로 [+존대]가 부여되는 명사구는 한 성분절(또는 성분문)에서
   하나뿐이다.
③ 화용론적으로 [+존대]가 부여되는 명사구는 그 문장의 주어이다.
④ 어휘적 존칭어간은 [+존대] 주어와 통사적 호응관계를 보이는 것이 아니
   라 의미론적 호응관계에 놓여있다.
⑤ 처격어나 관형어 또는 화용론적 주제어가 존대되는 대상인 경우, 이와
   관련된 주어가 존대자의 의지나 통제 또는 판단과 같은 전적인 작용역
   에 있을 때 이 주어는 환유적으로 존대자와 일치되어 [+존대]를 부여받
   아 '-시-'를 실현한다.

이를 통해서 한국어의 선어말어미 '-시-'가 정확히 타동사 구문이든
자동사 구문이든 형용사 구문이든,⁶ 기능동사 구문이든 단일하게 '주어'
와의 일치로 설명할 수 있게 된다.
변형론에 의하면, 변형이 가능한 성분은 기본적으로 주어 성분이 아닌

---

6 본고는 전통적으로 형용사로 범주화된 어휘들을 주관동사나 기술동사로 부류화하
   는 방식을 취한다(목정수(2003) 참조).

것에서 소위 '주제어(topic)' 자리로 격상한 것이 되므로, 두 번째 자리에 놓인 성분이 주어로 보인다. 그러나 이러한 논의는 한국어 문형을 거시적인 입장에서 볼 때, 심각한 모순을 낳게 된다. 논의를 위해 다음 문장의 구조를 보자.

(1) 가. 우리 아이는 축구를 너무 좋아해(요).
　　나. 우리 아버지는 축구를 너무 좋아하셔(요).

기본적으로 타동사문으로 보아 왔던 구문에서의 '주어'로 분석되는 성분 '우리 아이는'이나 '우리 아버지는'이 보이는 통사·의미적 행태가 그에 붙는 조사가 '이/가'면 주어 자리에 그대로 있게 되는 것이고 조사 '은/는'이 붙으면 지정어(specifier) 자리로 이동한 것으로 보게 될 텐데, 어찌되었든 이 성분들은 주어로 보는 데 아무런 저항이 없는 것이다. 그런데 소위 이중주어 구문의 대표적 구문인 다음을 예로 들어보자.

(2) 가. 우리 아이는 축구가 너무 싫대(요).
　　나. 우리 아버지는 축구가 너무 싫으시대(요).

(3) 가. 우리 아이는 눈이 정말 커, 그치?
　　나. 우리 아버지도 눈이 정말 크신데 말이야.

위의 문장에서 어느 성분을 주어로 볼 것인가의 문제는 소위 서술절 설정과 매우 긴밀히 연계되어 있다. 남기심·고영근(1993)과는 달리 고영근·구본관(2008: 460)에서는 '-시-'와 일치하는 요소를 주어 명사구가 지닌 존경의 자질을 표시하는 것으로 해석하는 것이 온당해 보인다고 보고 있다. 그러나 형용사의 경우에는 좀 다르게 기술하고 있다. 다음을 인용해 본다.

"존경법의 '-(으)시-'는 존경의 주어 명사구에 소속된 사물을 높일 때에도 실현된다.

(5) 가. 할아버지는 수염이 많으시다.
　　나. 할머니는 용돈이 없으시다.

(5)는 서술절을 안고 있는 겹문장이다. (5)는 종합적으로 해석할 수도 있고 분석적으로 해석할 수 있다. 전자를 취하면 서술어 '많으시다, 없으시다'의 직접적인 주어 명사구는 '수염'과 '용돈'이기 때문에 주어 명사구 '할아버지'와 '할머니'와는 간접적으로 연결된다. 이런 점에 근거하여 (5)와 같은 존경법을 간접존경(흔히 간접높임)이라고 한다. 반면 (1) [할아버지가 신문을 보신다]와 같이 주어명사구를 직접 존경하는 존경법을 직접존경(직접높임)이라고 한다."[7]

목정수(2004, 2005)에서는 소위 이중주어 구문에서 NP$_2$와 V의 결합이 소위 서술절을 구성하는가 하는 근본적인 질문을 던지고, 그렇지 않음을 보이기 위해서 다음과 같은 논거를 마련하고 있다.

첫째, '이/가'와 '을/를'은 각각 주어와 목적어에만 나타나는 것은 아니라는 점이다. 조사 '이/가'와 '을/를'은 '은/는', '도'와 한 부류를 이루고 있고(선우용(1994), 목정수(1998), 고석주(2001) 참조), '이/가'와 '을/를'이 각각 주어와 목적어를 보증하는 문법표지가 아니라는 것이다. 양보해서 말한다면, 주어, 목적어와 상관관계는 있지만 그 본질이 거기에 있지 않다는 것이다. 주어 자리에 놓이는 성분에 붙는 조사를 통계적으로 살펴

7　서술절 설정과 관련하여 박진호(1994: 80)의 언급도 서술절이 아닌 동사구로 보는 입장을 간접적으로 나타내고 있다고 보인다. "요컨대 '-시-'는 동사에 붙어서 그 동사가 나타내는 행위 또는 상태에 어떤 자질(이 자질을 일단 [+존경]이라고 해 두자)을 덧붙여 준다고 할 수 있다. 그런데 '-시-'가 항상 동사 어간이라는 통사원자와만 결합하는 것은 아니다. (......) '돈이 있-', '내일 나올 수 있-'이라는 句와 결합할 수도 있다. '-시-'가 덧붙여 준 [+존경]이라는 자질은 그 동사(또는 동사의 투사)의 주어에 의해 충족된다. (......) '돈이 있-'의 주어인 '아버지가'가 이 자질을 충족시킨다." (밑줄은 필자가 침)

보더라도 '이/가'보다 '은/는'일 경우가 더 빈도가 높으므로 '은/는'이 더 무표적이라고 할 수 있을 정도이다.[8]

둘째, 한영 사전을 토대로 'N(이) V'형의 표제어나 부표제어의 대역 양상을 보면, '주어+서술어' 형태보다는 '서술어+목적어' 형태의 대역 표현이 압도적으로 많다는 사실이다. 물론, 이러한 대응 양상이 적극적으로 'N(이) V'형에서 '가형 성분'이 주어가 아닌 목적어라는 것을 말해주는 것은 아니다. 다만, 'N(이) V'형이 단위화될 가능성이 높은 것과 인구어에서 'S+V'형의 (통사적) 결합체가 단위화된 경우가 없다는 사실과의 상관관계에 주목할 필요가 있다는 것이었다.

◎ VP = V+NP

맛(이) 좋다: taste good[nice／delicious]; have a good taste.

◎ S = NP+VP

가격(이) 오르다: the price rises [goes up]; [물건이 주어] rise [advance, go up] in price

셋째, 단어결합(slovosochetanie)의 영역에서 볼 때도 '가형 성분'이 동사구의 내부에 있는(VP-internal) 요소이지, 동사구 밖의 주어가 아님을 보여주는 예가 많다. 연어나 숙어를 이루는 [N(이)+V] 구성이 [주어+서술어]형보다 [목적어+서술어]형으로 많이 인식되고 해석되고 있다는 것은 한국어 문장 구조를 파악함에 있어 시사하는 바가 크다고 할 수 있다.[9, 10]

---

8 주어가 아닌 성분에도 조사 '이/가'가 붙는 현상이 많다는 점도 '이/가'를 무조건 주어표지로 볼 수 없게 만든다.

    (1) <u>도무지가</u> 세상이 어떻게 돌아가는지 나 원 참.
    (2) 아무리 해도 <u>떨어지지가</u> 않는데 걔 어떻게 하지?
    (3) <u>나이가</u> 먹어감에 따라 술도 줄여야 하지 않을까?
    (4) 뭐? <u>그것이</u> 알고 싶다고?

넷째, 문장 성분의 생략에 관하여 살펴볼 필요가 있다. 한국어의 특성 중의 하나로 언급되고 있는 어순의 자유, 성분 생략 논의에는 개념상의 오류가 발견되기 때문이다. 여기서는 한국어의 문장 구조의 핵심을 파악하기 위해서는 생략이 가능한 성분 즉 논항을 중심으로 하는 것보다는 필수적으로 그 논항을 가리키거나 나타내는 문법요소를 중심으로 문장구조를 파악하는 것이 더욱 필요하다는 점을 선어말어미 '-시-'를 중심으로 제시할 수 있다. 이러한 시각은 이중주어 구문의 구소를 [X-가 Y-가 V]라고 할 것이 아니라 [(X-는) Y-(가) V-어미]라고 파악할 것을 요구한다. 한국어에서는 사실상 성분과 관련된 중요한 지표가 (본)동사 뒤에 위치하는 문법요소들-보조동사, 선어말어미, 어말어미 등- 속에 숨어있는 경우가 많기 때문에 명시적으로 주어 성분이 나타나지 않더라도 그 자리는 충분히 복원 가능하다는 점을 인식해야 한다(목정수(2009) 참조).

---

9 조의성(1997;17)에서는 구소련과 북한어 '단어결합론'을 소개하면서 흥미로운 제안을 하고 있다. "(북한의) '80년 문법'에서는 러시아어의 경우 주어와 술어의 형식적 호응에 의해서 거기에 진술성(predicativity)이 실현된다고 보았는데, 한국어의 경우 시제이나 법의 범주가 주어와의 문법적 호응에 의해서가 아니라 용언 자체의 형태론적인 수단에 의해서 형성되는 것이기 때문에 러시아어처럼 진술성이 주어와 술어의 어울림에 생긴다고 보는 것이 어렵다. <u>그러한 이유에서 여기서는 주어와 술어의 어울림을 단어부가적 종위적 어울림으로 다루기로 한다. 따라서 주체적 관계를 객체적 관계와 동렬로 취급할 필요가 있을 것이다.</u>" 밑줄친 바를 좀 더 깊이 생각해 보면, '주어+용언'의 단어결합을 인정한다는 것이 그것을 문장으로 본다는 것을 의미하는 것은 아니므로, 여기서 말한 주어를 '목적어'라고 파악하면, 단어결합의 평행성을 포착할 수 있다; (나는) 밥을 먹다, (나는) 배가 고프다, (나는) 코가 크다.

10 술어명사와 기능동사의 결합에서 술어명사가 주어 자리에 놓인다고 보는 다음과 같은 문장에서의 진성 주어 판별 문제도 본 논의에 매우 중요하게 작용할 것이다.

　(1) 저도 무대에 오르니 정말 <u>긴장이</u> 많이 되더라구요.
　(2) 너 저 선생님 설명이 정말 <u>이해가</u> 가니?
　(3) <u>화가</u> 난다, 화가 난다!
　(4) 주어를 그렇게 보면 안 된다는 <u>생각이</u> 듭니다.
　(5) 왜, <u>겁이</u> 나시는가 봐요.

다음 장에서는 '-시-'를 간단히 주어 존대요소로 보지 못하게 만든 문제의 '-시-'의 용법과 그에 대한 다양한 설명을 살펴보고, 이에 대한 비판적 대안으로서 존대 대상의 주어 지시요소로서의 '-시-'를 단일하게 규정할 수 있음을 보이고자 한다.

3. 문제의 '-시-'의 용법들과 '-시-'에 관한 다양한 견해들

'-시-'는 어떤 성분과 호응하는가에 대해서 상위주어(대주어)를 존대한다고 보는 입장과 하위주어(소주어)를 존대한다고 보는 입장으로 갈리기도 하고, 임홍빈(1976)처럼 상위주어를 주제어로 보고 주제어 존대로 파악하는 입장도 있다. 그렇지만, 대부분의 논의에서 의견이 수렴되는 지점은 '할아버지는 이마가 넓으시다'에서 '-시-'는 '할아버지는'을 무엇으로 부르든지 간에 '이마가'보다는 '할아버지는'과 관계가 있다는 직관이다. 우리는 바로 이중주어 구문에서 '할아버지는'이 차지하는 자리를 주어 자리로 파악하는 입장을 취한다. 따라서 우리에게는 두 번째 명사구 '이마가'가 주어가 아니라고 보므로, 그렇다면 '이마가'는 어떤 통사적 기능을 획득하는 것으로 파악할 것인가가 문제로 남는데, 분명한 것은 '-시-'와의 일치 여부, 관계절화 위계성 등에 비추어 볼 때 NP₁ 성분이 주어성(subjecthood)이 훨씬 크다는 점이다. '할아버지는 머리가 크시다'의 '할아버지는'처럼 그것이 명시적으로 나타나든 '할아버지, 이마가 넓으시네요'의 경우처럼, 해당하는 자리가 생략되든지 간에 그 자리를 일관되게 주어로 파악하고자 한다. 청자가 문장의 주어인 경우에 그것이 생략되는 것은 한국어의 문장 구조에서 아주 일반적인 현상이기 때문이다.

(1) 가. 안녕하십니까? 선생님.

　　나. *잘 지냈니? 선생님.

(2) 가. 저기 계신 아버님이 보이니, 너?.

　　나. *저기 계신 아버님이 보이시니, 너?

　박양규(1975)에서 '-시-'가 주체높임법을 나타내는 것이 아님을 밝히기 위해 예로 늘고 있는 '아버님이 보이니?'의 문제는 그가 무엇을 문장의 주어로 보고 있는가 하는 점을 드러내준다. '아버님이 보이니?'에서 '아버님'은 '하나님/천사님은 우리에게는 보이시지 않는다'의 '하나님/천사님'과 그 지위가 다른 것이다. '아버님이 보이니?'는 위의 (2가)에서 볼 수 있듯이, 청자 주어 '너(는)'이 생략된 구성이다. 즉 '야, [너(는)] 저기 계신 아버님이 보이니?'의 구성인 것이다.[11]

　허웅(1995: 1078)에서 '-시-'와 관련하여 설명하기 어렵다고 본 다음과 같은 문장들도 다 이와 비슷하다.[12]

---

11 이 점에서 보면, 임동훈(2000: 190)에 나오는 예문 '*?이 문서를 원장님 보이시고'에 대한 다음과 같은 해석도 문제가 많다. "화자가 '원장님'의 관점을 지나치게 고려하여 문장을 능동적으로 구성하려 한 나머지, 원장님에 관여적일 수 없는 사태에까지 '-시-'를 붙이게 된 것이다. 여기서 '원장님'은 후행 사태와 관련하여 자신의 관점을 가지기 어려운 단순한 대상일 뿐이므로 정상적인 발화라면 '보이시고'가 '보여 드리고'가 되어야 한다." 그러나 인용 예에서의 '보이다'는 'show A to B' 또는 'show B A'의 구조를 갖는 사동사로 쓰인 것이고 이 동사의 주어가 상위자이기 때문에 '-시-'가 쓰인 것이지 '원장님'과는 무관해 보인다. 다음과 같은 구성에서는 자연스럽게 '-시-'가 쓰인다는 점이 바로 이를 증명한다.

　(1) 당신은 이 문서를 빨리 원장님(한테) 보이시고 무조건 잘못했다고 용서를 비시는 게 훨씬 나을 겁니다.

12 허웅(1995: 1078)에서 '이것들 가운데 어느 것이 좋으실지요'라는 문장에 대한 설명을 인용하면 다음과 같다. "형식상의 임자말은 '이것들 가운데 어느 것'이니, 이것은 들을이와 아무런 관계가 있어 보이지 않는다. 그러나 '이것들 가운데 어느 것'은 높임의 대상이 되는 들을이가 앞으로 가질 것으로 되어 있는 물건이다. 그리하여 여기에도 간접높임이 쓰인 것으로 풀이된다."

(3) 가. 늙은 게 짓는 음식이 입에 맞으시겠는지 모르겠군요.
　　나. 이런 것이 마음에 드실지 모르겠어요.
　　다. 이것들 가운데 어느 것이 좋으실지요.

위의 모든 문장은 술어 '입에 맞다', '마음에 들다', '좋다'의 앞에 있는 명사구 '음식', '이런 것', '어느 것'이 존대의 대상이 되는 것이 아니다. 모두 청자를 염두에 두고 하는 말이다. 그 청자가 높임의 대상이 되는 구성이다. 문장 구조의 차원에서 볼 때는 이 청자를 문장의 주어 자리에 실현시켜 표현할 수 있다는 점이 중요하다.

(4) 가. (선생님은/당신은) 늙은 게 짓는 음식이 입에 맞으시겠는지 모르겠
　　　　군요.
　　나. (선생님이/당신이) 이런 것이 마음에 드실지 모르겠어요.
　　다. (선생님은/당신은) 이것들 가운데 어느 것이 좋으실지요.

또 '-시-'의 용법을 설명하는 데 반례처럼 나타나 임홍빈(1985: 307)의 경험주 존대설을 낳게 한 다음과 같은 예를 살펴보자.

(5) 가. 이것이 아버님의 유품이시다.
　　나. 아버님의 손이 떨리신다.

우리는 임홍빈(1985)의 문법성 판단에 동의하기 어렵다. (5)의 문장보다는 다음과 같은 문장이 훨씬 자연스럽다고 보기 때문이다.

(5') 가. 이것은 아버님의 유품입니다.
　　 나. 아버님은 손이 떨리시는 모양이야.

이와 함께 임동훈(2006: 302)에서 들고 있는 다음 예를 고려해 보기로 하자.

(6) 사모님의 고통이 크시겠는데요.

위의 (6)의 예는 '-시-'를 사회적 지시소로 보는 임동훈(2000, 2006)에서 존대설과 호응설에서 설명하기 어려운 예로 제시한 것이다. 이 예는 화자가 사모님의 관점을 취했느냐에 따라 '-시-'가 결정된다는 것을 보여 준다는 것이다. 그러나 우리의 시각에서는 이 문장이 적절하게 쓰이게 되는 요인이 따로 있다고 본다. 즉, 위의 문장은 대화 상대자인 선생님과의 대면 상황에서 쓰인 말로 보인다. 다음 대화 상황을 고려해 보자.

(7) A: 선생님, (선생님은) 고통이 크셨겠어요.
    B: 아니 괜찮아. 그런 고통이 없는 사람이 어디 있겠어.

(8) A: 선생님, (선생님은) 사모님의 고통도 크셨겠네요.
    B: 나야 뭐 그보다는 마누라가 더 힘들었지 뭐.

따라서 (6)의 예문에서의 '-시-'는 청자이자 주어 역할을 하는 '선생님' 때문에 유도된 것으로 해석할 수 있다. 반면에, 낭독체의 문장에서 즉 대화 상대자를 염두에 두지 않고, '사모님의 고통'에 대해서 서술할 경우에는 다음 (9가)처럼 되는 것이 자연스럽다.

(9) 가. 그 사모님의 고통은 무척이나 컸다.
    나. *그 사모님의 고통은 무척이나 크셨다.

임동훈(2000: 152)에서 제시한 다음 예 (10가)에 대한 문법성 판단도 필자와는 차이가 있다. 필자는 (10나)가 자연스럽다고 본다.

(10) 가. 그것은 나보다 부모의 절실한 소망이시다.
　　　 나. 그것이 나보다 부모의 절실한 소망이란다.

곽숙영(2009: 56-57)에서 들고 있는 다음 예도 같은 방식으로 설명이 가능할 것으로 보인다.

(11) 중요한 건 바르고 나시면 얼굴이 좀 뽀얘지는 느낌이 드신다는 겁니다.

위의 예는 홈쇼핑의 쇼호스트가 하는 발화이다. 화자가 화자 자신의 얘기를 하는 것이 아니다. 방송을 시청하는 상대방의 입장에서 질문에 대한 대답의 형식으로 말하고 있기 때문에 주어 인칭의 전환이 이루어지고 있음을 알 수 있다. 이를 보여주기 위해서 '-시-'가 쓰인 것으로 보인다. 만약 '-시-'가 빠진 문장이라면, 화자의 입장에서 말하는 것으로 1인칭 주어에 대한 것으로 해석되게 마련이다.

(12) 중요한 건 바르고 나면 얼굴이 좀 뽀얘지는 느낌이 든다는 겁니다.

따라서 이를 대화 상황으로 바꾸면 다음과 같이 재구성할 수 있다.

(13) A: 제가 바르고 나면 얼굴이 좀 뽀얘지는 느낌이 든다는 겁니까?
　　 B: 그럼요. 바르시고 나면/바르고 나시면 얼굴이 좀 뽀얘지는 느낌이
　　　　드실 겁니다.

(14) A: 선생님은 바르셨을 때 얼굴이 좀 뽀얘지는 느낌이 드셨습니까/드
　　　　셨어요?
　　 B: 그럼요. 발랐을 때 얼굴이 좀 뽀얘지는 느낌이 들었습니다/들었어요.

4. 과잉 존대의 본질과 그 해석

고영근·구본관(2008: 460-461)에서는 존경법의 뼈대는 직접존경과 간접존경이라고 언급하면서, 최근에 들어서 '-시-'가 청자와 관련하여 쓰이는 '과잉 공대' 현상이 많이 목격된다고 지적하고 있다. 거기에 제시된 예는 다음과 같다.

> (1) 가. XX님, 약 처방 나가십니다.
> 　　나. 음악을 좋아한다는 것은 좋은 취미세요.
> 　　다. 점잖으신 어른이 이게 무슨 짓이세요.

어떤 상황에서 이러한 예를 발견했다는 자세한 설명을 덧붙이고 있지만, 결국에는 이들 예문을 다음과 같이 평가하고 있어, 부정적 시각을 드러내고 있다.

> "(6)-위의 (1)번 예를 가리킴-과 같은 예를 오용이라고는 할 수 없지만 이런 표현은 될 수 있으면 안 쓰는 방향으로 계도할 필요가 있다."

다음은 과잉 존대의 또 다른 예로 고영근·구본관(2008)에 제시되어 있는 것들이다. 임동훈(2000)에서 따온 것으로 보인다.

> (2) 가. 소대장님께서 눈에 티가 들어가셨어. cf. 소장님 눈에 티가 들어갔어.
> 　　나. 방송에 편지가 안 나오시면 어떻게 하시려고 했습니까?

최근 과잉 존대의 현상으로 다음과 같은 예들이 비판의 대상이 되고 있고, 그러한 현상의 이면에 있는 원인 규명을 위한 논의가 이어지고 있다(곽숙영(2009), 이정복(2010)). 최근의 과도한 존대표현으로 지적되고 있는 예로는 서비스업계 종사원들이 고객을 대상으로 하는 표현이 자주 도마에 오르고 있다. '이쪽으로 앉으실게요'라든지 '다 해서 5만 원이십니다' 등의 예이다. 이러한 존대의 선어말어미 '-시-'에 대해서 적절치 못한 예라고 하는 규범 중심의 진단이 나오는 한편, 이론적으로 주체존대요소로서의 '-시-'와 다른 성격으로 파악해야 한다는 논의도 나오고 있다. 대표적으로 청자존대 요소로서의 '-시-'를 문법화로 설명하려는 임동훈(2011)의 시도가 있고, 상황 주체 높임으로 설명하고 이러한 경향을 인위적으로는 막기 힘들 것이라는 진단을 내리고 있는 이정복(2010)의 논의가 있다. 곽숙영(2009)도 주체높임법의 '-시-'가 상대높임법으로 옮겨가고 있다고 조심스레 결론을 맺고 있다. 필자는 이러한 논의들을 눈여겨보면서 복잡한 논의 구조나 예문에 대한 문법성 판단의 문제를 해결하는 방책의 하나로 선어말어미 '-시-'를 간단히 '주어 존대요소'로 규정하면 될 수 있겠다는 생각을 하기에 이르렀다.

문제의 예들을 하나씩 살펴보자.

(3) 손님, 모두 십만원이세요.

이러한 현상에 대해 이정복(2010: 244)의 설명은 다음과 같다.

"주어 자리에 나타나는 동작과 상태의 주체를 높이던 '-시-'의 기능이 주체가 누구인지와 관계없이 대화 상황을 지배하는 인물인 청자를 높이기 위한 형식으로 쓰이고 있는 것이다."

이정복(2010: 244)에서 "사물이 주어인 문장에서 생기는 '-시-'의 구조적 빈칸을 상대방에 대한 결례로 잘못 인식하고 상황 주체 높임의 '-시-'를 쓰게 되었다. 또 해요체의 쓰임이 크게 늘어나면서 '-시-'가 들어간

'하세요' 형식을 모든 종결형에서 일관되게 쓰려고 하다 보니 사물이 주어인 해요체 문장에도 '-시-'가 들어가게 된 것이다."라고 설명하고 있는 예들도 우리의 시각에서는 '-시-'의 사용 여부는 문장의 전체 주어에 따른 것으로 간단히 설명이 가능하리라 본다. 그는 서술어에 대한 직접적 주체가 아닌 다른 주체로서 청자라는 상황 주체를 높이기 위해 사용된 '-시-'의 쓰임을 네 가지로 나누어 살펴보고 있다. 여기서는 각 유형의 대표형을 가지고 설명해 보자. 우리는 그가 말하는 상황 주체라는 것이 사실상 해당 문장의 주어 자리에 쓰이는 것이며, 따라서 주체 존대의 '-시-'의 본질에서 전혀 벗어난 용법이 아니라는 것을 보여주고자 하는 것이다.

〈제1유형〉
(4) 생일선물이 고민이세요?
= (4') (선생님은) 생일선물이 고민이세요?

이정복(2010)에서도 설명하고 있듯이, 여기서의 '-시-'는 생략된 주체 '선생님은'과 연결된다. 따라서 이 생략된 주체는 다음 문장의 생략된 주체와 성격이 동일한 것이다.[13]

(5) (선생님은) 무엇을 고민하세요?

---

13 다음과 같은 문장을 고려하면, '선물이 고민이(시)다'의 '가형 성분'이 단순히 주어가 아니라는 점을 시사 받을 수 있을 것이다.
(1) 가. 야, 너 뭘 그런 걸 (가지고) 고민이야?
나. 선생님, 뭘 그런 걸 (가지고) 고민이세요?
(2) 가. 민구가 공부를 열열심이다
나. 우리는 그런 일을 질색이다.
다. 철수가 우리들 일을 간섭이다.

〈제2유형〉

(6) 행복한 하루 되세요.

이정복(2010)에서는 이 문장의 심층 구조를 (7나)와 같이 파악하고 있다.

(7) 가. *(선생님은) 행복한 하루 되세요.
  나. (선생님께) 행복한 하루 되세요.

그의 설명을 들어보자. "'선생님'이 여격의 부사어로 나오며 시간 명사가 주어 및 보어로 나서는 (7나)의 구조로 해석하는 것이 자연스럽다. 이것은 '어머니께 제가 자랑스러운 아들이 될게요'와 비슷한 구성이다." 여기서 우리는 '선생님께 행복한 하루 되세요'와 '어머니께 제가 자랑스러운 아들이 될게요'는 구성 자체가 다르다는 것을 천명하고자 한다. 오히려 본고에서는 다음 문장이 더 자연스럽다고 판단하므로, 여기서의 '-시-'도 결국은 생략된 청자와 겹치는 전체 문장의 주어 '선생님'과 관련된 것으로 본다.

(8) 가. (너도) 행복한 하루 되어라.
  나. (선생님도) 행복한 하루 되십시오.
  다. (자네도) 행복한 하루 되시게.

〈제3유형〉

(9) 고객님 이 잡채는 테이크아웃이 안 되시구요.

이 문장의 구조를 파악하고 '-시-'의 용법을 알기 위해서는 다음 문장의 구조를 파악하는 것이 필요할 듯하다.

(10) A: 선생님, 제 설명 이해가 안 되시나요?

　　 B: 안 되는데.

　　 A: 목 선생님도 제 설명 이해가 안 되신대요. 그러니 선생님도 이해가

　　　　 안 되시는 게 뭐 당연해요.

이 문장의 구조는 [X-는 Y-가 이해(가) 되/가-어미]로 형식화할 수 있다. 이때 '-시-'는 'X' 자리에 놓이는 명사구와 호응한다. 'Y'는 술어명사 '이해'의 대상(theme)으로 해석되고 'X'는 이 술어명사 혹은 복합술어 '이해(가) 되/가'의 주어로 파악하는 것이 타당하다고 본다.[14] 따라서 (9)의 구조는 다음과 같은 상황에서 사용된 것으로 추정된다.

(11) A: 김 선생님은 이집 잡채 테이크아웃이 되세요?

　　 B: 저는 안 돼요. 고 선생님은 VIP이신데 고 선생님도 안 되세요?

　　　　 되실 수 있게 제가 어떻게 좀 해 볼게요.

이러한 [X-는 Y-가 이해(가) 되/가-어미]의 구조와 평행한 것으로는 심리형용사(= 주관동사) 구성과 가능(potential)의 해석을 받는 피동 구성이 있다(목정수(2009) 참조).

(12) A: 김 선생님은 마누라가 그렇게 무서우세요?

　　 B: 아니, 난 하나도 안 무서운데.

(13) A: 김 선생님은 저기 작은 글씨가 잘 보이십니까?

　　 B: 잘 안 보이네.

14　임동훈(2000: 64-65)에서는 '김선생님께는 그 문제가 이해가 가십니까?'는 좋고, '은/는'이 빠진 '김선생님께 그 문제가 이해가 가십니까?'는 어색하다고 하고 있으나 필자가 보기에는 둘 다 어색해 보인다. 오히려 '김 선생님, (김 선생님은) 그 문제가 이해가 되십니까/가십니까?'나 '김 선생님, 고 교수님은 제 설명이 이해가 되신답니까/가신답니까?'가 자연스러운 문장으로 보인다.

〈제4유형〉

(14) 주문폭주로 배송시일이 소요되는 상품이세요. 조금만 기다려주세요~

이에 대한 설명은 이미 앞에서 한 바 있기 때문에 여기서 자세한 논의는 하지 않는다. 필자도 이러한 문장에서의 '-시-'는 과도하게 쓰인 것이라는 느낌을 갖는다. 다만, 지적하고자 하는 것은 이러한 '-시-'를 사용하게 되는 상황에 처한 (14) 문장의 발화자의 입장을 고려한다면, 여기서의 '-시-'도 결국은 청자를 문장의 주어로 상정하고 발화가 이루어졌기 때문에 사용된 것이 아닐까 하는 설명 내지 해석이 가능하다는 점이다. 이것은 '-시-'가 기본적으로 문장의 주체, 즉 그것이 청자가 되었건 제3자가 되었건 똑같이 문장의 주어와 일치하는 요소라는 것을 의미한다.

지금까지 과잉 존대의 예로 취급되었던 것의 기본 문장 구조를 따져보고, 여기서의 '-시-'도 결국은 '존대 대상의 주어 지시요소'로서 작동되고 있다는 것을 밝혀 보였다. 종합적으로 정리하면, 다음과 같은 문장 구조에서의 '-시-'는 일관되게 '주어 존대요소'로 설명된다는 것이다.[15]

(15) 가. 할아버지, 건강한 한 해 되시길 바랄게요.
나. 할아버지, 이쪽으로 누우실게요.
다. 할아버지, 왜 허리가 굽으셨어요?
라. 할아버지, 잠이 잘 안 오세요?
마. 할아버지, 할아버지는 참 책도 많으세요.
바. 할아버지, 보청기를 끼셔야 라디오가 잘 들리세요.
사. 할아버지, 할아버지는 가격대비 요금제를 쓰시면 할인이 많이 되십니다.

---

15 이런 관점에서 보면, 한 심사자가 문제 삼은 '여보세요'와 '하늘이시여'에서의 '-시-'도 일관되게 설명 가능하다고 본다. 전화할 때 사용하는 표현 '여보세요'는 기능적으로는 명령형에서 주어인 청자를 높이는 용법이 굳어진 것이 확실하다. 한편, 무주어문의 '하늘이시여' 등의 호격 구성에서의 '-시-'는 한자리 술어로 쓰인 '이다' 구성에 관여된 '-시-'의 용법이라고 볼 수 있겠다. 좀 더 깊은 논의가 필요한 부분이다.

아. 할아버지, 지금 계신 곳이 어디세요?

자. 할아버지, 할아버지는 돈이 남으세요? 영희는 모자란다는데요.

차. 할아버지, 자식들이 그리도 맘에 안 드세요?

물론, 다음의 몇 가지 예들은 과도한 예로 '-시-'의 오용으로 볼 수 있다. 이정복(2010)에 제시되어 있는 예이다.

(16) 구두 매점은 4층에 있으십니다.

그러나, (16)의 예문도 다음과 같이 백화점 안에서의 상황이 아니라 화자가 청자에게 구두 매장을 어디에 갖고 있느냐고 물어보는 상황에서는 '-시-'의 용법이 자연스러울 수 있다.

(17) A: 선생님, 구두 매장은 어디에 있으십니까?

B: 네, 저는 명동에 있어요.

A: 그럼, 선생님은 구두 매장이 종로 백화점 4층에도 있으시고, 참 부자시네요.

이처럼 '있으시다'는 소유 구문의 '있다'에 대한 존대형이기 때문에 소유주를 높이는 기능을 하게 된다. 따라서 (16)은 '구두 매점'의 위치를 물어보는 고객에게 점원이나 안내양이 이렇게 구두 매점의 소유권이 고객에게 있다고 표현함으로써 얼마든지 고객 마음대로 이용하라는 뜻으로 읽히게 되어, 지나친 서비스를 제공하고 있다는 느낌을 주게 되는 것이다. (16)의 문장이 거북하게 느껴지는 것은 바로 이 때문이다. 존재 동사로서 '있습니다'로 하면 충분한 것이다. 이때는 '구두 매점'이 주어 자리에 놓이기 때문에 절대 '-시-'가 관여가 되지 않는다. 존재 동사 '있다'의 존대형 '계시다'는 불가능하다. 따라서 (16)보다는 (18)이 훨씬 자연스럽게 받아들여진다.

(18) 구두 매점은 4층에 있습니다/*계십니다.

본고의 입장과 다소 차이를 보이는 임동훈(2011)에서 '-시-'를 청자 경어법으로 문법화되었다고 보는 근거로 든 것은 다음 세 가지이다. 첫째, Traugott & Dasher(2005: 231)에 지시체 경어법이 청자 경어법의 원천이 되는 사례를 보여주는 언어들이 많이 소개되어 있다는 것이다. 둘째, '-시-'가 비하위성과 관련된 용법을 획득하게 되면서 '-시-'는 주체와 청자가 일치하는 환경에서 차츰 청자 경어의 사회적 화시소로 변모하게 되었다는 것이다. 마지막으로, 그렇다면 '-시-'가 지시하는 청자와 주체가 분리되었다는 것을 의미하는데, 바로 이에 해당하는 결정적인 예가 다음 (19)라는 것이다.

(19) (환불을 요구하는 고객에게) ?(우리) 직원들의 가족도 환불이 안 되세요.

그러나 임동훈(2011)이 주장하는 청자존대로서 '-시-'를 설정하게 한 위의 (19)의 예는 필자는 매우 어색하게 느껴지며 그렇게는 사용되지 않을 듯하다. '우리 직원들의 가족'과 청자인 고객 간의 관계가 설정되지 않는 상황에서는 절대 이러한 발화는 사용될 가능성이 없다.[16] 다만, 화자

---

16 최근 소위 '백화점 경어법'이라고 해서 '-시-'의 오용을 지적하고 있는 배상복·오경순(2012)에서의 주장과 매우 흡사하다. 배상복·오경순(2012: 56–57)에서는 서비스센터 직원이 냉장고 수리를 부탁한 주인에게 '모터가 망가지셨습니다'라고 한 것은 '모터'라는 사물을 존대한 것이라 잘못되었다고 지적하면서, 동시에 이런 말을 자주 듣다보면 자신도 나중에 고친 냉장고가 다시 고장 나면 서비스센터에 전화해서 '냉장고가 다시 고장나셨습니다'라고 할지도 모르겠다고 하고 있다. 그러나 필자가 보기에는 서비스센터 직원이 수리를 의뢰한 고객에게 '모터가 망가지셨습니다'라고 할 수 있는 여지는 많지만, 수리점에 전화해서 의뢰인 자신의 냉장고가 고장난 것을 알리는 상황에서는 절대로 '냉장고가 다시 고장나셨습니다'라고 하지 않을 것이라고 생각한다. 이는 '*저는 머리가 크십니다' vs. '선생님은 머리가 참 크십니다'와 같은 차원의 문제이기 때문이다.

가 '우리 직원들의 가족'을 존대의 대상으로 여기는 경우라면, 위의 발화가 가능할 것이다. 그러나 이것도 고객을 앞에 두고 발화하는 화용론적 상황 속에는 적절하지 않다. 고객을 앞에 두고 아무리 힘이 센 가족 중의 한 명이 와도 환불을 받을 수 없다는 것을 표현할 때면 다음과 같은 구성이 가능하다.

(20) 손님, 가족분들이 오셔도 (손님은) 횐불이 안 되십니다.

그런데, 우리는 (19) 예문의 출처가 어딘지 확인해 볼 필요가 있다고 본다. '-시-'의 과용 현상에 대해 광범위하게 조사하고 있는 이정복(2010)에서도 이런 유형의 예는 찾아볼 수 없을 뿐만 아니라, 우리의 직관으로는 이 예가 정문으로 받아들여지는 상황은 그야말로 '우리 직원들의 가족분들'을 주어로 놓고 '환불이 안 된다'는 서술을 하는 경우이기 때문이다. 그런 상황을 떠올려야 자연스럽게 받아들일 수가 있다고 본다. 여기서의 '-시-'는 임동훈(2011)의 설명과는 달리, 청자를 의식해서 쓰인 것 같지 않다. '우리 직원들의 가족'을 높여서 하는 것이 적절한가에 대한 문제가 있을 수는 있지만, (19)의 문장은 다음과 같은 상황 속에서 사용된 것으로 판단된다.

(21) 손님, 우리 직원 가족 가운데 연세 많으신 할아버지조차도 (할아버지가 직접 오셔도) 환불이 안 되세요. 그러니까 고객님이 환불이 안 되신다는 것은 그리 이상한 일이 아닙니다. 죄송합니다만, 손님은 환불이 안 되십니다.

(22) 야 그런 소리 하지 마. 우리 사장님도 환불이 안 되시는 거 너 몰라?

임동훈(2011)에서 (19)의 예문과 함께 든 예문 두 가지는 이정복(2010)

에서도 다루어진 바가 있는데, 이에 대해서는 (19)의 경우와는 달리 물음표를 붙이지 않은 것으로 보아 약간 다른 문법성 판단을 하고 있는 듯하다.

(23) 길이 안 나오시면 좌회전하세요!
(24) 배송시일이 소요되는 상품이세요.

여기서 우리가 주목하고자 하는 것은 과연 청자와 주체의 분리가 이루어지고 있는가 하는 문제이다. (23)과 (24)에서는 여전히 이 문장에서 주체로 설정할 수 있는 것이 바로 청자이기 때문이다. (23)은 명령문으로 해석되기 때문에 전체 문장의 주체는 높임의 대상인 청자, 즉 2인칭 존대형이다. 한국어에는 이에 해당하는 인칭대명사가 따로 존재하지 않고, '선생님', '고객님' 등 'X-님'의 형태로 대신하거나 아주 어색하긴 하지만 '당신'을 사용하기도 한다. 그런데, 이러한 2인칭 대명사는 주로 의문문이나 명령문으로 사용되지 평서문으로는 잘 사용되지 않는다.

(25) 가. (너) 몇 시에 일어날 거니?
      나. (너) 빨리 좀 일어나라.
      다. (너) 늦게 일어나/일어난다.

존대의 '-시-'가 개입되는 상황도 마찬가지이다.

(26) 가. (선생님, 당신) 몇 시에 일어나실 거예요/겁니까?
      나. (선생님, 당신) 빨리 좀 일어나세요.
      다. (선생님, 당신) 늦게 일어나십니다/일어나세요.

따라서 '-시-'가 들어간 질문과 그것이 없는 대답의 짝은 2인칭에 대한 질문과 1인칭에 대한 대답으로 해석되고, '-시-'가 들어간 질문과 그것이

들어있는 대답의 짝은 3인칭에 대한 질문과 3인칭에 대한 대답으로 해석되는 게 일반적이다. 다음 두 예를 비교해 보자.

(27) A: 선생님, 선생님은 고향이 어디이십니까?
　　 B: (저는) 청주입니다.

(28) A: 선생님, 고 선생님은 고향이 어디이십니까?
　　 B: (고 선생님은) 진주이십니다.

이러한 배경 하에서 위의 문제의 (24)와 같은 예 '배송시일이 소요되는 상품이세요'는 다음과 같은 절차로 해석될 수 있을 것이다. 먼저 이 문장은 다음과 같은 질문에 대한 답으로 사용된 것으로 볼 수 있다.

(29) A: 고객님, (고객님은) (고르신 것이) 이 상품이세요?
　　 B: 잘 모르겠어요, 저는 어떤 거예요?
　　 A: 고객님, (고객님은) 배송시일이 소요되는 상품이세요. 이틀 기다리셔야 합니다.

이러한 예는 얼마든지 찾을 수 있다.

(30) A: 손님, (시키신 것이) 김밥이시죠?
　　 B: 저는 김밥 아닌데요/*아니신데요.
　　 A: 그럼, 떡볶이이신가요?
　　 B: 네, 떡볶이예요/*떡볶이이세요.
　　 A: 아 그럼 저분이 김밥이시군요/?*김밥이군요.

임동훈(2000: 189)에서 문제 삼고 있는 '길이 안 나오세요'의 예도 마찬가지의 기제로 설명될 수 있다. 먼저 '잠이 오다'의 예로 설명해 보자.

(31) A: 형님, 왜 잠이 안 오세요?
　　 B: 그래 생각만 많고 잠이 안 오네.
　　 A: 잠이 안 오시면 이렇게 숫자를 거꾸로 세 보세요.
　　 B: 너도 잠이 안 오는가 보구나.

'길이 나오다'에서 '-시-'가 개입되는 것은 제1명사구 자리에 위치하는 것이 존대의 대상이 되기 때문이다. 따라서 이 자리는 외현적으로 실현이 되지 않더라도 이미 상정이 되어 있는 것이다. 이 상정된 자리를 청자가 채운다면 주로 의문문이나 명령문으로 사용되고, 질문에 대한 답으로 사용된다면 2인칭 존대형의 입장에서 말하게 되는 것이다. 다음과 같은 문장이 바로 그러한 것이다.

(32) 그쪽으로 계속 가시면, (손님은) 길이 나오실 겁니다. 걱정하지 마시고 쭉 가세요.

임동훈(2000)에서 설명한 "사태가 절 단위로 실현될 때에는 그 절을 구성하는 핵심 명사구가 전체 문장의 출발점이 되는 개체에 화용론적으로 결속된다."고 설명한 부분이 나오는데, 다음과 같은 예를 설명하기 위한 것이었다.

(33) 가. 김 선생님은 [강아지가 암놈이 아니]세요?
　　 나. 선생님은 [바둑 두는 것이 접대이]시잖습니까?
　　 다. [방송에 편지가 안 나오]시면 어떻게 하시려고 했습니까?

이러한 설명이 (32)에도 적용될 수 있을지 약간 의문이 간다. 왜냐하면, 위의 예에서 '강아지'는 '(김 선생님의) 강아지'이고, '바둑 두는 것'은 '(선생님의) 바둑 두는 것'이고, '편지'는 '(청취자의) 편지'라고 전제된다고 했을 때, '길'이 '(손님의) 길'로 해석될 수 있는지 단언하기 어렵기 때문이다. 다만, 다음 문장에서 '김 선생님은'이나 '선생님은'이나 실현되지 않은 청자를 가리키는 영형대명사를 문장 구성의 출발점이 되는 주어로 보고 있다는 점은 우리의 시각과 같다 할 것이다. 다만, 임동훈(2000)에서는 '길이 나오다', '편지가 방송에 나오다', '바둑 두는 것이 접대이다'를 절, 즉 서술절로 보고 있고, 우리는 이러한 소위 이중주어 구문을 'NP – VP(NP+V)'의 **구 구성**으로 본다는 데에 자이가 있다.

이는 우리가 이중주어 구문의 구조를 단일 주어 구문으로 파악하고자 하는 입장과 동사의 의미는 그것이 실현된 문장 구조 속에서 실현된다는 가설을 받아들이는 입장에 서 있다는 것을 의미한다. 즉 우리는 다음 두 구성의 짝을 심층구조와 표층구조의 대응으로 파악하지 않고, 별개의 심층구조 또는 표층구조로 상정한다는 것이다. 동일한 서술어가 쓰였지만, 그 문장의 구성에 따라 의미가 달라진다. 다음 예에서 밑줄 친 성분이 주어로 파악되는 것이다.

(34) 가. 철수는 애인이 있다. (have ...)
나. 안방에 할아버지가 계신다. (be at ...)

(35) 가. 가을 하늘은 아주 높다. (be high)
나. 할아버지는 콧대가 높으시다. (have high 콧대)

(36) 가. 철수의 강아지는 암놈이다. (be she)
나. 할아버지는 강아지가 암놈이시다. (have she-doggy)

(37) 가. 나는 호랑이가 무섭다. (be afraid of)
나. 할아버지가 막내에게는 무서우신가 보다. (be terrible/fearful/scary to)

위의 (37나)에서 '무섭다'의 주어는 '할아버지가'이다. 이를 다른 문장
으로 바꾸면 다음의 (38가, 나)와 같은 문장 구성과 일치한다.

(38) 가. 할아버지는 (막내에게는) 무서우신 분이다. (be terrible)
    나. 호랑이는 (사자에게도) 무서운 동물이다. (be terrible)

따라서 위의 (37가)를 소위 여격주어에서 변형으로 유도된 것으로 설
명하려는 시도는 정당하지 않다고 본다(연재훈(1996) 참조). 왜냐하면
(37가)와 (37나)의 구문의 구조나 의미해석이 다르기 때문이다. 다음에서
제시하듯이, 밑줄 친 것이 주어로 파악되는 것이다.

(39) 가. <u>나는</u> 호랑이가 무서워.
    나. 나에게 <u>호랑이가</u> 무서워.

(40) 가. <u>철수는</u> 호랑이를 무서워 해.
    나. *철수에게 호랑이를 무서워 해.
    다. 철수에게도 <u>호랑이는</u> 무서운가 봐.

'있다'를 예로 들어 설명하면, 'X-는 Y-가 있다' 구조와 'Y-는 X-에/에
게 있다' 구조는 엄연히 다른 것으로 파악한다는 것이다. 전자의 구성에
서는 'X는'을 주어로, 후자의 구성에서는 'Y는'을 주어로 파악한다는 것
이다.[17] 다음 문장에서 '계시다'와 '있으시다'의 대응 예를 통해 구문의

---

[17] '필요하다'의 구성에서 주어 성분과 '-시-'의 일치 여부를 따져보면 도움이 된다.
다음 (1)은 Yoon(2004: 267)에서 인용한 것인데, 문법성 판단이 우리와 다르다.
(2)의 문장 구조에 대한 문법성 판단이 우리의 것이다.

(1) 가. 김선생님께(는) 순이가 필요하시다.
    나. *?순이에게(는) 김선생님이/께서 필요하시다.

(2) 가. 김선생님은/김선생님께서는 돈이 필요하시대요.

차이에 따라 주어성이 어떻게 달라지는지를 확인할 수 있다.

(41) 가. *²할아버지에게 돈이 있으시다.
　　　나. 할아버지는 돈이 있으시다.

(42) 가. 걱정 마. 너한테는 할아버지가 계시잖아.[18]
　　　나. 나도 할아버지가 있어. 너만 있는 줄 아냐?
　　　다. *나에게도 할아버지가 있으시다.

이런 시각에서 보면, 다음과 같은 문장에서의 '-시-'의 쓰임을 설명할
수 있는 길이 마련된다.

(43) 나와 이러한 정신을 같이하는 많은 분들의 꾸지람이 있으시기를 바라
　　　는 마음 간절하다. (허웅(1983: 2) 머리말에서)

　　　나. *김선생님에게 돈이 필요하실까요?
　　　다. *²김선생님께 돈이 필요하실까?

본고에서는 'X-는 Y-가 필요하다' 구성에서는 'X는'이 주어이고, 'X-에게 Y-가
필요하다' 또는 'Y-가/는 X-에게 필요하다' 구성에서는 'Y가'가 주어일 가능성이
높다는 논거를 통해서 '-시-'의 자연성을 설명할 수 있다고 본다. 연재훈(2003)에서
는 위의 (2나)와 (2다)를 모두 정문으로 판단하여 '김선생님에게/김선생님께'를
'-시-'와 일치하는 주어 성분으로 분석하고 있지만, 동시에 '돈이'라는 성분의 통사
적 기능에 대해서는 언급을 피하고 있다. 본고는 '김선생님은/김선생님께서는'의
경우가 훨씬 자연스럽다는 점을 지적하고자 한다. 따라서 (2가)의 경우에 '돈이'를
'가형 목적어'로 보지만, 여격보어가 사용된 (2다)의 경우에는 '돈이'가 주어이기
때문에 '필요하실까'보다는 '필요할까'가 자연스럽다고 본다.

18 만약에 '나는 할아버지가 계시다', '나는 할아버지가 돌아가셨다'와 같은 문장이
성립한다고 보는 입장이라면, 이때의 '나는' 성분은 주어와 관계가 없는 것으로서
'주제어'로 분석되어야 할 것이다. 그러나 본고에서는 이러한 문장 구조는 다음과
같은 복문 구조에서 나오는 현상으로 보기 때문에, 단문 구조를 다루는 차원에서는
이러한 예를 취급하지 않기로 한다.

(1) 나는 할아버지가 작년에 돌아가셔서 지금은 혼자 살고 있다.
(2) 그는 할아버님이 치매로 집을 나갔다 집을 못 찾아오시기 때문에 늘 걱정이
　　많다.

(43)을 '[[많은 분들의 [꾸지람이 있]으시]-기]'로 분석하면 '많은 분들'이 '-시-'와 연관을 맺고 있고, 이것이 주어 자리이므로 이는 '속격 주어'로 해석할 수 있다는 것이다.

임동훈(2000: 150)에서 '-시-'의 쓰임을 주어-서술어 구조 안에서 설명하기 어려워, "주어-서술어 관계라는 순수히 문법적인 관계에 의존해서 설명하기보다는 화자의 능동적 문장 구성을 강조하는 개체-사태 구조에 의거해서 설명하는 것이 훨씬 효과적이다"라고 하면서 제시한 예가 있다. 여기서는 이러한 문장을 우리의 시각에서 어떻게 설명할 수 있을지 알아보기로 한다.

(44) 커피 아니신 분 계세요?

위 문장은 우선 주어 '분'과 존재동사 '계시다'가 이루는 단문으로 구성된다. 거기에 의문형 어미로서 '해요'체 등급의 종결어미가 부착된 것이다. (45나)와 같은 구문이다.

(45) 가. ~ 분 계세요?
     나. 김 사장님 지금 안에 계세요?

문제는 '커피 아니신 분'이라는 관계절 구성이 될 터인데, 우리는 이 문장의 관계화되기 전의 구성을 다음과 같다고 본다.

(46) 어떤 분이 계신데, 그 분은 커피가 아니시다.

따라서 여기서 '그 분은'이 주어이고 '커피가'는 주어가 아니라는 것을 알 수 있다. '-시-'는 결국 주어 '그 분은'과 연관되는 것이므로, '커피가 아니신 분'은 하등 이상할 것이 없다. 그리고 위의 구성은 다음과 평행한 것이다.

(47) 가. 나는 커피입니다/*커피이십니다.
나. 나는 커피가 아닙니다/*아니십니다.

(48) 가. 저 녀석은 커피랍니다/*커피이시랍니다.
나. 저 녀석은 커피가 아니랍니다/*아니시랍니다.

한편, 목정수(2011)에서는 이러한 구문에 실현되는 '-시-'의 동인을 문법론의 틀에서 설명하고자 했다. 거기에 따르면, 한국어는 기본적으로 행위자 인칭과 화자가 청자에 대해 맺는 화청자 인칭이 두 겹으로 이루어져 있고 때로는 이 둘이 한데로 합쳐지기도 하고 분리되어 나타나기도 한다는 것이다. 다음 문장은 학교문법 전통의 규범적인 시각에서 보면 비문으로 처리할 수 있겠지만, 비문이 아니라 오히려 한국어의 인칭 구조의 이중성이 어미를 통해 체계적으로 실현되고 있음을 보여주는 예라 할 수 있겠다.

(49) 할머니, 벌써 다 드셨어?

(49)에서 '드시다'를 통해 행위자를 높인다는 것은 3인칭화 현상과 관련이 있는 것이고, 동시에 그 행위자를 다정다감한 말상대로 놓고 이야기하는 구조가 어말어미 '-어'를 통해 실현되고 있다는 사실을 알 수 있다. 그리하여 한국어 문법 체계에서는 다음과 같은 미묘한 뉘앙스를 갖는 문장을 만들어내고 미묘하게 사용하는 것이 허용된다. 영화 '친절한 금자씨'의 명대사를 생각해 보자.

(50) 가. 너나 잘 하세요.
　　　나. 당신이나 잘 해.

이제 본장 서두에 제시한 (3)의 문장에서의 '-시-'의 성립 가능성을 설명해 보기로 하자. '손님, 모두 십만원이세요'는 다음 구문들이 성립하는 것으로 보아서, 청자가 상위자의 위치를 차지하고 해당 문장의 주어 자리에 있는 것으로 상정하면, '-시-'의 출현을 설명할 수 있을 것이다.

(51) 가. 손님, 지불 금액이 모두 십만원이세요.
　　　나. 손님, 옷이 좀 커 보이십니다.

이 경우에 사용되는 '-시-'는 사실 '십만원' 때문도 아니고 '지불 금액', '옷' 때문도 아니다. '손님'처럼 부름말, 즉 독립언이 공지시하는 성분이 외현적으로는 나타나지 않았지만, 그것이 주어 자리를 채우고 있다고 보고, 그를 존대의 대상으로 의식하여 '-시-'를 쓴 것으로 봐야 할 것이다.

(52) 가. 손님, 손님(= 당신?)은 지불 금액이 모두 십만원이세요.
　　　나. 손님, 손님(= 당신?)은 옷이 좀 커 보이십니다.

이는 다음과 같은 타동사문이나 자동사문에서도 똑같은 실정으로 파악된다.

(53) 가. 손님, 어떤 거 찾으세요?
　　　나. 손님, 손님(= 당신?)은 어떤 거 찾으세요?

(54) 가. 선생님, 그 동안 안녕하셨어요?
　　　나. 선생님, 선생님(= 당신?)은 그 동안 안녕하셨어요?

이중주어 구문의 두 전형적인 예 주관동사(= 심리형용사) 구성과 기술 동사(= 성상형용사) 구성도 마찬가지다.

(55) 가. 선생님, 마누라가 그리 무서우세요?
나. 선생님, 선생님(= 당신?)은 마누라가 그리 무서우세요?

(56) 가. 선생님, 눈이 어쩜 그렇게 크십니까? 수술하셨나 봐요.
나. 선생님, 선생님(= 당신?)은 눈이 어쩜 그렇게 크십니까? 수술하셨나 봐요.

(57) 가. 선생님, 눈이 왜 그렇게 부으셨어요? 누구한테 맞으셨어요?
나. 선생님, 선생님(= 당신?)은 눈이 왜 그렇게 부으셨어요? 누구한테 맞으셨어요?

이러한 구성에서 '-시-'와 일치를 보이는 것이 상위의 청자 주어라는 것을 증명해 주는 구성으로 다음과 같은 예를 들 수 있다.

(58) 가. 선생님, (선생님은= 당신은) 저의 설명이 이해가 가십니까?
나. 선생님, 할아버지께서는 강아지가 수놈이 아니시랍니다.
다. 야, 우리 할아버지는 왼쪽 눈이 좀 작으시단 말야.

(58)에서 높임의 대상이 되는 청자가 주어 자리에 놓일 수 있고 생략될 수도 있는데, 그 자리가 (55~57)의 주어 자리와 같은 자리가 되는 것이다. '-시-'는 바로 이 자리에 놓이는 요소와 관련이 된다는 것은 다음 문장과 비교해 보면 금방 알 수 있다.

(59) 가. 야, (너는) 할아버지 설명이 이해가 가니/*가시니?
나. 야, 할아버지는 네 설명이 이해가 가신다니/*간다니?
다. 선생님, (당신은) 할아버지 설명이 이해가 가십니까/*?갑니까?

우리는 기본적으로 '이해가 가다'를 주술 관계를 성립하는 문장(= 서술절)보다는 술어구로 보고, '설명이 이해가 가다'도 이 술어구에 다시 대상 논항이 부가된 술어구로 보는 입장을 취하는데, 한길(2002: 151)도 겉으로는 본고와 설명이 달라 보이지만, 동일한 방식으로 문장 구조를 파악하고 있는 듯하다. 그의 설명은 다음과 같다.

> "한 월 안에 선형적으로 나란히 벌려 있는 임자말들은 서로 같은 가치를 갖고 동일한 층위에 놓이는 것이 아니라 층위를 달리하고 있다. 만일 동일한 층위에 나란히 벌려 있다면 겹임자말 월이라 할 수 있지만 그렇지 않기 때문에 이 장에서는 '이른바'란 표현을 겹임자말 앞에 붙이게 되었다. 두 번째 임자말은 풀이말을 이끄는 역할을 하지만 그 자체로는 온전한 월이 되지 못하고 반드시 첫 번째 임자말을 요구하게 되기 때문에 두 번째 임자말과 풀이말이 풀이마디를 구성하게 된다. 곧 이 풀이마디만 발화되었을 경우 상대방으로부터 반드시 '누가', '무엇이', '어디가' 등의 임자말과 관련된 부족한 부분을 요구하는 질문을 받게 되기 때문에 풀이마디가 비록 월 짜임새를 갖추었다고 하더라도 온전한 월이 되지 못하고 첫 번째 임자말의 풀이말 노릇을 하게 된다."

그리고 '-시-'를 청자경어에 관여하는 양상을 띤다고 보고, 청자대우법의 등급에서 '-시-'와의 통합형을 별도의 등급으로 세워야 한다는 논의가 있는데, 먼저, 소극적인 입장을 취하고 있는 임동훈(2000: 148)의 한 구절을 인용해 보자.

> "'거 누구시오?'의에서 대화 상대자인 청자와 '-시-'가 지향하는 개체가 동일하므로 '-시-'가 청자경어에 관여하는 양상을 띤다. 이런 점에서 이 문장은 '하오체'와 구별되는 '하시오체'에 속한다고 해석해야 할지도 모른다."

이에 비해, 홍종선(2009)에서는 적극적으로 '하세요'체를 별도로 세워야 한다고 주장하고 있다. 이러한 입장은 박영순(1976)에서 처음 제시된 바 있다.

그러나 본고에서는 '-시-'의 기능이 본래 상위자 주어 지시에 있기 때문에 명령문이든 평서문이든 주어 자리에 놓인 인물을 높여서 표현하는 '-시-'의 기능은 그대로 실현된 것이고 화자-청자의 관계를 드러내는 높임법의 등급은 '-어요'가 담당한다고 본다. 따라서 '하세요'가 '해요'보다 상대방을 더 높인 것 같은 효과는 '-시-'가 행위자를 높인 것에서 산섭적으로 나오는 것이지, '-시-'가 청자높임요소로 기능한다고 보기는 어렵다 할 것이다. 왜냐하면, '하시어'라는 것을 통해 보면, '-시-'가 청자높임 등급에는 전혀 관여하지 않는 것을 알 수 있기 때문이다. 홍종선(2009)의 논리대로라면 '하셔'체도 별도로 세워야 할지 모르겠으나 그럴 필요는 없다고 본다. 본고는 여전히 '-시-'는 단일하게 주어 존대 요소로 파악하는 것이 낫다고 보는 입장이다. 위의 설명에 비추어 보면, 곽숙영(2009)와 이정복(2010)에서 과잉 존대의 예로 든 많은 예들이 주어 존대의 '-시-'로 단일하게 설명될 수 있다.

끝으로, 첫머리에 제시한 '-ㄹ게요' 용법에서의 '-시-'를 설명해 보기로 한다. 목정수(2010)에서는 이에 대해 처음으로 그 쓰임의 원리를 설명해 보았다. 그 요지는 다음과 같다.

(60) 가. 손님, 이쪽으로 앉으실게요.
　　　나. 손님, 이쪽으로 앉으세요/앉으십시오.

(60가)에서 1인칭의 굴절인칭어미 '-을게'는 화자의 의지와 약속을 나타내므로 '나/저'와 어울린다. 따라서 '손님'이라는 부름말이 지칭하는 2인칭의 대명사인칭과 충돌하여, 모순적인 비문법적인 문장이 된다. 하지만, 행위자나 경험주로서의 주어 인칭 표지인 선어말어미 '-시-'를 통해

그 충돌을 완화시켜줌으로써 마치 2인칭 대명사인칭이 1인칭의 입장이 돼서 발화하는 듯한 효과를 준다. 그리고 (60나)처럼 '-으십시오'나 '-으세요'의 명령이 주는 직접성을 회피하려는 의도에서 간접 명령의 일환으로 그 쓰임이 확대되고 있다고 볼 수 있다.

이는 '-겠다'의 형태로 화자의 의지를 표현하는 용법에서 2인칭 주어 존대요소 '-시-'를 이용하여 청자(들)에 대한 간접 명령을 표현하는 용법과 매우 흡사하다고 볼 수 있다.

> (61) 가. 이제부터는 목 선생님의 말씀을 들으시겠습니다.
> 나. 자, 다 함께 입장하시겠습니다.

5. 결론

우리는 선어말어미 '-시-'의 기능이 단일하다는 입장을 고집한다. '-시-'의 다양한 쓰임의 기저에는 한 가지 원리가 작용하고 있다고 보는 셈이다. '-시-'를 통하여 주어 자리에 존대 대상의 인물이 자리하고 있다는 것을 알 수 있다는 것이다. 그 자리는 1인칭 주어는 결코 채울 수 없고, 화자 대비 '상위자'나 '비하위자'로서의 청자나 제3자가 채울 수 있다.

이 기본 원리에 입각하면, 표면적으로 이상하게 여겨졌던 소위 과잉 존대의 현상들이 대부분 이상할 게 없는 한국어의 기본 질서에 따른 것임을 알 수 있고, 오히려 한국어 화자들이 '-시-'를 그것의 기능에 따라 적절히 사용하고 있음 또한 알게 된다.[19] 한국어 일반 대중들의 '-시-'

---

19 명제에 대한 화자 지향의 양태 표현에 덧붙는 '-시-'의 사용은 다음 (1)에서 보듯이 대표적인 오용으로 보인다. 양태 관련 요소와 시상 관련 요소에 따른 '-시-' 결합의 차이를 (1)과 (2)의 비교를 통해서 알 수 있다.

사용을 잘 살펴보면, 그들이 단순히 질책 받고 훈육되어야 할 대상만은 아니라는 점이다. 오히려 '-시-'의 기능을 체계적으로 운용하고 있는 언어적 천재들로 평가할 수 있는 부분도 많다. 다만, 언어 사용 환경이나 매체 환경이 바뀜에 따라 2인칭 주어를 중심으로 서술하는 구조가 많이 요구되고 있어, 이를 위해 주어 존대요소인 '-시-'를 더욱 적극적으로 사용하고 있을 뿐이라고 보는 것이 옳을 것이다. '청자존대'나 '상황주체 높임' 요소로서의 '-시-'는 바로 이를 누고 하는 말에 불과하나.

참고문헌

강창석(1987), "국어경어법의 본질적 의미", 「울산어문논집」 3, 31-54.
고석주(2001), "한국어 조사의 연구: '가'와 '를'을 중심으로", 연세대 박사학위 논문.
고영근(2011), "현행 학교 문법의 "높임법"에 대한 비판과 그 대안", 「형태론」 13-1, 147-154.
고영근·구본관(2008), 「우리말 문법론」, 집문당.
곽숙영(2009), "주체높임 '-시-'의 사용 실태 조사를 통한 문법적 의미 고찰", 「국어 높임법 표현의 발달」, 31-65.
목정수(2004), "기술동사와 주관동사 앞의 '가형 성분'의 통사적 기능: 단일주어설 정립을 위하여", 「어문연구」 124, 37-62.
목정수(2005), "국어 이중주어 구문의 새로운 해석", 「언어학」 41, 75-99.
목정수(2009), 「한국어, 문법 그리고 사유」, 태학사.
목정수(2013예정), 한국어 방향격 표시의 세분화 기제: 보조동사 '-(어)가다/오

---

(1) 가. 김 선생님은 잘 계시는 것 같습니다.
　　 나. *김 선생님은 잘 계시는 것 같으십니다.
(2) 가. 할아버지께서는 이번 주에 여행을 떠나실 예정입니다.
　　 나. 할아버지께서는 이번 주에 여행을 떠나실 예정이십니다.
　　 다. 할아버지께서는 이번 주에 여행을 떠날 예정이십니다.

다'를 중심으로.

박석준(2002), "현대국어 선어말어미 '-시-'에 대한 연구 -의미·기능, 관련 구문의 구조를 중심으로", 연세대 박사학위논문.

박석준(2011), "여격어를 존대하는 것처럼 보이는 '-시-' 문장의 통사 구조",「한국어 통사론의 전망」, 394-411.

박양규(1975), "존칭체언의 통사론적 특징",「진단학보」40, 80-108.

박양규(1993), "존대와 겸양",「국어사 자료와 국어학 연구」, 338-351.

박영순(1976), "국어 경어법의 사회언어학적 연구",「국어국문학」72·73, 47-65.

박진호(1994), "선어말어미 '-시-'의 통사구조상의 위치",「관악어문」19, 75-82.

배상복·오경순(2012),「한국인도 모르는 한국어」, 21세기북스.

서정수(1984),「존대법의 연구: 현행 대우법의 체계와 문제점」, 한신문화사.

선우용(1994), "국어조사 '이/가', '을/를'에 대한 연구: 그 특수조사적 성격을 중심으로",「국어연구」124.

성기철(2007),「한국어 대우법과 한국어 교육」, 글누림.

안명철(2001), "이중주어구문과 구-동사",「국어학」38, 181-207.

안명철(2003), "주어존대법과 구동사 구문",「우리말글」29, 129-154.

안명철(2011), "주격 중출 구문과 귀속역",「어문연구」152, 81-111.

연재훈(1996), "국어여격주어구문에 대한 범언어적 관점의 연구",「국어학」28, 241-275.

연재훈(2003), *Korean Grammatical Constructions: their form and meaning*, Saffron Books, London.

연재훈(2011),「한국어 구문 유형론」, 태학사.

유동석(1993), "중세국어 주어 동사 일치",「국어사 자료와 국어학의 연구」, 371-395.

임동훈(2000),「한국어 어미 '-시-'의 문법」, 태학사.

임동훈(2006), "현대국어 경어법이 체계",「국어학」47, 287-320.

임동훈(2011), "담화 화시와 사회적 화시",「한국어 의미학」36, 39-63.

이정복(2006), "국어 경어법에 대한 사회언어학적 접근",「국어학」47, 407-448.

이정복(2010), "상황 주체 높임 '-시-'의 확산과 배경",「언어과학연구」55, 217-246.

임홍빈(1985), "{-시-}와 경험주 상정의 시점(視點)",「국어학」14, 287-336.

임홍빈(1990), "존경법",「국어연구 어디까지 왔나」, 388-400.

정승혜·김양진·장향실·서형국(2011),「박통사, 원나라 대도를 거닐다」, 박문사.

정인상(1990), "주어", 「국어연구 어디까지 왔나」, 241-247.

한길(2002), 「현대 우리말의 높임법 연구」, 역락.

허웅(1963), 「중세국어연구」, 정음사.

허웅(1983), 「국어학 −우리말의 오늘·어제−」, 샘문화사.

허웅(1995), 「20세기 우리말의 형태론」, 샘문화사.

허웅(1999), 「20세기 우리말의 통사론」, 샘문화사.

홍종선(2009), "현대 국어의 상대 높임 체계", 「국어 높임법 표현의 발달」, 9-30.

Yoon, James H.(2004), Non-nominative (major) subjects and case stacking in Korean, *Non-nominative Subjects* vol. 2, John Benjamins Publishing Company, 265-314.

어미인가 아닌가, 그 어미의 경계

• 숨겨진 (보)조동사를 찾아서: '의무'의 {(어)야}를 중심으로 •

1. 머리말

본고는 현대 한국어 문법에서 형태 {야}와 {자}의 문법적 지위를 정밀하게 따져보는 데 목적이 있다. 여기서 말하는 {야}와 {자}는 '먹어야 하다' 구성이나 '먹고자/져 하다' 구성에 나타나는 밑줄 친 형태를 가리킨다. 논의는 지면의 제약상 {야}를 중심으로 하고, {자}는 논의를 뒷받침하기 위한 측면 자료로만 사용한다. 결과적으로 {야}에 관한 결론이 자연스럽게 {자∽져}에 이어지도록 한다.

전통적으로 이들 형태를 기술하는 국어학계의 입장은 분석적 입장과 종합적 입장으로 대별할 수 있을 것이다. 종합적 입장에서는 {어야}나 {고자}는 {고서}, {어서}, {에서}, {로서}와 마찬가지로 더 이상 분석할 수 없는 덩어리로 인식하고, {어야}나 {고자}를 하나의 어말어미 또는 연결어미, 즉 통합형어미로 설정한다(고영근(1999:420-423), 유송영 (1994) 참조). 반면에 분석적 입장에서는 {어야}의 {야}를 보조사 또는 특수조사로 분석해 내고 그것의 의미기능을 '한정', '결과', '계기' 등의 의미로 기술한다(이현희(1995), 이기갑(2001) 참조).

종합적 입장은 {어야}라는 통합형 연결어미-정확히는 {어야}라는 연결어미에만-에 다시 선어말어미나 종결어미가 연결된다는, 현재로서는 설명하기 어려운 기이한 현상에 봉착하게 된다. 또한 분석적 입장은 보조사라고 주장하는 {야}에 대한 성격 규정이 치밀하지 않다는 문제를 안고 있다. 어느 입장도 모순성에서 자유롭지 못한 것으로 판단된다. 이러한 진퇴양난의 상황을 변증법적으로 극복하기 위한 방안을 모색하는 것이 본고의 궁극적 목표가 된다.

우리는 기본적으로 분석적 입장에 선다. 다만 기존 분석적 입장에서 제시된 논의에서 발생하는 문제점과 모순점을 지적해 보고, 결과적으로 {야}와 {자}를 {-(어) 야}와 {-(고) 지}의 '(보)조동사 구성'의 차원에서 바라보는 것이 한국어 문법 기술에 정합적이라는 점을 보이고자 한다.

2. 문제제기 : 보조사 범주의 문제점

한국어에서 조사류는 크게 '격조사' 계열, '보조사' 계열, '접속조사' 계열로 나누어 기술되는 것이 대부분의 문법서에서 채택하고 있는 방식일 것이다. 이 중에서 다른 범주와 경계가 애매하여 그 목록을 선명히 제한하기 어려운 것이 '보조사'이다. 참고로 이 범주에 대해 일치하는 정의항을 끄집어내면 다음과 같다. "보조사(혹은 특수조사)는 격을 표시하는 일을 담당하는 격조사와는 달리 어떤 의미를 더해 주는 조사이다. 그리하여 특수조사는 이미 격조사가 결합된 명사구에 다시 덧붙는가 하면 격과 전혀 관계없는 부사나 활용어미에 결합되기도 한다."(이익섭·이상억·채완(1997)).[1]

즉 보조사는 문장의 성분 구조에 직접적으로 관여하는 요소가 아니고

---

[1] 그 밖의 대표적 문법서 허웅(1983), 남기심·고영근(1993), 이익섭·임홍빈(1983) 등에도 거의 동일하게 정의되어 있다.

단지 어떤 의미를 첨가해 주는 기능을 하는 요소이기 때문에, 문장 구조의 관점에서 보면 필수적인 요소가 아니라는 결론에 도달하게 된다. 다음 예는 {도}를 보조사로 보는 입장을 지지해 주는 듯하다.

(1) 가. 고등학생에게도 선거권을 주자.
　　나. 고등학생에게 선거권을 주자.
(2) 가. 나뭇잎이 떨어지지도 않는구나.
　　나. 나뭇잎이 떨어지지 않는다.
(3) 가. 참 일찍도 들어오시네요!
　　나. 참 일찍 들어오시네요!

위의 예에서 보듯이, 보조사라고 규정되고 있는 {도}는 그 의미기능이 무엇이냐의 문제를 잠시 제쳐두고라도, 그것이 없어도 문장을 이루는 데 하등의 지장을 초래하지 않는다.

이와 동일선상에서 {야}의 문제를 살펴보자. 우리는 다음과 같은 문장에서 {야}가 보조사라고 규정하고 들어간다면 생략 가능함을 예측할 수 있다. 그러나 경우에 따라 생략 가능한 경우와 생략이 불가능한 경우로 나누어진다는 점에 주의할 필요가 있다.

(4) 가. 나는 이 일을 꼭 {이루고/이루고야} 말거야.
　　나. 너 그거 {먹어/먹어야} 봤겠지?

(5) 가. 너 이 약 꼭 다 {먹어야/*먹어} 한다, 알았지?
　　나. 자 이제 그만 {먹어야지/*먹어지}, 살 찌겠다.

이와 같이, 생략 현상에서 이질적인 모습을 보여주는 {야}를 동일한 형태소로 규정할 것인가가 문제이다. 일단, 의미·직관적으로도 달리 느껴지는 (4)와 (5)에서의 {야}에 대한 동일성 문제를 규정하기 위해서는 그것들이 어떤 환경에서 쓰이고 있는가를 철저하게 조사해 볼 필요가 있다.[2]

한편, 보조사로 확실히 검증을 받은 {는}, {도}의 경우에도 보조동사 구성이나 특수한 구성에서 필수적으로 요구되는 경우가 있음은 주지의 사실이다.[3] 다음 예를 보자.

  (6) 가. 이 약은 절대로 먹어서는 아니 되느니라.
      나. *이 약은 절대로 먹어서 아니 되느니라.
  (7) 가. 이 약은 먹어도 돼요?
      나. *이 약은 먹어 돼요?

  (8) 가. 이번에는 춘향이를 만나 보기도 하련만.
      나. *?이번에는 춘향이를 만나 보기 하련만.
  (9) 가. 쟤는 밥을 많이 먹기는 먹는데, 살이 안 찌더라.
      나. *?쟤는 밥을 많이 먹기 먹는데, 살이 안 찌더라.

이러한 사실을 고려해 보면, (4)와 (5)에서의 {야}를 보조사로 본다고 해도 문제가 될 것은 없다고 할 수 있겠다. 그러나 위의 (6)~(9) 구성을 잘 살펴보면 다음과 같은 문제가 발생한다. '-어서는 안 되다' 구성이나 '-어도 되다' 구성은 후행동사(안 되다/되다)의 어미가 서술형으로 쓰이는 고정된 표현에서 보조사 {는, 도}가 필수적이지만, 그 어미가 관형형으로 바뀌는 구성에서는 수의적일 수도 있다는 사실과, '-어서는 안 되다' 구성은 딱 고정된 문법적 구성에서 벗어나서 '-어서도 안 되다' 구성으로도 쓰일 수 있다는 점을 고려해 볼 수 있다.

---

2 (4)와 (5)의 {야}에 대한 직관적 의미차가 있느냐 하는 데 반론을 제기할 수 있다. 따라서 그 의미차는 분명한 분포의 차이로만 밝혀질 수 있을 것이다.

3 고영근(1999:420)에 자세히 지적되어 있다.

(10) 가. 그 문제가 네가 풀어(서) 될 것 같으냐?

나. 네가 시도해(서) 안 될 거라면, 나는 포기한다.

다. 이 음식은 먹어서는 안 될 뿐만 아니라, 먹어서도 안 되는 것이야.

또한 (8)과 (9) 구성에서의 조사 {는, 도}는 단순히 명사형 어미 {-기}의 문법적 한정 기능 요소로 보기 어렵다. 일반적으로 조사 {는, 도}는 어휘해이 문법적 한정요소인데, ㄱ 어휘핵으로 명사(선생-은), 부사(빨리-는), 또는 '본동사+보조동사'의 복합체(먹지-도 않는다, 먹을 수도 있다)를 삼을 수 있다. 그러나 동사 어간을 그 어휘핵으로 삼을 경우에는 그 변이형태로 {-기는하, -기도하}를 취한다. 따라서 (8)과 (9) 구성에서의 {기도하}, {기는하}는 동사에 붙는, 조사 {는, 도}의 변이형태라고 보아야 한다. 다시 말해서, 동사어간 뒤에 붙는 {기는하, 기도하}는 동사어간에 붙는 보조사 {는, 도}의 변이형태의 일반형이고, '하'가 본동사의 동사어간으로 대치된 경우는 보조사의 동사어간에 따르는 변이형태인 것이다. 따라서 (8)과 (9) 구성에서, 보조사 {는, 도} 자체는 필수적인 요소이지만, 보조사 {는, 도}의 수의성 문제에서 다루어져야 할 대상은 {기는하}, {기도하}가 되는 것이다: '밥은' → '밥', '빨리도' → '빨리', '먹을 수는 있다' → '먹을 수 있다', '먹기는 하ㄴ다/먹는다' → '먹는다', '먹기도 하었다/먹었다' → '먹었다'.

반면, (4)에서의 '고야 말다'와는 달리 (5)의 '어야 하다' 구성에서 보조사로 보려고 하는 {야}의 생략은 어떠한 경우에도 허용되기 어렵고 다른 보조사와의 교체도 허용되지 않는다는 점이 관찰된다.

(11) 가. *그 문제는 누가 풀어 할까?

나. *그 문제는 그 누구도 풀어 할 이유가 없다.

다. *그 문제는 네가 풀어야 하지, 내가 풀어{도/는/만} 하는 게 아냐.

이를 통해, 우리는 하나의 문법적 기능을 하는 굳어진 구성으로 볼 수 있는 여러 구성에서도 {야}가 다른 보조사와 차이가 있다는 점을 알 수 있다.

이제 (4)와 (5)에 나타나는 동일한 형태 {야}의 구별이 타당한가에 대해 살펴보자. 우선, (4)의 {야}는 분포환경이 보조사 {는, 도, 만} 뒤에서도 나타날 수 있다는 분포적 특징이 있다.

> (12) 가. 너를 꺾고도야 기쁘지가 않아야.
> 나. 그런 약도 먹어는야 봤지만, 허사였다.
> 다. 나만야 미국에 갈 수는 없지.
> 라. 미국에서는야 못할 게 없더라 뭐.

반면에, (5)의 구성에서의 {야}는 보조사 {는, 도, 만} 뒤에 출현하는 일이 없다.[4]

> (13) 가. *넌 꼭 먹어만야 하니?
> 나. *나 고향으로 내려가도야 해.
> 다. *우리 한국 사람은 밥을 먹어는야 살 수 있다.

---

4 뒤에 가서 자세히 논하겠지만, '먹어야' 구성을 '먹고 있'과 같은 '먹어 야'의 보조동사 구성으로 본다면, '먹고는 있다'처럼 '*?먹어는야(아) 하다' 구성이 안 될 이유가 없다. 그러나 일반적인 보조동사 구성에서 보조사의 개입은 마지막 보조동사 앞에서만 자연스럽다는 점을 고려하면, '*?먹어는야 한다'와 '먹어야는 한다' 사이의 문법성의 차이가 설명될 수 있을 것이다.

> (1) 가. ??먹고는 싶지 않다 – 먹고 싶지는 않다
> 나. *?먹어도 보게 하다 – 먹어 보게도 하다

한편, 보조동사구성에서도 그 긴밀성에서 정도의 차이가 있는 것을 인정하고, 그 긴밀성에 비례하여 보조사의 개입이 불허된다는 사실을 감안하면, {어야} 구성은 '었 < 어있'처럼 '어 버리'보다도 더 긴밀성의 극단에 있는 것으로 볼 수 있다.

> (2) 가. 먹어야 한다. – *먹어{는/도}야 한다.
> 나. 먹었더라. – *먹어{는/도} 있더라.
> 다. 모두 먹어 버리고 싶다. – *?모두 먹어{는/도} 버리고 싶다.
> 라. 다 먹어 봤으면 한다. – 다 먹어{는/도} 봤으면 했다.

이러한 모든 분포 관계를 따져 보면, 단순히 {야}를 {도, 는, 만}과 같은 보조사로 보는 것의 한계가 금방 드러난다. 우리는 (4)의 {야}는 보조사 {는, 도}와는 달리 종조사 {요, 말이야} 등과 동일한 분포를 보이는 요소라는 점을 명확히 할 필요를 느끼는 동시에, (5)의 {야}는 보조사 {는, 도} 같은 문법적 요소(= 조사)가 아닌 구체적 어휘성이 강한 어떤 요소—우리의 주장으로는 '의무'의 양상 (보)조동사—라는 점을 직감한다. {야}를 단순히 {는, 도, 만}과 같은 계열의 보조사로 보는 데는 문제가 많다는 것이다.[5]

3. {야}의 정체성

3.1. {야}가 보조사가 아닌 이유

(4)와 (5)의 {야}가 적어도 보조사로 규정될 수 없다는 점과 동시에 (4)와 (5)의 {야}가 또한 동일한 요소로 규정될 수 없다는 점을 증명해 보자. (4)에서의 {야}는 앞에서도 지적했듯이, 수의적인 요소로 문장 전체에 어떤 의미만 첨가해 주는 역할을 한다. 문장 구조에는 관여적이지 않은 요소이다. '먹고야 말다' 구성에서 통사적 구조를 지배하는 것은 '-고 말-'에서 보조동사 {말-}과 그것이 선택하는 부사형어미 {-고} 사이에서 이루어진다. 따라서 이러한 구성에서 {야}는 수의적인 요소로 구성에 영향을 주지 않고 생략 가능하다. 이는 보조동사 구성 전반에 적용된

---

5 '먹어야 하다' 구성에서 {어야}를 통합형어미로 처리하고 있는 고영근(1999)에서도 주장의 논거를 {야}가 다른 보조사 {는, 도, 만}과 계열관계를 이루지 못한다는 것에서 찾고 있다. '먹어야 하다'의 {야}가 {는, 도, 만}과 같은 부류의 성원이 아닐 뿐만 아니라, 조사로 쓰이는 {야}도 {만}, {는, 도}와 자리가 같지 않다고 보는 것이 우리의 기본 입장이다. 각주 8)과 9)를 참조하기 바란다.

다. 따라서 이런 면에서 보면 문제의 {야}는 보조사로 규정할 수는 있을 듯하다. 물론 이 때의 {야}가 다른 보조사들과 동일한 부류를 구성하는가는 차원이 다른 문제이다.

(14) 가. 먹고 말다 → 먹고야 말겠다. / 먹고는 말았다. / *먹고야도 말겠다.
　　 나. 먹어 보다 → 먹어야 봤지. / 먹어도 봤지. / *먹어야는 봤지.
　　 다. 먹고 싶다 → 먹고야 싶지. / {먹고는야/*먹고야는} 싶지.
　　 라. 먹게 하다 → 먹게야 했지. / {먹게도야/*먹게야도} 했지.
　　 마. 먹지 않다 → 먹지야 않았지. / {먹지를야/*먹지야를} 않았다.
　　 바. 먹지 말다 → 먹지야 마라. / {먹지는야/*먹지야는} 마라.
　　 사. 먹기 좋다 → 먹기야 좋다. / {먹기가야/*먹기야가} 좋다.
　　 아. 먹기 쉽다 → 먹기야 쉽다. / {먹기가야/*먹기야가} 쉽잖다.
　　 자. 싫어 하다 → 싫어야 했지. / {싫어를야/*싫어야를} 했지.

반면에 (5)에서의 {야}가 포함된 구성에서는 {야}가 보조동사 구성에 전적으로 관여적이다. 따라서 {야}가 생략된 구성은 보조동사 구성이나 복합문 구성을 이루지 못한다.

(15) 가. *먹어 하다 → 먹어야 한다.
　　 나. *먹어 되다 → 먹어야 된다.

(16) 가. *우리는 먹어 산다. → 우리는 먹어야 산다.
　　 나. *?네가 먹어, 내가 가지. → 네가 먹어야, 내가 가지.
　　 다. *밥을 먹어 건강에 좋다. → 밥을 먹어야 건강에 좋다.

그리고 (5) 구성에서 {야}는 항상 부사형어미 {-어/아} 환경에서만 나타나므로 {야} 자체가 선행 동사의 활용형을 {-아/어}로 제약하고 있다고 해야 한다. 이러한 제약관계를 보이는 것은 '본동사+보조동사' 구성에서 이루어지는 것으로서, {야}가 보조동사일 가능성이 높다는 것을 시사한다.

(17) 가. 먹고 싶다 / *먹어 싶다 / *먹게 싶다 / *먹지 싶다
　　　 나. 먹지 않다 / *먹고 않다 / *먹게 않다 / *먹어 않다
　　　 다. 먹어 보다 / 먹고 보다 / *먹게 보다 / *먹지 보다
　　　 라. 먹게 하다 / 먹고 하다 / (*)먹어 하다 / *먹지 하다
　　　 마. 먹어 야지6 / *먹고 야지 / *먹게 야지 / *먹지 야지

　그 밖에, (5) 구성에서 {야}를 보조사로 보는 것을 결정적으로 주저하게 하는 것은 {야} 다음에 보조사라는 {만}이 결합할 수 있다는 사실이다. 공시적으로나 통시적으로 보조사 다음에 보조사가 결합하는 것으로 기술된 것은 {만}과 {도, 는, 야}의 순서지어진 결합이었지, {도, 는} 또는 {야}와 {만}의 결합 순서가 아니다. {야}를 보조사로 보는 한에서 이러한 결합의 현상을 설명하자면, 예외적인 것으로 처리를 하거나 임의적인 기제를 사용하지 않을 수 없을 듯하다.

(18) 가. 왜 가야만 하니?
　　　 나. 왜 이걸 다 먹어야만 하는 걸까?
　　　 다. 우리는 뭉쳐야만 상대방을 이길 수 있어.

　보조사의 범위를 어떻게 잡든 간에 보조사들끼리의 결합제약에 있어 {어야}의 {야}는 다른 보조사와는 다른 면모를 보인다는 점은 분명하다 : {교수-이어/이라-야-만}, {*교수-야-만}, {*교수-는-만}, {*교수-도-만}, {*교수-나-만}, {*교수-라도-만}. 대개의 경우처럼, {만}을 {는, 도,

---

6 종결어미를 {-지}로 바꾼 것은 {먹어 야다}가 잘 쓰이지 않기 때문이다.

(이)나, (이)라도} 등과 같은 보조사 부류에 귀속시키는 것 자체도 문제려니와,[7] 보조사라고 하더라도 왜 보조사끼리의 {야-만}의 결합이 어떻게 가능한가를 전체 체계에 비추어 설명할 수 있어야 한다. 더 나아가 (4)의 구성과는 달리, (5) 구성에서의 {야}와 조사 {를, 도, 는}의 결합도 전혀 불가능해 보이지 않는다는 점은 {야}를 단순히 보조사로 보는 시각이 단순하지 않음을 의미한다.[8]

(19) 가. *먹어야는/*먹어야만 보았지.
　　 나. *먹고야도/*먹고야만 말았다.
　　 다. *먹지야를/*먹지야만 않았다.

(20) 가. 꼭 먹어야는 하겠지만, 왠지 먹기가 싫어진다.
　　 나. 그럼, 꼭 먹어야도 하지, 하구말구.
　　 다. ?꼭 먹어야를 할까?

그리고 {어-야-만}의 연쇄를 현상적으로 인정하고, 이현희(1995)에서 제시하듯이 {야}가 '한정'의 의미―"(오직) -만"의 의미―를 갖는 것으로 기술한다면, 여기에 다시 '한정?'을 하는 {만}이 덧붙는 것은 설명하기가 어렵다고 본다. 이는 마치 {도}의 의미기능을 {역시}나 {조차}로 환원시키고 나서 '역시-도', '조차-도'의 연쇄형에서의 {도}의 의미기능을 설명

7　목정수(1998)에서는 {만}을 {는, 도}와 같이 보조사로 볼 수 없는 근거를 분포 차이를 통해서 제시하고 있고, {만}을 {조차, 마저} 등과 함께 질화사로 규정할 것을 제안하고 있다.

8　목정수(1998가, 나, 다)에서는 분포적 사실에 입각해 한국어 보조사 부류의 문제점을 상세히 지적한 바 있다. 조사 분류 자체에 문제가 있다는 것도 중요하지만, 한국어를 기술하는 문법가들이 '분포'라는 개념을 충분히 인식하고 있지 못하고 있는 것 같은 사실이 더 중요한 문제가 된다. 흔히들 '분포'와 '기능'을 분리해서 생각하는데, 필자는 어떻게 분포적 사실을 어겨 가면서, 하나의 형태(소)가 의미 기능을 하고 있다고 기술할 수 있는가에 대해 강한 회의를 품고 있다.

하는 것과 같다고 볼 수 있다.

(4) 구성에서의 {야}를 보조사로 보는 입장이 갖는 난점을 더욱 깊이 파고 들어가 보자. 첫째, {야}를 보조사로 본다는 것은 다음과 같은 예에서의 {야}와 동일시한다는 것을 의미한다. 그러나 이러한 예의 {야}의 문법적 지위를 따져 보면, '보조사' 영역에 문제가 생길 수 있음을 알 수 있다.

(21) 가. 나야 가지!
    나. 너에게야 뭐 떡 하나면 되잖겠니?
    다. 철수만야 줄 수야 없지요.
    라. 꿈 찾아 나도야 간다.
    마. 내가야 너를야 얼마나야 찾았는 줄 아냐?
    바. 나는야 안 갈 거다!

이상의 예에서 나타나는 {야}는 한국어의 조사류를 격표지, 후치사, 질화사, 한정조사로 분류할 때,[9] 이 모든 부류와 이들 부류의 결합형 뒤에 나타나는 종조사 {요, 말입니다, 그려} 등과 같은 성분 가르기 요소로 자리매김이 된다.[10] 그 결합의 순서는 뒤바뀔 수 없다 : 나는야/*나야는,

---

9 목정수(1998가, 나)의 격조사(= 문법관계표지)가 격표지와 후치사로 더 나누어진 것과 조사 {의}를 분포적으로 한정조사에 재배치한 것을 제외하고는 전체 윤곽은 동일하다. 여기서의 '격표지(déclinaison casuelle)', '후치사(postposition)', '질화사(qualifieur)', '한정사(déterminant)' 등을 기존의 문법용어와 단순히 동일시하지 말고, 그렇게 분류한 이유에 대한 이해가 절실히 요구된다고 하겠다. 이 점 널리 양해를 구한다. 격표지 = {에, 에게, 께, 로/으로, 와/과}; 후치사 = {(까지), 끔, 다, 다가, 대로, 더러, (이)랑, 마다, 만치, 만큼, 밖에, 보다, 부터, 서, 로써, 씩, 처럼, 하고, 없이}; 질화사 = {(까지), 깨나, 마저, 만, 뿐, 조차, 야말로, 이야말로}; 한정조사 = {이/가, ㄹ/을/를, ㄴ/은/는, 도, 의} 이상의 조사 실현을 예와 함께 도표로 정리하면 다음과 같다. ( )는 빈자리로서 영형태 {ø}를 가리킨다.

  (1) 학교에서만은요 조용히 하셔야 해요.
  (2) 국어학만이 살길임을 명심하시오.
  (3) 북경으로부터의 편지가 도착했다.

내게야/*나야게, 철수만야/*철수야만, 학교까지야/*학교야까지 …. 그리고 종조사끼리의 결합은 당연히 제약된다 : *철수에게야요, *철수요야, *철수를요말입니다 …. 따라서 (4) 구성의 {먹고야 말다}에서의 {야}를 위 예문 (21)에서의 {야}와 동일시할 수 있다고 한다면, 그것을 막연한 범주인 '보조사'라고 규정할 수는 없는 것이다.

3.2. {어야}는 통합형 연결어미인가?

이러한 논리의 인식에 도달하면, {어야만}을 하나의 연결어미로 사전에 등재한 것을 이해할 만도 하다. 그러나 {어야만}을 연결어미 {어야}와 보조사 {만}이 결합된 연결어미라고 기술하면서 설명을 붙여 놓은 것을 좀 더 자세히 살펴보면,[11] 역으로 {어야} 자체를 연결어미로 보기 어렵다는 점을 시사받을 수 있다. 예를 들어, (종속적) 연결어미로 이루어진 복합문 구성에서 보조사 {만}의 결합은 제약되는 것이 일반적이다.[12]

명사	격조사	후치사	질화사	한정조사	종조사
학교	에	서	만	은	요
국어학	(ø)	(ø)	만	이	(ø)
북경	으로	부터	(ø)	의	(ø)

10 이정민·박성현(1991:380)에 따르면 {요}와 같은 요소를 다음과 같이 규정하고 있다 : "긴 문장으로 이루어진 말을 매끄럽게 할 수 없는 상황에서 화자 나름대로 적당한 간격을 유지하면서 말을 이어갈 수 있도록 해주는 디딤말(hedge word) 역할을 한다. 이는 상대방의 주의를 환기시키면서 동시에 화자 자신의 입장을 방어적으로 가다듬어 나가는 기능으로 볼 수 있다."

11 「표준국어대사전」과 「연세한국어사전」에 모두 이렇게 기술되어 있다.

12 보조사 {는}은 연결어미에 결합이 가능하다. 이기갑(2001)은 연결어미에 보조사 {는}이 결합하는 양상을 {고(서), 어서, 어 가지고(서), 으니까, 으면, 다가, 으면서}와 {자, 자마자, 어도, 은들, 거든, 어야, 고자, 거나, 든지, 으나, 거니와, 으매, 건대}를 비교하여, {는}이 사태의 연속성을 강조하는 환경에서 쓰이고 있음을 보여주고 있다. 우리가 이를 응용하면, 다음과 같이 말할 수 있겠다. 연결어미 {어} 다음에 {는}이 결합하지 못하는 것과 {어야}를 {어 야(아)}로 분석할 수 있다면, {어야}

부사형어미(= 보조적 연결어미)가 본용언과 보조용언을 이어줄 경우에는 보조사 {만}의 결합이 자유롭다.

(22) 가. 하도 배가 고파(서)(*만), 물로 배를 채웠다.
　　 나. 밥 좀 먹게(*만), 조용히 하세요.
　　 다. 밥이나 먹지(*만), 왜 남의 일에 참견이야.
　　 라. 낙엽은 지고(*만), 가을은 그냥 그렇게 가 버렸다.

(23) 가. 바람이 불어(만) 준다면, 우리가 유리할 텐데.
　　 나. 날 그냥 죽게만 하지 말아 주세요.
　　 다. 밥을 먹지만 않은 게 아니라 말이야, ……
　　 라. 밥을 먹고만 싶다.

그런데 {어야 하다} 구성에 보조사 {만}이 개입된 {어야만 하다}가 말이 되고, 그 의미도 {만}이 지니는 의미가 첨가된 합성적 의미를 유지하는 것으로 보아 {어야 하다}는 단순히 종속적 연결어미 {어야}와 상위문의 동사 {하다}의 복합문 구성이 아니라, 적어도 '주관동사의 활용형 + 하다' = '부사형어미(= 보조적 연결어미) {어야} + 보조동사 {하다}'의 결합 구성으로 볼 수 있음을 시사한다.[13]

(24) 가. 그 녀석 떡을 좋아만 하던데.
　　 나. 죽이고 싶도록 싫어만 안 한다면, 그냥 사는 것도 괜찮을 듯싶소.
　　 다. 그 사람은 오히려 그녀의 죽음을 가슴아파만 하던데……

다음에 {는}이 결합하지 못하는 것은 동일한 원리의 지배를 받는 것으로 볼 수 있다.

　(1) 가. *밥이 먹고 싶어는, 식당에 들어갔다.
　　　 나. *밥을 먹어는, 속이 편해진다.

13 {어야}는 복합문 구성을 이룰 때 {만}이 붙을 수도 있는 듯한데, 그 이유를 설명해야 하는 부담이 여전히 남아있음을 밝힌다. 예) 부부가 성격이 같아야만 산다면 이 세상에 같이 사는 사람들이 몇이나 되겠니?(연세한국어사전)

(25)　가. 우리는 왜 우리말을 버려야만 합니까?

　　　나. 꼭 먹어야만 하니?

{어야}의 성격을 이렇게 규정짓고 나면, 그 다음의 문제가 {어야} 자체의 분석으로 돌아온다. {어+야}로 분석한다면, {야}를 어떻게 규정할 것인가의 문제인데, 3.1.에서 살펴본 바대로, 적어도 {야}가 보조사 {야}가 될 수는 없다는 것이 우리의 입장이었다.

또한 (5) 구성에서의 {야} 다음에는 활용어미가 직접 결합할 수 있다는 사실은 {어야}를 단순히 연결어미로 보는 데 의문이 가게 하기에 충분하다.[14] 연결어미에 어미가 결합되는 것이 구조적으로 제약되지만,[15] {어야}의 경우는 예외라고 할 수만은 없을 것이다 : *먹어지, *먹고겠다, *먹지더라, *먹으니까다, *먹지만더냐 …; 먹어야지, 먹어야겠구나 ….

(26)　가. 이제 학교에 가 보셔야지요.

　　　cf. 이만 가 보시지요.

　　　나. 학교에 진학해야지 말아야지 모르겠어요.

　　　cf. 갈지 말지 몰라.

14　물론 {야-}와 결합하는 활용어미에는 제약이 따른다 : ?먹어야니, ?먹어야(아), *?먹어야냐?, ?먹어야ㄴ다, ?먹어야냐?, 먹어야지, 먹어야겠어, ??먹어야지 …. 그러나 활용어미에 제약이 따르는 불구동사(verbe défectif)는 얼마든지 있기 때문에, 그 제약이 {야}의 동사적 지위를 부정할 수는 없을 것이다. 동사 {달-}의 경우에 '달라, 다오'의 명령형의 꼴로만 쓰이고 *'달다, *달았다 …' 형이 제약된다고 해서 {달-}의 동사적 지위가 부정되지 않는 것과 같은 이치이다.

15　한국어에서 어미에 어미가 결합되는 것은 {그를 통해서다/통해서라면 …} 같은 지정사 {이}가 음운론적으로 탈락된 경우나, {다, 냐, 자, (으)라, (으)려} 부류에 한정된다. {다, 냐, 자, 라, 려}를 접속법어미(subjunctive ending)라는 동일한 부류로 묶어야 할 필요성에 대한 논의는 목정수(1999)를 참조할 것. {단다/냔다/잔다/으란다/으련다}에서 {다(고)/냐(고)/자(고)/으라(고)/으려(고)(하)ㄴ다} 구성으로 환원 가능한 것과 불가능한 것으로 나누어 {단다₁}, {단다₂} 등으로 구분하는 것은 문제의 본질이 인칭의 문제에 있다는 것을 간과했기 때문이다.

다. 너만큼은 대학에 꼭 가얀다 알았니?

　　cf. 밥 오분내로 먹는다 알았나?

라. 너 꼭 가야겠니?

　　cf. 왜 죽겠니?

마. 그럼 내가 죽어야게?

　　cf. 왜 가게?

　지금까지 국어학계의 일부에서는 (5) 구성의 {야}를 보조사로 보고 논의를 시작하고 있으므로,[16] 이처럼 보조사 {야} 다음에 활용어미가 직접 결합하는 기이한 현상을 딱히 설명하기 어려웠다고 본다. 때문에 현재 일반적으로 채택되거나 제시된 방식은 {어야지, 어야지요, 어야겠다, 어야겠니, 어야겠어, 어야고, 어얄까 …} 등을 융합된 통합형 어말어미로 보든가, 동사 {하}의 단순한 생략형으로 보든가 하는 것이었다.[17] 이 중 국어학계에서 일반적으로 받아들여지고 있는 것이 후자의 주장인 것으로 보인다. 예를 들어, {어야지}의 어미 {어야}와 {지}의 연결은 심층구조 {어야 하지} 구성에서 {하}가 생략되어 연결된 표면구조의 문제이기

---

16 이기갑(2001:158, 각주 10)은 {야}의 지위에 대한 직접적인 논의는 아니지만, 이음씨끝 {-어야} 뒤에 {는}이 붙지 못하는 현상을 {야}가 기원적으로 보조사였기 때문이라고 설명하고 있다. {-어야}를 통합형어미로 보되, {야}를 보조사로 분석할 수 있다는 것이다. 그러나 {는}의 결합 제약은 보조사 {야} 때문이 아니라, 연결어미 {아/어}의 경우에 일반적으로 적용되는 것이다.

　(1) 밥을 많이 {먹어/*먹어는} 배가 터질 것 같다.
　(2) 밥이 {먹고 싶어/*먹고 싶어는} 냉장고를 열어 봤지만…
　(3) 네가 밥을 잘 {먹어야/*먹어야는} 내가 맘 편히 일하지.

반면에 {어야}가 보조동사 구성에 관여할 때는 보조사 {는}의 결합이 가능하다는 점으로 보아 {야}의 기원을 보조사로 보는 것은 문제가 있다.

　(4) 밥을 다 먹어야는 하지만, 먹히지가 않네.
　(5) 밥을 다 먹어야만 된다.

17 참고로, 연세한국어사전에는 {-어야지}와 {-어야겠-}이 표제어로 설정되어 있지만, 표준국어대사전에는 {-어야겠-}이 빠져 있다.

때문에 연결어미 {어야}와 종결어미 {지}의 연결 자체는 문제될 것이 없다는 입장이다. 그러나 우리는 문법현상을 '생략'이라는 기제를 사용하여 설명하는 데는 근본적으로 순환적 오류가 도사리고 있기 때문에 이러한 설명 방식을 받아들이기 어렵다고 본다.[18] 그리고 직관적으로도 '하다'가 있는 구성과 없는 구성은 의미 차이가 있다고 느껴진다.

(27) 가. 철수야, 학교 늦겠다 그만 일어나야지／↗?
　　 나. ?*철수야, 학교 늦겠다 그만 일어나야 하지／↗?

(28) 가. 이제부터는 정직하게 살아야겠어.
　　 나. 철수는 이제부터는 정직하게 살아야 할 것이다.

따라서 {야} 다음에 어미가 결합할 수 있다는 사실은 어떤 다른 방식으로 설명하지 않으면 안 될 중요한 문제로 다가온다. 우리는 {5} 구성에서 {어야}의 {야}를 보조동사로 보면, {어야} 뒤에 어미가 결합하는 것을 자연스럽게 설명할 수 있다고 본다. 즉, (5) 구성을 다음과 같이 보조동사가 두 개 들어 있는 보조동사 구성으로 분석하자는 것이다. 이해를 돕기 위해 다른 보조동사 구성과 비교해 놓았다.

(29) 가. 먹-[어 야-](아) 하-ㄴ다
　　 나. 먹-[고 싶-]어 하-ㄴ다

더 나아가 (5) 구성에서의 보조동사로서의 {야}와 (4) 구성에서의 디딤말기능요소로서의 {야}가 구분되어야 한다면, 보조동사 {야}의 활용형

---

18 필자는 이러한 문제를 여러 논문에서 이미 지적한 바 있다(목정수(1998, 1999)). 그리고 동사 {하}의 생략으로 어미의 연쇄를 설명한다고 하더라도, 이 생략에 대한 조건을 명세하기가 어렵다. 예를 들어, {먹어야 하지}, {먹어야 하겠다}에서는 생략이 되고, {먹게야 하다}, {싫어 하지}, {먹기조차 하다}, {먹을까 하다} 등에서는 생략이 안 되는 이유가 이론적으로 설명되어야 한다.

에 디딤말기능요소 {야}가 결합가능함을 예상할 수 있는데, 실제로도 그 결합은 가능한 것으로 보인다.

(30) 가. 그럼, 바나나를 먹고 싶어야 했지.
　　　나. 그 여자를 보고 싶어만야 한다면, 내가 소개야 해 줄 수도 있지.

(31) 가. 제가 그걸 꼭 먹어야야 해요?
　　　나. 네가 그건 꼭 먹어야만야 한다면 말이지, 할 수 없지 뭐.

3.3. 보조동사로서의 {야}와 {지}

　이상에서 제시한 논거를 통하여 본고는 (5)의 구성 {-어야 하다}에서 {야}의 문법적 지위는 보조사가 아니라 보조동사로 보고자 한다. 그렇게 보면 활용어미가 결합할 수 있는 현상이나, {야}가 쓰인 구문과 그렇지 않은 구문에서 대조적으로 드러나는 의미의 차이를 보조동사 {야}의 양태적 의미 [+의무(deontic)]로 풀어 설명해 낼 수가 있다. 그리고 '먹어야만 한다'에서 조사 {만}의 분포도 자연스럽게 설명된다.

　먼저 {야}가 쓰인 다양한 문장에서 {야}가 보조동사 구성에서 공통적으로 '의무'의 양태적 의미를 보여준다는 사실을 확인해 보자.

(32) 가. 사람이 꼭 공부를 해야 할 필요는 없다.
　　　나. 너 밥을 먹어야만, 장난감 사 줄 거야.
　　　다. 정 가야시면, 가시고, 그렇지 않으시면, 더 놀다 가세요.
　　　라. 뭐, 반드시 꺾어야 된다고?

　그렇다면 구체적으로 {야}가 보조동사의 지위를 갖는다는 사실을 어떻게 입증할 수 있을까? 이에 대한 답은 다른 보조동사의 행태와의 비교를 통해서 얻을 수 있다. 우리가 보조동사로 규정하는 {야}는 주관·심리동사의 성격을 띤다. 따라서 보조동사로서의 {야}를 규정하는 것이 정당한가를 밝히려면, 같은 계열의 보조동사와 같은 행태를 보이는가를 살펴볼 필요가 있다. 여기서는 주관 보조동사 {싶다}와 비교해 보자.

한국어에서 주관·심리동사는 3인칭 행위자 명사와 결합이 제약된다.[19] 대표적으로 {좋다, 싫다}를 살펴보자.

> (33) 가. *철수는 바나나가 싫어.
> 나. 철수는 바나나가 싫대.
> 다. *철수는 바나나가 싫더라.
> 라. 너는 바나나가 좋니?
> 마. 나는 바나나가 좋아.

주관·심리 (보)조동사 {싶다}도 마찬가지다.

> (34) 가. *철수는 바나나가/를 먹고 싶어.
> 나. 철수는 바나나가/를 먹고 싶대.
> 다. *철수는 바나나가/를 먹고 싶더라.
> 라. 넌 바나나가/를 먹고 싶니?
> 마. 난 바나나가/를 먹고 싶어.

보조동사 구성에서의 {야}도 그러한 제약의 한 단면을 갖고 있음이 다음 예문을 통해 드러난다.

> (35) 가. *철수는 이번 시합에 빠져야.
> 나. ?난 이번 시합에 빠져야.[20]

---

19 양인석(1972)의 '화자-주어 동일 제약(equi-subject constraint)', 이정민(1976)의 '화자-경험주 공통지시조건(speaker-experiencer coreferentiality)'은 이런 현상에 대한 다른 명칭이다.

다. *?철수는 합격을 해야지.

라. 너 꼭 합격 해야지?

마. 그럼 반드시 해 내야지.

한국어에서 주관·심리동사의 3인칭 제약을 풀기 위해서는 주관동사를 객관화시켜주는 행위 보조동사 구성이 사용되는 것이 일반적이다. {었다}[21]이나 {겠다}, {어 하다}, {ㄴ 듯하다}, {ㄴ가 보다}, {ㄴ/ㄹ 것이다} 등의 구성이 바로 그것들이다.

(36) 가. 철수는 바나나를 좋아 한다.

나. 철수는 바나나를 먹고 싶어 한다.

다. 철수는 바나나가/를 먹고 싶은가 보다.

라. 철수는 바나나가 너무나 좋았다.

마. 철수는 바나나가 싫은 것이다.

바. 나도 바나나를 좋아 한다.

{야}도 주관·심리 보조동사이기에 동일한 기제에 의해 인칭 제약이 풀린다.

(37) 가. 철수는 바나나를 싫어 한다.

나. 철수는 상대방을 꼭 꺾어야 한다.

---

20 {가-}처럼 {야-}를 보조동사로 볼 때, 어말어미 {-아/어}에 의한 실현형이 {먹어가}의 경우는 자연스러운데, {먹어 야}의 경우는 신문 헤드라인을 제외하고는 잘 찾아지지도 않고 잘 쓰이지도 않는다는 것이 우리 논의의 난점으로 작용하는 점은 인정한다. 각주 14)를 참조할 것.

21 {었} 구성에서 '인칭 제약이 풀리는 것은 {었}에 포함되어 있는 존재동사 {(이)씨} 때문이다. {었}의 자세한 성격에 대해서는 목정수(2000)을 참고할 것.

(1) 나는 돈이 있다. / 철수는 돈이 있다.

(2) 나는 돈이 싫었다. / 철수는 돈이 싫었다.

다. 철수는 상대방을 꼭 꺾어야는가 보다.

라. 너도 이 밥 다 먹어야 한다.

마. 이유인 즉슨, 철수는 성공을 이루어 내야는 것이다.

바. 나도 먹어야 한다.

한국어에서 {어 하} "주관인용 보조동사 구성"은 주관·심리동사만을 확장시킬 수 있다. 그 이외의 다른 동사부류는 {어 하} 구성에 들어올 수 없다.

(38) 가. 나는 밥을 먹는다. → *철수는 밥을 먹어 한다.

나. 나는 코가 크다. → *철수는 코를 커 한다.

다. 나는 방에서 잔다. → *철수는 방에서 자 한다.

라. 나는 짐을 옮겨 본다. → *철수는 짐을 옮겨 보아 한다.

(39) 가. 나는 네가 싫어. → 철수는 너를 싫어 해.

나. 난 유럽식 축구가 마음에 든다. → 철수는 유럽식 축구를 마음에 들어 한다.

다. 넌 내가 결혼하는 게 기분 나쁘냐? → 철수는 내가 결혼하는 걸 기분 나빠 하더라.

라. 난 네가 보고 싶어. → 철수는 너를 보고 싶어 해.

또한 주관 보조동사 {(고)싶-}이 본동사 자리에 주관·심리동사가 오면 그 결합이 어색한데, 마찬가지로 {(어)야-}의 경우도 똑같다는 점도 우리의 논의를 지지해 주는 논거가 될 수 있을 듯하다.

(40) 가. 저는 이제 잠자리에 들고 싶어요.

나. *철수는 떡이 싫고 싶대요.

다. *철수는 떡이 마음에 들고 싶은가 봐요.

(41) 가. 이제 그만 잠자리에 들어야지?

나. *떡이 마음에 들어야지?

다. *철수는 떡이 싫어야 한다.

따라서 {어야} 구성이 {어 하} 구성으로 확대가 가능하고, 그 경우에 인칭제약이 풀리게 된다는 것은 바로 {야}가 주관·심리동사적인 보조동사라는 것을 부여준다고 하겠다. 이러한 구조적 평행성을 도식적으로 보이면 다음과 같다.

(42) 가. 먹-[고 싶]-[어 하]-다 → 먹고 싶어 하다

나. 먹-[어 보]-[(아) (이)씨]-다 → 먹어 보아 있다 → 먹어 보았다 → 먹어 봤다

다. 먹-[게 하]-[지 말]-다 → 먹게 하지 말다

라. 먹-[지 않]-[아 (이)씨]-다 → 먹지 않아 있다 → 먹지 않았다 → 먹잖았다

(43) 가. 먹-[어 야]-[(아) 하]-다 → 먹어야 하다

나. 먹-[어 야]-지 → 먹어야지

다. 먹-[어 야]-[게 씨]-다 → 먹어야겠다

라. 먹-[어 야]-ㄴ다 → 먹어얀다

(44) 가. 먹-[고 지]-고 → 먹고 지고

나. 먹-[고 지]-[어 하]-다 → 먹고 져 하다 → 먹고 자 하다 → 먹고자 하다[22]

---

22 '고자 하다'의 {자} 형태는 표준 규정이고 방언형에 {져} 형태가 많이 남아 있고, 옛 형태도 {지}였다. 부사형어미 {지}의 고형은 {디}였다. 참고로 서태룡(1990:348)에서의 지적도 눈여겨볼 만하다. "활용어미의 철저한 형태분석을 위해서는 국어 전반의 통합적 구조에 대한 이해가 필요하다. (…) '고자'의 {자-}와 '-어다가'의 {닥(?)-}은 동사인데 이들이 재구조화되어 통합형어미의 구성요소가 된 것이다. 이들은 통사론적 구성이므로 통사구조에 대한 이해를 토대로 해야만 올바르게

다음은 보조동사 {야} 구성이 접속문 구성의 하위문을 이루는 경우이다.[23]

　(45)　가. 네가 보-[고 싶]-어, 눈물이 난다.
　　　　나. 내가 보-[고 싶]-으면, 전화 해라.
　　　　다. 네가 보-[고 싶]-지, 철수는 하나도 안 보고 싶어.

　(46)　가. 네가 먹-[어 야]-(아), 내 맘이 놓인다.
　　　　나. 정 먹-[어 야]-거든, 조금씩만 먹거라.
　　　　다. 그 대신 날것으로 먹-[어 야]-지, 구워서 먹을 생각을 말아.
　　　　　　(연세한국어사전)
　　　　라. 정 가-[(아) 야]-시면, 택시 타고 가세요.

　(47)　가. 나는 밥을 먹-[고 지]-(어), 여기에 왔노라.
　　　　나. 당신을 만나-[고 져], 저녁 12시까정 기다렸어유.
　　　　다. 언어학을 공부하-[고 자], 유학을 간 것이다.

4. 결론

　한 언어의 문법을 기술할 때, 가장 중요한 사실은 언어현상을 정합적으로 설명할 수 있게 만드는 이론체계의 구축이라고 할 수 있다. 언어는 이미 정합적으로 존재하고 있는 것으로 가정한다면, 결국 그것을 바라보는 시각 자체에 모순점이 없어야 할 것이다.

　지금까지 우리는 한국어 문법을 기술할 때, 그 형태적 지위 규정에 난맥상을 보여주던 '먹어야 하다' 구성의 {야} 요소에 대해 면밀하게 살펴

　분석할 수 있다.”
23　권재일(1985) 참조.

보았다. 그 문법적 지위를 정밀하게 검토한 결과, 그것을 일반언어학적으로 엄밀히 규정되지 않은 '보조사'란 개념으로 묶어 처리할 때, 그런 처리 자체와 더불어 논리적인 문제가 연달아 발생한다는 내적 모순을 지적하였다. 한편, 비분석적 입장에서 {어야}를 통합형어미로 처리할 때의 문제점과 설명의 순환성을 지적하였다. 우리는 그러한 문제를 극복하고 문법의 일관성을 확보하기 위한 방안으로 {야}를 {본동사V₁-어 야}의 구성의 차원에서 (보)조동사로 규정할 것을 제안해 보았다.[24] 아직도 해결해야 할 문제가 많이 남아 있겠지만, 적어도 '먹어야 한다', '먹어야 산다' 등의 구성에서 {야}가 보조사는 결코 아니라는 사실을 명시적으로 밝힌 것은 본고의 커다란 수확이라고 할 수 있겠다.

'먹어야 하다' 구성의 {어야}를 보조동사 구성의 차원에서 본다는 것은 {야}의 동사성을 인정한다는 것이었는데, {어야}의 보조동사 구성이 문법화된 것으로 보고, {어있}에서 문법화한 {었}을 선어말어미라고 한다면, {어야}를 선어말어미라고 할 수도 있겠다 : 먹-**었**-지 = 먹-**어야**-지, 먹-**었**-겠-다 = 먹-**어야**-겠-다. 그러나 이런 입장에서는 복합문 구성에서 하위절의 {어야}는 다시 다른 통합형 연결어미라고 해야 할 것이다. 동일한 형태이고 동일한 의미로 파악되는 요소가 하나는 선어말어미 {어야₁}이고 다른 하나는 종속적 연결어미 {어야₂}라고 하는 것은 어휘·통사적 환경에 따라 형태를 구분하는 것으로서, '교수가 왔다'의 주격조사 {이/가₁}, '떨어지지가 않는다'의 보조사 {이/가₂}, '교수가 되었다'의 보격조사 {이/가₃}로 형태를 분할하는 것과 마찬가지의 결과를 가져올 것이 예상된다.

본고에서 추구한 한국어 분석의 방향과 깊이를 고려해 보면, 부수적인 효과로 {었}, {겠}, {잖}을 각각 {어있}, {거있}, {지않}의 (보)조동사 구

---

24 {야}를 보조동사의 활용형 {야(아)}가 굳어진 후치사로 보는 것도 하나의 가능성으로 남겨둔다 : 겨울-치고, 겨울-에_대해, 먹고-서, 먹어-다 등등.

성의 문법화된 요소로 파악해야지, 이를 단순히 선어말어미라는 형태단위로 인식해서는 안 된다는 목정수(2000)의 결론과 부합함을 알게 된다. 이들이 문법화되었다 할지라도 뒤에 어미가 붙을 수 있는 것은 문법화 속에 숨어 있는 (보)조동사 요소, {야}, {있-}, {않-} 때문인 것이다.[25]

---

25 이 논문에 대해서 한신대 김동식 교수의 논평이 있었고 그에 대해 필자의 재반론이 있었다. 그 내용을 요약하여 제시하기로 한다(형태론 6-1:168-171). 필자는 {-어야}의 {야}를 전통적으로 보조사라고 보는 입장에서 가질 수밖에 없는 모순점을 조사체계 전반에 대한 검토를 통하여 드러냈고, {-어야}를 하나의 문법화된 단위, 즉 연결어미로 보는 시각에서 제기될 수밖에 없는 연결어미-종결어미의 연쇄/결합가능성에 대한 해명 문제도 그것을 연결어미 {-어}와 보조사 {야}와의 결합 구성으로 봐서는 해결하기 어렵다는 점을 밝히고자 하였다. 이러한 문제를 전반적으로 해결하기 위해서는 {-어야}의 {야}를 (보)조동사로 파악하는 것이 최선임을 재천명한 것이다.

첫째, 김동식 교수가 "그렇지만 그러기(=보조동사로 보기) 위해서는 우선 휴지나 분리성의 문제에 대한 설명이 필요하다고 생각된다. {야}는 '-어'와의 사이에 전혀 휴지나 보조사가 개입할 수 없다. 마지막 보조동사의 앞에 보조사가 개입되는 것이 자연스럽다는 필자의 견해를 받아들인다고 해도 {야}가 마지막 보조동사가 되는 경우에도 역시 보조사의 개입이 불가능하다."라고 지적한 것에 대해, 필자는 이러한 현상이 형태·통사론적 단위의 정체성 문제보다는 음절의 성격에서 비롯된 문제가 아닐까라고 대응하였다. 김동식 교수가 '먹어야#겠어'만 가능하고 '먹어#야겠어'는 불가능하다고 본 것에 대해서도, 필자는 후자도 그 가능성이 없어 보이지는 않는다고 보았다. 필자는 또한 이와 관련된 현상을 계사 {이다}의 경우에서도 똑같이 찾을 수 있다고 보았다. '학생이다'에서 일반적으로 '학생'과 '이다'가 휴지 없이 이어지고 {밭이다}에서처럼 구개음화 현상이 일어날 정도로 형태론적 이음이 강하다고 보지만, 앞 성분이 길어지면 얼마든지 그 사이에 휴지가 개입될 수 있다고 보는 것이다. 또한 김동식 교수가 지적한 휴지나 분리 현상이 {-어야}의 {야}를 (보)조동사로 보는 것을 결정적으로 막을 수 없다는 재반박의 논거로 {-고프}의 {프}를 들었다. '보고픈 우리 어머니', '사과가 너무 먹고파요', '쟤는 사과를 진짜 먹고파 하더라구' 등에서 보듯이, {프}는 의미적으로 보면 보조동사 {싶}과 분명 관련이 있고, 그 형태·통사적 행태에 있어서도 {싶}과 동일한 모습을 보여주고 있지만, '먹고도 싶구요'나 '먹고만 싶은 사과'에 비해 '*먹고도 프구요'나 '*먹고만 픈 사과'가 허용되지 않는 현상이 있다고 해서 {프}를 (보)조동사로 볼 수 없다고 주장할 수는 없지 않은가!

둘째, 김동식 교수는 "{야}는 몇몇 특수한 어미가 직접 연결되는 것을 제외하면, 보조동사 '하-'와 거의 필수적으로 통합되어야 한다. 이처럼 보조동사에 다른 보조동사가 꼭 통합되어야 하는 것을 어떻게 설명해야 하는가?"라고 지적하였는데, 필자는 {야}에 몇몇이라도 어미가 결합한다는 것은 바로 {야}가 명사도 보조사도 아닌 동사의 성격을 지녔음을 보여주기에 충분하다고 응대하였다. 조사와의 결합이

(48) 가. 먹어 야니? → 먹[어야]니? → 먹었[어야]니?

　　　 나. 먹어 쓰니? → 먹[었]니? → 먹었[었]니?

　　　 다. 먹게 쓰니? → 먹[겠]니? → 먹었[겠]니?

　　　 라. 먹지 않니? → 먹[잖]니? → 먹었[잖]니?

참고문헌

고영근(1999). 「국어형태론연구」(증보판) 서울대학교출판부.

권재일(1985). 「국어의 복합문 구성 연구」 집문당.

남기심·고영근(1993). 「표준 국어문법론」(개정판) 탑출판사.

김흥수(1990). 「심리동사, 국어연구 어디까지 왔나」 동아출판사.

목정수(1998가). "기능동사 '이다' 구성의 쟁점." 「언어학」 22.

_____(1998나). "한국어 격조사와 특수조사의 지위와 그 의미 -유형론적 접근-."
　　　「언어학」 23.

통합형어미로 문법화되었다고 할 수 있는 {-어도}나 {-어서}의 경우에도 어미가 결합하는 듯 보이나, '네가 먹어도(이)지, 네가 먹어서(이)다'의 예에서 보듯이, 이 경우는 다 계사 {이다}가 개입될 수 있는 데 반하여, *먹어야(이)지, *먹어야(이) 겠다'처럼 {-어야}의 경우는 다르다는 점이 중요하다. 즉 {-어야}는 보조사 {야}의 결합이 문법화된 것으로 보기가 어렵다는 것이다. 또한 필자는 {-어 하다} 구성이 주관적 인용·연결의 표시로서 모든 주관동사(=기존의 심리형용사)에 결합하여 경험주의 심리상태에 대한 간접인용을 표현하는 역할을 한다는 점에 착안하여 {어야 하다} 구성을 {어야(야) 하다}, 즉 {-어 하다} 구성의 차원에서 설명해 보고자 했다. 다음을 비교해 보면 될 것이다. {좋아} → {좋아 해}, {마음에 든다} → {마음에 들어 한다}, {먹고프면} → {먹고파 하면}, {여행가야지} → {여행가야 하지}

　마지막으로, 김동식 교수가 "활용어미에 제약이 따르는 불완전동사는 기껏 한두 개뿐이고, 그것도 보조동사에는 전혀 없다. 그렇다면 이 {야}만으로 활용이 제약되는 보조동사를 세워야 하는가도 생각해 보아야 한다."라고 한 지적에 대해, 필자는 불완전동사(=불구동사)의 소수성(少數性)이 결코 문제가 되지 않는다고 반박했다. '먹어 다오, 먹어 달라, *먹어 단다, *먹어 달고 …'에서 보듯이, {달}이 활용 제약이 있지만 보조동사로 쓰이고 있다는 것은 분명하기 때문이다. 마찬가지로 앞에서 언급한 '먹고프'나 '먹고(야)말'의 {프}나 {말}도 보조동사로서의 동사라는 것에는 의문의 여지가 없다.

_____(1998다). "격조사 교체 현상에 대한 통사·의미적 논의의 재검토 -조사 류의 새로운 질서를 토대로-."「언어정보」2.

_____(1999). "정감적 의미와 형태 분석 -청자지시 요소 {아} 분석을 위하여-." 「한국어학」10.

_____(2000). "선어말어미의 문법적 지위 정립을 위한 형태·통사적 고찰 - {었}, {겠}, {더}를 중심으로-."「언어학」26.

_____(2001). "{좀}의 기능과 문법화."「언어학」28.

박진호(1998). "보조용언."「문법연구와 자료」이익섭선생 회갑기념논총.

백낙천(2001). "동사구 구성 통합형 접속어미의 형태론적 해석."「한국어학」13.

서태룡(1990). "활용어미."「국어연구 어디까지 왔나」동아출판사.

유송영(1994). "'-어서'의 형태소 정립과 그 통사·의미적 기능."「언어」19-1.

이기갑(2001). "사태의 연속성을 강조하는 '는'과 '을랑'."「국어학」37.

이정민·박성현(1991). "'-요' 쓰임의 구조와 기능 : 문중 '-요'의 큰 성분 가르기 및 디딤말 기능을 중심으로."「언어」16-2.

이현희(1995). "'-사'와 '-沙'."「南鶴 이종철선생 회갑기념 한일어학논총」.

이익섭·이상억·채완(1997). 「한국의 언어」신구문화사.

이익섭·임홍빈(1983). 「국어 문법론」학연사.

최동주(2000). "'들' 삽입 현상에 대한 고찰."「국어학」35.

허 웅(1983). 「국어학 -우리말의 오늘·어제-」샘문화사.

어미 분석과 응용의 문제

• 한국어 어미 분석과 어미 정보의 활용 : 기계번역과의 만남 •

1. 서론

정보화 시대에 정보를 이용한다는 것은 곧바로 언어를 가공하고 처리하는 것과 직결되는 문제이다. 여기서는 이러한 한국어 정보처리의 현재 상황을 일괄하고 그 수준을 가늠해 보기 위해 자연언어처리의 대표적인 응용분야인 기계번역을 둘러싼 문제를 검토해 보고자 한다. 기계번역은 자연언어처리(NLP)의 종합예술적 성격을 띠고 있어 언어처리의 다양한 양상을 일목요연하게 보여줄 수 있기 때문이다. 장구한 기계번역의 역사와 그간의 눈부실 정도의 컴퓨터의 발전에도 불구하고, 실제로는 기계번역－특히 한외 번역기－의 이름으로 나오는 결과들이 사용자들의 욕구를 만족시켜줄 만한 단계에 이르지 못하고 있다. 본고에서는 그 이유의 한 단면을 한국어 분석 자체에서 찾아보고, 그 해결책을 모색해 보고자 한다. 기계번역은 '언어'를 다룬다는 측면에서 언어학과 관련이 있는 동시에 인간의 언어를 '컴퓨터'에 표상하고 구현한다는 측면에서 전산학과 관련을 맺는 학제적 성격을 띠나, 본 연구에서는 '언어' 자체의 분석의 깊이에 더 초점을 맞추고 언어처리의 효율성을 제고(提高)하는 방법을 모색하는 데 주목적을 둔다. 이 지점에서 우리는 언어를 컴퓨터로 프로그램하여 구현시키는 구체적인 작업을 통하여, 추상적인 언어 이론이 어떠한 면에서 빈틈이 있을 수 있는가에 대한 피드백을 컴퓨터라는 기계를 통해 비춰볼 수 있다는 경험적 부산물을 중요시한다. 인간이 언어를 이해하는 메커니즘의 전반이 밝혀진다면, 인간이 언어를 이해하고 산출하는 기제를 시뮬레이션할 수 있고, 그 원리를 언어 처리에 응용할 수 있도록 프로그램화하는 것이 최선의 길이라는 나름의 인식을 소중히 여긴다. 여기까지의 논리 전개에 커다란 오류가 없다면, 이것은 바로 학제적/통합적 차원에서 이론언어학이 바로 전산언어학이요, 전산언어학이 곧 이론언어학임을 의미한다고 볼 수 있을 것이다.

흔히 한국어의 형태·통사적인 특성으로 조사와 어미의 발달, 어순의 자유성 등을 들고 있다. 더 나아가서 대부분의 한국어 연구는 이러한 기본 특성을 전제로 하여 진행되고 있다고 해도 과언이 아닐 것이다. 그러나 그 기본 전제가 어느 정도 철저히 유지되고 있는가는 의심의 여지가 있고, 그 기본 전제에 맹점은 없는지 반성해 볼 필요가 있다고 본다. 필자는 비교론적·유형론적 관점에서 한국어 문법체계의 핵심 구조를 해명하는 데 천착해 오고 있다. 한국어 문법 틀을 결정하는 조사와 어미에 관해서 일관된 기준으로 그 체계를 다시 세워 보기 위한 작업이다. 거기서 필자는 조사류의 본질이 전통적인 견해나 주관적인 편견을 벗어나서, 있는 그대로의 언어 사실에 대한 관찰을 통해 재인식될 필요가 있다는 점을 지적했고(목정수(1998ㄱ, ㄴ),[1] 또한 어미에 관해서도 새로운 접근법

---

[1] 목정수(1998ㄱ, ㄴ) 등에서는 조사류의 핵심을 크게 문법관계표지, 질화사, 한정사, 성분연결요소로 나누었으나, 최근의 생각으로는 문법관계표지 하나로 뭉뚱그렸던 것을 격조사와 후치사로 나누어 분석적으로 보고자 한다. 예를 들어, 이전에 격조사로 설정했던 {에서}, {께서} 등을 종합적으로 한 단위로 보지 않고 분석적으로 격조사 {에}와 후치사 {서}로 분석해서 보고, {에}와 계열을 이루는 요소를 격조사류로, {서}와 계열을 이루는 요소를 후치사로 나누었다. 물론, 한영 번역기를 염두에 둔다면 격조사나 후치사 또는 격조사와 후치사의 결합형을 하나의 후치사로 통합하는 것이 효율적일 수도 있을 것이다.

을 통한 분석의 실례를 제시한 바 있다(목정수(1999, 2000), 유현조 (1998)).

본고는 기존의 어미 목록의 설정과 그에 대한 분류법으로는 어미가 가지고 있는 본질적인 의미 또는 최대한의 정보를 끌어내는 데 충분치 않다고 보고, 새로운 분석과 분류, 해석을 통하여 어미들의 정확한 문법적 지위와 의미를 세밀하게 규명할 필요가 있음을 제시하는 데 목적을 둔다. 이어서, 어미가 가지고 있는 정보의 추출이 한국어-외국어 기계번역에 어떻게 이용될 수 있고, 어떤 면에서 기계번역의 질이 개선·향상될 수 있는가를 보여줄 것이다.

한국어 분석과 언어처리를 위해서는 한국어 어미 목록을 총체적으로 다룰 것이 요구되는데, 본 논문에서는 지면의 제약으로 인해 일차적으로 목정수(1999, 2000ㄱ)에서 직설법 어미로 분류된 종결어미의 몇몇 예를 중심으로 출발한다. 하지만 본고에서 구체적으로 제시하지 못한 {나, 지, 구나, 네} 등의 어미들에 대한 접근이 본 논의와 동일한 시각에서 유지될 수 있음은 물론이다. 그 밖에 접속법 어미 {는다, ㄴ다, 다, 느냐, 으냐, 냐, 자, 으라, 으려}와 연결어미 {면서, 니까, 면, 다가, 어서} 등과 관련된 논의는 본고의 후속편에서 계속 이어나갈 것이다. 이 점 양해를 구한다.

2. 문제제기 : 몇 가지 잘못된 개념들

2.1. 어순(word order)의 개념

먼저, 한국어의 어순 자유성이란 개념 자체가 갖고 있는 문제점을 살펴보자. 어순이 자유롭다는 것은 도대체 무슨 의미인가? 어순의 자유성을 이야기하려면, 선결조건으로 어순의 어(= 단어)가 무엇인가를 따져야 하는데, 이 문제에 대한 명확한 입장 정리 없이(임홍빈(1982) 참조), 어순 도치, 어순의 자유 등을 논하는 것은 앞뒤가 맞지 않는다고 할 수 있다. 쉽게 이야기를 풀어보자. 영어는 비교적 어순이 고정되어 있는 언어라고 한다. 그러면서 예로 드는 것은 'Paul likes Mary' 같은 것이다. 여기서 'Paul'과 'Mary'를 바꾸면 문장의 의미가 바뀌므로 그 어순이 고정되어 있다는 것이다. 그러나 이 때의 'Paul', 'Mary'는 그냥 단어가 아니라, 문장의 한 성분으로 실현된 것으로 보아야 한다. 즉, 'The elephant likes apples'에서 {the elephant}, {apples}와 동일한 지위를 획득한 것으로 봐야 한다. 이런 식으로 보면, 한국어에서도 어순의 제약은 필연적으로 있는 것이다. '철수 영희 좋아한대?'에서 {철수}와 {영희}의 순서는 제약되어 있다. 그 순서를 바꾸면 기본적인 명제적 의미가 달라진다. 따라서 어순의 자유성에서 어순이란 개념은 단어의 순서가 아니라 성분 (constituent / phrase)의 순서를 의미하는 것으로 봐야 하고, 기본적으로 어떤 언어도 어순의 제약은 언어의 선조성(linearity) 때문에 있게 마련이라는 점을 인정해야 한다. 한국어와 불어를 비교해 보면, 술어를 중심으로 볼 때, 그의 논항 관계를 형성하는 명사 성분의 최대 구조—기본 입장에 따라 NP, PP, DP 등으로 분석된다—의 실현 순서(order)가 구조적으로 다를 뿐이지, 성분의 이동과 어순 뒤섞기는 본질적으로 같은 것으로 보아야 할 것 같다(목정수(2000ㄴ) 참조). 다음에 한국어와 불어나 영어의 구체적인 예를 가지고 비교해 보자.

(1) a. 이 학생에게는 책을 주고 싶어.
　　b. 책을 이 학생에게 주고 싶어.
(2) a. A Marie, je veux lui donner un livre.
　　b. Je veux lui donner un livre, à Marie.

(3) a. You like what?

　　b. What you want?

먼저 불어의 경우에, 명사의 확장 구조에 따르고 동사에 지배를 받는 성분이 자유롭게 이동될 수 있다는 것은 그것이 이동되어도 의미 해석의 혼란을 막아주는 장치가 있다는 것을 의미한다. 불어의 경우, 소위 인칭 대명사—je, tu, il, elle, on, me, te, lui, le, la, se, les 등등—는 동사에 형태론적으로 의존적이고, 그들 상호간의 위치가 분명히 제약되어 있다.[2]

(4) a. Je l'aime mon mari.

　　b. *Aime mon mari je.

　　c. *Le j'aime mon mari.

이러한 접어적(clitic) 성격의 요소가 문장의 기본 틀을 규정하고 있기 때문에 이것의 어휘적 실현인 명사 성분들은 그에 의존하여 위치의 자유성을 보장받는 것으로 보인다.[3] 마찬가지로 한국어에서도 성분의 기능을 표시하는 표지들이 분명하기 때문에 성분의 뒤섞기(scrambling)가 가능한 것은 두말할 필요가 없다.

2　표기상 이러한 단위들을 띄어쓴다는 것과 이러한 단위들을 형태론적 의존요소로 분석한다는 것은 별개의 문제이다. 그리고 이러한 핵문을 중심으로 보면, 불어의 어순은 SOV유형이라고 말할 수 있고, 뒤에 가서 보게 되겠지만, 한국어의 기본 어순은 (O)VS구조라고 볼 수도 있을 것이다. 이에 대해서는 좀더 깊은 논의가 필요하다.

3　대명사는 명사를 되받는 것으로 심리 순서상 '나중'(after)의 위치에 있는 것으로 인식한 전통적인 방식이 널리 퍼져 있으나, 거꾸로 대명사를 중심으로 명사를 보는 방법론을 생각해 볼 수 있다. 일례로, 대명사적 접근법(approche pronominale)이라는 방법론이 제시되어 있다. 이 방법론은 프랑스 프로방스 대학의 Blanche-Benveniste를 중심으로 해서 발전되어 오고 있고, 덴마크와 벨기에의 학자들에 의해 자연언어처리(NLP)의 문법 모델에 이용되고 있다. 필자의 기본적인 생각과 상통하고 있는 다음 구절은 여러 번 음미해 볼 만하다고 하겠다 : "To be … is to be in the range of reference of a pronoun. Pronouns are the basic media of reference; nouns might better have been named propronouns."(W.V.O. Quine)

2.2. 주어 생략의 개념

다른 한편, 한국어는 문장 성분이 문맥에 따라서 자유롭게 생략될 수 있는 언어이기 때문에 문장 성분의 생략이 자유롭지 않은 영어나 불어에 비해 그 해석에 있어 상황과 문맥을 고려해야만 된다는 점에서 '맥락에 민감한(context-sensitive) 언어'로 규정되는 경우를 흔히 보게 된다.[4] 생성 문법학자들은 주어 생략이란 문제에 대해 'null subject language', 'non-null subject language'로 나누고 있으나, 주어자리에 놓이는 요소들이 균질적(homogeneous)인가 하는 문제를 간과하고 있는 듯하다. 예를 들어, 불어의 'Tu veux aller chez moi?'에서는 주어 성분을 {tu}가 명시적으로 차지하고 있다고 전통적으로 보는 반면에, 한국어의 '우리 집에 가고 싶어?'에서는 술어에 대한 주어가 생략되어 있고 문맥적으로 그것을 복원하면 '너(는) 우리 집에 가고 싶어?, 그 사람(은) 우리 집에 가고 싶어?, 나(는) 우리 집에 가고 싶어?' 등등이 된다는 것이다.

그런데 여기서 우리가 포착하고자 하는 것은 이러한 시각의 기저에 깔려 있는 생각이다. 보통은 청자 지칭 요소로서 불어의 {tu}라고 하는 소위 인칭대명사와 한국어의 {너}라고 하는 인칭대명사를 동일하게(= 동일한 층위에서) 생각하는 것이 일반적일 것이다. 불어의 {je}와 라틴어나 이탈리아어의 {ego, io}를 동일하게 비교하여 소위 'pro-drop' 현상으로 기술하는 생성문법의 논의도 이와 유사하다고 보아진다. 그렇기 때문에, 불어의 경우에는 {tu}를 생략하면 말이 안 되고, 한국어의 경우 {너}를 생략해도 말이 되므로, 한국어에서는 성분이 쉽게 생략되는 특징이 있다고 하는 것이다.[5] 그러나 두 언어를 비교할 때, 어느 하나를 중심으로

---

4 임홍빈(1972) 등에서 얘기한 '주제 부각형 언어' 등이 이와 상통한다고 본다. 실제로 한국어 코퍼스를 조사해 보면, 명시적으로 주어 자리가 채워져 있지 않은 발화체가 60% 이상이라는 보고가 있다(김영주(1995) 참조).

다른 하나를 주변부로 놓고 생각하지 말고, 동등한 입장에서 비교 대상으로 삼는 비교론적 관점의 정립이 필수적이라는 전제조건을 염두에 두고 논의를 전개해 보자. 이 점을 토대로 해서 보면, 다음과 같은 문제제기는 의미심장하다.[6] 즉, **한국어의 예 '너는 집에 가고 싶니?'에서 주어자리를 차지하고 있는 {너(는)}은 생략 가능해도, 어미 {-니}를 생략하면 말이 안 된다 : '*너는 집에 가고 싶?'. 반면에 불어의 예 'Tu veux aller chez moi?'에서 인칭대명사 {tu}를 생략하면 말이 안 된다 : '*Veux aller chez moi?'** 즉 종결어미라고 하는 {-니/-세요?}는 문장을 구성하는 데 필수적이다. 이를 뒤집어 보면, 한국어의 {-니/세요?}란 종결어미가 불어의 인칭대명사 {tu/vous…ez}와 비교대상이 될 수 있는 여지가 있음을 의미한다. 둘 다 술어(= 동사)가 말이 되게끔 해주는 실현사(actualisateur)라는 점에서 더 그렇다. 불어의 {tu-}나 한국어의 {-니/냐}는 필수적인 문장 구성요소인 것이다. 다시 말해서, 불어의 인칭대명사와 한국어의 인칭대명사의 형태·통사적 행태를 관찰해 보면, 막연히 불어의 인칭대명사 {tu, je}와 한국어의 인칭대명사 {너, 나}를 비교하는 것은 비교 층위-굴절인칭(= 언어활동상의 인칭)과 대명사인칭(= 언어내용의 행위자 인칭)-를 혼동

---

5   영어나 불어에서 인칭대명사는 굴절어미가 담당하던 성, 수, 인칭의 정보를 그대로 유지하고 있다. 그만큼 굴절어미적 성격이 강한 것이다. 그 중에서도 '인칭'을 표시하는 역할 때문에 동사 활용에서 어미가 생략될 수 없듯이, 그 생략이 허용되지 않는 것으로 보인다. 물론, 그 역할을 담당하는 다른 표지가 있거나, 인칭 표시가 따로 필요하지 않을 때는, 주어 자리에 인칭대명사가 반드시 나타나지 않아도 된다.

    (1) (it) Sounds good.
    (2) (il) Faut pas dire! (il) Y a beaucoup de monde!

6   여기서 우리는 '비교'하는 행위를 할 때, 비교의 대상을 올바르게 설정하고 있는지를 늘 반성해 보아야 한다. 목정수(1998ㄴ)에서는 한국어의 소위 보조사 {만}과 {도}의 의미를 비교하는 논문들에 대해서 비교 대상이 잘못 설정되었을 가능성을 지적한 바 있다. 왜냐하면, {만}과 {도}는 문법적으로 동일한 성원으로 분류가 될 수 없는 것이기 때문이다. 분포가 이를 증명한다 : 나만, 나만이, 나만을, 나만은, 나만도, 나만의 // 나도, *나도가, *나도를, *나도는, *나도도, *나도의

한 결과라는 점이 드러난다(Benveniste(1966), Joly(1973), 박형달(1996), 목정수(1999)).

여기서 논의를 분명히 하기 위해서, 불어의 소위 인칭대명사의 문법적 지위에 대해서 명확히 짚고 넘어갈 필요가 있다. 먼저 불어의 인칭대명사가 갖는 동사 의존적인 교착적 성격을 다음 예를 통하여 제시하고자 한다.[7] 다음 예를 보자.

> (5) a. Moi, je sais pas ce qu'y veut dire, <u>mon petit</u>.
> b. J'ai voulu la *lui* demander <u>à mon père</u>.
> c. Comment *l'*était <u>la grande réunion</u>?
> d. On va *la* jeter où <u>cette eau</u>.
> e. <u>Edith Piaf</u> je *l'*ai connue.
> f. <u>Ça,</u> *c'*est fantastique!

여기서 우리는 이러한 접어적 요소들을 그냥 인칭대명사라고 하지 않고 굴절적 인칭대명사라고 하기를 제안하는 바인데, 이는 불어의 경우에, 소위 인칭대명사로 규정되고 있는 {je, tu, il, elle, nous, vous, ils, elles, on …}의 형태와 그 행태를 고려해서이다. 이러한 인칭대명사들의 특징으로는 음운론적 비자립성, 즉 접어로서 동사 왼쪽에 교착되는 의존성, 또한 음운론적 현상으로 이들 대명사가 뒤에 무성음으로 시작하는 동사 앞에서 무성음화되는 역행동화 현상 등을 들 수 있다. 여기서 우리의 관심 대상이 되는 것은 {tu, je, il, on}처럼 소위 약세형과 강세형이 다른 경우이다 : {tu-toi}, {je-moi}, {il-lui} // {elle-elle, nous-nous, vous-vous}

다음 예에서 관찰되는 음운 현상은 약세형 대명사의 문법적 지위에 대해 시사하는 바가 큰 것이다.

---

7   불어의 교착적 성격에 대한 논의로는 Vendryes(1950), Bally(1952), Blanche-Benveniste (1984)를 참조할 수 있다.

(6) Je sais pas. → [ʒsepa] > [ʃsepa] > [ʃepa]

　따라서 이들의 문법적 위상은 마치 라틴어의 동사 뒤에 위치하는 굴절어미와 대등하다고 할 수 있다. 따라서 이들 요소는 위치가 동사 앞이지만 동사어간 뒤에 붙어 있는 굴절어미와 같은 역할을 수행하고 있다는 점에서 굴절적 인칭대명사라고 한 것이다. 다음 예를 참조해 보면 알 수 있다.

(7) a. Tu as faim? → T'as faim?
　　b. Pierre a chanté. → Pierre l'a chanté.

　반면에, 한국어의 인칭대명사 {너, 나, 그(사람)}는 일반명사와의 통사적 행태와 동일한 모습을 보여준다. 조사와의 결합, 이동의 자유, 자립성 등등 모든 면에서 그렇다. 그야말로 명사 차원에서 의미적으로 동사의 행위자 인칭 관계를 표시하는 인칭대명사이다. 따라서 한국어의 인칭대명사 {너}의 반열에서 비교대상이 되는 영어와 불어의 요소는 명사 단위인 {you}–'you and me'에서의 'you'–, {toi}–'toi et moi'에서의 'toi'– 등의 소위 '강세형 대명사'가 되어야 한다.

(8) a. C'est moi. = 나야/나다 = 저예요/저입니다.
　　b. Je le lui ai donné à lui. = 그에게 줬어 = (저) 그에게 주었습니다.
　　c. Toi et moi, on s'aime. = 너와 나, (우리) 서로 사랑해.

　이는 라틴어, 이탈리아어, 루마니아어 등 많은 언어에서 일어나는 공통된 현상이다. 다음은 루마니아어와 이탈리아어의 예이다. 형태주석과 한국어 대역의 평행성에 주목해 보자.

(9) a. Unde merg–i?

    where go–2pers.

    어디 가-니?

  b. Unde merg–eţi dumneavoastra?

    where go–2perspl. you = vous

    어디 가-<u>시-ㅂ니까</u> (<u>당신;선생님</u>)?

  c. Merg–ø la şcoală.

    go–1pers. to school

    학교에 가-(아). ⇒ (저) 학교에 가-ㅂ니다.

(10) (Io) scrivo una lettera a Paolo.

    (Tu) scrivi una cartolina a un amico.

    (Lui/lei) scrive gli esercizi.

    (Noi) scriviamo le parole nuove.

    (Voi) scrivete

    (Loro) scrivono

  이러한 기본적인 문제제기는 지금까지 한국어의 발달된 어미들을 한국어만의 특성으로 볼 것이 아니라, 해당 어미들에 대한 다른 언어에서의 대응요소가 무엇인가를 정밀하게 따져볼 필요가 있음을 보여준다. 예를 들어, 불어 같은 언어에서는 굴절어미가 철자 상에 남아 있고, 몇몇의 기본 핵심 동사에 그 흔적이 남아 있긴 하지만, 그 기능을 인칭대명사에 넘겨주었다는 객관적 사실을 인식한다면, 한국어 어미의 대응짝으로 실질적으로 불어의 인칭대명사가 고려되어야 한다는 데 동의할 수 있을 것이다.

  이런 점과 관련해서 보면, 한국어의 3인칭 대명사는 전방조응(anaphora)이나 후방조응(cataphora)의 대용적 용법이 없다거나 잘 찾아지지 않는다고 할 수 있다. 한국어의 인칭대명사는 지시적 성격이 강한 것으로, 선행 명사나 후행 명사와 공지칭 관계를 형성하기가 어렵다. 선행명사를 대용하는 것이 가능한 경우도 상정할 수는 있지만, 이 때에도 대명사 자체가 그런 기능을 하는 것이 아니라 뒤에 오는 한정조사 (delimiter, determiner) {는}의 도움을 받는다고 볼 수 있다. 일본어도 한국어와 마찬가지이다.

(11) a. 선생님$_i$이 들어오고 나서, 그 분$_i$은 계속해서 노래를 불렀다.
(anaphorique X)
b. 그$_i$가 들어 왔을 때, 김선생$_i$은 강의를 계속했다. (cataphorique X)

(12) a. When (he$_i$ was) young, my father$_i$ used to go fishing in the river.
(cataphoric O)
b. My father$_i$ likes music. He$_i$ is a good singer. (anaphoric O)

(13) a. 忙しい私はテレビも見られな。
b. 音樂が好きな私は一日中音樂を聞いている。
c. 若いあなたにはまだ分からないでしょう。

(14) a. *私は私の部屋で私の友だちと話していた。
b. *あなたは昨日あなたの部屋であなたの友だちと何をしていましたか。

3. 한국어 직설법 종결어미와 인칭성

한국어에서 소위 '어미'는 문장의 의미 중심을 이루고 의미적 관계의 논항을 지배하는 서술어를 말이 되게끔 실현시켜 주는 기능을 담당할 뿐만 아니라, 여러 문법 범주가 실현되는 집적소이기도 하다. 한국어의 어미는 문장의 유형, 시제, 상, 양태와 관련된 많은 지시적, 화용론적(?) 담화적(?) 정보를 담고 있다. 기능 부담량이 그만큼 크다고 할 수 있다. 여기서 우리는 한국어의 어미 중에서 가장 기본적인 어미를 일정한 기준에 따라 체계를 잡은 목정수(1999, 2000ㄱ)에 의거하여, 명시적으로 인칭성을 드러내 보여주는 어미들의 목록을 중심으로 논의할 것이다. 그러한 어미가 보여주는 인칭성이 굴절적 차원과 동사적 차원에서 어떻게 실현되어 구체적인 인칭대명사와 관련이 되는지를 밝히고자 한다. 이러한 시도는 한국어 자체의 분석도 한 목적이려니와, 그 결과를 바탕으로 외국어와의 대응관계를 설정하는 데 기본 바탕을 마련하는 목적으로도 이어진다.[8]

전통적으로 한국어의 어미는 인구어의 굴절어미나 인칭대명사처럼, 성, 수, 인칭의 일치 현상이 형태적으로 실현되지 않는다 하여, 그와 관계 없는 것으로 기술되어 온 듯하다. 한국어가 표면적으로 성과 수의 범주에 둔감한 언어라 할지라도, '인칭'은 근본적으로 언어행위의 지시기능과 관련이 있는 것이므로, 어떤 형태로든 모든 언어에 실현될 수밖에 없는 문법범주이다. 따라서 한국어에서 인칭이 어미로 실현되느냐, 구체적인 명사나 인칭대명사로 실현되느냐에 따라 문법적인 차원의 '화자·청자 지시적 **굴절적 인칭**'과 어휘적인 차원의 '행위자적 **대명사적 인칭**'으로 나누어 살펴볼 필요가 있다.

3.1. 직설법 종결어미 {-니(?)}와 {아/어}

현대 한국어의 입말 대화체(dialogue)에서 가장 많이 쓰이는 종결어미는 {니/아/어}이다. 이들 어미는 낭독체(narration) 문장에서 {는다/다}에 그 점유지역을 빼앗겼고, 그 때문에 반말체의 의문문과 평서문 어미로 인식되어 왔다.

---

8 더 나아가 순수한 어미 이외에 인칭성에 관여하거나 영향을 미치는 소위 선어말어미 {었}, {겠}, {더(냐/라)}와 (보)조동사 구성, 숙어구성에 대해서도 언급할 필요가 있다. 이러한 실질적인 작업을 통해 '어미'라는 범주의 막연함이 다소 해소될 수 있을 것이다. 일례로, 본고의 입장에 따르면 {더}는 선어말어미가 아니라 주관화 보조동사로 보게 된다. 이에 대한 자세한 논의는 본고의 후속편으로 미룬다.

먼저 종결어미로 기술되고 있는 {-니}가 가지고 있는 특성을 '인칭'의 시각에서 살펴보자. {-니}의 '의문성(questionalité)'은 {-니}가 가지고 있는 '2인칭성'에 기인하는 당연한 결과로 해석할 수 있다. 여기서 우리가 의미하는 {-니}의 2인칭성이란 굴절적 차원의 2인칭성으로서 말의 행위가 '나'에게서 '너'에게 이루어진다는 것을 지시한다(= 가리킨다)는 뜻이다. 예를 들어, '춥니?'라는 말은 주관동사 {춥다}와 굴절인칭어미 {-니}의 결합으로 이루어진 문장으로서 운율적 요소에 관계없이 항상 의문문으로만 쓰인다. 그리고 '춥니?'라는 문장은 대명사인칭 차원에서 '너'를 디폴트로 가리킨다(= 제한한다)는 점에서 굴절2인칭이라 할 수 있는 것이다. '춥니/춥냐'라는 문장에 대응되는 요소를 불어에서 찾으면, 어휘적 요소 {(avoir) froid}와 문법적 요소 {tu(as)?↗}/{est-ce que tu(as)}라고 할 수 있는 것이다. 따라서 '너 춥니?'에서처럼 {너}라는 인칭대명사가 실현된 문장에서 이 인칭대명사의 대응짝은 전통적으로 생각해 온 것처럼 인칭대명사 {tu}가 아닐 가능성이 크다. {너}는 잉여문맥으로 수의적인 요소이고, {tu}는 필수적인 요소라는 점은 앞서 언급한 바 있다. 한국어의 인칭대명사 {너}는 어휘적 인칭의 차원에서 2인칭을 가리키는 인칭대명사로서 모든 명사와 마찬가지로 기본적으로는 3인칭적 속성을 가진다. 다시 말해서 {너}는 ⅔인칭 대명사(= 3인칭을 분모로 하는 2인칭 대명사= 2인칭적 3인칭 대명사)라고 규정할 수 있다. 이러한 기준으로 보면, {나}는 ⅓인칭, {그}는 ⅓인칭 대명사라고 할 수 있는 것이다.[9] 따라

---

9 지시의미론적 입장에서 보면, {너}와 {나}는 발화상황적으로 그 지시체가 항상 청자와 화자를 가리키므로 고유명사적 속성을 띤다. 반면, {그}는 ⅓인칭 대명사의 대표형이지만, 지시형용사 {그}와 일반명사의 결합으로 구성된 명사구가 더 자연스럽게 쓰인다 : 그 사람, 그 친구, 그 놈, 그 년, 그 여자 등등. 참고로 {그녀}는 {she}나 {elle} 등에 맞추어서 만들어진 일종의 가차어(?)로서 한국어 어휘 체계에는 맞지 않는 단어라는 점을 지적해 둔다. 일본어의 {彼女}나 중국어의 {她}도 근세 이후에 서양어를 번역하면서 작위적으로 만들어진 것이다.

서 한국어의 인칭대명사 {너}, {나}, {그, 그녀 …}에 해당하는 것들은
각각 불어나 영어의 {toi, you}, {moi, me}, {lui, elle, him, her}로 잡는
것이 체계적으로 맞다. 따라서 한국어의 {너}란 인칭대명사 또는 대명사
인칭은 {-니}라는 굴절어미(= 굴절인칭)에 디폴트값으로 잠재되어 있던
것으로서, 주관동사 {춥-}에 의해 구체적으로 드러난 것이다. 한국어에
서 굴절인칭(= 근원적)은 필수적인 반면, 대명사인칭(= 결과적/생성적)은
수의적이다.

3.1.1. 주관동사와의 결합

여기서 우리는 종결어미 {니}가 가지고 있는 인칭성을 인칭에 민감한
반응을 보이는 주관동사와의 결합을 통하여 그 특성을 밝혀보고자 한
다.[10] 먼저 다음과 같은 대화의 짝을 생각해 보자.

---

10 용언의 분류에 있어서 주관동사, 객관동사(기술동사, 행위동사)라는 용어를 사용하
는 것에 대해서는 목정수(2002ㄱ)을 참조하라. 기존의 한국어 문법에서도 주관동사
(= 심리형용사)가 제약하는 인칭 문제는 회상시제 요소 {더}와 관련하여 많은 주목
을 받아 왔다. 그런데 {더}의 3인칭 제약설이 부분적인 진리치만을 갖고 있음에도
불구하고, 깊이 있는 문제제기가 없었던 듯하다. 즉 다음 예에서 보듯이 '늫, 흫'인
칭 대명사 {나, 너}는 회상시제 요소 {더}와 공기하지 못한다는 지적이 많았다.

   (1) a. 철수는 밥을 잘 먹더라. / 코끼리는 코가 길더라.
       b. *?나는 밥을 잘 먹더라. / *?나는 코가 길더라.
       c. ??너는 밥을 잘 먹더라. / ??너는 코가 길더라.

   그러나 이러한 제약은 주관동사의 경우에는 성립하지 않는다. 그런데도 '기술동사,
   행위동사'를 중심으로 그러한 제약을 일반화한 것은 문제의 소지를 남기고 있다고
   보여진다.

   (2) a. 나는 떡이 좋더라.
       b. 너는 떡이 그렇게 좋더냐? / *너는 떡이 좋더라.
       c. 그는 떡을 무척이나 좋아 하더라. / *그는 떡이 무척이나 좋더라.

   {더}가 시제요소냐 양태요소냐의 문제가 복잡하게 얽혀 있지만, 본고에서는 {더}를
   주관동사화요소로 규정하는 것이 한외번역을 위해서나 {더}의 정확한 의미해석을
   위해 효율성이 높다고 본다. 종결어미 {더라}, {더냐}, {대}의 인칭 관련 문제에

(1) A : 춥니? T'as froid? 넌 춥니? Toi, t'as froid? 춥니, 너? T'as froid, toi?

B : 추워. J'ai froid. 난 안 추워. Moi, J'ai pas froid. 안 추워, 나. J'ai pas froid, moi.

(2) A : 춥대? L'a froid? 그 사람 춥대? Lui, l'a froid? = Lui, il dit qu'il a froid?

B : 춥대. L'a froid. 그 사람 안 춥대. Lui, l'a pas froid.

(3) A : 바나나가 좋니? You like a banana? 너는 바나나가 좋니? You, you like a banana?

B : 바나나가 좋아. I like a banana. 나는 바나나가 좋아. Me, I like a banana.

(4) A : 바나나가 좋대? He likes a banana?

B : 그 사람 바나나가 싫대. Him, he dislikes a banana.

이러한 대화의 짝은 숙어구(locution verbale)를 형성하는 '마음에 들다'의 경우에도 그대로 적용된다.[11]

(5) a. 그것 마음에 드니?[12] T'aimes ça? = Ça te plaît?

대해서는 본고의 속편에서 자세히 논하기로 한다.

11 한국어 동사에서 주관동사의 유형은 '좋다/싫다' 같은 본질적 주관동사, '기분이 나쁘다', '힘이 들다' 같은 기술/행위 동사가 숙어화(어휘화)되어 주관동사로 바뀐 주변적 주관동사로 나뉘어질 수 있다(목정수(2003예정ㄴ) 참조). 이와 같은 연어구성에 대한 포착 없이는 구문 분석의 효율성을 높이기가 어렵다.

12 {마음에 들다}와 같은 구성은 주관동사 {좋다/싫다}와 꼭 같은 통사적 행태를 보여준다. 따라서 하나의 어휘와 같이 행동한다는 측면에서 전형적인 연어라고 보여진다. 다만 그 변이형이 {마음에는 들다}, {마음에 꼭 들다}, {마음에 안 들다} 등등의 변이형은 한국어의 통사구조를 지배하는 원리에 따른 것들이므로, 이러한 변이형들을 동일하게 처리할 수 있는 알고리즘 개발이 필수적이라 할 수 있다. 실례로 현재 나와 있는 한외 번역기에서는 {사과가 마음에 들다}는 처리하고 있지만, {사과가 마음에는 정말 안 들다}, {마음에 사과가 들지 않다} 등의 변형된 구조는 처리하고

b. 너 그것 마음에 드니? Toi, t'aimes ça? = A toi, ça te plaît?

c. 그것 마음에 드니, 너? T'aimes ça, toi? = Ça te plaît, à toi?

이상의 예에서 보는 바와 같이, 의문의 종결어미 {니}가 주관동사와 결합할 경우에는 {니}에서 추출되는 굴절2인칭이 전제되고, 주관동사는 '너'와 '나'의 관계에서만 직접적으로 성립가능하기 때문에 행위자는 ½인칭 대명사 {너}로만 제한되고, 그 실현은 수의적이고 잉여적이다(= 잉여문맥적이다). 마찬가지로, 대답의 종결어미 {어}는 주관동사와 결합할 경우, 굴절1인칭이 바탕에 깔리므로, 행위자는 ½인칭 대명사 {나}로 제한된다. 인용의 종결어미 {-대}가 주관동사와 결합하면, '너'와 '나'의 직접적인 관계를 형성할 수 없기 때문에, 행위자가 ½인칭 대명사로 제한된다. 따라서 행위자 인칭 {너}와 {나}는 술어의 주어로 상정될 수 없다.

(6) a. 너 그거 마음에 드니?

　　b. *그 사람 그거 마음에 드니?

(7) a. 그 사람 그거 마음에 든대?

　　b. *너 그거 마음에 든대?

굴절2인칭 종결어미 {-니}와 짝을 이루는 굴절1인칭 종결어미는 {아/어}이다. 흔히들 의문문과 서술문의 짝을 {냐/니}와 {(는)다}로 잡기 쉬우나 사실은 그렇지 않다.[13] 다음 짝을 비교해 보자.

있지 못하다.

13 국어학계에서 굴절1인칭 어미를 {-다}로 보는 것이 일반적이다. 종결어미 {-다}를 평서문의 대표형으로 보고 있다는 결정적 증거이다. 그래서 설명할 때 드는 예를 보면, 다음과 같은 대화의 짝이 많이 등장한다(임홍빈(1984, 1998:75)).

(1) 갑 : 어디 가니?

　　을 : 으응, 학교 간다.

(8) A : 그거 마음에 드니?

　　B : 응, 마음에 들어. / 아니, 마음에 안 들어.

　　　예, 마음에 들어요. / 아뇨, 마음에 안 듭니다.

　이러한 대화 짝을 놓고 보면, 종결어미 {아/어}는 질문에 대한 대답으로서 굴절적 인칭의 시각에서 보면, 1인칭을 표시한다고 보아야 할 것이다. 그리고 {아/어}가 주관동사와 결합할 경우, 굴절적 1인칭이 전제가 되므로, 기본적으로 대화자로서의 '나'의 대답적 성격을 갖게 되고, 행위자 인칭은 1인칭 대명사 {나}로 제한되는 것이다. 상대존대 요소 {요}가 붙은 {-어요}의 경우에 행위자 인칭은 1인칭 대명사 {저}로 제한된다. 불어에 대응시키면 다음과 같은 식이 성립한다 : {(저)…-어요} = {(nous) …-ons}

　여기서 우리가 강조하고자 하는 것은 이러한 대화가 불가능하다는 것이 아니라, {-니}에 대해서 동일한 차원의 대화가 이루어지려면 {-다}보다는 {-어}가 짝이 되는 것이 자연스럽다는 것이다. 실제로 이러한 대화를 할 때의 어색함을 생각해 보면 쉽게 수긍이 갈 것이다. 위의 대화의 짝은 다음과 같이 한 사람이 하는 독백 형식에서나 자연스럽다 : '철수가 물었다, 어디 가냐-고/라고. 그러자 영희가 대답했다. 학교 간다-고/라고.'

다음 예를 가지고 생각해 보자.

　(2) 갑 : 벌써 자니?
　　　을 : 아니 안 자.

여기서 을에게서 '잔다', '안 잔다' 형식의 대답이 나올 수 있지만, 그것은 단순히 질문과 대답의 차원을 넘어서서 화자의 심적 태도가 묻어 나오게 되는 상황에서의 발화형태이다. 즉, 화가 나 있는 상태에서 '그래 잔다, 어쩔래', '안 잔다, 뭐가 문제냐' 등등의 정감적 의미가 배어 나온다는 의미에서, 종결어미 {-다}의 문법적 위상은 단순히 평서형 종결어미라고 규정할 수는 없는 것이고, 그것의 분포 관계를 따져 보더라도, 종결어미라기보다는 인용·연결어미적-서구문법의 용어로는 접속법적(subjunctive)-성격을 갖는 것으로 파악되어야 할 것이다(목정수(1999, 2000 ㄱ) 참조). 이런 차원에서, 현대국어의 문체법에서 {-다}형이 꾸준히 발달해 가고 있는 추이에 대한 역사적 해명이 더욱 더 중요한 의의를 띠게 될 것이다.

(9) 그거 마음에 들어. → (나) 그게 마음에 들어.

               (*너) 그게 마음에 들어.

               (*그 사람) 그게 마음에 들어.

그러나 종결어미 {아/어}는 운율적 요소에 의해 의문문으로도 쓰일 수 있다. {아/어?}와 {냐/니?}의 차이점은 전자가 기본적으로 화자 중심을 유지하면서 청자의 입장이 된 것처럼 표현하는 것에 있다고 볼 수 있겠다. 따라서 의문표지는 {아/어}가 담당하는 것이 아니라 운율 요소(= 초분절음) {↗}가 담당하는 것으로 봐야 한다(임홍빈(1984) 참조).

(10)　A : 그거 마음에 들어↗

          B : 응, 마음에 들어↘

문자 스트링으로 이루어진 텍스트 구조에서는 의문표지가 의문부호 {?}로 표시된다. 이를 이용하면, {어↗} 또는 {어?}를 {-니}와 동등한 굴절적 2인칭 표지로 해석할 수도 있다.[14] 그 때문에, 주관동사와 결합한 경우 행위자 인칭은 ½인칭 대명사 {너}로 제약됨을 알 수 있다.

(11)　그게 마음에 들어? → 너 그게 마음에 들어?

                    *나 그게 마음에 들어?

                    *그 사람 그게 마음에 들어?

---

14 의문형어미 {-냐}의 경우는 굴절적 차원의 인칭성은 3인칭성이다. 따라서 주관동사와 잘 결합하지 못한다. 설령 결합한다 하더라도 행위자 인칭은 ½인칭 대명사로 제약된다.

   (1) 바나나가 싫나?↗

   (2) a. ?*너 바나나가 싫나?

      b. *나 바나나가 싫나?

      c. 그 사람 바나나가 싫나?

{-시니?}의 경우는 굴절인칭이 2인칭이고 {시}가 대명사적 인칭으로 그 행위자가 존대자질을 포함한 3인칭 (대)명사로 제한된다. 따라서 {너, 나, 저, 우리, 너희}는 자동적으로 배제된다. 또한 주관동사의 경우 3인칭 명사가 행위자 주어로 나오는 것도 제약이 된다. 이 제약은 뒤에 가서 보듯이, 주관동사가 행위동사가 되어야 그 제약이 풀리게 된다.

(12) a. *그게 싫으시니?
     b. *너 그게 마음에 드시니?
     c. *그 사람 그게 마음에 드시니?
     d. *?김선생님 그게 마음에 드시니?

(13) a. 그분이 그걸 마음에 들어 하시니?
     b. 할아버지 그거 싫어 하시니?

3.1.2. 객관동사(= 기술동사/행위동사)와의 결합

본절에서는 의문, 대답의 짝을 이루는 '2↔1 굴절인칭적' 종결어미 {니↔어}가 '좋다/싫다'처럼 주관동사가 아닌 경우에는 어떤 행위자 인칭으로 실현되는가를 살펴본다. 다음 예에서 보듯이, 객관동사와 결합한 {니}의 경우에는 행위자인칭이 를인칭 대명사로, {어}가 는인칭 대명사로 딱 제한되지 않는다. 즉 는, 를, 글인칭 대명사가 다 결합할 수 있다. 글인칭 행위자의 존대표현은 선어말어미 {(으)시}에 의해 드러난다 : '가시니?, 드셨니?' 그러나 {니}의 경우에 굴절 인칭의 지배를 받게 되어 있으므로, 객관동사의 주어(= 행위자 인칭)가 명시가 되어 있지 않은 경우에도 해석의 순서가 행위자 인칭이 {너} = [를인칭] → {그} = [글인칭] → {나} = [는인칭]으로 해석되어 나가는 것이 자연스럽다.[15]

---

15 이러한 원리를 적용하지 않으면, 한외 번역기 개발에 상당한 문제가 발생할 소지가

(14) 가니? Tu vas? → Il va? → Je vais?

    (a) 너는 가니? Toi, tu vas?

    (b) 그도 가니? Lui aussi, il va?

    (c) [?]나는 가니? Moi, je vais?

(15) 그 여자하고 결혼하니? You marry? → He marries? → I marry?

    (a) 너는 그 여자하고 내일 결혼하니? You marry her tomorrow?

    (b) 그 사람은 그 여자하고 내일 결혼하니? HIM, he marries her tomorrow?

    (c) [?]나는 그 여자랑 내일 결혼하니?

한국어를 영어로 번역하는 번역 엔진에서는 이러한 점을 반드시 고려해야 할 것이다. '그 여자하고 결혼하니?'에서처럼 {-니}가 제한하는 행위자 인칭이 명시적으로 나타나 있지 않을 경우에는, 디폴트하게 2인칭 대명사 {you}를 가져와 주어 자리(= 행위자 인칭 자리)를 채우고, 행위자 인칭이 구체적인 명사나 인칭대명사로 채워져 있는 경우에는 그것을 주어자리에 덮어쓰는 식으로 처리하는 게 바람직하다고 본다. 이러한 처리 알고리즘에 의해 대역이 이루어지는 생성과정을 보이면 다음과 같다.

(16) <카드놀이를 하는 상황에서>

    a. 죽을 거니? **You are to die?**

        (I ask you) you are to die?

많다. 이처럼 주어라고 하는 것이 명시적으로 출현하지 않은 경우에 주어를 복원하기 위해서는 상황과 맥락의 화용론적 요소들까지 기계번역에 도입해야 한다는 주장이 나오고는 있지만, 형태에 입각하지 않은 정보를 이용하기는 현재는 불가능해 보인다. 실례로 몇 가지 기존 번역기에서 발생되는 문제를 제시해 본다 (www.toandto.com 참조).

    (1) a. 뭐 먹니.(Eat what.)

        b. 뭐 먹니? (What do you eat?)

b. 철수 죽었니? You died↗? → Paul(you) died↗? → Paul died?
　　(I ask you) Paul died?

종결어미 {아/어}가 객관동사와 결합하고, 명시적으로 행위자 인칭이 드러나 있지 않은 경우에는 {나} = [₁인칭] → {그} = [₃인칭] → {너} = [₂인칭]으로 해석되어 나가는 것이 자연스럽다.

(17) 잘 지내고 있어.
　　(a) 나는 잘 지내고 있어. (I say to you) I'm doing well.
　　(b) 그 친구는 잘 지내고 있어. He is doing well.
　　(c) *²너는 잘 지내고 있어.

(18) 눈이 파래.
　　(a) 나는 눈이 파래. I have blue eyes.
　　(b) 그 사람은 눈이 파래. He has blue eyes.
　　(c) 너는 눈이 파래. You have blue eyes.

지금까지 객관동사와 결합하는 {니}/{어} 어미의 인칭성을 단문을 중심으로 살펴보았다. 반면에, 대화체뿐만 아니라 일반 서술 낭독체를 고려하되, 텍스트 구조까지 고려하면 더 복잡해진다. 따라서 한국어 텍스트를 대상으로 좀더 지능적인 처리를 하기 위해서는 텍스트를 위한 별도의 엔진을 마련할 필요가 있다. 다음의 예를 보자.

(19) A : 누가 지금 유리하니? 철수가 유리해?
　　B : 아니, 벌써 죽었어.

B가 한 말 '벌써 죽었어'는 객관동사 {죽다}와 종결어미 {았-어}가

결합하고 있고, {죽다}의 논항구조를 보면 한자리 서술어임에도 불구하고, 주어자리가 명시적으로 채워져 있지 않다. 따라서 주어를 복원하기 위해서는 선행 문맥에서 정보를 따와야 할 필요가 있다. 이 문장을 처리하는 단계에서 주어져 있는 최근의 명사구가 {철수}라는 3인칭 명사이므로, 그를 대신하는 3인칭대명사로 주어자리를 채우는 책략이 필요하다. 이러한 구문을 처리하는 과정을 알고리즘으로 표현하면 다음과 같다.

(20) 분석 스트링 : 죽었어.
　　　었-어 : I/he/you -ed
　　　죽 : die
　　　[he] ← 철수[선생 문장들에서 추출된 명사로 스택 윗자리에 있는 것]
　　　⇒ (I) died. → <'he'덮어쓰기 규칙> → He died.

　　따라서 {철수} 다음에 신정보로 {영희}가 주어지는 텍스트 구조에서는 {철수}가 뒤에 넘겨주던 정보는 막히고, 새롭게 {영희}가 그 자리를 대신하게 되는 방식을 취해야 한다.

(21) A : 철수는 아직 살아 있는데! 영희는 어떻게 되었니?
　　　B : 어, 벌써 죽었어.

(22) 분석 스트링 : 죽었어.
　　　었어 : I/he/you -ed
　　　죽 : die
　　　[she] ← 영희 ([he] ← 철수)
　　　⇒ (I) died. → 'she'덮어쓰기 → She died.

　　{-시니}가 객관동사와 결합하는 경우에는 주어가 존대 자질을 포함한

3인칭 명사로 제약된다. 따라서 {시니}를 보면 주어가 당연값(default)인 {he/she/they}로 결정된다. 구체적인 명사가 있는 경우는 해당 명사로 그 자리를 덮어쓰거나, 왼쪽에 병치하면 된다.

(23)　a. 어디 가시니? Where is he/she going to?
　　　b. 숙제를 도와 주셨니? Did he/she help you with homework?
　　　c. 아저씨가 벌써 돌아가셨니? Uncle he died already?
(24)　a. *너는 어디 가시니?
　　　b. *당신은 어디 가시니?
　　　c. *영희는 어디 가시니?

3.2. {습니까/어요? vs. 십니까/세요?}

3.2.1. 주관동사 + {십니까}의 경우

{-십니까}, {-세요?}가 주관동사와 결합하면, 주어 자리는 당연값으로 2인칭 대명사 {당신}으로 선택된다.[16] 이는 이 종결어미 {ㅂ니까}가 가리키는 인칭성은 굴절 차원의 2인칭성이지만, 그 2인칭성은 순수 의문표지 {니}와는 달리 [+존대]라는 자질값이 포함되어 있고 선어말어미 {시}가 행위자 인칭 존대와 관련이 있으므로, {십니까/세요?}가 잠재적으로 안고 있는 행위자 인칭은 3인칭화된 2인칭성으로 보아야 하기 때문이다. 따라서 행위자 인칭이 대표적으로 {당신}이 선택되고, 불어와 비교하면 {vous… -ez?}에 대응된다. 비교론적 시각에서 정밀 분석해 보면, 불어의 {-ez}는 {습니까}에 {vous}는 {(당신) -시}에 해당한다고 볼 수 있지만,

---

16 물론 {당신}과 {-십니까/세요}가 공기하는 경우보다 {-십니까/세요} 홀로 나타나는 것이 훨씬 자연스러움은 두말할 필요가 없을 것이다.

　(1) a. 안녕하세요, 안녕하세요? 두시의 데이트 김기덕입니다.
　　 b. ???당신이 어디 가십니까?

불어의 {vous…-ez}가 더 분석될 필요가 없는 하나의 덩어리(= 잉여적 구성)가 되듯이 {십니까/세요?}의 경우도 통합형태로 보는 것이 낫다. 또한 {당신}이 올 수 있는 자리에는 상대방을 간접적으로 가리킬 수 있는 호칭으로서의 명사형이 다 올 수 있다. 반면에 순수 ⁺⁺인칭 대명사 {너}나 순수 ⁺⁺인칭 대명사 {나}, 순수 ⁺⁺인칭 대명사 {그, 그분}은 배제된다.

(25) a. (당신은) 바나나가 먹고 싶으십니까/싶으세요?
　　　b. 김 선생님, 바나나가 먹고 싶으십니까/싶으세요?
　　　c. 아버님, 뭐가 드시고 싶으십니까/싶으세요?
　　　d. *그 사람은 바나나가 먹고 싶으십니까/싶으세요?
　　　e. *너는 바나나가 먹고 싶으십니까/싶으세요?
　　　f. *나는 바나나가 먹고 싶으십니까/싶으세요

존대의 3인칭 행위자 명사 {X-님}, {그 분}이 실현되려면 주관동사가 행위동사로 바뀌어야 한다. 이미 앞의 {-시니}와 관련된 부분에서 언급한 바 있다.

(26) a. 그 분은 바나나를 먹고 싶어 하십니까?
　　　b. 할아버님은 바나나를 먹고 싶어 하세요?

3.2.2. 객관동사 + {십니까}의 경우

{십니까}가 객관동사와 결합하는 경우에 행위자 인칭의 해석은 ⁺⁺인칭(당신) → ⁺⁺인칭(X-님) → ⁺⁺인칭(저)의 순서로 이루어진다.

(27) 어디 가십니까?
　　　(a) (당신은) 어디 가십니까?

(b) 선생님은 어디 가십니까?

(c) (영어 선생님/김선생님)은 어디 가십니까?

(d) ^{?*}저 선생님은 어디 가십니까? cf. 저 선생님은 어디 갑니까?

(e) [*]저는 어디 가십니까?

기존 기계 자동처리의 알고리즘을 살펴보면, 객관동사가 {십니까}와 결합하는 경우에 객관동사가 요구하는 논항구조 정보에 따라 논항이 명시적으로 재워져 있지 않은 경우에는 앞서 지적한 바와 같이, 처리에 많은 문제가 발생한다. 그러한 이유의 핵심에는 문장을 동사(어휘) 중심으로 보는 언어관이 놓여 있다. 언어처리가 동사 어휘내항에 주어진 논항구조나 의미역 정보에 의존하여 이루어지게 설계되어 있다면, 표면적으로 요구된 사항이 없거나, 가정되지 않은 것이 주어졌을 때 컴퓨터는 더 이상 작업을 진행할 수 없는 것이다. 우리는 이러한 기존 문장관을 탈피하여, 어미(문법) 중심의 문장관을 수립하고, 자동처리에 적극적으로 이용하고자 한다. 그래서 언어처리에 효율성이 극대화된다면, 그것은 바로 우리의 문장관이 우월하다는 것을 더 실증적으로 증명하는 것일 수 있다.

단문이 아닌 텍스트 구조를 처리하는 번역 엔진을 가정하고, 다음 문장에서 {십니까}란 어미가 담고 있는 정보가 기계번역에 어떻게 활용되는가를 다시 한 번 보도록 하자. 이러한 엔진에서는 해당 문장의 주어 정보를 선행 문장에서 최근까지 메모리에 남아 있는 신정보에서 가져온다. 출력문 실현 방식은 그 명사구를 '[명사]+{는}' 형식으로 치환하든가, 아니면 그 명사의 자질에 부합하는 대명사로 채운다. 그 알고리즘을 보이면 다음과 같다.

(28) 작년에 당신 어머니를 만난 적이 있습니다. 요즘도 잘 지내<u>십니까?</u>
십니까? : you(= vous)?

잘 지내다 : go well; be fine
[she] ← 당신 어머니
⇒ (You) go well?. → <[당신 어머니] 덮어쓰기> → Your mother goes well? → <[당신 어머니] 대명사로 대체하기> → she goes well?

3.2.3. 객관동사 + {습니까}/{습니다}의 경우

주체 존대 요소 {시}가 빠진 {습니까}가 객관동사와 결합하는 경우에는 행위자 인칭성의 해석은 [$\frac{3}{3}$인칭(X님) → $\frac{2}{3}$인칭(당신) → $\frac{1}{3}$인칭(저)]의 순서로 이루어지는 게 자연스럽다.

(29) 그 여자하고 결혼합니까?
(a) 그 친구(는) 그 여자하고 결혼합니까? Him, he marry her?
(b) 당신은 그 여자하고 결혼합니까? You, you marry her?
(c) 과장님은 그 여자하고 결혼합니까?[17]
(d) 저는 그 여자하고 결혼합니까? Me, I marry her?

{(스)ㅂ니까}가 가지고 있는 '존대/겸양'의 의미는 기본적으로 이 어미의 3인칭성에 기인하므로, {저, 당신}등의 $\frac{1}{3}$인칭, $\frac{2}{3}$인칭 대명사는 충돌하지 않지만, 순수 $\frac{1}{3}$인칭, $\frac{2}{3}$인칭 대명사 {나, 너}는 '간접성'의 부재(= 인칭의 직접성 = 1, 2인칭성)로 충돌하게 된다.[18]

(30) a. *너는 그 여자하고 결혼합니까?
b. *?나는 그 여자하고 결혼합니까?

---

17 여기서의 '과장님'은 제3자를 지칭하는 것이 아니라, 말하는 상대방을 가리키는 호칭의 명사형이다.

18 존대/겸양의 표현과 명사화의 관계는 무척 흥미로운 사실로서, 한국어와 일본어의 양상을 통해 일반화할 수 있을 것이다. お書きになる, お書きをする, 書かれる 등 피동형을 통해 본 존대표현과 인칭성의 관계는 자못 흥미롭다.

반면에, {(스)ㅂ니다}의 경우는 [+존대/겸양] 자질 자체가 3인칭 대명사를 기본으로 하고 있기 때문에 순수 늘인칭, 늘인칭 대명사 {너, 나}는 배제된다. {저, 우리, 그, 그 사람 …}은 가능하다. 이러한 어미 관련 정보는 결합하는 동사가 두자리 논항의 객관동사이고, 표면적으로 논항이 하나만 실현되어 있는 문장을 자동 처리할 경우에 유익하게 사용될 수 있다. 해당 명사 논항을 목적어로 파악하고, 주어에 해당하는 것을 3인칭적인 대명사 {nous…ons, ils…ent, …}를 순서적으로 찾게 하는 방식을 상정할 수 있겠다. 그리고 논항이 두 개 다 실현되어 있으면, 먼저 술어가 요구하는 논항의 선택제한 규칙을 참조하여 주어, 목적어를 식별하고, 이에 의해 구분이 안 될 경우에는 논항의 실현 위치에 의해 앞의 명사는 주어로 뒤의 명사는 목적어로 파악하는 절차를 상정한다.

(31) 다리가 짧습니다.
    습니다 : we(I) > they(he) > you)
    (가) 짧다 : have short
    가 : a, ㅡs
    다리 : leg
    ⇒ We have short legs. → I have short legs. → They have short legs.
      → He has short legs. → You have short legs.

(32) 김 대통령은 다리가 짧습니다.
    습니다 : we(I) > they(he) > you)
    (가) 짧다 : have short
    가 : a, ㅡs
    다리 : leg
    은 : the
    김 대통령 : president Kim
    ⇒ We have short legs. → <'명사구' 덮어쓰기 규칙> → The president

Kim has short legs. → <대명사 대치와 명사 추가 규칙> ⇒ The president Kim, he has short legs.

또한 {습니다}가 {십니까}와 질문-대답의 짝으로 쓰이는 환경에서는 {십니까}는 ²인칭 대명사 {당신}을 지시·생성(index-generate)하는 것으로, {습니다}는 ¹인칭 대명사 {저}를 지시·생성하는 것으로 파악하는 절차를 마련해야 할 것이다.

(33) A : 요즘 무슨 일을 하고 계십니까? What are you doing these days?
      B : 세탁업을 하고 있습니다. I am doing/running a laundry.

'객관동사+{습니다}'의 경우 인칭대명사의 선택에 있어서 1인칭 {I}가 우선시되지는 않지만, {십니까-습니다}, {나-습니다}, {십니까-어}의 짝을 이루는 환경에서는 {you←I}나 {tu←je}, {(vous)-ez←je}, {tu→(nous)-ons}, {(vous)-ez←(nous)-ons}을 우선시하는 규칙이 필요하다는 것은 앞에서 말한 바와 같다.

(34) A : 한국에 언제 가십니까? When do you go to Korea?
      B : 내일 갑니다. I go tomorrow.

(35) A : 한국에 언제 가십니까? When do you go to Korea?
      B : 내일 가. I go tomorrow.

반면에 {십니까-십니다}의 짝에서는 행위자 인칭의 짝으로 '3인칭-3인칭'을 우선해야 한다. 주어가 명시적으로 출현해 있는 경우에는 후행 빈자리로 계승될 수 있도록 해야 한다.

(36) A : 언제 떠나십니까? When does he/she leave?
      B : 내일 떠나십니다. He/She leaves tomorrow.

(37) A : 저기요, 김선생은 요즘 무슨 과목을 가르치십니까? Excuse, what subject does Mr. Kim teach?

B : 네, 영어를 가르치십니다 : Oh, (Mr. Kim) he teaches English.

이상의 예문에서 우리가 주목한 것은 두 사람간의 대화를 전제하는 선에서였다. 그러나 텍스트 전개를 염두에 두면, 우리의 논의가 다소 수정될 필요가 있다.

{십니다}가 디폴트하게 2인칭을 함의하는 것으로, {습니다}가 디폴트하게 3인칭을 함의하는 것으로 해석했지만, 앞에 특정한 명사가 등장한 것이 전제가 되고, 후행 문장에 명시적으로 주어가 채워지지 않은 경우에는 해당 명사의 인칭성을 그대로 승계해 나가는 방식을 취한다. 즉 서술어가 요구하는 논항 자리가 명시적인 명사구로 채워져 있지 않을 경우에는 선행 문장으로부터 주어져 있는 명사구의 인칭성을 그대로 승계하여 그를 인칭대명사로 실현시킨다. 인칭대명사는 통사 기능에 따라 꼴을 바꿔주어야 한다. 대화체 문장과 다른 낭독체 문장으로 구성된 텍스트의 구조에 적합한 번역 엔진 개발이 필요한 것이다. 거꾸로 외국어를 한국어로 옮기는 경우에는 그러한 대명사들에 대한 대역을 명시적으로 하지 않고, 어미에 반영시켜 나가는 것을 우선으로 해야 할 것이다.

(38) 제 이름은 목정수입니다. 저는 언어학을 전공하고 있습니다. 또한 야구를 좋아합니다.

⇒ My name is ○○○. → Me, I am majoring in linguistics. → <'인칭대명사' 승계 규칙> → I also like a baseball.

(39) 우리 할아버지는 노래를 잘 하십니다. 키도 크십니다. 그래서 많은 사람들이 존경하고 있습니다.

⇒ My grandfather sings well./My grandpa he sings well → <'인칭대

명사' 승계 규칙>, <연어·숙어 정보 참조> → He is tall. → <'존경하다'의 논항구조 참조>, <'인칭대명사' 승계 규칙>, <인칭대명사 꼴바꾸기 규칙> → So many people respect him.

3.2.4. 동사 논항구조와 인칭 종결어미의 상관성

지금까지 우리는 한국어 어미 중에서 대표적으로 많이 쓰이는 {니/냐, 어, 어요, 습니까, 십니까, 습니다, 십니다}의 인칭 정보를 어떻게 파악할 것인가를 집중 논의했다. 그 과정에서 이러한 인칭 관련 어미의 해석에 해당 동사의 성격이 영향을 미칠 수 있음을 '주관동사'와 '객관동사' 부류로 나누어 검증했다. 여기서는 어미 {십니까}와 {십니다}에 잠재되어 있던 행위자 인칭성이 ⅔인칭 대명사 {당신}으로 실현되는 것을 당연값으로 보았을 때, 술어와 나머지 논항과의 관계를 어떻게 포착할 것인가에 대해 간략히 살펴보기로 한다. 어미를 보는 시각에 따라 전통적으로 얘기해 왔던 논항구조를 새롭게 해석할 여지가 있기 때문이다. 예를 들어, '바나나가 먹고 싶으십니까'와 '따님/딸이 무척 예쁘십니다'에서 주어는 어미 {십니까}와 {십니다}에서 유도된다고 보면, '바나나가 먹고 싶'이나 '따님/딸이 예쁘'의 명제 내에서 {바나나}와 {먹고 싶}, {따님/딸}과 {예쁘-}의 통사적 관계를 어떻게 설정할 것인가의 문제가 남는다. 우리는 주어는 이미 당연값으로 어미로부터 유도된다는 전제 하에, {바나나}나 {따님}은 문장의 주어 자리(= 행위자 인칭)를 차지하는 요소가 될 수가 없으므로, 이들을 '목적어' 관계로 파악하는 방안을 모색해 보고자 한다.[19] 따라서 여기에 실현된 동사는 일종의 타동사로 규정이 되어야

---

[19] 'Your daughter is pretty'가 도출될 수 있는 알고리즘의 개발 가능성을 전적으로 배제한다는 뜻은 아니다. '가형 성분'도 특히 기술동사(= 성상형용사)나, 주관동사(= 심리형용사)의 경우에 문형에 따라 목적어로 분석될 가능성에 대한 논의로 별고 목정수(2002ㄷ)을 참조할 것.

한다. 우리는 이를 편의상 '가형 목적어'라고 보고, 해당 술어는 '가형 타동사'라고 부르기로 한다. 따라서 이러한 '가형 타동사'는 영어의 경우에는 어휘 해체가 되어 일종의 소절(small clause)을 이루는 [have NP AP] 구조나 [have AP NP] 구조로 재분석되는 것으로 파악한다. 예를 들어, '다리가 무척 기십니다'에서 {십니다}에서 행위자 인칭 ⇒ 인칭 대명사 {you(have) = vous(avez)}가 추출되어 해당 동사 {길다}의 주어 자리를 차지하고, {다리}는 동사 {길나}의 '가형 목적어' 논항인 것으로 파악한다. {가}는 한정사(= 부정관사) 류에 대응되는 요소로 파악한다. 물론 선행 명사의 의미와의 상호 관련성을 무시해서는 안 되지만, 여기서는 간략히 이 정도만 언급하고 넘어간다.

동사 {길다}의 논항 구조는 한자리 술어와 두자리 술어를 모두 가지고 있는 것으로 설정한다면, 논항이 두 개 실현되었을 경우는 타동사 구성으로 파악하고 영어의 [have … long]형의 타동사 구성으로 재분석하게 된다. 결과적으로 영어의 대역은 'You have a leg so long' 또는 'You have a so long leg'가 된다.

만약에 '김선생님은 다리가 무척 기십니다'처럼 주어자리에 {김선생님}이 명시적으로 채워져 있는 경우에는 {십니다}에서 유도된 주어 {you, vous} 자리를 구체 명사 {김선생님}으로 덮어쓴다 : (The) Prof. Kim has long legs.

'김선생님, 다리가 무척 기십니다'처럼 {김선생님}이 술어의 지배 영역 밖에 있을 때, 즉 어미의 인칭성을 구체적으로 드러내는 호격어로서 쓰였을 경우에는 그 구체명사를 해당 인칭대명사 왼쪽에 첨가하면 그 뿐이고, 주어 자리는 {십니다}에서 유도된 {you = vous}가 당연값으로 차지한다 : Prof. Kim, you have a long leg.

3.2.5. 종합

한국어의 영어로의 대역은 다음과 같은 단계를 거친다. 첫 번째, 한국어의 어미가 드러내는 굴절인칭성과 행위자 인칭성에 부합하는 영어의 굴절/행위 인칭 대명사를 선택한다. 두 번째, 한국어의 인칭 대명사가 비어 있을 경우는 해당 영어의 인칭대명사를 주어 자리에 채워 넣고, 인칭대명사가 명사형으로 명시적으로 드러나 있는 경우는 명사형과 인칭대명사의 인칭자질 일치 여부에 따라, 인칭대명사의 주어 자리에 명사형을 첨가하거나, 인칭대명사를 명사형으로 덮어쓴다. 세 번째, 나머지 논항과 술어의 관계를 '가형 목적어-타동사' 구조와 '를형 목적어-타동사' 구조로 파악하고, 논항을 목적어 자리에 실현시킨다. 이 때, 그 논항의 실현은 한정조사와 논항의 의미자질을 고려하여 이루어진다. 네 번째, 술어의 경우, '가형 목적어-타동사'구조의 동사는 영어의 기본적인 타동구조 [have … AP]로 전환하고, '를형 목적어-타동사' 구조의 동사는 해당하는 영어의 타동사 구조 [Vt NP]를 매핑시킨다.

이러한 알고리즘을 따라 형태소 분석 단계에서 구문분석 단계를 거쳐 어떻게 기계번역이 이루어지는가를 개략적으로나마 구체적인 예를 통해 보이면 다음과 같다.

> (40) 선생님, 왜 그렇게 머리가 짧으십니까?
> 십니까 : you? = vous(-ez)
> (가) 짧다 : have … short = vous avez … court
> 가 : a/-s = un/une/du/de l'/de la/des
> 머리 : hair = cheveu(x)
> 그렇게 : so = tellement
> 왜 : why = pourquoi
> , : ,

선생님 : Mr.

⇒ Mr., why you have so short hair?

(41) 어디서 머리를 깎으셨습니까?

십니까 : you(…)?

었 : -ed, have -en [perfective, past]

cf. collocation [머리를 깎다] = have one's hair cut

(를) 깎다 : cut or have … cut

를 : a/one's

머리 : hair

어디서 : where

선생님, : Sir,

⇒ Sir, where you have cut a hair? / Sir, where have you had your
hair cut?

(42) 키가 참 크십니다.[20]

십니다 : you.

(가) 크 : big → collocation : be tall

참 : very

키 : height/stature

⇒ You are very tall.

---

20 '키가 크다'에서 [키 크] 연쇄는 연어 구성으로 처리한다. 모든 통사적으로 결합하는
어휘들의 관계는 연어 구성으로 볼 수 있지만, 특히 [키 크]처럼 외국어로의 대역을
고려하면, 더욱 연어성이 강조되어야 한다 : 일본어 [背が高い], 영어 [be tall],
불어 [être de grande taille]. 그리고 그것의 변이형 [키크다], [키가 크다], [키도
크다], [키만 크다], [키는 크다] 등은 동일한 연어 구성으로 파악하고, 그 변이체만
반영한다. 이 변이체를 목표언어(target language)로 어떻게 옮길 것인가의 문제는
차후에 해결돼야 할 문제이다. 현재로서는 연어구성이나 접합체 내부에 들어오는
한정조사의 경우는 선행명사의 한정기능보다는 그 연어구성 전체와 접합체와의
관계를 지정해주는 요소로 파악되므로, 이들의 변이를 특정한 형태로 대응시킬
필요는 없다고 본다.

(1) a. 철수는 키가 크다. Paul he is tall.
   b. 철수가 키는 크지만, 별로 마음에 안 들어. Paul is tall but I don't like him.
   c. 키도 크고, 다리도 길다. He is tall and has long legs.

(43) 우리 선생님은 키가 크십니다.

　　　십니다 : you

　　　(가) 크 : big → collocation : be tall

　　　키 : height

　　　은 : the

　　　[우리 선생님] : our teacher

　　　⇒ (you) are tall. → <명사구 덮어쓰기 → Our teacher is tall. →<인칭 대명사 대치와 명사구 추가> → Our teacher, he is tall.

　다르게 생각해 볼 수 있는 것은 기술동사(= 성상형용사)의 경우에 명시적으로 논항이 하나만 실현된 경우, 즉 '다리가 짧습니다'에서는 해당 동사의 하위범주화 자질이 한자리 술어로 규정되어 있으면 그 논항 자체를 주어로 해석하고, {습니다}의 의미나 기능을 무시하고 처리하는 방법이 있을 수 있겠다. 이 때는 어미가 {습니다}이든 {는다}이든 {어}이든 모두 중화된 서술화 기능만을 가진 것으로 보고 처리하는 셈이 된다.[21]

(44) 다리가 깁니다.

　　　ㅂ니다 : [+predication]

　　　길다 : be long

　　　가 : subject marker

---

21 참고로 기존 한영 번역기에서 이러한 현상을 어떻게 다루고 있는지를 직접 번역 결과를 테스트해 보았다(www.toandto.com 참조).

　(1) a. 다리가 짧다. Leg is short.
　　　 b. 다리가 짧습니다. Leg is short.
　　　 c. 나는 다리가 짧다. I am short leg.
　　　 d. 그는 다리가 짧다. He is short leg.
　　　 e. 나는 다리가 짧습니다. I am short leg.
　　　 f. 저는 다리가 짧습니다. I is short leg.
　　　 g. 그는 다리가 짧습니다. He is short leg.
　　　 h. 다리가 짧으십니다. Leg is short.
　　　 i. 당신은 다리가 짧으십니다. You is short leg.

다리 : leg

⇒ Leg is long.

  그러나 실제로 '다리가 짧-'라는 형식의 문장은 '다리(가) 짧은 철수',
'철수가 다리가 짧은 것'에서와 같이 주로 내포문 구성에서 나타나므로
{다리가}를 {짧다}의 주어로 파악하는 것보다는 목적어로 파악하는 게
낫다고 본다.[22]

  (45) 다리가 긴 철수는 나를 숏다리라고 놀린다.
       는 : the
       철수 : Paul [고유명사]
       은 : who/which/that
       (가) 길다 : have long NP
       가 : a/-s/some
       다리 : leg
       ⇒ Paul who has long legs ……

3.3. {-(으)ㄹ래}, {-(으)ㄹ게}, {-(으)ㄹ까}, {-(으)ㄹ테야}

  본 절에서는 형태적으로 관형사형어미-우리의 용어로는 형용사화 어
미- {-은, 을}과 형식명사의 결합형으로 분석될 수 있는 어미복합체 중
에서 종결 기능을 중심으로 그 인칭제약과 동사어휘의 결합제약에 대해
살펴보기로 한다.

---

22 자세한 것은 목정수(2002ㄴ, ㄷ)을 참고할 것.

3.3.1. {을래}

{(으)ㄹ래}는 객관 행위동사(verbe d'action : Va)와만 어울리고, 굴절1인칭을 표시한다. 행위자 인칭대명사 제약은 {을래} → {나}, {을래-요} → {저}이다. 그리고 오름조 억양에 의해 의문형으로도 쓰일 수 있다. {ㄹ래}는 굴절1인칭, {ㄹ래?}는 굴절2인칭 표지이다. 이를 정리하면 {을래}로 실현된 문장은 다음과 같은 문형이 있을 수 있다.

(46) a. (너) Va-을래? ↔ (나) Va-을래.
　　　 b. (당신) Va-을래요? ↔ (저) Va-을래요.
　　　 c. (X-님), Va-으실래요? ↔ (저) Va-을래요 / (나) Va-을래.

(47) a. (너) 영희 만나러 갈래?
　　　 b. *철수는 영희 만나러 갈래?
(48) a. (나) 영희 만나러 갈래.
　　　 b. *철수는 영희 만나러 갈래.
(49) a. *(너) 영희 만나고 싶을래?
　　　 b. *(나) 영희 만나고 싶을래.

우리가 어미복합체 {을래}에서 세밀한 정보를 추출하려는 것은 단순히 {을래}를 '의도형 어미'로 분석하고 말았을 때 어떤 일이 생기는가에 대한 경험이 있기 때문이다. 기존 번역기의 알고리즘을 통하여 {을래}라는 어미 정보가 어떻게 이용되었는가를 알아보자(www.toandto.com 참조). 기존 번역기의 번역결과를 보면, {을래}의 [+의도성]이 영어의 조동사를 통해 표현되어 있고, 의문표지나 대명사를 보고 인칭성을 표현하고 있지만, 명시적인 인칭대명사가 실현되지 않은 경우에는 대처를 하지 못하고 있음을 알 수 있다. 다음 (50)에 유의하라.

(50) a. 학교에 갈래? Will you go to the school?

　　　b. 너는 학교에 갈래? Will you go to the school?

　　　c. *너는 학교에 갈래. You will go to the school.

　　　d. 학교에 갈래. Will go to the school.

　　　e. 나는 학교에 갈래. I will go to the school.

3.3.2. {을게/을께}

연결어미로나 종결어미로 쓰일 수 있는 {(으)ㄹ께}도 객관 행위동사하고만 결합하고, 행위자 인칭도 ㅎ인칭 대명사 {나}로 제한된다. {ㄹ래}와는 달리, 억양에 의해 의문법으로 사용될 수 없는 특성이 있다. {을께}가 관여하는 문형은 다음과 같다.

(51) a. *(너) VA-을께? ↔ (나) VA-을께.

　　　b. *(당신) VA-을께요? ↔ (저) VA-을께요.

　　　c. *(X-님), VA-으실께요? ↔ (저) VA-을께요 / (나) VA-을께.

(52) a. (나) 금방 준비해서 갈께.

　　　b. *철수는 금방 갈께.

　　　c. *(너) 갈께?

(53) a. 나는 여기 있을께. 너 먼저 가라.

　　　b. *(나) 예쁠께.

　　　c. *(나) 바나나가 싫을께.

3.3.3. {을까}

{(으)ㄹ까}는 기본적으로 3인칭적이다. 그리고 종결적 위치에서는 항상 의문문으로만 쓰이지만, 어떤 행위자 인칭이 명시적으로 실현되느냐

에 따라 문맥적 의미가 결정된다.[23]

    (54) 밥 먹고 있을까?

        (a) 그 사람 밥 먹고 있을까? (추측) Is it likely that he is eating?

        (b) 우리 밥이나 먹고 있을까? (제안) Shall we go on eating?[24]

        (c) *너 밥 먹고 있을까?

        (d) 나 밥이나 먹고 있을까? (의도 의문) Shall I keep eating?[25]

    행위동사와 결합할 경우에는 {(으)ㄹ까}의 행위자 인칭은 ㅎ인칭 대명사와 ㅎ인칭 대명사 {나, 우리}로 제한된다. 전자의 경우에는 혼잣말 즉 자문의 성격이 강하고, 후자의 경우에는 제안의 간접화행을 실현시킨다. 다음 예를 보면, 주관동사 인용구성인 {-어 하다}에서 행위자 인칭의 당연값은 3인칭이이라는 것이 드러나기 때문에 여기서 {을까}는 추측의 양태적 의미로 해석된다.

---

23 이처럼 문맥적 의미가 다르게 해석되는 현상에 대해 두 가지의 입장이 있을 수 있다. 하나는 {을까}를 추측의 {을까}, 제안의 {을까}, 의도의 {을까}로 분할배열하는 입장이고, 다른 하나는 {을까}의 다의성으로 처리하는 입장이다. 중요한 것은 {을까}의 다의성의 원인이 인칭과 관계가 있다는 것을 분명히 인식해야 한다는 점이다. 선어말어미라고 하는 {겠}을 둘러싼 해석의 문제도 근본은 인칭의 문제에 있다는 것이 간과되고 있는 실정이다(목정수(2000:160-161)).

24 한정조사 {이나/나}와 서법어미와의 상관성 문제에 대해서는 목정수(2002ㄴ)을 참조할 것.

25 참고로 <toandto>의 번역결과를 보이면 다음과 같다.

  (1) a. 학교에 갈까? May I go to the school?
     b. 선생님은 학교에 갈까? Does teacher go to the school?
     c. 김교수는 학교에 갈까? Does professor Kim go to the school?
     d. 우리 학교에 갈까? May I go to our school?
     e. 우리는 학교에 갈까? Shall we go to the school?
     f. 우리가 학교에 갈까? Shall we go to the school?
     g. 우리도 학교에 갈까? Shall we go to the school?
     h. 우리만 학교에 갈까? May I go us in the school?

(55) 바나나를 좋아 할까?

    (a) 그 사람 바나나를 좋아 할까? (I wonder) He likes bananas?

    (b) *²너 바나나를 좋아 할까?

    (c) *²나 바나나를 좋아 할까?

반면에, 주관동사의 경우에 {(으)ㄹ까}의 디폴트는 화자 즉 1인칭에 대한 자문의 성격이 돋들리는 해석이다.

(56) 바나나가 왜 그리도 싫을까?

    (a) 나는 바나나가 왜 그리도 싫을까? Why I dislike bananas?

    (b) ²철수는 바나나가 왜 그리도 싫을까?

    cf. 철수는 바나나를 왜 그리도 싫어 할까?

    (c) *²너는 바나나가 왜 그리 싫을까?

종결어미로 쓰이는 {을까}는 어말 위치 이외에서 후행하는 동사의 내포절로 편입될 수도 있다. 이는 {을까}의 형태 구성이 원래 관형사형어미 {을}과 형식명사적 요소 {까}로 이루어진 명사적 구성이기 때문으로 보인다. 다음 예를 보자.

(57) a. 이번에도 딸을 낳지나 않을까 걱정이다.

     b. 또 떨어질까 봐, 밤을 새워 공부했어요.

     c. 영화나 한편 볼까 하는데, 같이 갈래?

{을까 한다/싶다} 구성은 전체가 선행 동사에 대한 화자의 의도를 표시하는 일종의 보조동사 역할을 하는 것으로 굳어진 것으로 보인다. 따라서 {을까 한다/싶다} 구성이 함의하는 행위자 인칭성의 당연값은 1인칭이다.

(58) a. 이제 사직을 할까 한다. I intend to resign.
      b. 언어학을 공부할까 싶은데요. I would like to study linguistics.

{을까 봐(서)}, {을까 두려워}의 구성은 연결어미의 기능을 담당하는 접속숙어구로 볼 수 있다. {을까 봐}가 종결적으로 쓰이면 1인칭의 확실치 않은 의지를 나타내는 양태적 조동사 구성으로 파악된다. 반면에 연결 구성의 {을까 봐}의 인칭은 주절의 인칭을 승계하는 종속관계로 표현된다.

(59) a. 그 사람 이제는 그만 만날까 봐. I don't like any more meeting him.
      b. 철수는 선생님한테 혼날까 봐, 예습을 꼭 한다. Paul surely prepares his lessons for fear of being scolded by his teacher.

3.3.4. {을테야/을테지}

'관형사형어미+형식명사 {터}+계사 {이}'로 분석되는 어미복합체 {을테}는 다시 그 계사에 붙는 어미의 유형에 따라 상이한 모습을 보여준다. {(으)ㄹ테야} 유형은 행위자 인칭을 ⅓인칭 대명사 {나}로 제약하고, 억양의 운율요소에 의해 의문문으로 쓰일 수 있다. {(으)ㄹ테야}는 행위동사와만 결합한다.[26]

(60) a. (너) 영희 만나러 갈테야?
      b. *철수는 극장 갈테야?

---

26 여기서 말하는 행위동사, 기술동사, 심리동사의 분류는 고립된 동사만을 대상으로 하는 것이 아님을 밝힌다(노마(2002) 참조). 예를 들어, {을테야}가 행위동사와만 결합한다는 제약은 동사 {먹다}를 염두에 둔 것이 아니라 {빵(을) 먹다}와 {더위(를) 먹다}, {화장이/를 먹다} 등의 단어결합을 두고 한 것이다.

(1) (너) 이 빵 먹을테야?
(2) a. *(나) 더위를 먹을테야.
    b. *난 화장이 먹을테야.

(61) a. (나) 영희 만나러 갈테야.
    b. *철수는 극장 갈테야.

(62) a. *그 나무는 작을테야.
    b. *나는 밥 먹고 싶을테야.

반면에, {(으)ㄹ테지/(으)ㄹ테죠}는 ⅍인칭 대명사 {나}와 ⅍인칭 대명사 {너}를 제약한다. 이는 자답의 성격을 띠는 종결어미 { 지}와 화자의 의도를 표현하는 {을터} 구성체가 서로 충돌하기 때문이 아닐까 한다.

(63) a. (철수는) 영희 만나러 갈테지? He's gonna go to meet Mary, am I sure?
    b. *너 영희 만나러 갈테지?

(64) a. 그 자식 영희 만나고 있을테지, 뭐. I'm sure he is meeting Mary.
    b. *나 극장 갈테지.

3.4. {-고?}, {-게?}

여기서 말하는 종결어미 {고}와 {게}는 항상 오름조의 억양을 동반하여 의문형으로만 쓰이는 것으로서, 행위자 인칭은 자동적으로 ⅍인칭 대명사 {너}로 제약된다. 어휘적으로 {-게?}는 객관동사, 그 중에서도 행위동사하고만 잘 어울리고, 주관동사와는 결합이 제약된다.

(65) a. *너 바나나가 마음에 들게?↗ Oh, you are to go?
    b. ??그럼 코만 크게?↗

이러한 종결어미는 굴절적 2인칭(= 반말체)을 표시하기 때문에 행위자 인칭이 명시적인 인칭대명사로 실현되면, 오히려 문장의 자연스러움이 떨어지게 된다.

> (66) 왜, 가게?↗ Oh, you are to go?
>   (a) 왜 너 가게?↗
>   (b) *왜 그 사람 가게?
>   (c) *왜 나 가게?

참고로, {게?}가 비올림조의 억양을 동반하는 경우에는 행위자 인칭에는 제약이 없고 굴절인칭만 2인칭으로 제약된다 : {게?↘} → {너}, {게요?↘} → {당신, X-님}.

> (67) 내가 누구게? Can you guess who I am?
>   (a) 너 내가 누구게? who do you guess I am?
>   (b) *그 사람 내가 누구게?
>   (c) *나 내가 누구게?

> (68) 아메리카는 누가 발견했게요? Can you guess who discovered the America?
>   (a) 선생님, 아메리카는 누가 발견했게요? Sir, can you guess who discovered the America?
>   (b) *그 사람 아메리카는 누가 발견했게요?
>   (c) *너 아메리카는 누가 발견했게요?

{고?}의 경우는 내림조의 억양으로 쓰이지 않는다. 항상 오름조의 억양을 동반하여 의문문으로만 사용된다. 따라서 굴절인칭은 2인칭으로 제약된다.

(69) 애인은 마음에 들고? (I'm afraid) You like the lover?
  (a) 너 애인은 마음에 들고? (I'm just asking) you like the lover?
  (b) *그 사람, 애인은 마음에 들고?
  (c) *나, 애인은 마음에 들고?

(70) 잘 있었어? 그래 사업은 잘 되고? You have a well-going business?
  (a) 너, 사업은 잘 되고?
  (b) *나 사업은 잘 되고?
  (c) ?*그 사람, 사업은 잘 되고?

오름조 억양의 어미 {게?, 고?}의 경우에 상대존대는 {요}로 표시되므로, {(시)고요?}, {(시)게요?}가 당연값으로 끌어오는 행위자 인칭은 {당신you(= vous)} 또는 그에 준하는 호격형 {X-님}이 된다.

(71) a. 선생님, 지금 가시게요? Sir, you are to go now?
  b. 선생님, 사업은 잘 되시고요? Sir, you make good business?

4. 결론

학계 일반에서는 한국어를 유형론적으로 교착어나 첨가어로 분류하는 것을 지나치게 당연시하고 있다. 거기에 따라 한국어 어미를 인구어의 활용어미처럼 다루어야 할 것이 아니라 철저하게 교착소로 규정해야 한다는 주장까지도 나오고 있다(임홍빈(1997) 참조). 그러나 한국어가 교착어라고 해도, 활용적인 모습을 보이는 어미와 격곡용의 모습을 보이는 조사가 있고,[27] 반면에 굴절어로 분류되는 불어에서도 교착적인 요소가

---

27 활용이란 용어와 더불어 굴절어미, 곡용어미, 격어미, 문말어미, 선문말어미 등의

있다는 것을 두루 살펴야 할 것으로 생각한다. 기존의 언어유형 분류는 편의상의 분류이지 한 언어의 성격을 정확히 규정짓는 데는 한계가 있을 수 있다.[28] 따라서 기존 유형론의 담론을 뛰어넘을 수 있는 새로운 패러다임이 요구된다고 하겠다(목정수(2000ㄴ) 참조).

한국어의 내적 특수성과 보편성을 포착하기 위해서는 한국어와 인구어를 평등한 시각에서 살피고 그 문법구조의 비교 틀을 마련하는 작업이 선행되어야 한다. 그래야만 한 언어의 실재를 왜곡됨이 없이 밝혀낼 수 있다고 본다. 이러한 기본적인 시각을 통하여, 우리는 교착어인 한국어의 활용어미와 굴절어인 불어의 접어(= 인칭대명사)를 비교 대상으로 삼을 수 있는 가능성과 그래야만 한다는 당위성을 논구했다. 한국어의 어미는 언어의 인칭 정보를 비롯한 문법 정보의 최대 집적소이기 때문에 굳이 인구어처럼 구체적인 행위자 인칭 표시의 인칭대명사나 구체 명사가 주어 자리에 채워지지 않아도 인칭 관계를 모두 복원할 수 있는 것이다. 그 복원이 분명하지 않을 경우에만 주어 자리를 채우게 되어 있는 것이 한국어의 구조라고 말할 수 있다. 따라서 한국어는 논리적인 행위자 주어가 명시적이지 않은 문장이 더 자연스러운 것이다. 이처럼 논리적 명제 차원에서 행위자 주어가 잘 생략된다고 하여, 한국어를 비논리적이거나 화용론적 언어라고 규정하는 일부의 시각은 그리 옳다고 볼 수 없겠다.

본 논문은 이러한 인식론적 바탕 위에서 한국어 어미들을 인칭의 시각에서 분석하고, 어미들이 반영하는 정보를 체계적으로 기술해 보았다.

용어가 꾸준히 사용되고 있는 것만 보더라도, 한국어에 활용 양상이 있음을 직감하고 있는 것 아닌가 한다.

28 Bally(1952:23)에서 인용한 다음 구절은 되새겨 볼 만하다 : "즉 불어가 야만어이고 여기 언어학자가 여행한다면, 그 언어학자는 불어의 'j'aime, tu aimes, il aime' 따위의 말에서, 대명사 없는 동사만의 어형변화(paradigme)를 복원하기는 어려울 것이며, 아마 불어에서 교착의 경향(une tendance à l'agglutination)이 있다고 할 것이다."

우리의 기대는 이런 작업을 통해 이룩된 결과가 기계번역에 이용된다면, 맥락과 상황에 의존해야 하거나, 화용론적 요소를 염두에 두어야 하는 어려움을 다소 극복할 수 있다는 것이다. 더욱 중요한 것은 문법요소가 형태적으로 발달되어 있는 한국어가 비교 틀의 중심(pivot)이 되어 서구어를 중심으로 이루어진 언어이론을 재검토해 볼 수 있고, 다른 한편 의미적으로 중간구조(interlingua)를 설정하여 그로부터 다국어로 전환하려는 기계번역의 다른 한 방식의 난맥상도 뛰어넘을 수 있는 길을 열 수 있다는 점이다.

이러한 이상적이고 이론적인 기계번역의 방법론이 전체적인 틀을 이루고, 그 안에서 어휘 요소들이 보여주는 비대응성, 불투명성-우리는 이러한 것들을 연어(collocation) 관계로 파악하고 목표언어에 따라 연어 사전을 구축하는 대규모 작업을 진행하고 있다[29] -을 처리할 수 있는 자료 구축과 그 변이형들을 처리할 수 있는 알고리즘을 개발하는 시점이 오면, 기계번역이 도달해야 하는 최종 목표에 성큼 다가설 수 있으리라고 생각한다.

참고문헌

김영주(1995). "주어 탈락 현상의 언어간 비교와 이론적 모색." 한글 및 한국어 정보처리.
김진해(2000). 「연어 연구」 한국문화사.
노마[野間秀樹](2002). 「한국어 어휘와 문법의 상관구조」 태학사.
목정수(1998ㄱ). "한국어 격조사와 특수조사의 지위와 그 의미 -유형론적 접근-."

---

29 연어 정보는 구문 분석뿐만 아니라 자연어 처리의 여러 분야에서 요긴하게 사용된다. 시스템을 개발하는 쪽에서는 어디든지 자체의 연어사전을 구축하고자 노력하는데, 21세기 세종계획 전자사전개발 분과에서도 대규모로 관련 작업을 하고 있다. 문제는 연어사전이 상위의 문법 틀과 어떻게 유기적으로 연동될 수 있는가에 달려 있다.

「언어학」 23.

_____(1998ㄴ). "격조사 교체 현상에 대한 통사·의미적 논의의 재검토 -조사류의 새로운 질서를 토대로-."「언어정보」 2.

_____(1999). "정감적 의미와 형태 분석 -청자지시 요소 {아} 분석을 위하여-."「한국어학」 10.

_____(2000ㄱ). "선어말어미의 문법적 지위 정립을 위한 형태·통사적 고찰 -{었}, {겠}, {더}를 중심으로-."「언어학」 26.

_____(2000ㄴ). "소쉬르와 기욤 -시간성 문제를 중심으로-."「한국프랑스학논집」 31.

_____(2002ㄱ). "한국어 관형사와 형용사 범주에 대한 연구 -체계적 품사론을 위하여-."「언어학」 31.

_____(2002ㄴ). "한정조사의 통사론 -{(이)나}의 문법적 지위 규정과 관련하여-." 한국언어학회 2002년 겨울 학술대회 발표 논문집.

_____(2002ㄷ). "한국어 타동사 구문 설정의 문제 -기술동사와 주관심리동사를 중심으로-." 제25차 한국어학회 전국학술대회 발표논문집.

_____(2003예정ㄱ). "한국어 어미 분석과 기계번역(II)."

_____(2003예정ㄴ). "한국어 연어 구성의 주관동사화."

목정수·연재훈(2000). "상징부사(의성·의태어)의 서술성과 기능동사."「한국어학」 12.

박형달(1996).「이론언어학의 비교 연구」서울대학교출판부.

백춘범(1992).「단어 결합과 단어 어울림 연구」북한 사회과학출판사.

유현조(1998). "한국어 어미 분석과 인칭의 문제."「언어연구」 18.

윤준태(1999). "구문 분석을 위한 말뭉치로부터의 어휘 정보 획득 및 응용."「언어 정보의 탐구」 1, 서상규 편, 연세대학교 언어정보개발연구원.

이춘숙·노용균(1998). "한국어 영형 대명사의 식별 알고리듬." 한글 및 한국어 정보처리.

임홍빈(1982). "기술보다는 설명을 중시하는 형태론의 기능 정립."「한국학보」 26집.

_____(1984). "문종결의 논리와 수행-억양."「말」 9.

_____(1997). "국어 굴절의 원리적 성격과 재구조화."「관악어문연구」 22.

_____(2002). "한국어 연어의 개념과 그 통사 의미적 성격."「국어학」 39.

허 웅(1963).「언어학개론」정음사.

홍종선·강범모·최호철(2000). "한국어 연어 정보의 분석·응용에 관한 연구." 「한국어학」 11.

Bally, Ch.(1952). *Le langage et la vie*, Geneva.

Benveniste, E.(1966). *Problème de linguistique générale*, Paris, Gallimard.

Blanche–Benveniste, C. et al.(1984). *Pronom et Syntaxe : L'approche pronominale et son application au français*, Société d'Etudes Linguistiques et Anthropologiques de France.

Blanche–Benveniste, C. et al.(1990). *Le Français Parlé : Etudes grammaticales*, Centre National de la recherche Scientifique, Paris.

Boone, A. et A. Joly(1996). *Dictionnaire terminologique de la systématique du langage*, L'Harmattan.

Guillaume, G.(1973). *Principes de linguistique théorique de Gustave Guillaume*, Paris, Klincksieck et Québec, Presses de l'Université Laval et Paris, Klincksieck.

Joly, A.(1973). "Sur le système de la personne", *Revue des Langues Romanes LXXXX*, fasc. 1.

Joly, A. et Roulland, D.(1981). "Pour une approche psychomécanique de l'énonciation", *Langage et psychomécanique du langage Pour Roch Valin*, éd. par A. Joly et W. Hirtle, Presses de l'Université de Lille, Presses de l'Université Laval.

Joly, A.(éd)(1988). *La linguistique génétique : Histoire et Théories*, Lille, P.U.L.

Martinet, A.(1971). "Cas ou fonctions? à propos de l'article "The Case for Case" de Charles J. Fillmore", *La linguistique 8*.

Radford, A.(1981). *Transformational Syntax*, Cambridge University Press.

_____(1988). *Transformational Grammar*, Cambridge University Press.

_____(1997). *Syntactic theory and the structure of English : A minimalist approach*, Cambridge.

Saussure, F. de(1972). *Cours de linguistique générale*, Ed. critique par T. de Mauro, Paris, Payot.

Tesnière, L.(1959). *Eléments de syntaxe structurale*, Paris : Klincksieck.

Vendryes, J.(1950). *Le Langage, Introduction lunguistique à l'histoire*, Paris.

제 4 부

문법의 거시 구조 :
문법과 어휘의 상관 관계

한국어 품사 체계의 문제

• 한국어 관형사와 형용사 범주에 대한 연구 :
체계적 품사론을 위하여 •

1. 들어가기

본 논문은 한국어의 어휘 요소 {새}, {여러}, {국제}, {유명}, {긴급},
{정확}, {조용}, {깨끗}, {미안} 등의 비교를 통하여, 한국어 문법에서
관형사라 부르는 품사의 설정 유래부터 관형사 범주의 내용에 이르기까지
의 제반 문제를 제기하고 관형사 범주의 허와 실을 밝히는 것을 목적으로
한다. 최근에 한국어 관련 논의에서 이루어지고 있는 '어근' 또는 '어근명
사'라는 범주와 관형사와의 연관성도 짚어보고자 한다. 결론부터 말하자
면, 한국어 품사 체계를 설정함에 있어, 관형사나 '어근/어근명사'를 따로
설정할 필요 없이, 이러한 요소들을 일관된 기준에 입각하여 "형용사"라
는 범주로 통합해야 할 필요성과 당위성을 제시한다.[1] 이처럼 재정립된
"형용사" 범주는 다시 그것들의 통사적 행태, 즉 명사 수식적(attributive,
epithetic) 용법이냐 서술적(predicative) 용법이냐에 따라 정밀하게 하위분
류되어 어휘부(lexicon)의 품사 하위 정보에 기록될 필요가 있다.

---

[1] 앞으로 형용사란 용어는 기존에 형용사라고 했던 것과 본고에서 형용사라고 하고자
하는 것에는 같은 용어를 사용하면서도 내용적으로 완전 별개이기 때문에, 전자의
형용사는 '형용사'로 우리가 의도하는 형용사는 "형용사"로 구분해 표기하도록 한다.

이러한 논의가 공허한 하나의 주장에 그치지 않게 되고 언어학적 의의를 얻기 위해서는 일반적인 사실로 받아들여지고 있는 {새}, {국제}, {유명(有名)}이라는 어휘 요소에 대한 범주 설정 – 각각 관형사와 (어근)명사, 어근 – 의 논거가 필요충분조건을 만족시키고 있는가를 따져 보아야 될 것이다.[2] 만약에 기존 논의의 근거가 주관적이거나 비일관적이라면, 보다 정밀하고 일관된 기준에 입각한 분류가 필요함은 두말할 나위가 없을 것이다. 여기서 분명하게 하고 넘어갈 것은 우리가 단지 '관형사', '어근명사' 등의 용어 자체를 문제 삼으려는 시도가 아니라는 점이다. 일관된 기준에 입각한 새로운 분류 체계를 잘 표상하기 위해 용어의 변경이 필요하다면, 인식의 전환과 언어학적 논의의 깊이를 위해서라도 용어 자체를 둘러싼 시시비비도 중요한 의미를 가질 수 있는 것이다. 따라서 본고의 종국적 의의는 {새}, {국제}, {유명} 등 구체적인 어휘를 대상으로 그 품사 구분의 근거에 대한 아주 구체적인 언어학적 검토와 논의를 통해, 왜 특이하게 한국어 문법에는 '관형사' 범주가 존재하게 되었고, 기존 '형용사'라는 어휘범주가 정확히 무엇을 의미하고 있고, '어근(명사)'라는 특이한 범주를 품사 구분에 도입하려는 이유는 무엇인가에 대한 연원적 문제를 인식론적 차원에서 추적해 나가는 데 있다. 또한 이러한 작업이 메타언어학적 논의를 더욱 풍요롭게 하는 데 기여할 수 있다는 점을 보여줄 것이다.

---

2 어근명사는 기존에 {국제}를 명사로 분류한 데 대해, 자립성 불가, 격조사와의 결합 불가 등의 형태·통사적 근거를 들어 자립명사와 구분하려는 시도에서 붙여진 명칭이다(김창섭(1999), 홍재성(2000) 등 참조). 한편, 이러한 비자립 명사를 「연세 한국어사전」에서는 '형성소'라는 범주로 설정하고 있다. 또한 남기심·고영근 (1998)에서는 어근적 단어 혹은 어근을 "하나의 단어에서 의미적으로 가장 중심이 되는 형태소로 접사를 제외한 핵심부분이면서, 통사적 기능 요소(격조사, 어미 등)와의 직접적 결합이 불가능한 것"이라고 하고 있다.

2. 한국어 형용사 범주의 속뜻 : 용어의 혼란 양상

한국어 문법에서 '형용사'라는 범주의 설정이 어떤 논리적 근거를 토대로 이루어졌는가를 자세히 따져 보면, 논점 변경의 오류가 발견된다. 품사를 가르는 작업의 기준으로는 형식적 기준, 기능적 기준, 의미적 기준이 혼용되는 것이 일반적이지만, 일관되고 원리적으로 그 작업이 이루어지기 위해서는 언어의 형태·통사적 기준 즉, 형식적 기준(= 해딩요소의 분포와 문법요소와의 결합관계)을 토대로 해야만 가능하다고 하는 것이 우리의 기본 입장이다. 그러나 한국어의 품사구분(= 씨가름) 작업에서는 언제부터인지를 정확히 밝힐 수는 없지만, 이러한 기본 입장이 끝까지 견지되지 못하고, 이러저러한 이유로 의미적 기준이 뚜렷한 근거 없이 개입하게 되었고, 그 결과로 탄생한 것이 대표적으로 '형용사' 범주로 보인다. 우리는 품사구분에 형태, 기능, 의미의 기준이 종합적으로 고려되어야 한다는 점은 참조할 수 있지만, 이들 기준의 층위를 섞어서 적용하면 일정한 품사론이 성립되기 어렵다는 점을 다시 한 번 강조하고자 한다.

우리는 한국어 문법의 전체 틀을 따져 보는 일련의 작업에서 기존의 '형용사'는 동사 범주의 하위유형으로 분류되어야 한다는 점을 보인 바 있다(박형달(1976), 목정수(1998, 1999), 최현배(1937) 참조). 기존의 '형용사'는 동사로 편입되고, 동사의 하위유형으로 분류된다.[3] 이는 어미 결

---

3 한국어 문법에서 동사와 '형용사'가 범주적으로 구별되어야만 하는 기준으로 제시된 것은 수많은 어미 가운데서 유일하게 {-는다}처럼 {느} 형태와의 결합여부이다 : 나 학교 간다/번지점프를 하다/*나 마음이 넓는다/품사 구분이 싫다.
그러나 '형용사'라고 하는 것도 {는다}와 결합하여 쓰이는 것도 많이 있고, 동사도 감탄형 종결어미 {-는구나} 대신 {-구나}와 결합하는 경우(특히, 경상도 방언)가 있다. 그리고 명령형, 청유형도 어색하지 않은 '형용사'가 많다 : 아이는 키가 쑥쑥 큰다/날이 밝는다/너는 집에 꼼짝말고 있는다 알았나?/너 피아노 잘 치구나!/건강해라/조용합시다.
또한 두 어휘 요소가 하나의 어미에 대한 결합방식의 차이로 인해 범주적으로 나뉘어야 한다는 논리라면, 가령 영어에서 {sing}과 {know}라는 어휘가 진행상의

합, 인칭의 조직 등의 형식적 기준을 바탕으로 분류한 것이다.

(1) 한국어 동사의 하위체계

품사	하위부류		예
동사	객관동사	행위동사	먹다, 자다, 놀다 …
		기술동사	붉다, 예쁘다 …
	주관동사		좋다, 싫다 …

그러나 한국어 문법에 관한 논의에서는 여전히 {붉다}, {아름답다} 등의 어휘들이 '형용사'라는 범주로 분류되고 있음으로 인해, '관형사', '어근명사' 등등의 파생개념이 계속 재생산되고 있는 것은 아닌가 하는 의문이 든다. 여기서는 한국어 문법에 어떻게 해서 {붉다}, {아름답다} 등을 '형용사'라는 범주로 설정하게 되었는가에 대해 지식고고학적 입장에서 추적해 들어가 보려 한다. 이러한 현상의 배경에는 몇 가지 이유를 생각해 볼 수 있다.

가장 먼저 생각해 볼 것이, 일본어 문법의 직·간접적 영향이다.[4] 일본어와 한국어가 유사한 문법구조를 가지고 있다는 생각을 잠시 제쳐두고, 일본어를 내적으로 살펴보면, 일본어에 형용사 범주가 설정된 것은 그 언어가 보여주는 형태론적 사실에 입각해 있음을 알 수 있다. 일본어의 형용사 범주는 형태적으로 일본어 문법에서 말하는 동사와 마찬가지로

구성 {be ~ing} 구성에 이질적으로 반응하므로 하나는 동사로, 다른 하나는 형용사로 구분돼야 한다고 주장해야 될 것이다 : He was singing when I entered the room/*I am knowing he died. 물론 이러한 차이를 통해 하나는 동사이고, 다른 하나는 형용사라고 하지는 않는다.

4 현재 한국어 문법의 기본틀에 가장 직접적으로 영향을 미치고 있는 것이 최현배의 「우리말본」이고, 최현배가 한국어 문법틀을 잡을 때, 일본어 문법을 참조한 것은 분명하기 때문에, 최현배의 품사론을 정밀하게 따져볼 이유가 충분하다. 앞으로 일본어 문법과 한국어 문법의 상호 영향 관계에 대한 깊이 있는 논의가 이루어져야 할 것으로 보인다.

활용을 하지만, 활용 방식이 다르기 때문에 동사와 형용사가 별개의 범주로 설정된 것이다.

(2) 일본어와 한국어의 동사/형용사의 분류체계

일본어			한국어		
어휘	활용어미	품사	어휘	활용어미	품사
書く(kak-u)	동일	동사	쓰-다	동일	동사
食べる(tabe-ru)	동일	동사	먹-다	동일	동사
寒い(samu-i)	상이	형용사	춥-다	동일	형용사
いい(i-i)	상이	형용사	좋-다	동일	형용사
惡い(waru-i)	상이	형용사	나쁘-다	동일	형용사

또한 일본어의 형용사는 명사 수식적 용법에서나 서술적 용법에서 그 형태적 차이가 없다는 것도 형용사 범주 설정이 형태적 근거로 이루어졌음을 말해준다.

(3) 가. 赤い花(akai hana) = (붉은 꽃)
　　나. 花は赤い(hana-wa akai) = (꽃은 붉다)

그런데, 일본어의 형용사에 어휘적으로 대응하는 한국어 요소를 모아놓고 이들에 '형용사' 범주를 매기는 것은 한국어의 품사 작업을 형태적 기준에 의해 일관되게 행하지 않은 것을 의미한다. 이런 식이라면 일본어의 소위 <형용동사>에 속하는 요소들에 대응되는 한국어 '형용사' 요소가 더 많은데, 지금 '형용사'로 부르는 것에 <형용동사>라는 꼬리표를 붙인다고 해서, 논리적으로 그것을 반박할 방법이 없어 보인다.[5]

5　일본어 문법의 '형용동사' 자체도 범주적 구분으로는 명사의 하위 유형에 속한다. 최근에는 이를 반영하기 위해 '형용사성 명사(adjectival noun)'라는 용어도 쓰이고 있다(EDR 사전의 품사 분류체계).

(4) 일본어 형용동사와 한국어 형용사 비교

일본어			한국어		
어휘	형용사의 활용어미와	품사	어휘	형용사의 활용어미와	품사
有名だ(yuumei-da)	상이	형용동사	유명하-다	동일	형용사
静かだ(sizuka-da)	상이	형용동사	조용하-다	동일	형용사
好きだ(suki-da)	상이	형용동사	좋-다	동일	형용사
いやだ(iya-da)	상이	형용동사	싫-다	동일	형용사
セクシだ(sekusi-da)	상이	형용동사	섹시하-다	동일	형용사
書く(kak-u)	상이	동사	쓰-다	동일	동사
食べる(tabe-ru)	상이	동사	먹-다	동일	동사

둘째는, 인구어 문법에서 형용사라는 범주를 설정한 것의 진의가 제대로 흡수되지 못한 측면이 있다. 예를 들어, 라틴어에서 형용사라는 범주는 분명 명사라는 대부류에 속하는 명사 속의 형용사이다. 이는 의미나 개념상의 분류가 아니라, 어휘 요소의 형태적 특성―성·수 일치, 비교급, 최상급 형태 등―에 의해 분류한 결과이다.[6] 이를 엄밀하게 구분하기 위해, 필요에 따라서는, 형용사(adjective)와 실사(substantive)를 하위체계로 동일선상에 놓고, 그 둘을 명사(noun)로 묶는다.

(5) Noun(= Nominal) ― Substantive
　　　　　　　　　　　 ― Adjective

그런데, 한국어 문법에서 서술적 기능을 중심으로 '좋다, 싫다, 아름답다, 조용하다' 등을 어휘 의미적 기준에 따라 '형용사'로 간주하게 되면,

---

6 여기서 우리가 의도하는 것이 인구어에서 이루어진 분류를 그대로 한국어에 적용하려는 것이 아니라는 점을 분명히 해야겠다. 우리가 인구어에서 명사, 형용사 등의 분류 작업을 의미 있게 받아들이고자 하는 이유는 그 분류가 형태에 입각한 분류방식이기 때문이지, 그 분류 작업의 결과를 무비판적으로 받아들인다는 의미가 아니다. 이 점 깊은 양해를 구한다.

한국어의 '형용사'는 활용 양상이 동사와 같고 명사는 활용하지 않기 때문에, 범주적으로 '형용사'는 동사에 가까운 반면, 명사에서 멀어지는 것처럼 보인다.[7] 따라서 이러한 분류를 통해 알려진 한국어를 언어유형론적 작업에 원용하는 학자들은, 인구어의 형용사는 명사적 특성을 보이고, 한국어의 '형용사'는 동사적 특성을 보인다는 논의를 하게 되는데, 이것은 절차상 당연한 귀결이라 보인다(홍재성(1999:171)).

품사적 위계 구조에서 보면, 한국어의 동사와 '형용사'를 구분하더라도, 동사와 '형용사'는 별개의 층위가 아니라 동일한 수준의 하위 부류가 되기 때문에, 이를 반영하려면 다시 동사와 '형용사'를 아우르는 '용언'이란 상위개념을 설정하게 된다. 그런데 용언이란 일반 품사론적 용어로 표현하면, 결국 동사(verb)가 되는 것이므로, '형용사'를 동사의 하위유형 '기술동사나 주관심리동사'란 용어로 묶어내면(표 1 참조), 원래 언어 보편적으로 형용사(adjective)가 의도했던 바의 어휘들을 "형용사"란 용어로 포괄할 수 있게 될 것이다.

3. 한국어 형용사의 재정립

3.1. 관형사 범주에 대한 문제제기

그렇다면, 한국어에서는 무엇이 "형용사"로 규정되어야 하는가? 필자는 명사 대부류 중에서 답을 찾아보아야 한다고 생각한다. 그 이전에 일차적으로 "형용사" 범주를 재정립하기 위해서는 기존에 관형사라는 범

---

7 이렇게 되면, 인구어의 형용사와 한국어의 형용사를 따로따로 인식하게끔 되고, '형용사의 관형형'이란 용어를 쓰지 않을 수 없게 된다. 외국어로서 한국어를 배우는 입장에서는 이러한 설명을 이해하기가 쉽지 않다(백봉자(1991) 참조).

주에 소속되어 있던 어휘 요소들의 특성을 살펴보아야 할 것이다. 그 이유는 일단 '관형사'란 용어 자체가 동일 계통이나 동일 유형의 언어로 묶이는 언어군에서 봐도 한국어 문법에서만 쓰이고 있기 때문이다.[8]

한국어 문법에서 관형사란 범주는 몇 개 안 되는 성원을 지닌 독특한 범주로 보고 있는데, 이러한 점이 오히려 한국어의 특이성으로 간주되어 온 듯하다. 다음의 인용구가 그러한 단면을 보여준다고 할 수 있다.

> "관형사는 형태변화를 하지 않으면서, 즉 격조사나 어미를 취하는 일 없이 뒤에 오는 명사나 명사구를 꾸며 주는 기능을 하는 품사다. 관형사는 언제나 명사를 수식하는 자리에서만 쓰일 수 있고 그 수도 많지 않아 한국어의 품사 중 그 규모가 가장 작은, 그러면서도 가장 독특한 품사라고 할 수 있다."(이익섭·이상억·채완(1997:124))

관형사의 예)
가. 이, 그, 저
나. 다른, 딴, 여느, 어느, 무슨, 웬, 각(各), 별(別)
다. 모든, 온, 갖은, 온갖, 전(全)
라. 새, 헌, 옛, 순(純)

한국어는 유형적으로 볼 때, 문법 요소가 항상 어휘 요소에 후행하는 점으로 미루어 보아, 관형사라고 했던 것은 항상 피수식 명사 앞에 놓이므로 결국 어휘 범주에 속하게 되는데, 이러한 어휘 범주가 몇 개 안 되는 닫혀진 성원으로 구성되어 있다는 사실에 일단 의문을 제기할 수 있다. 다른 한편, 외국어로서의 한국어를 교육할 때, 관형사란 범주를 지칭하는 품사 용어의 선택 문제로부터[9] 결국 한국어의 관형사는 인구어의 형용사

---

8 참고로 일본어 문법에서는 연체사(adnominal)란 용어가 쓰이고 있고, 연체사는 일반언어학적인 품사의 용어가 아니라 일본어문법에서 설정된 품사의 하나란 점이 지적되어 있다(언어학대사전(1996:1416).

를 통해 설명될 수밖에 없는 현실적인 문제에 이르기까지 여러 가지 인식론적 문제를 제기하면서, 관형사란 범주가 정확히 의미하는 바를 짚어 보고자 한다.

먼저 관형사란 범주가 설정되어 간 일련의 인식 과정을 다음과 같이 재구해 본다. 관형사는 '형용사' 범주를 '착하다, 조용하다, 밝다, 나쁘다' 등의 어휘에 배당하고 나서 설정된 범주일 것이다. 명사 앞에서 수식적 기능을 히는 요소를 나열해 보면, 인구어에서는 형용사라고 하는 것이 그대로 명사 앞에서 그 기능을 하는 데 반해, 한국어에서는 대부분 '형용사'라고 규정한 {착하}, {싫}, {나쁘} 등의 활용형-관형사형어미라고 불리는 게 일반적이나 우리는 '형용사화 어미'라고 부를 수 있음-을 통하여 실현되므로, 이를 '형용사'의 관형형으로 지칭해야 했다 : 착한 여자/*착하 여자, 여자는 착하다/*착하. 그런데 명사 앞의 수식 요소 중에는 이처럼 활용하지 않은 요소들이 수식적 기능을 담당하는 것이 관찰된다 : 새 물건, 새 옷, 국제 사회, 국제 도시, 긴급 명령, 긴급 회의 …. 이는 있는 그대로를 놓고 보면 마치 인구어의 형용사가 명사를 수식하는 정황과 너무 유사해 보인다(pretty girl, eau minérale …).[10] 그러나 이처럼 활용하지 않는 요소 {새, 국제, 긴급} 등을 두고 "형용사"라고 부를 수도

---

9 한국어의 관형사를 영어로 지칭할 때 사용되는 용어의 다양성을 확인해 보자 : prenoun(한영사전), adnoun, adnominal, modifier 등등.

10 본 논의를 좇아 {유명}, {긴급} 등을 "형용사"로 보면, "형용사"가 논항을 취할 때, "형용사구"가 명사를 수식하는 구성이 허용이 되지 않고, 기능동사의 활용형(관형사형어미 {ㄴ/ㄹ}이 개입한다는 현상이 주목된다. 이러한 현상은 바스크어에도 동일하게 나타난다(Laka Itziar(2001) 참조). 바스크어에서는 형용사가 명사 뒤에서 수식한다. 바스크어와 영어는 거울영상의 모습을 보여준다.

(1) *기쁨으로 충만 얼굴 / 기쁨으로 충만한 얼굴
(2) *emakume [bere lanaz harro]-a / bere lanza harro dagoen emakumea
    woman [her work–ins proud]–the / her work–ins proud is–3A–Comp woman–the
(3) *a proud of his son father / a father proud of his son

있었지만, 그럴 수가 없었던 것으로 생각된다. 이미 '형용사'는 활용하는 어휘요소 {믿다}, {나쁘다}, {아름답다} 등에 할당한 상태였기 때문이다. 그래서 이러한 활용하지 않고 명사 수식적 용법에 나타나는 어휘 요소들에 대한 명칭으로 생각한 것이 '관형사(冠形詞)'일 것이다. 그렇다면, '관형사'는 용어자체에서도 엿볼 수 있듯이, 인구어의 형용사—특히 수식적 용법의 형용사—와 용어만 다르지 실제 내용에 있어서는 차이가 없다고 할 수 있을지도 모를 일이다. 이런 상황에서 제기할 수 있는 것은 두 가지 문제로 압축된다. 첫째, '관형사'가 "형용사"와 공통점이 많다고 할 때, 그것의 변별력은 '관'에서 오는 것인데, 그 '관'은 무엇을 의미하는가? 둘째, '관'이 인구어의 'article'을 冠詞로 번역한 것에 이끌렸고, 그 기능을 표현하기 위해 관형사를 상정한 것이고, 기존 한국어 문법에서 {한, 그}를 대표적인 관형사라고 한 것이라는 점을 인정한다고 해도, 왜 {새, 여러}는 관형사로, {국제, 긴급}은 관형사가 아닌 것으로 기술하고 분류했을까 하는 의문점이 계속 남는다. 혹시 그 기준에 문제점은 없는가 하는 점인데, 이 문제는 다음 절에서 상세히 논의하기로 한다.

그러면 관형사란 용어가 만들어진 정황 이후에 그 용어의 영향력은 한국어를 틀짓는 데 어떻게 미쳐 나갈 수 있는가에 대해 논의해 보자. 관형사란 용어를 만들어내게 된 발단은 일본어 문법 용어에 있는 듯하다. 인구어의 'article'이라는 문법범주를 일종의 형용사로 보는 서구의 전통 문법적 시각을 받아들이고 그것을 지칭하기 위해 冠詞로 옮겼는데, 관사라는 용어가 한국어 문법에 도입되면서는 관사의 그 명사 앞이라는 '위치' 개념이 강조되어 '관사+형용사 = 관형사'라는 품사가 설정된 것 같다. 따라서 이러한 관형사라는 명칭을 사용하면서부터는 의식적이든 무의식적이든 간에 다음과 같은 언어학적 사고가 전개될 수밖에 없을 것 같다. 하나는, 인구어의 冠詞(article)라는 범주가 일본어나 한국어에는 존재하지 않는다는 인식 하에, 그와 유사한 기능을 하는 것으로 보이는 요소를 관사가 아닌 冠形詞로 인식하게 됨으로써 인구어의 문법요소가 한국어의 어휘요소에 대응되는 결과가 초래된다. 더 나아가서는, 겉으로 구조가 달라 보이는 언어를 비교함에 있어, 비교의 틀이 잘못 되어 있을 가능성이 가려지기 쉽다. 비유적으로 말해, '나'의 모습과 거울 속에 비친 '나'의 모습에서 현실의 '나'와 거울 속의 '나'가 반대로 나타난다는 사실을 인식하지 못하는 것과 같다. 그 결과 전통적으로 영어의 관사 {a/the}의 설명이 한국어의 관형사 {한/그}에 토대를 두고 이루어지게 된 듯하다.[11] 이는 한국어의 {한/그}에 대한 본질적 접근에 장애요소로 작용할 뿐만 아니라, 인구어의 관사 {a/the}를 잘못 인식하고, 결코 우리가 인식할 수 없는 미지의 범주로 만들어 버리는 결과를 낳는다.

    (6) 가. a boy – **한** 소년
        나. the girl – **그** 소녀

  인구어의 관사가 한국어의 소위 관형사에 대응되는 요소가 아니라는 점을 재인식하기 위해서는 우선 한국어에는 '관사' 범주가 부재하지만, 그에 버금가는 기능을 담당하는 관형사 범주가 있다고 보는 인식에 일대 전환점이 마련되어야 한다고 필자는 본다.[12] 그리고 인구어의 관사란 전

---

11 외국어로서의 한국어를 소개하기 위한 목적으로 쓰여진 이익섭·이상억·채완 (1997: 124–125)에서 이러한 전형을 찾아볼 수 있다. 또한 흥미로운 것은, 한국어와 마찬가지로 교착어로 분류되는 바스크어의 경우에 '관사' 범주가 설정되어 있고, 그것의 실현 위치가 어휘 핵인 명사 다음이라는 것이다. 이러한 사실이 시사하는 바는 자못 크다고 할 수 있다. 바스크어의 명사확장 구조는 다음과 같다 : N(명사)–Det(관사)–Post(후치사). 자세한 것은 Laka Itziar(2001)를 참조할 것.

12 관형사란 용어는 처음에는 바로 인구어의 관사에 대응된다고 본 어휘요소 {한, 그} 등을 관사 또는 형용사로 부를 수가 없어서 그 혼합어로서 '관형사'가 만들어졌을 가능성이 크다.

통문법에서 봐온 대로의 일종의 어휘범주인 형용사가 아니라 문법범주라는 점을 새삼 인식할 필요가 있다.[13] 거꾸로 한국어에는 관형사 범주에 포함시킨 일부 어휘요소는 관사의 대응부로서의 관형사가 아니라, 지시형용사, 수량형용사 등의 대응부로서의 관형사인 것이다. 따라서 인구어의 '관사' 범주, 즉 문법적 범주에 대응되는 문법요소가 한국어에 있다고 가정을 해 본다면 그 요소는 어휘요소의 후행요소인 문법요소에서 찾아볼 수 있고 그것이 더 타당한 논리가 되는 것이다.[14] 이런 시각에서 보면 위 (6)의 대응표는 다음과 같이 수정된다.

(7) 가. a boy – (한) 소년**이**
   나. the girl – (그) 소녀**는**
         (관형사) 명사-**관사(= 한정조사)**

3.2. 관형사 범주의 한계

관형사 범주는 이상에서 그 용어의 탄생 배경과 관련하여 추론해 보았듯이, 범주 내에 묶이는 요소들 자체가 비일관적이고 혼질적일 가능성이 크다. 더 나아가 관형사를 한정하기 위해 적용한 기준이란 것이 얼마나 일관성이 있는가를 검토해 보면, 그것 또한 문제가 없지 않음이 드러난

---

13 인구어의 관사를 일반 형용사와 구분하는 문제는 구조주의 언어학 이후, 생성문법에 이르기까지 많은 성과가 있었다. 그러나 이러한 구분에도 불구하고, 전통적 수형도의 NP, PP 구조에 대한 문제가 선명히 해결을 못 보고 있다. 이에 대한 자세한 논의는 목정수(2000나)를 참조하라.

14 한국어에서의 관사 범주 문제에 대해서는 목정수(1998, 1999, 2000나) 등에서 자세히 논의된 바 있다. 한국어의 관사범주에 속하는 것으로 {가, 를, 도, 는}을 설정했었는데, 최근에는 {의}도 한정조사 범주에 속하는 것으로 보고 있다. 그 근거를 다음 예를 통해 제시해 본다.

   (1) chien de berger (양치기 개) / chien du berger (양치기의 개)
   (2) best player of the year (그해/올해의 최고 선수)

다. 일반적으로 제시되는 관형사에 대한 정의항은 '활용하지 않고, 즉 꼴 바꿈 없이 다른 명사를 꾸며주는 역할만을 담당하는 어휘 요소'이다. 그러한 정의에 따라 대표적으로 드는 것이 {새}와 {헌}이다.[15]

(8) 가. 새 책
　　나. *그 책은 새이다/새답다　cf. 새롭다
　　다. *새인/새다운 책

그러나 이러한 기준을 적용하면 다음과 같은 요소들이 전부 이 기준에 적용된다. {국제}, {일요} 등 수많은 어휘 요소들을 관형사 범주에서 적극적으로 배제할 수가 없다.[16]

(9) 가. 국제 도시
　　나. *서울은 국제이다/국제답다.
　　다. *국제인/국제다운 서울

(10) 가. 일요 신문
　　나. *내가 보는 신문은 일요이다/일요스럽다.
　　다. *일요인/일요스러운 신문

위의 정의항으로 관형사를 규정할 때, 의문이 가는 점은 {새}를 관형사로 여전히 규정하고 있으면서, {국제} 같은 요소는 명사적으로 홀로

15　{새}는 본 논의에서는 "형용사" 범주로 설정되고 있지만, '새/새로/새롭다' 관계를 참조하면, '국제적/국제적으로/국제적이다'와 평행하므로, {X-적} 구성처럼 명사로 승격될 가능성도 있음을 밝혀 놓는다. 그리고 {헌}은 {새}를 관형사로 설정했을 때, 그 의미적 짝으로서 관형사 범주에 들어오게 된 것이지, 그 자체로 보아서는 동사 {헐다}의 관형형에 불과한 것으로 본다.

16　{국제}를 어근이라고 하기 위해서는 최소한의 조건으로 {국제 X}의 구성이 형태론적 구성이라야 하는데, {국제}와 {X}의 관계는 통사적 구성이다 : 국제 관계, 국제 정세 …, 국제 업무 관계, 국제 협력 추진 본부 ….

쓰이지 못하는 요소라 하여, 이를 '어근(명사)',[17] '형성소'[18] 등으로 규정하려는 시도가 행해지고 있는 이유는 무엇일까 하는 것이다.

그러나 우리는 소위 관형사의 대표적 예인 {새, 온갖}과 어근이라 불리는 {국제, 유명}의 언어적 행태를 비교해 보았을 때, 이 둘을 다른 범주로 구분해야 할 근거와 필요성이 딱히 찾아지지 않는다는 점에서 이 둘을 하나의 범주로 통합하는 것이 낫지 않을까 생각한다. 그 범주는 자연스럽게 "형용사"가 된다. 왜냐하면, 우리는 기존의 '형용사' {붉다}, {비싸다}, {싫다}, {밉다} 등을 기술동사, 주관동사의 범주로 인식하고 있기 때문이고, 기존 관형사 범주의 정의는 수식적 용법으로서의 형용사에 대한 정의와 다르지 않기 때문이다.

우리의 논의를 더 분명히 하기 위해 {새}, {온갖}, {유명}, {국제} 등을 "형용사"란 단일 품사로 묶는 데에 따른 잇점을 생각해 보기로 하자. 예를 들어, '국제 관계', '국제 회의' 등 {국제}는 다른 명사를 수식하는 수식적 용법만을 갖지, '*국제로', '*국제에서'처럼 격조사나 후치사와 결합하여 쓰이지 않는 바, 이것을 수식적 용법만 가능한 "형용사" 부류로 묶어 내면, {국제}는 크게 명사류(Nominal)에 속하면서 명사 수식이라는 통사 환경에 의해 소부류인 형용사로 분류가 된다. 이렇게 되면 품사 차원에서 명사와 형용사의 연계성을 그대로 간직한 채 개별어휘의 품사적 지위의 특성을 그대로 반영해 줄 수 있는 장점이 있다. 또한 자립성 문제로 인해 '어근' 등의 개념을 도입할 필요도 없어진다. 왜냐하면, 원래 "(수식적 용법의) 형용사"는 홀로 자립적으로 쓰일 수 없기 때문이다. 일

---

17 '어근명사' 개념은 김창섭(1999), 세종계획 전자사전개발분과의 보고서 홍재성 외 (2000) 등에 보인다. 김창섭(1999)에서는 '관형명사'라고 한 적도 있다. 물론, 북한문법까지 고려하면 '어근', '어근적 단어'란 개념이 외부에서 먼저 제시된 것임을 알 수 있다(김일환(2000) 참조).

18 「연세한국어사전」에서 제시된 개념이다.

반적으로 형용사는 피수식 요소에 기대어 명사구를 이루거나 기능동사의 중재로 주어와 연결되는 서술어로만 쓰인다는 것에는 이론의 여지가 없는 것이다(Shopen (1985:13-20) 참조). 이렇게 되면 품사론의 체계가 일관됨은 두말할 나위도 없고,[19] 더 나아가 한외 이개어 사전에 대역어를 작성할 때 양 언어간의 품사적 평행성이 유지되거나, 영어의 형용사와 한국어의 형용사를 다른 것으로 인식하는 괴리가 메꿔진다는 실용적·실천직 장짐도 깆게 된다.

(11) 가. 국제 (형용사) - international (adj.)
　　　예) 국제 관계 - international relation
　　　　　국제 회의 - international conference
　　나. 긴급 (형용사) - urgent (adj.)
　　　예) 긴급 회의 - urgent meeting
　　　　　긴급 상황 - urgent situation
　　　　　긴급하다 - be urgent
　　다. 주요 (형용사) - main/major (adj.)
　　　예) 주요 사항 - main issues
　　　　　주요 시설 - main facilities
　　라. 새 (형용사) - new (adj.)
　　　예) 새 옷 - new dress
　　　　　새 단장 - new decoration[20]

---

19 김창섭(1999)의 부록으로 실린 소위 '관형명사'의 상당수가 "형용사" 범주에 속하게 된다. 그리고 "형용사"와 명사의 넘나듦 관계가 회복되었기 때문에, 김창섭(1999)에서 사용한 '관형명사'가 의미하려고 했던 내용이 결국 "형용사"라는 용어로 더 쉽게 이해를 할 수 있다. 결국 한국어의 ["형용사"+명사] 구성과 [명사+명사] 구성은 아주 자연스러운 평행성을 보인다 : {새 사회/국제 사회/순수 사회} ═ {간첩 사회/선수 사회/미래 사회}

20 여기서 문제로 제기될 수 있는 사항이 하나 있다. "형용사"로 분류되어야 할 것 중에서 {새}나 {주}처럼 '새로', '주로'의 경우에서 보듯이, 격조사 {로}와 결합이 허용되는 것들이 있다는 사실이다. 필자는 격조사나 후치사 {에, 로, 와, 부터, 까지}

이와 같은 인식을 통해서 보면, 언어 보편적으로 "형용사"(넓게는 명사) 중에는 의미 속성상 형태를 바꾸지 않고 부사어적인 기능으로 사용될 수 있는 것들이 많이 있다는 사실을 한국어를 통해서도 확인할 수 있다.[21] 쉬운 예로, 영어에서 명사나 형용사가 꼴을 바꾸지 않고 부사적으로 쓰일 수 있음은 주지하는 바와 같다. 또한 영어에서 형용사를 {-ly}를 붙여서 부사어로 만들 수 있듯이, 한국어의 "형용사"도 꼴바꿈 없이, 또는 명사화요소 {-적的}과 격조사 {-으로}의 도움으로 부사어를 만들어 내는 것이 아주 생산적이다.

(12) 가. high hill – fly high in the sky – speak highly of
    나. deep investigation – dive deep into the sea – be deeply moved
    다. nonstop flight – smoke nonstop

(13) 가. 적극 나선다 – 적극적으로 추진하다
    나. 분명 그 사람이 맞다 – 분명하게/분명히 밝히다
    다. 두리뭉실 넘어갈 생각은 하지도 마 – 두리뭉실하게 처리하다

또한 위에서 제시한 명사수식적 용법만 보여주는 "형용사"는 기능동사 '이다'나 '하다' 등의 선행요소, 즉 술어자리에 오기가 어렵듯이, 영어

와 결합하는 것을 기준으로 형용사와 명사를 구분하는 기준으로 삼고 있기 때문이다. 문제의 예들은 다음과 같이 몇 개 되지는 않는다 : 새로, 주로, 날로, 생으로, 절대로, 대체로, 홀로, 실로, 별로, 예사로 현재로서는 {새, 주}를 명사로 처리하든가 아니면 {새로, 주로} 등을 더 이상 분석되지 않는 부사로 처리하는 방안을 선택해야 할 것 같다.

21 목정수·연재훈(2000)에서는 상징부사에 대한 논의를 종합하면서, 한국어의 명사부류는 다음과 같이 큰 틀을 형성하고 있다고 보았다.

   명사류 : 1.1. 일반명사(하늘, 땅, 책상)
          1.2. 서술명사(공부, 토론, 잣치기, 발걸음)
          2.1. 상징부사(반짝, 어슬렁어슬렁)
          2.2. 순수부사(몹시, 아주, 매우, 슬며시)
          3. 형용사(유명, 고유, 국제, 조용, 두리뭉실)

의 <관계 형용사>로 분류되는 것도 마찬가지로 서술적으로 쓰이지 못한다는 평행성을 알 수 있다.

    (14)   가. *국제이다/*국제였다
           나. 국제적 망신이었다/ 국제적인 스캔들이었다

    (15)   가. mere child, international conference ….
           나. *be mere, *be international ….

3.3. "형용사" 범주의 재정립과 유형 분류

이처럼 {새}와 {국제}를 "형용사" 범주로 묶게 되면, 기존의 관형사로 분류된 것 중에서 상당수가 여기로 편입되고,[22] 품사적으로 다르게 제각각 분류되었던 어휘 요소들이 단일하게 "형용사"라는 범주로 재배치될 수 있다. 그러면 "형용사" 범주에 이전에 관형사나 어근/어근명사로 처리되던 것의 일부만 포함되는가 하는 의문이 들 수 있다. 더 나아가, 만일 그런 것으로 끝난다면 기존 '관형사'의 범주의 외연의 범위에만 약간의 변화만 가져온 것이고 기존 용어를 변경한 것 이외에 아무 이득이 없이 오히려 인식의 혼란만 가중시켰다는 비판을 면키 어려울 것이기 때문이다. 그렇지 않다고 본다. 지금까지 우리는 관형사 문제와 관련하여 "형용사" 어휘를 논하면서 주로 수식적 용법의 "형용사"만을 다루었고 서술적

---

22 우리의 시각에서 보면, 기존에 관형사의 대표격이었던 {이, 그, 저}는 그들의 형태·통사적 행태를 고려하여 '지시(대)명사/지시형용사'의 명사류로 통일되어 재배치되어야 할 것이다. 다음의 예가 보여주는 이들의 분포를 고려해 보라.

    (1) 가. 이는 형용사 범주가 새롭게 정립되어야 함을 의미한다.
         나. 그에 의하며, 이 문제는 저 사람이 해결해야 한다.
         다. 그 때문에 이게 이루어지지 않았다.
         라. 그 후, 아무도 그를 보지 못했다.

용법으로서의 "형용사"를 다루지 않은 것이다. 즉, 영어의 다음과 같은 형용사들에 대응되는 어휘들을 고려대상에 포함하지 않았다.

(16) 가. Hey, Jude, don't be <u>afraid</u>!
　　　나. She suddenly became <u>aware</u> of his keen eyes upon her.

따라서 우리가 "형용사" 범주에 편입시키고자 하는 것에는 기능동사 구성의 서술어 자리를 차지하는 요소들이 상당수 포함되어야 하는 것이다. 여기서 기능동사는 {하다, 답다, 스럽다, 이다}를 말한다. 예전에 '형용사' 'X-하다' 구성을 파생형용사로 보고 {하}를 '형용사' 파생접미사라고 보는 전통적 시각에서 탈피하여 '서술성어휘요소+기능동사'의 통사적 구성으로 파악하는 우리의 시각에서 보면,[23] 어근요소, 어근적 단어라 했던 {X}의 품사상의 지위를 따져볼 때, 그것은 우리가 규정한 "형용사" 범주에 포함될 수 있다는 것이다. '어근'이란 용어는 형태론적 단어 구성의 차원에서 쓰이는 것이지 품사 차원의 구분에 적합한 것은 아니기 때문이다. 다음 예를 주목해 보자.

(17) 가. 철수야, 미안!
　　　나. 정말 미안도 하고 해서, 이렇게 말씀 드리는 겁니다.
　　　다. 미안한 마음을 감출 수가 없다.
　　　라. *미안 마음이 들지 않는다.

{미안}이란 어휘는 {하다/스럽다}의 기능동사와 결합하여 서술적인 용법으로 쓰이거나, 홀로 서술적 용법으로만 쓰이지 명사 수식적 용법은

23　'공부하다'류의 구성에 대한 논의를 통해 이러한 시각은 많이 보편화되어 있지만(홍재성(1993, 1997), 목정수(1998)), '유명하다'류의 구성을 동일한 시각으로 본 논의는 뚜렷하지 않은 것 같다.

없는 것으로 보인다. 또한 격조사와 결합하지 않고 다만 한정조사나 질화사하고만 결합할 수 있다.[24]

이제 우리가 해야 할 일은 "형용사" 범주에 속하는 요소들의 형태·통사적 차이를 면밀히 관찰하여 그들의 하위유형을 구분해 내는 것이다. 우리는 "형용사"가 문장 내에서 기능할 수 있는 환경을 망라해 보고 그 패턴에의 친화성을 검토하여 하위분류의 근거로 삼는다. "형용사"의 기능은 크게 다른 명사들을 꾸며주는 수식적 기능과, 기능동사에 의해 술어 자리에 쓰이는 서술적 기능으로 나뉜다. 따라서 "형용사"는 이론적으로 세 가지 유형으로 나뉜다.

<한국어 형용사의 유형>

유형	용법여부		예	기능동사
제1유형	수식기능	o	유명, 긴급, 정밀 …	하다
	서술기능	o		
제2유형	수식기능	o	새, 여러, 국제 …	
	서술기능	×		
제3유형	수식기능	×	깨끗, 조용, 미안, 다행 …	하다, 이다, 스럽다
	서술기능	o		

---

24 한 논평자께서는 서술적 용법의 "형용사"에 한정조사가 붙을 수 있는 현상을 두고, 이것도 "형용사"의 꼴바꿈 – 곡용을 의미하는 듯함 – 으로 볼 수 있지 않느냐는 질문과 더불어, 그렇다면 앞에서 수식적 용법의 "형용사"는 꼴바꿈을 하지 않는다는 것과 모순될 수 있다는 점을 지적해 주셨다. 지적에 깊이 감사를 드린다. 필자는 '미안을/은/도 하다'에서처럼 {미안}에 한정조사 {을, 는, 도}가 붙는 것은 {미안}의 꼴바꿈으로 보지 않는다. 명사의 꼴바꿈은 문법적 관계를 표시하는 격조사나 후치사가 붙은 것에 국한되는 것으로서, {미안}에는 이러한 격조사나 후치사가 결합될 수 없다는 것이 바로 {미안}이 명사가 아닌 "형용사"라는 것을 말해 준다고 본다. 한정조사는 선행단위를 바라보는 화자의 태도, 즉 양태적 의미를 첨가시켜 주는 것이기 때문에, 명사 뿐만 아니라 "형용사", 부사, 동사 활용형에도 붙을 수 있는 것이다 : 나무−가/는, 자주−도/는, 빨리−를/는, 먹게−를/도 … 나무−에, *자주−로, *미안−에서, *빨리에게, *먹게−와 …

앞에서도 잠깐 언급했듯이, 우리가 "형용사" 부류로 묶고자 하는 것들을 판별해 낼 수 있는 기준은 철저히 형식적 기준을 따른다. 우선 격조사나 후치사 {에, 에게, 로, 와, 서, (부터, 까지)}는 논항 명사가 서술어와의 관계에서 갖게 되는 문법 관계를 표시하는 기능표지들이기 때문에, 명사 이외의 품사와는 결합이 불가능하므로 이들 문법요소와의 결합력을 통해 명사냐 형용사냐의 가름을 해 낼 수 있다(목정수·연재훈(2000) 참조).[25] 예를 들어, '자동 판매', '수동 기어', '국영 공장', '구두 시험' 등에서 보듯이, 이 구성은 '온갖 상품', '국제 사회', '일요 신문' 등과 구성이 유사해 보이나, 전자의 것들은 격조사와의 결합이 가능하므로 명사로 분류한다. 그리고 이들이 명사로 분류되므로 기능동사 {이다}와 결합해서 서술적으로 쓰이는 것은 당연하다. 일반적으로 명사가 확실한 (20, 21)의 경우와 비교해 보자.

(18) 가. 자동 기어 / 자동 세탁기
　　　나. 자동이다
　　　다. 자동으로 움직인다

(19) 가. 구두 시험
　　　나. ?이번 시험은 구두이다.
　　　다. 구두로 대답한다

(20) 가. 학생 운동
　　　나. 돕고자 하는 것은 학생이다.
　　　다. 학생에 의해 이루어지다.

---

25 여기서 소위 주격, 대격, 속격의 조사 {가, 를, 의}가 빠져 있는 것에 의아해 할 수 있을 것이다. 이 요소를 격조사가 아닌 한정조사로 보는 근거에 대해서는 목정수(1998) 등을 참조할 것. 영어에서 이와 유사한 기준이 적용될 수 있다는 것에 대해서는 각주 27)을 참조할 것.

(21) 가. 사회적 반향

나. 그의 행동은 반사회적이다.

다. 사회적으로 불건전하다.

이러한 "형용사"로 분류된 어휘들의 하위 유형을 대표적으로 보여주는 것들을 도표로 정리해 보면 다음과 같다.

<한국어 형용사 범주의 하위 분류>

표제어	유형	대역어	수식용법	서술용법	참고
새	1/2	new	(새 옷)	x	새롭다(vd)
어느	2	certain	(어느 마을)	x	
온갖	2	all	(온갖 종류)	x	
국제 (國際)	2	international	(국제 기구)	x	
황당 (荒唐)	1	(be) absurd	(황당무계/황당 사건)	o(하다)	황당하다(vs)
일요 (日曜)	2	of Sunday	(일요 신문/일요 대담)	x	
깨끗	3	be clean	x	o(하다)	깨끗하다(vd)
알뜰	1	(be) frugal	o(알뜰 구매/알뜰살림)	o(하다)	알뜰하다(vd)
마련	3	be doomed	x	o(이다)	마련이다 (vd_aux)
유명	1	(be) famous	o(유명 인사)	o(하다)	유명하다(vd)
극성 (極性)	1/noun	(be) impetuous	o(극성 주부)	o(이다/맞다/ 스럽다)	극성이다/ 맞다(vd)
피곤 (疲困)	noun	tiredness	?	o(하다)	피곤하다(vs)
청결	noun	cleanliness	o(청결 유지)	o(하다)	청결하다(vd)

(vs : 주관동사, vd : 기술동사, va : 행위동사)

그러나 이러한 형식적 기준에 의하더라도, 명사와 형용사의 구분이 모호한 것도 있을 수 있다. 몇몇 예를 보이면 다음과 같다. {대폭}, {소폭},

{사후}, {가관}, {극성} 등은 형용사로 분류될 수 있으나, 격조사와의 결합이 허용되는 것으로 보아 일단 명사로 분류된다.

(22) 가. ?소비자 물가지수가 소폭으로 인상되었다.[26]
　　　나. 사후에 발생한 일은 책임지지 않습니다.
　　　다. 그 녀석 하는 짓이 영 가관으로 ……
　　　라. 김선생은 학부모들의 극성으로 인해, 신경이 날카로워져 있다.

참고로 {대폭, 소폭, 사후, 만년}은 시간·장소명사처럼, 부사적 용법을 보여준다.

(23) 가. 그 사람을 사후 만나기로 했다.
　　　나. 내각이 대폭 개편되었다.
　　　다. 그는 만년 과장만 하고 있다.

{무명}도 마찬가지의 이유로 개념적 반의관계에 있는 "형용사" {유명}과는 달리 명사로 분류되어야 한다고 본다.

(24) 가. 무명 작가
　　　나. 그 친구는 아직 무명이다.
　　　다. 한 10년간 무명으로 활동하다가 이제야 떴습니다.

위 도표의 {청결}과 {피곤}도 제3유형의 형용사로 분리될 수 있으나, '피곤으로 인하여', '교실의 청결에 유의하라' 등에서 보듯이 격조사가 결합할 수 있으므로, 일단 명사로 분류한다.[27] 그리고 완전히 명사적 용법

---

26 '소폭으로' 등이 받아들여지지 않는다면, {소폭}은 "형용사"로 분류되어야 할 것이고, {소폭}의 부사적 기능도 형용사 {소폭}에서 나옴이 자연스럽게 설명될 수 있다. {대폭}도 마찬가지이다.

을 보여주는 {가난}, {건강}과 같은 경우는 '(상태/형용사성)'명사로 처리하고, {가난하다}, {건강하다}의 '명사+하다' 구성 자체가 기술동사로 쓰임을 고려하여 {가난₂}, {건강₂}의 "형용사"의 범주를 따로 설정하는 동음이의어식 분할 방법이나 (서술적) 형용사적 용법의 다의어식 처리방식 중 하나를 선택하여 처리하는 방안을 생각해 볼 수 있다.[28]

위의 도표에서 보았듯이, 한국어 "형용사"와 관련하여 우리가 끌어낼 수 있는 일반적 사실들은 다음과 같이 정리된다.

1) 제2유형에는 고유어와 한자어가 두루 있다. 다만, 제2유형의 대다수는 2음절 한자어가 차지한다.[29] 이는 외국어가 제3유형의 형용사로 국어에 편입되는 것과 대조를 이룬다 : *²섹시 여자, 섹시하다, 섹시한 여자; *젠틀 신사, 젠틀하다, 젠틀한 학자. 이는 한국어 화자들이 한국어의 한자어와 외국어를 구분한다는 증거가 될 수 있다.

2) 제3유형의 형용사는 고유어 계열이 상대적으로 많다 : 깨끗(하다), 따뜻(하다), 썰렁(하다) … // 정확(하다), 적확(하다) …

---

27 {피곤하다}, {청결하다}를 보면, 다른 형용사의 서술적 용법과 다르지 않다는 점에서 이들을 "형용사"로 보고 {피곤은 하다}, {도시 청결의 문제}에서 보듯이 한정조사가 개입하는 것을 형용사의 명사화 현상으로 설명할 수 있는 여지도 있다. 형용사가 관사와 더불어 명사적 용법을 보여주는 것은 흔한 일이다. 그러나 형용사가 전치사의 보어로 바로 올 수는 없다. 다음 영어의 예를 보자.

　　(1) He is a rich man. / He is rich.
　　(2) The rich are not always happy. / *I gave it to rich.
　　(3) He is the richest in the world.

28 기존에 '형용사'로 처리된 {X-하다} 구성에서 {X} 요소가 명사적 행태를 보이는 것에 한하여 {X하다}를 어휘화된 기술동사로 등재하고, {X}요소가 형용사로 분류되어야 하는 것들은 {X-하다}를 별도의 엔트리로 설정하지 않고, 기능동사 구성으로 처리하는 것이 좋을 듯하다 : 가난하다, 자유하다 // 유명-하다, 황당-하다, 깨끗-하다, 조용-하다

29 김창섭(1999)에는 많은 수의 관형명사가 제시되어 있다.

3) 의미적으로 관련이 있지만, 제1유형과 제3유형으로 구분되는 관련 형용사가 한자어의 경우에 많다 : *정확 시계 / 정확하다 ↔ 정밀 과학 / 정밀하다

4. {X-적} 구성을 어떻게 봐야 할까?

4.1. {적(的)}의 정체성

한국어에서 {-적}은 생산성이 아주 높은 접미사로 처리되어 왔다. 그만큼 {적}에 의해 파생되는 단어가 많다. 우리는 이러한 '적-파생어'의 문법적 지위(= 품사)에 대한 입장을 분명히 하는 데 천착할 것이다. 이는 {-적}에 대한 새로운 해석이 앞서 새롭게 정립한 "형용사" 범주와 어떻게 관련되는가를 보여주기 위함이다.

먼저 {-적}과 관련된 논의에서 제기된 문제들을 살펴보고, 그에 대한 우리의 입장을 제시하기로 하자. 남지순(2001)은 대규모 언어처리를 위한 데이터베이스를 구축함에 있어 {적}에 대한 처리에 있어서의 기존의 불합리성을 지적하며, 다음과 같은 문제를 제기하고 있다.

"다음과 같은 문장에서 나타나는 구문적 특성은, 'X-적'에 대한 기존 사전의 명사/관형사 분류를 유지할 때, 일반적인 통사규칙에 위배되는 현상이 된다. 즉 '명사-지정사'의 연쇄가 부사의 수식을 받고 있기 때문이다"(남지순(2001:143)

"기존의 관련 연구들에는 'X-적'의 문제에 있어서, 주로 형태론적으로 X에 해당하는 성분이 어떠한 유형인가에 대한 문제에 관심을 둔 것이 많다. 'X-적' 자체의 품사 문제에 대한 논의에 있어서는, 이를 하나의 명사로 보

아야 한다는 견해 및 또는 오히려 형용사에 가깝다는 견해가 제기되기도
하였다. 그러나 문제의 제기가 'X-적' 자체에 대한 논의보다는 'X-적-이다'
전체에 대한 논의가 되어야 한다는 것이 바로 DECO 사전의 입장이다. 형
용사적 기능을 가지는 것은 'X-적'이 아니라 'X-적-이다' 전체인 것이다."
(남지순(2001:143))

4.2. {적}은 명사화 접사로 보아야

한국어에 "형용사"라는 범주를 새롭게 규정하고자 하는 우리의 시각
에서 보면, 한국어의 접미사 {-적}은 '(서술성)명사 파생접사'로 파악된
다. 따라서 {X-적} 전체는 (형용사성) 명사이다.[30] 그래야만 전체적으로
한국어의 {X-적}과 통합가능한 여러 구조가 어긋남 없이 설명된다. 첫
째, {X-적} 구성은 다른 명사와 수식 관계로 통합 구조를 만들 수 있다.
이는 다른 명사와 평행성을 보인다.

    (25)   가. 일상적 업무 / 통계적 방법 / 시간적 문제 / 문명사적 대전환
             나. 학교 공부 / 책상 다리 / 책상 가운데 / 책상 장수

둘째, {X-적} 구성은 기능동사 {이다}에 의해 서술적 기능으로 실현된다.

    (26)   가. 친화적이다 / 사회적이다
             나. 학생이다 / 정성이다

셋째, {X-적} 구성에는 제약적이지만 격조사가 결합할 수 있고, 또한
보조사와도 결합할 수 있다.

---

30 「연세한국어사전」에서도 {X-적} 전체를 명사 범주로 처리하고 있고, 「표준국어대
   사전」에서는 관형사, 명사 이중범주로 처리하고 있어 대조된다.

(27) 가. 인적으로 / 미신적으로
     나. 학교로 / 정말로

(28) 가. 관념적{이/은/도} 아니다
     나. 책상{이/은/도} 아니다

넷째, {X-적-이다} 구성은 관형사형(= 형용사화) 어미에 의해 수식어로 쓰인다.

(29) 가. 방법론적인 문제 / 관념적일 수 있다
     나. 학생인 신분 / 진짜일 수는 없다

다섯째, {X-적} 명사는 서술성 명사이기 때문에 그 의미속성에 따라 논항의 구조를 제약하는 측면이 있다.

(30) 가. ~와 독립적(이다), ~와 독립적(으로)
     나. ~와 친구(이다), ~와 반대(이다), ~와 관계(하다/맺다)

(31) 가. ~에게 의존적(이다), ~에게 신사적(이다) /
         ~에게 의존적(으로), ~에게 신사적(으로)
     나. ~에게 반대(하다), ~에게 의지(하다), ~에게 친절(하다)

이렇듯 {적}은 일반적으로 형용사를 서술성 명사로 바꾸어주는 역할을 한다. 따라서 {X-적-이다} 구성에서 {X-적}을 관형사 또는 (관형)명사로 분류하면, 부사에 의한 수식을 받는 것이 이상하다고 지적한 남지순(2001)의 문제는 다른 방식으로 설명될 수 있다. 즉, 부사는 의미적으로 관련된 X 요소, 즉 형용사나 명사 그리고 파생된 서술성 명사 {X-적}을 꾸며줄 수 있기 때문에, {X-적-이다} 전체를 하나의 단위인 '형용사'로 보는 것에는 무리가 따른다. 그렇다면 '형용사'로 등재해야 할 어휘수가 {X-적} 요소만큼 늘어난다는 얘기가 된다. 그리고 부사가 {X-적-이다}를 꾸며주는 것처럼 보일 수는 있지만, 동일한 수식 관계가 부정 구문에서도 유지되는 것을 보면, 부사의 수식범위는 {X} 또는 {X-적}에 제한되는 것으로 보는 게 옳다.

우선 남지순(2001:139-141)이 제시한 예와 설명은 다음과 같다.

*그 기업체는 매우 민영이다.
 그 집단은 매우 민주적이다.

"이것은 'X-적' 구성의 의미적 특징을 잘 반영하는 통사적 속성의 한 단면을 보여주고 있다. 이때 'X-적'을 하나의 명사 범주로 처리하고, 동반된 '이다'를 일반적으로 명사를 수반하는 하나의 독립성분(가령 지정사라든가, 용언, 서술격조사 등과 같은 용어를 빌어)으로 간주하게 되면 이들 명사구 연쇄가 '매우'와 같은 정도부사의 수식을 받는다는 사실이 설명되기 어렵다. 실제로 'X-적-이다'는 하나의 어휘화된 형용사 술어로, 전형적인 형용사의 통사-의미적 속성을 공유하고 있다. (…) DECO 사전에서 'X-적'은 명사나 관형사의 품사 유형으로 분류되지 않는다. 반면 'X-적-이다'를 기본 형태로 하는 하나의 '형용사'로부터 변형될 수 있는 형태로 분석된다."

여기서 {매우}가 {민주적이다}라는 동사구 전체를 꾸미는 것이 아니라 파생 술어 명사 {민주적}과 의미가 충돌하지 않기 때문에 수식을 할 수 있는 것이다. 반면에 {매우}는 {민영}과 의미적으로 부합이 되지 않기 때문에 어색한 것이다. 따라서 {민주적}의 경우에는 그 수식관계가 문장이 변형되어도 그대로 유지된다.

(32) 가. 그 집단은 매우 민주적은 아니다.
    나. 네 설명은 전혀 관념적도 아니다.

그렇기 때문에 다음과 같은 구성의 수식관계도 자연스럽게 받아들여진다.

(33) 가. 김의원은 매우 민주적으로 일을 처리한다.
      나. 그 문제는 너무 관념적으로서, 내 이해 범위를 벗어난다.

4.3. {적} 파생의 제약성

앞 절에서 우리는 {적}은 "형용사"나 명사를 서술성을 띤 명사로 파생시키는 기능을 담당하는 접미사로 규정했다. 그리고 {적}의 생산력에 대해서도 지적을 했다. 명사의 경우는 한자어냐 고유어냐에 따른 결합력에 차이가 있지만, 명사라면 {적} 결합을 잠재적으로 다 가지고 있다고 보기 때문에, 본 절에서는 {적}이 "형용사"와 결합할 때, 어떤 제약이 숨어 있는가를 밝혀보고자 한다. 편의상, 앞서 제시한 "형용사"의 유형 분류를 다시 한 번 제시한다.

○ 제1유형 : 수식적 용법, 서술적 용법 둘다 가능
  1-1 : 서술적 용법 : {-하다}
  1-2 : 서술적 용법 : {-하다} 이외의 기능동사(이다/맞다/답다/스럽다)
○ 제2유형 : 수식적 용법만 가능
○ 제3유형 : 서술적 용법만 가능
  3-1 : 서술적 용법 : {-하다}
  3-2 : 서술적 용법 : {-하다} 이외의 기능동사(이다/맞다/답다/스럽다)

이러한 분류 체계에 입각하여 {적}의 결합 현상을 관찰한 결과, 다음과 같은 제약성이 발견된다.

1) 제2유형의 수식적 용법만 보이는 형용사 중 고유어 계열은 {-적}의

파생을 허용하지 않고, 한자어 계열이 주로 {-적} 파생이 이루어진다 : *새적, *온갖적 // 국제적, 통속적, 거시적, 미시적 …

2) 제3유형의 서술적 용법으로만 쓰이는 형용사 중에서 기능동사 {하다}에 의해 실현되는 것들은 고유어 계열과 한자어 계열을 막론하고, {-적} 파생이 이루어지기 어렵다 : *깨끗적, *조용적, *무지적, *?過度적, *정직적, *확실적, *편안적, *순수적 …

이러한 현상은 개별 어휘 형성의 내적 간섭(lexical blocking)으로 설명할 수 있지 않을까 한다. 명사 수식 기능이나 부사적 기능이 {X-한}, {X-하게}/{X-이/히}로 표현되기 때문에 {X-적}, {X-적-으로}가 막히는 것 같다.[31]

{하다} 이외의 기능동사로 실현되는 것들은 고유어는 {-적} 파생이 불가능하나, 한자어는 가능한 경우가 있어 특기할 만하다 : *마련적 (마련이다), 열성적 (열성이다), 보편적 (보편이다), 경이적 (경이롭다),

3) 제1유형의 수식적 용법과 서술적 용법으로 모두 쓰일 수 있는 형용사 중에서 기능동사 {하다}와 결합하는 것들은 {-적}과 결합이 안 되는 경향이 강하다 : *가혹적 (가혹 행위, 가혹하다), *유명적 (유명 인사, 유명하다), *정밀적 (정밀 가공, 정밀하다), *고유적 (고유 번호, 고유하다) …. 예외적으로 보이는 예가 {괴기적}이다 : (괴기 소설, 괴기하다).[32]

4) 부정 접두사나 다른 접두사 중에는 명사의 품사를 형용사로 바꾸어 주는 결과를 낳는 것들이 있다 :

---

31 김창섭(1984)에 이러한 현상이 자세히 기술되어 있다.
32 김창섭(1999:42)의 '괴기하다'는 필자에게는 좀 어색하게 느껴진다.

예) 사회 → 반사회 (제2유형 : 반사회 단체)

　국민 → 범국민 (제2유형 : 범국민 운동)

　자유 → 부자유 (제1유형 : 부자유 인간, 부자유하다),

　상식 → 몰상식 (제3유형 : 몰상식하다)

따라서 {적}의 결합형에는 형용사 유형에 따른 동일한 제약이 관찰된다.

→ 반사회적 인물 / 반사회적이다,

→ 범국민적 운동 / 범국민적이다,

→ *부자유적 활동 / *부자유적이다,

→ *몰상식적 / *몰상식적이다

이상 "형용사"로 분류할 수 있는 어휘요소들과 {적}이 결합할 때 보이는 제약성에 대해서 알아보았다. 참고로 명사와 {적}이 결합할 때 생기는 제약을 두 가지만 제시하면 다음과 같다.

1) 한자어 명사는 모두 {-적}을 허용할 잠재력이 있다 : 인적, 명령적, 군사적, 언어학적, 학적, 민주적, 공산주의적, 시민적, 심적, 정적, 동적 …. 따라서 {X-적}을 표제어로 다 등재하는 것은 매우 잉여적이다. 다만 1음절로 된 {X}요소 중에서 자립적으로 사용되지 않는 잠재어(?)들은 {X-적} 자체를 표제어로 올릴 필요가 있다 : 인적 자원, 심적으로, 동적이다, 정적이다 …. {노골}도 수식적 용법으로도 서술적 용법으로도 쓰이지 않는다. {적} 파생된 명사 단위 {노골적}만이 쓰인다. 따라서 {노골}은 사전의 표제어로 등재할 필요가 없을 듯하다. {노골적}이란 단위 자체가 표제어가 되어야 한다.

2) 고유어 명사는 원칙적으로 {-적}과 어울리지 않는다 : *마음적, *움직임적, *웃음적, *사람적, *짐승적, *돌적, *잣치기적 …

5. 맺음말

한 언어의 기본 틀을 설정함에 있어서 가장 중요한 것은 일정한 관점의 수립과 일관되고 치밀한 기술 작업이다. 그 중에서도 품사의 분류 작업은 건축의 설계도 작성과 마찬가지로, 언어 현상을 설명하는 데 있어서 매우 중요한 밑바닥 작업이다. 우리는 한국어라는 개별어의 기술에 있어, 기존의 품사 분류 체계나 그에 따라 사용되는 용어의 뒷면에 의도적이는 의도적이지 않든 간에 숨겨져 있는 비일관적 틀을 지적하고, 나름대로의 일관성을 되살리려 새롭게 "형용사" 범주를 재정립해 보았다. '형용사'라는 명칭을 껍데기만 바꾸려고 한 것이 아니라, 틀을 깨고 속 알맹이를 다시 보고자 하는 의도에서 기존의 '형용사'와 '관형사'는 버리고 새로운 "형용사"를 수립하고자 한 것이었음을 독자들은 이해해 주기를 바란다.

이와 같이 품사론의 재정립은 필수적으로 사전, 특히 프로그램이 참조하는 전자사전 구성에 있어서 변화를 가져올 것이 예상된다. 형태소 분석 시에 발생하는 중의성 해소의 문제라든가, 미등록 어휘에 대한 대처 방안, 정확한 구문 분석 시스템을 구축하는 데 있어서 문법요소에 대한 처리 못지않게 어휘부에 대한 정확한 정보를 담은 대규모의 자료기지(database)가 절실히 요구된다는 점에 비추어 볼 때, 품사 구분의 일관성, 체계성 문제는 그 중요성이 다시 한 번 강조되고도 남음이 있다.

지금까지의 논의를 정리하여 제시하면서 본 논의를 마무리하고자 한다. 한국어의 "형용사"는 크게 보면 명사류의 범주에 속한다. 명사류는 크게 실사(= 명사)와 "형용사"로 구분된다. 한국어의 "형용사"는 다음과 같은 통사적 기능을 한다.

1) "형용사"는 명사를 수식하는 기능을 담당한다. 따라서 기존의 관형사 범주는 따로 설정할 필요 없이, "형용사" 범주에 편입시켜 기술하는 것이 낫다.

    -온갖 식물/나라/소식 …
    -국제 회의/도시/관계 …
    -거시 구조/경제/망 …

2) "형용사"는 기능동사에 의해 동사적 차원에서 서술적 기능을 한다. 따라서 기능동사를 포함한 구성 {X-이다}, {X-하다}에서 그 구성 전체가 형용사가 되는 것이 아니라 'X'가 형용사란 말이다. 그 전체는 동사(verb) 또는 구동사(phrasal verb)가 되고, 다시 동사의 하위부류인 주관동사, 기술동사, 행위동사에 적절히 배치되는 것이다.

    -조용형용사(을/도/는/만) 하다기능동사 → 조용하다기술동사(구)
    -정확형용사(을/도/는/만) 하다기능동사 → 정확하다기술동사(구)

3) "형용사" 가운데 '수식적 용법'과 '서술적 용법'을 두루 갖는 것들이 많다.

    -강력형용사 사건명사 → 강력 사건명사(구)
    강력형용사-하다기능동사 → 강력하다주관동사(구)
    -유명형용사 인사명사 → 유명 인사명사(구)
    유명형용사-하다기능동사 → 유명하다기술동사(구)

4) 지시관형사나 지시대명사로 기술되었던 {이, 그, 저}는 지시 (대)명사로 통합되거나 지시대명사/지시형용사로 재배치된다.

$-이_{지시대명사/지시형용사}$ 사람

$-이_{지시대명사}$로 인하여

5) "형용사"는 그 의미에 따라 다양한 하위부류로 나뉘어 질 수 있다. 그들 간의 자연스런 순서의 제약이 설정된다. 전통적으로 수관형사, 성상 관형사, 지시관형사 등으로 분류되던 것들이 결합 순서를 기준으로 재분류될 수 있다.

    (1) 가. 어느 새 옷도 맘에 안 든다.
        나. ^{??}새 어느 옷도 맘에 안 든다.
    (2) 가. 온갖 유명 인사들이 찾아왔다.
        나. [*]유명 온갖 인사들이 찾아왔다.
    (3) 가. 별 싱거운 사람
        나. ^{?*}싱거운 별 사람

참고문헌

김일환(2000). "어근적 단어의 형태·통사론."「한국어학」11.

김창섭(1984). "형용사 파생 접미사들의 기능과 의미 -'-답', '-스럽', '-롭', '하
    -'와 '-的'의 경우-."「진단학보」58.

김창섭(1999). "국어 어휘 자료 처리를 위한 한자어의 형태-통사론적 연구."「연
    구 보고서」국립국어연구원.

남기심·고영근(1989).「표준 국어 문법론」탑출판사.

남지순(2001). "명사 전자사전 어휘부 구성을 위한 어기, 접사, <X-的>의 연구."
    「한국어학」13.

목정수(1998). "격조사 교체 현상에 대한 통사·의미적 논의의 재검토 -조사류
    의 새로운 질서를 토대로-."「언어정보」2.

_____(1999). "정감적 의미와 형태 분석 -청자지시 요소 {아} 분석을 위하여-."

「한국어학」 10.

_____(2000가). "선어말어미의 문법적 지위 정립을 위한 형태·통사적 고찰 -{었}, {겠}, {더}를 중심으로-." 「언어학」 26.

_____(2000나). "소쉬르와 기욤 : 시간성 문제를 중심으로." 「한국프랑스학논집」 31.

목정수·연재훈(2000). "상징부사(의성·의태어)의 서술성과 기능동사." 「한국어학」 12.

박형달(1976). "현대한국어의 보조동사의 연구 -기능적 언어분석의 시론-." 「언어학」 1.

백봉자(1991). "외국어로서의 한국어 문법 -그 정립을 위한 한 방안-." 외솔 최현배 선생 20주기 추모 논총, 「동방학지」 71-72.

시정곤(2002). "명사성 불구어근의 형태·통사론적 연구." 「한국어학」 14.

이익섭·이상억·채완(1997). 「한국의 언어」 신구문화사.

최현배(1937). 「우리말본」 정음사.

허 웅(1983). 「국어학 -우리말의 오늘·어제-」 샘문화사.

홍재성(1993). "약속의 문법 : 서술명사의 어휘, 통사적 기술과 사전." 「동방학지」 81.

_____(1997). "이동동사와 기능동사." 「말」 22.

_____(1999). "한국어의 구조 -유형론적 특성." 「외국인을 위한 한국어 교육의 방법과 실제」 한국방송대학교출판부.

홍재성 외(2000). 「21세기 세종계획 전자사전 개발」 문화관광부.

河野六郎 외(1996). 「언어학대사전」 제6권 술어편. 삼성당.

日本電子化辭書硏究所(1993). 「EDR電子化辭書仕樣說明書」, EDR.

Givón, T.(1983). *Syntax : A Functional-Typological Introduction* Vol. I, John Benjamins Publishing Company.

Hualde, J. I & de Urbina J. O. edited(1993). *Generative Studies in Basque Linguistics*, John Benjamins Publishing Company.

Laka Itziar(2001). A BRIEF GRAMMAR OF EUSKARA, THE BASQUE LANGUAGE, Herriko Univertsitatea (University of the Basque Country) Euskararako Errektoreordetza (Office of the Vice-Rector for the Basque

Language), http : //www.ehu.es/grammar/index.htm

Seiichi and Michio(1995). *A Dictionary of Intermediate Japanese Grammar*, The Japan Times.

Shopen, T.(1985). *Language typology and syntactic description : Clause structure*, Cambridge.

조사와 어미의 상관구조

• 한정조사 {(이)나}의 통사론과 서법 제약 •

1. 들어가기

1.1. 논의 목적

한국어 처리를 하는 과정에서 현실적으로 부딪치는 가장 구체적이고 어려운 것 중의 하나가 주어진 문자열이 품고 있는 중의성(ambiguity)의 문제일 것이다. 그에 대한 해결 방식은 여러 가지가 있을 수 있다. 그러나 우리가 인식론적으로 지향하는 것은 다음과 같다. 언어학적 성찰과 작업의 결과로 인간이 언어를 이해하는 메커니즘의 전반이 밝혀진다면, 인간이 언어의 중의성을 해결하는 방식을 시뮬레이션할 수 있게 될 것이다. 그러면 그 원리를 언어처리에 응용할 수 있도록 프로그램화하는 것이 가능하게 될 것이고, 그 방법이 가장 바람직하지 않을까 하는 것이다. 이것은 바로 이론언어학과 전산언어학이 별개가 아님을 의미하는 것이 아닐까?

본고에서는 소위 '이계 특수조사'라고 설정되어 왔던, {(이)나}, {(이)라도}를 중심으로 그들의 문법적 지위를 어떻게 설정할 것인가와 그 의미 기능이 무엇인가를 생각해 보고자 한다. 본고가 이러한 문제를 새삼 제기하는 것은 한국어 문법 틀을 세우는 이론적인 차원에서뿐만 아니라, 실제적으로 한외 기계번역을 비롯한 자연언어처리 부문에서도 {이나}, {이라도}가 결합된 어절의 형태분석과 자동 태깅의 문제가 발생하고 있기 때문이다.[1] 더불어 이 형태의 의미 처리와 관련된 문제로서, {이나, 이라도}에 딱 대응되는 형태가 존재하지 않는 외국어-영어, 불어, 일본어 등-에서 어떻게 해결되어야 하는가 하는 실천적 해결책을 모색해 보는 것 또한 본 논의의 새로운 도전이다. 또한 문제의 {이나}가 분포적으로 볼 때, 한정조사 계열에 편입되는 요소로 파악할 수 있다는 것을 형식적 기준을 통해 제시하고, {이나}가 한정하는 명사구가 서술어의 서법어미와 어떻게 관련되는지를 구체적으로 따져봄으로써, 한정조사는 논항과 서술어의 관계를 이어주는 기능이나 선행 XP를 한정해 주는 기능을 뛰어넘어, 서술어의 어미(= 서법어미)나 양태 관련 표현 형식과 모종의 관계를 맺고 있다는 점을 드러내고자 한다. 이를 위해 한정조사와 어미와의 결합도를 실제 코퍼스를 가지고 조사해 볼 필요성을 제기할 것이다.

궁극적으로 왜 한정조사 계열이 양태적 의미를 갖고 있는 것으로 기술해야 하는가-백보양보해서 말하더라도 어떤 점에서 한정조사 부류 설정의 객관성과 효율성이 드러나는가- 하는 점을 보여주고(임홍빈(1972), 유동석(1984), 고석주(2000) 참조), 한정조사의 통사적 관계를 보는 시각과 한국어 문장을 바라보는 文章觀에 일대 전기를 마련하고자 한다.

---

[1] 김흥규, 강범모(2000)에 따르면, 조사 JX {이나}의 빈도는 746이고 {나}의 빈도는 1017이다.

1.2. {(이)나}의 분포

먼저, 형태 {-나}는 그 환경에 따라 여러 가지로 분류될 수 있다. 선행 어휘 환경이 자음으로 끝나느냐 모음으로 끝나느냐에 따라 세밀한 분류가 요구된다. 동사어간이 자음으로 끝나는 경우를 통하여 형태 {나}는 연결어미의 {(으)나}와 종결어미의 {나}로 구분된다. 동사어간이 모음으로 끝나는 경우에는 연결어미로서의 {(으)나}인지 종결어미로서의 {나}인지가 문맥 환경을 보지 않고는 구분이 안 된다.

> (1) 가. 밥을 잘 먹으나 살이 안 찐다.
> 나. 요즘 우리 아이가 잠은 잘 자나, 밥을 잘 안 먹어서 걱정이에요.
> (2) 가. 그 친구 요즘 밥은 잘 먹나?[2]
> 나. 잠은 잘 자나?

(1)은 동사어간에 붙는 연결어미로서 자음으로 끝나는 동사어간을 통해 보면 그 형태가 {(으)나}임을 알 수 있다. (2)는 동사어간에 바로 붙는 종결어미로서의 {나}로 반문의 성격이 강한 의문 표지이다.

한편, {이나}의 경우는 동사 어간이 {아-}이기 때문에[3] 연결어미와 종결어미의 양쪽 해석이 가능하다. 그러나 종결어미로서의 {-나}는 항상 자문의 성격을 띠는데, 동사 {아-}의 경우에는 잘 쓰이지 않는 것으로 보이고, 그 결합형은 방언형처럼 느껴진다. 이 경우에 {이나?}는 {(이)ㄴ가?} 형식으로 대치되는 것 같다.

---

2 상대높임법의 '하게'체의 {-나}는 현대 중앙어에서는 그 쓰임새가 줄고 있으므로, 본 논의에서는 제외한다(노마(1996가) 참조). "자네, 어디 가나?" "이리 좀 오게"의 쓰임보다는 '내 말이 맞나?', '어, 비가 오려나?' 등의 쓰임이 많다.

3 {아-}와 관련되어서는 그 범주 규정을 둘러싸고 수많은 논의가 있어 왔다. 여기서는 그 문제에 천착하지 않고, 목정수(1998가)에 의거하여 기능동사(계사, 지정사) {이-}로 보고 논의를 진행한다.

(3) 가. ^{??}철수는 학생이나?

나. 철수는 학생인가?

(4) 가. ^{??}누가 고양이 목에 방울을 달 것이나?

나. 누가 고양이 목에 방울을 달 것인가?

다음은 {이나}가 연결어미로 해석되는 경우이다.

(5) 가. 철수는 학생이나, 학교를 잘 안 간다.

나. 이것은 자(이)나, 정확하지가 않다.

{X이나}의 경우에 {나}는 연결어미 {(으)나}로 보아야 할 것이다. {이}의 선행요소가 모음으로 끝나는 경우에 지정사는 일반적으로 생략되지만, (5나)에서 보듯이, {나}가 연결어미로 쓰이는 경우에는 그 형태를 유지할 수 있고 유지형이 더 자연스러워 보인다.

그러나 'X이나'의 {이나}는 문법화 과정을 겪었고,[4] 동사의 논항에 붙어 마치 한정조사 {가, 를, 도, 는}과 함께 계열관계를 이루는 한정조사로서의 용법을 보여주고 있다. 그리고 이러한 환경에서 {이나}는 {나}와 음운론적으로 조건지어지는 변이형태의 관계를 유지한다. {이}의 복원이 불가능하므로, {이나}와 {나}의 관계를 계사 {이}의 생략으로 보기 어렵다. 그렇기 때문에 이 경우에 계사 {이}를 일종의 매개모음으로 보려는 경향이 있는 것이다(배주채(1993) 참조).

(6) 가. 밥이나 먹자.

나. 영화나 보러 갈까?

cf. [*]교수이나 하고 살지 뭐.

---

4 최동주(1999)는 {이나}, {이라도} 등을 계사 '이다'의 활용형이 특수조사로 문법화된 것으로 간주하고, 그 판별기준을 제시하고 있다.

다. 그런 일이라면, 학교에나 가 보세요!

라. 철수는 이 시대의 천재라고나 할까, 아무튼 대단한 사람이야.

마. 내 님은 언제쯤이나 오시려는가 감감 무소식일세.

이 때의 {이나}가 형태 구성적인 면에서 계사 {이}와 연결어미 {(으)나}의 결합 구성이기 때문에 한정조사 {는, 도} 등이 결합할 수 있는 가능성이 있어 보이나, 실제로 서로 상보적인 분포를 보인다는 것을 통하여 이들이 문법화과정을 겪어 한정조사로 기능이 바뀐 것을 알 수가 있겠다.

(7) 가. *?밥이나를 먹자. / *밥을이나 먹자.

나. *?저에게나도 주세요. / *저에게도나 주세요.

다. *떡이나는 먹지만, 사과나는 먹지 않는다.

따라서 한정조사로서의 {이나 ∽ 나}는 문장 내에서 동사와 논항의 문법적 관계를 표시하는 요소가 아니므로, 같은 계열체를 이루는 다른 한정조사와의 관계에서 어떤 기능부담량을 갖고 있고 그 의미 기능이 무엇인가에 대한 문제가 제기된다. 이 점이 본고에서 다루려고 하는 주안점이다. 더 나아가서 한정조사 {이나 ∽ 나}의 의미 기능 연구에 있어서, 지금까지 이루어진 방식처럼, 같은 계열체를 구성하는 다른 요소들과의 단순 비교를 통해서, 그 의미차를 드러내는 것 속에 숨어있는 문제점과 한계를 지적하는 것 또한 본고의 중요한 목적이다. 뒤에 가서 자세히 논하겠지만, {를}, {는}과 {이나}가 어절, 구성성분 단계에서는 대립되어 있는 것처럼 보이지만, 그들이 실현되는 통사적 환경, 즉 문장 차원에서의 환경이 항상 동일하지 않기 때문이다.[5]

---

5 이는 음운론에서 말하는 준-최소대립쌍의 개념을 연상시킨다 : <콩 : 공>, <또 : 동>, <똥 : 볼>

(8) 가. 철수는 밥을 잘 먹는다.

　　나. ˀ철수는 밥은 잘 먹는다.

　　다. *철수는 밥이나 잘 먹는다.

(9) 가. ˀ밥을 많이 먹어(라)!

　　나. *ˀ밥은 많이 먹어(라)!

　　다. 밥이나 많이 먹어(라)!

　　라. 밥이라도 좀 먹어(라)!

　그 밖에 선행명사구의 형식이 [부정형용사+단위명사], [부정대명사]인 경우에도 조사 {이나}가 올 수 있다. 여기서는 {이나}의 분포론적 사실만을 언급하고, 이러한 구조에서의 {이나}도 한정조사라고 봐야 할 것인가의 문제는 뒤에 가서 자세히 논하기로 한다.[6]

(10) 가. 뭐, 10명이나 왔어?!

　　　나. 이번 공연엔 몇 명이나 올 거 같애?

　{이나}는 또한 명사구와 명사구를 이어주는 접속조사의 기능도 보이는데, 우리의 논의에서는 다루지 않기로 한다. (11)의 경우도 계사 {이}의 복원이 부자연스러워, 접속조사 {이나 ∾ 나}로 분석된다. 또한 (12)의 경우처럼 {(이)나}와 결합하여 하나의 어휘 단위로 굳어진 경우라고 볼 수 있는 것도 일단 제외한다.

(11) 가. 국수나 떡 팔아요. 따끈따근한 김밥이나 우동 있어요!

　　　나. 그 떡은 철수에게나 영희에게(나) 줄 생각입니다.

　　　다. 이번 달 초나 가을에 결혼합니다.

6　후행 논의란 한정조사와 후행하는 서법 어미와의 상관성 문제를 말한다.

(12) 가. 누구나/언제나/혹시나

나. 누구나가/누구나를/누구나도

2. 한정조사의 통사론 문제

통사론은 통사 단위의 결합 제약과 원리를 연구하는 분야이다. 따라서 한국어 통사론 논의에서는 한국어의 통사 단위가 무엇인가 하는 문제를 먼저 해결하지 않은 상태로는 통사론 논의가 미궁에 빠질 가능성이 높다. 가령, '철수는 밥을 먹는다'에서 통사적 관계를 맺고 있는 단위는 무엇 무엇인가? 대부분의 통사론에서는 {철수는}을 논외로 친다면, 서술어 {먹-}을 중심으로 그것의 논항인 {밥}이 통사적 관계를 맺고 있다고 보기도 하고, {밥을}이 동사 {먹-}과 통사적 관계를 맺고 있다고 보기도 한다. 문제는 후자의 경우인데, {밥을}과 {먹-}, 그 논항과 서술어 사이에 오는 요소(= 조사)들은 경우에 따라 이질적으로 기술되고 있기 때문이다. 즉, {을/를}은 선행 논항이 목적어라는 통사적 기능을 표시하는 문법관계 표지 ─ 전통적 용어로는 대격조사 ─ 로, {은/는, 도}는 선행 논항의 의미를 보충해 주는(= 한정하는) 즉, 통사적 기능과 관계가 없는 보조사로 기술되어 온 것이다(성광수(1977) 참조). 이러한 상황을 두고, 목정수(1998, 1999, 2000, 2001)에서는 이러한 논의의 근본적 문제를 제기하였다.[7] 결과적으로 한국어 조사 {가, 를, 도, 는}은 하나의 부류로 설정되어 동일한 차원에서 논의를 해야 하는 범주라는 사실이 밝혀졌고, 그 범주명도 한정조사(= 관사)로 통일되어야 여러 가지 국어의 현상들이 일관되고 정연하게 설명될 수 있음을 시사했다.

---

7 최근에 고석주(2000)은 필자와 똑같은 문제를 제기하고, {가, 를}이 격조사로 기술되어서는 안 되는 이유를 세부적으로 제시하고 있다. {가, 를}을 양태조사로 봐야 한다는 인식은 타당하지만, 그 양태조사라는 것이 한정사 혹은 관사 범주와 관련이 있는 것이라는 인식으로까지는 나가지 못한 한계를 지닌다.

목정수(1998)에서는 {가, 를, 도, 는}을 중심으로 왜 이들이 동일 부류, 즉 한정조사로 묶여야 되는가를 논했다. 문법적 환경을 고려할 때, 이들이 동일부류의 성원이란 점에 대해서는 반론의 여지가 없다고 본다. 여기서는 이 조사들이 개입하는 어휘·통사적인 환경에 따라 두 부류로 나누어 볼 수 있다는 것을 제시해 본다. 먼저 다음의 두 문장을 비교해 보자.

(1) 가. 김박사는 개가 영리하다는 주장을 했다.
　　나. 김박사가 개는 영리하다고 했지만, 믿을 수가 없다.

위 문장에서 논항 {개}와 서술어 {영리하}는 통사적 자율 구성으로서 통합(syntagme)의 관계를 맺는다. 이처럼 통사적 단위 사이에 개입하는 한정조사는 화자가 선행하는 명사구를 어떻게 바라보는가에 대한 화자의 양태적 태도, 즉 그 외연범위(extensité)를 한정하는 것으로 파악한 것이 목정수(1998)의 인식이었다.

한편, 한정조사 {가, 를, 도, 는}은 통합구성뿐만 아니라, 다음과 같은 구성에서도 출현 가능하다.

(2) 가. 난 그 영화가 마음에 들어.
　　나. 그 영화가 마음에는 들었지만, 좋은 평을 써 주지 않았다.
　　다. 그 영화가 마음에도 안 들고 돈도 없고 해서, 그냥 집에서 놀았다.

(3) 가. 뭐? 영어를 공부하러, 미국에 간다고?
　　나. 영어 공부를 잘 하려면, 미국에 가야 한다지 아마?
　　다. 경영학 공부도 안 하고, 무슨 회사야?

(4) 가. 금강산은 단풍으로 유명하다.
　　나. 유명은 무슨 유명을 하다고.
　　다. 참 유명도 하지!

위의 구성에서 {마음에}와 {들다}는 자율적 통사 구성이라기보다는 접합층위의 복합구성이다.[8] 왜냐하면, 두 단위의 결합의 폭이 제한되어 있고, 하나의 주관동사 {좋다/싫다}가 보여주는 형태·통사적 행태(= 인칭과 관련하여)와 동일한 모습을 보여주기 때문이다. 따라서 하나의 어휘 단위로 취급하는 것이 경제적이다. {공부}와 {하다}의 결합도 일반적 통사적 구성과는 달리 후행 요소에 교체될 수 있는 동사, 즉 기능동사가 제약되므로, 접합층위의 숙어동사구(locution verbale)로 파악할 수 있다.[9] 그러나 이러한 구성에서도 한정조사가 개입되는 현상은 동일하게 나타난다. 따라서 이러한 구성에 나타나는 한정조사의 기능과 역할을 어떻게 파악할 것인가가 중요한 문제로 떠오른다. 우리는 통사적 자율 구성이 아닌 접합구성에 개입되는 한정조사는 그 선행 명사구의 외연범위를 한정하는 역할보다는, 선행 명사구가 독립성이 없이 뒤따르는 동사와의 결합에 의해서만 자신의 존재가치를 보장받으므로, 접합구성 전체와 관련을 맺는 것으로 파악하는 것이 더 타당하다고 본다. 따라서 이러한 환경의 한정조사는 대개 후행하는 어휘·문법적 요소(= 부정어, 조동사) 또는 더 나아가서 그에 붙는 어미와 관련을 맺는 것으로 볼 수 있다.

(5) 가. 뭐라, 네가 공부를 하느다고?
    나. *?뭐라, 너 공부한다고?

(6) 가. 고전음악이 마음에는 들었지만, 포기할 수밖에 없었다.
    나. ?고전음악이 마음에를 들었지만, 포기할 수밖에 없었다.

---

8 '접합'은 'synthème'의 번역용어이다. syntagme와 synthème의 구분에 대해서는 박형달(1976)을 참조할 것.

9 전통적으로 {하다}를 동사파생접사로 본 것도 결국 {공부하다}의 어휘적 단위성을 강조하기 위한 것이었을 것이다. 우리는 {공부하다}의 단위성을 인정하더라도, {하다}는 접사가 아닌, 기능동사로 파악하는 것이 낫다고 보고 있다.

(7) 가. 흥, 엄청 유명도 하겠다!!!
　　나. ^{??}흥, 엄청 유명하겠다!!!

다음의 보조동사 구성(= 접합구성)에 출현하는 한정조사 {가, 를, 도, 는}과 어미와의 상관관계에 대해서도 잠시 살펴보기로 하자.

(8) 가. 먹[을 수 있]-다
　　나. 먹[을 수가 있]-다
　　다. 먹[을 수를 있]-을까 과연?
　　라. 먹[을 수는 있]-지만, 안 먹을래.
　　마. 먹[을 수도 없]-고 버릴 수도 없고 환장하겠네.

{을 수 있} 구성은 [관형사형어미 + 형식명사 + 동사]의 자율 결합 구성이 아니라 '가능'을 표현하는 하나의 단위로 작용하는 접합구성이다. 이는 동사통합을 어휘핵으로 하는 하나의 보조동사와 동일하게 취급하는 것이 경제적이다. 따라서 {을 수 있}과 같은 구성에서 보이는 한정조사 {가, 를, 도, 는}은 그것이 붙는 끝에서 두 번째 요소인 형식명사 {수}를 문법적으로 한정하는 것으로 보이지 않는다. 이러한 환경에 나타나는 한정조사는 그것이 물리적으로 붙는 요소를 뛰어넘어 그 요소가 소속된 전체 구성 밖의 요소와 상관관계를 맺는 것으로 분석된다. 따라서 {을 수는 없}에서 {는}은 그 구성과 결합하는 즉 마지막 위치의 동사와 결합하는 어미와 관련을 맺는 경향이 있는 것이다. 예를 들어, 감탄, 의문, 부정 등의 서법적 의미를 나타내는 어미들이 올 것을 요구하는 환경에서 한정조사가 거의 필수적으로 나타나는 현상은 자못 흥미롭다.[10]

---

10 일반 자율 구성에서도 한정조사는 양태성이 강한 수사의문문, 반어문 등에서 필수적으로 요구된다는 점을 참조할 것.

　(1) 가. A : 이거 어떻게 먹어요? – B : 손으로 집어 먹어.

(9) 가. 먹을 수도 없을 거야.

　　나. 그 검은돈 말이야, 먹을 수는 있지만, 먹고 싶지가 않아.

　　다. 먹을 수만 있다면야 왔다지.

{은 적 있} 구성의 {적}도 흔히들 의존/형식명사로 분류되는 것인데, 벌써 의존명사라고 하는 것 자체가 해당명사의 의미를 홀로 규정할 수 없다는 것이고, 그것은 반드시 어느 구성체에 들어가 다른 요소와의 결합 관계 속에서만 그 의미를 획득한다는 것을 의미한다. 따라서 {은 적 있} 구성은 떨어져 있는 분석 단위가 아니라 하나의 덩어리 단위이다. 따라서 이러한 구성체에 출현하는 한정조사 {가, 를, 도, 는}은 그것이 붙는 선행 명사의 외연범위를 규정하는 역할을 하는 것이 아니라, 그 구성 전체의 담화적 의미를 표시한다고 봐야 할 것이다. 한정조사가 쓰인 의문문은 단순의문문이 아닌 수사의문문으로 해석되는 경향이 강한 것은 바로 그러한 이유 때문이다.

(10) 가. 철수를 만난 적 있니?

　　나. 철수는 정말 한번도 만난 적이 없습니까?

　　다. 철수가 영희를 만난 적이 과연 있을까?

　　다. 철수를 만난 적도 본 적도 없어요.

　　라. 철수를 만난 적이 있을 리가 없지.

{은 적(이) 있}이 접합, 즉 조동사로 설정되어야 하는 근거는 그 구성의 통사적 결합의 범위를 따져 보면 된다. 형식명사 {적}과 의미적으로 계열 관계에 놓이는 {때}와 비교해 보면, {때}는 자율적 통사 결합을 허용한다.

　　나. 이걸 어떻게 먹으라구 그래.

(2) 가. A : 뭐 잘못 된 거 있어요? – B : 아니, 없어.

　　나. 뭐가 잘못 됐다고 난리야.

(11)　가. *?먹은 때가 없다.

　　　나. 먹은 때가 그립다

　　　다. 먹는 때가 올 것이다.

　　　라. 먹을 때가 좋았다.

그밖에 {V-을 [ ](가) 있/없} 접합구성에 들어오는 의존명사, 자립명사의 목록을 간략히 제시하면 다음과 같다.

(12)　{을 필요(가) 없/있다} / {은 일(이) 있다/없다} / {을 리(가) 없다}
　　　{을 가망(이) 없/있다} / {을 도리(가) 없다} / {을 바 없다} / {는 법
　　　(은) 없다}

다음은 {을 N-이다} 형식의 접합구성이다.

(13)　{을 작정이다} / {을 예정이다} / {을 계획이다} / {을 참이다} /
　　　{을 노릇이다} / {을 따름이다} / {을 셈이다} / {을 방침이다}
　　　cf. {을/은/는 모양이다}

그 밖에 {을 N-하다} 형식의 접합구성으로서 법성(modality)과 관련 있는 조동사로 파악해야 할 것으로 다음을 들 수 있다.

(14)　을 뻔했다} / {을 법(도) 하다} / {을 듯하다} // {는/은 척하다} / {을/
　　　는/은 것 같다}

{것 같다}가 양상의 조동사라는 사실은 다른 양상 표현 {겠}, {을 것이다}와의 결합 제약을 통해서도 확인할 수 있다.

(15) 가. *비가 오는 것 같겠다.

나. *비가 오는 것 같을 것이다.

따라서 자율 통합 구성에 출현하는 한정조사와 접합 구성 속의 한정조사를 구분해 낼 필요가 있다면, 이를 위해서는 어떤 시니피앙의 연속체 또는 불연속체가 하나의 시니피에의 연속체로서 파악되어야 하는가를 토대로 복합구성체 전체에 대한 목록을 가지고 있어야 할 것이다. 연어구성, 관용구, 조동사구성 등의 목록이 먼저 설정될 필요가 있는 것이다.

더 나아가 자율 통합 구성에서조차도 한정조사는 선행명사구의 외연 범위를 정해주는 기능뿐만이 아니라 후행하는 동사의 어미와 모종의 관계를 맺기 위해 사용되는 것이 아닌가 하는 점을 다시 따져볼 필요가 있겠다. {가}와 {는}을 비교해도 그 차이를 알 수 있다.

(16) 가. 나는 바나나가 싫다.

나. ??내가 바나나가 싫다.

다. 내가 바나나가 싫은 이유는 어렸을 때 먹고 체해서 죽을 뻔했기 때문이다.

라. *나는 바나나가 싫은 이유는 어렸을 때 먹고 체해서 죽을 뻔했기 때문이다.

지금까지의 통사론에서는 주어자리에 {가}와 {는}이 다 올 수 있고, {가}를 디폴트로 {는}을 주제화된 것으로 파악해 온 것이 일반적이다.[11] 그렇게 볼 수 있는 이유가 분명 있는 것 같다. 그러나 우리가 파악하고자 하는 것은 (16나)의 어색함이다. 우리는 그 이유가 {이/가}와 서법종결어미 {다}의 관계에서 비롯되는 것은 아닌가 하는 측면에 주의를 해 보는

---

11 {가}를 subject marker, {는}을 topic marker로 보고 있다는 것이 이를 반영한다.

것이다. {이/가}는 내포절 속에서 주로 쓰이는 경향이 있는 것은 아닌지, 따라서 주어가 {가}로 실현된다면 그것은 내포절을 이끄는 어미하고 관련이 있는 것으로 보는 것이 가능한 것인지를 제기해 보는 것이다. 이러한 가능성은 실제 코퍼스를 통해 입증될 필요가 있다. 자칫 잘못하면, 추상적인 논의에서 끝나 버릴 수 있겠기 때문이다.

여기서는 제한된 코퍼스를 이용하여 간단히 그 틀을 제시하고 그 경향의 순서만 제시하는 것으로 만족하고, 대규모의 코퍼스를 통한 보다 정확한 통계치는 후일로 미루고자 한다. 이러한 틀 속에 보다 정확한 수치를 채우는 작업이 이루어진다면 의미있는 일반화를 꾀할 수 있을 것이다. 참고로 코퍼스를 조사하지 않고도 확정적인 경우에만 %값을 매겨 놓았다.

(표 1)

		{는다/다}	{은/을/는/던}	{어서}	{지만}
행위동사	-가 -를 V	2위(%)	1위(%)	3위(%)	4위(%)
	-는 -를 V	1위(%)	(0%)	2위(%)	3위(%)
	-가 -는 V	2위(%)	(0%)	3위(%)	1위(%)
	-는 -는 V	2위(%)	(0%)	3위(%)	1위(%)
심리동사	-가 -가 V	2위(%)	1위(%)	3위(%)	4위(%)
	-는 -가 V	1위(%)	4위(%)	2위(%)	3위(%)
	-가 -는 V	2위(%)	(0%)	3위(%)	1위(%)
	-는 -는 V	2위(%)	(0%)	3위(%)	1위(%)

이러한 실제 코퍼스 조사를 통해서, 우리가 분명히 제시하고자 하는 일반화는 다음과 같다. 타동사 구문의 전형인 [-가 -를 V는다] 형식의 구조로 실현되는 문장은 생각보다 그 빈도가 그리 높지 않고, 그러한 문장 형식이 출현한다면 그 문장이 나타나는 텍스트 내의 위치가 뚜렷하다는 것이다. 즉, [-가 -를 V는다] 형식의 구문은 텍스트 상에서 도입 부분, 전경(foreground) 제시 부문에만 나타난다.[12] 따라서 이 구조는 연결 구조

속에서 주로 나타나는 것으로 파악된다. 이러한 사실을 통해 일반화할 수 있는 것은 한정조사 {은/는}으로 시작되는 문장은 바로 종결어미 {다}로 끝맺을 가능성이 높다는 것을 예측할 수 있고, 한정조사 {이/가}로 시작되는 문장은 뒤에 내포절을 이끄는 비종결어미들이 뒤따라 나온다는 것을 예상할 수 있다는 사실이다.[13]

이러한 추론은 문법화된 한정조사 {이나}가 서법어미와 일정한 관련을 맺고 있다는 사실이 입증되면 될수록, 그 가능성과 다당성의 정도가 높아질 것이다.

3. 한정조사와 서법의 상관성

3.1. 구문분석기에서의 문제

1장에서는 한국어 화자의 입장에서 형태 {이나}를 그 용법에 따라 연결어미와 한정조사로의 분류를 시도해 보았다. 여기서는 그런 인식을 토대로 기계 처리(= 구문분석기)의 입장에서 {이나}가 어떻게 연결어미와 한정조사로 구분될 수 있는가의 문제를 따져 보기로 하자. 더 나아가 한정조사로서의 {이나}의 의미를 어떻게 파악하고, 외국어로의 대응관계를 어떻게 설정할 것인가를 기계번역의 차원에서 알아보자. 여기서 우리가 의도하는 것은 한정조사 {이나}가 부정관사로 해석될 수 있는가 하는 문제이다. 즉 그것을 {을/를}의 가칭 '통사적 변이형태'로 파악이 가능한가 하는 점이다.[14] 예를 들어, {을/를}과 {이나}가 통사적 환경상 상보적

---

12 텍스트 구조와 조사 {가}, {는} 교체의 상관성 문제에 대해서는 목정수(1998가), 고영근(1994)를 참조할 것.

13 노마(1996)의 'in-marker'와 'out-marker' 개념과 밀접한 관련이 있다.

분포를 보인다면, 그것들은 한 형태소의 변이형태로 볼 수 있지 않는가를 조심스럽게 제기해 보고자 한다.

(1) 가. 철수는 10시에 아침밥을 먹는다.
　　나. *철수는 10시에 아침밥이나 먹는다.

(2) 가. *?배도 출출한데, 빈대떡을 부쳐 먹자.[15]
　　나. 배도 출출한데, 빈대떡이나 부쳐 먹자.

그렇다면, 영어에는 한정조사 {이나}에 대응하는 형태는 무엇이고, 그 기능은 어떻게 표현될 수 있을까? 해당 형태를 바로 찾기 어려우므로, 영어를 한국어로 번역한 텍스트에서 어떤 환경에서 {이나}가 쓰이고 있는가를 살펴봄으로써, 역으로 {이나}의 의미기능을 파악할 수 있을 것이다. 우리는 영어에서 청유문이나 제안문 등에서 부정관사가 주로 {이나}로 번역되고 있다는 사실을 밝힐 수 있어 보인다.[16]

14　여기서 {를}과 {이나}를 전통적인 개념의 변이형태로 본다는 뜻이 아니고, 통사적인 환경이 다를 때 이들이 서로 상보적으로 분포한다면, 일종의 '통사적 변이형태' 또는 'paraphrase상의 변이형태'라는 개념으로 볼 수 있다는 의미이다.

15　'젊은이여, 청바지를 입어라', '여행을 떠나자'의 예처럼, {...을 ...어라/자} 구성이 가능한 것은 대화의 구조가 아닌 독백적인 상황에서나 가능한 듯하다. 불특정 다수를 상대로 하는 광고 문구에서 주로 찾아지는 이유가 바로 거기에 있다. 실제로 만화에 나오는 대사를 대상으로 조사해 본 결과, 상대방을 직접 앞에 두고 명령하는 경우에는 거의 다 {이나}가 쓰였고, 불특정 다수나 상대방을 간접적으로 두고 표현할 때는 {을/를}과 주로 접속법어미 {으라}가 자주 사용되는 것을 알 수 있었다. 예를 들어, 말풍선에 '나를 따르라', '저 놈을 잡아라'라는 대사문은 어떤 장수가 어떤 특정 병사에게 하는 말이 아니라, 불특정 다수의 병사들에게 하는 말이다(슈퍼삼국지 (주)한국뉴턴).

16　영-한 병렬 말뭉치를 이용하여 계량적으로 한정조사 {이나}가 출현하는 빈도와 그 통사적 환경에 대한 조사를 해 볼 필요가 있다. 이 글을 통해 그러한 작업이 활발히 일어나기를 바란다. 한편, 외국어로서의 한국어 교육에 초점을 맞추고 있는 King and Yeon(2000: 231–235)에서는 {이나}의 용법을 세 가지 기능으로 나누어 설명하고 있다.

(3) Shall we go over there and take a coffee? 우리 저기 가서 커피나 마실까요?

다음은 영어 학습서에 제시되어 있는 예와 한국어 번역을 하나 발췌한 것이다(www.englishcare.com).

(4) A : What's wrong? You look awful.
　　　(무슨 일 있어? 네 얼굴 못봐주겠다.)
　　B : I had to stay up last night to study for today's test.
　　　(오늘 시험 때문에 어제 밤 샜어.)
　　A : You'd better take a nap.
　　　(낮잠이나 자지 그러니.)

앞서, {이나}는 형태 구성적인 면을 보면, 계사(= 기능동사) {이-}에 연결어미 {-(으)나}가 붙어서 이루어진 것으로 분석될 수 있음을 보였다. 그러면 이는 행위자가 둘 이상이란 점에서 복문 구성을 이루는 듯하다. 그러나 {이나}가 실현된 문장에서 {이나}로 실현된 명사는 종속절 {으나} 속의 {이-}의 보어라기보다는 주절 서술어의 논항 역할을 하는 것으로 여겨지는 경우가 많다. 그 때문에, 전통적으로도 {이나}를 보조사의 하나로 기술해 왔던 것으로 보인다.[17] 문제는 {이나}를 단순히 문법화된

---

1. about/approximately 2. generalizer 3. or

본고에서 문제 삼고 있는 한정조사 {이나}는 세 번째 기능의 subpattern으로서 다음과 같이 해석될 수 있다고 보고 있다. 'When '(이)나' follows just a single noun, it still retains the sense of indifference to choice (even slightly denigrating the choice), but is best translated in English as 'or something'. 문제의 {이나}가 'or something'으로 옮겨도 무방한 경우라도 {이나...자}, {이나...어라}, {이나... 지!} 등의 환경에서나 가능하지 않을까 생각된다. 즉 'There is a mouse or something in the kitchen'(부엌에 쥔가 뭔가가 있어요) (뉴에이스영한사전 : 1672)에서 보듯이 평서문에 나타난 'or something'과 {이나}는 대응짝이 되기 어려워 보인다 : ?부엌 에 쥐나 있어요.

보조사—우리의 용어로는 한정조사—로 받아들이는 상황이더라도, 기계에 의한 어절 차원의 형태소 분석 단계에서는 항상 중의성을 갖게 되어 있다는 것이다. 왜냐하면 컴퓨터 프로그램이 참조하는 사전(lexicon)에 연결어미로서의 {으나, 나}와 종결어미로서의 {나}가 한정조사 {이나, 나}와 함께 등재되지 않을 수 없기 때문이다. 가령, '밥이나'라는 어절이 항상 하나는 [명사-보조사], 하나는 [명사-계사-연결어미]의 태거로 분석되는 중의성을 노출하게 된다. 그러면 이 중의성을 제거하는 기제는 어디에서 찾아야 할까? 이를 위해서는 거꾸로 인간은 그 중의성을 어떤 근거로 제거하고 있는가를 객관적으로 관찰해내야 한다.

우리의 입장은 형태를 중심으로 하는 분석에 입각하여 {(으)나}를 조사의 {나₁}, 어미의 {나₂}로 하지 않고, 동일한 형태 즉 연결어미 {나}로 분석하는 입장을 취하므로, 한국어 분석 자체를 위해서는 {이나} 구성을 계사 {이}에 연결어미 {(으)나}가 연결된 것으로 보는 시각을 유지하면서, 외형적으로는 일단 복합문 구성으로 보는 것이다. 그러나 번역 구조를 고려했을 때는 임시적으로라도 다른 조치가 필요하다. 이러한 {이나} 구성을 다 복합문으로 분석하고 그 유형에 맞는 복합문 구조로 번역을 하면, 좋은 결과를 도출할 수 없기 때문이다. 따라서, 동시에 {이나, 나}를 한정조사로서도 인정하고, 어느 환경에서 {이나} 구성이 전통적 입장에서의 '보조사' {이나}로 해석되어야 하는가의 단초를 발견해 내는 절차를 밟아 문제의 중의성을 해소하고자 하는 것이다.

뒤의 3.3.에 가서 자세히 살펴보겠지만, 미리 말하자면, 시니피에의 연속체에 편입되지 않은 {이나} 구성은 일반적인 통사적 구성으로서, 하위

---

17 {이나}가 한정조사부류로 분류될 수 있는 것은 일본어와의 대조적 관점에서도 드러난다. {이나}와 {도}는 일본어의 {も mo}에 대응되는 조사로서 특정 환경에서 교체되는 변이형태로 분석된다. 의문대명사+mo ⇒ 누구-나, 수사+단위명사+mo ⇒ 한 시간이나

문과 상위문의 종속관계를 유지하는 것으로 본다.[18]

(5) 철수는 학생이나 돈이 많다. Paul is a student, but (he) has much money.

이런 경우에는 연결어미 {(으)나}와 {지만}을 교체할 수 있다.

(6) 철수는 학생이시만, 돈이 많다.

3.2. 한정조사에 대한 인식의 전환

지금까지 한국어의 조사를 연구하는 태도를 메타적인 시각에서 반성해 보면, 조사의 문제는 앞의 선행 명사(구)와의 관계 속에서만 제기된 듯 하다. 전통적으로 조사의 형태·통사론은 다음 대립쌍을 바탕으로 연구되어 왔다는 뜻이다.

(7) 밥 먹다/ 밥을 먹다/ 밥은 먹다/ 밥도 먹다/ 밥이나 먹다/ 밥이라도 먹다

따라서 '명사-조사' 연쇄의 구성에서 조사는 명사의 영향이 뻗어나가는데 있어서 일종의 방벽 역할을 하고 있는 것으로 보인다. 그러나 우리는 문법요소인 '조사'를 중심으로 어휘요소 명사를 보는 시각을 취하기 때문에, 오히려 조사가 명사를 지배하는 것은 너무나 당연한 사실로 비쳐진다. 여기에 더하여, 우리는 새로운 관심으로서 조사가 선행 명사구보다

---

18 그 밖에 {이나}가 동일 부류의 명사와 명사를 연결시켜주는 접속의 기능을 하기도 하는데, 본고에서는 논의를 생략한다.

(1) 밥이나 떡 중에 하나를 고르시오.
(2) 오징어나 땅콩 있어요.

그 뒤에 오는 요소와 어떤 관계의 끈을 유지하고 있는가의 문제를 제기해 보고자 한다. 조사가 그 뒤에 오는 요소와 맺는 관계라 했을 때, 당연히 서술기능을 담당하는 동사와의 관계를 떠올리게 되겠지만, 우리가 주목하는 것은 그보다 더 나아가, 조사와 동사의 문법적 한정요소인 어미와의 관계이다.

이처럼 선행하는 명사와의 관계를 벗어나서 후행하는 동사의 조동사나 어미와 일정한 관련을 맺고 그 관련성에 영향력을 행사하는 것으로 모든 조사들이 다 가능한가? 목정수(1998)의 한국어 조사 분류 체계에 따르면, 크게 조사류는 <격조사>, <후치사>, <질화사>, <한정조사>로 분류된다. 일차적으로 격조사와 후치사는 서술어에 따라 논항의 통사적 직능을 표시해 주는 요소들이기 때문에, 동사 자체의 관할 영역에 포함되는 격조사와 후치사는 동사 어휘를 뛰어넘어 영향력을 미치지 못하는 것으로 파악할 수 있다.[19] 여기까지가 생성문법에서 많은 연구가 이루어졌던 동사를 중심으로 하는 논항구조(argument structure)와 관련된 부분이다. 그러면 우리의 관심 대상이 되는 조사로는 질화사와 한정조사가 남는다. 이 가운데 질화사는 명사의 논리·양화적인 의미기능을 첨가하는 역할에 그치는 것으로 파악된다. 예를 들어 관형절 내에서의 보조사 제약을 고려해 보면, 질화사와 한정사의 차이가 드러난다.

(8) 가. 저기 밥 먹는 소녀는 철수 동생이다.
　　나. 저기 밥을 먹는 소녀는 철수 동생이다.
　　다. 저기 밥만 먹는 소녀는 철수 동생이다.

---

19 전통적으로 격조사로 기술된 것들도 표기법이나 띄어쓰기에 있어서는 선행 명사구와 밀접한 관계를 맺는 것으로 보이지만 후행하는 동사와 더 긴밀하게 결합하여 일종의 구동사(phrasal verb)를 구성하는 것으로 파악해야 할 것들이 있다. 영어에서의 구동사와 비교해 보면 쉽게 이해할 수 있을 것이다 : look at, wait for, account for, belong to // -로 여기다, -로 통하다, -에 속하다 등등.

라. *저기 밥은 먹는 소녀는 철수 동생이다.

마. ??저기 밥이나 먹는 소녀는 철수 동생이다.

결과적으로, 선행 명사구의 범위를 뛰어넘어 다른 문법적 요소와의 메타적 관계를 유지할 수 있는 것으로는 한정조사만 가능한 것으로 보인다.

이렇듯, 한국어 구문 분석에서 항상 뒤의 요소를 중심으로 현상을 바라보는 태도를 견지하게 되면, 조사에 대해 특히, 한정조사에 대해 새롭게 인식할 부분이 드러난다. 뿐만 아니라, 전통문법에서 막연히 어미로 나누어 놓은 범주들도 새롭게 인식될 소지가 많음을 알 수 있다. 가령 선어말어미라고 통칭되고 있는 {었, 겠, 더} 등이 왜 단순한 선어말어미가 아니라 일종의 시상, 양태 조동사로 분석되는 것이 더 나은지가 설득력 있게 받아들여질 수 있는 것이다.[20]

3.3. 한정조사 {이나}와 서법어미의 상관성

이러한 시각을 유지하면서 {이나} 구성에 주목해 보자. {이나} 구성을 볼 때, 먼저 선행 명사와 {이나}의 관계나 {이나}와 후행 동사의 관계보다도, 먼저 {이나}와 후행 문법요소와의 관계를 최상위에서 바라보는 시각을 통해, 우리는 {이나} 구성이 상위문의 어미와 상관관계가 있음을 발견한다. 그것은 {이나}가 보조사로서의 기능으로 쓰이지만, 원래 {이나}가 지정사 {이-}와 연결어미 {(으)나} 구성으로 이루어진 것이기에 더욱 그런 면이 있는 것 같다.

---

[20] 목정수(2000)에서는 선어말어미라는 용어의 탄생배경을 추적해 보고, 그 근거의 희박성을 지적하였다. 결론적으로 {었}과 {겠}은 조동사 구성으로 파악하는 것이 보다 정합적이라는 것을 주장했다. 그 당시에 필자는 {더}를 시제어미라고 보았는데, 지금은 {더}도 일종의 주관인용조동사로 파악할 가능성을 모색 중이다. 그렇게 보면, 주관인용조동사 {더}는 활용에 있어 제약이 심하다고 해야 할 것이다. 주로 형용사화 어미 {(으)ㄴ, (으)ㄹ}과 관련된다 : {더냐, 더라, 더군, 더구나, 던, ...}

한국어 연결어미와 주절의 종결어미와의 상관관계에 대한 연구는 일본의 조선어학자들을 중심으로 주로 연구되어 왔다. 문장의 계층구조를 파악하고자 하는 이러한 시도들은 조사 {이나}와 서법어미와의 상관관계를 포착하는 데 많은 시사점을 던져주고 있다(노마(1996나, 2002), 이카라시(2000) 참조).

{이나}가 연결어미에서 발달된 특수조사(= 한정조사)라는 점과 {이나}가 화자가 명사를 바라보는 시각을 표현하는 양태조사 {가, 를, 도, 는}의 부류에 편입되어 있다는 점을 고려해 보면, {이나}가 서술어와 논항의 사이에 나타난다는 것은 논항과의 관계를 뛰어넘어 후행 서술어의 종결어미에 반영된 양태성과 모종의 관계를 맺고 있음을 예측할 수 있다. 따라서 명제에 대한 화자의 태도를 반영하는 양태성 어미들과의 제약을 예상하는 것은 논리적으로 분명 타당하다.

언어를 실제 발화체를 가지고 연구하지 않고, 논리적 명제로 환원된 구조, 즉 동사와 논항의 관계라든가 구체적인 어휘에만 관심을 두는 언어학에서는[21] {이나} 연결 구성이 후행 주절의 서법에 영향을 끼칠 가능성에 대해 주목을 하지 못한/못할 것으로 보인다. 우리가 관찰한 바에 따르면, {이나}가 청유문, 명령문, 반어문 등에 쓰일 때 바로 한정조사처럼 해석이 될 수 있고, 그 밖의 환경에서는 단순한 역접의 연결구성으로 파악할 수 있다. {…이나 …자/읍시다}, {이나 …어라/어/으세요}는 연속적 시니피에의 대응부로서의 불연속적 시니피앙이다. 앞에서도 잠깐 언급했듯이, 겉으로 보기에 똑같은 현상을 두고 본고에서처럼 파악함으로써, 우리는 {이나}가 원래부터 한정조사가 아니라 {아나}의 연결구성에서 비롯된 것이라는 점과 그것이 특정한 환경에서 한정조사의 역할을 담당

---

21 이러한 논리·실증적 언어학을 '실물적(= 평면적) 언어학'으로 부를 수 있다면, 우리가 추구하는 언어학은 '형상적(= 입체적) 언어학'으로 부를 수 있을 것이다.

할 수 있게 문법화되었다는 것을 동시에 설명할 수 있게 된다.

따라서 다음과 같은 문장은 논리적인 측면에서는 타당하나, 실제로는 굉장히 어색한 문장이 된다.[22] 한정조사 {이나}는 단순한 평서문에서는 나타나지 않는 것 같다. 한정조사 {이나}가 제약되는 환경은 문어체의 {(는)다} 문형이나 회화체의 평서의 운율을 가지는 반말체의 {어} 문형과 단순 의문문의 {느냐}, {니} 문형이다.

> (9) 가. ^{??}철수는 밥이나 먹었다.
> 나. ^{?*}철수는 밥이나 먹는다.
> 다. ^{?*}영희는 얼굴이나 예쁘다.
> 라. [*]나는 인삼이나 싫다/좋다.
> 마. ^{?*}너는 밥이나 먹니?
> 바. ^{?*}난 밥이나 먹어.

반면에, 단순 의문문이 아니라 반어적 표현이나 수사의문문, 자문 표현 등의 경우에는 가능하다.[23]

> (10) 가. 네가 밥이나 먹을 수 있겠냐? 불가능해.
> 나. 설마 인삼씩이나 먹었을까?↘
> 다. 선생님한테나 가볼까?↗

우리가 주목하는 문장들은 다음과 같은 구조로 실현되는 것들이다.

---

22 실제의 코퍼스 자료를 가지고 이러한 문제를 계량적으로 풀어내는 작업도 의의가 있을 것이라 생각된다. 문제는 이러한 연구를 가능케 해 주는 양과 균형이 확보된 주석말뭉치의 구축이 많은 시간과 인력을 요구한다는 데 있다.

23 각주 10)에서 이미 언급했듯이, 이는 다른 한정조사들이 쓰였을 때 보여주는 의미와 평행하다.

(1) 가. 이거 어떻게 먹어요?   나. 이걸 어떻게 먹어요?
(2) 가. 너 오늘 학교 가니?   나. 네가 오늘 학교 가니?

(11) 가. 그건 그렇고, 밥이나 먹으러 가자. Anyway, let's go to take a meal.

나. 그건 그렇다 치고, 밥이나 먹으러 가지, 어? By the way, why don't you go to take a meal.

다. 입 닥치고, 밥이나 처먹어(라). Shut up and eat a meal up.

그 밖에 한정조사적 용법의 {이나}가 요구하는 종결어미로는 청유형과 명령형과 깊은 관련이 있는 간접화행의 문맥이다.

(12) 가. 옷이나 하나 사 입지 그래?

나. 그냥 그렇게 버릴 거면, 나한테나 주지, 제기랄.

다. 가까우니까 가서 점심이나 먹으면서 얘기를 듣기로 하지요.

라. 날씨도 꿀꿀한데, 술이나 먹으러 갈까?

마. 고민 그만하고, 밥이나 먹으러 갈래?

바. 아무거나 주세요.

사. 비도 오는데, 빈대떡이나 부쳐 먹을까?

아. 술이나 한잔 할까요?

cf. *술은 한잔 할까요?

술을 한잔 할까요, 아니면 차를 한잔 할까요?

술은 한잔만 하고, 딴거 마십시다.

자. 밥이나 먹었으면 좋겠다.

차. 밥이나 사 주려는지 원.

카. 그 자식 밥이나 먹고 사는지 몰라.

「표준국어대사전」의 기술 사례를 보더라도, 비록 조사 {이나}와 문장 서법어미와의 관련성을 포착하여 명시적으로 드러내려는 의도는 없었지만, {이나}의 용법을 보여주는 예문에 평서문이나 단순의문문의 환경에서의 {이나}가 실려 있지 않다. 여기서 인용하는 부분은 소위 보조사로서 기술된 {이나} 항목의 내용이다. 편의상 제시된 예문에서 우리가 주목하

는 문장어미가 눈에 확 띄도록 굵은 글씨체로 표시했고, 관련 설명에 밑
줄을 그어 놓았다. 그리고 해당 사항에 주의할 점이 있으면 '※'를 이용하
여 토를 달고 굵은 글씨로 적어 놓았다.

　1①『받침 없는 체언이나 부사어, 연결 어미 '-아, -게, -지, -고', 합성
　동사의 선행 요소 따위의 뒤에 붙어』마음에 차지 아니하는 선택, 또는
　최소한 허용되어야 할 선택이라는 뜻을 나타내는 보조사. 때로는 가장
　좋은 것을 선택하면서 마치 그것이 마음에 차지 않는 선택인 것처럼 표
　현하는 데 쓰기도 한다.
　¶ 심심한데 영화나 보러 가**자**./ 아이 이야기나 들어 보고 야단을 치든
　말든 하**세요**./ 나더러는 밥이나 짓고 청소나 하면서 살**란 말이지**?/ 너는
　애들하고나 놀**아라**./ 그건 애들 장난감으로나 쓸 수 있**을까**?/ 숙제는 못해
　가도 늦지나 말아야**지**.

　②『받침 없는 체언이나 부사어 뒤에 붙어』마치 현실의 것인 양 가정된
　가장 좋은 선택이라는 뜻을 나타내는 보조사. 빈정거리는 뜻이 드러난다.
　¶ 죽은 부모나 만났느냐, **뭐가 그리 기뻐**?/ 자기가 천재나 되**는 것처럼**
　굴더라./ 마치 백두산 상상봉에나 오른 **것 같구나**.

　③『수량이나 정도를 나타내는, 받침 없는 체언이나 부사어 뒤에 붙어』
　수량이 크거나 많음, 또는 정도가 높음을 강조하는 보조사. 흔히 놀람의
　뜻이 수반된다.
　¶ **어떻게** 앉은 자리에서 달걀을 다섯 개나 먹었느**냐**?/ 선생님은 시를 백
　수나 외우신다더라./ 식구**가** 그렇게나 많**아요**?

　※ **이 부분에서 어미 {느냐, 더라, 어요}는 단순히 의문문으로 쓰인 것이**
　　아니라, 반문이나 수사의문, 감탄의 의미로 사용된 것으로 해석해야 할
　　것이다. 이 점 주의를 요한다.

　④『수량의 단위나 정도를 나타내는, 받침 없는 체언이나 부사어 뒤에

붙어』 수량이나 정도를 어림잡는 뜻을 나타내는 보조사.
¶ "몇 시나 되었을까?" "한 세 시."

⑤『수량의 단위나 정도를 나타내는, 받침 없는 말 뒤에 붙어』 많지는
아니하나 어느 정도는 됨을 나타내는 보조사.
¶ 사위가 온다고 닭 마리나 잡았지.

⑥『종결 어미 '-다', '-ㄴ다', '-는다', '-라' 따위에 붙어』 화자가 인용하
는 사람이 되는 간접 인용절에서 인용되는 내용에 스스로 가벼운 의문을
가진다든가 인용하는 사람은 그 내용에 별 관심이 없다는 뜻을 나타내는
보조사. 흔히 빈정거리는 태도나 가벼운 불만을 나타낸다. 인용자와 인용
동사는 생략될 때가 많다.
¶ 그래도 고향을 사랑하는 마음에는 변함이 없다나 뭐 그러던데./ 그 사
람, 자기는 모르고 한 일이라나 뭐라나 그러던데요./ 자기는 나를 잘 안다
나요./ 그 사람 말이, 서울에는 눈이 많이 내렸다나 어쨌다나./ 나더러
자기 대신 가라나 어쩌라나./ 어제까지도 모르는 체하더니, 이제 와서는
자기도 같이 가자나, 흥!

⑦『받침 없는 체언이나 부사어 뒤에 붙어』 여러 가지 중에서 어느 것을
선택하여도 상관없음을 나타내는 보조사. 맨 뒤에 나열되는 말에는 붙지
않을 때도 있다.
¶ 예나 이제나 그는 변한 게 없다./ 그런 걸 아무에게나 물어볼 수는 없잖아.

⑧ 비교의 뜻을 나타내는 보조사. 뒤 절에는 결국 같다는 뜻을 가진 말이
온다.
¶ 아들에게서 직접 전화를 받았으니 만나는 거나 다름없다.

「표준국어대사전」의 예가 기존 사전처럼 사전 작성자가 만든 예문을
중심으로 주어지지 않고, 실제로 쓰인 코퍼스에서 선별된 것이기에 이런
예들이 잘 모여진 것이라고 생각된다. 「연세한국어사전」의 경우에도 동

일한 모습을 엿볼 수 있다. 반면에, 코퍼스를 적극 이용하지 않은 「엣센스 국어사전」이나 「신기철·신용철 사전」을 보면, '밥술이나 먹는다' '책권이나 읽었다' 등의 단순한 예가 등장하고 있음을 알 수 있다.

지금까지 우리는 사전 기술 내용 검토와 관찰을 통하여, 한정조사 {이나}가 서법어미 {어라, 자} 등과 밀접한 관계를 맺고 있다는 점을 제시하였다. 이제 그러한 사실을 좀더 분명하게 문법에 반영시키기 위해서는 한정조사 {이나}와 상호 연관관계를 맺고 있는 어미를 비롯한 문법적인 구성체들의 총목록을 구성하는 실제적이고 실천적인 연구와 작업이 뒤따라야 할 것이다. 한 본보기로, 여기서는 한정조사 {이나} 뒤에 서법어미가 바로 나오지 않는 경우에 {이나}를 제약하는 표현에는 어떤 것이 있고, 그들 표현 간에는 어떤 공통성이 발견되는가를 알아보자.

첫째, 한정조사 {이나}와 특별히 잘 어울리는 보조동사구성은 화자의 명제나 청자에 대한 법성(modality) 표현으로 생각된다.[24]

> (13) 가. 서울 간 아들 녀석 때문에 걱정이야. 밥이나 먹고 사는지 몰라.
> 나. 서울 간 아들 녀석 때문에 걱정이야. 밥은 먹고 사는지 ……
> 다. ?*서울 간 아들 녀석 때문에 걱정이야. 밥을 먹고 사는지 몰라.

{는지} 다음에는 {몰라} 등의 동사가 뒤따라 와서 화자의 추측을 표현하는 접합구성 {지(도)모르다}를 구성할 수 있는 경우에는 {이나}가 자연스러운 반면, (13다)와 같이 {을}이 오면 어색하다. {을}이 자연스러우려면, 뒤에 {는지} 구성을 내포절로 하는 {물어보다}, {알아보다} 등의 행위동사가 뒤따라와야 한다.

---

24 '법성(法性)'은 '양태', '양상' 등으로 번역되기도 하는데, 여기서는 노마(2002)를 따라 '법성'이란 용어를 사용해 본 것이다.

(14) 철수는 그 녀석이 밥을 먹고 사는지를 알아보았다.

{는 줄 알다} 구성도 단순한 의문문이 아니라 화자의 양태를 표현하는 수단으로 쓰일 때, 한정조사 {이나}가 요구된다는 점도 흥미롭다.

(15) 너는 뭐 내가 뭐 화투나 치는 줄 아니?

둘째, {이나} 명사구는 일반적으로 내포절 속에서는 어색함을 초래하는 듯하다. 먼저 동명사형 어미를 중심으로 살펴보자. {은, 는, 을} 구성과 {음, 기}와의 관련성을 제시한다.

(16) 가. ?*점심으로 김밥이나 먹는 사람이 힘을 잘 쓴다.
　　 나. ?*운동이나 할 시간이 부족합니다.
　　 다. ??철수는 운동이나 하기 좋아한다.

이처럼 {이나}는 양태성과 관련이 없는 동명사형 어미와는 직접 관련을 맺기 어려우므로 그 관계성을 회복하는 요소들이 뒤따라 나오게 되어 있다.

(17) 가. 지금 한가하게 운동이나 하고 있을 시간이 어디 있다고 그래?
　　 나. 철수는 밥이나 축내고 있지만은 않을 거야.
　　 다. 점심으로 김밥이나 먹는 사람이 힘을 잘 쓸 리가 없어, 없구 말구.

그 밖에 {이나}가 제약되는 환경으로는 연결어미 {지만} 구성을 들 수 있겠다.25 연결어미 {어서}와의 비교를 통해 보면, 그 제약성이 잘 드러난다.

---

25 연결어미 {-지만}과 가장 잘 어울리는 한정조사는 {은/는}으로 보인다.
　(1) 뜻{은/*이} 좋지만, 바로 동의하기가 어렵군요.
　(2) 님{은/*을} 떠나 보냈지만, 시린 마음은 어쩔 수가 없습니다.

(18) 가. ??철수는 돈이나 벌지만, 너는 도대체 뭘 하는 거야?

　　　나. 철수는 교수씩이나 되어서, 테니스로 하루를 보내고 있단다 야.

(19) 가. 철수는 돈이라도 벌지만, 너는 도대체 뭘 하는 거야?

　　　나. *철수는 교수씩이라도 되어서, 테니스로 하루를 보내고 있다니.

앞으로 이러한 작업을 진작시키고 그 의미를 드높인다는 차원에서, 한 정조사 {이나}와 어미의 상관쌍의 빈도상의 순위 예상표를 만들어 보았 다. 작업 시간의 제약으로 이 자리에서 정밀한 통계는 제시하지는 못했지 만, 계속해서 '세종 말뭉치'(150만 어절 규모의 주석말뭉치), 방송대본, 시나리오 등에서 {X-이나 Y-(이나)} 구성의 접속조사 {이나}를 제외한 한정조사로서 쓰인 {이나}를 포함하는 문장을 추출하고, 그 한정조사와 관련이 있는 어미의 유형을 분류하여 그 빈도와 상관성의 순서를 매겨볼 계획이다.[26] 따라서 다음 도표에서 주목할 것은 그 상관성의 순위 예상치 이다. 확실하게 제시된 수치는 제약이 있는 어미에 한해서 (0%) 하나뿐 이다.

(표 2)

	-어(라)	-자	-지(뭐)	-(는)구나	-(는)다	-니	기타
XP-이나(주어)	(0%)	1위(%)	2위(%)	3위(%)	(0%)	(0%)	
XP-이나(목적어)	1위(%)	2위(%)	3위(%)	4위(%)	5위(%)	6위(%)	

---

26 여기서 제시한 어미들의 통계치는 상대존대 표현까지도 포함하여 계산한 것이다. 예를 들어, {-자}는 {읍시다, 십시다}를 포괄하여 대표한다, {어라}는 명령형으로 쓰인 {어}를 포함하여 {어요, 세요}를 대표한다. {지}는 {지요, 죠}와 {잖아, 잖아 요}를 대표한다. {는구나}는 {는군, 는군요}를 대표한다. {는다}는 서술형의 {어, 어요, 습니다}를 대표한다.

3.4. 선행 종속절과 한정조사 {이나}의 연계성

전절에서 우리는 한정조사 {이나}가 후행하는 동사의 서법어미나, 양태표현 조동사 구성과 밀접한 관련을 맺고 있다는 점을 밝혔다. 그러면서 제시한 예문들을 잘 관찰해 보면, 더욱 흥미로운 사실을 도출해 낼 수 있다. 한정조사 {이나}를 포함한 주절과 결합하는 종속절 구조에서도 일정한 방향의 조사제약이 있다는 사실이다. 먼저 다음의 예를 비교해 보자.

(20) 가. 비도 오는데, 빈대떡이나 부쳐 먹자.
　　　나. ^{?*}비가 오는데, 빈대떡이나 부쳐 먹자.

(21) 가. 밥도 먹었는데, 이제 술이나 한잔 하면 어떨까?
　　　나. ^{*?}밥을 먹었는데, 이제 술이나 한잔 하면 어떨까?

(22) 가. [*]비가 와서, 우산을 가져가라.
　　　나. 비가 오니까, 우산을 가져가라.
　　　다. [*]비가 와서, 우산이나 가져가라.
　　　라. [?]비가 오니까, 우산이나 가져가라.

위의 (20-21)의 예를 통해, 한정조사 {이나}가 쓰이는 환경은 이미 앞에서 지적했듯이, 일차적으로 후행동사의 서법어미에 의해 제약을 받는다는 점과 한정조사 {이나}가 포함된 주절과 공기하는 종속절을 유도하는 연결어미는 단연 {-는데}가 우세하고, 그 종속절의 논항 명사는 한정조사 {도}로 실현되고 있다는 점을 알 수 있다.

예문 (22)를 보면, 이유나 원인의 연결어미 {어서}와 {(으)니까}가 보이는 주절의 서법제약이 먼저 상위의 차원에서 적용되고 있다는 점을 알 수 있다(남기심·루코프(1983) 참조). 즉 후행절의 서법어미 {어라}는 일차적으로 {으니까}와 상관지어져 있는 것으로 분석된다([-으니까 -어라]). 따라서 한정조사 {이나}가 시니피에의 연속체 {-이나 -어라}에서 일단 고립되어(= 좌초되어) 있기 때문에 그 문법성이 다소 떨어지는 것이 아닌가 생각된다. 이에 대해서는 보다 깊은 연구가 필요하다. 구체적인 자료의 통계치를 통해 필자의 문법성 판단이 검증되어야 할 것이다.

3.5. 부사어와 한정조사 {이나}의 결합제약

한정조사 {이나}와 관련된 현상으로 부사어가 한정조사와 보이는 결합제약이 기술된 적이 있다(임유종(1999) 참조). 다음 예를 보자.

> (23) 가. 혹시-{나/라도/*는/*를/*가/*도} 그 사람을 만날 수 있을까 해서, 왔
> 는데요.
> 나. 혹시-{라도/나/*는/*가/*를} 그 사람을 만나거든, 연락 꼭 좀 해 주
> 세요.
> 다. 혹시-{라도/??나} 네가 못 오게 되면 꼭 연락을 해줘야 한다.

그러나 부사어와 결합하는 {이나}의 결합 제약도 선행하는 부사어와의 직접적인 관계에서 생기는 것이 아니라 후행하는 서법어미나 조건절, 양보절을 이끄는 연결어미와의 밀접한 관계에서 비롯되는 것임을 알 수 있다.

{이나}와 결합된 부사어가 위에서 지적한 대로 어미와의 결합 제약에서 자유로울 수 있다면, 이는 그 결합형이 하나의 독립된 어형으로 굳어졌다는 것을 의미한다고도 볼 수 있다. 결과적으로 이러한 부사어는 독립된 표제어로 어휘부에 등재해 주는 것이 경제적이고 효율적일지도 모른다 : 언제나, 어디서나, 혹시나 등등.

(24) 가. 역사-{나/*도/*라도/*를/*가/*는} 그 사람이 잘 하더군요.

　　　나. 나는 언제나/*라도 변함없이 국어학을 하고 있을 것이다.

4. 결론

　추상적인 차원에서 한국어 통사구조에 관한 논의는 자칫 잘못하면, 논리적 분석으로 흐르기 쉽다. 형식성을 강조하는 논리적 분석의 틀은 그만큼 문법요소들의 실제적인 기능을 사상(捨象)시켜 버릴 위험성이 높다.

　본 연구는 실제적인 한국어 구문 분석에서 자주 중의성을 발생시키는 {이나}를 중심으로 그 형태의 중의성을 해소하는 과정에서, 어느 환경에서 {이나}가 한정조사-부정관사 {가, 를}의 '통사적 변이형태'-로 파악할 수 있는가의 단서를 잡아 보려고 노력하였다. 그 과정에서 한정조사로서의 {이나}는 그것 자체가 독립적으로 선행 XP 요소와 어절을 형성하는 데 그치지 않고, 후행동사의 서법어미나 양태성 표현 구성과 연속적인 시니피에를 이룬다는 사실을 도출해 낼 수 있었다. 즉 {이나}는 {…이나…자/읍시다}, {…이나…어라/으세요}, {…이나 …으면 좋겠다}, {…이나 …는지 모르다}, {…이나 …는 줄 알아?} 등의 연속체에서만 그 존재가치가 드러나는 요소인 것이다.

　결국, {이나}를 통해서 얻은 결론을 바탕으로 한층 높은 시각에서 보면, 그 동안 {가, 를, 도, 는}과 {이나, 이라도}가 한정조사라는 범주로 묶여야 한다는 주장에 담긴 진실성과 이유를 알 만하다 하겠다. 더 나아가 한정조사가 양태조사로 기술되어야 하는 이유와 그 양태성이 실제로 종결어미와 연결어미를 포함한 서법어미나 양상조동사들과 밀접한 상관관계를 유지하는 데 기반이 되고 있다는 일반성을 포착하고 설명할 수 있게 된 것이다.

참고문헌

고석주(2000). "한국어 조사의 연구 -'-가'와 '-를'을 중심으로-." 연세대 박사학위논문.

고영근(1994). "텍스트언어학 -하르베크의 이론을 중심으로-."「현대언어학 지금 어디로」한신문화사.

김창규(1991). "격조사생략설 재고."「일어일문학연구」제19집.

김흥규·깅범모(2000).「힌국이 형대소 및 이휘 시용 빈석 1」고려대학교 민족문화연구원.

남기심·루코프(1983). "논리적 형식으로서의 '-니까' 구문과 '-어서' 구문."「국어의 통사 의미론」탑출판사.

노마[野間秀樹](1996가). "현대 한국어의 대우법 체계."「말」21.

_____(1996나). "한국어 문장의 계층 구조."「언어학」19.

_____(2002).「한국어 어휘와 문법의 상관구조」태학사.

목정수(1998가). "기능동사 '이다' 구성의 쟁점."「언어학」22.

_____(1998나). "격조사 교체 현상에 대한 통사·의미적 논의의 재검토 -조사류의 새로운 질서를 토대로-."「언어정보」2.

_____(1999). "정감적 의미와 형태 분석 -청자지시 요소 {아} 분석을 위하여-."「한국어학」10.

_____(2000가). "선어말어미의 문법적 지위 정립을 위한 형태·통사적 고찰 -{었}, {겠}, {더}를 중심으로-."「언어학」26.

_____(2000나). "소쉬르와 기욤 : 시간성 문제를 중심으로."「한국프랑스학논집」31.

_____(2001). "{좀}의 기능과 문법화."「언어학」28.

목정수·연재훈(2000). "상징부사(의성·의태어)의 서술성과 기능동사."「한국어학」12.

박형달(1976). "현대한국어의 보조동사의 연구 -기능적 언어분석의 시론-."「언어학」1.

배주채(1993). "현대국어 매개모음의 연구사."「주시경학보」11.

성광수(1977). "국어 助辭에 대한 연구." 고려대학교 박사학위논문.

유동석(1984). "양태조사의 통보기능에 대한 연구."「국어연구」60.

이카라시(五十嵐孔一)(2000). "연결어미와 종결어미의 호응관계에 대하여 -{-(으)니까}를 중심으로-."「형태론」2-2.

이희자·이종희(1999).「사전식 텍스트 분석적 국어 조사의 연구」한국문화사.

이희자·이종희(1999).「사전식 텍스트 분석적 국어 어미의 연구」한국문화사.

임유종(1999).「한국어 부사 연구」한국문화사.

임홍빈(1972). "국어의 주제화 연구."「국어연구」28.

최동주(1999). "'이'계 특수조사의 문법화."「형태론」1-1.

King, R. and Yeon, J. H.(2000). *Elementary Korean*, Tuttle Publishing.

Lee, C. et al.(2000). "The semantics of amu N-to/-ilato/-ina in Korean : Arbitrary Choice and Concession", *Language and Information* 4-2, The Korean Society for Language and Information.

한국어 자료

「한국 시나리오 선집」집문당.

「슈퍼 삼국지」(주)한국뉴턴.

사전류

「표준국어대사전」

「연세한국어사전」

「신기철, 신용철사전」

「엣센스국어사전」

형태론과 통사론의 인터페이스

• 상징부사(의성·의태어)의 서술성과 기능동사 •

1. 서론

1.1. 목적과 연구 대상[1]

본고는 한국어 어휘부의 총체적 표상을 목표로 하는 대규모 사전작업의 일환으로서, 어휘부의 주요 범주를 이루는 부사의 통사·의미적 특성을 밝히고, 특히 상징부사의 어휘·문법적 지위를 서술성의 관점에서 규정하는 데 목적이 있다. 이러한 작업이 지니는 차별성은 기존에 상징부사를 문장 수식의 측면에서 단순한 수식 성분으로 인식해 오던 관점에 변화를 주고, 상징부사가 문장 내에서 서술적 기능을 담당하는 기제를 밝히는 데서 찾을 수 있다. 논의를 명확히 하기 위해 논의 대상은 자립적으로 사용될 수 있는 첩어 내지 준첩어 구성을 하는 상징부사로 제한하여 출발하고, 그 논의에 입각하여 이차적으로 어근적 요소로[2] 확대해 나간

---

1 본 논문에서는 의성·의태어를 구분하거나 내적 구성 원리를 논하는 데 주목적을 두지 않기 때문에, 제목과는 달리 앞으로는 '상징부사(의성·의태어)' 대신 '상징부사'란 포괄적 용어를 주로 쓰도록 한다.

2 어근 또는 어근적 단어 개념에 대해서는 김일환(2000)을 참조하되, 품사 논의에서 '어근' 개념의 부적절성에 대해서는 목정수(2002)를 참조하라.

다 : 비틀비틀-거리다, 반짝반짝-하다, 싱숭생숭-하다 → 비실-거리다, 껄떡-대다, 가득-하다.

1.2. 연구 배경과 방법

본고의 기본적 시각은 용언(= 행위동사, 기술동사, 주관동사)[3]을 중심으로 한국어 단문 구조를 기술하는 시각의 연장선상에서, 용언 범주 이외에 서술어 기능을 할 수 있는 어휘 요소로 부각된 서술성 명사(nom prédicatif)[4] − 이하 서술명사로 약칭함 − 에 대한 논의에 토대를 둔다. 서술명사를 기본적인 통사 단위로 인정을 하면, 서술명사와 그것이 취하는 논항 구조에 의해 실현된 단문 구성 − 정확히는 명제(proposition) − 에서 동사적(= 시간적) 차원의 문법범주가 실현되게끔 매개 역할을 해 주는 요소 자체의 문법적 지위가 문제시된다. 크게는 생성문법의 틀에서 이를 경동사(light verb)로 보는 입장(안희돈(1991), 채희락(1996))과 불란서의 어휘-문법(lexique-grammaire)이나 독일의 기능·의존 문법에 의거해 기능동사(verbe support)로 규정하는 입장이 있다(홍재성(1999), 김제열(1999), 김진해(2000ㄴ)). 본고에서는 기능동사란 용어를 사용할 것이다.

'X-하다'와 'X-를 하다'의 상관성 문제로 대표되는 논의에서 대체로 일치하는 부분은 'X-하다'의 '하-'는 형태론적 구성의 파생접사로 처리되고, 'X-를 하다'의 '하-'는 통사적 구성의 기능동사로 보는 것으로 요약할 수 있다. 본고는 이러한 'X-하다'와 'X-를 하다'의 두 구성이 같은

---

3 본고는 한국어의 용언을 행위동사(verbe d'action), 기술동사(verbe descriptif), 주관동사(verbe subjectif)로 하위분류하는 입장을 취하는데, 기존학계에서 사용되고 있는 동사, 성상형용사, 심리형용사에 대응된다. 후자의 용어를 사용하지 않는 이유는 한국어의 품사 체계를 논할 때, 형용사 범주는 한국어 내적으로 설정된 것이라기보다는, 의미적 기준에 토대를 두고 있고, 인구어의 형용사나 일본어의 형용사 범주와 견줄 때, 불일치가 드러나기 때문이다(목정수(2002) 참조).

4 서정수(1975)의 비실체성 명사와 상응한다.

'하다'를 공유하고 있고, 그 '하다'의 의미를 다른 것으로 구분해 주는 통사·의미적 기준을 찾기 어렵다고 판단, 두 구성의 '하다' 모두를 기능 동사의 입장에서 처리하는 시각을 유지한다. 이러한 시각은 전통적으로 '조어법'이라는 형태론의 하위 분야에서 논의된 것과 개념적으로 상충하게 마련이므로, '공부하다'를 파생어가 아닌 통사적 구성으로 보아야 하는 근거를 분명히 제시할 것이 요구된다.[5]

'기능동사 구문' 논의를 따라, 우리가 주목하는 '상징부사'가 관여하는 대표적 구성을 'Y-거리다'로 표상하고, 'Y를 거리다'와의 상관성 문제를 논한다면, 이 구성은 서술성 부사 'Y'와 기능동사 '거리-'로 분석할 수 있다. 따라서 이러한 분석 가능성을 제시하고 그 근거를 제시하는 것이 본고의 핵심적인 내용이라 할 수 있다.

이러한 기본 문제를 바탕으로 본고는 다음과 같은 순서로 전개된다. 2장에서는 상징부사의 문법적 지위를 정확히 파악하기 위해, 부사라는 범주의 특성과 명사 범주와의 관련성을 알아보고, 통사적 기능으로서의 부사어와의 구별을 시도할 것이다. 3장에서는 상징부사의 서술성을 보여 주는 여러 현상을 제시하고, 상징부사와 통합적 관계를 이루는 형태소를 통사적 구성으로 파악해야 하는 근거를 '서술명사'가 보여주는 통사적 행태와의 비교를 통하여 상세히 논할 것이다.

2. 한국어 부사의 지형도

본 장에서는 부사를 가름해 내는 정의와 부사의 기능, 용법에 따른 제 반 문제를 살펴보고, 기존의 부사류 분류방식에 새로운 분류법을 제안하

---

5   'X-하다' 구성을 형태론적 구성으로 볼 것인가 통사적 구성으로 볼 것인가에 대한 논의는 지금 학계의 뜨거운 감자가 되고 있다(고재설(1999), 허철구(2000) 등등).

고자 한다. 본고의 시각으로 한국어 부사류는 일차적으로 순수 부사와 비순수 부사로, 이차적으로 순수부사는 다시 서술성 부사와 비서술성 부사로 나뉜다. 결론부터 말하면, 상징부사는 순수부사로서 서술성부사로 분류된다.

2.1. 범주와 기능 : 부사와 부사어의 구분

부사 범주를 설정하거나 논의할 때, 우선적으로 고려해야 할 사항은 부사 범주와 부사어라는 통사적 기능의 구분이다. 이러한 평범한 사실은 인구어 문법이나 한국어 문법 기술에 있어서 아직도 깊이 인식되지 못하거나 혼동되고 있는 부분이라고 생각된다. 부사라는 범주로 묶여 있는 것에 서로 이질적인 요소가 많이 포함되어 있는 것은 바로 이 때문이라고 볼 수 있다. 본고에서는 부사의 이질성을 극복하고 부사라는 범주의 핵을 이루는 부분을 추려내기 위해, 일단 사전에 등재되어 있는 부사 중에서 {-이}, {-게} 류의 부사어는 용언의 활용형 또는 파생에 의해 부사어 기능을 획득한 것으로 보고, 일차적으로 순수 부사에서 제외하는 입장을 취한다. 또한 한국어의 부사 목록에서 격조사에[6] 의한 부사어 기능 획득 요소, 연결어미화된 의존명사의 부사적 용법 등을 제외하면 남는 요소들을 일단 순수 부사 목록으로 잡을 수 있다.[7]

---

6 한국어 격조사 체계는 목정수(1998)에 의거한다. 이 체계의 특징은 {가}와 {를}을 격조사로 보지 않는다는 점이다. 이 논문에서는 아울러, {가, 를}을 격조사로 취급하는 데 따른 모순성을 밝혀, {가, 를}의 본질이 {도, 는}과 더불어 한정사(déterminant) -소위 한정사라고 불리는 관형사 {한, 그}가 아닌 관사적 용법으로서의 한정조사 - 의 기능에 있음을 제시했다.

7 양명희(1998)는 사전에 등재되어 있는 부사 표제어가 실은 부사어가 많다는 것을 지적하고 그 유형을 상세히 제시하고 있다.

2.2. 다기능 요소의 범주 설정 문제

표층적으로 동일한 형태로 다양한 통사적 기능을 수행하는 요소를 어떤 품사에 소속시킬 때, 어떤 기준에 의거할 것인가의 문제는 이론적으로나 사전학적 작업에서 쉽게 해결하기 어려운 부분이다.

예를 들어, 부사가 문장의 서술어나 다른 부사를 수식하는 기능을 수행하는 요소로 정의된다면, 그 기능을 담당하는 요소의 성격은 다양할 수 있다. 다음 예에서 밑줄 친 부분은 통사적 기능의 측면에서 성분 수식 기능을 한다.

  (1) ㄱ. 너 <u>어제</u> 철수 만났니?
      ㄴ. 극장은 <u>오늘</u> 가자.

그러나 이러한 요소들은 다음과 같은 문장에서는 동일한 형태를 유지한다 해도 수식 기능을 하는 것으로 파악할 수 없다.

  (2) ㄱ. <u>오늘</u>이 가기 전에 떠나갈 당신이여.
      ㄴ. 조상의 빛난 얼을 <u>오늘</u>에 되살리고자 한다.

이처럼, 동일 형태가 다기능 요소로 쓰일 때, 그것을 명사나 부사 어느 한 범주에 환원시키는 것은 통사적 기능과 의미만으로는 결정되기 어렵다. 우리는 유일한 객관적 구분자는 소위 명사에 통사적 기능을 부여하는 격조사류(= 문법관계표지)와의 결합관계 여부 밖에 없다고 본다. 즉, '오늘'이라는 요소는 꼴바꿈 없이 문장 내에서 수식 기능을 담당한다 하더라도, 격조사와 결합이 가능하다는 측면에서 품사는 명사로 규정이 되고, (1)에서의 수식 기능은 시간·장소 명사가 공히 갖는 부사적 용법으로 보고자 하는 것이다.[8] 따라서, 성분 수식 기능을 할 수 있는 것 중에서 격조사와의 결합을 허용하지 않는 것들은 범주 자체가 부사이기 때문이라고 볼 수 있다.

정리하면, 원형적 순수 부사란 격조사류가 붙어 문법기능이 정해지지 않고도 스스로 그러한 기능을 내재적으로 지니고 있는 요소들을 가리키게 된다. 이들 순수부사에 붙을 수 있는 조사는 담화적 표지인 한정조사 부류 {가, 를, 도, 는}과 질화사 {만, 조차, 까지, 마저…}로 제한된다.[9] 따라서 다음 (3)의 예는 순수부사에 속하고, (4)에 제시된 예는 명사의 부사적 용법으로 처리하는 것이 바람직하다.

> (3) ㄱ. *왜-의, *왜-에, *왜-로, *왜-와, *쿡쿡-의, *틱틱-에, *알록달록-으로, *지지배배-와, *헐레벌떡-과
>
> ㄴ. 도대체-가, 조금-을, 꼼짝-도, 반짝반짝-은, 꿈틀꿈틀-조차, 도란도란만, 지끈지끈까지

---

8 송철의(1992)에서는 명사의 부사적 용법을 영파생으로 보고 있다. 영파생으로 보면 명사로서의 '오늘'과 부사로서의 '오늘'이 모두 표제어로서 분할배열 방식으로 등재되어야 하는 부담이 생길 수 있다.

9 이와 같은 현상은 범언어적으로 나타나는 현상이다. 영어의 'This way, please'나 'Come here'에서 'this way'나 'here'는 부사어로 기능하지만, 전치사와 결합이 가능하다는 측면에서 범주는 명사에 소속시킬 수 있다 : in this way, Is there a coffee shop around here? 또한 명사와 부사의 품사 구분에 있어, 불어의 양태부사 'X-ment' 구조의 역사적 형성과정은 우리에게 시사하는 바가 크다. 불어의 부사화 파생접사 '-ment'은 명사구의 중심을 이루던 명사가 문법화되어 접사로 그 기능이 바뀐 것에 불과하다. 즉 통사적 명사구 구성이 형태론적 단위인 부사로 변화한 것임을 알 수 있다. 그 증거로 불어의 부사화 접사 '-ment'은 명사 'mentalité'의 의미를 지녔던 라틴어 여성 명사 'mens'의 탈격형 'mentis'에서 발달된 것을 확인할 수 있다. 그 때문에 '-ment'과 결합하는 형용사가 성(genre)의 일치를 보이는 것이다 : vif→vivement, courageux→courageusement, lent→lentement. 그리고 구어 불어에서는 형용사가 부사어로도 쓰인다 : Marche lent! 루마니아어에서는 부사 기능은 형용사의 남성, 단수형으로 실현된다 : Radu cântă frumos. (Radu = Radu, cânt-ă = 노래하다-3인칭단수형 활용어미, frumos = 예쁘다)

(4) 진짜-(로), 어디-(에), 여기-(에), 저기-(로), 거기-(의), 지금-(에) 와서야,
　　　지금-(의), 최고-(로)

　　순수 부사가 격조사와의 결합 여부를 통해 판별될 수 있는 것은 동사
를 수식 기능으로 바꾸어 주는 소위 부사형어미 {아, 게, 지, 고}와 격조
사 {(의)[10], 에, 로, 과}의 결합 충돌에서도 잘 드러난다.

(5) ㄱ. *먹어-로 보자./ *먹게-로 만들자./ *먹고-로 할까?
　　ㄴ. 먹어-를 볼까?/ 먹게-는 하지 마./ 먹고-도 할 수 있나?/ 화장이 먹지
　　　　-가 않지?

　　한국어의 '의존명사' 가운데도, 격조사 없이 부사적 기능을 하거나 그
것이 문법화되어 연결어미의 기능을 하는 것들이 많다. 그렇더라도, 이러
한 의존명사는 격조사와 결합이 가능하므로 여전히 품사적으로는 명사
에 귀속된다.[11] 이러한 예를 보이면, 다음과 같다.

(6) ㄱ. 김교수를 보았을 때, 나는 그가 내 아버지임을 금방 알았다.
　　ㄴ. 내가 술 먹는 동안, 너는 밖에 나가 있어라.
　　ㄷ. 어렸을 적, 뛰놀던 동산이 생각난다.

　　여기서 품사 상호간의 긴밀성 부분을 언급하고 넘어가자. 영어의 예에
서 보듯이, 명사와 형용사와 부사의 기능적 넘나듦은 일반적 현상이다.
명사와 형용사가 부사로 그대로 사용되는 것은 아주 흔한 현상인 것이다.

---

10 국어학계에서는 조사 {의}의 정확한 문법적 지위 규명에 대한 논의가 아직 마무리되
　　지 못했다. 자세한 사항에 대해서는 목정수(1998, 2002)를 참조할 것.
11 일본어에도 동일한 현상이 있다. 다음 밑줄 친 부분은 의존명사가 부사적 기능을
　　담당한다.

　　(1) この教科書は文法を重視するあまり面白くないものになってしまった。
　　(2) 妻と相談した結果、家を買うことにした。

(7) ㄱ. nonstop flight/conference ↔ He smokes nonstop.

ㄴ. The room is filthy. ↔ He is filthy rich.

ㄷ. What a nice boy! ↔ So, you play nice.

ㄹ. He is big. ↔ Don't talk big!

ㅁ. at a tender age ↔ Love me tender, love me true.

이러한 생각을 확대하면, 인구어의 명사와 형용사는 범주적으로 구분되는 것이 아니라 하나의 명사라는 범주의 기능적 또는 어휘 환경의 차이라는 차원에서의 두 가지 실현 양상에 불과함을 알 수 있다. 다음 불어의 예도 명사와 형용사의 구조적 평행성을 보여 주기에 충분하다.

(8) ㄱ. le beau ↔ le beau prince

ㄴ. Paul, il est méchant. ↔ Paul, il est marchand.

ㄷ. Marie, elle est très belle. ↔ Toi et moi, nous sommes très amis.

앞에서 명사와 부사가 그리고 형용사와 명사가 서로 넘나듦의 관계가 있음을 살펴보았다. 그렇다면, 형용사와 부사가 밀접한 관계가 있음은 당연하다. 이런 의미에서, 명사, 형용사, 부사는 품사 차원에서 크게 명사류로 묶어 볼 수 있는 것이다.

한국어에서, 형태적 기준 ─ 격조사와의 결합 불가능 ─ 에 의해 순수 부사류가 추출되었다면, 다시 명사와 부사의 기능적 공유성을 뒤집어서 부사가 명사적인 기능을 가질 수는 없는가를 살펴볼 필요가 있다. 우리는 부사가 명사적 기능을 수행할 수 있다는 점에서 부사를 크게 명사의 대부류에 소속시킬 근거를 마련할 수 있다. 다음 현상에 주목해 보자.

일반적으로 부사는 명사를 수식하지 못하고 서술어나 다른 부사를 수식하는 제2차 걸림관계(incidence)로[12] 설정되어 왔는데, 실제로는 그렇지 않은 면이 있다. 한국어의 부사 요소, 특히 상징부사나 상징부사의 구성요소가 합성명사의 첫 번째 구성요소로 참여하고 있는 양상은 아주 활발하다.

(9) 따로-국밥, 길쭉-얼굴, 딱-총, 척척-박사, 홀딱-쇼, 깜짝-세일, 튼튼-영어, 똑-소리, 너털-웃음, 뭉게-구름, 헐떡-고개, 깡총-치마, 가닥-길, 막막-산중, 다복-솔, 닥닥-새, 미끌-액, 보슬-비, 산들-바람, 오목-주발, 종달-새, 반짝-구두, 조마-증(症), 조바-심, 조막-손, 알뜰-주부, 지랄-병, 벌렁-코, 살짝-곰보, 산들-바람, 곱슬-머리, 뾰족-코 …

이는 일반 명사가 명사와의 수식관계를 형성하고 있는 다음의 합성명사 또는 이은말 [N+N] 구성과 동일하다. (10ㄱ)과 (10ㄴ)을 비교해 보라. 또한 [서술명사+명사], [서술성어근명사+명사]의 구성과도 평행성을 엿볼 수 있다(채현식(2000) 참조).

(10) ㄱ. 새-총, 철학-박사, 누드-쇼, 한정-세일, 기초-영어, 우울-증
     ㄴ. 딱-총, 척척-박사, 홀딱-쇼, 깜짝-세일, 튼튼-영어, 답답-증
     ㄷ. 공부-벌레, 청소-반장, 초대-손님, 긴급-대처, 긴급-처리, 긴급-조처, 긴급-명령

상징부사가 합성어 형성에 적극적으로 가담할 수 있다는 것은 상징부사가 단순히 다른 용언 성분을 수식하는 기능 이외에 명사적 차원에서 어휘적인 성격, 즉 서술적 성격이 강한 요소이기 때문이 아닐까 생각해 볼 수 있다. 흥미로운 점은 용언의 서술적 의미를 그대로 승계하고 있는 부사형 어미에 의해 기능이 바뀐, 혹은 전성된 부사어들은 합성어 형성에 다소 소극적이라는 것이다.

---

12 품사의 체계를 incidence 이론으로 제시한 것에 대해서는 Guillaume(1973)을 참조하기 바란다. Jespersen의 ranking theory와 비교할 수 있겠다.

(11) ㄱ. *빠르게비행기, *일찍새

　　cf. 묻지마관광, 몰래카메라, 몰래바이트

ㄴ. 씽씽비행기, 벌렁코, 물렁사과, 뒤룩돼지, 어벙도사, 몽당연필, 깔

　깔왕국, 붕붕카 …

한 언어의 전체 틀은 어휘요소의 분류작업과 문법요소의 분류작업을 통해 짜여질 수 있다고 보았을 때, 먼저 우리가 구상하는 어휘요소의 부류화는 다음과 같이 제시될 수 있다. 한국어의 어휘적 부류는 일차적으로 명사류와 동사류로 나뉘고 부사는 명사류의 하위 분류로서 배치된다.

(12) 한국어 어휘요소 대부류와 소부류 체계

① 명사류 – 명사, 대명사, 의존명사, 수사, 지시사(= 관형사), 부사 //

동사의 명사형, 관형형, 부사형[13]

② 동사류 – 주관동사, 기술동사, 행위동사 // (보)조동사, 기능동사

3. 상징부사의 형태·통사론

3.1. 서술성 부사와 비서술성 부사

여기서는 순수 부사로 분류된 것들 중에서 상징부사를 중심으로 한 서술성 부사의 설정 가능성을 살펴보고자 한다.

전통적으로 상징부사는 용언의 양태를 수식하는 용법에 촛점이 맞추어져 그 용법이 기술되어 온 것이 사실이다(채완(1993), 신중진(1998)). 부사어는 수식기능을 기본으로 하는 통사적 성분이다. 일차적으로 수식

---

13 한국어 명사형, 관형사형, 부사형 어미의 문법적 지위에 대해서는 목정수(1999, 2000)을 참조하기 바란다.

성분은 수식 성분이 독립적으로 쓰일 수 있는 것과 어휘적 성격에 의해 반드시 피수식어에 의존해야만 하는 것으로 나눌 수 있다. 후자의 대표적인 경우가 정도부사이다. 아래의 예문에서 '아주'는 피수식 성분이 없으면, 온전한 문장을 이루지 못한다.

(13) 철수는 아주 (잘 + 빠르게 + *E) 뛴다.

이처럼 정도 부사를 제외하고 독자적으로 수식 기능을 담당할 수 있는 부사어류는 기본적으로 어휘성(= 서술성)을 띠고 있다고 볼 수 있다. 그 이유는 부사어로 기능하는 것들 중의 상당수는 용언의 활용형으로서 용언의 어휘성을 그대로 승계하고 꼴바꿈에 따라 기능이 부사어로 바뀐 것이기 때문이다.

(14) ㄱ. 철수는 땅을 <u>깊게</u> 파더라.
ㄴ. 장미가 <u>아름답게</u> 피어 있었다.

이러한 활용형 부사어를 제외하면, 부사류 중에서 서술성을 띠는 것은 대부분 의성·의태어 계열에 속하는 상징부사들이다.[14] 2장에서 언급했

---

14 어떤 논평자께서 상징부사 중에는 서술성을 갖지 못하는 것이 있다고 지적해 주셨다. 고마움의 뜻을 전한다. 이러한 논평을 참조했을 때, 상징부사 중에서 일음절 상징부사 '딱, 척, 팅, 띵, 뚝' 등을 떠올릴 수 있겠다. 그러나 이러한 것들도 다음에서와 같은 용법을 보여주는 것으로 보아, 모든 상징부사가 서술성을 갖는다는 일반성은 유지되는 것으로 보인다.

(1) 야 우리가 한골만 더 넣으면, 완전 딱인데.
(2) 척하면, 알아야지.
(3) 어 뭐가 팅거렸는데, 너 못들었니?
(4) 머리가 띵한 게, 죽겠다 야!
(5) 아가야, 그만 뚝! / 뚝 안 하면, 사탕 안 사준다!

이 중에서 현재 사전에 등재되어 있는 것이 '띵하다' 정도인데, 이를 어휘화된

듯이, 상징부사는 분포적으로 격조사와 결합하지 않는 특성으로 보아, 순수한 부사 범주에 속한다.[15]

3.2. 상징부사의 서술성

우선 본고의 논의 대상이 되는 상징부사는 일차적으로 자립성의 측면에서 홀로 쓰일 수 있는 첩어나 준첩어 구성을 보이는 것들이다. 예를 들어, '비틀비틀-거리다'의 '비틀비틀'처럼 자립적으로 쓰이는 것이 일차 대상이 되고, '비틀-거리다'처럼 '비틀'이 자립적으로 잘 사용되지 않는 것은 이차 대상이 된다. 신중진(1998)에서도 지적한 바 있듯이, 상징부사의 기본 어휘 구조는 비도출 중첩형 의성·의태어라 할 수 있겠기 때문이다.

먼저 다음과 같은 노래 가사의 예를 통하여 상징부사가 지니고 있는 서술성의 측면을 생각해 보자.

(15) 시냇물은 <u>졸졸졸졸</u>,
  고기들은 <u>왔다갔다</u>,
  버들가지 <u>한들한들</u>,
  꾀꼴이는 <u>꾀꼴꾀꼴</u>

(15)의 노래 가사에서 눈에 띄는 점은 여기서 '졸졸졸졸', '한들한들', '꾀꼴꾀꼴'은 구체적 서술어인 '왔다갔다'와 대구를 이루고 있다는 사실이다.

것으로 보았다는 것은 '땅'과 '하다'의 통사적 결합이 합성동사나 접합구성(synthème)으로 굳어졌다는 것을 의미하므로, 결국 '땅'의 서술성은 인정되는 것이다.

15 다음 예를 참조하면, 명확해지리라 생각한다.

  (1) 거북이가 {엉금엉금, *엉금엉금으로} 기어간다.
  (2) 철수가 사과를 {사각사각, *사각사각에} 베어 먹었다.

다음은 신문에 나온 머릿기사나 광고 문구의 일부이다. 이러한 자료는 실제 언어 생활에서 많이 사용되므로, 무시할 수 없는 문장 형식이라 할 수 있다.

> (16) ㄱ. 찬바람 씽씽, 등골이 오싹
> ㄴ. 청소도 착착, 빨래도 척척
> ㄷ. 이자가 파파
> ㄹ. 김철수 정치권을 기웃(기웃)

아울러, 부사적 용법으로만 쓰이는 의존명사 '듯', '양' 등도 서술동사 없이 문장을 구성하는 예를 많이 찾아볼 수 있다.

> (17) ㄱ. 네가 직접 하는 것이 바람직.
> ㄴ. 포기하는 것이 좋을 듯.
> ㄷ. 철수는 내 말을 못들은 척, 딴정.

다음 (18)의 구성에서 보듯이, 상징부사는 서술어 없이도, 문장의 기본 관계(= 명제성)를 실현시킬 수 있다. 그리고 그 뒤에 동사가 나타나는 경우에도 해당 동사는 대개가 의미적으로 불투명한 {하다}, {거리다}, {대다} 등이 나오는 것을 예상할 수 있다. 이는 서술명사가 의미적으로 기능동사를 요구하는 양상과 평행하다고 볼 수 있다.

> (18) ㄱ. 그녀의 머리는 바람에 찰랑찰랑. (거리다)
> ㄴ. 철수는 언제나 나에게 살랑살랑. (대다)
> ㄷ. 오늘은 마음이 싱숭생숭. (하다)

> (19) ㄱ. 클린턴이 한국을 방문. (하다)
> ㄴ. 한국 일본에 반도체 수출. (하다)
> ㄷ. 오늘 미국으로 떠나기로 결정. (하다/짓다/내리다)

한국어 문장 구조를 파악할 때, 기본적으로 주성분들을 중심으로 하여 이루어졌기 때문에 부사류 같은 수의적 성분들은 문장의 구조에 직접 관여적이지 못한 것으로 파악되었다. 그러나 앞 절에서 보았듯이, 상징부사류가 문장의 중심 자리를 차지할 수 있다. 단순히 상징부사류를 수의적 성분으로 분석하면, 그것이 빠졌을 때의 비문법성을 설명하기 어려워진다. 다음 예에서 괄호 안의 요소를 생략하면, 문장의 서술성이 사라지고 만다.

(20) ㄱ. 바람이 (하늘하늘) 거리다
     ㄴ. 우리 제품엔 정성이 (가득) 하다

본 절에서는 좀더 구체적으로, 단문 내에서 논항을 취하며 격할당의 자격을 갖는 것으로 논의되고 있는 서술명사 구문과 상징부사 구문을 비교하여, 상징부사가 서술성을 띤다는 사실을 확실히 입증하고자 한다.

한국어 구문을 파악하고, 이 구문 형식에 따라 구문분석기(parser)를 개발할 때, '공부-하다'와 '공부를 하다'의 상관성 문제는 항상 중요한 논쟁을 불러일으켜 왔음은 주지의 사실이다. 우리는 이러한 문제가 상징부사가 관여하는 구문과 직접적으로 관련이 있다는 점을 보일 것이다.

먼저 'X-(를) 하다' 구문에서 서술명사에 의해 논항이 실현된 구성에서 일반적으로 관찰된 통사적 특징을 정리하고, 관련 예를 보이면 다음과 같다.

첫째, 서술명사는 자신의 논항과 공기할 때, 주제화가 되지 않는다 : *공부는 철수가 영어를 했다. cf. 영어 공부는 했다.

둘째, 서술명사는 자신의 논항을 거느린 상태에서 분열문의 초점 자리에 올 수 없다 : *철수가 영어를 한 것은 공부이다. cf. 내가 하고 싶은 것은 영어 공부이다.

셋째, 서술명사는 의문사의 대상이 될 수 없다 : A : *철수가 영어를 뭐를 했니? – B : 철수가 영어를 공부를 했어.

넷째, 서술명사는 그것이 요구하는 논항과 서로 자리를 바꿀 수 없다 : *공부를 영어를 했다.

다섯째, 서술명사는 관계절의 표제명사가 될 수 없다 : *철수가 영어를 한 공부는 엉터리이다.

여섯째, 서술명사는 부사와 형용사의 수식을 눌 다 허용할 수 있지만, 논항을 동반하는 경우는 부사어에 의한 수식만을 허용한다 : 어려운 공부를 하다, 어렵게 공부를 하다 / *영어를 어려운 공부를 하다, 영어를 어렵게 공부를 하다

일곱째, 서술명사는 대명사화(= 대용화)가 불가능하다 : *철수는 영어를 공부를 하고, 영희는 영어를 그것을 안 한다.

위에 열거한 '서술명사 + 기능동사' 구문이 보여주는 기본적인 행태와 '상징부사'와 '거리다', '대다', '하다' 등의 요소의 결합 구성이 보여주는 특성을 비교해 보면, 서술명사와 상징부사의 통사적 지위와 기능의 평행성을 입증할 수 있다. 다음은 위의 일곱가지 특성을 상징부사가 관여하는 구성에 적용해 본 결과이다.

    (21) ㄱ. *굽실굽실은 철수가 사장에게 거렸다(= 했다).
          ㄴ. *철수가 사장에게 거린(= 한) 것은 굽실굽실이었다.
          ㄷ. A : *?철수가 사장에게 어떻게를 거렸니(= 했니)?
             B : 철수가 사장에게 굽실굽실을 거렸어(했어).
          ㄹ. *철수가 굽실굽실을 사장에게 거렸다(= 했다).
          ㅁ. *철수가 사장에게 거린(= 한) 굽실굽실
             cf. 철수가 사장에게 굽실굽실

ㅂ. *대단한 굽실굽실을 거리다(= 하다).

대단히 굽실굽실을 거리다(= 하다).

ㅅ. ^{??}철수는 사장에게 굽실굽실을 거렸지만(= 했지만), 영희는 사장에게 그렇게를 안 했다.

종합하면, 한국어의 서술명사와 상징부사는 둘 다 서술적 기능을 갖고 있고, 그로 인하여 동일한 통사적 행태를 보여준다고 할 수 있다. 우리는 이러한 사실에서 한국어에서 서술성 명사는 대개 한자어 계열의 명사가 대부분을 차지하고 있고, 고유어 계열의 서술성 명사는 그리 많지 않음을 확인할 수 있다.[16] 특히 서술성의 외래어가 한국어에 유입될 때는 한자어 서술명사처럼 명사 범주의 자격을 획득한다 : 클릭-하다, 데이트-하다, 히트-치다, 점프-하다, 섹시-하다, 멜랑꼴라-하다 …. 그렇다면, 고유어 계열의 어휘에서 용언 범주를 제외하면, 서술어 역할에서 상징부사가 담당하는 비중은 실로 막대하다고 할 수 있겠다.

3.3. 파생접사와 기능동사

상징부사가 단문 내에서 서술기능을 하고 있음이 입증된다면, 이는 곧바로 기존에 단어형성의 차원에서 단어구조를 파악하는 형태론적 입장과 갈등을 빚게 된다. 즉, 형태론적 구성의 파생접사로 처리되던 것들이 통사적 단위로서 기능동사로 자리매김되어야 하기 때문이다. 본고는 기존에 동사나 형용사 파생접사로 파악되어 왔던 대표적인 '하다', '거리다', '대다'를 통사 단위인 기능동사로 파악하고자 하며, 선행 서술성 요

---

16 고유어 계열의 서술명사는 명사화 접사 {음, 기}에 의한 파생명사나 명사와 파생명사의 구 또는 합성명사(synthetical compound)가 담당한다고 볼 수 있다 : 달리기-하다, 마당놀이-하다, 입막음-하다, 개죽음-하다, 달맞이-가다 ….

소-여기서는 상징부사-와 기능동사의 결합을 통사적 구성으로 보고, 이들의 어휘적 단일성(unité)을 어휘화, 숙어화의 측면에서 설명하고자 한다. 이러한 시각으로 논의를 전개할 때, 기존에 형태론적 구성의 파생 접사로 보아 온 '-하다', '-거리다' 등의 요소를 그들의 자립성 여부와 상관없이 '기능동사' 즉, 동사 범주로 보게 되는데, 이러한 갈등을 어떻게 해소시키느냐의 문제가 뒤따른다.[17] 우리는 동사 범주로 규정된 '기능동사'들의 자립성/의존성은 '의미적 차원'의 문제라고 본다. 이러한 의미적 의존성은 기능동사에 따라 정도성의 차이를 보이는데, 의미적 의존성이 크면 클수록 기존의 접사적 성격을 공유한다고 할 수 있다. 이러한 의미적 의존성이 가장 큰 기능동사는 '이다'가 되고, 의미적 의존성이 가장 작은 기능동사는 '하다'가 되기 때문에, 이 두 동사를 극점으로 해서 나머지 기능동사들의 연속체를 설정할 수 있겠다.[18]

α. 엉망이다 / *엉망이 이다 / ??엉망이긴 이지 // 엉망 아니다 / 엉망이 아니다

β. 신사답다 / *?신사가 답다 / ?신사답긴 뭘 답다고 // ?신사 안 답다 / 신사가 안 답다

...

...

ψ. 해롱해롱거리다 / 해롱해롱을 거리다 / 해롱거리긴 거리는데 // ?해롱해롱 안 거리다 / 해롱해롱을 안 거리다

ω. 공부하다 / 공부를 하다 / 공부하긴 정말 하는거야? // 공부 안 하다 / 공부를 안 하다

---

17 송철의(1992)는 동사화 파생접사로서 '-거라-', '-대-', '-이-' 등을 다루고 있는 대표적 논의라고 할 수 있다.

18 한국어에서 '이다'의 성격을 둘러싼 논쟁의 단면은 엄정호(2000)에 잘 정리되어 있다. 참고로 '이다'를 기능동사로 보는 입장에 대해서는 목정수(1998)을 참조하기 바란다.

계속해서, 형태론과 통사론의 접점(interface)에서 항상 논의의 여지가 남는 형태적 구성과 통사적 구성의 경계 문제의 본질이 어디에 놓이는가를 더 깊이 살펴보자. 다음 예에서 밑줄 친 부분의 문법적 지위를 비교해 보자.

(22) ㄱ. 웅성웅성하다, 비틀거리다
     ㄴ. 논의하다, 섹시하다
        수선 <u>피우다</u>/ 바람 <u>피우다</u>/ 부지런 <u>떨다</u>/ 능청 <u>떨다</u>
        가탈 <u>부리다</u>/ 각광 <u>받다</u>/ 각축 벌이다

파생접사의 여부는 형태소 분석 시 구성요소가 자립적이냐 의존적이냐에 따라 결정되는 경우가 많다. 예를 들어, '공부-하다'의 경우에 '공부'가 자립적인 명사이기 때문에 '하-'를 접사로 보기 어렵다고 해도, '비틀'이나 '수선'은 제한된 환경 이외에서는 쓰이지 않는 비자립적 요소이기 때문에 그와 결합하는 '거리-'나 '피우-'를 파생접사로 봐야 한다는 논리가 있을 수 있다. 그러나 이와 같은 경우에도 동일한 형태를 선행 환경, 즉 X자리에 오는 요소가 자립적이면, 통사적 구성으로 보아 기능동사로, 비자립적이면, 형태론적 구성으로 보아 파생접사로 보아야 하는데, 이는 일관적이지 않다.

다른 반론은 '공부하다'의 '하-'는 자립적으로 쓰일 수 있으므로, 기능동사로 분석이 가능하지만, '비틀거리다'의 '거리-'는 자립적이지 않으므로, 기능동사로 보기보다는 파생접사로 보는 것이 타당하다는 것이다. 이렇게 보면, 동일한 논리로, '수선 피우다'의 '피우-'도 자립적으로 쓰인다고 볼 수 있는 '담배 피우다'의 '피우-'하고는 다른 용법의 '피우-'이므로 자립적인 것이 아니다. 따라서 '피우-'도 파생접사로 봐야 할 것이다. 그렇다면 '수선 피우다'도 파생동사로 봐야 하는 난점이 생긴다.

'가탈 부리다', '각광 받다', '각축 벌이다'에서도 마찬가지의 문제가 제기된다. 여기서 '부리다', '받다', '벌이다'는 일반동사로서의 용법을 벗어난다. 그리고 선행요소들도 '자립성' 기준에 의하면, 홀로 쓰일 수 없는 요소들이다. 그렇다고 '가탈 부리다' '각광 받다', '각축 벌이다'를 동사파생으로 처리하기는 곤란하다. 왜냐하면, '하인 부리다', '편지 받다', '경쟁 벌이다'의 구성과 비교했을 때, 형태·통사적인 행태에 있어서 차이를 보여주지 않기 때문이다.

이제 구체적으로 'Y-거리다'의 '거리-'를 파생접사보다는 기능동사로 보아 그 구성을 통사적 결합으로 봐야 하는 논거를 하나하나 살펴보자.

첫째, 전통적으로 상징부사를 성분 수식어 기능을 위주로 보게 될 때, 제기되는 문제는 상징부사가 무엇을 수식하는가이다.

(23) 꾀꼴꾀꼴 지저귀다.

(23)에서는 '꾀꼴꾀꼴'이 '지저귀다'를 양태적으로 꾸며주고 있으므로 부사의 기능을 담당하고 있다고 볼 수 있다. 그렇다면 다음과 같은 문장에서 '꾀꼴꾀꼴'은 뒤의 '거리다'를 꾸미는 기능을 한다고 볼 수 있을까?

(24) 꾀꼴꾀꼴거리고 있다.

그렇지 않다고 보인다. 그러한 이유로 해서 '꾀꼴꾀꼴거리다' 연쇄형에 대한 전통적 인식은 '-거리-'를 파생접사로 보는 쪽으로 기울었고, 상징부사 '꾀꼴꾀꼴'이 파생접사 '-거리-'에 의해 동사로 품사가 바뀌어 새로운 어휘로 파생된 것으로 본다. 따라서 '꾀꼴꾀꼴거리다'는 하나의 어휘로 처리한다. 그러나 이 경우에 접사 파생에 의해 하나의 어휘가 구성되었다면, 그 구조는 형태·통사적인 절차에 비가시적으로 반응해야 할

것이다. 즉, 형태소 경계에 새로운 통사 단위가 개입하거나, 구성요소를
분리하거나 이동시키는 조작에 거부 반응을 보여야 할 것이다. 과연 그러
한가를 검토해 보자.

> (25) ㄱ. 꾀꼴꾀꼴은 하는데, 슬퍼 보인다.
> ㄴ. 꾀꼴꾀꼴 안 거리는 이유는 뭐야?
> ㄷ. 비틀비틀 좀 거리지 말아라.
> ㄹ. 비틀비틀만 거려 봐라, 어떻게 되는지.

위의 예에서 보듯이, '꾀꼴꾀꼴거리다'를 형태론적 구성으로 단정짓기
어려운 측면이 많고, 오히려 두 단위의 통사적 구성으로 보는 쪽이 우세
한 것 같다. 이 때 문제는 '거라'의 자립성 여부이다.[19] 선행 요소의 도움
이 없이 쓰이는 일이 잘 찾아지지 않으므로, 이를 통사적 단위로 보기
어렵다고 지금까지 보아온 듯하다.[20] 그러나 통사적 단위가 반드시 자립
적으로 쓰여야 할 이유는 없다. 예를 들어, 문법 요소들은 어휘 요소에
대해 의존형태소로 분류되고 있다. 이것은 '자립성'이란 잣대로, 어휘요
소를 중심으로 문법요소를 '주변적'인 것으로 보는 관점에서 나온 것이
다. 사실, 문법요소가 통사적으로 실현되는 데 반드시 어휘요소에 의존해
야 하는 것은 아니다.[21]

---

19 '비틀비틀거리긴 거렸지만 넘어지지는 않았잖아'와 같은 문장에서 '거리다'는 자립
적으로 쓰일 수 있음을 보여주는 것이 아닐까?

20 시정곤(1998)의 '통사적 접사' 개념은 이러한 점을 포착하기 위한 것으로 이해된다.

21 다음 일본어의 예를 생각해 보자. 이러한 예들은 의존요소가 피의존요소 없이도
독립적으로 쓰일 수 있다는 것을 전형적으로 보여 준다. 이해를 돕기 위해 괄호안에
한국어의 대응 번역을 적어 두었다 : だから/ですから(그러니까), でも/けれど
も(그래도), なので(그러므로), と言っても(그래도), にも拘らず(그럼에도 불구
하고), と同時に(그와 동시에), 中には(그 가운데/중에는), ほかは(그 밖에는),
で(그리고, 그래서), では/じゃ(그러면), でも(그러나), でなければ(그렇지 않으
면), 途端に(그 순간에), ほかに(그 밖에)

위에서 본 바와 같이, 조사가 개입할 수 있는 현상을 두고, 지금까지는 소위 '어근분리 현상'으로 이해되어 왔는데(이병근(1986:400), 임홍빈 (1979)), 이러한 식견은 '-거리다' 등을 파생접사로 보는 입장과 정면으로 충돌하고 있다. '-거리다'가 파생접사라면 파생절차에 의해 새롭게 형성된 파생동사, 즉 하나의 통사단위로 묶이는 단어가 어떻게 그 일부의 구성요소인 어근을 분리하는 것을 허용할 수 있을 것인가 하는 점이 쉽게 납득이 가지 않는다.[22] 이런 문제는 용언 어간설에서 제기조차 되지 않은 것들이다(시정곤(1998:293) 참조).

이러한 의문은 '공부하다'의 '하-'를 파생접사로 보는 시각에서도 동일하게 제기된다. 외국어와의 의미 대응성을 고려한다면, 'study'와 '공부하다'를 비교할 수 있지만, 한국어의 내적 구조를 생각하면, '하-'를 동사 파생접사로 본다는 것은 마치, 영어의 동사 파생 요소 '-ize'나 '-ate' 등과 견주고 있다는 것인데, 영어의 동사 파생접사 '-ize'나 '-ate'의 경우에, 어간과 이들 접사가 담화표지 같은 제3의 통사적 요소에 의해 분리되는 현상은 찾아보기 힘들다.

(26) ㄱ. nationalize → *national, you know, (l)ize
ㄴ. terminate → *termin, I mean, ate

오히려, 한국어의 'X-하다', 'Y-거리다' 구성은 영어의 'take care → take a little care'나 불어의 'avoir faim → avoir très faim/avoir une faim

---

22 '용언어간 분리 현상'에서 문제가 되는 요소는 한정조사 {가, 를, 도, 는}과 질화사 {만, 조차, 까지 ...}인데, 어떤 경우에는 분리되지 않은 상태에서 분리된 상태가 유도되는 것으로 보게 되고, 다른 경우에는 분리된 상태에서 생략의 기제에 의해 분리되지 않은 상태가 유도되는 것으로 보게 되는 결과를 초래한다. 예를 들어, '비틀비틀거리다'에서 '비틀비틀을 거리다'가 유도되고, '가탈을 부리다'에서 '가탈부리다'가 유도된다. {를}에 관한 동일한 현상이 한 번은 '분리/첨가' 현상으로, 다른 한 번은 '생략' 현상으로 따로따로 기술되는 모순성이 생긴다.

de loup'의 짝과 견줄 수 있는 형태·통사적 속성을 보여준다.

한국어의 경우에 형태론적 구성으로 파악되는 파생어나 합성어의 경우는 보조사－우리의 용어로는 한정조사와 질화사－가 그 중간을 뚫고 개입하는 현상은 일어나지 않는다.

(27) ㄱ. 노름쟁이 → *노름만쟁이, *노름도쟁이, *노름을쟁이
　　 ㄴ. 기생집 → *기생만집, *기생요집, *기생도집, *기생을집
　　 ㄷ. 엿보다 → *엿을보다, *엿도보다, *엿좀보다, *엿요보다
　　 ㄹ. 새파랗다 → *새가파랗다, *새도파랗다, *새좀파랗다

둘째, 한국어의 부정부사 {안}과 {못}은 용언의 바로 앞에 오는 특성이 있다. 이에 비추어 보면, 'X-하다'나 'Y-거리다' 구성이 새로운 단어를 파생시켰다면, 부정부사는 당연히 'X-하다'나 'Y-거리다' 구성 앞에 올 것이다. 그러나 그렇지 않다.

(28) ㄱ. 반짝반짝 안 거리다 - ??안 반짝반짝거리다
　　 ㄴ. 안절부절 못 하다 - *못 안절부절하다
　　 ㄷ. 공부 안 할꺼야? - *?안 공부할꺼야?
　　 ㄹ. 쟤 공부 엄청 못 한다 너! - *쟤 엄청 못 공부한다 너!

우리는 이러한 현상을 설명하기 위해서는 'X-하다'나 'Y-거리다' 구성을 바라보는 시각을 근본적으로 수정할 필요가 있다고 본다. 즉, 'X'와 '하다'의 관계, 'Y'와 '거리다'의 관계를 파생관계로 보는 시각에서 벗어나, 독립적인 통사단위들의 결합으로 보고, 그 긴밀성을 재구조화 또는 어휘화 과정으로 파악하고자 한다.

이러한 인식을 바탕으로 'Y-하다/거리다' 구성을 다시 바라보자. 우리의 기본 생각은 자립적인 '꾀꼴꾀꼴'을 실현시켜 주기 위해 '하다/거리다'가 붙어 있는 구조로 볼 것이 아니라, 기본 틀은 '____ 하다/거리다' 구조에서 그 비어 있는 자리를 구체적으로 실현시키기 위해 '꾀꼴꾀꼴' 같은 어휘 요소가 채워지는 것으로 보는 것이다.[23] '비틀-거리다'의 구성을 대체로 '비틀'이란 '어근/어기'를 중심으로 하여 '거리다' 파생으로 보는 시각에서 비자립적인 '비틀'을 중심으로 하고 있는 이유가 분명치 않다. 그것은 비자립적이라고 하는 기능동사 '거리다'를 중심으로 서술성 요소 '비틀'이 첨가되었다고 보는 것을 반박할 수 없게 된다. 오히려 후자의 입장이 '비틀거리다' 구성이 보여주는 형태·통사적 행태를 원리적으로 설명할 수 있게 해 준다. '비틀거리다'를 '비틀'을 중심으로 파생관계로 파악하는 논의는 '의미'를 중심으로 형태를 보는 관점에 선다.[24]

3.4. 상징부사의 복문 구성

상징부사의 서술성을 부각시켜 지금까지 상징어에서 파생된 파생동사나 파생형용사를 '상징부사 + 기능동사'의 구성으로 분석하는 입장을 견지하면, '상징부사 + 일반동사'의 구조는 일종의 복문 구성으로 파악할 수 있게 된다. 다음 예를 보자.

---

23 목정수(1998, 1999) 등에서 제시한 명사구의 확장 체계는 이러한 관점으로 정립된 것이다. 예를 들어, '선생은 정직해야 한다'에서 '선생'과 '는'의 관계, 'The dog is clever'에서 'the'와 'dog'의 관계에서 '선생'이나 'dog'를 중심에 놓는 것이 아니라 '는'이나 'the'를 중심으로 그 구조를 보는 관점이다.

24 전통적으로 서구의 언어학은 실증주의, 즉물주의에 젖어 왔다. 눈에 보이는 양의 세계를 중심으로 한다. 그러나 언어전체를 바라 볼 때, 陽(= 실질 = 어휘)의 세계가 있다면, 반드시 陰(= 형식 = 문법)의 세계가 있는 것이고, 그 음의 세계가 보이지는 않지만 더 근원적이라는 인식은 얼마든지 가능한 것이다. 그런 면에서 문법관도 어휘요소를 중심으로 하는 것을 뒤집어서 문법요소를 중심으로 유한한 틀을 짜는 것이 정합적이다. 왜냐하면, 무한으로 유한을 설명하는 것보다, 유한한 틀에서 무한한 것을 설명하는 것이 정합적이기 때문이다.

(29) 아기는 말똥말똥 잠을 안 자고 있다. ↔ 아기는 말똥말똥(하다) # 아
기는 잠을 안 자고 있다

(29)에서의 술어적 기능은 '말똥말똥'과 '자다'에 의해 독립적으로 실
현된다고 분석이 가능하다면, 전통적으로 상징부사가 이웃하는 동사류
를 수식한다고 본 관점과는 다른 새로운 시각에서 '상징부사'의 지위를
바라보게 된다.

이러한 분석은 결국 상징부사의 서술성 유지에 기반을 두는 것으로서,
서술명사의 다음과 같은 특성과 비교해 보면, 지지 논거를 찾을 수 있다
(김창섭(1997) 참조).25

(30) ㄱ. 철수는 미국 친지댁을 방문, 거기에 정착해 버렸다. ↔ 철수는 미
국 친지댁을 방문(하다) # 철수는 거기에 정착하다
ㄴ. 철수는 성명을 발표, 언론계에 파장을 일으켰다. ↔ 철수는 성명
을 발표(하다) # 철수는 언론계에 파장을 일으키다

따라서 다음과 예문들은 서술성의 입장에서 복문 구성으로 파악될 가
능성이 높다 하겠다.

(31) ㄱ. 철수는 사장에게 살랑살랑, 동료 목을 치게 만들었다. ↔ 철수는
사장에게 살랑살랑(거리다) # 철수는 동료 목을 치다
ㄴ. 햇빛이 쨍쨍, 여름 하늘을 달구고 있다. ↔ 햇빛이 쨍쨍(하다) #
햇빛이 여름 하늘을 달구고 있다.

---

25 일본어에서 동사의 연용형이 보여주는 소위 중지법과 'する'와 결합하는 서술명사
의 용법을 상징부사의 환경과 행태에 견주어 보면, 한국어의 경우와 유사함을 알
수 있다.
   (1) ご飯を食べ、學校へ行った。 (밥을 먹고, 학교에 갔다)
   (2) 靴がぴかぴか、私は眩しい。 (구두가 반짝거려, 난 눈이 부시다)
   (3) 病氣の父 (병−든 아버지), 病氣する (병−들다)
   (4) ぴかぴかの靴 (반짝−거리는 구두), ぴかぴかする (반짝−거리다)

ㄷ. 철수는 마누라와 옥신각신(끝에), 손찌검을 하고 말았다. ↔ 철수
는 마누라와 옥신각신(하다) # 철수는 손찌검을 하다
ㄹ. 나를 보자, 철수는 꼬리를 살랑살랑 유혹의 몸짓을 했다. ↔ 철수
는 꼬리를 살랑살랑(거리다) # 철수는 유혹의 몸짓을 하다
ㅁ. 아직도 김지하가 애면글면 뭔가 모색하고 있다면 … ↔ 김지하가
애면글면(하다) # 김지하가 뭔가 모색하다

이러한 분석은 불어의 기능동사 구문을 다루고 있는 어휘-문법에서도
찾아볼 수 있다. 어휘-문법에서는 서술명사를 포함한 조작동사(verbe
opérateur)의 다음과 같은 구성을 복문 구성으로 분석하고 있다(한선혜
(1991) 참조).

(32) Paul fait peur à Marie. ↔ Paul fait # Marie a peur

상징부사가 다른 부사를 수식하는 구조로 분석되던 다음과 같은 문장
에서, 상징부사 자체가 수식어의 기능보다는 독자적인 술어적 기능을 갖
고 있다면, 이들도 마치 복문 구성으로 분석될 수 있다고 본다(채완(1993:
60) 참조). 다음 예의 짝을 비교해 보자.

(33) ㄱ. 산봉우리가 매우 높이 솟았다.
ㄴ. 산봉우리가 우뚝우뚝 높이 솟았다.

(34) ㄱ. 철수가 아주 급히 학교로 달려갔다.
ㄴ. 철수가 허둥지둥 급히 학교로 달려갔다.

채완(1993)에서는 위의 문장에서 의태어 '우뚝우뚝', '허둥지둥'은 바
로 뒤에 오는 부사보다는 동사와 직접적 관련을 갖는 것으로 보고, 그

근거로 부사 '높이, 급히'가 없어도 문법적이며, 문맥도 자연스럽고, 또한 '우뚝우뚝, 허둥지둥'이 없어도 마찬가지이기 때문이라고 했다. 위 문장에서 상징부사와 부사(어)는 상호간에 수식-피수식 관계를 갖는 것이 아니라 각자 동사를 수식하는 것으로 해석된다는 것이다.

정도부사 '매우'처럼 상징부사 '허둥지둥'은 다른 부사를 수식할 수 없다. '매우'는 피수식 성분에 의존적이지만, '허둥지둥'은 그렇지 않다.

> (35) ㄱ. ?*산봉우리가 매우 솟았다.
>   ㄴ. 철수가 허둥지둥 학교로 달려갔다.

이러한 현상은 상징부사와 정도부사의 차이를 보여주는 것이라 할 수 있다. 상징부사의 서술성을 인정하는 우리의 입장에서는 위의 (34ㄴ) 문장은 두 가지로 분석이 가능하다.

> (36) ㄱ. [철수가 허둥지둥][철수가 학교로 급히 달려갔다]
>   ㄴ. [철수가 [학교로 {[급히][허둥지둥]} 달려갔다]]

그러나 이러한 분석이 갖는 최대의 문제점은 상징부사가 의미적으로 긴밀하게 결합하는 서술어가 후행하는 경우이다. 상징부사에 의해 전제되는 술어가 이루는 연어 구성에서26 상징부사와 서술어가 독자적인 서술적 기능을 하고 있다고 보기가 어렵다. 우리는 이런 경우는 '서술어'가 상징부사가 담당하고 있는 서술성을 잉여적이지만 구체적으로 실현시켜 주는 측면을 감안하여, 기능동사의 어휘적 확장형으로 보고자 한다.

---

26 부사에 의한 전제적 연어에 대해서는 김진해(2000:67–81)를 참조하라. 손남익 (1998:123)의 다음 구절도 우리의 눈길을 끈다 : "지금까지 우리가 바라보고 믿어왔던 체언과 용언 중심의 문법에서 벗어난 경우를 보게 되는 것이다. 주어와 서술어가 결정되면 이를 수식 한정할 수 있는 부사어가 결정된다는 사실을 부정하는 것은 아니다. 하지만 우리가 어떤 특정한 소리를 들으면 이것과 공기하는 주어와 서술어가 결정될 수도 있다는 것도 받아들이도록 하자."

(37) ㄱ. 시계가 따르릉 울었다(≒대다).

ㄴ. 개가 멍멍 짖는다(≒거리다).

ㄷ. 꾀꼬리가 꾀꼴꾀꼴 울고 있다(≒거리다).

(37)에서 '따르릉', '멍멍', '꾀꼴꾀꼴'이 술어적 기능을 담당한다고 보는 것은 이 상징부사들이 후행하는 용언 '울다', '짖다', '울다'를 선택하지 거꾸로 후행 용어들이 상징부사를 선택제약하는 관계가 아닌 것에서 기인한다. 따라서 이러한 구성에서 '울다', '짖다'는 '거리다', '하다'의 어휘적 확장형 기능동사로 볼 수 있겠다.[27]

3.5. 상징부사의 논항구조

상징부사가 술어성을 갖는다면, 그것은 논항을 지배할 힘이 있다는 것을 의미한다. 따라서 상징부사의 어휘내항을 설정할 때, 상징부사가 취하는 논항구조를 명시할 필요가 있게 된다.[28] 상징부사 가운데 통사·의미

---

27 참고로 다음과 같은 현상은 상징부사가 서술성을 보유하고 있다는 사실을 보여주는 것으로 해석할 수 있다.

(1) ㄱ. 한미 은행이 미국 뉴욕에 활짝 피었습니다.

ㄴ. *한미 은행이 미국 뉴욕에 피었습니다.

(2) ㄱ. LG가 차세대 디지털 세상을 활짝 피우겠습니다.

ㄴ. *LG가 차세대 디지털 세상을 피우겠습니다.

(3) ㄱ. 이제 가요계의 샛별로 우뚝 서리라.

ㄴ. *?이제 가요계의 샛별로 서리라.

(1ㄴ, 2ㄴ)에서 '은행'과 '피다', '세상'과 '피우다'는 논항과 서술어의 관계에서 선택제약을 어기기 때문에 직접 결합이 불가능하지만, (1ㄱ, 2ㄱ)에서는 '활짝'이란 상징부사로 서술성이 이전되어 '은행'과 '활짝', '세상'과 '활짝'의 관계가 성립하게 됨으로써 그 결합력이 회복된다고 보여진다. (3)에서도 동사 '서다'가 보어 'N₁-으로'와 결합하기에 그 서술성이 부족하지만, 상징부사 '우뚝'에 의해 부족한 서술 공간이 채워지고 있는 것이다.

28 이론적으로 이러한 점이 입증되었다고 보면, 실천적 측면에서 한국어 부사의 총체적 기술을 지향하는 작업에서는 상징부사의 논항구조를 정밀하게 보여주는 작업이

적으로 동사와 같은 기능을 하여 논항을 취하고, 여기에 선택 제한을 부과하는 양상을 확인해 보자. 이는 상징부사를 하위분류하는 데 도움이 될 것이다. 먼저 항가성(valence)에 따라 다음과 같은 분류가 가능하다.

- 일항 술어성 부사
  N_0 비틀비틀
- 이항 술어성 부사
  N_0 N_1-에 옴짝달싹
  N_{0i} N_{1j}-에 득실득실/가득가득/바글바글 ↔
  N_{0j} N_{1i}-로 득실득실/가득가득/바글바글
  N_0 N_1-에게 꿈뻑/고분고분/깐깐
  N_0 N_1-와 짝짝/쑥덕쑥덕/옥신각신
  N_0 N_1-로 숭숭
  N_0 N_1-(를) 꿀꺽꿀꺽

상징부사와 마찬가지로 부사어도 술어 위치에 나타날 수 있고, 그 내재적 어휘·통사적 성격에 의해 논항의 지배 양상이 달라지는 경우가 있다. 다음 예를 살펴보자.

(38) ㄱ. 철수는 방이 항상 깨끗 (하다)
     ㄴ. 철수는 방을 항상 깨끗이 (한다)

위의 예에서 '방이'와 '방을'의 차이를 형용사 '깨끗하다'와 동사 '깨끗이하다'를 설정하여 설명하는 것보다 서술 기능의 자리를 차지하는 '깨끗'과 '깨끗이'가 갖는 논항구조의 차이로 설명하는 것이 좋을 듯하다. 한정조사 {는}의 개입도 '서술성 부사(어) + 기능동사'의 통사적 결합ー김제열(1998)에 따르면, 통사적 복합술어 구문(V')에 해당함ー으로 보면, 쉽게 설명이 된다.

필수적일 것이다.

(39) ㄱ. 철수는 방이 항상 깨끗은 (하다)
     ㄴ. 철수는 방을 항상 깨끗이는 (한다)

다음 예도 동일하게 볼 수 있겠다.

(40) 운명을 달리 하다

'운명을 달리+하다' 구성에서 '하다'의 서술성을 확보해 주는 것은 '달리'라는 부사어이다. 즉 '운명을 하다'의 구성에 부사어 '달리'가 수식어로서 들어간 것이 아니라 '달리'라는 부사어가 기능동사 '하다'와 통사·의미적으로 통합되고, '달리'의 서술성에 의해 논항 '운명'이 지배되는 것으로 볼 수 있다.

술어성 부사(어)와 논항을 뒤섞으면 문법성이 떨어지는 것도, 앞에서 살펴본 서술명사와 상징부사의 통사적 행태의 유사성을 고려하면, 쉽게 이해될 수 있다.

(41) ㄱ. *그녀는 항상 깨끗이 방을 한다.
     ㄴ. *철수는 달리 운명을 했다.

상징부사가 서술적으로 쓰일 때는 그 위치가 일반부사처럼 자유롭지 못함을 알 수 있다. 상징부사든 일반적 부사어든 서술성을 띤 용언류가 올 경우에는 그 위치가 자유롭다. 이는 의미적으로 수식-피수식 관계를 형성할 수 있기 때문에 그 관계가 파기되지 않는 한도 내에서 위치가 자유롭다는 것을 의미한다. 반면에 상징부사가 술어적 기능을 담당하고, 용언류가 의미적으로는 불투명하고, 문장의 완성을 위해 서술성을 돕는 기능요소, 즉 기능동사로 작용하는 경우에는 서술성 상징부사가 기능동사와 수식-피수식 관계를 형성하지 못하기 때문에 상징부사의 위치가 술어자리로 딱 정해진다. 다음 두 문장의 짝을 비교해 보라.

(42) ㄱ. 철수는 사장에게 살랑살랑거린다.
　　 ㄴ. *철수는 살랑살랑 사장에게 거린다.

(43) ㄱ. 철수는 사장에게 살랑살랑 아부를 떨고 있다.
　　 ㄴ. 철수는 살랑살랑 사장에게 아부를 떨고 있다.

4. 결론

한국어의 어휘부를 구성하는 요소들을 계량적으로 살펴보았을 때, 부사어류가 차지하는 비중은 무시할 수 없을 정도로 크다. 그리고 소위 의성·의태어로 불리는 상징부사는 그 비중이 압도적이다. 더 정확히는 그 수가 제한되어 있지 않은 열린 부류이다.[29] 따라서 한국어 어휘의 총체적 표상을 위한 사전 작업에서 상징부사의 형태·통사·의미적 특성이 세밀히 기술될 필요가 있음은 두말할 나위가 없다.

우리는 지금까지 순수 부사의 상당부분을 차지하고 있는 상징부사가 서술적인 성격이 강하다는 점을 명시하고, 그 술어적 성격을 기술하기 위해 필요한 개념적 도구들을 반성해 보았다. 결과적으로 상징부사가 술어 기능을 담당하기 때문에, 의미적으로 불투명하고 동사적(= 시간적) 차원에서 서술어의 문법 범주가 실현되기 위한 환경을 마련해 주는 역할을 담당하는 후행요소를 '동사/형용사 파생접사'가 아닌 '기능동사'로 파악

---

29 의성·의태어의 정제된 목록은 신중진(1998)을 참조할 수 있다. 수집된 예를 보면, 그 용법을 알 수 없는 것도 많고, 필자가 즉흥적으로 사용하고 있는 것 중에서 빠져 있는 부분도 많다는 점은 상징부사가 열려 있는 어휘부류라는 점을 보여준다.

하고, 이들의 결합을 통사적 구성으로 파악했다. 즉, 'Y-거리다' 구성 자체가 통사적 구성이기 때문에 통사적 단위 'Y'에 통사적 기능표지(= 문법관계표지)가 아닌 담화적 기능 요소인 한정조사 {가, 를, 도, 는}이 화용론적 환경에 따라 교착된 'Y-를/는/도-거리다' 구성의 기제는 당연한 것으로 받아들여질 수 있고, 그러한 요소들이 외현화되지 않은 'Y-거리다' 구성이 숙어같이 어휘화된 하나의 단위로 보이는 것은 통사단위의 새분석과 어휘화 과정에 기인하는 현상으로 파악했다.

참고문헌

강범모(2000). "서술명사의 기준과 의미 구조." 2000년 한국언어정보학회 여름 학술대회 발표 논문집.
고재설(1999). "동사 '하-'와 형용사 '하-'."「국어학」33.
김일환(2000). "어근적 단어의 형태·통사론."「한국어학」11.
김제열(1999). "'하다' 구문의 연구." 경희대학교 박사학위논문.
김진해(2000ㄱ). "국어 연어 연구." 경희대학교 박사학위논문.
_____(2000ㄴ). "'기능동사'는 어휘적 의미가 없는가?."「한국문화연구」3.
김창섭(1997). "'하다' 동사 형성의 몇 문제."「관악어문연구」22.
김현권(1999). "어휘부 구축을 위한 현대 한국어 부사의 기술."「언어학」24.
남승호·임유종(2000). 세종전자사전 부사사전 설계시안.
목정수(1998ㄱ). "기능동사 '이다' 구성의 쟁점."「언어학」22.
_____(1998ㄴ). "격조사 교체 현상에 대한 통사·의미적 논의의 재검토 -조사 류의 새로운 질서를 토대로-."「언어정보」2.
_____(1999). "루마니아어 동사 숙어구와 기능동사 구문 -문법화를 기준으로 -."「언어의 역사」. 태학사.
_____(1999). "정감적 의미와 형태 분석 -청자지시 요소 {아} 분석을 위하여-."「한국어학」10.
_____(2000). "선어말어미의 문법적 지위 정립을 위한 형태·통사적 고찰 -

{었}, {겠}, {더}를 중심으로-."「언어학」 26.

_____(2002). "한국어 관형사와 형용사 범주에 대한 연구 -체계적 품사론을 위하여-."「언어학」 31.

손남익(1998). "국어 상징부사어와 공기어 제약."「한국어 의미학」 3.

_____(1999). "국어 부사어와 공기어 제약."「한국어학」 9.

송철의(1992).「국어의 파생어형성 연구」태학사.

시정곤(1994). "'X를 하다'와 'X하다'의 상관성."「국어학」 24.

_____(1998).「국어의 단어형성 원리」한국문화사.

신중진(1998). "현대국어 의성의태어 연구."「국어연구」 154.

안희돈(1991). *Light verbs, VP-movement, Negation and Clausal Architecture in Korean and English*. Ph. 위스콘신대학 박사학위논문.

양명희(1998). "부사의 사전적 처리에 대하여(I)."「한국어학」 8.

엄정호(2000). "'-이다'의 '이'는 조사인가?."「형태론」 2-2.

이병근(1986). "국어사전과 파생어."「어학연구」 22-3.

임유종(1999).「한국어 부사연구」한국문화사.

임홍빈(1979). "용언의 어근분리 현상에 대하여."「언어」 4-2.

채 완(1993). "의성어·의태어의 통사와 의미."「새국어생활」 3-2.

채현식(2000). "한자어 연결 구성에 대하여." 형태론 모임 중간 발표 요지.

채희락(1996). "'하-'의 특성과 경술어구문."「어학연구」 32-3.

최호철(1984). "현대국어의 상징어에 대한 연구." 고려대학교 석사학위논문.

한선혜(1990). "불어 기능동사구문 연구." 서울대학교 석사학위논문.

한정한(2000). "'공부를 하다' 구문의 정보구조."「한국어학」 11.

허철구(2000). "'하-'의 형태론적 성격에 대한 토론."「형태론」 2-2.

홍재성(1999). "기능동사 구문 연구의 한 시각 : 어휘적 접근."「인문논총」 41.

Guillaume, G.(1973). *Principes de linguistique théorique de Gustave Guillaume*. Paris, Klincksieck et Québec, Presses de l'Université Laval.

국어학과 한국어 교육의 교류

• 한국어 문법 교수의 우선성 : 어휘 중심에서 문법 중심으로의 전환 •

1. 논의에 앞서

외국어로서의 한국어 교육을 전공으로 하고 있는 여러 선생님들을 모시고 한국어 문법 교육에 대한 주제강연을 해야 한다. 학회 주제가 "**(한국어) 문법 교육, 무엇을 어떻게?**"이란다. 우선 필자는 무슨 강연을 어떻게 해야 할 것인가 눈앞이 캄캄할 뿐이다. 내 전공 분야도 아닌데... '어떻게'의 주제는 그냥 잘 하면 되지 하는 마음으로 임하면 되겠지만, '무엇을'의 주제, 즉 무슨 내용을 가지고 강연을 꾸릴 것인가는 막막하기 그지없다. 그래서 필자에게 왜 이런 강연의 소임이 맡겨졌는가를 생각해 본다. 필자의 강연을 통해 청중들이 요구하는 것의 핵심은 문법을 어떻게 교육해야 교육 효과를 최대화할 수 있느냐 하는 방법론의 문제일 것이라고 일방적으로 단정해 본다. 그런데 필자는 문법 전공자이긴 하나 한국어 교육 전문가라 할 수 없다. 나는 일반언어학을 전공하고 그것도 로망스어를 대상으로 학위논문을 썼고, 지금은 국문과에서 국어문법론을 주로 연구하고 가르치고 있지 않은가.

그렇다면 필자는 요구 받은 내용의 강연을 하기는 어려운 형편에 처해 있기에 이 자리에 서면 안 된다는 결론이 도출된다. 따라서 필자는 우회적으로 편법을 쓸 수밖에 없다. 한국어 교육에 대한 직접적인 답변보다는 그냥 내가 국어학을 하면서 한국어 교육과 연계해서 생각해 보면 좋겠다고 생각한 것을 늘어놓거나, 국어문법 특히 국어 통사론을 논할 때 쟁점이 되고 있는 통사 단위에 대한 필자의 핵심 주장, 즉 조사와 어미를 중심으로 한 문장관 수립의 논리를 구체적으로 보여주는 것으로 강연 시간을 채워야 할 것 같다. 다행히 필자의 국어문법 연구의 고민이 한국어 교육에 우회적으로 도움을 줄 수 있다면 좋겠고, 별 도움이 안 된다 하더라도 국어학과 한국어 교육이 서로 교섭하는 자리를 마련했다는 자평으로 위안을 삼고자 한다. 청중 여러분의 양해를 구한다.

2. 문제 제기

필자는 조사와 어미를 중심으로 문장을 분석하는 접근법을 주창해 오고 있다. 이 접근법은 기존에 국어 문장을 서술어를 중심으로 그것이 취하는 논항구조(argument structure)를 밝히는 것을 문장 분석의 핵심으로 보는 문장관, 즉 서술어라는 어휘 중심의 문장관과 대립적인 모습을 보여준다. 이 두 접근법이 서로 배타적인 것이 아니라 상호 보완 관계에 있다고 볼 수 있으나, 필자가 강조하고자 하는 것은 (한)국어를 (한)국어답게 만드는 것의 핵심은 어휘요소보다는 문법요소에 있다는 점이다. 어휘요소가 중요하지 않다는 것이 아니라 문법요소가 더 중요한 측면이 있다는 것을 말한다. 이를 단적으로 보여주기 위해 필자는 극단적인 다음 두 문장 유형을 비교하고자 한다. 다음 두 문장은 논의를 위해 만든 인위적 문장이지만, 외국인이 한국어 학습 시 보여주는 여러 가지 오류 현상들 가운데 어떤 점이 더 중요한 부분이 될 수 있는가를 보여주는 데 안성맞춤일 것이다.

(1) 가. 저 논의 난해해서 너무 비난 말면 좋아요. (어휘요소 중심)

　나. 제 거시기가 좀 거시기하더라도 너무 거시기하지 말아줬으면 거시기하겠어요. (문법요소 중심)

필자는 이 문제를 "거시기"의 문제라고 명명하고, 한 언어의 정체성은 어휘요소보다는 문법요소에 더 힘입는 바가 크다는 것을 강조하고자 했다. 그래서 필자는 한국어 초급 학습자 단계부터 이 틀을 이용하면 쉽게 한국어 말문을 트게 만들 수 있다고 보고 이 학습 방안을 다음과 같이 개략적으로 제안한 바 있다. 먼저 한국어를 하기 위한 가장 기본적인 문장의 구조를 다음과 같이 제시했다.

(2) 한국어 기본 문형

	존댓말(敬意体)	반말(非敬意体)
1–2인칭 중심 표현	○○○이에요? ○○○이에요.	○○○이니?
	(○○○입니까? ○○○입니다.)	○○○이야.
3인칭 중심 표현	○○○해요? ○○○해요.	○○○하니?
	(○○○합니까? ○○○합니다.)	○○○해.
기본동사문 (主觀動詞)	더워요?	더워?
	제가 싫어요?	나 싫어?
	누가 좋습니까?	나미는 누가 좋아?
	선생님, 한국어가 어려워요.	엄마, 일본어가 쉬워.
기본동사문 (客觀動詞)	오카무라상은 무슨 책을 좋아해요?	
	히로미는 어디 있어요?	아야카는 언제 자?
	하나에는 언제 와요?	마리나, 몇 시에 일어났어?
	왕상은 왜 밥을 많이 먹어요?	마이코 또 지각했어?

	1-2인칭에 대한 대화	3인칭에 대한 대화
기본문형 (주관동사)	○○○이세요? ○○○이에요. (○○○이십니까? ○○○입니다.)	○○○이세요? ○○○이세요. (○○○이십니까? ○○○이십니다.)
기본문형 (객관동사)	○○○하세요? ○○○해요. (○○○하십니까? ○○○합니다.)	○○○하세요? ○○○하세요. (○○○하십니까? ○○○하십니다.)
기본 주관동사	목선생님, 국문과 교수이세요? 네, 교수입니다. 추우세요? 에어컨 끌까요? 네, 추워요. 에어컨 끕시다.	저기 할아버지가 당신 남편이세요? 아니요, 우리 남편 아니세요. 기숙사를 마음에 들어 하세요? 네, 마음에 들어 하세요.
기본 객관동사	주말에 무엇을 하세요? 테니스를 해요. 눈이 크세요? 아니요, 눈이 작아요?	당신 남편은 노래를 잘 부르세요? 네, 잘 부르세요. 목 선생님은 얼굴이 크세요? 아니요, 얼굴이 작으세요.

　　필자의 이 '거시기 이론'은 한국어의 어휘 부분은 어떤 언어든 학습자가 아는 어휘로 채우면 되고, 그것이 안 될 때는 '거시기'로 대체할 수 있다는 것을 말하고, 그 재료를 가지고 한국어로 표현하기 위해서는 한국어의 뼈대문법 틀만 익히면 최소한의 한국어다운 한국어를 할 수 있게 만들 수 있다는 것을 의미한다. 한국어로 말할 때 가장 먼저 필요한 것은 소위 담화표지라고 하는 다음과 같은 표현들이다.

　　(3) 가. 저기요, 거시기 있어요?
　　　　 나. 저거 있잖아요, 물 좀 주세요.

　　(4) 가. 날도 더운데, 거시기나 합시다.
　　　　 나. *더워서 아이스커피나 팥빙수나 먹읍시다.

(5) 가. 이만 저기... 슬리핑합시다.

　　　나. 저기 피아올량한 샤오꾸냥 아 걸 좀 거시기해 주세요.

　이것 이외에 필자는 외국인 학습자들이 다음과 같이 동사 뒤에 쓰이는 문법요소, 즉 어미를 잘못 사용했을 때 굉장히 귀에 거슬려, 한국어 학습에서 이런 부분에 대한 교육이 더 강화되어야 하고, 그리하기 위한 방법론 개발에 더 힘써야 하지 않는가 하는 생각을 많이 한 적이 있다.

(6) 국어문법론 과목을 듣게 만드는 이유는 매우 단순하고 간단하다. 저는 국어국문학과 학생이 아니지만 외국인으로써 한국에 와 있으니까 매일 한국어를 사용해야 해서 한국의 문법을 제대로 배워야 할 필요가 있다고 생각한다. (서울시립대 행정학과 오황가 학생의 글에서)

(7) 제 친구가 서울시립대에 가고 싶어요. (중국 산동대 학생이 필자와 나눈 대화에서)

(8) 목 선생님: 안녕하세요! 제가 위교입니다. 6월에 중국해양대학교를 졸업했습니다. 저는 이해영 교수님께서 선생님에 관한 말씀을 많이 들었습니다. 한국에 온 후에 아는 선배에게서도 선생님께서 문법, 통사론 등 분야에 아주 뛰어난다고 들었습니다. 학생들 중에는 아주 인기있는 선생님이랍니다. 제가 대조언어학이라는 수업을 신청했씁니다. 선생님 밑에서 열심히 공부하겠습니다. 잘 부탁드립니다. 내일은 대학원 오리엔테이션을 열테니 그때 선생님도 뵙게 될 것입니다. 정말 기대됩니다. 그럼 내일 봅시다. 잘 주무십시오~ 위교 드림 (서울시립대 박사과정생 위교의 이메일에서)[1]

　이러한 점을 고려하면 국어 문장을 구성하는 데 핵심적인 필수요소는 서술어가 적절하게 선택되는 것과 동시에 적절하고 문법에 맞는 어미 사용법이라 할 수 있다. 너무나 상식적인 것인데, 한국어 교육에서 이를 명시적으로 드러내고 교과과정에 이를 잘 반영했는가에 대해서는 다소 회의적이다. 필자가 여러 대학의 한국어 교육기관에서 사용하고 있는 교재를 꼼꼼하게 살펴보지는 않았지만, 대개 필자가 강조하고 있는 바를 체계적으로 제시하면서 문법항목을 꾸린 교재는 그리 많지 않은 것으로 알고 있다.

이를 정리해 보면 외국어로서의 한국어문법을 보는 시각에 차이가 있다는 것이다. 대표적으로 어휘 쪽을 강조한 논의와 문법 쪽을 강조한 논의를 각각 하나 소개해 본다.

(9) 박남식(2002) '외국어 문법 교육의 주요 쟁점'

"어느 언어에서이건 명사, 동사, 형용사 등 내용어(content word)가 후치사/전치사, 접속사, 관사 등 기능어(function word)보다 먼저 그리고 쉽게 습득되는 것이 보통인 것 같다. 아마도 이는 의사소통의 과정에서 정보를 전달

1

하는 역할의 대부분이 내용어를 통해 이루어지기 때문일 것이다. … 그것은 단어가 내포하는 정보의 양이 많고 구체적일수록 그것이 의사소통에 그만큼 더 필요하고 따라서 그것이 보다 먼저 습득되어야 할 것이기 때문으로 생각된다."

(10) 서정수(2002) '외국어로서의 한국어 교육을 위한 새 문법 체계'
"이 문법 요소들은 그 기능이 매우 다양하고 중요하여 우리 문법 체계의 숭심을 이루는 것인데노 한낱 낱낱의 부속 형태로 다루고 있으니 그 상내석 비중이 아주 약화되고 만 것이다. 최현배(1937)에서 이것을 동사류어의 어미로 처리하지 않고 주시경(1910)에서처럼 어간과 양립된 문법 요소로 다루어 왔다면 우리말 문법의 체계는 현대 문법 이론에 비추어 훨씬 더 나은 것이 되어 있을 것이다."

필자는 본 강연을 통해서 한국어 교육 시 어휘요소와 문법요소 중 어떤 측면에 더 많은 방점을 찍어야 하는가를 생각해 보게 하는 간접적인 길을 모색해 보려는 의도가 있다. 여기에서는 후자의 입장에 중점을 두고 논의를 이끌어나가고자 한다. 이어서 장을 바꾸어 필자는 어떻게 이러한 관점을 갖게 되었는가를 간단히 제시함으로써 필자가 주장하는 바의 근거를 마련해 보도록 한다.

3. 나의 국어학, 그 출발점

필자의 국어학은 전통적으로 내려오는 국어학의 방법과 실천 중 다소 과학적이지 못한 측면이나 논의 내부의 모순과 충돌을 발견하는 것으로부터 시작되었다고 할 수 있다. 일찍이 국어학 전통에서 큰 족적을 남긴 이숭녕 선생이 국어학은 과학적 언어학이 되어야 함을 역설한 적이 있다.

과학적이란 말은 객관적인 용어와 누구나 동의할 수 있는 명시적인 언어 그리고 객관적인 기준으로 현상을 앞뒤 모순 없이 일관되게 풀어낼 수 있어야 한다는 것을 의미한다.

다음에 인용하는 유명한 학자의 내용은 실제 국어문법의 형성에 막대한 영향을 미친 것이고, 더 나아가 한국어 교육의 기본 틀로 사용되는 것들이다. 필자는 이러한 내용에 어떤 허점이 있을 수 있는가를 지적함으로써 한국어 교육에 있어 어떤 점을 유념하는 것이 좋을지에 대한 방향을 잡아보고자 한다. 선학들을 무조건적으로 비판하고자 하는 것은 아니다. 다만, 자칫 선학들의 권위주의나 전통 국어학의 도그마에 빠질 수 있는 위험을 경계하고자 하는 것이다. 물론 필자 자신의 논의도 비판 대상이 될 수 있다는 열린 자세는 유지한다.

(11) 김석득(1983:426-429), 『**우리말 연구사**』, **정음문화사.**

"4-13. 이 숭녕 중등 국어문법, 고등 국어문법과 종합주의 언어관: 서구 이론에 접근

품사 분류의 세 가지 방법으로, '뜻' '구실', '형태 구조 및 어미변화'를 든다. 이에 따라, 다음과 같은 8품사: '명사, 대명사, 수사(이상, 체언: 어미변화 있음), 동사, 형용사(이상 용언: 어미변화 있음), 관형사, 부사(이상 어미변화 없음), 감탄사(특수 품사)'로 나눈다." [329]

[329] *이숭녕(1961) 中世國語文法에 가면, 같은 8품사 체계인데, 그 내용이 조금 고쳐져 나온다. 곧 거기에서 고쳐 밝히기를, '후치사'를 신설하고 대신 '관형사'는 형용사 속에 넣는다고 했다.*

"'존재사'의 부인은 박 승빈, 이 희승님의 '존재사' 설에 대립하고, '지정사(잡음씨)'의 부인은 최 현배 님의 '잡음씨' 설에 대립한다. 이 님은 '존재사'를 '형용사'로, '지정사'를 체언 격변화의 '서술격'으로 처리했다." [330]

[330] *이숭녕(1961) 中世國語文法에 가면, '지정사'는 '존재사'와 함께 '형용사'에 넣었다고 고쳐서 밝혔다.*

여기 인용된 것은 이숭녕 선생의 이론 체계인데, 필자는 이에 대해서 두 가지를 비판하고자 한다. 첫째, '이다'의 품사론을 두고 '지정사'와 '형용사' 사이에서 갈팡질팡한 점과 둘째, '관형사'의 범주에 대해서 확고한 입장이 서지 않았다는 점을 지적할 수 있다. 이러한 이숭녕 선생의 불분명하고 비일관적인 태도에 영향을 받아, 후에 국어학에서 '관형사'와 '형용사'를 분리 혼동하는 결과를 낳았다는 점을 지적할 수 있다. 또한 '이다'의 품사 설정 문제에 있어서도 일본어의 'だ'와 잘못 비교하는 바람에 '이다'를 '서술격조사'로 보는 전통이 고착화되는 데 일조했다고 봐도 과언이 아닐 것이다. 다시 말하건대, 한국어에서의 문제는 '이다'의 '아~'인데, 자칫 문제의 중심이 빗겨가다 보니, '서술격'이란 모순된 용어가 고착화된 것이 아닌가 한다.

한국어 교육을 할 때 사용하는 국어학의 메타 용어 가운데 사실 '형용사'란 용어도 많은 문제를 야기할 수 있다. 왜냐하면, '형용사'로 정확히 무엇을 의미하고 있느냐가 외국인 학습자들의 언어에서 형용사란 범주가 의미하는 것과 때로는 일치, 때로는 불일치하는 경우가 많기 때문이다. 거기에다가 국문법에서는 '관형사'라는 용어가 따로 사용되고 있는데, 이것이 도대체 무슨 품사인지를 외국 학습자들이 이해하기 어렵기 때문이다. 문법 용어는 되도록 보편적 용어를 사용하는 것이 바람직하다고 할 수 있다. 그런 의미에서 한국어의 관형사라는 용어는 폐기하고 형용사라는 용어를 재조정하여 사용할 필요가 있어 보인다. 사실 이는 필자가 국어 학계에 여러 해 동안 주장해 온 핵심 중의 핵심이다. 기존의 형용사는 '기술동사/상태동사'나 '주관동사/심리동사'라는 동사 범주로 하위분류하고 기존의 관형사는 단순히 형용사로 하는 것이 용어의 원뜻에 가깝게 된다. 이렇게 되면 '예쁜 옷'의 '예쁜'은 형용사 '예쁘다'의 관형형이 아니라, 기술동사 '예쁘다'의 형용사형이라고 말하게 되고 영어의 '(who/which is) pretty'와 짝을 맺을 수 있고, '예쁘다'는 'be pretty'와 짝이 된다는 것을 명확히 할 수 있다. 그리고 '새 옷'의 '새'는 관형사가 아니라 형용사, 좀 더 정확히 말하면 수식 용법으로만 쓰이는 형용사라 정의할 수 있고, 이에 해당하는 영어는 'new'라고 할 수 있다. 이렇게 되면 '국제 사회'의 '국제'의 영어 대응어는 'international'이지 'international relationship'이 아니라는 것이 명확해진다.[2] 이런 시각을 견지하면, '유명하다', '유명한', '유명 (대학)'의 짝은 각각 'be famous', '(who/which is) famous', 'famous'가 되는 것이 분명해진다. '유명'의 짝이 'fame'이 아니라는 것이다. 또다른 예로, '정확'의 짝은 'correctness' 또는 'exactitude'가 아니라 'exact' 또는 'correct'이고, 오히려 'correctness' 또는 'exactitude'의 짝이 '정확함' 또는 '정확성'이다. 따라서 'exact'는 '정확' 또는 '정확한'에 해당한다는 것이 분명해진다.[3] 이렇게 되면 '시적', '경제적', '언어학적' 등의 'X-적' 이란 형태의 단어도 관형사나 명사가 아니라 형용사에 해당하는 어사라는 것을 알게 된다(목정수, 2010; 목정수, 2011 참조).

(12) 남기심·고영근(1993:105), 『표준 국어문법론 개정판』, 탑출판사.

"이 때의 '가, 를'의 기능은 격조사라고 하기보다는 보조사적이라고 하는 것이 온당해 보인다. 이상의 보조사들은 명사, 부사, 용언의 연결어미에 두루 쓰이므로 통용보조사라고 한다. 그런데 보조사 가운데는 문장 끝에만 쓰이는 것이 있다.

(13가) 봄이 왔어요 (…) (13가)의 '요'는 높임의 뜻을 표시하고 (…) 이런 보조사를 앞의 통용보조사에 대해 종결보조사라고 한다."

---

[2] 기존 한영 사전에 '국제'라는 표제어에 대응하는 영어로 대개 다 'international relationship'이 제시되어 있다.

[3] 기존 한불 사전을 찾아보면, '정확'에 'exactitude'가 대응되어 있고, '정확성'에도 'exactitude'가 대응되어 있다.

여기서는 조사 '가'와 '를'에 대해 보조사적 기능을 확실히 인정하고 있는데, 오히려 이렇게 함으로써 내적 모순을 안게 되었다는 점을 지적할 수 있다. '떨어지지가 않는다'나 '놀러를 가다'에서의 '가'와 '를'의 용법을 보조사적이라고 한다면, 그러한 용법 이외에서의, 즉 '봄날이 가다'나 '가을을 즐기다'의 '가'와 '를'과 교체되는 '봄날은 간다'나 '가을도 즐기세'의 '는'과 '도'는 다시 격조사적이라고 보는 것이 온당하다는 것인가 라는 모순에 부딪힐 수밖에 없게 된다. 또한 높임의 뜻을 표시하는 '요'라는 보조사를 종결보조사라고 했는데, '제가요 숙제를요 다는요 못했어요'에서의 밑줄친 '요'는 종결보조사가 아닐 텐데, 이는 통용보조사인가? 그렇다면 통용보조사로서의 '요'와 종결보조사로서의 '요'가 다른 것인가 하는 모순에 처하게 되는 것이다.

국문법에서 조사 '가'를 주격조사로 분류하고 또 그렇게 가르치고 있는 것이 현실이지만, 그렇게 가르치는 교육의 구조 때문에 발생하는 외국인 학습자들의 한국어 오류 현상은 없을까를 생각해 보는 것도 매우 유익한 국어학 논의의 자극제가 될 수 있을 것이다. 필자는 한국어와 외국어의 대조/비교 연구를 오래전부터 로망스어학을 중심으로 해 왔는데, 자연스럽게 한국어를 배우는 외국인 학습자들이 고민하는 '가'와 '는'의 구별 문제나 국어학에서 '가'와 '는'을 비교 연구하는 논문이 많았다는 것 자체도 시사하는 점이 매우 크다는 점을 새롭게 깨닫게 되었다. 이러한 문제가 조사 '가'의 정체성 규명에 적극 고려되어야 한다는 것을 강조하고자 하는 것이다. 뒤에서 자세한 논의를 베풀겠지만, 필자는 이러한 모든 것을 종합하여 조사 '가'는 격(case)의 문제로 해결하는 것보다 한정(determination)의 문제를 중심으로 해결하는 것이 더 바람직하다는 입장에 서 있다. 사실, 격(case)과 한정성 효과(definiteness effect)와의 갈등 속에서 논의되고 있는 문법요소는 비단 한국어의 '가'와 '를'에만 해당되는 것이 아니라, 핀란

드어의 소위 '부분격(partitive)'으로 기술되는 것이나 러시아어의 '부정 생격(genitive of negation)'으로 기술되는 것이나 터키어의 '대격 (accusative)'로 기술되는 '-i'도 다 이러한 문제를 안고 있다고 볼 수 있다. 카야르딜드어(Kayardild)의 소위 'modal case'나 퉁구스어의 'designative case', 유형론에서 제기되는 소위 특이격(quirky case)이라고 하는 것들도 격이 단순히 격이 아니라 격과 수 범주, 한정(determination)의 문제, 정보 구조의 문제와 매우 긴밀하게 연결되어 있음을 보여주고 있는 것이다. 폴란드어의 격도 이러한 문제에서 그리 많이 벗어나 있지 않다(Bacz의 논의 참조).

(13) 가. Kupilem cukier.
    I've bought (the)sugar - Acc.
   나. Kupilem cukru.
    I've bought some sugar - Gen.
(14) 가. Zjadlem zupe.
    I've eaten the soup - Acc.
   나. Zjadlem zupy.
    I've eaten some soup - Gen.
(15) 가. Kupitem jablka.
    I've bought (the)apples - Acc.
   나. Kupilem jablek.
    I've bought some apples - Gen.
(16) 가. Przynioslam jajka.
    I've brought (the)eggs - Acc.
   나. Przynioslam jajek.
    I've brought some eggs - Gen.

바츠는 다음과 같은 결론을 내림으로써 폴란드어에서도 격의 문제가 한정성과 매우 밀접한 관계를 맺고 있다는 점을 보여주고 있다. 이는 한국어 조사 '가'와 '를'의 지위 규정에 있어서도 많은 시사점을 던져주고 있다.

(17) "In conclusion : Do Polish cases define or don't they ? Yes, they do define but in a way different from the usual understanding of the definite/ indefinite article opposition in languages such as English. For divisible objects, expressed by [−countable] mass nouns and [+countable] animate plurals, the genitive case in the grammatical object situation denotes an indefinite part, corresponding to what in English is expressed by the indefinite pronoun some while the accusative case evokes a whole, which is either a defined unit (including units that consist of a number of smaller entities), rendered in English by means of the, or it evokes a continuate total expressed in English by the article zero. When the grammatical object is a countable inanimate in the singular, the accusative case denotes a single anaphorically definite object or a single definite object the speaker is concerned about. The genitive case implies that the speaker views the object as one of many possible, or as an object of little importance to him."

4. 나의 국어학, 한국어 교육과의 교섭

필자의 국어학이 한국어 교육과 교섭을 하게 된 이유는 좀 간접적이라 할 수 있다. 국어학계에서는 나름 국어학계의 전통이 있기 때문에 필자의 이론이 그리 잘 수용되지 않고 쟁점의 불도 잘 일지 않고 외국어 계열 중심의 한국어학계에서는 생성문법에서 벗어나 있는 필자의 논의가 소외되는 측면이 있었다. 이에 필자는 거꾸로 필자의 문법 체계가 한국어 교육에 응용될 때 나오는 효과와 전통 국어문법의 틀에 입각하여 한국어 교육을 했을 때 나오는 효과를 비교해 보고 전자의 효과가 후자의 그것보다 크다는 것을 입증할 수 있다면, 자연스럽게 필자의 이론 체계의 우월성을 보여줄 수 있지 않겠는가 하는 생각을 하기에 이르렀다. 굳이 핏대 높여 자기 주장을 고집할 필요가 없다는 것을 뒤늦게나마 깨닫게 된 것이다.

더 나아가 필자는 국어학의 문제나 문제 해결 방안도 한국어 교육계의 실제 현장에서 나오는 목소리 또는 문제의식을 반영하는 선에서 새로움을 얻을 수 있고, 그렇게 해야 국어학의 외연도 넓힐 수 있다는 주장을 하고 있다. 국어학자는 한국어 교육 쪽 사람들을 약간 무시하고, 한국어 교육 전공자들은 전통 국어학 틀을 별 쓸모가 없다고 비난하는 평행선을 달릴 것이 아니라, 상생의 길을 걸으며 서로 도움이 될 수 있는 교섭의 장을 마련하는 것이 더 좋을 것이라는 데 동의 못할 사람은 없을 것이다.

4.1. 국어학의 쟁점이 어떻게 한국어 교육에 도움을 줄 수 있을까?

앞 장에서 필자는 조사 '가'와 '는'의 구별 문제가 모든 외국인 한국어 학습자들이 겪는 난제이고, 조사 '가'를 '주격조사' 또는 '주어표지'로, 조사 '는'을 '보조사' 또는 '특수조사'로 규정하는 국문법의 전통의 비과학성 내지 모순성과 더불어 이를 그대로 답습하여 한국어 교육에 응용되고 있는 실정을 언급하였다. 필자는 조사 '가'의 문제를 격(case)으로 국한하여 보지 말고 '는'과의 상관관계 속에서 '한정사(determiner)'의 문제로 보면 외국인 학습자들(특히 인구어권 학습자들)에게 조사 '가'와 '는'의 차이를 조금이나마 직관적으로 이해할 수 있게 만들 수 있다는 것을 암시했다.[4]

여기서 잠시 논외로 벗어나, 그러면 어떻게 필자가 이러한 시각을 갖게 되었는가의 여정에 대해서 소개함으로써 국어학/언어학의 쟁점이 한국어 교육에 이바지할 수 있는 연결고리가 어떻게 찾아질 수 있는지를 제시해 보도록 하겠다. 필자의 공부는 우선 일반언어학과 불어학에서 시작했다. 소쉬르(Saussure)의 『일반언어학 강의』와 기욤(Guillaume)의 '정신역학론(psychomécanique du langage)'에 빠져서 공부했다. 석사 과정에서 필사는 불어 관사에 대해 논문을 쓰기로 마음을 먹고 관사에 관한 여러 논의들을 찾아 읽었다. 그런데 기욤의 관사에 관한 논의, 특히 그의 저서 *Le Problème de l'article et sa solution dans la langue française*와 그의 강의록 *Leçons de linguistique de Gustave Guillaume*을 읽고 있노라면, 마치 불어 모어 화자의 마음을 느낄 수 있을 것 같은 착각이 들 정도로, 그 설명력이 매혹적이었다. 그 이후 필자는 박사학위 논문으로 불어와 루마니아어의 기능동사 구문에 대해 썼다. 그런데 이러한 과정을 통과하면서 필자는 자신도 모르는 사이에 우리 국어와 관련된 여러 가지 현상을 새롭게 인식하는 순간을 경험하였다. 지금도 가장 크게 국어 문법 체계를 탐구하는 데 영향을 미친 부분은 관사에 대한 인식이다. 루마니아어에서는 정관사가 명사 뒤에 놓인다. 'cartea'처럼 '책'을 의미하는 'carte'에 정관사 '-a'가 붙는다. 영어로 보면 'book the'와 같은 구조이다. '어라, 후치관사가 있다더니, 이 언어가 정말 그러하네!!' 참 생소한 현상

---

4 이런 일화를 하나 소개한다. 지난 2015년 3월 14일(토)에 국제한국어교육문화재단 창립기념 국제학술세미나가 서울대학교에서 열렸다. 거기서 미국 UCLA에서 오신 손성옥 교수가 "미국의 한국어교육 현황과 과제"란 주제로 아주 재미있게 강연하면서 다시 진부한 얘기를 꺼냈다. 미국 학생들이 제일 어려워하는 문제 가운데 조사 '가'와 '는'의 구별 문제가 있다고. 이 문제를 잘 해결할 수 있는 방안이 있어야 하는데, 참 어렵다고. 그때 필자는 영국 SOAS에서 오신 연재훈 교수와 나란히 앉아 강의를 듣고 있었는데, 그 양반이 필자에게 귓속말로 말했다. 그 문제라면 목정수가 해결 방안을 알려줘야겠는데라고. 연재훈 교수는 필자의 주장을 오래 전부터 잘 알고 있었고 현지 교육에서 응용해 본 경험이 있었던 것이다.

이었는데, 오히려 필자는 이러한 정관사의 후치 현상이 너무 자연스러웠다. 루마니아어가 불어에 비해 현상적으로 한국어와 더 많이 닮아 있었던 것이다. 필자는 그렇다면, 석사 때부터 고민했던 관사의 문제가 인구어에서만 있던 것이 아니라 한국어에서도 있을 수 있는 것이고, 후치관사를 고려하면, 한국어에서 관사의 문제는 명사의 후치요소에 의해 해결되고 있을 것이라는 추론을 하게 되는 순간 나도 모르게 '유레카'의 탄성이 터져 나왔다.[5] 문제는 국어 조사 체계였다. 기존 전통 국어학에서 조사를 분류하던 방식, '격조사, 보조사, (접속조사)'의 이원 체계 내지 삼원 체계를 완전히 해체하고 개별 조사들의 분포 관계를 통해서, 즉 조사들을 세로축, 가로축으로 쭉 늘어놓고 그들의 분포관계를 보여주는 행렬(matrix)을 작성하여 그 체계를 재구성했다. 그 결과, 나는 놀랍게도, {가, 를, 도, 는, 의}가 기본적으로 하나의 부류(class)를 형성하고 있음에 새삼 주목하게 되었고, 이런 문제를 분명히 체계화해야만 한국어의 문장 구조를 보다 더 정합적으로 설명할 수 있다는 생각이 들었다. 내가 대략적으로 그려낸 체계는 다음과 같다.[6]

(18) 한국어의 조사 체계

명사	격어미	후치사	질화사	한정조사	종조사
학교	에	서	만	은	요
국어학	(∅)	(∅)	조차	가	(∅)
북경	으로	부터	(∅)	의	(∅)

---

5 그 당시 1993~1994년경이라고 생각되는데, 그때의 감동을 당시 함께 유학하고 있던 루마니아문학 전공의 이호창 박사한테 알려준 적이 있었다. 그는 매우 신기해하며 놀라워했다. 지금도 가끔 만나면 언어학에 별 관심이 없던 자신도 이제 한국외대에서 루마니아어를 가르칠 때, 특히 부정관사/정관사에 관한 수업 시간에는 필자의 얘기를 항상 응용하여 학생들에게 들려준다고 하는 말을 전한다. 필자의 국어학 이론이 외국어 교육에 실제로 응용되고 있는 것이다.

6 최근 한국 생성문법 학계에서도 필자의 조사 체계를 원용하여 생성문법의 틀에 맞게 각색하는 작업이 이루어지고 있다. 김용하(2014)가 대표적이다.

참고로 프랑스어의 명사 확장 구조를 대략적으로 나타내면 다음과 같다. 여기서 눈여겨봐야 할 것은 명사 왼쪽으로 고정되어 나타나는 문법소들의 체계이다. 이 고정된 체계속의 문법요소들과 한국어 명사 오른쪽에 일정한 순서로 나타나는 조사들과의 비교가 가능한 것이다.

(19) 프랑스어의 명사 문법소 체계

부사/소사	전치사	한정사	명사	형용사
seulement	dans	le	parc	national
justement	en	(ø)	avion	

그 동안, 이중 주어의 문제, 주어 생략의 문제, 선어말어미 '-시-'의 간접존대와 직접존대설의 문제, 인칭의 문제 등이 다 이와 관련된 문제라는 점을 인식하였다.

그리하여 한국어 명사구의 확장 구조를 나무그림으로 다음과 같이 표상할 수 있다고 제안하였다.

(20)

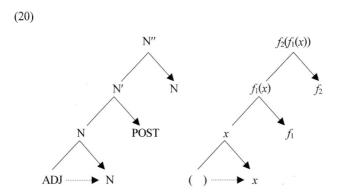

여기서 외국어로서의 한국어 교육을 하는 분들을 대상으로 한 강연에서 필자의 학문 역정을 비교적 솔직하게 (좀 장황하게^_^) 소개한 까닭은 이러한 필자의 국어학적 주장이 외국어와의 비교를 통해서 나왔고, 그

결과가 이제 거꾸로 외국어로서의 한국어 교육에 재적용될 수는 없는가 하는 그 가능성을 탐색해 보고자 해서이다. 논의를 좁혀 예를 들어, 중국 어를 모어로 하는 한국어 학습자들에게 어떻게 한국어의 조사, 특히 '가' 와 '는'을 교육하는 길이 최선일까 하는 문제에 대한 답을 찾아보는 것도 좋고, 영어권 학습자들을 대상으로는 어떤 길을 찾을 수 있을까를 고민해 보는 것도 좋을 것이다.

한국어 교육을 하는 학자들이 주로 많이 하는 작업으로 오류 분석 (error analysis)이란 것이 있다. 학습자들의 일차 언어 자료를 보면, 오류 가 일정한 비율로 나타나기 마련인데, 그러한 현상이 일어나는 이유를 모어와의 관계 속에서 밝혀내어 외국어 교육에 활용하자는 것이 오류 분석의 목표이다. 이정희(2003)에서는 책머리에 다음과 같이 적고 있다.

(21) "오류는 언어를 배우는 사람들의 생각을 반영하는 중요한 자료이며, 언어 교육의 지침이 되기도 하고, 교육의 방향이 되어 주기도 한다."

필자는 이와 관련하여, 중국인 학습자가 한국어를 할 때, 주어를 과도 하게 사용하는 현상과 조사 '가'를 조사 '는'보다 빈번하게 사용하는 사 례를 통해 왜 그러한 현상이 일어나게 되었는가를 진단해 보고, 그러면 어떻게 가르칠 것인가 하는 문제를 검토해 본 적이 있다. 중국어의 양사 구조, 어순과 관련하여 조사 '가'와 '는'의 차이를 구조적으로 설명하는 방식이었다. 그것이 다 되지는 않겠지만, 이를 통하여 한국어 어미를 포 함한 문법요소 교육의 중요성을 자연스럽게 드러내고 강조한 셈이다.

4.2. 어휘요소 중심의 문장관에서 문법요소 중심의 문장관으로

필자는 한국어의 문장관을 바꿀 필요가 있다는 점을 여러 곳에서 주장한 바 있다. 대개 우리가 문장이라고 하는 것은 단문을 중심으로 그것도 서술어를 중심으로 논항 또는 부가어가 실현된 다음과 같은 형식을 전형적인 문장으로 보고 있는 듯하다.

(22) 가. 철수가 영희를 사랑한다.
나. 철수가 호랑이가 무섭다.
다. 철수기 영희에게 미희의 소게를 힌다.

그러나 앞서 지적한 바 있듯이, 필자는 한국어의 문장은 이렇게 실현되는 것이 아니라고 본다. 위에 든 예들은 일종의 인공물인데, 필자는 이러한 작례를 문장의 전형으로 생각하고 그에 대한 통사론을 운운하는 것은 마치 논리학자가 '철수가 영희를 사랑한다'를 형식 논리 "L(x, y) L = 사랑하다, x = 철수, y = 영희"로 바꾸어 놓고 그것의 진리치를 따지는 작업과 유사하다는 지적을 한 바 있다. 즉 실제로는 문장이 아닌 명제 내용을 대상으로 하면서도 문장을 분석하고 있다는 착각을 하고 있는 셈이라는 것을 지적하였다. 지금은 생성문법도 자체적으로 많은 발전을 한 것이 사실이지만, 초창기 생성문법에서 수형도로 '철수가 영희를 사랑한다'의 문장을 분석해 도식화하고 있는 것을 보면, 필자가 여기서 명제 분석이라고 한 것의 참뜻을 쉽게 이해할 수 있을 것이다.

(23)

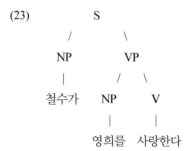

필자는 한국어의 실제 문장은 이렇게 실현될 수도 있지만, 그렇지 않은 게 훨씬 많다고 보고 있다. 따라서 이러한 문장관을 바탕으로 한국어를 배운 중국 학습자들은 필요 이상으로 다음과 같은 유형의 문장을 많이 산출하게 되는 것을 관찰할 수 있다.

(24) 가. 안녕하세요? 제가 중국 학생입니다.
　　　나. 선생님, 선생님이 도와주시면 제가 고맙습니다.

이상의 예는 실제로 필자가 중국 산동대에서 연구년을 보낼 때 학생들을 가르치면서 대화할 때 관찰한 자료들이다. 한국어다운 더 자연스러운 문장은 다음과 같은 것일 것이다.

(25) 가. 안녕하세요? 저는 중국 학생입니다.
　　　나. 선생님, 도와주시면 고맙겠습니다.

한국어 교육에서 이러한 자연스러운 문장을 기본으로 해서 문법 교육이 이루어지기 위해서는 한국어 문장에 대한 기본적인 관점을 정립해야 한다. 한국어 문장을 인구어 중심의 주술 관계를 근간으로 파악하는 것이 어느 정도 필수적이라 보인다. 그러나 한국어 문장의 최소의 필수조건이 무엇인가를 따졌을 때, 서술어라는 어휘요소보다는 어미라든가 조사라든가 하는 문법요소가 더 핵심적인 역할을 담당한다는 점을 분명히 인식해야만 제대로 된 문장 교육이 이루어질 수 있을 것이다. 서술어를 포함한 논항 명사 등의 어휘요소들은 대용어 '거시기(하다)'로 다 대체가 될 수 있지만, 어미와 조사는 그럴 수 없기 때문이다. 그러면, 한국어의 그 많은 어미 또는 어미의 결합체들을 어떻게 봐야 할 것인가의 문제가 제기된다. 즉, 한국어의 어미들의 체계를 세우는 작업이 필요하고, 그 어미들을 언어 보편적인 시각에서 설명해 낼 수 있을 것이 요구된다고 하겠다. 필자는 이를 위해 우선 어떤 유형의 언어이든지 간에 문장으로 실현될 때, 가장 기본적으로 요구되는 것, 즉 범시적(panchronic) 사실이 무엇인가를 생각해 보았다. 그 범시적 사실이란, 언어는 문장 차원이든 단어 차원이든 발화한다는 것은 무엇인가를 가리킨다는 것이다. 이를 문법 용어로 말하자면 '인칭(person)의 (실현)문제'라고 할 수 있다. 프라그 학파의 학자들은 이를 일찍이 '토픽+코멘트' 구조로 이야기한 바 있다. 어찌됐건, 인칭의 실현 문제에서 한국어가 자유로울 수는 없는 법이다. 그런데, 현행 우리의 국어문법 체계를 보면, 주어, 목적어 등 성분의 생략이 빈번하여, 예를 들면, 주어 인칭이 문맥에 의해 파악될 수밖에 없는 맥락 의존형 또는 주제 부각형 언어로 그 특성이 밝혀져 있다. 그러나 필자는 한국 사람이 소위 주어가 빠져도 발화된 내용이 누구 혹은 무엇에 관한 것인지를 금방 알 수 있는 것은 언어 자체에 그에 대한 정보가 담겨 있기 때문으로 본다. 언어적 힌트, 즉 인칭 체계가 구조화되어 있기 때문에 가능하다고 보는 것이다. 그러한 정보를 담당하는 것이 바로 어미를 비롯한 문법요소들, 즉 보조동사, 선어말어미, 의존명사, 조사 등등이 될 것임은 자명하다 하겠다. 이처럼 한국어 문법의 핵심을 이루는 이러한 풍부한 문법요소들 덕택에, 마치 구멍이 숭숭 난 것처럼 보이는 간단한 형식의 문장을 사용하면서도 다 뜻을 펼치고 이해할 수 있는 것이다.

다음의 예를 보면서 한국어의 성분 생략, 논항 생략의 문제를 다시 반성적으로 검토해 보기로 한다. (26)의 불어, 이태리어, 영어의 기본 문장이 한국어에서 어떻게 표현되는 것이 가장 자연스러운가를 생각해 보고, (27)의 기본 구조와 관련된 언어학적 함의가 무엇인가에 대해서 생각해 보고자 한다.[7]

---

[7] Quine의 '명사(= 어휘)'와 '대명사(= 문법)'의 관계 정립에 대한 언급을 참조하면

(26) 가. Je t'aime.

    나. (Io) ti amo.

    다. I love you.

(27) 가. 내가 너를 사랑한다.

    나. 사랑해.

필자는 (27가)와 같은 문장 구조를 중심으로 하는 관점은 인칭 패러다 임을 다음과 같이 보는 시각에 기반하고 있다는 것을 지적한 바 있다. 한국어에 인칭어미가 따로 존재하지 않는다고 보는 학계의 입장도 이와 무관치 않다.

(28) 인칭 패러다임

j'aime	내가 사랑한다
tu aimes	네가 사랑한다
il aime	그가 사랑한다
nous aimons	우리가 사랑한다
vous aimez	너희들이 사랑한다
ils aiment	그들이 사랑한다

그런데, 한국어는 소위 대명사가 주어 자리에 필수적으로 나타나지 않는다. 즉 대명사 없이 영형 주어가 나타나도 문장 구성에 지장을 초래하지 않는다. 이는 일반적으로 프로드롭이 허용되는 언어에서의 기본 조건과 사뭇 다르다. 대개 프로드롭이 인허되는 언어는 그만한 이유나 바탕이 있었다. 인칭대명사가 표시하는 인칭 정보가 활용어미를 통해서 이미 표현되고 있었던 것이다.

많은 시사를 얻을 수 있다. "To be ... is to be in the range of reference of a pronoun. Pronouns are the basic media of reference; nouns might better have been named propronoun."

(29)　가. I write (영어)

　　　나. J'écris (프랑스어)

　　　다. (Io) scribo (이탈리아어)

　　　라. (Eu) scriu (루마니아어)

　그러면 한국어에서 프로드롭이 허용되는 것은 왜일까? 한국어의 인칭 정보는 문맥이나 상황을 통해서 알 수 있기 때문일까? 이것이 우리가 풀어야 할 일차적 질문이 될 것이다. 그러나 위 (28)의 패러다임에서 나타난 한국어 동사의 활용표를 잘 보면, 다음과 같은 문제가 제기된다. '내가 사랑한다', '네가 사랑한다', '그가 사랑한다' 등은 명제 내용을 구성하긴 하지만, 이러한 형태로 사용된 '사랑한다'라는 활용형은 다음과 같은 대명사들이 주어 자리에 오면 이상해진다. 즉, 주어와 동사 활용형 사이에 불일치의 문제가 대두되는 것이다.

(30)　가. 짐이 사랑한다.

　　　나. *소인이 사랑한다.

　　　다. *제가 사랑한다.

　　　라. *?저분이 사랑한다.

　그렇다면 '-(는)다'라는 종결어미는 어떤 제약을 갖는다고 해야 할까 하는 문제가 제기되는데, 이는 인구어의 존대형과 동사활용형 사이의 문제와 매우 유사한 측면을 드러낸다. 다음 루마니아어의 존대형 인칭대명사와 동사활용형의 일치를 살펴보자.

(31)　가. De unde sunteți dumneavoastră? (당신은 어디서 오셨습니까?)

　　　나. De unde ești dumneata? (자네는 어디서 왔는가?)

　　　다. De unde este dumnealui/dumneaei? (그분은 어디서 오셨답니까?)

라. *De unde este dumneavoastră? (*당신은 어디서 왔대?)
마. *De unde este dumneata? (*자네는 어디서 왔대?)

이렇게 한국어의 구조를 (28)의 패러다임을 근간으로 설명하게 되면 다음 같은 국어의 현상들에 대한 문제에 대해 소홀할 수밖에 없고, 외국인 학습자들이 자연스러운 한국어, 한국어다운 한국어를 습득하지 못하게 하고 '내가 사랑하다'라든가 '제가 사랑한다'라든가 하는 잘못된 문장을 기본 문장으로 생각하게 만드는 잘못을 범할 수 있다는 점을 지적하고자 한다.

이런 시각에서 보면, 반말과 존대말을 배울 때도 해당 어미와 인칭대명사와의 공기 관계 등이 매우 중요하게 교육되어야 한다는 사실을 알게 된다. 한국어 통사론 연구에서 이런 부분이 비중 있게 다루어져야 하지, '철수가 영희를 사랑한다' 같은 문장 구조를 파악하는 데에 온 힘을 쏟아서는 안 될 것이다. 예를 들어, 아들과 아빠 사이에서 친밀한 형태로 '해체'를 얼마든지 사용할 수 있으나, 주어 자리에 인칭대명사 '너'는 사용될 수 없다는 것이 한국어 문장 형성에서 아주 중요하다는 것이다. 의문형 어미 '-니?'도 사용이 제약된다. 이러한 문제는 '철수가 영희를 사랑한다'의 구조에 익숙해졌다고 해서 절대 풀 수 있는 문제가 아니다. 오히려 그러한 구조에 익숙한 외국인 한국어 학습자들은 (32나)와 (32다)의 문장이 왜 이상한지 이해하지 못한 채 자꾸 이러한 문장을 만들어 낼 가능성이 높다.

(32) 가. 아빠, 나 사랑해?
　　　나. ?*아빠, 너 나 사랑해?
　　　다. *아빠, 나 사랑하니?

따라서 한국어 문법 교육에서는 의문형 어미 '-니?'와 '-어?'는 공통의 기능을 하지만 직접적인 2인칭에 있어서 차이가 있다는 점을 적절하게 지적해야만 할 것이다. '-니?'는 화자와 청자 간의 관계가 직접적이고 청자를 직접 가리키기 때문에 그야말로 순수 2인칭 어미라 할 수 있는 데 반해, '-어?'는 일단 '-어' 형태가 화자와 청자 간의 관계에서 화자의 입장을 나타내는 1인칭성이 있기 때문에 운율(prosody)에 의한 의문문으로의 기능 전환 시 2인칭성을 가미할 수 있으나 청자를 우회적으로 가리키기 때문에 비순수 2인칭 어미라 할 수 있다. 이 때문에 화자와 청자의 관계에서 청자를 존대하여 거리를 두게 하는 요소 종결보조사 '요'의 결합이 허용된다.

(33) 가. *아빠, 나 사랑하니요?
      나. 아빠, 나 사랑해요?

딸과 엄마의 대화에서도 주어 자리에 쓰이는 요소에 따라 종결어미의 제약이 있다.

(34) < 딸(= 지은)이 엄마에게 >
      가. 지은이 이거 싫어.
      나. *딸은 이거 싫어.

(35) < 엄마(= 영숙)가 딸에게 >
      가. *영숙이는 너 이러는 거 싫어.
      나. 엄마는 너 이러는 거 싫어.

이렇게 되면 한국어의 문장 구조를 논하는 통사론에서의 주요 문제는 어미와 조사의 문제로 환원된다는 것을 알 수 있다. 문제는 이러한 시각이 고스란히 한국어 교육에 스며들 수 있어야 할 것인데, 현실적으로 그렇지 못하다는 것이다.

한국어 교육계의 일부에서도 전통 국어 문법이 한국어 교육에 실제적으로 한계를 보여준다는 점을 비판하면서 '담화 문법', '기능 문법', '표현 문법' 등이 제안되고는 있지만, 필자가 본 강연을 통해서 강조한 문법 요소 중심의 문장관에 기반한 한국어 교육에까지는 미치지 못하고 있는 것으로 보인다.

4.3. 실제 문장을 설명할 수 있는 국어학의 틀을 한국어 교육에 적극 활용하기

그래서 필자는 국어학에서뿐만 아니라 한국어 교육에서도 문법 교육을 할 때는 실제로 사용되는 자연스러운 문장을 중심으로, 그리고 그런 것을 잘 설명하는 문법관을 토대로 한 방법론을 사용하자고 제안하는 바이다. 필자는 외국인 학생들이 교실에서 한국어 문법 시간에 배운 내용과 실제 한국 사람들이 현장에서 하는 말 사이에 상당한 괴리가 있는 것 같다고 말하는 것을 자주 들었다. 그렇다면, 실제 자연스러운 한국어에 맞는 문법 설명은 충분히 이루어지지 못하고 있다는 반성을 할 수 있지 않을까? 이러한 문제제기를 계기로 다 같이 더 생각해 보면 좋을 것이다.

4.3.1. 주어 비실현 문장

다음에 제시한 예문을 보고 주어가 명시적으로 나타나 있지 않지만, 누가 또는 무엇이 문제가 되고 있는지 알아보면, 한국어에서 주어 인칭이 어떤 기제로 드러나고 해석되는지를 알 수 있다.

(36) 가. 밥을 너무 많이 먹어서 화가 나 죽겠어요. (3인칭 - 1인칭)

나. 욕을 너무 많이 먹어서 화가 나요. (1인칭 - 1인칭)

(36가)에서 '밥을 먹은' 주체와 '화가 난' 주체는 서로 다르고, (36나)에서는 '욕을 먹은' 주체와 '화가 난' 주체는 일치한다. '밥 먹다'와 '욕 먹다'의 동사 의미와 '화 나다'와 선어말어미 '겠'의 결합에 의해 인칭의 관계가 달라지는 것을 알 수 있다.

그런데 이러한 문장을 설명할 때, 다음과 같이 '주술 관계'로 환원하여 설명하게 되면 별로 좋지 않은 결과가 초래될지 모른다. (37)은 논리적으로 구성된 문장이지, 실제로 이러한 문장은 한국어라 볼 수 없기 때문이다.

(37) 가. 그가 밥을 너무 많이 먹어서 내가 화가 난다.

나. 내가 욕을 너무 많이 먹어서 내가 화가 난다.

4.3.2. 종결어미 반복의 순서 제약

다음 예문을 통해서는 한국어의 어미의 쓰임에 따라 어떤 순서의 제약이 있는가 하는 흥미로운 점을 알 수 있고, 바로 어미가 문장에서 가장 중요한 역할을 하고 있음을 실감할 수 있을 것이다. '바쁘다 바뻐'는 되지만, '*바뻐 바쁘다'는 안 된다는 것이다. 문제는 이러한 현상이 국어에 분명 존재하는데, 이것을 언어학적으로 설명하려는 틀이 없다는 것이고, 이를 문제 삼는 이론 체계도 없다는 것이다.[8]

---

8 박재연(1998:91)에서는 '-다'는 [새로 앎]의 자질을 갖고 '-어'는 [이미 앎]의 자질을 갖는 양태의 차이로 설명하는 최순자(1994:172)의 설명을 토대로 이러한 순서의 제약을 설명할 수 있다고 보고 있다. "'바쁨'의 최초 인식이 '바쁘다'로 표현된 후, 이미 등록된, 내면화된 정보를 반복 표현하는 데에 '바뻐'가 사용된다는 것이다."

(38) 가. 얼씨구, 좋구나 좋아.

　　　나. 아이구, 바쁘다 바뻐.

　　　다. 잘 했군 잘 했어, 그러게 내 마누라지.

4.3.3. 조사와 어미의 문장 의미 해석에의 관여

이러한 문제는 한국어 교육에서 양태 관련 어말어미 '-(는)다', '-어', '-나', '-지', '-네', '-군/구나' 등의 차이를 어떻게 교육할 것인가의 문제와 연결될 수 있다(박나리 2004).

다음은 문장을 구성할 때 문장 유형에 따라 조사가 어떻게 달라지는지, 즉 문장 구성에서 어말어미와 조사가 맺는 상관관계에 대해서 알 수 있게 해 주는 예문이다. 이는 한국어 통사론 연구에서 새롭게 주목해야 할 부분들이다.

(39) 날씨**도** 추운데 지금 소주**나** 마**실까**? (청유문)

이러한 문장이 자연스러운 한국어인데, 대개 한국어를 기존 국문법 체계를 통해 배운 외국인 학습자들은 다음과 같은 문장을 산출할 가능성이 높다는 것이다.

(40) [?]날씨**가** 추운데 지금 소주**를** 마**실까**? (청유문)

(40)은 날씨가 추운 상황에서 제3자가 소주를 마시는지에 대해 화자가 궁금하다는 의문문으로 읽히지 절대로 청유문으로 읽히지 않는다는 뜻에서 비문 표시를 붙인 것이다.

4.3.4. 방향격 논항과 보조동사

다음은 보조동사 '-(어)가다/오다'를 통해서 소위 방향격이 문법적으로 표시되고 있음을 알 수 있게 해준다. 물론 방향격이 명사구의 격 실현으로 구체적으로 나타날 수 있으나, 오히려 이는 전체 문장에서 수의적인 성분이 된다는 사실은 한국어 문법에서 문법적으로 실현되는 요소가 훨씬 중요하다는 것을 웅변한다.

(41) 가. 당신이 부르면 달려갈 거야, 무조건 달려갈 거야.
나. 이쪽으로 빨리 뛰어와!

(42) 가. I'll run to you.
나. Run to me quickly.

영어 'run'에 해당하는 한국어의 어휘는 '뛰다/달리다'가 될 수도 있고, '뛰어가다/달려가다'가 될 수도 있다. 그러나 'run'의 방향격 논항이 실현된 'run to you/me'를 고려하면 'run'은 '뛰다/달리다'에 대응되고 'to you/me'는 '(그쪽으로/이쪽으로) -어가다/오다'에 대응되는 것으로 볼 수 있다. 이러한 구조가 명확히 설명되지 않으면, 외국인 학습자들은 다음과 같은 문장을 산출해 낼 가능성이 높다.

먼저, 'run'에 '달리다'의 짝을 상정하면, 다음과 같은 문장이 산출될 것이다.

(43) 가. *당신이 부르면, 무조건 당신에게 달릴 거야. (run to you)
나. *나에게 달려. (run to me)

둘째, 'run'에 '달려가다'의 짝을 상정하면, 다음과 같은 문장이 산출될 것이다.

(44) 가. ⁷당신이 부르면, 무조건 당신에게 달려갈 거야. (run to you)
　　 나. *나에게 달려가. (run to me)

셋째, 'run'에 '달려오다'의 짝을 상정하면, 다음과 같은 문장이 산출될 것이다.

(45) 가. *⁷당신이 부르면, 무조건 당신에게 달려올 거야. (run to you)
　　 나. 나에게 달려와. (run to me)

4.3.5. 정리

지금까지 우리는 한국어의 인칭의 문제가 다양한 방식으로 동시에 체계적인 방식으로 실현된다는 점을 구체적이고 실제적인 예를 통해 살펴보았다. 필자는 목정수(2014)에서 이를 인칭의 근원생성 측면에서 발생학적으로 '굴절인칭 → 동사인칭 → 대명사인칭'의 순서와 차원으로 나누어 제시했다. 한국어는 기본적으로 행위자 인칭과 화자가 청자에 대해 맺는 화청자 인칭이 두 겹으로 이루어져 있고 때로는 이 둘이 한데로 합쳐지기도 하고 분리되어 나타나기도 하는 것이다.

(46가)에서 '드시다'를 통해 행위자를 3인칭화하여 높이고 그 행위자를 다정다감한 말상대로 놓고 이야기 하는 구조가 동시에 실현되어 있음을 알 수 있다. 따라서 (46가)와 (46나)의 문장은 전통적인 시각에서 보면 비문으로 처리할 수 있겠지만, 비문이 아니라 오히려 한국어의 인칭 구조의 이중성이 어미를 통해 체계적으로 실현되고 있음을 보여주는 예라 할 수 있겠다.

(46) 가. 할머니, 벌써 다 드셨어?
　　 나. 손님, 이 옷이 훨씬 잘 어울리세요.⁹

그리하여 다음과 같은 미묘한 뉘앙스를 갖는 문장이 만들어지게 되는 것이다. 영화 '친절한 금자씨'의 명대사를 떠올려보자.

(47) 가. 너나 잘 하세요.
　　　나. 당신이나 잘 해.

5. 마무리

지금까지 국문법을 전공하면서 전통 국어학에 대해 필자가 가지게 된 제반 의문점들을 제시하고, 그를 둘러싼 논의가 어떻게 전개되어야 할 것인가에 대해서 필자 나름대로 길을 모색해 보기도 하였다. 필자의 국어학 여정을 솔직하게 소개하기도 하고, 국어학의 쟁점에 대한 필자의 해결안이 어떻게 한국어 교육에 적용될 수 있는지에 대해서도 제안해 보았다. 어떤 부분은 너무 낯설고 과격하지만, 어떤 부분은 참신한 측면이 없지 않아 있다고 할 수 있을지도 모른다. 마무리할 지점에서 바라건대, 필자의 국어학적 문제의식이 외국어로서의 한국어 교육, 특히 문법 교육에 자극이 되어 새로운 한국어 교육의 교수법 개발에 실제적으로 도움을 줄 수 있으면 좋겠다. 가능할까? 교육 현장에서 직접 일하고 계신 여러 선생님들과 계속해서 한국어 교육을 이끌고 갈 미래의 주역들에게 기대를 걸어본다.

9　최근 과도한 존대표현으로 지적되고 있는 예로 서비스업계의 종사원들이 고객을 대상으로 하는 표현을 들 수 있다. '이쪽으로 앉으실게요'라든지 '다 해서 5만 원이십니다' 등의 예이다. 이러한 존대의 선어말어미 '-시-'에 대해서 주체존대 요소로서의 '-시-'와 청자존대 요소로서의 '-시-'를 문법화로 설명하려는 시도가 있는데(임동훈, 2011), 필자는 이에 대해 반대의 입장에 서 있고, 선어말어미 '-시-'를 간단히 '주어 존대 요소'로 규정하면 된다는 주장을 펴고자 한다. 관련하여 '우리 나라'와 '저희 나라'의 쓰임새에 대한 설명 방식도 따로 마련하고 있다(목정수, 2014).

참고문헌

고영근·구본관(2008), 「우리말 문법론」, 집문당.

국립국어원(2005), 「외국인을 위한 한국어 문법 1: 체계 편」, 커뮤니케이션북스.

국립국어원(2005), 「외국인을 위한 한국어 문법 2: 용법 편」, 커뮤니케이션북스.

권재일(2000), 「한국어 통사론」, 민음사.

김용하(2014), 「한국어 조사의 분포와 통합체계」, 경진출판.

김현권·목정수 옮김(1992), 「소쉬르의 일반언어학 강의」, 한불문화출판.

남기심 외(1999), 「외국인을 위한 한국어 교육의 방법과 실제」, 한국방송대학교 출판부.

남기심·고영근(1993), 「표준 국어문법론」(개정판), 탑출판사.

목정수 & 유현조(2003), "한국어 동사/어미 범주와 주어 인칭의 상관관계", 「어학연구」 39-3, 서울대학교 언어교육원.

목정수(1989), "불어의 영형관사 연구: 심리역학론적 관점을 중심으로", 서울대학교 언어학과 석사학위논문.

목정수(1996), *Structuri şi Funcii ale locuiunilor verbale în limba română contemporană: analiza construcţiilor cu verb suport(CVS)*, 부카레스트대학교 박사학위논문.

목정수(2003a), "한국어-불어 대조 번역을 통한 구문 분석 시론: 종결어미의 인칭 정보를 중심으로", 「불어불문학연구」 54, 불어불문학회.

목정수(2003b), 「한국어 문법론」, 월인.

목정수(2009), 「한국어, 문법 그리고 사유」, 태학사.

목정수(2010), "계사 유형론의 관점에서 본 한국어 '(시적)이다/(유명)하다'의 정체", 「시학과 언어학」 19, 시학과언어학회.

목정수(2011), "한국어 구어 문법의 정립: 구어와 문어의 통합 문법을 지향하며", 「우리말연구」 28, 우리말학회.

목정수(2013a), "한국어 방향격 표시의 세분화 기제: 보조동사 '-(어)가다/오다'를 중심으로", 「한국문화」 63, 서울대학교 규장각한국학연구원.

목정수(2013b), 「한국어, 보편과 특수 사이」, 태학사.

목정수(2014), 「한국어, 그 인칭의 비밀」, 태학사.

박나리(2004), "한국어 교육문법에서의 종결어미 기술에 대한 한 제안: '-어', '-네', '-지', '-다', '-구나', '-단다'의 담화 화용적 의미를 중심으로", 「이중언어학」 26, 이중언어학회.

박남식(2002), "외국어 문법 교육의 주요 쟁점", 「외국어로서의 한국어교육 27」, 연세대학교 언어연구교육원 한국어학당.

박석준(2002), "여격어를 존대하는 것처럼 보이는 '-시-' 문장의 통사 구조", 「배달말」 31, 배달말학회.

박재연(1998), "현대국어 반말체 종결어미 연구", 서울대 석사학위논문.

방성원(2013), "구어 문법과 한국어 교재", 「국제한국어교육학회 제39차 춘계학습대회: 한국어교육에서의 구어 문법」, 국제한국어교육학회.

백봉자(2007), 「외국어로서의 한국어 문법 사전」, 하우.

변광수 편저(2003), 「세계 주요 언어」(개정증보판), 역락.

서상규(2013), "한국어교육과 구어, 그리고 문법", 「국제한국어교육학회 제39차 춘계학술대회: 한국어교육에서의 구어 문법」, 국제한국어교육학회.

서정수(1994), 「국어문법」, 뿌리깊은나무.

서정수(2002), "외국어로서의 한국어 교육을 위한 새 문법 체계", 「외국어로서의 한국어교육」 27, 연세대학교 언어연구교육원 한국어학당.

선우용 (1994), 「국어조사 '이/가', '을/를'에 대한 연구: 그 특수조사적 성격을 중심으로」, 국어연구 124, 국어연구회.

손호민(2008), "한국어의 유형적 특징", 「한글」 282, 한글학회.

이익섭·임홍빈(1983), 「국어문법론」, 학연사.

이정희(2003), 「한국어 학습자의 오류 연구」, 박이정.

임호빈 외(2001), *Korean Grammar for International Learners*, 연세대학교출판부.

허 용 외(2005), 「외국어로서의 한국어교육학 개론」, 박이정.

허 용 외(2009), 「한국어 교육의 이해」, 한국문화사.

허 용·김선정(2013), 「대조언어학」, 소통.

石綿敏·雄高田誠(2004), 「대조언어학」(오미영 역), 제이앤씨.

Benveniste, E. (1966), *Problèmes de linguistique générale*, Paris, Gallimard.

Blanche-Benveniste, C. et al. (1984), *Pronom et Syntaxe: L'approche pronominale et son application au français*, Société d'Etudes Linguistiques et Anthropologiques de France.

Blanche-Benveniste, C. et al. (1990), *Le Français Parlé : Etudes grammaticales*, Centre National de la Recherche Scientifique, Paris.

Bybee J. & Fleischman ed. (1995), *Modality in Grammar and Discourse*, John Benjamins Publishing Company.

Di Pietro, R. (1971), *Language Structure in Contrast*, Newbury House Publishers.

Horak, Tomas (2011), "'은/는'과 '이/가'의 사용 차이에 대한 대조 설명", 「유럽 한국어 교육의 현황과 쟁점」(연재훈 엮음), 박이정.

Krzeszowski, T. (1990), *Contrasting Languages: the Scope of Contrastive Linguistics*, Mouton de Gruyter.

Miller, J. and R. Weinert (1998), *Spontaneous Spoken Language: Syntax and Discourse*, Clarendon · Oxford.

Sohn, H-M. (1999), *The Korean Language*, Cambridge University Press.

Willems, D. et al. (eds.) (2004), *Contrastive Analysis in Language: Identifying Linguistic Units of Comparison*, Palgrave.

한국어를 대상으로 거기에 담겨져 있는 문법적 질서를 캐내기 위해서는 일정한 관점과 도구가 필요하다. 그런데 그 관점이란 것은 일정한 용어의 집합으로 얽혀있고, 또한 그 용어는 일상어와 마찬가시로 시니피앙과 시니피에로 구성되어 있기 때문에 용어/개념의 혼동이 일어나기 쉽다. 이처럼, '문법→관점→용어'의 하향식 순서든 '용어→관점→문법'의 상향식 순서든, 과학성을 획득하기 위해서는 무엇보다도 주어진 틀 안에서 서로 모순되는 개념이나 용어의 충돌이 없어야 한다.

이러한 당위성에도 불구하고, 필자를 포함하여 우리는 종종 '관점 뒤섞기', '비교대상의 혼동' 등 여러 가지 학문적인 오류를 부지불식간에 저지를 위험성을 늘 안고 있다. 이를 경계하기 위해서, 우리는 항상 주어진 논의의 틀을 한 차원 높은 상위의 시각에서 바라보려는 노력을 해야 한다. 다른 말로 표현하자면, 메타적 시각—여기서는 메타언어학—이 꼭 필요하다는 것이다. 이러한 상위적 시각이 없다면, 어떠한 언어학적, 국어학적 논쟁도 별 의미가 없어지고, 서로 다른 입장을 가진 사람들끼리 편을 갈라 서로 싸우거나 서로 무관심해지거나 하기 쉽다. 이러한 바람직하지 못한 상황의 근본적인 씨앗은 정치지향적인 인간의 속성에서 연유하는 것일지 모른다. 여기 글을 마무리하는 자리에서 필자가 따져보고 싶은 커다란 문제 중의 하나가 바로 용어/개념을 둘러싼 권력다툼에 관한 것이다. 남이 사용하는 용어/개념에 대한 오해나 무시 그리고 자기 용어의 일방적 강요 등은 학문의 올바른 방향을 흩뜨리고 발전을 가로막는다. 그만큼 이론적 입장을 떠나 상호간의 용어/개념 체계에 대한 이해를 위해 노력할 것이 요구된다. 아전인수나 유아독존은 금물이다.

필자는 나름대로 한국어 문법의 기본 골격을 세워보고자 노력을 해 왔다. 이 때 기본적으로 지키고자 한 몇 가지 원칙이 있었다. 첫째, 한국어에 대한 객관적이고 치밀한 관찰을 통한 한국어 분석 방법의 정립, 사용하고 있는 언어학적 개념과 도구에 대한 면밀한 반성을 철저히 수행한다. 둘째, 현행 우리의 인식 틀을 규정하고 있는 관습화된 용어에 우리가 어떻게 길들여져 왔는가에 대한 역사적 탐구가 필요하다. 지금 그냥 의심없이 통용되고 있는 용어에는 문제가 없는가에 대한 '지식고고학적(= 계보학적) 발굴 작업'을 통하여 최대한 정합적인 용어 체계를 세운다.

이러한 슬로건을 내걸고, 필자는 일정한 관점에서 한국어 문법과 관련된 현상들을 관찰하고 기술하고 설명하는 작업들을 해 온 것이다. 이 과정에서 필자는 나름의 새로운 질서를 세우기 위해서, 기존 용어들을 해체하기도 하고 용어의 본뜻을 되살리기도 하고 왜곡된 모습을 바로잡기도 하고 새로운 용어를 도입하기도 했다. 따라서 어쩔 수 없이 부분적으로 갈등과 오해가 따를 수밖에 없을 것이다.

학문이 성숙되고 발전하기 위해서는 학문 체계에서 사용되고 있는 용어에 대한 상호이해와 모순성 지양을 위한 노력이 무엇보다도 중요하다. 필자는 이 점을 강조하면서 결론의 화두로 삼고자 한다. 필자의 글들이 전체적으로는 한국어 문법의 핵심 구조, 즉 뼈대문법을 규명하기 위한 연속적 작업인 동시에 이러한 결론의 화두에 바탕을 두고 그러한 문제를 풀기 위하여 씌어진 것이었음을 다시 한 번 상기하기 바란다. 머리말에서 밝힌 필자의 꿈, 제3세계의 한국어학이 더욱 발전하여 세계 언어학계에 우뚝 서기 위해서는 용어의 수용과 전개 과정에 대한 면밀한 연구, 그리고 주체적인 시각에서의 언어이론 창출이 시급히 요구된다.

용어 정리를 위해서는 학계 전반에 걸친 대규모의 작업이 필요한데,

부족하지만 필자의 작은 시도가 자극이 되었으면 하는 바람에서 부록으로 '용어 해설'을 붙이고, 다시 한 번 용어에 대한 공시·통시적인 이해의 중요성을 강조하는 바이다. 이 용어 해설집이 맺음말의 미완성과 부족분을 자연스레 메워 줄 것이다. 또한 이 용어 정리 작업은, 필자의 주장과 논의가 기존 틀과 어긋난다거나 기존 틀을 부인하려 한다고 해서, 필자의 작업을 단지 용어 바꿔치기에 불과한 것으로 폄하하거나 아예 무시하기보다는, 필자가 일련의 작업을 통하여 무엇을 드러내려 했던가를 이해하는 쪽으로 관심의 방향을 바꿀 수 있도록 친절한 길잡이 역할도 할 수 있을 것이다.

|용어해설|

동사(verb) ☞ 용언, 형용사, 관형사

동사라는 말을 포함한 용어로는 '동사', '객관동사', '기능동사', '기술동사', '보조동사', '부사형본동사', '심리동사', '연쇄동사', '주관동사', '타동사', '자동사', '존재동사', '소유동사', '합성동사', '형용동사' 등이 있다.

국어 전통문법에서 '동사'는 '용언'의 하위 범주로서 행위를 표현하는 어휘를 지칭하는 범주이다. 그러나 형태적 특성에 따른 범언어학적인 품사 구분에 따르면 전통문법의 '형용사'와 '동사'는 하나의 품사에 속하게 되며 '용언'이라는 용어/개념을 특수하게 사용할 필요없이 동사(verb)로 통일할 수 있다.

주관동사(subjective verb) ☞ 기술동사, 행위동사

한국어 동사(verb)를 인칭구조에 따라 세 가지로 나눌 수 있다. 주관동사(subjective verb)는 기존의 '심리형용사'에 대응되며, 기술동사(descriptive verb)는 기존의 일반 '형용사'에 대응되고, 행위동사(action verb)는 기존의 '동사'에 대응된다.

주관동사는 '너는 X-가 좋더냐?/나는 X-가 좋더라!', '그 사람 X-를 좋아하더냐?/그 사람 X-를 좋아하더라!'에서 보듯이, 2-1인칭성을 가지는 동사로 의문-대답이 꽉 짜여진 구문으로 실현되며, 3인칭을 지시하기 위해서는 {-(어)하-} 구성을 필요로 한다.

기술동사(descriptive verb) ☞ 주관동사, 행위동사

기술동사는 '그 사람 키가 크더냐?/그 사람 키가 크더라!'에서 관찰할 수 있듯이 3인칭성을 가지는 동사이다.

행위동사(action verb) ☞ 주관동사, 기술동사

행위동사는 '그 사람 X-를 먹더냐?/그 사람 X-를 먹더라!'에서 관찰할 수 있듯이 '를형 목적어'를 가지는 동사이다. 이에 비해 주관동사와 기술동사는 '가형 목적어'를 가진다.

보조동사(auxiliary verb) ☞ 합성동사, 연쇄동사

한국어에서 동사 어휘 두 개 이상이 부사형어미 {-아, -게, -지, -고, -나, -다}의 결합형으로 실현되며 연달아 나타나는 구성에 대해서 어휘화된 결합체 '합성동사', 어휘적 요소와 문법적 요소의 통사적 결합체 '보조동사' 구성, 두 어휘적 요소의 통사적 결합 '연쇄동사' 구성으로 분류하는 것이 일반적이다.

부사형어미로 동사들이 연결된 구성에서 선행하는 동사는 어휘적 의미를 실현하고 후행하는 동사는 문법적 의미를 실현할 때, 전자를 본동사, 후자를 보조동사라고 한다. 이렇게 '본동사+보조동사'의 형식을 가진 것을 보조동사 구문이라고 한다.

일본어 문법에서 '조동사'와 '보조동사'라는 개념은 일본어 내의 언어 구조의 차이를 구별하는 것으로 쓰이는 데 비해 한국어학계에서는 한국어 문법에서만 '보조동사'라는 용어를 사용하고 기타 외국어에 대해서 논의할 때는 '조동사'라는 용어를 사용한다. 이러한 용어의 사용에 있어서, '조동사'와 '보조동사'의 개념이 동일한 것인지, 유사한 것인지, 이질적인 것인지를 명확히 정의해야 할 것이다.

문법적인 형식으로서의 '조동사'와 '보조동사'는 시제, 상, 양태, 인칭을 나타내는 요소로서 분석될 수 있으며, 이들은 어미 구성과 함께 논의되어야 할 것이다.

합성동사(compound verb)

부사형어미 {-어/아}로 연결되면서 둘 이상의 동사어간이 어휘적으로 결합하여 단일한 의미를 가지는 새로운 동사가 형성된 것으로 파악되는 경우 '합성동사'라고 한다. 다른 부사형 어미 {-게, -지, -고, -나, -다}로 연결된 '합성동사'는 왜 존재하지 않는지? 그러한 동사 연쇄체에 의해 지시되는 실물 세계에서의 행위의 단일성을 기준으로 하는 분석이 가능한 것인지? 본질적으로 이러한 연쇄를 어휘적 구성과 통사적 구성으로 구분할 수 있는 경계가 존재하는지? 등등의 의문을 던져 볼 필요가 있다. 합성동사와 연쇄동사의 차이를 전자는 형태론적 구성, 후자는 통사론적 구성으로 파악하는 관점은 재고되어야 할 것이며, 연어, 숙어, 관용구의 보편적 논의에서 해결되어야 할 것이다.

연쇄동사(serial verb) ☞ 보조동사, 합성동사

부사형어미 {-아, -게, -지, -고, -나, -다}로 동사들이 연결된 것으로 모든 동사의 어휘적 의미가 분석가능하게 실현되고 있는 것을 '연쇄동사' 구성이라고 한다. 어휘적 의미의 실현 방식에 따라 합성동사, 보조동사 구성, 연쇄동사 구성을 구분하고 있다. 어휘적 의미의 실현 방식을 명확하게 경계 짓는 것의 가능성에 대한 논의가 필요할 것이다.

용언(verb) ☞ 동사, 형용사

용언(用言)이라는 용어는 한국어에서 형용사를 잘못 설정함에 따라 생겨난 것으로 동사(verb)라는 용어로 통합되어야 할 것이다. 이 문제와 관련해서는 '동사', '형용사' 참조.

형용사(adjective)

국어 전통문법에서 한국어 '형용사'는 '동사'와 함께 '용언'의 하위범주를 이루는 것이다. 그러나, 이러한 '형용사' 범주의 설정은 일반언어학적 체계에 있어서 문제를 일으킨다. '형용사'라는 용어의 문제를 단순히 어떠한 구분 가능한 문법 범주를 가리키는 것으로 그 이름을 'X'라고 하여도 무방하다는 주장도 있을 수 있다. 그러나 형용사(adjective)라는 용어/개념은 범언어적인, 이론적인 내용이 있는 이름이며, 때문에 서로 다른 언어에서 '형용사'로 지칭되는 범주에 속하는 언어 요소들 사이의 비교도 가능한 것이다.

일반언어학적인 차원에서 국어 전통문법의 '형용사'와 '동사'는 동사(verb)로 통합이 되어야 하며, '관형사'라는 용어 대신에 형용사(adjective)로 수정·확대되어야 한다. 이러한 새로운 범주 구분에 따르면 형용사에는 '새, 여러'와 같은 기존의 관형사뿐만이 아니라 '국제, 유명, 긴급, 조용, 깨끗'과 같은 기존에 '어근(root)'이라 했던 어휘요소가 포함된다.

관형사(adnominal)

관형사는 한국어 문법에만 존재하는 독특한 용어/개념으로 'adnominal, adnoun, modifier, epithet' 등으로 다양하게 번역된다. 일본어 문법에서 '연체사'라는 범주는 한국어의 '관형사'와 일면 유사해 보이는 점이 있다. 그러나, 전체 문법의 틀을 관찰하면 '연체사'와 '관형사' 사이에는 상당한 차이가 있다. 일본어 문법에서는 '형용사'와 '연체사'는 같은 분포를 보이는 요소로서 전자는 어휘적, 서술성 품사에 해당하고 후자는 메타언어적,

비서술성 품사에 해당하다는 점에서 그 구분에 나름대로의 타당성을 가지고 있다. 이에 비해 한국어의 '형용사'와 '관형사'는 전혀 다른 문법적 행태를 보인다는 점에서 우선 일본어와 차이가 있으며 '관형사'에는 비서술성 품사뿐만 아니라 서술성 품사도 속해 있다는 점에서 일본어의 '연체사' 범주와는 큰 차이가 있다.

한국어의 '관형사'라는 개념은 전체 문법의 틀로 보았을 때 타당성이 부족하다. 한국어의 '형용사'라는 용어/개념을 잘못 설정하면서 어쩔 수 없이 '관형사'라는 용어를 만든 것으로 보인다. 논리적으로나 일반언어학적으로 합당한 한국어 품사체계를 위해서는 '관형사'라는 용어/개념보다는 '형용사'라는 개념의 수정·보완이 더 필요할 것이다.

조사(particle)

한국어와 일본어에서 '조사'라는 용어가 사용된다. 한국어 문법에서 초기에는 '토'라는 용어를 사용하였으나 현재는 일본어 문법에 사용되는 '조사'라는 용어를 사용하고 있다. 일본어에서는 모든 문법적 기능을 하는 요소를 '조사'라고 하며 이는 기타 언어의 '소사', '허사'와 같은 개념이다. 그러나, 한국어 문법에서는 명사 뒤에 결합하는 요소만을 '조사'라고 한다는 점에서 일본어 문법의 '조사'와는 개념상에 차이가 있으며, 기타 언어들의 '소사', '허사'와도 차이가 있다.

어미(ending)

일반언어학적으로 동사의 활용(conjugation)과 명사의 곡용(declension)에서 변하지 않은 어휘 부분을 어간(stem), 형태 변화하는 부분을 어미(ending)라고 한다. 굴절어에서 이러한 개념이 정확하게 적용될 뿐만 아니라, 첨가어/교착어로 분류되는 일본어의 문법에서도 '어미'는 이러한 일반언어학적 개념을 따르고 있다. 즉, 형태변화를 하는 동사와 형용사의 경우에 활용하는 부분을 어미라 하고 그 이후에 결합하는 다양한 요소들을 조사(particle)로 구분한다. 그러나, 한국어에서는 동사어간 뒤에 결합하는 문법적인 기능의 덩어리 일체를 분석하지 않고 '어미'라고 한다는 점에서 일반언어학적인 개념과는 거리가 있다. 따라서, 한국어 '어미'를 다른 언어의 어미와 비교하는 논의는 재고되어야 하며, 한국어 '어미'를 언어보편석인 자원에서 논의하기 위한 틀이 마련되어야 한다.

격(case)

격이란 그리스어, 라틴어를 다루면서 성립된 전통문법에서 명사의 형태변화, 즉 곡용(declension)을 통해 표현된 문법적 의미를 포착하기 위한 개념이었다. 명사가 형태변화를 보이지 않는 영어, 프랑스어의 경우에 명사는 잠재적인 상태에서는 모든 격으로 실현 가능성을 내포하고 있는 '덩어리 격(synaptic case)'을 가지며 문장 내에서 쓰일 때 자체적으로 분석되는 것이다. 즉, 이때 격은 해당 명사가 문장 내에서 담당하는 통사적 기능을 가리킨다.

이러한 범언어적인 사실을 직시할 때에야 비로소 격 개념을 명확히 할 수 있고 한국어에서 합당한 격 체계를 구성할 수 있다. 이런 관점에 따르면 한국어에서 명사는 프랑스어 또는 영어와 마찬가지로 형태적으로는 격이 드러나지 않으며 문장에서 실현될 때 덩어리 격이 분석되는 체계를 가진 것으로 파악된다. '너 무슨 책 읽어?', '너 그 책 나 줄 거야?'에서 격은 분석이 되며, 따라서 기존의 '구조격 조사'라 했던 '이/가, 을/를, 의'는 격 이외의 기능을 담당하는 것으로 파악되어야 할 것이다.

격조사(case particle) ☞ 후치사, 한정조사, 질화사

한국어에서 명사에 결합하는 문법관계표지를 '격조사' 또는 '격어미'라고 할 수 있다. 주의할 것은 조사 '이/가', '을/를', '의'를 격조사로 분석하지 않는다는 점이다. 이러한 입장을 지지하는 여러 논거를 되씹어 볼 필요가 있다.

인칭(person)

언어활동을 연구하는 데에 있어 실물적인 인간으로서 말하는 사람(= '나')과 말을 듣는 사람(= '너'), 말의 내용이 되는 사람(= '그')을 관찰할 수 있으며, 언어형태로서의 1인칭 표지(= '나'), 2인칭 표지(= '너'), 3인칭 표지(= '그')를 관찰할 수도 있다. 언어분석에 있어서 실물적 피지시 대상으로서의 인간과 언어적 지시 형태로서의 인칭은 명확하게 구별되어야 한다.

인칭은 크게 굴절인칭, 동사인칭, 대명사인칭으로 구분될 수 있다. 굴절인칭은 어미로 드러나는 것으로 {-냐?, -니?}의 2인칭 지시를 그 예로 들 수 있다. 대명사인칭은 굴절인칭이 명사적으로 표현된 것으로 {나, 너} 등을 그 예로 들 수 있다. 굴절인칭 {-니?}의 2인칭성과 대명사인칭 {너}의 2인칭성을 구분하기 위해 후자의 {너}를 $\frac{2}{3}$(= 3분의2)인칭 대명사로 부르기로 한다. 대명사인칭 {나}는 $\frac{1}{3}$(= 3분의1)인칭 대명사가 되고, 대명사인칭 {그(놈/년)}은 $\frac{3}{3}$(= 3분의3)인칭 대명사가 된다. 동사인칭은 동사어휘가 가지고 있는 인칭성을 가리키는 것으로 {좋-/싫-, 춥-/덥-}의 1-2인칭성, {크-/작-}의 3인칭성을 그 예로 들 수 있다.

객체지향(object-oriented) ☞ 주체지향

주체지향(subject-oriented)

한국어에서 주체지향 요소는 {이/가}, 객체지향 요소는 {을/를}이다. 이러한 담화적 지향성을 문법형태의 범주인 '격'으로 잘못 분석하여 {이/가}를 주격조사, {을/를}을 목적격조사라고 파악하는 논의가 생긴 것으로 보인다.

주체지향은 화자와 관련되고 객체지향은 청자와 관련된다. 주체지향이 인간의 내적인 심리를 지시하는 데 비해, 객체지향은 우주의 외적인 물리를 지시한다. 주체지향은 '지금/여기'를 의미하고 객체지향은 우주적 시공에서의 물리적 좌표를 의미한다. 주체지향은 유정성(animacy)을 담지하며 객체지향은 무정성(inanimacy)을 담지한다.

굴절(inflection)

굴절이란 명사의 형태변화인 곡용(declension), 동사의 형태변화인 활용(conjugation)을 함께 아울러 지칭하는 개념이다. 이러한 굴절이라는 개념은 '굴절어', '교착어', '고립어'라는 언어유형의 범주를 설정하는 기준이 되기도 한다. 이러한 세 가지 유형의 구분은 '굴절' 개념을 중심으로 이루어진 것이다. 굴절이 있는 언어와 굴절이 없는 언어, 그리고 중간적인 상태에 있는 언어로 구분하는 것이다. 이러한 굴절 중심의 언어유형론은 '굴절'의 개념을 명확히 하는 것을 통해 다시 논의될 필요가 있을 것이다. 프랑스어는 굴절어이고 한국어는 교착어라는 기존의 유형론적 구분은 '굴절'의 개념을 이론적으로 정립하는 것을 통해 재고될 수 있다. 한국어를 분석함에 있어 어미가 매우 발달된 언어로 다루면서 동시에 굴절어가 아니라 교착어라고 하는 것은 모순을 안고 있으며, 프랑스어에서는 어미 대신에 접어(clitic)들이 문법 기능을 담당하고 있음을 인정하면서 동시에 교착어가 아니라 굴절어라고 하는 것 또한 모순을 안고 있다.

논항(argument)

논항은 서술어가 자신의 의미를 완성시키기 위해 필요한 언어요소를 지칭하는 개념이다. 이는 동사를 함수(function)로 보고 그 함수값(전통적 논리학에서는 진리값)을 출력하기 위하여 필요한 입력값(input value)으로 주어, 목적어 등이 필요하다고 보는 관점이다. 술어가 필요로 하는 논항의 세트를 논항구조(argument structure)라고 한다.

주어(subject) ☞ 주격(nominative), 행위자(actor/agent)

'주어'는 문장에서 의미기능을 가리키는 개념이고 '주격'은 단어의 형태변화를 가리키는 개념이다. 'subject'와 'nominative'는 전혀 별개의 용어/개념인데도 불구하고 각각을 '주어'와 '주격'으로 번역하면서 두 개념을 혼동하는 논의가 생겨났다. 'nominative'라는 것은 그 용어 자체가 보여주듯이 '이름(nom-)'이라는 뜻을 가지고 있으며 문장 기능에 있어서 '주어'와는 관계가 없다. 따라서 '명격(名格)'이라는 용어가 논리적으로는 더 타당할 것이다. 또, '주어'가 언어 내적인 의미기능을 가리키는 것이라면 '행위자'는 언어 외적인 개체를 가리키는 것이다. 주격(= 언어 형태), 주어(= 문장내적 의미), 행위자(= 상황적 개체)를 혼동하지 말 것.

목적어(object) ☞ 대격(accusative), 피행위자(actee/patient)

이들에 대해서는 '주격-주어-행위자'의 용어상의 혼동과 마찬가지의 오해가 존재한다. 'object'와 'accusative'는 서로 혼동을 일으키지 않는데 비해, 번역용어인 '목적격'과 '목적어'는 자주 혼동을 일으킨다. 'accustaive'를 '대격'으로 번역하는 것이 더 타당할 것이다. 대격(= 언어형태), 목적어(= 문장내적 의미), 피행위자(= 상황적 개체)를 혼동하지 말 것.

주제어(topic) ☞ 주어(subject)

한국어는 서구어의 문장 분석의 기본 틀인 '주어 + 서술어'의 구조로 파악하기 어렵다고 해서 한국어의 기본 구조를 '주제어(topic) + 평언(comment)'으로 보는 학자들이 많다. Li & Thompson 같은 학자들이 대표적인데, 그들은 한국어, 일본어, 중국어 등을 '주제-부각형(topic prominent) 언어'로 분류하고 있다. 한국어에 발달한 주제어 표지(topic marker) '은/는'에 의해 문두로 이동한 성분이 반드시 주어 성분과 일치될 필요는 없지만, 문두의 주제 성분이 주어 성분과 일치하는 경우가 가장 많다. 그래서 주제어와 주어가 겹치는 경우가 흔하고 따라서 그들의 구분이 어렵게 된다. 그런데, 한국어에서 이러한 주제어를 주어라고 하지 않는 이유는 따로 있다. 한국어의 '은/는'과 계열 관계에 있는 또 다른 조사 '이/가'가 있고, 이를 주격조사 또는 주어표지로 보는 시각이 고정되어 있기 때문이다. '이/가'가 붙어 있다고 해당 성분을 무조건 '주어'로 보는 시각은 순환론에 빠질 위험이 있을 뿐만 아니라 많은 문제를 끌어안고 있다.

주어(subject)는 원래 그리스어 '히포케이메논(ηυποκειμενον)'을 라틴어로 'subjectum'로 옮기면서 정착된 문법 용어이다. 그리스인들은 사물이란 그 주위에 성질들이 모여드는 어떤 것이고, 그 주변에 항상 다양한 성질들을 끌어안고 있는 핵이며, 자기 이외의 다른 것을 자기 위에 갖고 있는 밑바탕이라고 보았다. 바로 이 밑바탕을 '히포케이메논'이라고 부른 데서 결국 주어(subject)라는 개념이 비롯된 것이다. 그리고 '히포케이메논'을 영원불변의 어떤 실체인 '히포스타시스(ηυποστασισ)'로 불렀고, 이 핵 주변에 있는, 토대 위에 놓여진 가변적인 성질들을 '심베베코스(συμβεβεκοσ)'라 불렀다. 따라서 문법에서의 주어, subject란 원래 '밑에 놓여 있는'이라는 뜻으로, 서술의 밑바탕이 된다는 의미를 갖는다. 결과적으로 현대언어학에서 얘기하는 '주제어(topic) + 평언(comment)' 구조에서 '주제어'와 상응하는 개념이었다. 동사(verb)란 용어도 마찬가지로 '평언'이나 '서술어(predicate)'에 해당하는 용어였다. 현대언어학에서 '동작'이나 '움직임' 등의 의미와 연관된 품사로 '동사(verb)'를 보는 것은 차후에 발생된 일이다. 'subject'와 'nominative'는 전혀 별개의 용어/개념인데도 불구하고 각각을 '주어'와 '주격'으로 번역하면서 두 개념을 혼동하는 논의가 생겨난 데 비해, '주제어'와 '주어'는 같은 개념이었는데, '이/가'가 붙어 있다고 해서 '주어'로, '은/는'이 붙어 있다고 해서 '주제어'로 서로 별개로 나뉘게 되었다. 아이러니가 아닐 수 없다.

문법관계표지(grammatical relation marker) ☞ 격표지, 후치사

문법관계표지는 격어미, 격조사, 후치사 등 문법관계를 명시적으로 드러내어 주는 문법형태이다. 어휘 자체가 문법관계를 분명하게 드러내고 있을 때는 유표적 문법관계표지 없이 잠재적인 덩어리격의 분석으로 문법관계가 정해진다. 한국어의 예를 든다면, '나 그 책(을) 읽었어, 그 책(을) 나(에게) 줘, 학교(에) 갔어, 엄마(와) 닮았어'의 경우는 조사 없이 문법관계가 명확하게 드러나는 구성으로 잠재적인 덩어리격이 분석되어 격이 실현되는 예이다. '이 책상 나무로 만든 거야, 친구랑 같이 갔어, 학교에서 공부해'의 경우는 조사가 반드시 필요한 경우로 이 조사들을 통해서만이 문법관계가 설정될 수 있으며 따라서 이러한 조사는 문법관계표지로 파악된다.

분포(distribution)

분포란 어떤 언어 형태가 나타나는 상황/환경의 총체적 집합을 뜻한다. 한 언어의 전체 체계를 조감하기 위해서는 형태를 중심으로 철저하게 언어단위의 같음과 다름을 판별해 내는 작업이 이루어져야 한다. 이때 '분포'가 기준이 될 수밖에 없다. 어떤 단위를 부류나 범주로 묶느냐 그러하지 않느냐는 순전히 형태론적 분포, 결합 관계에 입각해서 정해져야 한다. 이것이 이루어진 뒤에야 의미나 기능적인 요소들을 고려할 수 있다. 이에 대한 혼동의 대표적인 예로 {이/가}를 격조사 계열로, {은/는}을 보조사 계열로 파악하는 시각을 들 수 있다.

생략(ellipsis)

동일한 차원에서 실현된 둘 이상의 언어표현의 동의관계를 설명하는 데 생략이라는 개념이 사용되고 있다. 생략은 지나치게 강력한 힘을 가지고 있으며 이에서 유발된 논의들은 순환성을 가지고 있다는 점에서 비판되어야 한다. 언어를 논리적으로 또는 조작적으로 심층과 표층으로 구분하고 그 기제를 생략에서 찾는 언어이론은 문제점을 안고 있다. 이러한 논의에서는 이미 구체적으로 실현된 두 발화체를 놓고 하나를 심층, 다른 하나를 표층으로 놓는 오류를 범하고 있다. 언어현상에 있어서 생략이라는 개념은 엄격하게 적용되어야 한다.

서술격조사

국어 전통문법(= 학교문법)에서는 동사 '아-'를 서술격조사로 파악한다. 기능동사 '아-'가 어휘적 의미를 가지지 않는다는 점에서 문법적인 요소로 파악하려는 입장은 타당성을 가지는 것이 사실이다. 그러나, 조사 '-이/가'와 관련을 지어 분석한다는 점에서 오류를 안고 있다. 이러한 논의는 상당부분 음운론적 현상으로 설명되어야 할 것을 통사론의 문제로 착각하는 데서 나온 것이다. 품사범주들의 분포를 관찰할 때 '아-'가 동사의 자리에 나타나는 것은 분명한 사실이며, 이 동사가 어휘적 의미를 가지지 않는다는 것은 별개의 문제이다. 영어의 'be', 프랑스어의 'être', 독일어의 'sein' 동사도 어휘적 의미를 가지지 않는다는 점에서 한국어의 '이-'와 마찬가지이다. 서술격조사라는 용어/개념을 사용하려 한다면 영어의 'be'동사에 대해서도 서술격조사라는 용어/개념을 사용하여야 할 것이다.

서술명사(predicative noun)

서술명사는 '공부, 토론' 등 서술성을 가지는 명사로 기능동사(support verb)와 결합하며, 논항을 요구하는 명사를 말한다. 서술명사는 '반짝, 어슬렁어슬렁' 등 상징부사와 함께 서술성을 가지고 있는 요소로 동일한 통사적 행태(behavior)를 보여준다.

숙어(idiom) ☞ 연어

숙어는 통사적 분석의 적용이 어렵고 어휘적인 결합상의 제약을 보이는 결합체이다. 이들 중 동사숙어구가 중요하게 논의되고 있다. 숙어성이라는 개념은 어휘의미적인 차원에서 정의되어 동의관계에 있는 단일한 동사의 존재 여부가 판별기준이 되곤 하였으나, 이러한 기준은 충분하지 못하다. 동사숙어구는 통사적 자율성이 있으며 의미적 합성성의 적용이 가능한 것을, 관용표현구는 통사적으로는 자율적이나 명사화 과정에서 의미 합성성(compositionality)이 깨지는 유형으로 구분할 수 있다. 일반적으로 숙어구는 주어와 동사의 결합체보다는 목적어와 동사의 결합체에서 많이 형성된다.

알고리즘(algorithm)

알고리즘은 페르시아 수학자 아부 자파르 모하메드 알 콰레즈미의 이름에서 유래된 용어로 문제를 해결하기 위한 절차나 방법을 말한다. 수학이나 컴퓨터 과학에서 말하는 알고리즘은 보통 반복되는 문제를 풀기 위한 작은 절차(procedure)를 의미한다. 컴퓨터 프로그램은 정교한 알고리즘들의 집합이라고 볼 수 있다. 예를 들자면, 요리책은 요리를 만드는 절차를 기술한 것이라는 점에서 알고리즘이라고 할 수 있고, 생물의 DNA도 어떤 생명체가 만들어질지에 관한 정보가 들어있다는 점에서 알고리즘이라고 할 수 있다.

양태(modality) ☞ 정감적

논리학에서 양태는 진리에 관한 것만을 다루며 자연 언어에서는 인식론적(epistemic)이거나 의무론적(deontic)인 것을 파악한다. 언어학에서 양태는 넓게 화자의 태도와 관련된 문법적 의미를 말한다. 구체적으로 발화에서 추측, 의심, 당위, 단정, 가능 등을 표현하는 것을 양태라고 한다.

정감적(affective) ☞ 양태

논리 실증주의적 언어학의 조류에 따라 언어 분석에 있어서 논리적으로 형식화할 수 있는 것만을 통사론 또는 의미론의 대상으로 다루고 다른 것들을 모두 정감적 의미라는 이름으로 형식적 분석의 대상에서 제외시켜 왔다. 그러나, 기존의 정감적 의미라고 지칭된 것들은 언어활동에 있어 핵심적인 요소이며 이들은 인칭의 관점에서 체계적으로 분석될 수 있다.

양화사(quantifier) ☞ 질화사

논리학에서 양화사가 하는 행태와 같은 모습을 보이는 단어나 복합체를 언어학에서도 양화사라고 하며 영어의 'all, each, every, some, most, many, several'과 같은 단어가 이에 해당하며, 덜 명확한 것으로 'the'가 포함되기도 한다. 이에 따라, 한국어 연구에서는 '모든, 대부분, 각각, 일부' 등의 어휘와 수량사를 중심으로 양화사 논의가 진행되어 왔다. 이러한 어휘적인 요소 중심의 논리적인 의미 분석도 나름대로 의미가 있으나, 그 이전에 문법적인 요소를 중심으로 하는 기반이 있어야 할 것이다. 즉, 소위 '관형사'에 유사한 요소들의 문법적인 짝이라고 할 수 있는 {만, 조차, 마저} 등 소위 양화적 기능의 '보조사'에 대한 연구가 선행되어야 할 것이다. 이들의 체계를 밝히는 것이 한국어에 있어서 양화사의 의미 분석과 더불어 양화사 유동(floating)과 같은 통사적인 자리의 문제를 해결하는 근거가 될 것이다. 필자는 이러한 요소들에 대해 '질화사'라는 용어를 사용할 것을 제안하고 있다. 이러한 용어 사용에 관해서는 '질화사'를 참조할 것.

질화사(qualifier) ☞ 양화사

형용사(adjective), 명사 수식어(noun modifier) 등을 함께 아울러 가리키는 용어이다. 본서에서는 한국어 조사류의 분류에 있어서 양태적인 기능을 하는 요소들 {만, 조차, 마저, 까지} 등을 질화사라는 용어로 지칭하고 있다. 이들은 기존 논리학적 분석에 따르면 '양화사'와 유사한 요소이나, 이들의 논리적인 차원에서 양적인 의미보다 담화적인 차원에서 질적인 의미가 언어 분석에 있어서 더 심층적인 문제라고 보는 관점에서 이들은 '질화사'라고 불 릴 수 있다.

연어(collocation) ☞ 숙어

어미, 조사, 문장부사, 양태부사 등의 구조와 상관관계가 문장의 거시구조를 결정하는 것이라면 연어 구성, 관용구 구성, 구 동사, 술어와 논항의 짝 등은 미시구조를 보여 주는 것이다. 전자가 문법적인 요소들의 구조에 관한 것이라면 후자는 어휘와 어휘와의 관계에 대한 문제이다. 연어는 어휘와 어휘가 맺는 관계가 합성성의 원리로 분석되지 않는 것이다. 예를 들어, '마음에 들다'와 같은 구성이 '좋다'와 같은 통사적 행태를 보여 주며 하나의 어휘와 같은 행동을 한다는 측면에서 둘 이상의 어휘가 빈번히 공기하여 하나의 어휘처럼 행동하면서도 둘의 의미관계가 투명하여 합성성의 원리로 전체의 합이 도출될 수 있을 때 사용되기도 한다.

관사(article) ☞ 한정, 한정조사, 후치관사

관사는 인구어에서 한정의 기능을 하는 문법 요소를 가리키는 용어이다. 관사라는 개념은 영어의 'a/the', 프랑스어의 'un/le', 독일어의 'einer/der' 등 부정관사와 정관사의 짝으로만 이루어진 체계만을 가리키는 개별언어적인 개념이 아니다. 한국어의 {이/가, 을/를, 도, 은/는, (의)}와 같은 한정조사까지도 포함하는 언어보편적인 개념이다. '관사'라는 용어는 'article'의 번역용어일 뿐인 것으로 '관사'라는 용어가 가지는 문자적인 의미 때문에 관사가 반드시 명사 앞에 와야 한다는 오해가 생긴 것으로 보인다. 이러한 오해에서 벗어나 관사를 명사가 발화체에 실현될 수 있도록 자리를 만들어 주는 것으로서 이해할 필요가 있다. 즉, 언어보편적인 개념으로서의 관사를 이해해야 할 것이다.

형태(form) ☞ 의미, 형상, 질료

언어학에서 형태와 의미의 짝은 시니피앙과 시니피에의 짝, 지시와 피지시의 짝 등으로 설명되어 왔으며, 보편적인 용어로 형상과 질료의 짝으로 설명될 수 있다.

통사(syntax) ☞ 문장

통사는 문장의 구조에 대한 연구이다. 따라서, 문장을 어떻게 파악하는가에 따라 통사에 대한 입장도 크게 달라진다. 명제 중심의 문장관에서는 술어 논리에 따라 동사를 중심으로 하여 문장을 위계적으로 표상하는 것이 통사 분석의 목적이었다. 언어활동에 있어 발화체의 단위로서 양태성, 인칭성을 중심으로 하는 문장관에서는 문법적 형태들의 상관관계를 표상하는 것이 통사 분석의 목적이 될 것이다. 한국어 분석에 있어 전자가 동사와 명사의 함수-논항 관계를 연구하는 것이라면, 후자는 조사와 어미를 대표로 하는 문법 형태들의 호응/제약 관계를 연구하는 것이다.

의미(meaning) ☞ 형태, 형상, 질료

문장(sentence)

언어 분석에 있어 무엇을 문장으로 규정할 것인가는 논란의 대상일 것이다. 전통언어학에서는 명제를 문장의 기준으로 삼았으며, 따라서 동사라는 어휘(= 서술어)를 중심으로 나머지 요소들이 동사의 종속적인 지배를 받는 구조로 문장을 파악하려 하였다. 그러나, 문장은 인간의 언어활동에서 이루어지는 발화체의 단위 규정에서 필요한 것이며, 문장을 명제와 명제에 대한 화자의 태도로 구성된 것으로 보아야 할 것이다. [S → M(odality) + P(roposition)]. 이러한 관점에 따르면, 한국어의 경우 명제의 틀을 결정해주는 양태와 관련된 어미의 실현이 필수적이며 한국어 문장 분석에 있어서 어미는 가장 중요한 요소가 될 것이다.

화용론(pragmatics)

발화행위(énonciation) 이론이나 화용론은 전통적인 입장이 지나치게 형태론적 층위에만 머물러 있고 그 이상의 통사론적 층위와 담화적 층위에서 설명되어야 할 것이라는 비판을 해왔다. 문장의 유형, 시제, 양태와 관련된 많은 지시적, 담화적 정보들이 화용론과 관계있는 요소이다. 한국어를 화용론적 언어라고 보는 관점은 한국어를 논리적으로 형식화하기 힘들다는 이유로 비논리적이라고 보는 관점으로 양태성과 인칭성을 체계적으로 관찰하지 못하는 데서 오는 오류이다. 명제를 술어 논리에 따라 분석하려는 문장관에서는 어휘 사이의 관계로 설명할 수 없는 모든 것을 비논리적 화용론이라는 이름으로 배제하려는 입장을 취하고 있다. 발화행위의 체계를 연구하는 관점에서 화용론은 언어 구조의 가장 핵심적인 원리로서 양태성과 인칭성을 다루는 것이며 명제(= 논항구조) 중심의 관점과는 반대의 입장에 자리하고 있다.

질료(matter) ☞ 형상

형상(form) ☞ 질료

질료와 형상이라는 학문 보편적인 개념은 언어 분석에 있어서도 의미가 있다. 언어는 시니피앙과 시니피에, 형태와 의미, 지시와 피지시의 체계를 가지고 있다. 언어 체계에 있어 모든 관계는 이 둘의 짝으로 환원될 수 있으며, 그 관계는 지지(support)와 지참(apport)의 걸림관계(incidence)로 형식화될 수 있다.

화자(speaker) ☞ 청자

청자(hearer) ☞ 화자

한국어에서 문법적으로 청자와 화자가 분명하게 드러난다는 것은 주지의 사실이다. 존대법을 통해서뿐만 아니라 다양한 종결어미에서 이러한 현상을 관찰할 수 있으며, 청자지시 요소 {-니?} 등을 그 예로 들 수 있다. 그러나 이러한 현상은 인칭이라는 언어 현상으로 관찰되지 못 하고 화용론적 또는 사회언어학적인 연구의 대상으로만 다루어져 왔다. 서구어 분석에서는 문법적 대상으로 인칭을 연구하며 한국어 분석에서는 사회적 대상으로 존대법을 다루어 온 것이다. 이는 언어 속의 '인칭(personne)'과 실물 세계의 '인간(homme)'을 혼동하는 데서 온 오류이다. '청자'라는 인간을 가리키는 용어와 '2인칭'이라는 언어 사실을 가리키는 용어 사용도 그러한 오해를 일으키도록 했을 것이다. 언어 분석에 있어서 '청자'와 '화자'는 이야기를 듣는 인간과 이야기를 하는 인간으로서가 아니라 언어요소가 가리키는 2인칭과 1인칭으로 분석된다.

품사(part of speech)

품사는 같은 성격의 단어를 묶는 범주를 말한다. 보편적인 분류학의 차원에서 같은 성격의 단어를 묶어 범주를 구분하는 것이라면, 의미적인 기준, 통사적인 기준, 기능적인 기준 등 필요에 따라 다양한 기준을 설정하여 범주를 구분할 수 있을 것이다. 그러나 다양한 기준에 따른 단어의 범주 구분이 모두 품사의 자격을 획득할 수 있는 것은 아니다. 비유한다면, 인간의 생활을 중심으로 곤충을 '익충'과 '해충'으로 분류하는 것이 생물학적으로 의미 있는 분류가 될 수 없는 것과 마찬가지이다. 품사 구분은 언어의 문법 체계를 기술하기 위한 기반으로서 문법의 구성단위를 범주화하는 것이다. 따라서 문법체계에서 의미 있는 범주만이 품사가 될 수 있으며, 이를 위해서는 형태·통사적 결합에 따른 분포를 기준으로 하는 구분을 통해 품사를 범주화하여야 한다.

한정(determination)

한정사에는 명사의 어휘적 의미와 관련된 '내포-외연'에 영향을 주는 형용사와 같은 질료적 한정사(material determiner)가 있고 명사의 외연의 적용영역(extensité)을 테두리지어 주는 관사와 같은 형식적 한정사 (formal determiner)가 있다. 형용사와 명사의 결합에서 전자가 질료(= 의미), 후자가 형식(= 형태)의 관계를 가진다면, 명사와 관사의 결합에서 전자가 질료, 후자가 형식의 관계를 가진다.

인구어에서 형식적 한정사에 해당되는 대표적인 요소가 '관사'라면 한국어에서 이에 해당하는 요소는 '한정조사', 즉 후치관사이다.

한정조사(= 후치관사) ☞ 격조사, 후치사, 질화사

한국어에서 명사의 한정 역할을 하는 요소를 '한정조사' 또는 '후치관사'라고 할 수 있다. 한국어에서 한정조사들이 명사 뒤에 나타난다는 이유로 이들을 '관사'라고 부르는 것에 당황스러워 하는 경우가 있다. 그것은 '관사'에서 '머리(冠)'라는 의미를 찾기 때문이다. 그러나 이 용어는 'article'의 번역어이고 원래 라틴어에서는 '이음매, 관절'의 의미를 가지며 하나의 '항목', 한 '개', 한 '건'이라는 의미에서 사용되는 것으로 이상할 이유가 없다. 바스크어 문법에서도 명사 뒤에 결합하는 한정성 표지를 '관사(article)'라고 하는데 문제가 없다.

한국어 한정조사 또는 관사에는 {이/가, 을/를, 도, 은/는, (의)}가 해당한다. 영어의 경우에 관사 'a, the'의 분포와 일치하는 'any' 등의 요소가 존재하듯이 한국어에도 {(이)나/(이)라도}와 같은 요소가 존재한다.

후치사(postposition) ☞ 격조사, 한정조사, 질화사

한국어에서 문법관계표지인 후치사에는 {에, 에게, (으)로, 와/과, 로서, 처럼, 보다, 부터, 까지}가 해당된다. 이는 널리 알려진 영어, 프랑스어, 독일어 등 인구어의 전치사에 대응되는 것이다. 전치사와 후치사를 유형론적인 시각을 넘어서 위상학적 시각에서 보면, 인구어의 관사와 한국어의 한정조사(= 후치관사)의 대응관계 또한 이해하기가 수월해진다.

|찾아보기|

ㄴ

ㅅ

ㅊ

ㅋ

ㅌ